应用型本科高等院校“十二五”规划教材

有机化学

李发胜　李映苓　主　编

科学出版社

北　京

内 容 简 介

本书为应用型本科高等院校“十二五”规划教材化学类核心课程教材，是在总结应用型本科院校有机化学的教学经验和教学成果基础上，根据医药学各专业教学基本要求编写而成的。

全书共 17 章，按照官能团主线，以各类有机化学的结构为切入点，阐明它们的性质和相互转变。章末附有知识拓展、小结、主要反应总结和习题。本书力求内容精炼、重点突出，增加应用性知识，并紧密结合和突出有机化学与生命科学的联系。

本书可作为高等医学院校基础医学、临床、口腔、药学、检验、预防、护理、中医、中药学、制药、生物、环境等专业的教材，也可供相关专业的教师和学生参考。

图书在版编目(CIP)数据

有机化学/李发胜，李映苓主编．—北京：科学出版社，2012.6

应用型本科高等院校“十二五”规划教材

ISBN 978-7-03-035023-7

Ⅰ.①有…　Ⅱ.①李…　②李…　Ⅲ.①有机化学-高等院校-教材

Ⅳ.①O62

中国版本图书馆 CIP 数据核字(2012)第 133216 号

责任编辑：陈雅娴　杨向萍　韩　赞 / 责任校对：陈燕凤

责任印制：张　伟 / 封面设计：迷底书装

科学出版社出版

北京东黄城根北街 16 号

邮政编码：100717

http://www.sciencep.com

北京盛通商印快线网络科技有限公司 印刷

科学出版社发行　各地新华书店经销

*

2012 年 6 月第 一 版　开本：787×1092　1/16

2022 年 1 月第七次印刷　印张：19 1/2

字数：493 000

定价：45.00 元

（如有印装质量问题，我社负责调换）

《有机化学》编委会

主　编　李发胜　李映苓

副主编　江　波　朱松磊　徐　红　郭晏华

编　委　(按姓氏拼音排序)

耿明江　新乡医学院
郭晏华　辽宁中医药大学
郭蕴苹　昆明医学院
江　波　遵义医学院
李发胜　大连医科大学
李映苓　昆明医学院海源学院
孙艳涛　辽宁中医药大学
卫星星　长治医学院
徐　红　贵阳医学院
燕小梅　大连医科大学
周兆平　大连医科大学
朱松磊　徐州医学院

前　言

有机化学是化学科学中极为重要的一个分支，也是一门与生命科学紧密相关的重要基础课。教材是完成教学工作的知识载体，也是众多优秀老师教学经验的总结。编写一本适合于应用型本科医学院校使用的有机化学教材一直是广大师生的长久期待。在科学出版社的筹划与支持下，大连医科大学、昆明医学院海源学院、遵义医学院、徐州医学院、贵阳医学院、辽宁中医药大学、昆明医学院、长治医学院、新乡医学院九所院校共同编写了这本《有机化学》教材，为探索应用型本科院校有机化学教学改革作出了有益的尝试。

本书突出有机化学的基本理论和基础知识，力求内容精炼、重点突出，增加应用性知识，特别是近年来有机化学的最新成果和发展趋势，并紧密结合和突出有机化学与生命科学的联系。在内容叙述上先易后难、由浅入深、通俗易懂、言简意赅，以利于学生学、教师教，使学生在尽可能短的时间内掌握所学的课程内容。

本书以有机官能团为主线，以各类有机化学的结构为切入点，阐明它们的性质和相互转变。全书分为 17 章，前 11 章主要介绍有机化学的基本概念、基础知识和基本理论，12～15 章重点介绍与生命物质基础相关的杂环化合物、糖、脂类、氨基酸、蛋白质、核酸等生物分子，16～17 章简要介绍医用高分子材料和有机波谱学知识。为方便学生学习，每章还有知识拓展、小结和主要反应总结，有助于拓宽学生的知识视野和学习。

参加本书编写的有大连医科大学李发胜（第 1、15 章）、昆明医学院海源学院李映苓（第 2、3 章）、徐州医学院朱松磊（第 4、16 章）、辽宁中医药大学郭晏华（第 5 章）、大连医科大学周兆平（第 6、17 章）、新乡医学院耿明江（第 7 章）、大连医科大学燕小梅（第 8 章）、昆明医学院郭蕴苹（第 9、14 章）、长治医学院卫星星（第 10 章）、遵义医学院江波（第 11 章）、辽宁中医药大学孙艳涛（第 12 章）、贵阳医学院徐红（第 13 章）。李发胜教授和李映苓教授负责全书的统稿。

在本书编写过程中得到了大连医科大学、昆明医学院海源学院和科学出版社等单位的大力支持，特别是承蒙大连医科大学李明阳教授指导和审定，在此一并表示衷心的感谢！

限于编者水平，书中难免存在疏漏和错误，敬请读者不吝赐教。

编　者

2012 年 2 月

目　　录

第1章　绪　　论

本章重点阐述有机化合物分子中共价键的本质、碳原子的三种杂化方式、共价键的极性、分子间作用力及路易斯酸碱理论；其次介绍有机化合物的分类、主要官能团和有机反应的类型；简要说明有机化学的发展历程及研究有机化合物结构的步骤和方法，为后续章节的学习奠定基础。

1.1　有机化合物和有机化学

从组成上看，有机化合物(organic compound)是指除 CO、CO_2 和简单碳酸盐之外的所有含碳化合物。除含有碳元素外，绝大多数还含有氢元素，而且许多有机化合物中还含有氧、氮、硫、磷和卤素等其他元素，所以也常把有机化合物称为碳氢化合物及其衍生物(compound of hydrocarbon and its derivatives)。而有机化学(organic chemistry)就是研究有机化合物的化学，是研究有机化合物的结构、性质及其反应的一门科学。

有机化合物广泛存在于自然界中。人类很早就知道，如何从动植物中提取加工得到一些有用物质，如糖、酒、醋、香料、染料和药物等。据我国《周礼》记载，当时已设专司管理染色、酿酒和制醋等工艺；我国在汉代就发明了造纸术，在《神农本草经》中记载几百种重要的药物，其中大部分是植物。18 世纪以来，人们已经分离提取得到一系列较纯的化合物，如乙二酸、酒石酸、柠檬酸、乳酸、苹果酸、尿素和吗啡等。由于这些物质都是从有生命的动植物体中获得，并且因当时条件所限，不能人工合成，因此，早期化学家把这类物质称为有机化合物。1806 年，瑞典化学家贝采利乌斯(J. J. Berzelius)首先提出了“有机化学”这一名词，以区别于其他矿物质的化学——“无机化学”。他认为有机化合物只能在生物体内通过神秘莫测的“生命力”作用才能产生，在实验室内不能由无机化合物合成。

1928 年，28 岁的德国化学家维勒(Wöhler)在加热无机化合物氰酸铵时得到了有机化合物尿素：

$$NH_4OCN \xrightarrow{\triangle} NH_2CONH_2$$

维勒的实验结果给“生命力”学说带来第一次强大的冲击，突破了无机化合物与有机化合物之间的严格界限。此后，更多的有机化合物相继合成出来。例如，1845 年，德国化学家科尔柏(H. Kolbe)合成了乙酸；1854 年，法国化学家贝特洛(M. Berthelot)合成了油脂；1856 年，英国化学家佩金(W. H. Perkin)合成了苯胺紫。人们逐渐摒弃了“生命力”学说，有机化学进入了人工合成时代，并得到迅速的发展。如今，许多结构复杂的生物大分子(如蛋白质、核酸、激素和多糖等)也都成功地合成出来。“有机”这一名词已不再反映其原有的涵义，只是由于历史和习惯的缘故才沿用至今。

19 世纪中期，德国化学家凯库勒(A. Kekulè)、英国化学家库珀(A. S. Couper)和俄国化学家布特列洛夫(A. M. Butlerov)分别提出有机化合物的结构学说，极大地推动了有机化学的发展。1874 年，荷兰化学家范特霍夫(J. H. van't Hoff)和法国化学家勒贝尔(J. A. Lebel)同时提出了碳的四面体学说，建立了分子的立体概念，从而开创了以立体观点来研究有机化合物的立体化学。

20 世纪 30 年代，量子力学原理和方法引入到有机化学后，阐明了化学键的微观本质，进而形成了价键理论和分子轨道理论等。20 世纪 60 年代，合成维生素 B_{12} 过程中分子轨道守恒原理的发现，使人们对有机化学反应过程有了比较深入的认识。

随着近代科学技术的发展，应用现代物理实验技术（如红外光谱、核磁共振谱、紫外光谱、质谱、色谱和 X 射线衍射等）测定有机化合物的精细结构，加速了有机化合物的研究。一些新的实验技术，如光化学技术、催化化学技术、微波技术和超声波技术等应用到有机化学反应中，提高了反应的转化速率和产物的选择性。

20 世纪 70 年代，美国化学家科里（E. J. Corey）提出逆合成分析理论，基于此，他合成了许多结构非常复杂且具有生理活性的有机化合物，这种理论成为现代有机合成设计思想的基石。

有机化学经历了 200 多年的发展，已由实验性科学发展成为实验、理论并重的学科，并形成了有机合成化学、天然有机化学、生物有机化学、金属与元素有机化学、物理有机化学以及有机物分离分析等分支学科。同时，有机化学与生物学、物理、材料等多种学科的交叉、融合、协同促进，新型交叉学科不断诞生，如绿色化学、化学生物学、化学基因组学、蛋白质组学、化学糖生物学和化学遗传学等。有机化学在当今社会将发挥越来越重要的作用。

1.2　有机化学与生命科学的关系

随着生命科学的发展，特别是近年来分子生物学、分子医学、遗传组学、蛋白组学、代谢组学、糖生物学等学科的相继出现，生命科学的发展进入了分子水平，而化学的宗旨是在分子、原子水平上认识和改造物质世界，所以生命科学与化学学科的关系极为密切。组成生命体的物质除水分子和无机离子外，其他物质几乎都是有机化合物，生物体内所发生的化学反应大多数属于有机化学反应。这些化学物质在生物体内进行一系列复杂的变化，完全遵循化学反应的普遍规律，以维系机体的生命活动。尽管生命是一个极为复杂的过程，但其物质基础和生命活动都离不开化学分子和化学反应。化学在生命中的作用，正如 1959 年诺贝尔（Nobel）生理学或医学奖获得者美国生物化学家科恩伯格（A. Kornberg ）所认为："人类的形态和行为都是由一系列各负其责的化学反应来决定的"，"把生命理解成化学"。因此，有机化学是生命科学不可缺少的化学基础。人们只有掌握并应用有机化学的理论和方法，才能认识到蛋白质、核酸、酶和多糖等生命大分子的结构和功能，为探索生命的奥妙奠定基础，促进生命科学的发展；同时，生命科学也充实和丰富了有机化学的内容，在大分子和超分子水平上，有机化学与生命科学将在更广阔范围和更深层次上相互渗透、全面互补。有机化学与生命科学的密切结合，是现代科学发展的需要和必然结果。

1.3　有机化合物的结构和特征

有机化合物的结构是指分子的组成、分子中各原子相互结合的顺序和方式、价键结构、分子中电子的分布状态、三维结构和分子中原子或基团之间相互影响等。有机化合物的结构决定了化合物的性质，而有机化合物的性质又将反映其结构特征。有机化合物结构的研究中首先涉及的就是原子间相互结合的化学键。

有机化合物都含有碳元素，碳原子处于元素周期表中第二周期ⅣA 族，基态碳原子核外电子排布式为 $1s^2 2s^2 2p^2$，其外层有 4 个电子。当碳原子与其他原子（包括碳原子）形成化合物时，它不易失去或获得价电子，而总是通过共享电子，即以共价键(covalent bond)形成稳定的电子构型。对于共价键的解释，主要有路易斯共价键理论、价键理论、杂化轨道理论、分子轨道理论和共振论等。

1.3.1　路易斯共价键理论

1916年，美国物理化学家路易斯(C. N. Lewis)提出了经典共价键理论：分子中的每个原子都有达到稳定的稀有气体结构的倾向。在非金属原子组成的分子中，原子达到稀有气体稳定结构不是通过电子的得失，而是通过共享一对或几对电子来实现的。这种由共享电子对所形成的化学键称为共价键。稀有气体除氦仅有两个价电子外，其他的价电子层均为八个价电子，所以路易斯共价键理论又称为八隅律(octet rule)。

1.3.2　价键理论

路易斯共价键理论揭示了共价键与离子键的区别，但未能说明共价键是如何形成的。随着量子力学在化学中的应用，化学家建立了价键理论，其基本要点为：当两个原子接近时，自旋方向相反的未成对电子相互配对，原子轨道重叠，核间电子出现的概率密度增大，使系统能量降低，形成稳定的共价键；每个原子形成共价键的数目取决于单电子数目，即一个原子含有几个未成对电子，通常就能与其他原子的几个自旋方向相反的未成对电子配对形成共价键，这就是共价键的饱和性；形成共价键的原子轨道重叠越多，两核间电子出现的概率密度就越大，形成的共价键就越牢固，因此在可能情况下，共价键的形成将沿着原子轨道最大重叠的方向进行，这就是共价键的方向性。

有机化合物中的共价键类型主要有 σ 键(σ bond)和 π 键(π bond)两种。由两个成键原子轨道沿着轨道的键轴方向重叠所形成的共价键称为 σ 键，其电子云呈圆柱形对称分布于键轴周围，轨道的重叠程度最大，成键的两个原子可以沿键轴自由旋转。由两个p轨道从侧面相互平行重叠形成的共价键称为 π 键，其电子云分布在键轴的参考平面(节面)的上方及下方，在节面上电子云密度几乎为零，此种轨道重叠程度最小。π 键不能自由旋转，也不如 σ 键牢固。有机化合物分子中的单键都是 σ 键。

1.3.3　杂化轨道理论

价键理论比较简明地阐明了共价键的形成过程和本质，并成功地解释了共价键的方向性和饱和性等特点，但在解释分子的空间结构方面遇到了困难。为了解释多原子分子的空间结构，1931年，美国化学家鲍林(L. G. Pauling)在价键理论的基础上，提出了杂化轨道理论，其基本要点如下：原子在形成分子时，由于原子间相互影响，同一原子中参与成键的不同类型、能量相近的原子轨道进行重新组合，形成能量、形状和空间取向与原来轨道不同的新的原子轨道，这个过程称为原子轨道的杂化(hybridization)，所形成的新的原子轨道称为杂化轨道(hybrid orbital)。杂化轨道的数目等于参与杂化的原子轨道的数目，杂化轨道的成键能力比未杂化的原子轨道的成键能力强，形成的化学键的键能大，杂化轨道的空间构型取决于中心原子的杂化类型。碳原子的杂化方式主要有 sp^3、sp^2、sp 三种。

1. sp^3 杂化轨道

碳原子在基态时的外层电子构型为 $2s^2 2p_x^1 2p_y^1$，在形成共价键时，2s 轨道上的 1 个电子激

发到 $2p_z$ 空轨道上，形成 $1s^2 2s^1 2p_x^1 2p_y^1 2p_z^1$(激发态)，然后 1 个 2s 和 3 个 2p 轨道进行杂化，形成 4 个完全相同的 sp^3 杂化轨道。

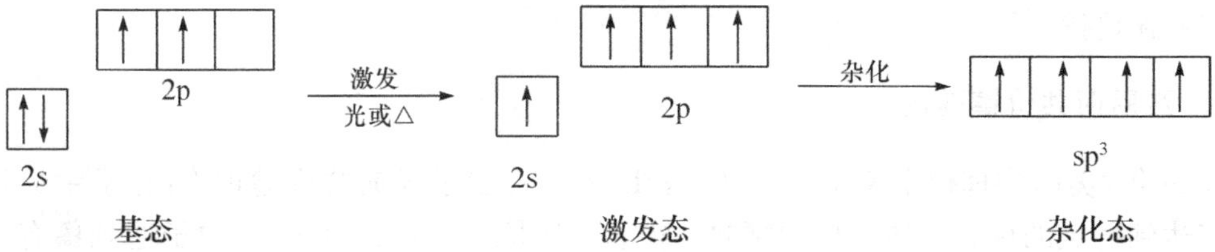

sp^3 杂化轨道的形状类似葫芦形，一头大、一头小[图 1-1(a)]。四个 sp^3 杂化轨道对称地排布在碳原子的周围，它们的对称轴在空间的取向相当于从正四面体的中心伸向四个顶点的方向，形成正四面体的空间构型，杂化轨道对称轴间的夹角为 109.5°[图 1-1(b)]。这样 sp^3 杂化轨道之间的相互斥力最小，能量最低，体系最稳定。

(a) sp^3杂化轨道　　(b) 四个sp^3杂化轨道的空间构型

图 1-1　碳原子的 sp^3 杂化

2. sp^2 杂化轨道

如果碳原子激发态中的 1 个 2s 轨道与 2 个 2p 轨道进行杂化，形成 3 个完全相同的 sp^2 杂化轨道，还剩 1 个 p 轨道未参与杂化。

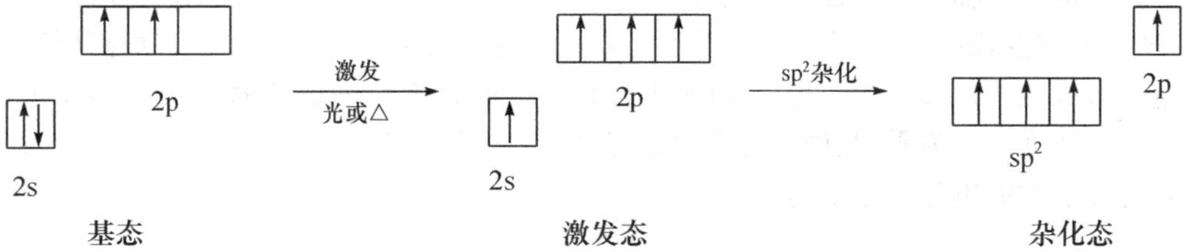

sp^2 杂化轨道的形状也类似葫芦形，一头大、一头小，但比 sp^3 略短一些。3 个 sp^2 杂化轨道的对称轴在同一平面上，构成三角形的平面构型，杂化轨道对称轴间的夹角为 120°[图 1-2(a)]。碳原子上余下 1 个未参与杂化的 2p 轨道，它的对称轴垂直于 sp^2 杂化轨道的平面[图 1-2(b)]。

(a) sp^2杂化轨道　　(b) sp^2杂化轨道和p轨道

图 1-2　碳原子的 sp^2 杂化

3. sp 杂化轨道

如果碳原子激发态中的 1 个 2s 轨道与 1 个 2p 轨道进行杂化，形成 2 个完全相同的 sp 杂化轨道，还剩 2 个 p 轨道未参与杂化。

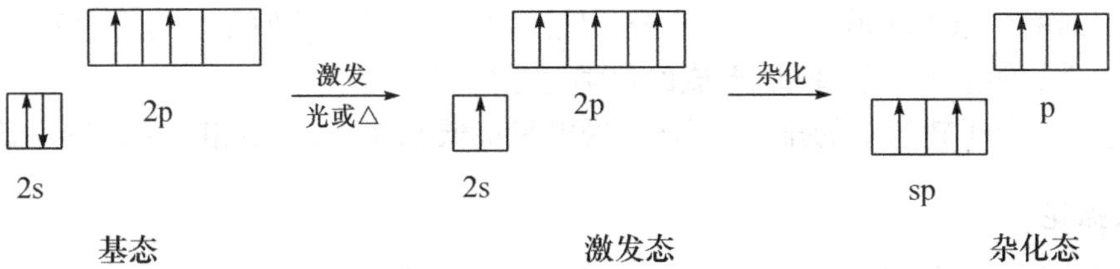

sp 杂化轨道的形状也类似葫芦形，但比 sp^2 还要短一些。2 个 sp 杂化轨道呈直线形构型，杂化轨道对称轴间的夹角为 180°[图 1-3(a)]。余下 2 个未参与杂化的 2p 轨道与 sp 杂化轨道相互垂直[图 1-3(b)]。

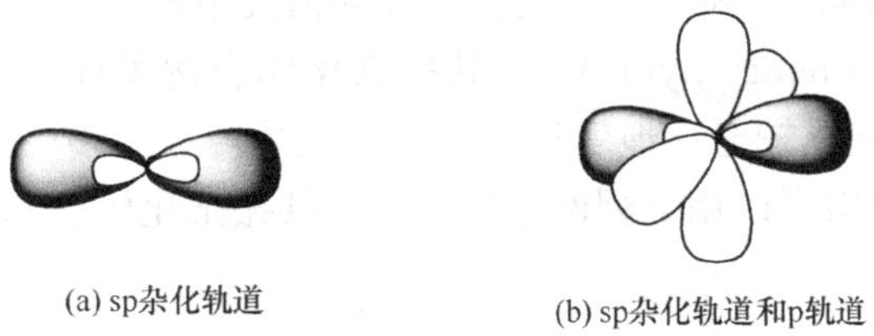

图 1-3　碳原子的 sp 杂化

1.3.4　分子轨道理论

价键理论形象、直观、易理解，是从定域(成键的电子只局限于成键两原子之间)的观点出发，说明了共价键的形成和分子空间构型等问题，但没有把分子看成是一个整体，因此，该理论具有一定的局限性。而分子轨道理论是以离域(成键的电子分布在整个分子中)的观点为基础，对分子的描述更准确，并逐渐在有机化学理论中占据主导地位。分子轨道理论的基本要点如下：

(1) 成键的电子在分子中空间的运动状态称为分子轨道(molecular orbital)，可用波函数 Ψ 来描述。分子轨道是由组成分子的原子轨道线性组合而成。形成的分子轨道数与参与成键原子轨道数相等。例如，两个原子轨道线性组合得到两个分子轨道，一个是成键分子轨道，其能量比两个原子轨道中能量较低的轨道还低，较稳定；另一个是反键分子轨道，其能量比两个原子轨道中能量较高的轨道还要高，不稳定(图 1-4)。

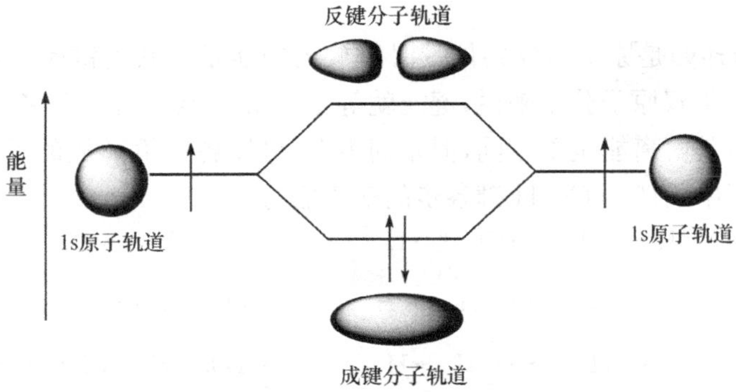

图 1-4　氢分子轨道示意图

(2) 为了有效地组合成分子轨道，参与组合的原子轨道还必须满足以下三条原则：①对称性匹配原则，成键的两个原子轨道，必须是位相相同的部分相互重叠才能形成稳定的分子轨道；②能量相近原则，只有能量相近的两个对称性匹配的原子轨道才能有效地组合成分子轨道，而且原子轨道的能量越接近，组合成的分子轨道越有效；③轨道最大重叠原则，能量相近、对称性匹配的两个原子轨道线性组合成分子轨道时，应尽可能使原子轨道重叠程度最大，以使成键分子轨道的能量尽可能降低，形成的化学键越稳定。

(3) 电子在分子轨道中的排布，同样遵循能量最低原理、泡利不相容原理和洪德规则。

1.3.5 共振论

为了解决经典结构式表达复杂的电子离域体系的矛盾，鲍林在价键理论的基础上提出了共振论(resonance theory)。其基本要点是：电子离域体系的分子、离子或自由基不能用一个经典结构式(Lewis 式)表示清楚，而需用几个可能的原子核位置不变、只是电子位置变化的 Lewis 式来表示，这些 Lewis 结构式称为共振式或共振极限式。实际上分子、离子或自由基是共振式的共振杂化体(resonance hybride)。共振杂化体表达了成键的电子离域于整个分子、离子或自由基中，因此，能比较全面地解释化合物的性质。

例如，硝基甲烷的结构可以用下列两个共振式或共振杂化体表示。

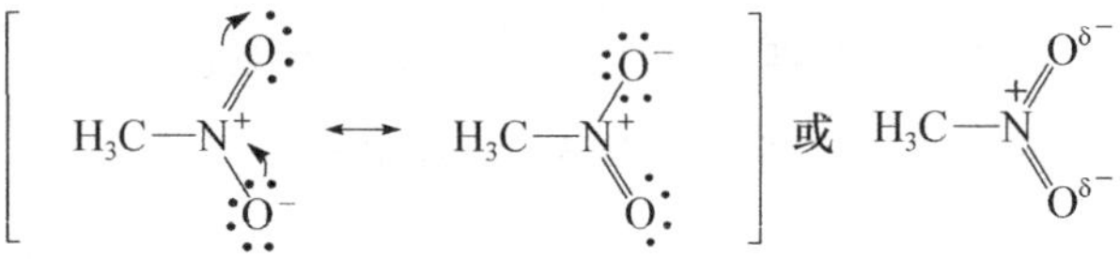

两个共振体　　　　共振杂化体

双箭头“⟷”是共振符号，连接共振式，表示共振式的共振或叠加，合起来表示共振杂化体。弯箭头“↗”表示电子对转移。

一般情况下，能级相等或近似的共振式越多，电子离域程度越大，这个体系的热力学能越低，越稳定。每个共振式对共振杂化体的贡献不是均等的，越稳定的共振式其贡献越大，相同的共振式对共振杂化体的贡献相等。

1.3.6 共价键的性质

能表征共价键性质的键参数主要有键能、键长、键角和键的极性。

1. 键能

键能(bond energy)是原子形成共价键时所放出的能量。共价键断裂成原子所吸收的能量，称为解离能。对于双原子分子来说，键能就等于其解离能。而对于多原子分子来说，即使具有相同的共价键，其解离能也不相同，但差别不大，可用各键解离能的平均值作为该键的键能。例如，甲烷分子中的四个 C—H 键各步的解离能为

$$H_3C—H \longrightarrow \cdot CH_3 + \cdot H \qquad E_d = 435.4\ kJ \cdot mol^{-1}$$

$$\cdot CH_3 \longrightarrow \cdot\dot{C}H_2 + \cdot H \qquad E_d = 443.5\ kJ \cdot mol^{-1}$$

$$\cdot\dot{C}H_2 \longrightarrow \cdot\dot{\underset{\cdot}{C}}H + \cdot H \qquad E_d = 443.5\ kJ \cdot mol^{-1}$$

$$\cdot\dot{\underset{\cdot}{C}}H \longrightarrow \cdot\dot{\underset{\cdot}{C}}\cdot + \cdot H \qquad E_d = 338.9\ kJ \cdot mol^{-1}$$

C—H 键的键能为 $\frac{(435.4+443.5+443.5+338.9)kJ \cdot mol^{-1}}{4} = 415.3\ kJ \cdot mol^{-1}$。键能是衡量共价键强度的重要参数，一般来说，键能越大，键的稳定性越好，由该键组成的分子越稳定。

2. 键长

键长(bond length)是指分子中两个成键原子核间的平衡距离,键长的单位常用 pm 或 nm 表示。键长可通过 X 射线衍射法、电子衍射法等物理方法测定。

不同的共价键具有不同的键长,即使相同的共价键,由于成键原子受到整个分子中各部分的相互影响,其键长也稍有不同,可用其平均值即平均键长作为该键的键长。对于相同两原子形成的共价键,单键键长>双键键长>叁键键长。例如,C—C 键长为 154 pm, C═C 键长为 134 pm,C≡C键长为 120 pm。

问题 1-1 解释乙烷、乙烯、乙炔中的 C—C 键长不同的原因。

---

3. 键角

键角(bond angle)是指分子中同一原子形成的两个共价键之间的夹角,是反映分子空间构型的一个重要参数。例如,甲烷分子中四个键的相邻键角为 109.5°,是正四面体构型。通常根据分子中的键角和键长,可确定分子的空间构型。

4. 键的极性和极化性

键的极性是由成键原子的电负性不同引起的。当两个相同原子形成共价键时,由于两个原子的电负性相同,核间电子云对称地分布在两个原子之间,正、负电荷重心重合,这种键是无极性的,称为非极性共价键(nonpolar covalent bond),如 H—H、Cl—Cl。当两个不同原子形成共价键时,由于两原子的电负性不同,核间电子云偏向电负性较大原子的一端,使之带部分负电荷,通常用符号"δ^-"表示;而电负性较小原子的一端带部分正电荷,通常用符号"δ^+"表示,正电荷重心与负电荷重心不重合,这种键具有极性,称为极性共价键(polar covalent bond),如$\overset{\delta^+}{\mathrm{H}}$—$\overset{\delta^-}{\mathrm{Cl}}$。

键极性的大小主要取决于成键两原子的电负性之差,电负性差值越大,键的极性就越大。两个原子的电负性差值等于或大于 1.7,通常形成离子键。电负性差值小于 1.7 为共价键,其中差值为 0.6~1.7 的为极性共价键。

键的极性大小还可用偶极矩(键矩)μ 来表示。偶极矩等于正电荷重心(或负电荷重心)的电量(q)与正、负电荷重心之间的距离(d)的乘积,即

$$\mu=q\times d$$

其单位为库仑·米(C·m)。偶极矩是一个矢量,通常用符号"$+\!\!\!\longrightarrow$"表示其方向,箭头是从正电荷重心指向负电荷重心方向。有机物分子中一些常见共价键偶极矩为 $1.33\times10^{-30}\sim11.7\times10^{-30}$ C·m。偶极矩越大,键的极性就越大。

键的极化性(polarization of bond)是指在外界电场作用下,共价键的电子云分布发生变化,从而改变键的极性。极化性的大小与成键原子的体积、电负性、键的种类和外电场强度等因素有关。成键原子的体积越大,电负性越小,对核外价电子的束缚能力越弱,则键的极化性越大;外电场越强,键的极化性越大。

共价键的极性与极化性是共价键的重要性质,是决定分子的物理及化学性质的重要因素之一。

问题 1-2　将 C—F、C—N、C—I、C—Br 共价键按极性大小排列成序。

1.3.7　分子间作用力

1. 分子的极性

任何分子中都含有带正电荷的原子核和带负电荷的电子，如果分子的正、负电荷重心重合，则分子为非极性分子；若正、负电荷的重心不重合，则为极性分子。分子极性的大小常用分子的偶极矩来衡量。偶极矩为零的分子是非极性分子。分子的偶极矩越大，其极性就越强。

对于双原子分子来说，键的偶极矩就是分子的偶极矩；但对于多原子分子来说，分子的偶极矩是各键的偶极矩的矢量和，即在多原子分子中，分子的极性不仅与共价键的极性有关，还与分子的空间构型有关。例如，四氯甲烷分子中 C—Cl 键是极性键，偶极矩为 4.87×10^{-30} C·m，但由于分子是正四面体结构，四个 C—Cl 键偶极矩相互抵消，四氯甲烷分子的偶极矩为零，是非极性分子。而一氯甲烷分子中 1 个 C—Cl 键和 3 个 C—H 键（偶极矩为 1.33×10^{-30} C·m）是极性键，分子是变形的四面体结构，一氯甲烷分子的极性没有被抵消，偶极矩为 6.20×10^{-30} C·m，是极性分子（图 1-5）。

$\mu=0$ C·m　　　$\mu=6.20\times10^{-30}$ C·m

图 1-5　四氯甲烷和一氯甲烷分子的偶极方向和偶极矩

问题 1-3　下列化合物分子中有无偶极矩，若有用（+→）标明极性的方向。

(1) CH_2Cl_2　(2) CH_4　(3) CH_3OCH_3　(4)　CH_3OH

2. 分子间作用力

除化学键外，分子间还存在一种约比化学键键能小一两个数量级的较弱作用力，称为分子间作用力，它最早由荷兰物理学家范德华（J. D. van der Waals）提出，因此也称为范德华力（van der Waals forces）。这种力是决定物质熔点、沸点、溶解度、表面张力等物理性质的重要因素。

分子间作用力的实质是分子偶极间的静电作用力，不具有方向性和饱和性。分子间作用力源于分子的极化，按其产生的原因和特性可分为取向力、诱导力和色散力三种。由极性分子的偶极定向排列产生的静电作用力称为取向力，极性分子的偶极矩越大，取向力就越大。极性分子固有偶极与非极性分子的诱导偶极产生的作用力称为诱导力，极性分子之间也存在诱导力，诱导力通常很小。由非极性分子的瞬时偶极产生的吸引作用力称为色散力，非极性分子与极性分子之间及极性分子之间也存在色散力。对于大多数分子，色散力是主要的。

3. 氢键

当氢原子与电负性大、半径小的 X 原子（如 F、O、N 等）以共价键结合成分子时，密集于核间的电子云强烈偏向于 X 原子，使氢原子几乎变成了“裸核”，这个氢原子还能与另一个电负性大、半径小的 Y 原子(如 F、O、N 等)中的孤对电子产生静电作用形成 X—H…Y 结构，这种产生在氢原子与 Y 原子之间的静电作用力(虚线所示)称为氢键(hydrogen bond)。氢键的键能比共价键弱得多，但比分子间作用力稍强。氢键有方向性和饱和性，这又有别于分子间作用力，因此可以把氢键看成是较强的、有方向性和饱和性的特殊分子间作用力。

氢键的形成不仅对物质的物理性质有较大影响，而且对分子内含有氢键的蛋白质、核酸和多糖等许多生物大分子的结构和功能也起着极为重要的作用。

1.3.8 有机化合物的特征

从化学结构上看，有机化合物分子中原子间主要以共价键成键，分子间的作用力较弱。因此，它们与无机化合物相比，一般具有以下几方面的特征：组成有机化合物的元素虽然较少，但其数目繁多，同分异构现象普遍且分子结构复杂；容易燃烧；熔点、沸点较低，对热稳定性较差；通常在水中溶解度较小，而易溶于有机溶剂；化学反应速率较慢，常伴有副反应发生，产物复杂，反应物的转化率和产物的选择性很少能达到 100%。

1.4 有机化学反应的基本类型

有机化合物发生化学反应时，总是伴随着某些共价键的断裂和新的共价键的生成。共价键的断裂有均裂和异裂两种方式，因此，可以把有机反应分为不同的类型。

均裂(homolysis)是指共价键断裂时，组成该键的一对电子由键合的两个原子或基团各保留一个。例如

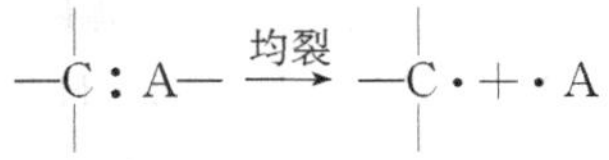

均裂产生具有单电子的原子或基团，称为自由基(free radical，又称游离基)。自由基性质非常活泼，可以继续引起一系列的反应(链反应)。有自由基参与的反应称为自由基反应，一般多在光照、热或过氧化物存在下进行。生物体内许多生理或病理过程(如衰老、损伤和肿瘤的发生等)都与自由基有关。

异裂 (heterolysis)是共价键断裂时，成键的一对电子保留在一个原子或基团上，从而产生碳正离子或碳负离子。例如

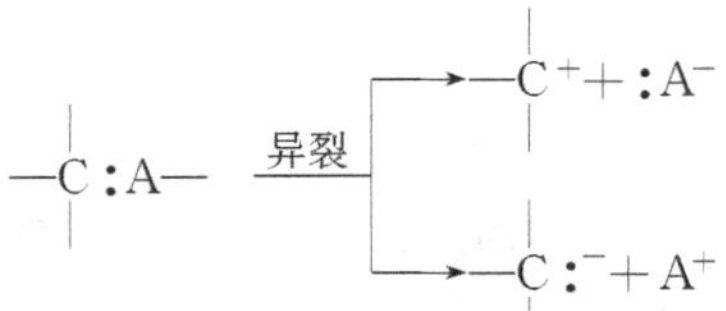

这种碳正离子和碳负离子是在有机化学反应中暂时生成、瞬间存在的活性中间体。由异裂产生的离子而进行的反应称为离子型反应，它不同于无机化合物的离子反应。有机离子型反应一般是在酸或碱的催化下或在极性介质中与试剂通过形成正负离子而发生反应。有机离子型反应又可根据进攻试剂的类型不同，分为亲电反应和亲核反应两种。

亲电反应(electrophilic reaction)是由缺少电子的试剂进攻反应物(底物)中电子云密度较高部位所发生的反应。这类试剂一般为正离子或缺电子的化合物(如 Br^+、$FeCl_3$、$AlCl_3$ 等)，

称为亲电试剂。

亲核反应(nucleophilic reaction)是由亲核试剂进攻底物中电子云密度较低部位所发生的反应。反应试剂一般为能供给电子的负离子或带有孤对电子的分子(如 RO^-、OH^-、NH_3、H_2O 等),称为亲核试剂。

除上述自由基反应和离子型反应外,还有一种反应称为协同反应或周环反应。该反应是在反应过程中,旧的共价键断裂和新的共价键形成同时发生于环状过渡态结构中,不生成自由基或离子型活泼中间体,反应一般在光照或加热条件下进行,有较好的立体选择性。

1.5　有机化学中的酸碱概念

酸碱是化学中的重要概念之一。酸和碱的最早定义是由瑞典化学家阿伦尼乌斯(S. A. Arrhenius)于 1887 年在酸碱电离理论中提出的,即凡是在水溶液中能电离出 H^+ 的物质是酸,能电离出 OH^- 的物质是碱。这个酸碱概念只限于水溶液,因而有一定的局限性。随着对酸碱的深入研究,又产生了多种理论。在有机化学中应用较多的是酸碱质子理论和酸碱电子理论。

1.5.1　酸碱质子理论

1923 年,丹麦化学家布朗斯台德(J. N. Brönsted)和英国化学家劳里(T. M. Lowry)提出酸碱质子理论。该理论认为:凡能给出质子(H^+)的物质都是酸,凡能接受质子的物质都是碱。酸是质子的给体,碱是质子的受体。酸失去质子后即成为其共轭碱,酸越强,其共轭碱就越弱;同理,碱得到质子后即成为其共轭酸,碱越强,其共轭酸就越弱。例如

$$\underset{\text{酸}}{CH_3COOH} + \underset{\text{碱}}{CH_3NH_2} \rightleftharpoons \underset{\text{共轭碱}}{CH_3COO^-} + \underset{\text{共轭酸}}{CH_3N^+H_3}$$

$$\underset{\text{碱}}{CH_3CH_2OH} + \underset{\text{酸}}{H_2SO_4} \rightleftharpoons \underset{\text{共轭酸}}{CH_3CH_2^+OH_2} + \underset{\text{共轭碱}}{HSO_4^-}$$

酸碱反应的实质就是两对共轭酸碱对之间的质子传递反应,酸碱反应总是由较强的酸与较强的碱作用,向着生成较弱的碱和较弱的酸的方向进行。

化合物的酸性强度通常用解离常数 K_a 或其负对数 pK_a 表示,K_a 值越大或 pK_a 值越小,酸性就越强;碱性强度可以用 K_b 或 pK_b 表示,K_b 值越大或 pK_b 值越小,碱性就越强。

酸碱质子理论与电离理论相比,扩大了酸和碱的范围,并且把酸和碱的性质和溶剂的性质联系起来。

1.5.2　酸碱电子理论

1923 年,美国物理化学家路易斯提出酸碱电子理论。该理论认为:凡能接受电子对的分子或离子则称为 Lewis 酸,而能够给出电子对的分子或离子称为 Lewis 碱。酸是电子对的受体,碱是电子对的给体。酸碱反应的实质是酸从碱接受一对电子,形成配位键而生成酸碱配合物:

$$\underset{\text{酸}}{A} + \underset{\text{碱}}{:B} \rightleftharpoons \underset{\text{酸碱配合物}}{A:B}$$

根据路易斯酸碱概念,亲电试剂可以看成是 Lewis 酸,如 H^+、Li^+、NO_2^+、$AlCl_3$、$FeCl_3$、$ZnCl_2$、$SnCl_4$、R^+、R_3C^+ 等;亲核试剂可以看成是 Lewis 碱,如 OH^-、X^-、SH^-、RNH_2、RO^-、ROR'、$C{=}O$、$-C{\equiv}N$、烯烃、芳烃等。

酸碱电子理论所定义的酸碱包括的物质种类极为广泛，大多数有机反应都可以看成是路易斯酸碱反应。但该理论对酸碱的认识过于笼统，也不易确定酸碱的相对强度。

问题 1-4　指出下列各组共轭酸酸碱对中哪一个是 Lewis 酸？哪一个是 Lewis 碱？

(1) NH_3—H^+　(2) CH_3SCH_3—BH_3　(3) HCHO—NH_3　(4) $AlCl_3$—RCl

1.6　有机化合物的分类和构造式的表示方法

1.6.1　有机化合物的分类

数以千万计的有机化合物，分类的方法有多种。但一般是按分子中碳原子的连接方式（碳的骨架）和有特征反应的官能团方法来分类。

根据碳的骨架可以将有机化合物分成开链化合物和环状化合物。开链化合物是指碳原子相互结合成链状化合物，由于最初这类化合物是在油脂中发现的，因此习惯上称之为脂肪族化合物。环状化合物可根据成环原子的种类分成碳环化合物和杂环化合物，碳环化合物都是由碳原子互相结合成环状化合物，这类化合物中含有苯环的化合物称为芳香族化合物，不含苯环的碳环化合物称为脂环族化合物；杂环化合物是指分子中组成环的原子除碳原子外，还有杂原子（如氧、硫或氮等）。

另一种分类方法是按官能团分类。官能团（functional group）又称功能基，是代表有机化合物主要性质和反应的原子或基团，官能团对有机化合物的性质起着决定性的作用。含有相同官能团的有机化合物具有相似的性质，因此将含有相同官能团的化合物归为一类。本书主要按官能团分类，并结合骨架结构展现有机化学的基本内容。一些主要官能团见表 1-1。

表 1-1　一些主要官能团

类别（英文名）	官能团		实例	
	结构	名称	结构式	名称
烯烃（alkene）	>C=C<	碳碳双键	H　H C=C H　H	乙烯
炔烃（alkyne）	—C≡C—	碳碳叁键	H—C≡C—H	乙炔
卤代烃（halohydrocarbon）	—X	卤素	CH_3Cl	氯甲烷
醇（alcohol）和酚（phenol）	—OH	羟基	CH_3CH_2OH 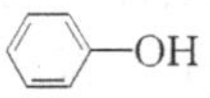	乙醇 苯酚
醚（ether）	R—O—R	醚键	H_3CH_2C—O—CH_2CH_3	乙醚
醛（aldehyde）	O ‖ —C—H	醛基	O ‖ H_3C—C—H	乙醛
酮（ketone）	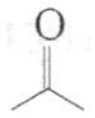	羰基	O ‖ H_3C—C—CH_3	丙酮
羧酸（carboxylic acid）	O ‖ —C—OH	羧基	O ‖ H_3C—C—OH	乙酸
酯（ester）	O ‖ —C—OR	酯基	O ‖ H_3C—C—OCH_2CH_3	乙酸乙酯

续表

类别(英文名)	官能团		实例	
	结构	名称	结构式	名称
胺(amine)	$-NH_2$	氨基	$H_3CH_2C-NH_2$	乙胺
酰卤(acid chloride)	$-\overset{O}{\overset{\|}{C}}-X$	酰卤基	$CH_3\overset{O}{\overset{\|}{C}}-Cl$	乙酰氯
酰胺(amide)	$-\overset{O}{\overset{\|}{C}}-NH_2$	酰胺基	$H_3C-\overset{O}{\overset{\|}{C}}-NH_2$	乙酰胺
硫醇(mercaptan)			CH_3CH_2SH	乙硫醇
硫酚(thiophenol)	$-SH$	巯基	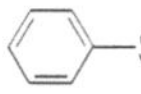—SH	苯硫酚
硫醚(thioether)			$H_3C-S-CH_3$	甲硫醚

问题 1-5 指出化合物(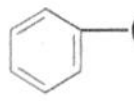—CH═CHCOOH)中所含官能团的名称和类别。

1.6.2 有机化合物构造式的表示方法

有机化合物分子的组成可用分子式表示,但由于有机化合物同分异构现象很普遍,分子式不能表明唯一的有机化合物,因此,必须用构造、构型和构象来表示有机化合物的结构。将有机化合物分子中各原子相互连接的顺序和方式称为构造,表示分子构造的化学式即为构造式。下面主要介绍构造式的表示方法,立体结构式中构型和构象的表示方法将在相关章节中加以介绍。

构造式主要有路易斯结构式、蛛网式、缩写式和键线式四种,举例说明见表 1-2。路易斯结构式是用圆点表示电子,两原子之间的两个圆点表示形成的共价单键,此结构式可以清楚地表示各原子间键合关系和非价键电子数,但书写麻烦。将路易斯结构式中一对共价电子改成一条短线,就得到了蛛网式,书写也麻烦。为了简化构造式的书写,将碳和氢之间的键线省略,或将碳氢单键和碳碳单键的键线均省略,称为缩写式。还有一种表示方式是只用键线表示出碳链、碳环(统称碳架或骨架)和除碳、氢以外的原子或基团与碳原子连接的关系,两个单键或一个双键与一个单键之间的夹角为 120°,一个单键与一个叁键之间的夹角为 180°,而分子中的碳原子、与碳原子相连的氢原子和碳氢键均省略不写,其他原子(杂原子)及与杂原子相连的氢原子要写出,此种方式表示的结构式称为键线式。缩写式和键线式应用较广泛,键线式最为简便。

表 1-2 有机化合物构造式的表示方法

化合物	路易斯结构式	蛛网状	缩写式	键线式
丁烷	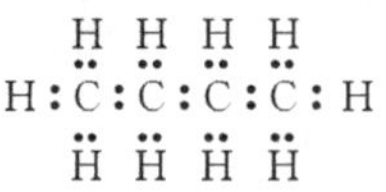	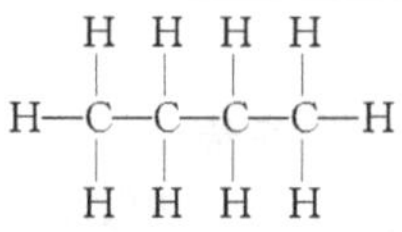	$CH_3CH_2CH_2CH_3$ 或 $CH_3(CH_2)_2CH_3$	
1-丁烯	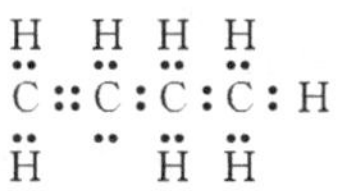	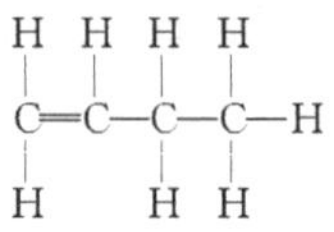	$H_2C═CHCH_2CH_3$	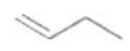

续表

化合物	路易斯结构式	蛛网状	缩写式	键线式
2-丁醇	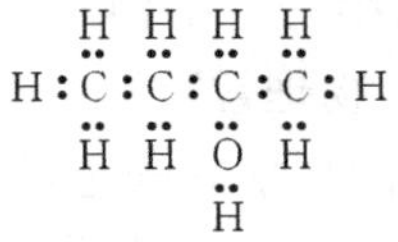	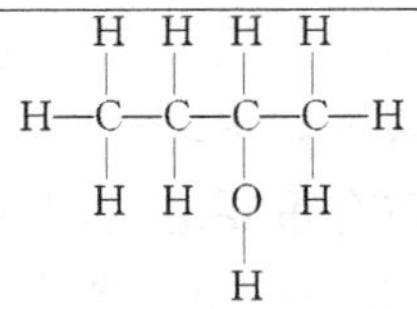	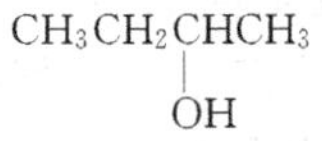 或 $CH_3CH_2CH_2(OH)CH_3$	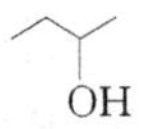
环丁烷	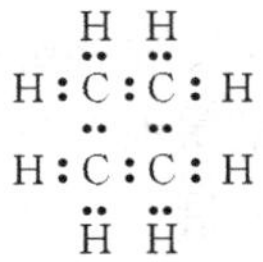	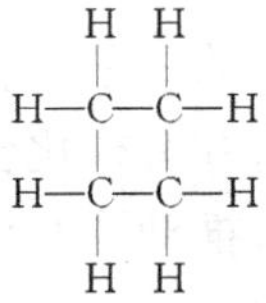	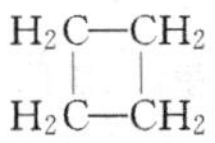	
苯	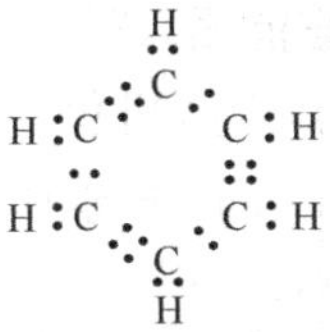	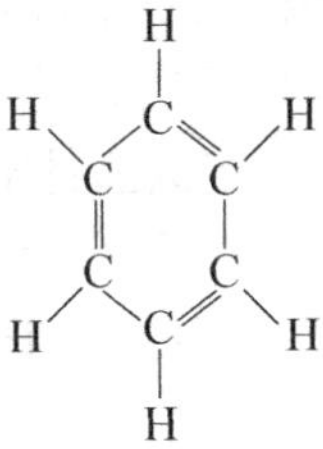	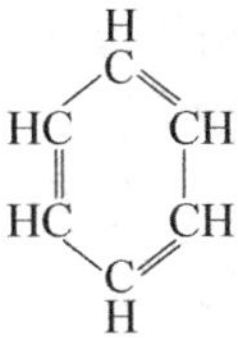	 或 

1.7　研究有机化合物结构的步骤与方法

研究一个未知的有机化合物或测定一个有机化合物的结构，需要对该化合物进行结构表征。其基本步骤和方法如下。

1. 分离提纯

研究有机化合物结构的前提是必须保证这个化合物为单一纯净的物质，这就需要首先做好分离纯化工作。常用的有机化合物分离提取方法有蒸馏、重结晶、升华和色谱法等。已知有机化合物的纯度可通过测定其物理常数（如熔点、沸点、相对密度、折光率、比旋光度等）来验证，未知化合物一般用纸色谱、薄层色谱、气相色谱或高效液相色谱等色谱技术来验证。尤其是高效液相色谱因其具有分离效率高、速度快、用量少等特点，已广泛用于有机化学、药学和医学等领域。

2. 分子组成的确定

分离提纯后的化合物可以进行元素分析，确定化合物是由哪些元素组成及每种元素的含量，然后将各元素的质量分数除以相应元素的相对原子量，求出该化合物中各元素间原子的最小个数比，即为该化合物的实验式。例如，某化合物经元素分析得知含有 C、H、O、N 四种元素，各元素的质量分数分别为 49.3%、9.6%、22.7%、19.6%，则可以计算得出相应各元素的最小个数比为 3∶7∶1∶1，由此确定该化合物的实验式为 C_3H_7NO。

通过凝固点降低法、沸点升高法、渗透压法或质谱法等方法测定化合物的相对分子质量，除以实验式的式量，即可确定该化合物的分子式。例如，测定上述化合物的相对分子质量为 146，由于 C_3H_7NO 的式量为 73，因此该化合物的分子式为 $C_6H_{14}N_2O_2$。

3. 结构的确定

在明确了有机化合物的分子式之后，就要表征有机化合物的结构。结构表征主要有经典化学法、物理常数测定法和近代物理方法等方法。经典的化学法、物理常数测定法是研究有机结构的基础，在现代有机化学研究中仍占有重要地位，但是，经典的化学方法花费时间长，消耗样品多，操作手续繁杂，物理常数测定法又不能单独准确表征化合物。而近代发展起来的物理方法是应用物理实验技术、计算机技术建立的一系列仪器分析方法，其特点是样品用量少、测试时间短、结果精确等。近代物理方法是研究有机化合物分子结构的最有力的手段和方法，极大地促进了对复杂有机化合物结构的研究，推动了有机化学的飞速发展。

近代物理方法有多种，有机化合物的结构表征中最常用的是红外光谱、核磁共振谱、紫外光谱、质谱和X射线衍射等方法。红外光谱可以确定分子中存在何种官能团；紫外光谱可揭示分子中是否存在电子共轭体系；核磁共振谱可以确定碳氢骨架的情况，是测定有机化合物结构最主要的方法之一；质谱可确定分子的大小和相对分子质量。详细内容将在第17章中加以介绍。

另外，X射线衍射可以揭示化合物结晶体中各原子的空间排布，是分析有机大分子空间结构常用的方法。

多种技术的组合可以简化有机化合物结构研究的程序。例如，色谱仪与质谱仪联用，可以直接测定混合物中各组分的相对分子质量；红外光谱仪与色谱仪联用，可以直接测定混合物中各组分的官能团。有关这方面的详细内容可参见有关专著。

知识拓展

绿色化学

有机化学与人类的生活、生产和生存环境密切相关。人类的衣、食、住、行等所需要的许多物质，如合成纤维、糖类、蛋白质、油脂、塑料、橡胶、石油、天然气等都是天然或合成有机化合物；在石油化工、医药、农药、有机功能材料、染料、国防等行业，有机化学的重要作用更加突出。有机化学改变了人类的生活方式，极大地提高了生活质量，对社会进步作出了巨大贡献。与此同时，“传统”的化学合成方法和“传统”的合成化学工业，又对人类赖以生存的生态环境造成了严重的污染和破坏，威胁着人们的健康和生命，还会造成资源短缺、能源枯竭等一系列问题。20世纪90年代起，化学家提出了与传统的“对终端或过程污染进行治理”不同的“绿色化学”理论。

绿色化学又称环境友好化学、清洁化学，其根本目的就是从合理利用资源和能源、降低生产成本及防止污染的观点出发，重新审视和改革传统化学，使对环境的治理从治标转向治本。绿色化学的核心内涵是在反应过程和化工生产中，尽量减少或彻底消除使用和生产有害物质，旨在从物质产生的源头控制有害物质的产生，减少对环境的污染。绿色化学的应用原则主要有以下12项：①防止污染的产生优于治理产生的污染；②原子经济性，即设计合成方法使其能把反应过程中利用的所有材料尽可能多地转化到最终产物中；③只要可行，应设计合成方法使其利用的原料和反应产物对人类健康和环境无毒性或毒性很低；④应设计化工产品使其保留功效，但降低毒性；⑤应尽可能避免使用辅助物质（如溶剂、分离剂等），如用时应是无毒的；⑥应考虑到能源消耗对环境和经济的影响，尽量少地使用能源，尽可能使合成在常温和常压下进行；⑦只要技术和经济上可行，原料应是可再生的，而不是将耗竭的；⑧应尽量减少衍生化步骤；⑨催化试剂（尽可能好的选择性）优于化学计量试剂；⑩应设计化工产品使其在完成使命后不在环境中久留，并降解为无毒的物质；⑪分析方法需进一步发展，以能够进行即时和在线跟踪，有效控制有害物质的生成；⑫在化学转换过程中，所用的物质和物质的形态应尽可能地降低发生化学事故的可能性，包括泄漏、爆炸和火灾等。这些原则主要体现了对环境的友好和安全、能源的节约、生产的安全性等，在实施过程中，必须充分考虑以上原则。

目前绿色化学研究的主要内容有：①发展高效、高选择性的"原子经济性"反应，目前催化不对称合成反应仍是获得单一手性分子的主要方法，应加强有关的新反应、新技术、新配体及催化剂的研究，特别是生物催化的有机反应的研究；②发展符合绿色化学要求的新反应以及相应的工艺，降低或避免使用对环境有害的原料，减少副产物的排放，直至实现零排放；③环境友好的"洁净"反应介质的开发利用，包括水、超临界流体、近临界流体、离子液体等，以替代传统反应介质的研究；④可重复使用材料、可降解材料的利用以及人类生活中废弃物的再利用。

绿色化学吸收了当代物理、生物、材料、信息等学科的最新理论和技术，与化学特别是有机化学交叉融合，形成了一门具有明确科学目标和社会需要的新兴学科，是当今国际化学科学研究的前沿，是对传统化学思维方式的更新和发展。绿色化学是发展生态经济和工业的关键，对于经济和社会的可持续发展具有重要的意义。

小　结

有机化合物是指除 CO、CO_2 和简单碳酸盐之外的所有含碳化合物，或者称为碳氢化合物及其衍生物。有机化学是研究有机化合物的化学，是研究有机化合物的结构、性质及其反应的一门科学。

有机化合物以共价键成键。对于共价键的解释，主要有价键理论、杂化轨道理论、分子轨道理论和共振论等。表征共价键性质的键参数主要有键能、键长、键角和键的极性等。

有机化合物的特征：数目繁多，易燃烧，熔点和沸点较低，难溶于水，易溶于有机溶剂，且反应速率慢，副反应多等。

共价键的断裂有均裂和异裂两种方式。由均裂产生具有单电子的原子或基团称为自由基，有自由基参与的反应称为自由基反应。异裂产生碳正离子或碳负离子，由异裂产生的离子而进行的反应称为离子型反应。离子型反应分为亲电反应和亲核反应。

凡能给出质子的分子或离子都是Brönsted酸，凡能接受质子的分子或离子都是Brönsted碱；凡能接受电子对的分子或离子则称为Lewis酸，而能够给出电子对的分子或离子称为Lewis碱。

有机化合物一般按分子中碳的骨架和官能团两种方法来分类。

有机化合物结构确定方法：分离提纯、分子组成的确定、结构的确定（红外光谱、核磁共振谱、紫外光谱、质谱和X射线衍射等）等。

习　题

1. 试解释有机化合物与无机化合物相比，具有熔点、沸点较低，水溶性较差等特点的原因。
2. 键的极性和极化性有什么区别？
3. 指出下列各化合物分子中碳原子的杂化状态。

   (1) $HC{\equiv}C{-}CH_2{-}CH{=}CH_2$　　(2) $H_3C{-}C{\equiv}N$
4. 指出下列化合物或离子中哪些是Lewis酸，哪些是Lewis碱。

   (1) NH_3　(2) H_3O^+　(3) $C_2H_5O^-$　(4) $AlCl_3$　(5) Br^-　(6) HSO_4^-
5. 写出分子式为 C_3H_6O 化合物的可能结构式，并指出化合物的类别。
6. 某化合物中C、H、O、N元素的质量分数分别为67.3%、4.7%、14.9%、13.1%，质谱测得其相对分子质量为214.2，试求该化合物的分子式。

（大连医科大学　李发胜）

第 2 章 烷烃和环烷烃

只含碳和氢两种元素的有机化合物称为碳氢化合物，简称烃(hydrocarbon)。烃是最基础的有机化合物，其他各类有机化合物可视为烃的衍生物(derivatives)。根据烃分子中碳原子的连接方式，可对烃进行如下分类：

- 烃
  - 链烃
    - 饱和烃　烷烃　CH_3CH_3
    - 不饱和烃
      - 烯烃　$CH_2{=}CH_2$
      - 炔烃　$HC{\equiv}CH$
  - 环烃
    - 脂环烃 
    - 芳香烃 

本章重点介绍烷烃的结构、异构现象、命名法及自由基取代反应，环烷烃的命名、环己烷的构象及取代环己烷的构象分析；一般阐述环烷烃的结构与环的稳定性关系；简要说明烃的概念和分类，以及烷烃和环烷烃的物理性质及其变化规律，为后续各章节的学习奠定基础。

2.1 烷　　烃

2.1.1 烷烃的结构

烷烃(alkane)是有机分子中结构最为简单的化合物，烷烃分子中所有碳原子间彼此都以碳碳单键相连，其余价键全部与氢原子结合，即烷烃分子中的碳原子达到了与其他原子结合的最大限度，属于饱和烃，通式为 C_nH_{2n+2}。甲烷是最简单的烷烃分子，其分子式为 CH_4，分子中碳原子的 4 个 sp^3 杂化轨道分别与 4 个氢原子的 s 轨道沿轨道对称轴方向重叠，形成 4 个 C—H σ键。电子衍射光谱证实，甲烷分子呈正四面体结构，其中碳原子位于正四面体的中心，4 个氢原子分别位于正四面体的 4 个顶点，H—C—H 键角为 109.5°，如图 2-1(a)和图 2-1(b)所示。

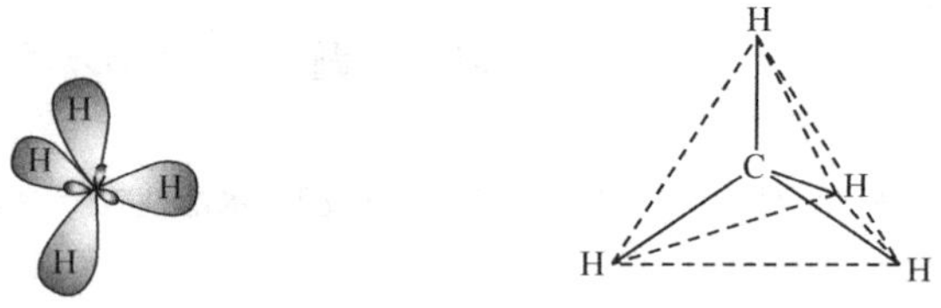

(a) 甲烷分子结构的电子云图　　(b) 甲烷的正四面体结构

图 2-1　甲烷的分子结构

乙烷分子中两个碳原子各用一个 sp^3 杂化轨道沿轨道对称轴方向重叠形成 C—C σ 键，键长为 154 pm，余下的 sp^3 杂化轨道与氢原子的 s 轨道形成 6 个完全相同的 C—H σ 键，键长为 110 pm，如图 2-2 所示。

其他烷烃分子中碳原子也是以同样的方式形成 C—C 键和 C—H 键，不同烷烃键长、键角等稍有差别。因为烷烃分子中碳原子的价键呈四面体型分布，所以三个碳以上的烷烃分子的碳链呈锯齿状，如图 2-3 所示丁烷的形状。但为了书写方便，通常仍以直链的形式表达烷烃的结构。

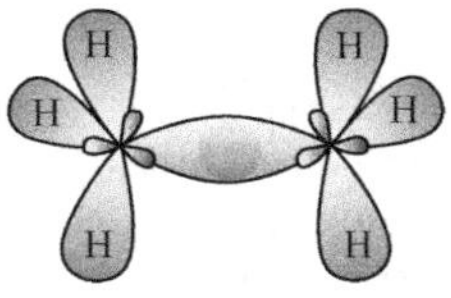

图2-2　乙烷分子结构的电子云图

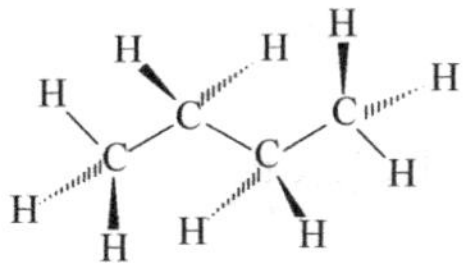

图 2-3　丁烷的形状

烷烃分子中碳原子均为饱和碳原子，根据与其直接连接的碳原子数目不同，可分为伯、仲、叔、季碳原子，对应又称为一级、二级、三级、四级碳原子，分别以 1°、2°、3°、4°表示。

伯碳原子(primary carbon)是指仅与 1 个碳原子直接相连的碳原子。仲碳原子(secondary carbon)是指与 2 个碳原子直接相连的碳原子。叔碳原子(tertiary carbon)是指与 3 个碳原子直接相连的碳原子。季碳原子(quaternary carbon)是指与 4 个碳原子直接相连的碳原子。例如

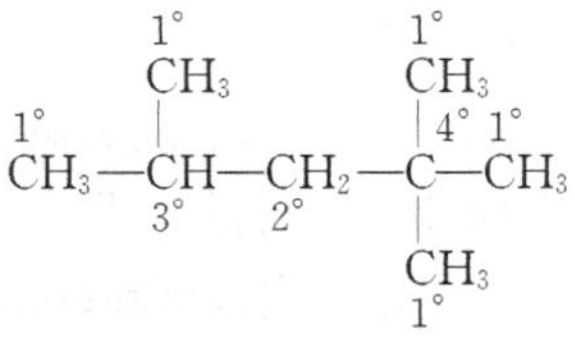

除季碳原子外，伯、仲、叔碳原子上都连有氢原子，分别称为伯氢原子(1°H)、仲氢原子(2°H)和叔氢原子(3°H)。不同类型氢原子的相对反应活性不相同。

问题 2-1　指出下列分子中各碳原子的类型(伯、仲、叔、季)。

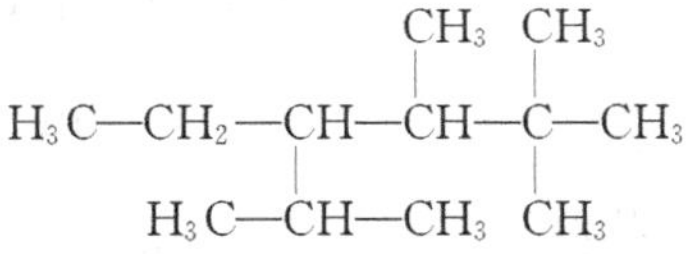

2.1.2　烷烃的异构现象

有机化合物普遍存在同分异构现象，这是有机化合物数目繁多的原因之一。分子组成相同而结构不同的现象称为同分异构现象(isomerism)，简称同分异构。具有同分异构现象的有机化合物互称为同分异构体(isomer)，简称异构体。仅由碳原子连接顺序和方式不同而产生的同分异构现象称为构造异构现象，简称构造异构。因分子中的原子或基团在空间排列不同而产生的异构现象称为立体异构现象，简称立体异构，立体异构包括构象异构、顺反异构和对映异构等。

1. 烷烃的构造异构

含 1～3 个碳原子的烷烃，分子中碳原子的连接方式和顺序仅有一种，无构造异构。其余烷烃都有构造异构。仅由碳链骨架不同而产生的异构现象称为碳链异构(carbon chain isomer)。例如

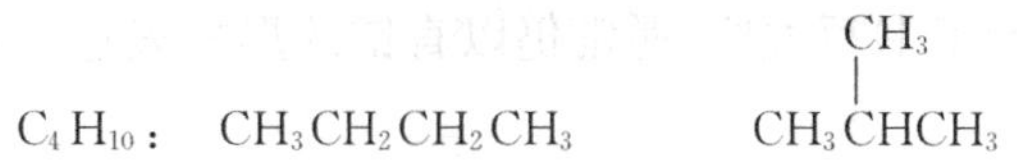

丁烷　　2-甲基丙烷

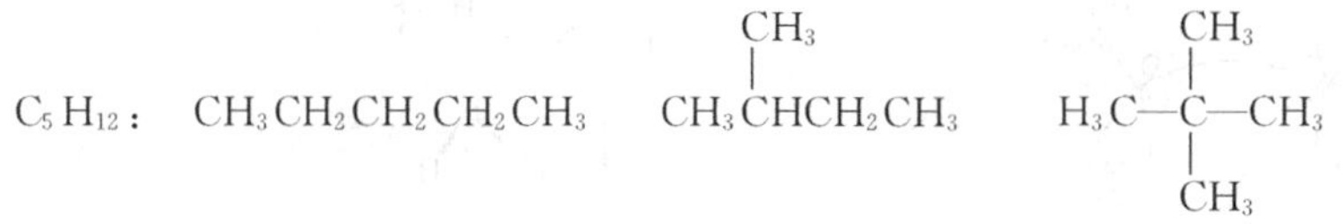

戊烷　　2-甲基丁烷　　2,2-二甲基丙烷

烷烃碳链异构体的数目随着分子中碳原子数目增多而迅速增加。例如，己烷(C_6H_{14})有 5 个碳链异构体，庚烷(C_7H_{16})有 9 个碳链异构体，癸烷($C_{10}H_{22}$)有 75 个碳链异构体，十二烷($C_{12}H_{26}$)则有 355 个碳链异构体，二十烷($C_{20}H_{46}$)的碳链异构体多达 366 319 个。

2. 烷烃的构象异构

碳碳单键的自由旋转使分子中各原子或基团在空间产生的不同排列方式称为构象。每一种空间排列形象就是一种构象，因构象不同而产生的异构现象称为构象异构(conformation isomer)，构象异构是一种立体异构。同一分子的不同构象称为构象异构体(conformational isomer)。

(1) 乙烷的构象。当乙烷分子中的 2 个碳原子绕碳碳单键旋转时，2 个碳原子上的氢原子会呈现无数种不同的空间排列，这些不同的空间排列即为乙烷的构象异构体。其中有两个典型的构象异构体——重叠式(eclipsed)和交叉式(staggered)构象，称为极限构象异构体，可用锯架式(sawhorse)和纽曼投影式(Newman projection formula)表示。

锯架式是从分子模型的侧面观察分子得到的立体表达式，能较直接地反映出分子中碳原子和氢原子的空间排列情况，如图 2-4 所示。纽曼投影式是沿着 C—C 键轴方向观察分子模型得到的平面表达式，从圆圈中心伸出的 3 条直线，表示离观察者较近的碳原子上的 3 个C—H键；从圆周外伸出的 3 条直线，表示离观察者较远的碳原子上的 3 个 C—H 键，如图 2-5 所示。

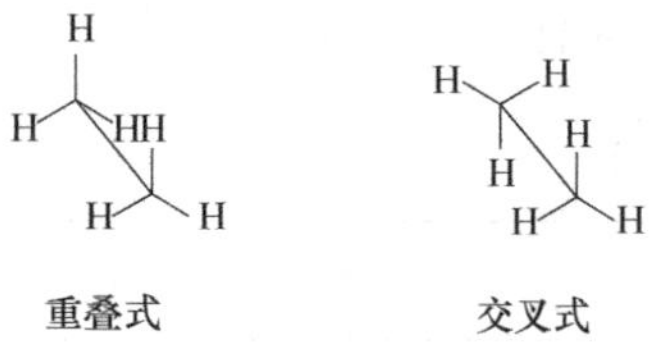

图 2-4　乙烷两种极限构象的锯架式

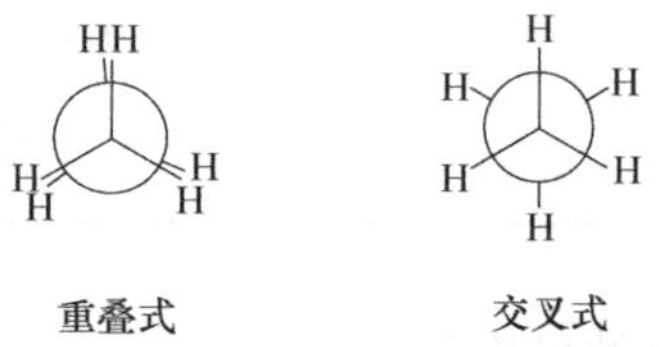

图 2-5　乙烷两种极限构象的 Newman 投影式

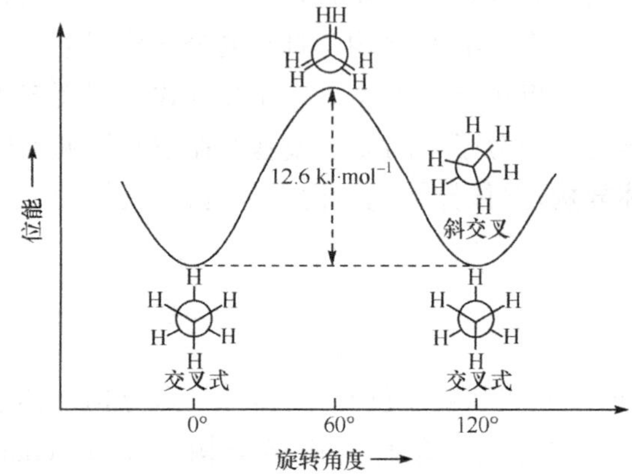

图 2-6　乙烷分子的位能曲线图

在乙烷的重叠式中，2 个碳原子上的氢原子相距最近，相互间斥力最大，分子热力学能最高，较不稳定。而在乙烷的交叉式中，2 个碳原子上的氢原子相距最远，相互间斥力最小，分子热力学能最低，是乙烷最稳定的构象，也称优势构象。处在这两种构象之间的无数构象，其能量都在重叠式和交叉式构象之间。乙烷各种构象的能量变化如图 2-6 所示。

由图 2-6 可知，交叉式处于能量曲线最低点，重叠式处于能量曲线最高点。由交叉式转变为重叠式需吸收 12.6 kJ · mol^{-1}的能量,若从重叠式转为交叉式需放出 12.6 kJ · mol^{-1}的能量,即二者间的相互转化需越过 12.6 kJ · mol^{-1}的能垒。由此可见,乙烷单键的旋转也并不是完全自由的。但由于室温下分子碰撞可产生 83.3 kJ · mol^{-1}的能量,足以克服这个能垒,致使各种构象间迅速互变,因此乙烷分子处于无数个构象异构体的动态平衡中,在室温下无法分离得到以任意单一构象异构体存在的乙烷分子,但大多数乙烷分子仍处于稳定的交叉式构象。

(2) 正丁烷的构象。正丁烷的构象异构较乙烷复杂,围绕 C_2—C_3 键轴旋转也会产生无数种构象异构体,其中有 4 种典型的构象异构体,即对位交叉式、邻位交叉式、部分重叠式和全重叠式。图 2-7 是正丁烷 C_2—C_3 键旋转时各种构象的能量曲线。由图 2-7 可知,在对位交叉式(Ⅰ)中,2 个体积较大的基团(甲基)相距最远,斥力最小,能量最低,是正丁烷的优势构象;在邻位交叉式(Ⅲ)和(Ⅴ)中,由于 2 个体积较大的甲基处于邻位,其间距离比对位交叉式小,斥力有所增大,能量相应升高,稳定性稍有下降;在部分重叠式(Ⅱ)和(Ⅵ)中,2 个甲基与氢原子重叠,相互间斥力增大,热力学能进一步升高,稳定性进一步下降;在全重叠式(Ⅳ)中,2 个碳原子上的甲基与甲基,氢原子与氢原子完全重叠,斥力最大,热力学能最高,是最不稳定的构象。因此正丁烷 4 种典型构象异构体的稳定性大小顺序为对位交叉式>邻位交叉式>部分重叠式>全重叠式。

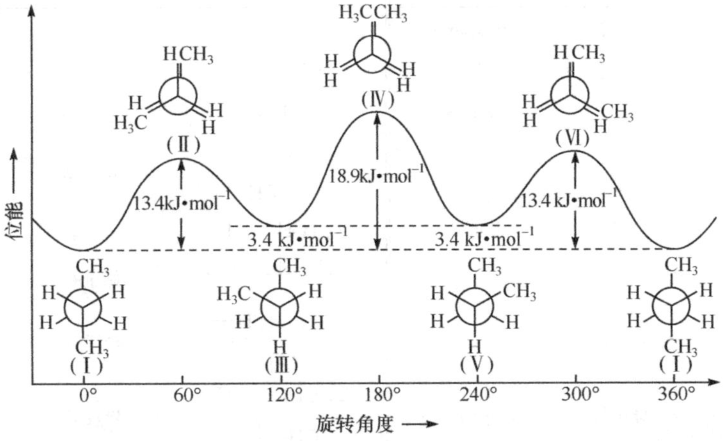

图 2-7　正丁烷 C_2—C_3 键旋转时各种构象的能量曲线

由于正丁烷各种构象异构体间的能量差异很小,室温下各种构象异构体可迅速转变,因此正丁烷实际上也是一个各种构象异构体的平衡混合物,其中主要是以对位交叉式(63%)和邻位交叉式(37%)的构象存在,其他构象所占的比例极少。同样,室温下也无法分离得到它们中的任何一种构象异构体。

随着分子中碳原子数的增加,正烷烃的构象异构更加复杂,但最稳定的构象仍然是对位交叉式,所以直链烷烃在空间的排布主要是锯齿形,而不是一条几何直链。

问题 2-2　分别画出 1,2-二溴乙烷优势构象的 Newman 投影式和锯架式。

2.1.3　烷烃的命名

烷烃的命名原则是各类有机化合物命名的基础,常用普通命名法和系统命名法。

1. 普通命名法

含 1～10 个碳原子的烷烃，采用天干(甲、乙、丙、丁、戊、己、庚、辛、壬、癸)表示碳原子的个数，10 个以上碳原子的烷烃则用中文小写数字命名，称为“某烷”，并在母体名称前加“正”字表示直链烷烃(通常“正”字可省略)，加“异”字和“新”字分别命名链端含有$(CH_3)_2CH$—和$(CH_3)_3C$—而无其他侧链的烷烃。例如

$CH_3CH_2CH_2CH_2CH_3$	$CH_3(CH_2)_{14}CH_3$	$CH_3CHCH_2CH_3$ CH_3	CH_3 CH_3CCH_3 CH_3
正戊烷	正十六烷	异戊烷	新戊烷

烃分子中去掉一个氢原子剩下的基团称为烃基，常用“R—”表示。烃基的名称是根据相应烃的名称而定。命名烷基时，把相应的烷烃命名中的“烷”字改为“基”字。常见烷烃、烷基的结构和名称见表 2-1。

表 2-1　常见烷烃、烷基的结构与名称

烷烃的结构式	中文名称	英文名称	烷基的结构式	中文名称	英文名称	简写
CH_4	甲烷	methane	CH_3—	甲基	methyl	Me
CH_3CH_3	乙烷	ethane	CH_3CH_2—	乙基	ethyl	Et
$CH_3CH_2CH_3$	丙烷	propane	$CH_3CH_2CH_2$—	(正)丙基	*n*-propyl	*n*-Pr
			CH_3CH— CH_3	异丙基	*ios*-propyl	*ios*-Pr
$CH_3(CH_2)_2CH_3$	丁烷	butane	$CH_3(CH_2)_2CH_2$—	丁基	butyl	*n*-Bu
			$CH_3CHCH_2CH_3$	仲丁基	*sec*-butyl	*sec*-Bu
CH_3CHCH_3 CH_3	异丁烷	*ios*-butane	CH_3CHCH_2— CH_3	异丁基	*ios*-butyl	*ios*-Bu
$CH_3CHCH_2CH_3$ CH_3	异戊烷	*ios*-pentane	$CH_3CHCH_2CH_2$— CH_3	异戊基	*ios*-pentyl	*ios*-Pe
CH_3 CH_3CCH_3 CH_3	新戊烷	*neo*-pentane	CH_3 CH_3C— CH_3	叔丁基	*tert*-butyl	*tert*-Bu

普通命名法只适用于直链烷烃或含碳数较少的烷烃异构体的命名，对于结构比较复杂的烷烃，则必须用系统命名法命名。

2. 系统命名法

系统命名法是根据国际纯粹与应用化学联合会(International Union of Pure and Applied Chemistry，IUPAC)修订的命名原则，结合我国文字特点，由中国化学学会制定的命名方法，即《有机化合物命名原则》。系统命名法适用于各类有机化合物，命名时主要由确定主链、取代基位次、数目、名称等步骤完成。其要点为：

(1) 选主链，确定母体名称。选择烷烃结构中取代基最多的连续最长碳链为主链，根据主链碳数命名为“某烷”。例如

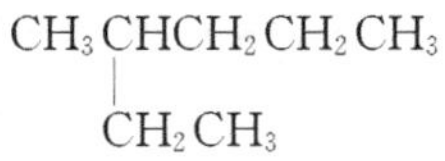

母体名称:己烷

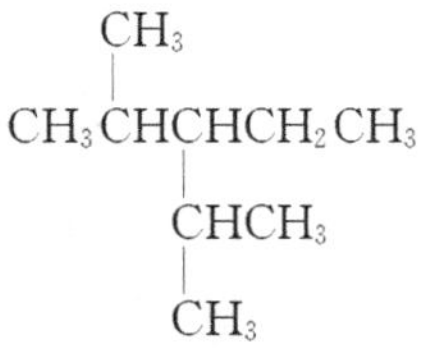

母体名称:戊烷

(2) 主链碳编号,确定取代基位次。主链上若有取代基,则从靠近取代基的一端对主链碳进行编号,依次用 1,2,3…标出其位次。相同碳位上具有不同取代基时,应从使取代基位次和最小的一端或按次序规则中优先次序排列小的取代基开始编号。例如

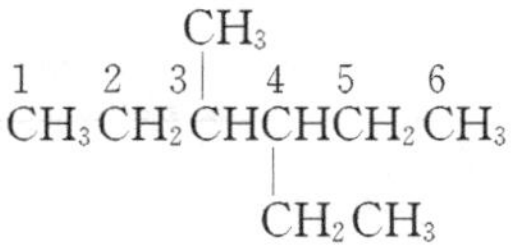

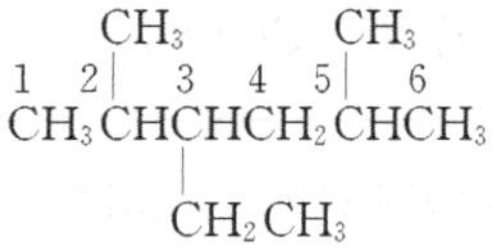

(3) 列出取代基,完成命名。将取代基位次、数目和名称写在母体名称前。若有多个相同取代基时,则合并取代基,并在取代基前用中文数字二、三、四等标示取代基的数目;各取代基的位次用数字标出,并用“,”隔开;取代基的位次与名称之间用半字线连接;不同取代基则遵循次序规则中的排序命名。例如

2-甲基丁烷

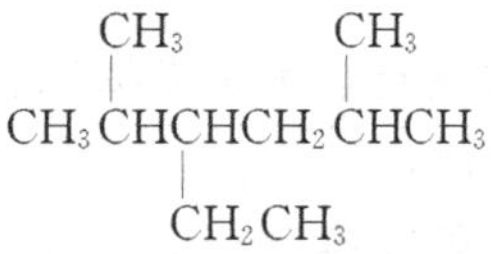

2,5-二甲基-3-乙基己烷

3. 次序规则简介

“次序规则”(sequence rules)是有机化学中常见原子或基团按先后(或大小)顺序进行排列的规则,其要点主要有以下几点。

(1) 原子的优先次序。直接比较原子序数,原子序数大者优先次序高,原子序数小者优先次序低;原子序数相同的同位素,质量重者优先次序高。例如,碘、溴、氯、重氢和氢的原子序数依次减小,因此优先次序也依次减小,通常表示为 I>Br>Cl>D>H。

(2) 基团的优先次序。首先比较键合原子的原子序数,原子序数大者优先次序高,反之优先次序低;键合原子相同时,则顺延比较与键合原子相连的其他原子,直至比较出次序高低为止。例如,—OH 与—CH_3 的键合原子分别为氧原子和碳原子,由于氧原子的原子序数大于碳原子的原子序数,因此—OH 优先于—CH_3。而—CH_2CH_3 与—CH_3,二者的键合原子均为碳原子,则顺延比较与键合原子相连的其他原子的原子序数。—CH_3 中与键合原子相连的原子分别为 H、H、H,—CH_2CH_3 中与键合原子相连的原子分别为 C、H、H,由于 H 的原子序数小于 C,因此二者的优先次序为—CH_2CH_3>—CH_3。同理,—$CH(CH_3)_2$ 与—$CH_2CH_2CH_2CH_3$ 的优先次序为—$CH(CH_3)_2$>—$CH_2CH_2CH_2CH_3$。

根据次序规则,一些常见烷基的优先次序为

—$C(CH_3)_3$	>	—$CH(CH_3)_2$	>	—$CH_2CH_2CH_3$	>	—CH_2CH_3	>	—CH_3
叔丁基		异丙基		丙基		乙基		甲基

(3) 含有重键基团的优先次序。如—$CH{=}CH_2$、—CN、—CHO、—COOH 等,双键可视为 2 个单键与键合原子相联结,叁键则可视为 3 个单键与键合原子相联结。例如

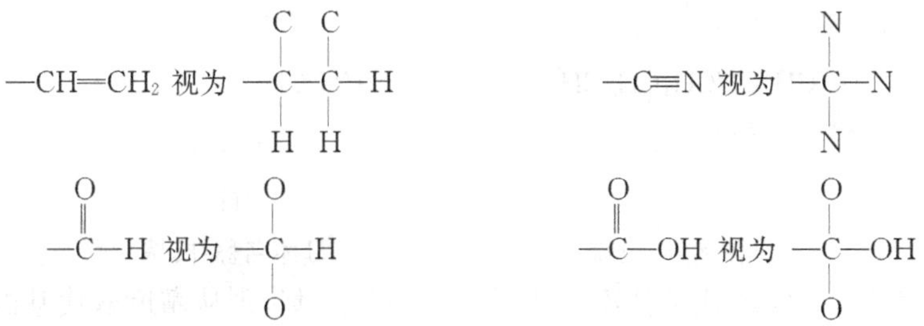

比较—COOH与—CHO，前者键合原子上连有的原子可视为O、O、O，后者键合原子上连有的原子为O、O、H，比较二者与键合原子相连的原子的原子序数可知，—COOH的次序优先于—CHO，即优先次序为—COOH ＞—CHO。

问题2-3 应用次序规则排列下列基团的优先次序。

—OH，—CH═CH_2，—SH，—NH_2，—$COOCH_3$，—$COCH_3$，—CH_2SH

问题2-4 写出分子组成为C_7H_{16}的烷烃可能的构造异构体，并用系统命名法命名。

2.1.4 烷烃的物理性质

有机化合物的物理性质通常是指物态、熔点、沸点、密度、溶解度和折光率等，纯净有机化合物在一定条件下都有固定的数值，常把这些固定的数值称为物理常数，可以在各种手册中查到。通过测定物理常数可以鉴定有机化合物及其纯度。表2-2列出部分直链烷烃的常用物理常数，从中可以看出烷烃同系物的物理常数随着碳原子数增加呈现出规律性的变化。

表2-2 一些直链烷烃的物理常数

化合物	分子式	熔点/℃	沸点/℃	相对密度(d_4^{20})
甲烷(methane)	CH_4	−182.6	−161.7	0.424
乙烷(ethane)	C_2H_6	−172.0	−88.6	0.546
丙烷(propane)	C_3H_8	−187.1	−42.2	0.582
丁烷(butane)	C_4H_{10}	−135.0	−0.5	0.579
戊烷(pentane)	C_5H_{12}	−129.7	36.1	0.626
己烷(hexane)	C_6H_{14}	−94.0	68.7	0.659
庚烷(heptane)	C_7H_{16}	−90.5	98.4	0.684
辛烷(octane)	C_8H_{18}	−56.8	125.6	0.703
壬烷(nonane)	C_9H_{20}	−53.7	150.7	0.718
癸烷(decane)	$C_{10}H_{22}$	−29.7	174.0	0.730
十一烷(undecane)	$C_{11}H_{24}$	−25.6	195.8	0.740
十二烷(dodecane)	$C_{12}H_{26}$	−9.6	216.3	0.749
十三烷(tridecane)	$C_{13}H_{28}$	−6.0	230.0	0.757
十四烷(tetradecane)	$C_{14}H_{30}$	5.5	251.0	0.764
十五烷(pentdecane)	$C_{15}H_{32}$	10.0	268.0	0.769
十六烷(hexadecane)	$C_{16}H_{34}$	18.1	280.0	0.775

续表

化合物	分子式	熔点/℃	沸点/℃	相对密度(d_4^{20})
十七烷(heptadecane)	$C_{17}H_{36}$	22.0	303.0	0.777
十八烷(octadecane)	$C_{18}H_{38}$	28.0	308.0	0.777
十九烷(nonadecane)	$C_{19}H_{40}$	32.0	330.0	0.778
二十烷(eicosane)	$C_{20}H_{42}$	36.4	342.7	0.780

常温和常压下,C_1～C_4 的烷烃为气体,C_5～C_{16}的直链烷烃为液体,C_{17}及以上的烷烃为固体。

直链烷烃随着碳原子数增加,分子间作用力增大,其沸点也相应升高。低碳数烷烃每增加一个系差“—CH_2—”,对其相对分子质量变化影响较大,引起沸点升高数值也较大;而对于相对分子质量较高的烷烃,每增加一个系差“—CH_2—”,对其相对分子质量变化影响较小,引起沸点变化也较小。在相同碳原子数的同分异构体中,支链越多的烷烃,其沸点越低。这是由于支链具有位阻,带支链的分子不能紧密地靠在一起,其分子间作用力小于相应的直链分子,因此它的沸点也相应地降低。例如,正戊烷的沸点为 36.1 ℃,异戊烷的沸点为 28 ℃,新戊烷的沸点为 9 ℃。

直链烷烃的熔点也随着碳原子数的增加而升高,但变化的规律与沸点的变化有所不同。含偶数碳原子的烷烃的熔点升高幅度比含奇数碳原子的烷烃大,这是因为偶数碳原子烷烃分子有较好的对称性,其晶格排列较紧密,分子间作用力较大,所以其熔点较高。分子越对称,其在晶格中排列得越紧密,熔点越高。例如,正戊烷熔点为−129.7 ℃,异戊烷熔点为−159.9 ℃,新戊烷熔点为−16.6 ℃。

烷烃都比水轻,其相对密度均小于 1,是有机化合物中相对密度最小的一类化合物。直链烷烃的相对密度随着碳原子数的增多而增大,最后趋于 0.78。

烷烃是弱极性或非极性化合物,根据“极性相似者相溶”的经验规律,其不溶于水,而易溶于非极性或弱极性有机溶剂中,如苯、氯仿、四氯化碳、石油醚等。

2.1.5　烷烃的化学性质

烷烃是饱和链烃,分子中的化学键均为 σ 键,所以烷烃具有相对较高的稳定性。在室温下,与强酸、强碱、强氧化剂或还原剂都不易发生反应,通常用作溶剂和燃料。但在特殊的条件(如光照、适当的温度和压力或在催化剂的作用)下,烷烃也能发生反应。烷烃发生化学反应的主要部位及反应类型如下所示:

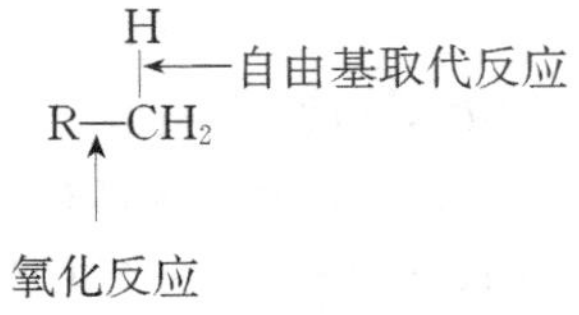

1. 卤代反应

有机化合物分子中的原子或基团被其他原子或基团代替的反应称为取代反应(substitution reaction)。有机化合物分子中的原子或基团被卤素原子取代的反应称为卤代反应(halogenation reaction)。卤代反应主要包括氟代、氯代、溴代和碘代反应。

烷烃与不同卤素的卤代反应活性顺序为氟代＞氯代＞溴代＞碘代。由于氟代反应十分剧烈而难以控制，而碘代反应又非常缓慢，没有实际意义，因此烷烃常见的卤代反应为氯代反应和溴代反应。

（1）甲烷的氯代反应。甲烷与氯气在常温下或黑暗中并不发生反应，但在光照、加热或引发剂的存在下，可发生反应，氯原子逐步取代氢原子，生成一氯代甲烷、二氯代甲烷、三氯代甲烷（氯仿）和四氯化碳的取代混合物。可以控制反应条件或调节甲烷和氯气的比例，使其生成以其中某一种氯代甲烷为主的反应产物。

$$CH_4 + Cl_2 \xrightarrow{\text{光照}} CH_3Cl + HCl$$
$$CH_3Cl \xrightarrow[\text{光照}]{Cl_2} CH_2Cl_2 + HCl$$
$$CH_2Cl_2 \xrightarrow[\text{光照}]{Cl_2} CHCl_3 + HCl$$
$$CHCl_3 \xrightarrow[\text{光照}]{Cl_2} CCl_4 + HCl$$

（2）烷烃卤代反应的机理。反应机理（reaction mechanism）是对化学反应所经历的全部过程的详细描述和理论解释，也称为反应历程。研究反应机理的目的在于揭示有机反应的内在规律，从而有效地控制和利用化学反应，以达到预期的目的。

烷烃的卤代反应机理是典型的自由基反应，可分为链引发、链增长和链终止三个阶段。下面以甲烷氯代反应为例说明烷烃卤代反应的机理。

a. 链引发（chain-initiating step）。氯分子在光或热作用下，获得能量发生键均裂，生成两个带有单电子的氯原子，称为氯自由基。氯自由基具有较高的能量，非常活泼，一旦形成就有很强地获取一个电子形成稳定的八隅体结构的倾向，因而具有很强的反应活性。

$$Cl:Cl \xrightarrow{\text{光照}} Cl\cdot + Cl\cdot \qquad \Delta H = 242\ kJ\cdot mol^{-1}$$

b. 链增长（chain-propagating step）。氯自由基与高浓度的甲烷分子有效碰撞，使 C—H 键均裂，并与氢原子形成稳定的氯化氢分子，同时产生新的活性甲基自由基（$\cdot CH_3$）。甲基自由基与氯分子碰撞，形成产物一氯甲烷和新的氯自由基。新的氯自由基重复着上述反应，周而复始地进行着自由基的消失和生成，直到生成氯仿和四氯化碳，因此烷烃的氯代反应得到多种氯代物的混合物。

$$Cl\cdot + CH_4 \longrightarrow \cdot CH_3 + HCl \qquad \Delta H = 4.1\ kJ\cdot mol^{-1}$$
$$\cdot CH_3 + Cl_2 \longrightarrow CH_3Cl + Cl\cdot \qquad \Delta H = -109\ kJ\cdot mol^{-1}$$

c. 链终止（chain-terminating step）。随着反应的进行，甲烷和氯气浓度逐渐减小，与相应自由基碰撞机会也随之减小，而各种自由基相互碰撞机会增多，相互寻找电子配对生成稳定分子。

$$Cl\cdot + Cl\cdot \longrightarrow Cl_2$$
$$\cdot CH_3 + Cl\cdot \longrightarrow CH_3Cl$$
$$\cdot CH_3 + \cdot CH_3 \longrightarrow CH_3CH_3$$

综上所述，自由基形成后，反应就连续不断地进行，整个过程就像一条链，一环扣一环地进行下去，所以称为自由基链反应（chain free radical reaction）。在整个链反应中，链的引发需要供给能量产生自由基。链增长每一步都消耗一个活泼的自由基，同时又为下一步反应产生另一个活泼的由基，这一阶段的能量变化如图 2-8 所示。能量变化图说明，链增长的第一步产物甲基自由基的生成需要的能量是 17 $kJ\cdot mol^{-1}$，第二步其他自由基的生成反应只需要能量

4.1 kJ · mol^{-1}，反应继续进行，转变成产物氯代甲烷和新的氯自由基，体系则释放出大量能量，因此生成甲基自由基是慢的一步，也是决定反应速率的关键一步。链终止消除自由基不需要很高能量，还可放出能量。

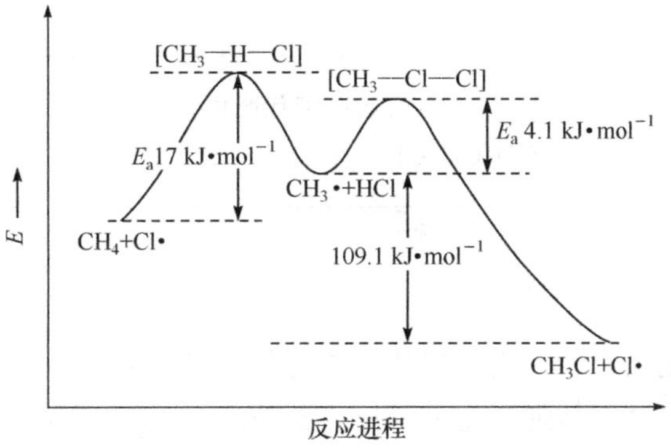

图 2-8 甲烷光卤代反应链增长阶段能量变化图

烷烃的卤代反应按自由基机理进行，烃基自由基的形成是决定卤代反应的关键步骤。烃基自由基形成时所需能量越低，越易形成，越稳定。因为不同烃基形成自由基时，所需能量依 $CH_3\cdot$、$RCH_2\cdot$、$R_2CH\cdot$、$R_3C\cdot$ 自由基次序降低，所以烷基自由基生成的难易（稳定性）次序为 $R_3C\cdot > R_2CH\cdot > RCH_2\cdot > CH_3\cdot$。

(3)反应活性与自由基稳定性。在相同条件下，其他烷烃也能发生类似的卤代反应，但是卤素取代的位置与氢原子的种类有关，因而生成的产物更为复杂。例如

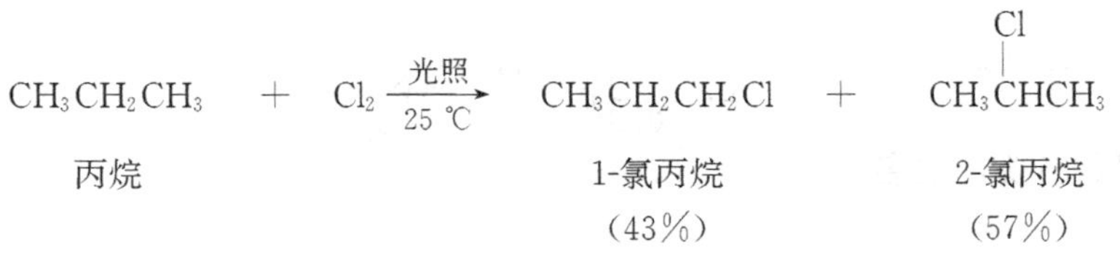

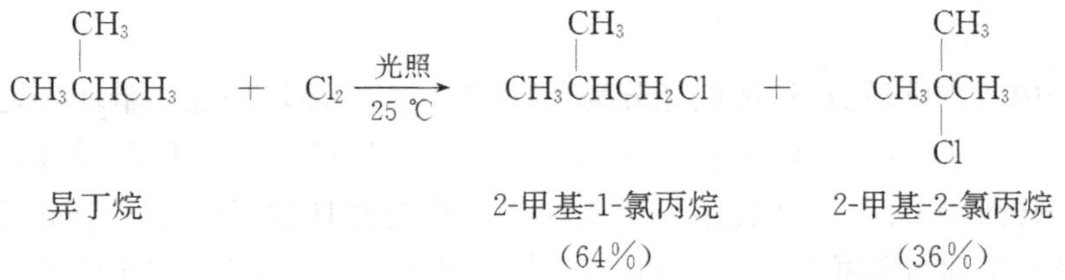

丙烷的一氯代反应可得到 1-氯丙烷和 2-氯丙烷两种产物，产率分别为 43%和 57%，即 2°H被取代的概率比 1°H 大，这两种类型氢的相对活性比为

$$2°H : 1°H = (57/2) : (43/6) = 4 : 1$$

异丁烷的一氯代反应可得到 36%的 2-甲基-2-氯丙烷和 64%的 2-甲基-1-氯丙烷，同理可知 3°H 被取代的概率比 1°H 大，这两种类型氢的相对活性比为

$$3°H : 1°H = (36/1) : (64/9) = 5 : 1$$

由此可知，烷烃的一氯代反应，氢原子的相对活性比为 3°H : 2°H : 1°H = 5 : 4 : 1。

叔、仲、伯氢原子之间的活性差异除与烷烃结构有关外，还与取代的卤素有关。例如

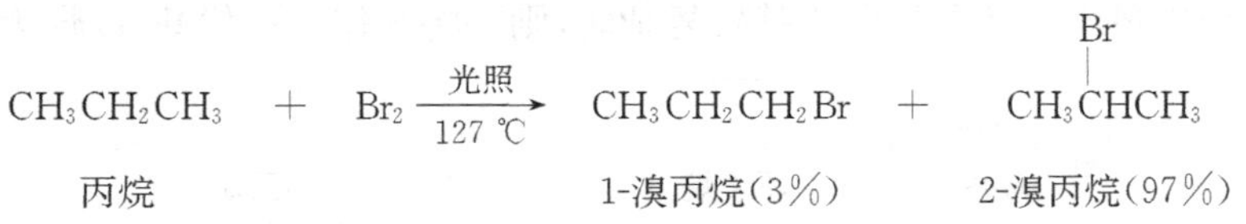

烷烃的一溴代反应，三种氢原子的相对活性比为 3°H : 2°H : 1°H＝1600 : 82 : 1，远大于一氯代反应的 5 : 4 : 1。这是由于溴的反应活性比氯小，对三种氢的选择性比氯高。在有机化学反应中，反应活性大，选择性差；反应活性小，选择性好，这是反应活性与选择性之间普遍存在的规律。

问题 2-5 下列化合物在光照条件下可生成几种一溴代产物？写出其一溴代主要产物的反应式。

(1) $CH_3CH_2CH(CH_3)_2$　　(2) $CH_3CH_2CH_3$

---

2. 氧化反应

在有机化学中，氧化反应通常指有机化合物分子中加氧或脱氢的反应；脱氧或加氢为还原反应。在常温常压下，烷烃不与强氧化剂反应，但可在空气中燃烧，生成二氧化碳和水，并放出大量的热，所以烷烃是重要的能源物质之一。

$$CH_4 + 2O_2 \xrightarrow{\text{燃烧}} CO_2 + 2H_2O \qquad \Delta H = -881\ \text{kJ} \cdot \text{mol}^{-1}$$

在高温及锰盐等催化剂存在下，控制条件可用空气氧化烷烃，生成不同的含氧化合物，例如

$$CH_4 \xrightarrow[460\ ^\circ\text{C},\ 20\ \text{kPa}]{\text{空气}} \underset{\text{甲醇}}{CH_3OH} + \underset{\text{甲醛}}{HCHO}$$

此外，甲烷也可被氧化生成一氧化碳和氢的混合物，称为合成气，在合成工业中非常有用。

2.2 环 烷 烃

2.2.1 环烷烃的分类和命名

1. 环烷烃的分类

根据分子中所含碳环数目，环烷烃分为单环、双环和多环环烷烃。单环环烷烃又可根据成环的碳原子数分为小环（C_3～C_4）、普通环（C_5～C_6）、中环（C_7～C_{11}）和大环（C_{12}以上）环烷烃。在双环或多环环烃中，环与环间共用一个碳原子的称为螺环烷烃（spiro cyclic hydrocarbon），两环共用的碳原子称为螺原子（spiro atom）；环与环间共用两个或两个以上碳原子的称为桥环烷烃（bridged cyclic hydrocarbon），所共用的碳原子称为桥头碳原子（bridgehead carbon atom）。

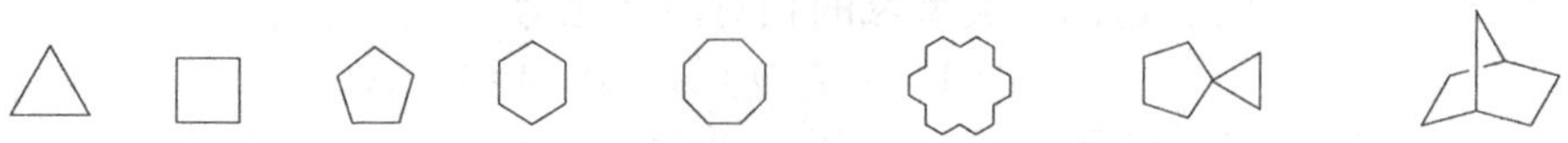

小环　普通环　中环　大环　螺环烃　桥环烃

2. 环烷烃的命名

环烷烃命名与烷烃相似，只需在相应的烷烃名称前加“环”字。若环上有取代基，编号应使环上取代基的位次最小。环上的取代基较复杂时，则可将环作为取代基，以烃为母体命名。

环丙烷　环丁烷　环戊烷　环己烷

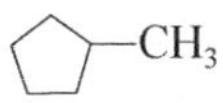

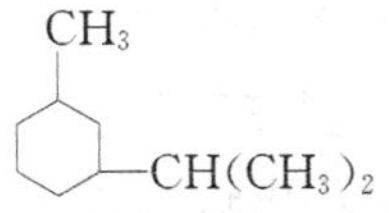

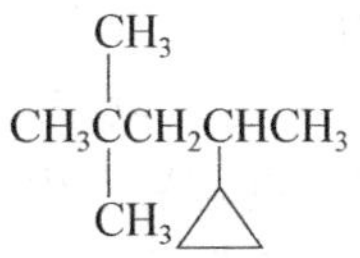

甲基-环戊烷　　1-甲基-3-异丙基环己烷　　2,2-二甲基-4-环丙基戊烷

环烷烃由于环的存在,阻碍了环中 C—C 键的自由旋转,因此环上两个或两个以上取代基分别处于不同碳原子上时,也可产生顺反异构体。当两个相同取代基或原子位于环平面同侧时,称为顺式异构体;位于环平面异侧时,则称为反式异构体。例如,1,2-二甲基环己烷,具有顺式和反式两种异构体。

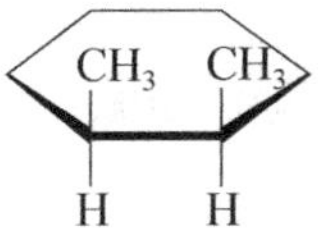

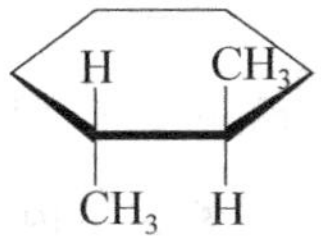

顺-1,2-二甲基环己烷　　反-1,2-二甲基环己烷

2.2.2　小环烷烃的结构与不稳定性

如前所述,开链烷烃的每一个碳原子均以 sp^3 杂化形成四面体的碳原子结构,键角接近 109.5°,并且相邻两个碳原子之间的基团取向以对位交叉构象最稳定。那么环烷烃能否达到这一稳定形式呢? 研究表明,环烷烃稳定性的大小与环的几何形状和角张力有关。环烷烃的结构与稳定性通常用拜尔(Baeyer)张力学说(1885 年,A. von Baeyer 提出)和现代共价键理论解释。

Baeyer 张力学说认为,成环碳原子成环时处于同一平面并构成正多边形,正多边形的内角与正四面体碳的自然键角 109.5°间的偏差,反映了环烷烃中角张力的大小。环丙烷和环丁烷中碳碳键间的夹角,须由自然键角的 109.5°分别压缩到 60°或 90°,每个键分别偏移了 24.7°和 9.7°,以适应正三角形和正方形的几何形状。由于分子中存在此种角度偏移,因此有恢复到自然键角的趋势,这就使分子内部产生了角张力。显然,压缩角度越大,键的偏转角度越大,环的张力越大,稳定性就越差,越容易发生开环反应,以解除张力。另外,环丙烷和环丁烷分子中还存在着另一种张力——扭转张力(由于环中碳原子位于同一平面,相邻的 C—H 键互相处于重叠式构象,有旋转成交叉式的趋向,这样的张力称为扭转张力)。因此,环丙烷和环丁烷具有较大的张力,是不稳定的环烷烃;而环戊烷和环己烷的键角都接近 109.5°,为"无张力环",是稳定的环烷烃。但该学说认为环己烷以上的环烷烃不稳定,与实验事实不符,说明这一理论还未从本质上认识问题。该学说的主要缺点是认为所有的碳环都是平面性的,实际上除环丙烷中 3 个碳原子共平面外,其他环烷烃的碳原子都不在同一平面中,而是形成曲折碳环,为张力最小甚至无张力环。

现代共价键理论认为,两个成键原子的原子轨道重叠程度越大,形成的化学键越牢固。sp^3 杂化碳原子的匹配键角为 109.5°,只有环烷烃分子键角接近 109.5°,两个成键原子的杂化轨道才能达到最大程度的重叠。在环丙烷分子中,成环碳原子的 sp^3 轨道之间的重叠并不是典型的"头碰头"σ 键,实际测得环丙烷分子中 C—C—C 键角为 105.5°。这说明成环碳原子的 sp^3 杂化轨道彼此间不能完全沿键轴方向达到最大程度重叠,只能偏离一定角度进行部分重叠,形成如"香蕉"的弯曲键,如图 2-9 所示。这种弯曲键的强度比一般的碳碳单键弱,存在着很大的张力,导致分子不稳定,易发生开环加成反应。此外,环丙烷是平面型分子,三个成环碳原子上的基团相互之间都为重叠式构象，分子热力学能升高，因构象排列会产生扭转张力，也会引起环丙烷分子稳定性较差。环丁烷的情况与环丙烷相似，只是 C—C—C 键角为 111.5°，比环丙烷略大一些，也容易发生开环反应。而环戊烷及以上的环烷烃，由于不是平面结构，分子中的 C—C—C 键角都基本保持为 109.5°，比较稳定，一般不发生开环反应。

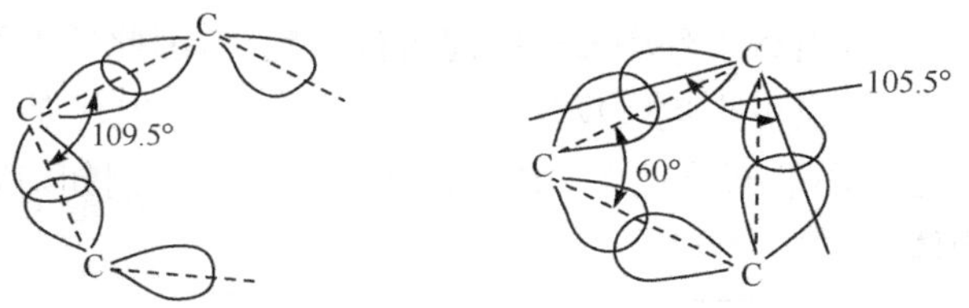

(a) 丙烷分子中轨道的最大重叠　　(b) 环丙烷分子中轨道的部分重叠

图 2-9　丙烷和环丙烷分子的轨道示意图

2.2.3　环戊烷的构象

如果将环戊烷看成是平面型分子，碳原子键角为 108°，与四面体碳原子键角 109.5°非常接近，可以认为几乎无角张力。但是平面型分子中相邻的两个碳原子上的基团必定处于重叠式构象，这样将产生较大的扭转张力，会影响分子的稳定性。为了克服较大的扭转张力，环戊烷采用了非平面型的“信封式”构象，即环戊烷的 4 个碳原子通常处在同一平面上，另一个碳原子在距离平面外约 50 pm 处，通过 C—C σ 键的扭转，时而在上，时而在下，呈动态平衡。这种构象是环戊烷的优势构象，如图 2-10 所示。

平面式环戊烷（重叠式构象）　　信封式环戊烷（交叉式构象）

图 2-10　环戊烷构象

2.2.4　环己烷的构象

1. 环己烷的椅式构象和船式构象

电子衍射法研究表明，环己烷不是平面结构，两种典型的构象是椅式构象（chair conformation）和船式构象（boat conformation）。

用锯架式和 Newman 投影式表示环己烷的椅式构象（图 2-11），可以看到所有的 C—C—C 键角接近 109.5°，几乎无角张力。环上相邻的两个碳原子间形成邻位交叉式构象，扭转张力很低。处于竖直向上的 3 个 C—H 键上的氢原子和垂直向下的 3 个 C—H 键上的氢原子之间的最近距离约为 250 pm，大于氢原子的 van der Waals 半径之和 240 pm，无空间张力。因此，椅式构象是环己烷中能量最低的优势构象。

用锯架式和 Newman 投影式表示环己烷的船式构象（图 2-12），显示所有的 C—C—C 键角也接近 109.5°，也无角张力。处于“船底”的 4 个碳原子，C_2 与 C_3 或 C_5 与 C_6，每相邻 1 对碳原子均为重叠式构象，具有扭转张力。此外，处于船头、船尾碳原子上的氢伸向内侧，彼此仅

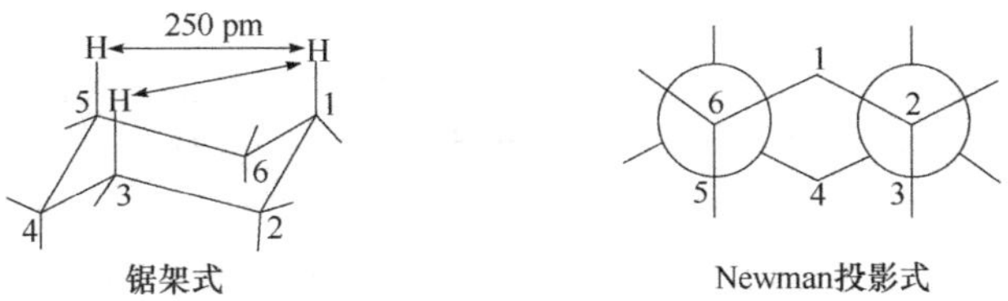

图 2-11　环己烷的椅式构象

相距 183 pm，小于它们的 van der Waals 半径之和，表现出空间张力。因此，船式构象的能量较高，比椅式构象高出 29.7 kJ · mol^{-1}，是环己烷中最不稳定的构象。由于常温下分子热运动产生的能量很容易克服这个能量差值，因此船式和椅式构象可以迅速互相转化，在平衡体系中，椅式构象约占 99.9%。

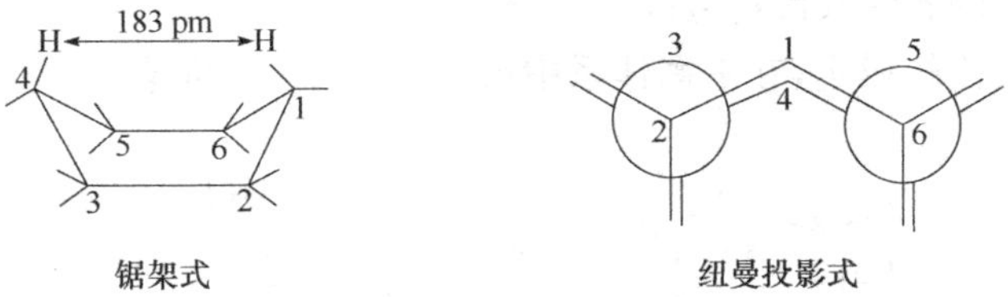

图 2-12　环己烷的船式构象

2. 环己烷椅式构象中的竖键和横键

在环己烷椅式构象中，6 个碳原子在空间上分布于 2 个互相平行的平面上：C_1、C_3、C_5 在一个平面上，C_2、C_4、C_6 处在另一个平面上，两个平面相距 50 pm。将 12 个 C—H 键分为两组，一组与分子的对称轴平行的 6 个 C—H 键称为直立键或 a 键(axia bond)，其中 3 个直立键相间分布于分子平面上，另 3 个直立键相间分布于分子平面下；另一组其余 6 个 C—H 键与对称轴成 109.5°的倾斜角，并伸向环外，称为平伏键或 e 键(equatorial bond)，如图 2-13 所示。环中每一个碳原子都有 1 个 a 键和 1 个 e 键，其空间取向对分子平面而言为“一上一下”的关系。

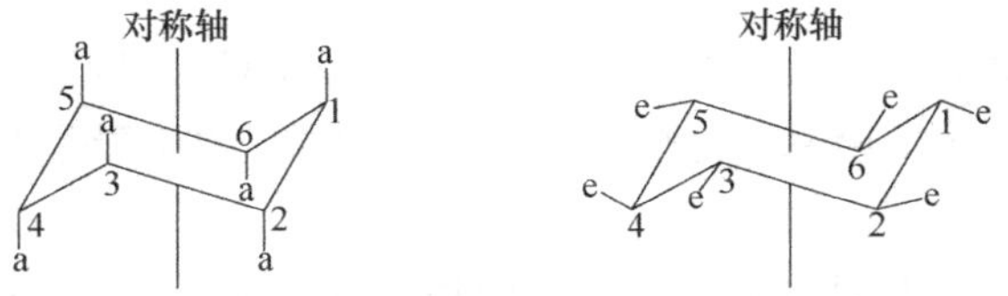

图 2-13　环己烷椅式构象的 a 键(a)和 e 键(b)

环己烷的椅式构象可通过分子的热运动由椅式构象 Ⅰ 翻转为椅式构象 Ⅱ。这时，构象 Ⅰ 中的 a 键转变为构象 Ⅱ 中的 e 键，e 键则转变为 a 键，如图 2-14 所示。这种从一种椅式构象转变成另一种椅式构象的过程称为构象的翻环作用。两种构象异构体之间的能垒为 46 kJ · mol^{-1}，虽然稍高于船式，但都能在室温下迅速地进行，形成一个动态平衡体系。

3. 取代环己烷的构象

一取代环己烷取代基主要取代处于 e 键上的氢，即取代基处于 e 键上。特别是取代基较

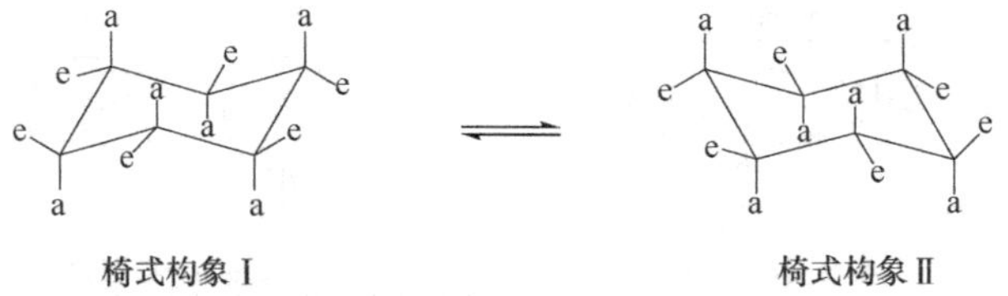

图 2-14　环己烷椅式构象的翻环作用

大时，几乎一取代都在 e 键上。例如，甲基环己烷有 a 键上取代和 e 键上取代两种构象异构体，如图 2-15 所示。其中 a 键上的甲基环己烷由于 a 键上的甲基与 3、5 位碳上 a 键上的氢原子相距较近，空间拥挤产生斥力而不稳定；取代在 e 键上的甲基环己烷的甲基在水平方向伸向环外，与相邻氢、相间氢的距离都较远，相斥作用较小。由于环己烷构象可以通过分子热运动而翻转，因此，不稳定的 a 键取代物可以通过分子扭动而转变为稳定的 e 键取代物。所以，e 键取代甲基环己烷构象比较稳定，在平衡体系中占 95%，为优势构象。

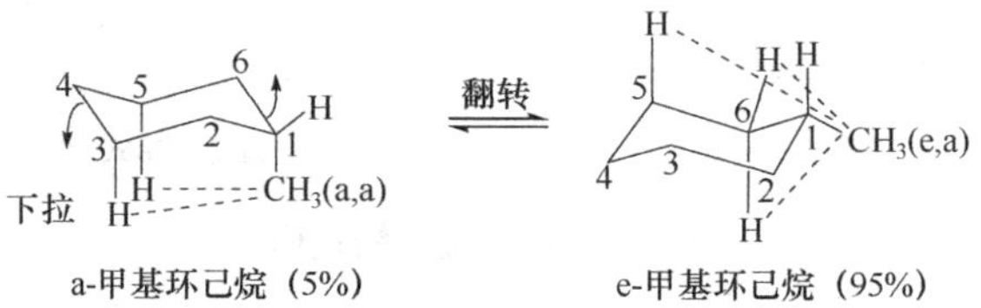

图 2-15　甲基环己烷的相互转化

用 Newman 投影式显示两种取代的甲基环己烷也可得到与上述相同的结果，如图 2-16 所示。

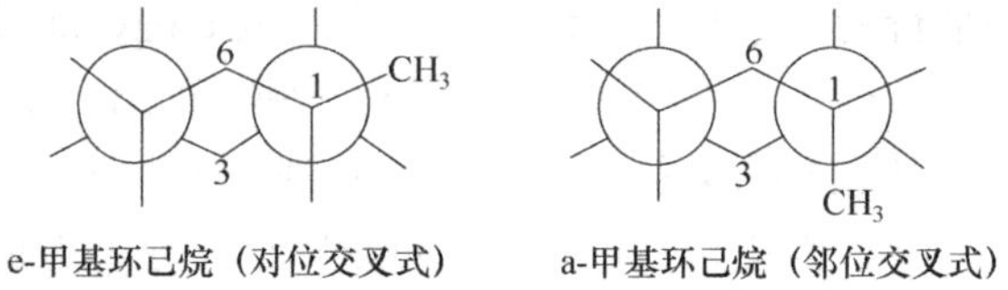

图 2-16　甲基环己烷 Newman 投影式

甲基处在 a 键时，可以看到甲基环己烷中—CH_3 与环 C_3 的位置是邻位交叉式构象，分子能量较高；甲基处在 e 键时，甲基环己烷中—CH_3 与环 C_3 的位置是对位交叉式构象，是较稳定的构象式。

环己烷有多个取代基时，往往是 e 键上取代基最多的构象最稳定；如果环上有不同的取代基，则体积大的取代基处于 e 键上的构象最稳定。

问题 2-6　写出反-1-甲基-3-乙基环己烷的所有椅式构象式，并按稳定性递减顺序排列成序。

问题 2-7　写出 1,1-二甲基-3-乙基环己烷的优势构象异构体。

2.2.5　环烷烃的物理性质

环烷烃的物理性质与烷烃相似。在常温下，小环为气体，普通环为液体，中环和大环为固体。环烷烃的沸点、熔点和相对密度都比相应的开链烃高，这是因为环烷烃分子具有一定的对称性和刚性。环烷烃都不溶于水,易溶于低极性有机溶剂。一些环烷烃的物理常数见表 2-3。

表 2-3　一些环烷烃的物理常数

环烷烃	结构式	熔点/℃	沸点/℃	相对密度(d_4^{20})
环丙烷(cyclopropane)		−127.6	−32.7	0.689
环丁烷(cyclobutane)		−80.0	12.5	0.689
环戊烷(cyclopentane)		−93.9	49.3	0.746
环己烷(cyclohexane)		6.6	80.7	0.779
环庚烷(cycloheptane)	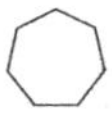	−12.0	118.5	0.810
环辛烷(cyclooctane)	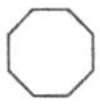	14.3	150.0	0.835

2.2.6　环烷烃的化学性质

环烷烃的化学性质随着环的大小不同而表现出稳定性不同:小环烷烃不稳定,具有开环加成的性质;五元环和六元环等常见的环烷烃则较稳定,与链状烷烃的化学性质相似。

1. 加氢反应

环烷烃可发生催化加氢反应,生成链状烷烃。由于环的大小不同,反应的难易也不同。例如

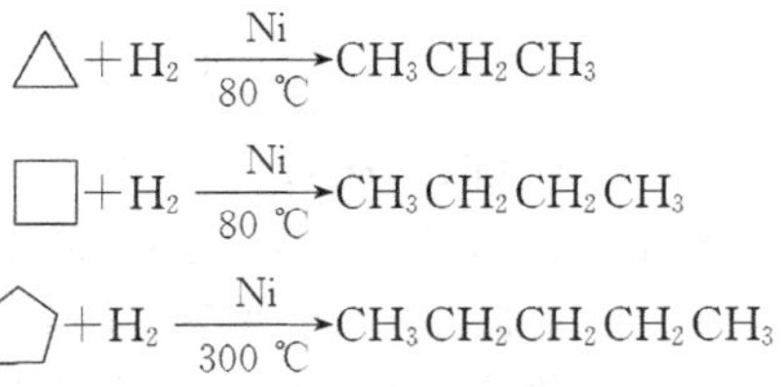

2. 与卤素、卤化氢的反应

环丙烷及其衍生物在室温下可以与卤素、卤化氢发生开环加成反应,环丁烷需要在加热条件下才能发生开环加成反应,环戊烷或环己烷则在加热条件也不能发生开环加成反应,但在紫外光照射下能发生自由基取代反应。例如

1,3-二溴丙烷

1-溴丁烷

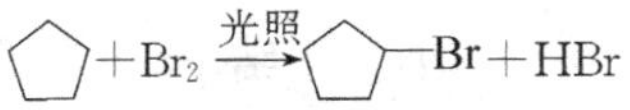

1-溴环戊烷

取代环丙烷与卤化氢的加成反应,反应的取向以形成的中间体碳正离子的稳定性决定其主产物,即碳环开环发生在连氢原子最多和最少的两个碳原子之间。氢卤酸中的氢原子加在连氢原子较多的碳原子上,卤原子加在连氢原子较少的碳原子上。例如

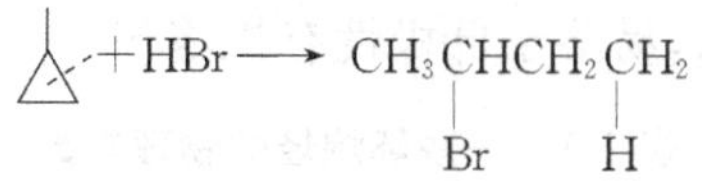

2-溴丁烷

3. 氧化反应

室温下，环烷烃一般不能与 $KMnO_4$、K_2CrO_7 等发生氧化反应，表现出较好的稳定性。和链状烷烃一样，在加热情况下用强氧化剂或在催化剂存在下用空气直接氧化，环烷烃也能被氧化。例如

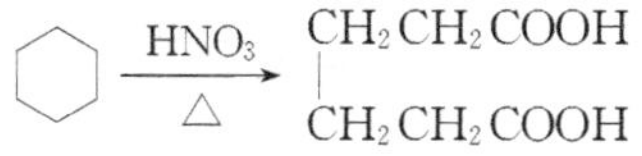

己二酸

知识拓展

生物体内的自由基

自由基是一类具有高度活泼性的物质，参与生物体内正常的生命过程，对生物体内的生理、病理过程都具有重要作用。生物体内最重要的自由基是超氧阴离子(superoxide)和羟基自由基(hydroxyl free radical)，二者都与氧发生下列转变：

$$O_2 + e^- \longrightarrow O_2^- \cdot \qquad O_2^- \cdot + e^- \xrightarrow{H^+} H_2O_2$$

$$H_2O_2 + e^- \longrightarrow \cdot OH + \cdot OH \qquad \cdot OH + e^- \xrightarrow{H^+} H_2O$$

机体的有氧代谢会产生超氧阴离子及羟基自由基等自由基，它们参与机体的代谢；但由于机体又具有较强的自由基防御系统，也可将其代谢产生的自由基不断地清除，使自由基的产生和消除处于一种动态平衡状态，且浓度极低，不仅不会损伤机体，还对维持人体正常生理功能十分重要。例如，前列腺素的合成、胶原蛋白的合成、吞噬细胞的杀菌作用等过程都需要自由基的参与。但是，一旦自由基的产生和清除失去平衡，过剩的自由基往往可通过夺取氢原子、氧化巯基、破坏碳链等反应，使蛋白质、核酸、多糖等许多生物分子发生结构和性质的改变，对机体造成损伤，引发多种疾病。目前已知衰老、皮肤黑斑形成、白内障、心血管疾病和癌症等许多疾病均与自由基有关。因此，全面深入研究生物体中自由基的反应，可以较好地维持生理状况下生物体内自由基的产生和消除平衡，有利于生物体生理活动的正常进行。

生物体内清除自由基的物质主要有两类：非酶类物质和酶类。非酶类物质主要是一些抗氧化剂，通过自身的还原作用参与氧化还原反应，清除自由基及其引起的毒性作用，常见的有维生素 E、维生素 C 、半胱氨酸、还原型谷胱甘肽和胡萝卜素等。酶类主要可以使机体内高活性的自由基变为较低活性的物质，降低其反应活性，如超氧化物歧化酶、谷胱甘肽氧化酶和过氧化氢酶等。

小　　结

烃是只由碳和氢两种元素组成的有机化合物。烷烃是碳原子采用 sp^3 杂化，分子中只含 σ 键的链烃化合物；环烷烃是碳原子采用 sp^3 杂化，分子中只含 σ 键的环状化合物，二者都是基础的烃类化合物。根据有机化合物分子中的碳原子的结合方式不同可以将碳原子分为伯(1°)

碳原子、仲(2°)碳原子、叔(3°)碳原子和季(4°)碳原子，对应连接的氢原子分别为伯氢(1°H)、仲氢(2°H)和叔氢(3°H)原子。各种氢原子的反应活性不同。

烷烃的异构包括碳链异构和构象异构。其中碳链异构属于由碳原子连接方式和顺序不同引起的构造异构；构象异构属于因单键旋转，分子中的原子或基团在空间排列不同而产生的立体异构。烷烃的构象异构体常用锯架式和 Newman 投影式表示。最典型的构象为重叠式和交叉式。重叠式能量最高，最不稳定；交叉式能量最低，是最稳定的构象(优势构象)。在室温下各构象异构体可通过 C—C 键旋转迅速互变。

烷烃的命名常用普通命名法和系统命名法。系统命名法应用较广泛，其原则是各类有机化合物命名的基础，主要由确定主链、取代基位次和数目、名称等步骤完成。

烷烃具有较高的化学相对稳定性。在室温下一般不与强酸、强碱、强氧化剂或还原剂发生反应。但在光照、高温或催化剂作用下，可以发生共价键均裂的自由基取代反应，反应机理为自由基链反应。自由基链反应可分为链引发、链增长和链终止三个阶段。烷烃可在空气中燃烧，生成二氧化碳和水，并放出大量的热，所以烷烃是重要的能源物质之一。

环烷烃分为单环、双环和多环环烷烃。单环环烷烃又可分为小环(C_3～C_4)、普通环(C_5～C_6)、中环(C_7～C_{11})和大环(C_{12}以上)环烷烃。环烷烃成环碳原子数不同，分子稳定性不一，其稳定性大小与环的几何形状和角张力有关。分子的键角越接近 109.5°，角张力越小，分子越稳定，反之，分子越不稳定。环丙烷是最不稳定的环烷烃，环戊烷和环己烷是比较稳定的环烷烃。

小环烷烃具有开环加成的性质，中环及以上环烷烃则较稳定，与链状烷烃的化学性质相似。

除环丙烷外，环烷烃分子中的成环原子都不全在同一平面上，随着成环 C—C 的扭转(分子扭动)可以形成无数种构象异构体。环戊烷的优势构象为信封式；环己烷的极限构象为椅式构象和船式构象，椅式构象为最稳定的优势构象；一取代环己烷的 e 键取代构象为优势构象；多取代环己烷的优势构象是 e 键取代最多且体积大基团处于 e 键的构象。

习　题

1. 指出下列化合物中各碳原子的类型(伯、仲、叔、季)。

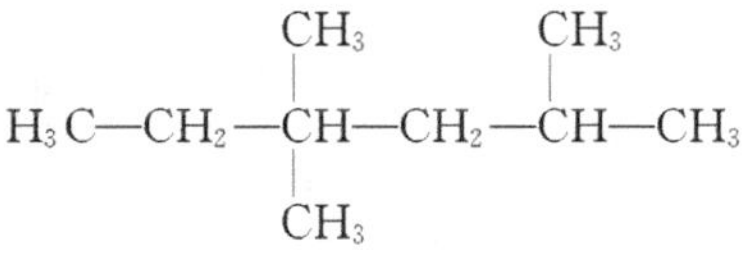

2. 写出下列化合物的化学结构式或名称。

(1) 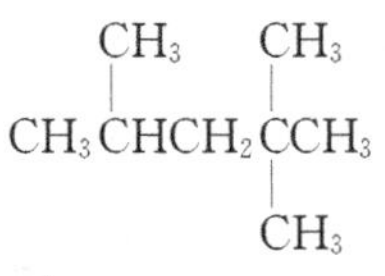　　(2) 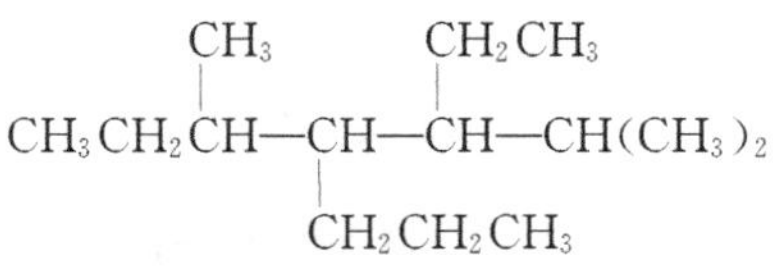

(3) 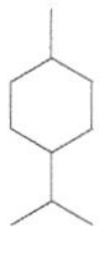　　(4) 2,4-二甲基-3-乙基戊烷

(5) 2,2,5-三甲基-4-乙基辛烷　(6) 1-甲基-4-异丙基环己烷(优势构象)

3. 写出分子组成为 C_7H_{16} 且符合下列要求的构造式。

(1) 含 1 个季碳原子和 1 个叔碳原子　　(2) 含 2 个仲碳原子和 1 个季碳原子

4. 写出分子组成为 C_5H_{12} 且溴代反应满足下列条件的构造式。

(1) 1 个单溴代物　　(2) 3 个单溴代物　　(3) 4 个单溴代物

5. 完成下列化学反应方程式。

(1) $(CH_3)_2CHCH_2CH_3 + Cl_2(1\ mol) \xrightarrow{光照}$

(2) 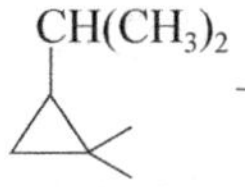 $+HCl \longrightarrow$

(3) 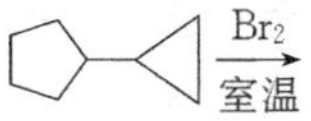

6. 将下列体系按指定性由大到小排列成序。

(1) 自由基稳定性

① $\dot{C}H_3$　② $CH_3\dot{C}HCH_2CH_3$　③ $\dot{C}H_2CH(CH_3)_2$　④ $\dot{C}(CH_3)_3$

(2) 取代环己烷构象式的稳定性

① 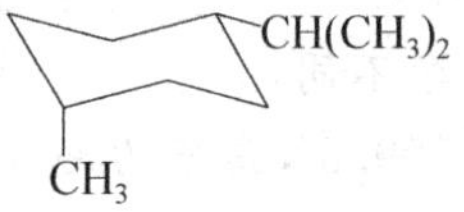　② 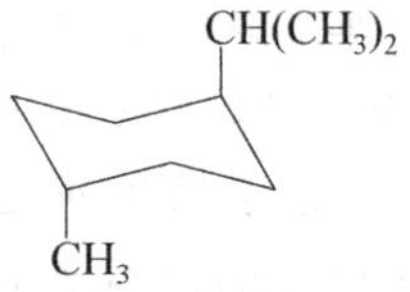

③ 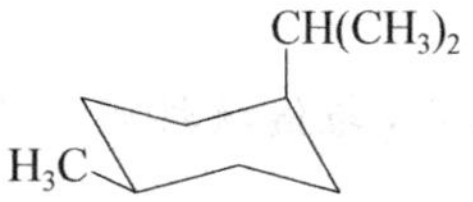　④ 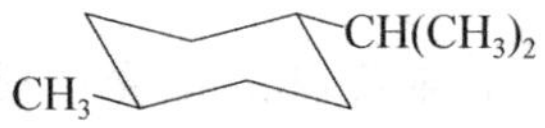

7. 写出正戊烷绕 $C_2—C_3$ 键旋转时产生的 4 种极限构象的 Newman 投影式。

8. 写出丁烷、甲基环丙烷和环戊烯的结构，并用简单化学方法鉴别。

9. 乙烷与氯气在光照下的反应机理与甲烷氯代相似，试写出该反应的链引发、链增长和链终止的各步反应。

10. 化合物 **A** 的分子式为 C_6H_{12}，室温下能使溴水褪色，但不能使 $KMnO_4$ 溶液褪色，与 HBr 反应得化合物 **B**($C_6H_{13}Br$)，**A** 氢化得 2,3-二甲基丁烷，写出 **A**、**B** 的结构式及各步反应方程式。

(昆明医学院海源学院　李映苓)

第 3 章　烯烃和炔烃

烯烃和炔烃均属于不饱和烃(unsaturated hydrocarbon)。根据烃基不同,不饱和烃又分为不饱和链烃(又称不饱和脂肪烃)和不饱和环烃。本章重点讨论不饱和脂肪烃的命名、结构和主要化学性质,学习诱导效应和共轭效应等电子效应的有关知识,进一步理解有机化合物结构与性质的关系。

3.1　烯　　烃

烯烃(alkene)是分子中含有碳碳双键(C═C)的烃类化合物,碳碳双键是烯烃的官能团。在烯烃分子中不是所有碳原子都饱和了,因此又称为不饱和烃。分子中含有一个碳碳双键为单烯烃(monaene),简称烯烃,含有两个碳碳双键的称为二烯烃(diene),含有两个以上碳碳双键的称为多烯烃(polyene)。本节主要讨论单烯烃,它的通式为 C_nH_{2n}。

3.1.1　烯烃的结构和异构

1. 烯烃的结构

最简单的烯烃是乙烯,经电子衍射和光谱分析等物理方法测定,乙烯分子中的所有原子在同一平面上,键角近似为 120°,碳碳双键键长为 134 pm,C—H 键长为 109 pm,如图 3-1 所示。

乙烯分子中的双键碳原子均为 sp^2 杂化。形成乙烯时,两个碳原子各以一个 sp^2 杂化轨道沿键轴方向重叠,形成 C—Cσ 键,其余的 sp^2 杂化轨道分别与 4 个氢原子的 1s 轨道重叠,形成 4 个 C—Hσ 键,5 个 σ 键同在一平面上。每个碳原子上未杂化的 2p 轨道垂直于 3 个 sp^2 杂化轨道所在的平面,彼此相互平行,侧面重叠形成 π 键,从而构成了碳碳双键。因此,碳碳双键是由一个 σ 键和一个 π 键构成,如图 3-2 所示。

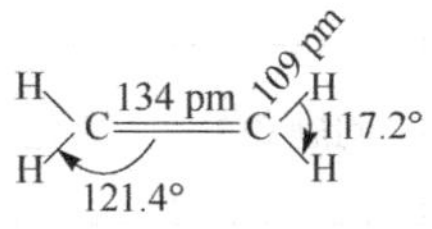

图 3-1　乙烯分子中键长和键角

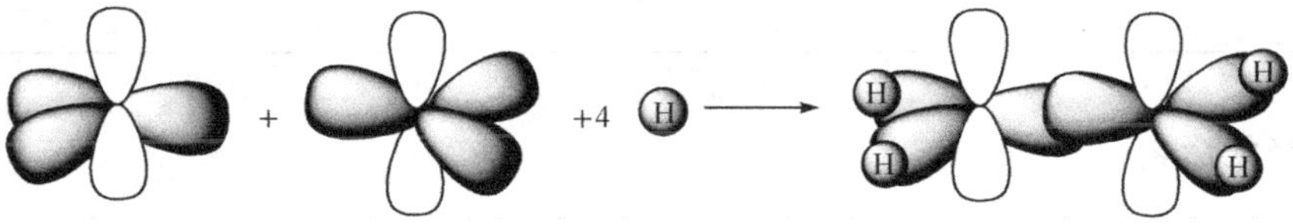

图 3-2　乙烯分子的形成

π 键的成键方式决定了它不能像 σ 键那样可以绕轴自由旋转,不能达到最大程度的重叠,因而 π 键易断裂,所以碳碳双键比 C—C 单键更易发生反应。

2. 烯烃的异构

烯烃的异构较烷烃复杂,除了具有构造异构外,有的烯烃还有顺反异构。

(1) 烯烃构造异构。烯烃的构造异构除碳链异构外,由于碳碳双键的位置不同还具有位置异构。例如

位置异构：$H_2C{=}CHCH_2CH_3$　$CH_3CH{=}CHCH_3$

C_4H_8　碳链异构 $\begin{cases} H_2C{=}CHCH_2CH_3 \\ H_2C{=}C(CH_3)_2 \end{cases}$

（2）烯烃的顺反异构。烯烃分子中碳碳双键因 π 键不能自由旋转，当双键碳原子分别连接不同的原子或基团时，就会产生烯烃的另一种异构现象——顺反异构（*cis-trans* isomerism）。例如，2-丁烯有以下两种异构体。

顺式（*cis*）　　反式（*trans*）

2-丁烯的顺式和反式异构体是两种物质，具有不同的沸点及物理性质。

这种由于分子中存在限制旋转的因素（如双键、碳环等），且双键或碳环的两个碳原子连有两个不相同的原子或基团时，分子具有不同构型的现象称为顺反异构现象，不同构型的分子则称为顺式或反式异构体。如果双键中的一个碳原子上连接两个相同的原子或基团，就都只有一种构型而不存在顺反异构现象。

除了烯烃外，含有 C═N 双键、N═N 双键的化合物和环烷烃等也有顺反异构现象。

顺反异构也是一种立体异构，顺反异构体之间在各原子相互连接的顺序和方式均相同，只是分子中各原子和基团在空间的排列方式不同。在具有确定构造的有机化合物分子中，各原子或基团在空间的排列称为构型（configuration）。分子组成相同而构型不同的现象称为构型异构（configurational isomerism）。构型与构象最重要的区别在于构型异构体之间不能通过 σ 键的旋转互相转变。

问题 3-1　下列化合物中，哪些可有顺反异构？若有，请写出其构型。

（1）3-甲基-2-戊烯　　（2）3,4-二甲基-1-己烯

（3）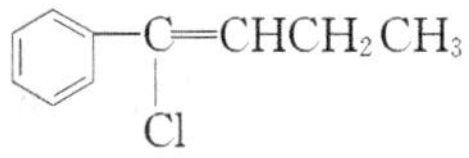　　（4）$(CH_3)_2C{=}CHCHO$

问题 3-2　1,4-己二烯有无顺反异构？若有，请写出其构型。

3.1.2　烯烃的命名

烯烃的命名多采用系统命名法，其关键也是如何选择母体以及确定取代基的位次，命名原则如下：

（1）选择含双键的最长碳链作为母体，根据主链碳原子数称为“某烯”，多于 10 个碳的烯烃在中文数字后加“碳烯”，以区分双键数目。

（2）从靠近双键一端对主链碳原子编号，并将双键位置标示在烯烃名称前面。

（3）把侧链作为取代基，其位置、数目和名称写在烯烃名称的前面。例如

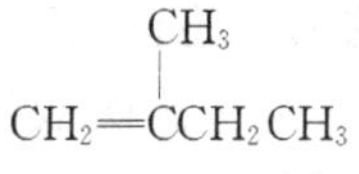

2-甲基-1-丁烯

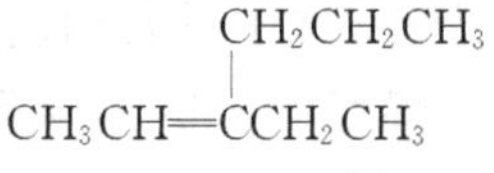

3-乙基-2-己烯

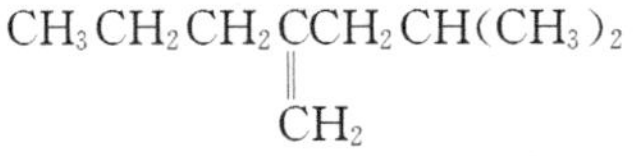

4-甲基-2-丙基-1-戊烯

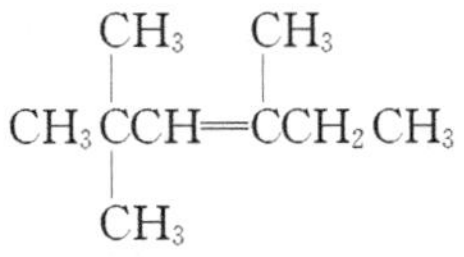

2,2,4-三甲基-3-己烯

(4) 烯烃去掉一个氢原子称为烯基,值得注意的几个常见烯基为

$H_2C{=}CH{-}$　乙烯基

$CH_3CH{=}CH{-}$　丙烯基

$H_2C{=}CHCH_2{-}$　烯丙基

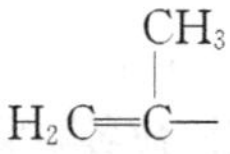

异丙烯基

(5) 对于有顺反异构的烯烃,可用顺/反或 Z/E 命名法标明其构型。

顺/反标记法根据烯烃分子中双键上不同碳原子上连接的相同原子或基团的相对位置进行命名。相同原子或基团处于双键同侧的,称为顺式,用"顺"字或"*cis*"标记;相同原子或基团处于双键异侧的异构体,称为反式,用"反"字或"*trans*"标记。例如

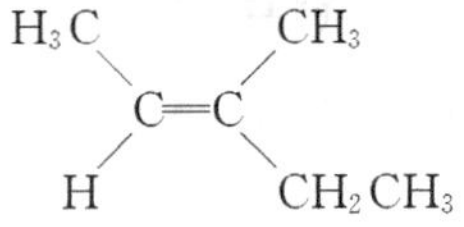

顺-3-甲基-2-戊烯

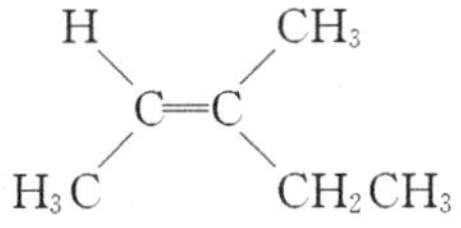

反-3-甲基-2-戊烯

顺/反命名法比较直观,一目了然,但当双键碳原子连有 4 个不同的原子或基团时,用顺/反命名法命名就不适用了,需要用另一种构型命名法——用 Z(德文 zusammen,一起)、E(德文 entgegen,相对)标记烯烃顺反异构体的 Z/E 命名法。

Z/E 命名法是以"次序规则"为基础来确定双键碳上所连接的不同原子或基团在空间的相对位置。其步骤为:首先分别将双键碳原子上连有的两个原子或基团按"次序规则"确定出优先次序,然后把优先原子或基团处于双键同侧的异构体标记为 Z 构型,优先原子或基团处于双键异侧的异构体标记为 E 构型。例如

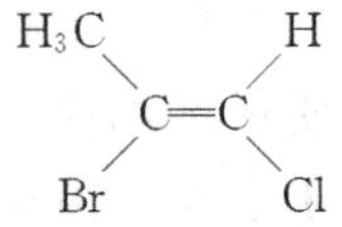

(Z)-1-氯-2-溴丙烯

($-Br > -CH_3$, $-Cl > H$)

(优先基团位于双键同侧)

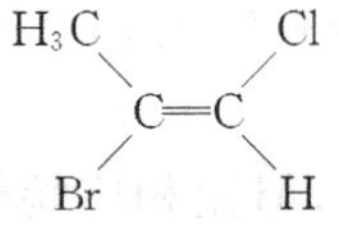

(E)-1-氯-2-溴丙烯

($-CH_3 < -Br$, $-Cl > H$)

(优先基团位于双键异侧)

若多烯烃分子中含有两个或两个以上能产生顺反异构的双键时,则每个双键的构型均须标出,并将双键的位次标于 Z/E 词头之前,低位次在前,高位次在后。例如

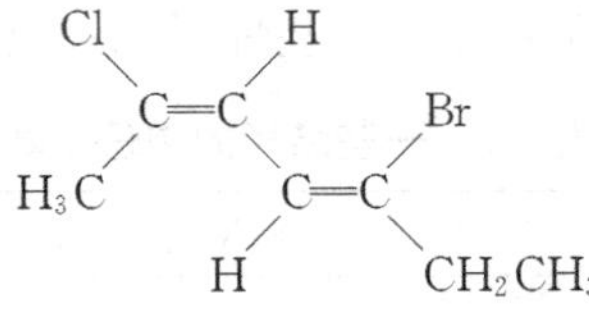

(2E,4Z)-2-氯-5-溴-2,4-庚二烯

Z/E 命名法适用于所有顺反异构体,它比顺/反命名法更具有广泛性。这两种命名法之间没有必然对应关系,顺式构型不一定是 Z 构型,反式构型也不一定是 E 构型。例如

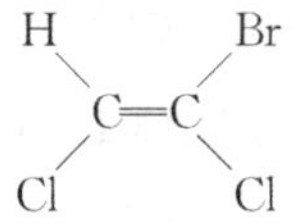

顺-1,2-二氯-1-溴乙烯
(E)-1,2-二氯-1-溴乙烯

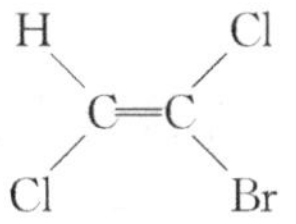

反-1,2-二氯-1-溴乙烯
(Z)-1,2-二氯-1-溴乙烯

问题 3-3 写出分子式为 C_5H_{10} 的烯烃的所有同分异构体,用系统命名法命名构造异构体,用顺/反标记法或 Z/E 标记法命名顺反异构体。

顺反异构体的生理活性也常存在很大的差异。例如,人工合成的己烯雌酚是雌性激素类药物,反式异构体生理活性很强,是顺式异构体的 7～10 倍,所以供临床药用的是反式异构体。具有降血脂作用的亚油酸和花生四烯酸,分子中所有碳碳双键的构型都是顺式。而维生素 A_1 分子中侧链上的碳碳双键的构型均为 E 构型。

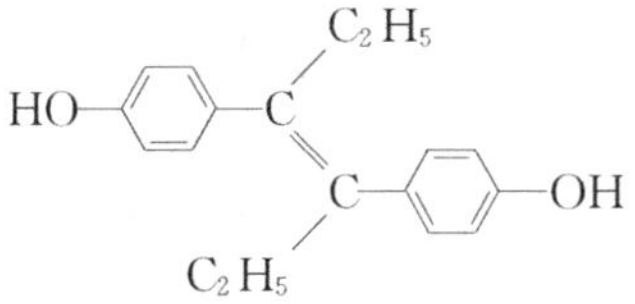

反式己烯雌酚

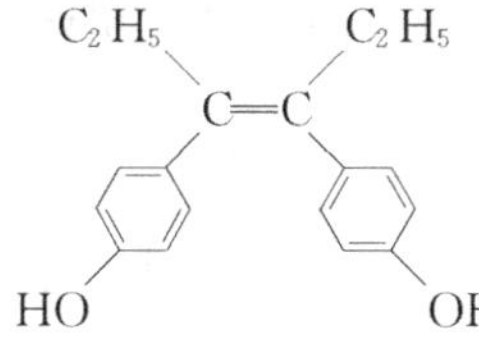

顺式己烯雌酚

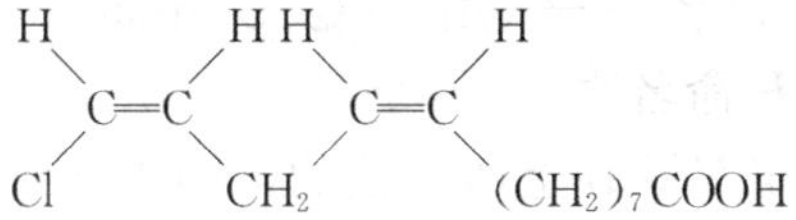

亚油酸

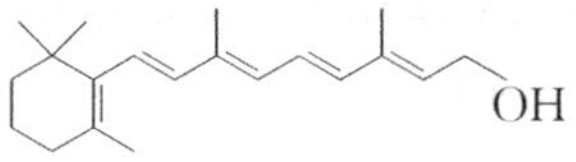

维生素 A_1

3.1.3 烯烃的物理性质

烯烃的物理性质与相应的烷烃相似,常温下 C_2～C_4 的烯烃为气体,C_5～C_{18} 的烯烃为液体,C_{18} 以上的烯烃为固体。烯烃的熔、沸点随相对分子质量增加而升高,沸点比相应烷烃略低。相对密度均小于 1,但比相应烷烃略高。烯烃难溶于水而易溶于有机溶剂,且可溶于浓硫酸。

对称取代的烯烃分子中,反式异构体是对称分子,偶极矩等于零;顺式异构体两个取代基处于双键同侧,偶极矩不为零,分子间作用力较大,所以顺式异构体的沸点一般比反式高。但顺式异构体的对称性较低,在晶格中的排列不如反式异构体紧密,所以顺式异构体的熔点通常比反式异构体低。这说明顺反异构体的分子中由于原子或基团在空间取向不同,其物理性质(如偶极矩、沸点、熔点、密度等)存在差异。一些烯烃的物理常数见表 3-1。

表 3-1 一些烯烃的物理常数

化合物	结构式	熔点/℃	沸点/℃	相对密度(d_4^{20})
乙烯(ethene)	$CH_2{=}CH_2$	−169.5	−103.7	0.579
丙烯(propene)	$CH_3CH{=}CH_2$	−185.2	−47.4	0.510
1-丁烯(1-butene)	$CH_3CH_2CH{=}CH_2$	−184.3	−6.4	0.5951
1-戊烯(1-pentene)	$CH_3(CH_2)_2CH{=}CH_2$	−138.0	30.0	0.643

续表

化合物	结构式	熔点/℃	沸点/℃	相对密度(d_4^{20})
1-己烯(1-hexene)	$CH_3(CH_2)_3CH═CH_2$	−139.8	63.4	0.673
1-庚烯(1-heptene)	$CH_3(CH_2)_4CH═CH_2$	−119	93.6	0.697
1-辛烯(1-octene)	$CH_3(CH_2)_5CH═CH_2$	−101.7	121.3	0.742
1-壬烯(1-nonene)	$CH_3(CH_2)_6CH═CH_2$		146	0.730
1-癸烯(1-decene)	$CH_3(CH_2)_7CH═CH_2$	−66.3	171.0	0.743
顺-2-丁烯(*cis*-2-butene)	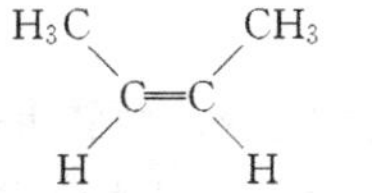	−139.3	4.0	0.621
反-2-丁烯(*trans*-2-butene)	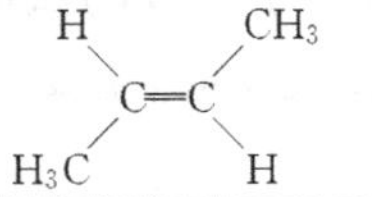	−105.5	0.9	0.604

3.1.4　烯烃的化学性质

烯烃的化学性质由其官能团碳碳双键所决定。双键由稳定的 σ 键和不稳定的 π 键组成，由于 π 键的电子云重叠程度小，电子云又分布在碳碳饱和键所在平面的上下方，受核的束缚力较小，键能较小，易极化变形断裂，因此烯烃的化学性质较烷烃活泼，易发生加成、氧化、聚合等反应。烯烃发生化学反应的主要部位及反应类型如下所示：

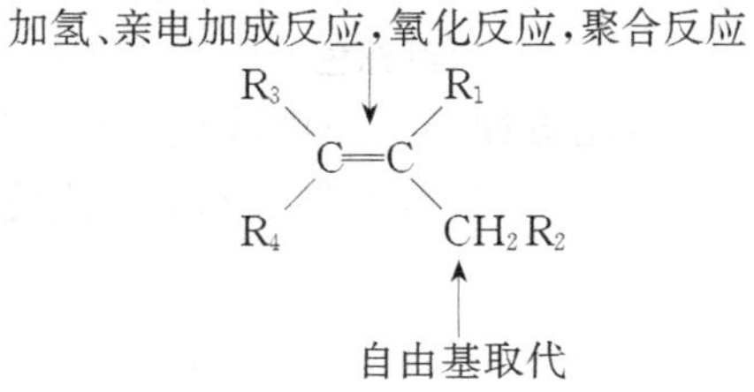

1. *加成反应*

加成反应(addition reaction)是指反应时，分子中的 π 键断裂，在原来 π 键的两个碳原子上各加上一个原子或基团的反应。

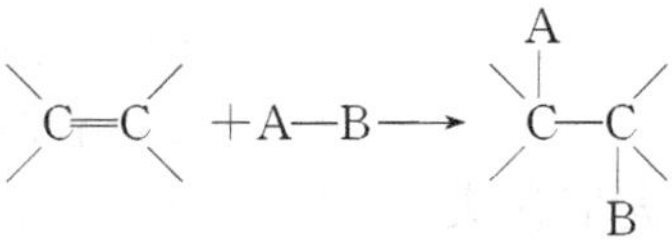

1) 催化加氢

通常情况下，烯烃与氢并不发生反应，但在适当的催化剂，如 Pt、Pd、Ni 的存在下，烯烃与氢加成生成相应的烷烃。例如

$$H_2C═CH_2 + H_2 \xrightarrow{Pt} CH_3CH_3$$

$$CH_3CH═CH_2 + H_2 \xrightarrow{Pt} CH_3CH_2CH_3$$

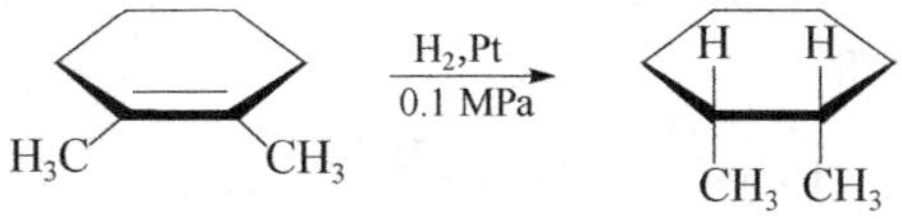

顺-1,2-二甲基环己烷(86%)

由于催化加氢反应是定量进行的，因此可根据反应所吸收氢气的体积来推测分子中不饱和键的数目。

催化加氢反应的机理比较复杂，一般认为是通过催化剂首先将氢和不饱和烃吸附在金属表面，使碳碳双键中的 π 键和 H—H σ 键松弛，然后两个氢原子与不饱和键在催化剂表面同侧完成加成过程，主要生成顺式加成产物。催化剂在反应中的作用是有效地降低活化能，使反应能在较温和的条件下进行。

2）亲电加成反应

烯烃能与卤素、卤化氢等试剂发生加成反应，生成卤代烃。卤素是由同种类的元素原子组成的试剂，称为对称试剂。卤化氢是由不同种类的元素原子组成的试剂，称为不对称试剂。

（1）与卤素加成。烯烃与卤素在常温下即能发生加成反应，主要生成相应的邻二卤代烃。

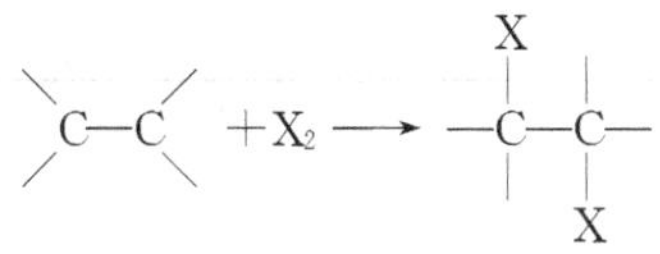

不同卤素的反应活性不一，氟太活泼，反应难以控制，碘则难以反应，因而烯烃通常是与氯、溴发生加成反应。烯烃与溴的四氯化碳溶液反应时，溴的红棕色迅速消失，所以常利用此方法鉴别有机化合物中碳碳不饱和键的存在。例如

$$CH_3CH{=}CH_2 + Br_2 \longrightarrow CH_3\underset{Br}{\underset{|}{C}}H\underset{Br}{\underset{|}{C}}H_2$$

红棕色　　1,2-二溴丙烷(无色)

（2）与卤化氢加成。烯烃与卤化氢加成生成卤代烷，对称烯烃与卤化氢加成只生成一种卤代烷，而不对称烯烃与卤化氢加成则可生成两种不同的卤代烷。例如

$$CH_3CH{=}CHCH_3 + HBr \longrightarrow CH_3CH_2\overset{Br}{\overset{|}{C}}HCH_3$$

2-溴丁烷

$$CH_3CH_2CH{=}CH_2 + HBr \longrightarrow CH_3CH_2CH_2CH_2Br$$

1-溴丁烷(20%)

$$CH_3CH_2CH{=}CH_2 + HBr \longrightarrow CH_3CH_2\overset{Br}{\overset{|}{C}}HCH_3$$

2-溴丁烷(80%)

1866 年，俄国化学家马尔科夫尼科夫(V. M. Markovnikov)根据不对称烯烃与 HX 加成的大量实验事实，总结出一个经验规律：不对称烯烃与不对称试剂加成时，试剂中带正电荷部分总是加在含氢较多的双键碳原子上，带负电荷部分则加在含氢较少的双键碳原子上。该经验规律称为马尔可夫尼可夫规则，简称马氏规则。

烯烃与不同卤化氢加成反应活性顺序为 HI＞HBr＞HCl＞HF。HI 和 HBr 很易与烯烃加成，HCl 与烯烃反应速率较慢，HF 一般不能直接与烯烃加成。

（3）与水加成。烯烃与水在酸催化下可发生加成反应生成醇，又称烯烃的水合反应。反应取向也遵循马氏规则。例如

$$H_2C{=}CH_2 + H_2O \xrightarrow[300\ ^\circ C]{H_3PO_4} CH_3CH_2OH$$

乙醇

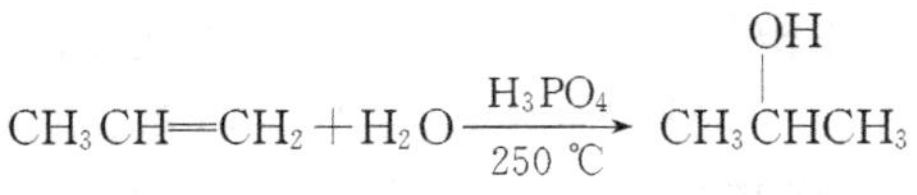

异丙醇

这是工业上生产乙醇和异丙醇最重要的方法之一。

(4) 与 H_2SO_4 加成。烯烃与 H_2SO_4 加成生成烷基硫酸氢酯，经水解生成醇，是工业上生产低碳数醇的方法之一，又称为烯烃的间接水合反应。不同结构的烯烃，反应难易不同，生成的醇的种类也不同。例如

$$H_2C{=}CH_2 + H_2SO_4(98\%) \longrightarrow CH_3CH_2OSO_2OH \xrightarrow[90\ ^\circ C]{H_2O} CH_3CH_2OH$$

硫酸氢乙酯

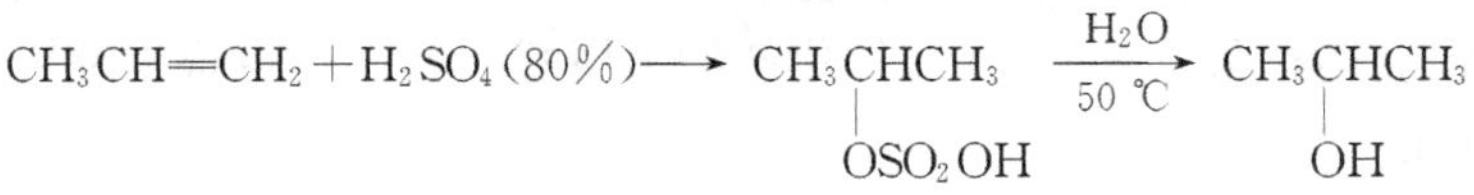

硫酸氢异丙基酯

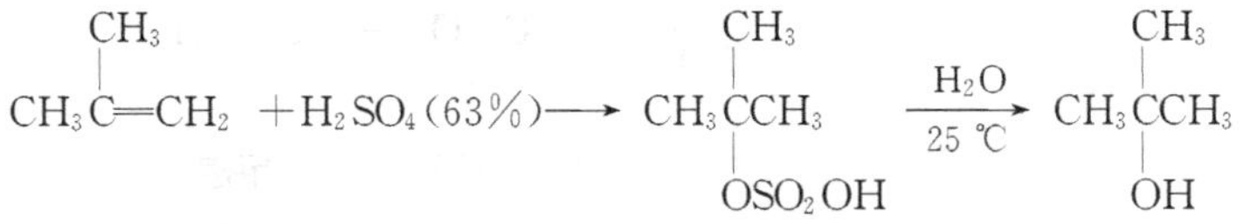

硫酸氢叔丁基酯　　叔丁醇

由于生成的烷基硫酸氢酯溶于硫酸，因此可利用此法除去烷烃、卤代烃等化合物中所含的少量烯烃杂质。

2. 氧化反应

烯烃较烷烃易氧化，在较温和条件下仅 π 键断裂，条件强烈时 σ 键也随之断裂，得到的氧化产物随氧化剂、反应条件及分子结构的不同而不同。

(1) 与高锰酸钾作用。烯烃与中性或碱性 $KMnO_4$ 的稀冷溶液作用时，不饱和键中的 π 键断裂，烯烃生成邻二醇。例如

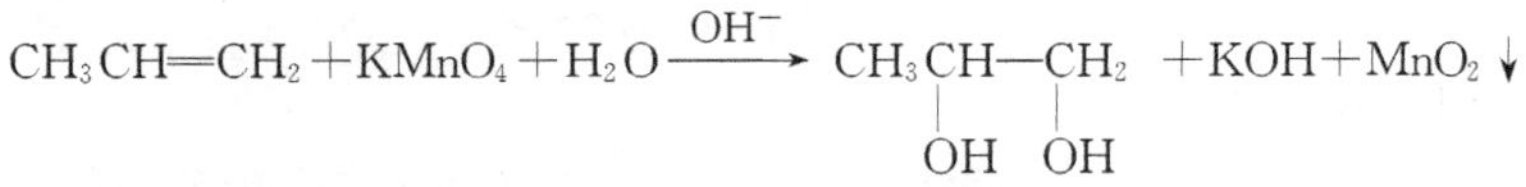

烯烃与酸性高锰酸钾溶液作用时，双键断裂：当双键碳上有两个烃基时，氧化产物为酮；当双键碳上连有一个烃基和一个氢原子时，氧化产物为羧酸；当双键碳上连有两个氢原子时，氧化产物为二氧化碳。例如

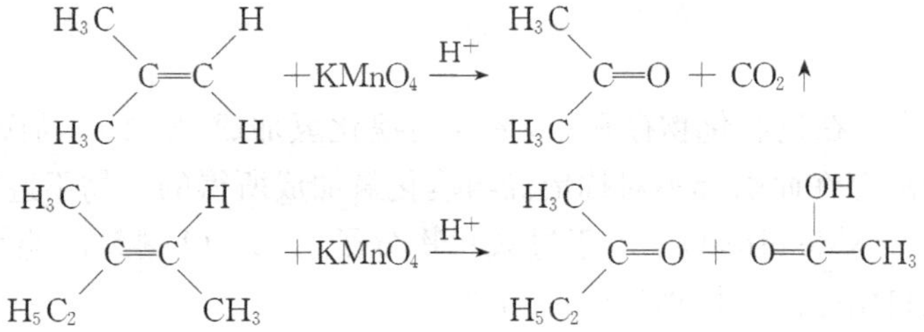

丁酮　　乙酸

因为氧化产物与烯烃的结构有关，所以此反应可用于推断烯烃的结构。也可利用此反应前后 $KMnO_4$ 的紫红色的改变鉴定烯烃。

(2) 臭氧氧化反应。含有体积分数6%～8%臭氧的氧气在低温下能与烯烃迅速地发生定量反应，生成环状的臭氧化物，该反应称为臭氧化反应。臭氧化物中含过氧键(—O—O—)，很不稳定，容易爆炸，因此一般不将其分离，而是直接在溶液中进行水解，得到醛或酮以及过氧化氢。

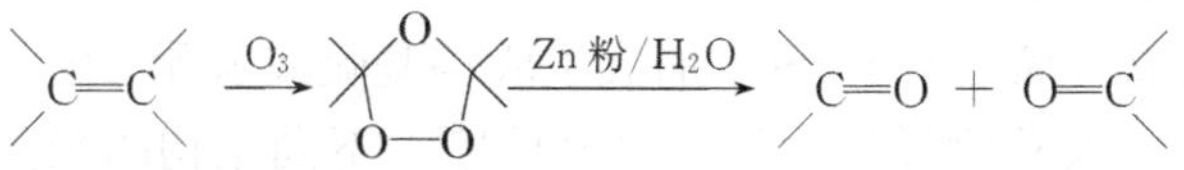

臭氧化物　　　　　　醛或酮

为了防止生成的过氧化物继续氧化醛、酮，通常臭氧化物的水解是在加入还原剂(如 Zn/H_2O)或催化氢化下进行。烯烃的臭氧化物在锌粉存在下水解，断裂部位是烯烃的碳碳双键处。当双键碳上有两个烃基时，氧化产物为酮；双键碳上连有一个烃基和一个氢原子时，氧化产物为醛；双键碳上连有两个氢原子时，氧化产物为甲醛。所以也可根据反应产物的结构推出烯烃的结构。例如

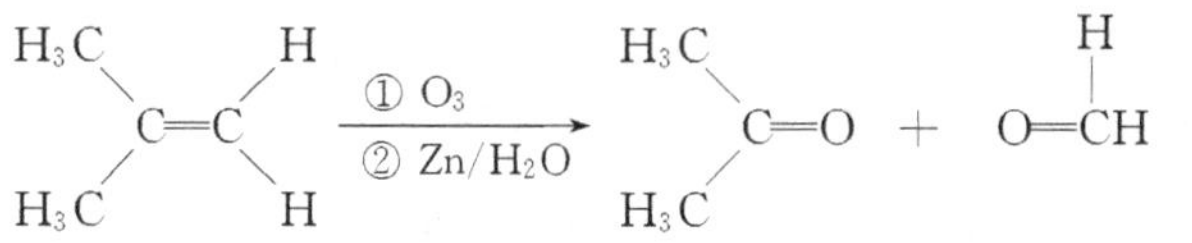

丙酮　　　　甲醛

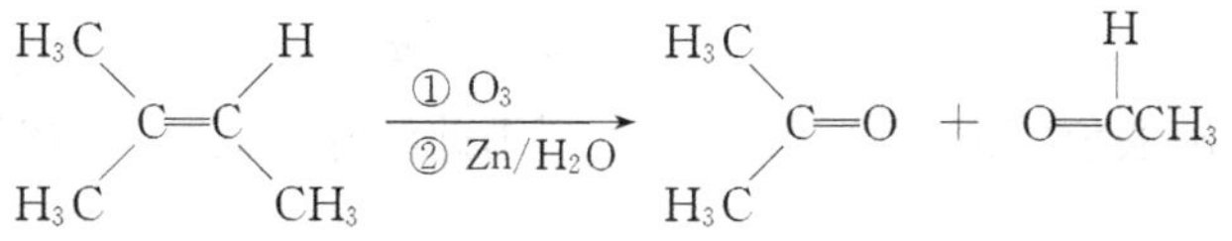

乙醛

问题 3-4　化合物 **A**、**B** 的分子式为 C_5H_{10}。**A** 经臭氧氧化后，再用锌粉处理得到等物质的量的丙酮和乙醛；**B** 经相同条件反应得到等物质的量的2-甲基丙醛和甲醛。试分别写出 **A**、**B** 的结构式。

问题 3-5　写出下列反应方程式。

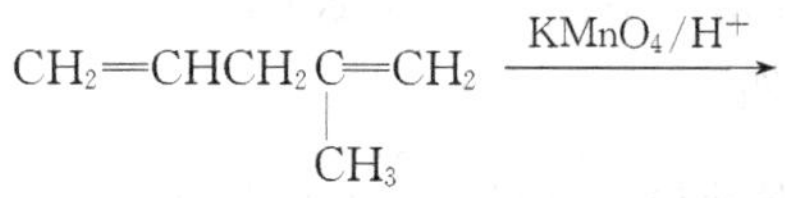

问题 3-6　写出下列反应方程式。

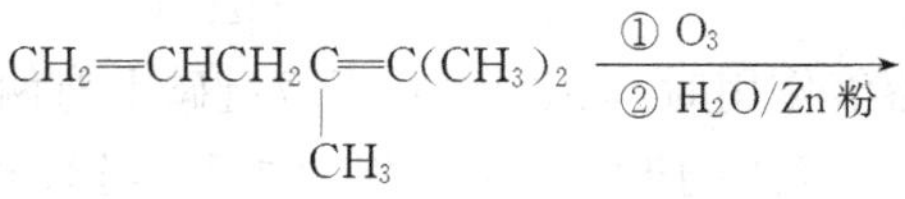

---

3. 自由基反应

(1) 加成反应。在过氧化物存在下，烯烃与溴化氢加成，生成反马氏规则的溴代烷产物。这种因过氧化物的存在而引起不对称烯烃与溴化氢加成所得的产物不遵循马氏规则的现象称过氧化物效应(peroxide effect)。由于过氧化物分子中 O—O 键解离能小，易均裂成自由基，因此加成反应按自由基加成机理进行。例如

链引发　$R—O—O—R \longrightarrow 2RO\cdot$

$RO\cdot + HBr \longrightarrow ROH + Br\cdot$

链增长　$Br\cdot + CH_3CH=CH_2 \longrightarrow CH_3\dot{C}HCH_2Br$(中间体)

$$CH_3\dot{C}HCH_2Br + HBr \longrightarrow CH_3CH_2CH_2Br + Br\cdot$$

……

链终止　$Br\cdot + Br\cdot \longrightarrow Br_2$

$$Br\cdot + CH_3\dot{C}HCH_2Br \longrightarrow CH_3CH(Br)CH_2Br$$

过氧化物效应只存在于不对称烯烃与溴化氢的加成反应中，氟化氢、氯化氢、碘化氢等试剂都无过氧化物效应。

(2) α-氢的卤代反应。烯烃中与双键官能团直接相连的烷基碳原子称为 α-碳原子，该碳原子上的氢原子称为 α-氢原子。α-氢原子受双键的影响，变得比较活泼，在高温或光照下易与卤素发生自由基取代反应，生成相应的卤代烯烃。例如

$$CH_3CH{=}CH_2 + Cl_2 \xrightarrow{500\ ^\circ C} ClCH_2CH{=}CH_2$$

烯丙基氯(3-氯丙烯)

问题 3-7　用自由基取代反应机理解释下列反应。

$$CH_3CH_2CH{=}CH_2 + Br_2 \xrightarrow{h\nu} CH_3CH(Br)CH{=}CH_2$$

---

4. 聚合反应

在一定条件下，烯烃能以自由基或离子型反应机理发生多个相同或相似分子间自身加成，形成相对分子质量较大的化合物，这种由一种或几种结构简单的小分子化合物通过共价键重复连接生成大分子化合物的反应称为聚合反应。形成的大分子化合物称为高分子化合物或聚合物，也称高聚物。组成高分子的重复单元称为链节，一个高分子中的链节数称为聚合度，把能聚合成高分子化合物的低分子化合物称为单体。聚合物分子的结构式可表示为[重复单元的结构]$_n$(或用圆括号表示)，其中 n 为聚合度。

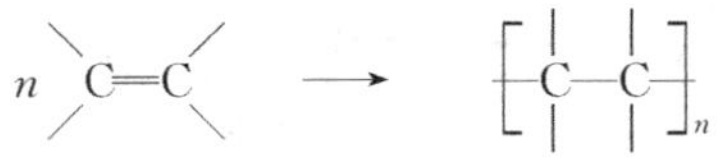

单体　　　　聚合物

例如，常见的聚合物聚乙烯就是通过乙烯在高温高压下聚合反应而得到。

$$n\,CH_2{=}CH_2 \xrightarrow[\text{催化剂}]{\text{高温,高压}} {+}CH_2CH_2{+}_n$$

聚乙烯(n=500～2000)

3.1.5　亲电加成反应机理

1. 亲电加成反应机理

将乙烯通入含氯化钠的溴水中，除主要生成 1,2-二溴乙烷外，还生成了 1-氯-2-溴乙烷，但没有 1,2-二氯乙烷生成。

$$CH_2{=}CH_2 + Br_2 \xrightarrow{NaCl(\text{水溶液})} CH_2Br{-}CH_2Br + CH_2Br{-}CH_2Cl\ (\text{无}\ CH_2Cl{-}CH_2Cl)$$

上述的实验结果说明加成反应是分步进行的。首先是溴分子受乙烯 π 键的影响而发生极化($Br^{\delta-}—Br^{\delta+}$)，极化的溴正离子进攻烯烃，与 π 电子结合，通过 π-配合物的形成使 Br—Br键异裂，生成环状中间体溴鎓离子(bromonium ion)，同时，溴分子发生异裂产生溴负离子。在这一步，烯烃分子中 π 键的断裂及溴分子中 σ 键的断裂都需要能量，速率较慢，是决定整个反应速率的一步。

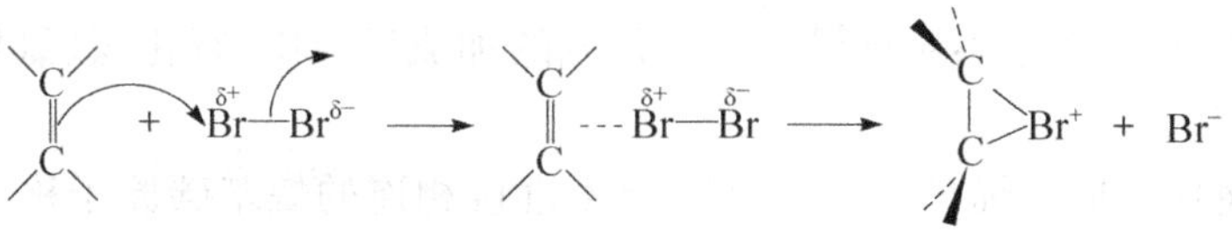

π-配合物　　溴鎓离子

溴鎓离子不稳定，其中溴原子上的孤对电子与缺电子的碳原子的空 p 轨道从侧面重叠，这种侧面重叠利于溴负离子从背面进攻溴鎓离子，生成反式加成产物。后一步反应速率较快。

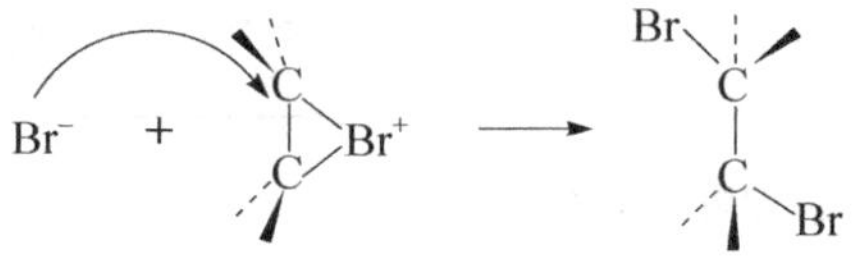

因此，上述反应在第一步只有 $Br^{\delta+}$ 作为亲电试剂进攻碳碳双键，因而无 1,2-二氯乙烷生成；第二步溴鎓离子既能与 Br^- 反应，也能和氯化钠溶液中的 Cl^- 反应。这种由亲电试剂进攻而引起的加成反应称为亲电加成反应(electrophilic addition reaction)。

烯烃与卤化氢的加成反应也是分两步进行：首先是卤化氢解离出的质子进攻碳碳双键的 π 电子，使 π 键打开，经过渡态(Ⅰ)生成碳正离子中间体，然后卤负离子进攻碳正离子与之结合生成加成产物。以烯烃与 HX 加成为例，其过程如下：

第一步

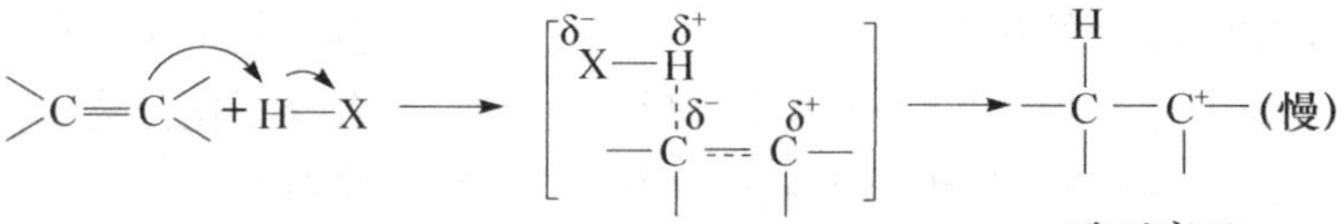

过渡态 I　　碳正离子

第二步

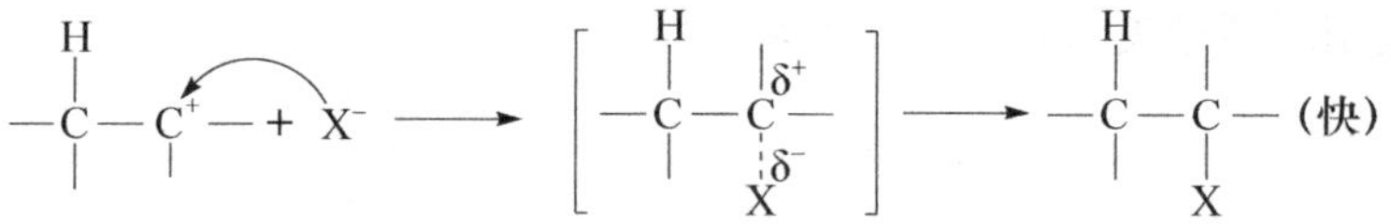

过渡态Ⅱ

不对称烯烃与 HX 加成取向遵循马氏规则。由于亲电加成反应中，碳正离子中间体的形成是决定反应速率的关键一步，因此碳正离子稳定性是决定加成反应速率的关键因素，碳正离子越稳定，亲电反应活性越大，反应速率越快。碳正离子的稳定性与其诱导效应密切相关。

2. 诱导效应及马氏规则的解释

(1) 诱导效应(inductive effect)。诱导效应是有机化合物中电子效应的一种。因分子中原子或基团电负性不同而造成键的极化，并使成键电子云沿着分子链(价键)向某一方向偏移的效应称为诱导效应，简称 I 效应。诱导效应沿着分子链传递，并迅速减弱，一般经过 3 个共价键后可忽略不计，因此诱导效应是一种“短程效应”。例如，在氯丙烷分子中，由于 C、Cl 原子电负性不同而使 C—Cl 键具有极性，C—Cl 键极性的影响通过 σ 电子的转移传递到 C_2 和

C_3 上，致使整个分子中的电子云密度分布发生了改变，每个碳原子上都带上了不同量的正电荷。

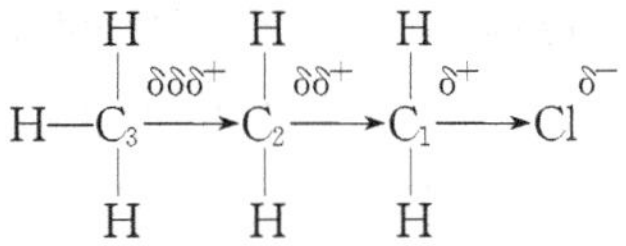

诱导效应的方向是以 C—H 键中的氢作为比较标准，其他原子或基团(以 X 或 Y 表示)取代 C—H 键中的氢原子后，该键的电子云密度分布将发生一定程度的改变。若 X 电负性大于氢原子，C—X 键电子云偏向于 X，与氢原子相比，X 具有吸电子性，称为吸电子基。由吸电子基引起的诱导效应称为吸电子诱导效应，常以 −I 表示。反之，若 Y 电负性小于氢原子，C—Y 键的电子云偏向碳原子，与氢原子相比，Y 具有给电子性，称为给电子基。由给电子基引起的诱导效应称为给电子诱导效应，常以 +I 表示。

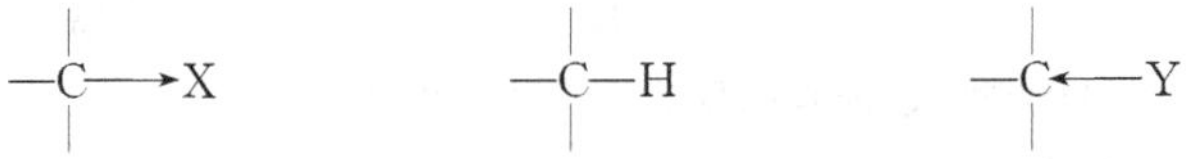

−I 效应　　比较标准　　+I 效应

根据实验结果，常见原子或基团的吸电子能力顺序如下：

$$—F>—Cl>—Br>—I>—OCH_3>—OH>—NH—CO—CH_3>—C_6H_5>—CH{=}CH_2>$$
$$H>—CH_3>—CH_2CH_3>—CH(CH_3)_2>—C(CH_3)_3$$

排在 H 前面的原子或基团为吸电子基，在 H 后的原子或基团为给电子基。

(2) 马氏规则的解释。根据静电学原理，带电体系的稳定性随着电荷的分散而增大。烷基是给电子基团，碳正离子上连有的烷基越多，+I 效应越强，正电荷越分散，体系能量越低，碳正离子越稳定。不同类型的烷基碳正离子的稳定性顺序为

$R_3\overset{+}{C}$	>	$R_2\overset{+}{C}H$	>	$R\overset{+}{C}H_2$	>	$\overset{+}{C}H_3$
叔碳正离子		仲碳正离子		伯碳正离子		甲基碳正离子
3°		2°		1°		$^+CH_3$

1-丁烯与 HBr 加成时，可能形成两种碳正离子：

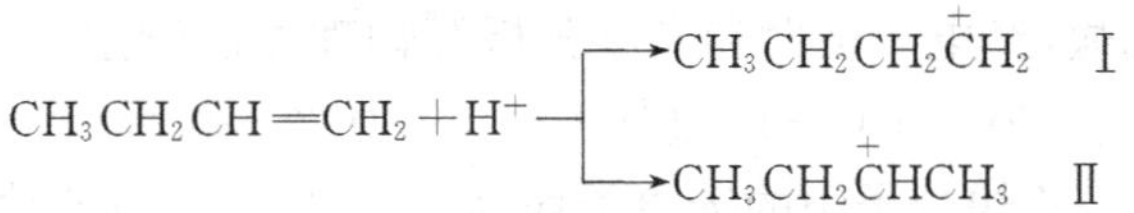

由于Ⅰ是伯碳正离子，Ⅱ是仲碳正离子，Ⅱ比Ⅰ容易生成，因此反应的主产物是 2-溴丁烷。

对于 3,3,3-三氯丙烯与 HCl 的加成反应，在三氯丙烯分子中，3 个氯原子的强吸电子性使碳碳双键中的 π 电子云分布不均匀，出现正、负电荷中心。试剂中带正电荷的 H^+ 进攻分子中的负电荷中心即含氢较少的双键碳原子，通过形成较稳定的三氯丙基碳正离子 $Cl_3CCH_2\overset{+}{C}H_2$ 继而很快完成反应，生成的主要产物为 1,1,1,3-四氯丙烷，而不是氢加在含氢较多的双键碳原子上的 1,1,1,2-四氯丙烷。

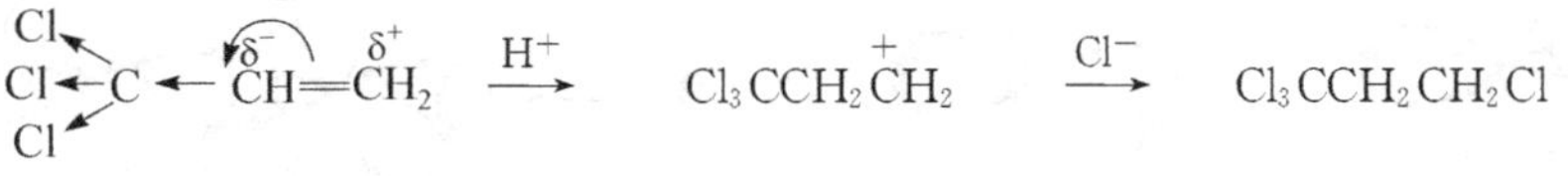

3,3,3-三氯丙烯　　三氯丙基碳正离子　　1,1,1,3-四氯丙烷

由此可见，马氏规则的实质就是不饱和烃的亲电加成总是以形成较稳定的碳正离子中间

体决定反应的主要产物。

(3) 亲电加成反应活性。碳碳双键上所连的原子或基团不仅影响亲电加成的取向,还影响双键的反应活性。由于亲电加成反应中,碳正离子中间体的形成是决定反应速率的关键一步,因此越易形成稳定中间体碳正离子的烯烃,亲电反应活性越大。例如,异丁烯、丁烯、乙烯和氯乙烯与氢卤酸亲电加成的反应活性次序如下:

$$(CH_3)_2C{=}CH_2 > CH_3CH_2CH{=}CH_2 > CH_2{=}CH_2 > CH_2{=}CHCl$$

问题 3-8 写出下列化合物与 HBr 加成的主要产物,并简述理由。

$$(CH_3)_2C{=}CHC(CH_3)_3$$

问题 3-9 解释下列事实。

(1) $CH_2{=}CH_2 + Br_2/H_2O \xrightarrow{\text{含少量 } Cl^-} \underset{\displaystyle Br\quad\ \ Br}{CH_2{-}CH_2} + \underset{\displaystyle Br\quad\ \ OH}{CH_2{-}CH_2} + \underset{\displaystyle Br\quad\ \ Cl}{CH_2{-}CH_2}$

(2) 异丁烯、丁烯分别与 HBr 加成,前者的反应速率较后者快。

问题 3-10 比较下列各组碳正离子的稳定性。

(1) $(CH_3)_3\overset{+}{C}$ 和 $(CH_3)_2\overset{+}{C}CH_3$ (2) $CF_3\overset{+}{C}HCH_3$ 和 $CF_3CH_2\overset{+}{C}H_2$

3.2 炔 烃

炔烃(alkyne)是含碳碳叁键的烃类化合物,碳碳叁键是炔烃的官能团。与烯烃类似,炔烃中碳原子也没有被氢所完全饱和,所以炔烃也是不饱和烃。炔烃也分为单炔烃(常称炔烃)、二炔烃和多炔烃。本节主要讨论单炔烃,其通式为 C_nH_{2n-2}。

3.2.1 炔烃的结构和异构

1. 炔烃的结构

最简单的炔烃是乙炔,经电子衍射和光谱分析等物理方法测定,乙炔是直线形分子,键角为 180°,碳碳叁键键长为 120 pm,C—H 键长 108 pm,如图 3-3 所示。

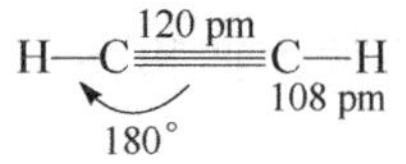

图 3-3 乙炔分子中键角和键长

乙炔分子中的碳原子均为 sp 杂化。形成乙炔时,两个碳原子各以一个 sp 杂化轨道沿键轴方向重叠形成 C—C σ 键,其余的 sp 杂化轨道分别与两个氢原子的 1s 轨道重叠形成两个 C—H σ 键,这三个 σ 键均在同一条直线上。每个碳原子上未杂化的两个 p 轨道相互垂直并同时垂直于分子 σ 键所在的直线,两两相互对应平行,侧面重叠形成两个 π 键,构成了碳碳叁键。碳碳叁键是由一个 σ 键和两个 π 键构成的。π 电子云对称地分布在分子 σ 键的上下和前后,呈圆筒状,如图 3-4 所示。

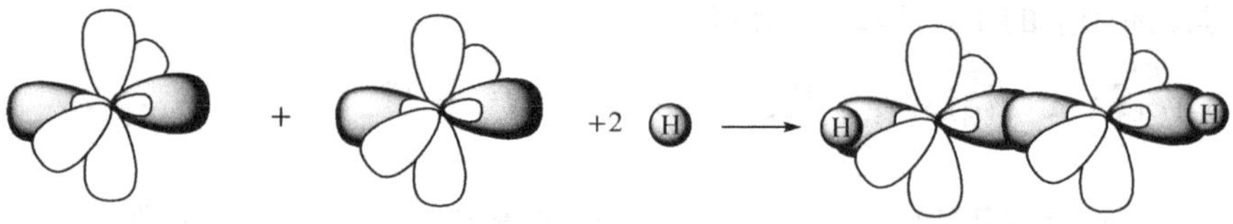

图 3-4 乙炔分子的形成

由于碳碳叁键中的碳原子为 sp 杂化，此种杂化轨道的 s 成分较 sp^2、sp^3 杂化轨道多，电子云形状粗而短，发生重叠时，两原子靠得更近，因此碳碳叁键的键长（120 pm）较碳碳双键（134 pm）及 C—C 单键（154 pm）都短。

2. 炔烃的异构

炔烃的异构较烷烃复杂，但较烯烃简单，只有构造异构，没有顺反异构。炔烃的构造异构除碳链异构外，也有由于分子中碳碳叁键的位置不同而产生的位置异构，但因碳碳叁键的限制，碳数相同的炔烃比烯烃的异构体数目少。例如

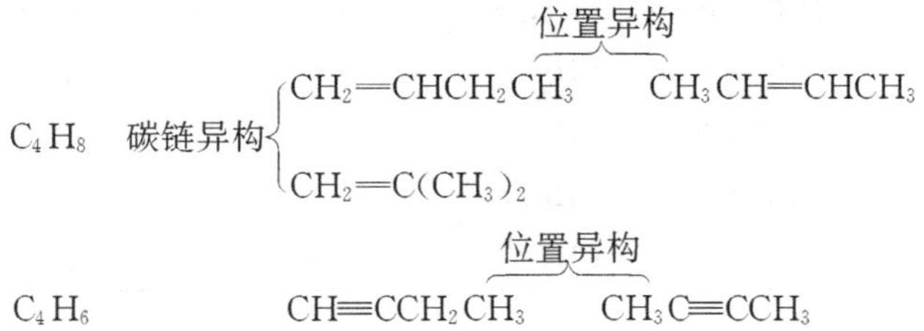

3.2.2 炔烃的命名

炔烃的命名多采用系统命名法，其命名方法与烯烃相似，即选择含碳碳叁键的最长碳链为主链，根据主链碳原子数称为“某炔”。从靠近叁键一端对主链碳原子编号，并将叁键位置标示在炔烃名称前面。例如

$HC\equiv CCH_2CH_3$

1-丁炔

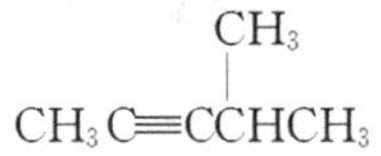

4-甲基-2-戊炔

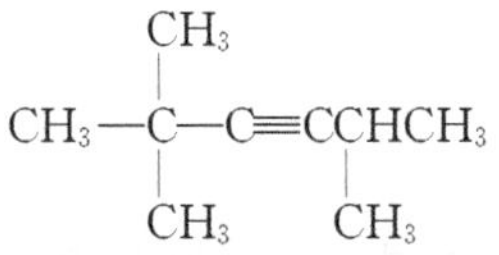

2,2,5-三甲基-3-己炔

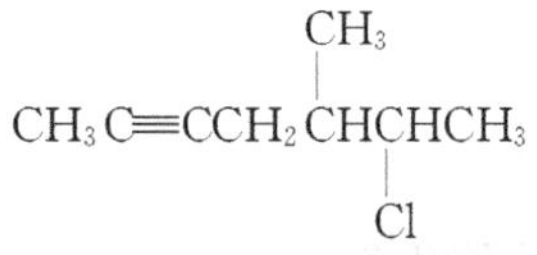

5-甲基-6-氯-2-庚炔

分子中同时含有碳碳双键和碳碳叁键时，则选择含双键和叁键的最长碳链为主链，母体称为“烯炔”。对主链碳原子编号应从靠近双键或叁键的一端开始；当双键与叁键处于同等位置时，编号应从靠近双键的一端开始。例如

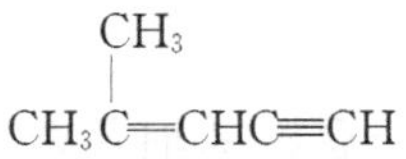

4-甲基-3-戊烯-1-炔

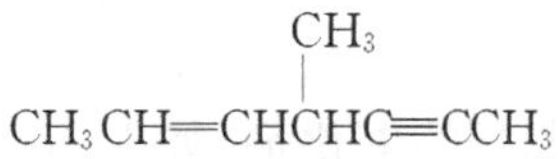

4-甲基-2-庚烯-5-炔

3.2.3 炔烃的物理性质

常温下 $C_2\sim C_4$ 的炔烃为气体，$C_5\sim C_{15}$ 的炔烃为液体，C_{15} 以上的炔烃为固体。炔烃与烷烃、烯烃相似，它的熔点和沸点都随相对分子质量的增加而升高。同碳数的炔烃，叁键在中间比在末端的炔烃沸点、熔点都高。炔烃的相对密度都小于 1，但比对应的烯烃大。炔烃是弱极性化合物，在水中的溶解度很小，但易溶于有机溶剂。一些炔烃的物理常数见表 3-2。

表 3-2 一些炔烃的物理常数

化合物	结构式	熔点/℃	沸点/℃	相对密度(d_4^{20})
乙炔(ethyne)	$HC\equiv CH$	−81.8	−82.0	
丙炔(propyne)	$HC\equiv CCH_3$	−102.5	−23.0	
1-丁炔(1-butyne)	$HC\equiv CCH_2CH_3$	−122.0	8.0	0.694
2-丁炔(2-butyne)	$H_3CC\equiv CCH_3$	−24.0	27.0	0.695
1-戊炔(1-pentyne)	$HC\equiv CCH_2CH_2CH_3$	−98.0	39.7	0.695
1-己炔(1-hexyne)	$HC\equiv CCH_2CH_2CH_2CH_3$	−124.0	71.4	0.719
3-己炔(3-hexyne)	$H_3CCH_2C\equiv CCH_2CH_3$	−105	81.0	0.725
1-庚炔(1-heptyne)	$HC\equiv C(CH_2)_4CH_3$	−80	100	0.733
1-辛炔(1-octyne)	$HC\equiv C(CH_2)_5CH_3$	−70	126	0.747
1-壬炔(1-nonyne)	$HC\equiv C(CH_2)_6CH_3$	−65	151	0.770
1-癸炔(1-decyne)	$HC\equiv C(CH_2)_7CH_3$	−36	182	

3.2.4 炔烃的化学性质

炔烃的化学性质由其官能团碳碳叁键决定。碳碳叁键与碳碳双键相似,均由稳定的 σ 键和不稳定的 π 键组成,因而炔烃的化学性质与烯烃一样,都较易发生催化加氢、亲电加成、氧化及聚合等反应。但由于炔烃的叁键碳原子是 sp 杂化,其化学性质与烯烃也有所区别。炔烃发生化学反应的主要部位及反应类型如下所示:

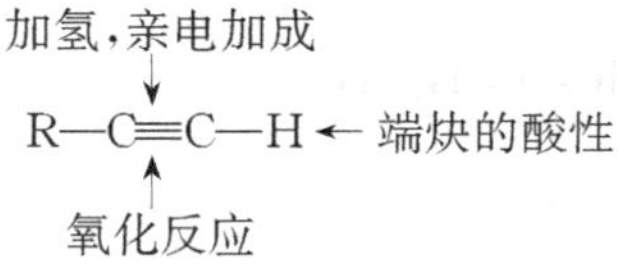

1. 催化加氢

在 Pt、Pd、Ni 等催化剂的存在下,炔烃可与氢加成,先生成烯烃,进一步加成生成烷烃。反应通常难停留在生成烯烃的一步,而是直接生成烷烃。例如

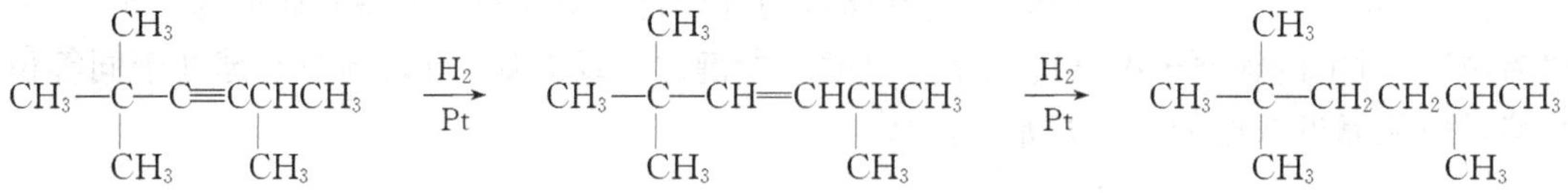

2,2,5-三甲基-3-己炔　　2,2,5-三甲基-3-己烯　　2,2,5-三甲基己烷

但若用特殊方法制备的催化剂,如 Lindlar Pd(将金属钯的细粉末沉淀在碳酸钙上,再用乙酸铅溶液处理以降低其活性),反应也可以停留在生成烯烃的一步,产物为顺式烯烃。例如

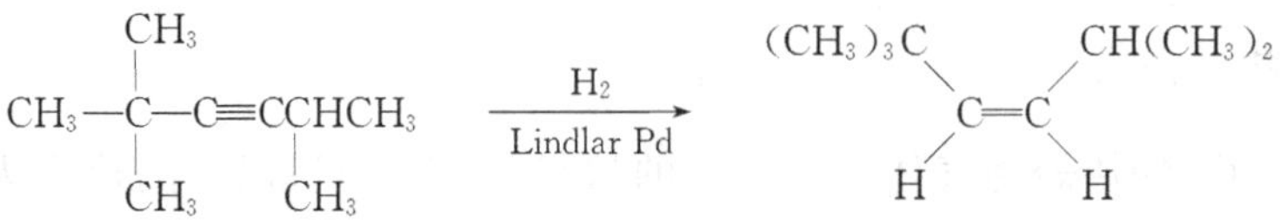

2,2,5-三甲基-3-己炔　　*cis*-2,2,5-三甲基-3-己烯

2. 亲电加成反应

炔烃也能与卤素、卤化氢、水等试剂发生亲电加成反应,但反应比烯烃稍难。一般需经过

逐步断开 π 键而完成反应。

(1) 加卤素。炔烃与足够量的溴的四氯化碳溶液反应时，可以断开两个 π 键，直接生成四溴代烷烃的加成产物。其反应现象为溴的红棕色迅速消失。因为反应有明显的颜色变化，所以常利用此反应鉴别炔烃和烷烃。例如

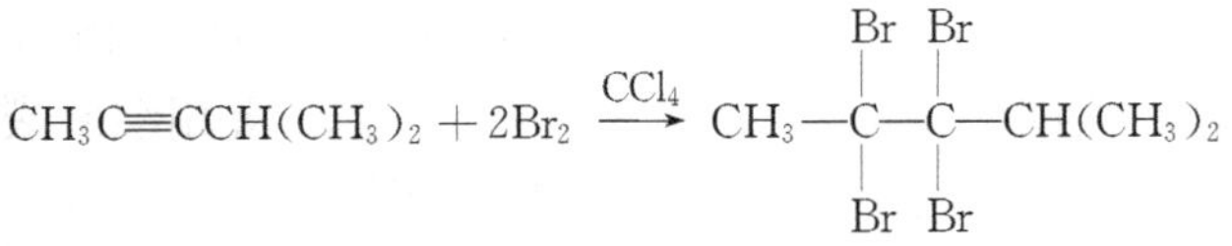

红棕色　4-甲基-2,2,3,3-四溴丁烷(无色)

烯炔与卤素反应时，控制卤素量，一般可使双键优先加成。例如

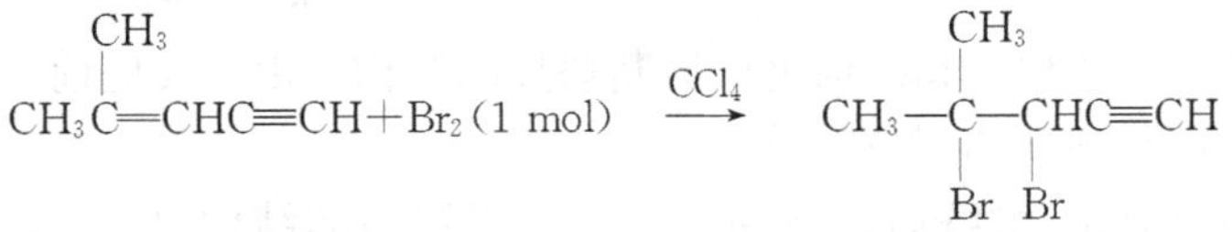

4-甲基-3-戊烯-1-炔　4-甲基-3,4-二溴-1-戊炔

(2) 加卤化氢。炔烃与卤化氢加成先生成卤代烯烃，进而生成偕二卤代烷，加成取向也遵循马氏规则。例如

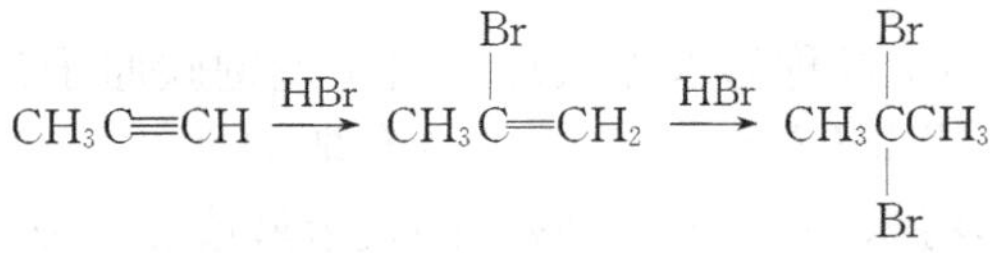

2-溴丙烯　2,2-二溴丙烷

炔烃加溴化氢的反应也存在过氧化物效应，反应机理是自由基加成，生成反马氏规则的产物。例如

$$CH_3C{\equiv}CH \xrightarrow[ROOR]{HBr} CH_3CH{=}CHBr \xrightarrow[ROOR]{HBr} CH_3CH_2CHBr_2$$

1-溴丙烯　1,1-二溴丙烷

(3) 加水。在催化剂(硫酸汞硫酸溶液)存在下，炔烃能与水发生加成反应，首先生成烯醇式中间体，然后经重排生成更稳定的醛或酮，此反应也称为炔烃的水和反应。不对称炔烃加水取向也遵循马氏规则。

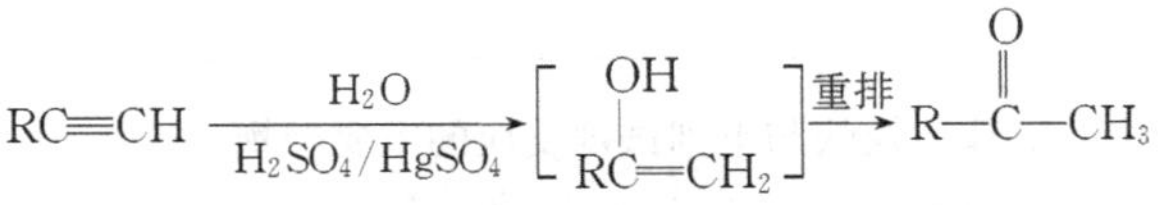

烯醇　酮

只有乙炔水合生成乙醛，其余炔烃的水合产物均为酮。例如

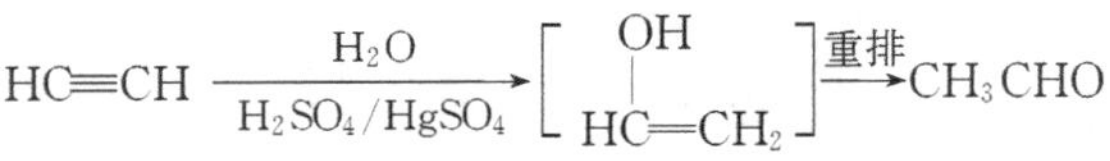

乙烯醇　乙醛

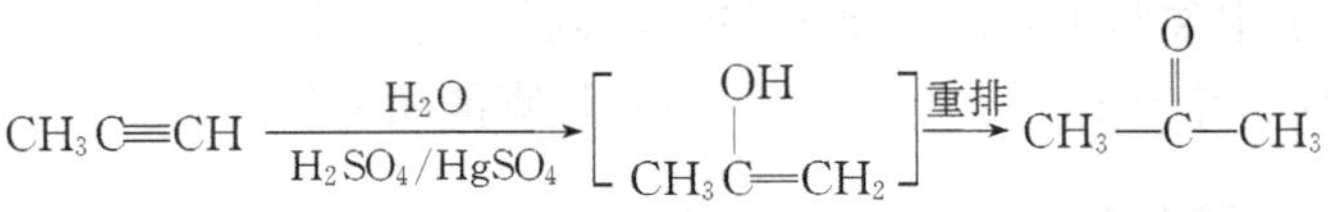

2-丙烯醇　丙酮

3. 氧化反应

与烯烃相似，炔烃的氧化在较温和条件下仅 π 键断裂，条件强烈时 σ 键也随之断裂，得到

的氧化产物随氧化剂、反应条件及分子结构不同而不同。

炔烃与碱性 $KMnO_4$ 稀冷溶液作用时，不饱和键中的 π 键断裂，非端基炔烃生成邻二酮。例如

$$CH_3C{\equiv}CCH_3 + KMnO_4 + H_2O \xrightarrow{OH^-} H_3C{-}\overset{\overset{O}{\|}}{C}{-}\overset{\overset{O}{\|}}{C}{-}CH_3 + KOH + MnO_2\downarrow$$

炔烃与酸性高锰酸钾溶液作用时，不饱和键中的 π 键、σ 键相继断裂，根据不饱和键碳原子上连接的基团不同，可得到羧酸、二氧化碳等产物。例如

$$RC{\equiv}CH \xrightarrow{KMnO_4/H^+} RCOOH + CO_2$$

$$RC{\equiv}CR' \xrightarrow{KMnO_4/H^+} RCOOH + R'COOH$$

根据反应生成的产物种类和结构也可推断炔烃的结构。由于反应前后 $KMnO_4$ 的紫红色发生改变，因此也可利用此反应鉴别炔烃。

炔烃也能被臭氧氧化，水解后得羧酸。根据所得羧酸的结构，也可以确定炔烃中叁键的位置。

4. 末端炔烃的反应

叁键碳上连有氢原子的炔烃称为末端炔烃。由于叁键碳原子是 sp 杂化，其电负性较 sp^2 和 sp^3 杂化的碳原子都大，使得末端炔烃的炔氢具有弱酸性，能与一些金属离子发生反应，生成不溶性的炔化物。例如，将末端炔烃与硝酸银的氨溶液或氯化亚铜的氨溶液混合，则分别有白色的炔化银或砖红色的炔化亚铜沉淀生成。

$$R{-}C{\equiv}C{-}H + 2Ag(NH_3)_2NO_3 \longrightarrow R{-}C{\equiv}C{-}Ag\downarrow + 2NH_4NO_3 + 2NH_3$$

炔化银（白色）

$$R{-}C{\equiv}C{-}H + 2Cu(NH_3)_2Cl \longrightarrow R{-}C{\equiv}C{-}Cu\downarrow + 2NH_4Cl + 2NH_3$$

炔化亚铜（砖红色）

炔化银和炔化亚铜等金属炔化物也称为“炔淦”，所以上述反应也称为“炔淦反应”。该反应极为灵敏，且现象明显，常用来鉴别具有—C≡CH结构特征的炔烃，并可利用这一反应将这种炔烃从混合物中分离出来。银和铜的炔化物在水中都比较稳定，干燥时因受振动或升温易发生爆炸，因此实验完毕后应立即用硝酸或浓盐酸将其分解，以免发生危险。

问题 3-11 写出化合物 4-甲基-2-戊炔与下列试剂反应的主要产物。

(1) $KMnO_4/OH^-$ (2) $KMnO_4/H^+$ (3) H_2SO_4(稀)$/HgSO_4$

3.3 二 烯 烃

二烯烃是指分子中含两个碳碳双键的烯烃，其通式为 C_nH_{2n-2}，它与具有相同碳数的炔烃互为同分异构体，但二者分子中所含官能团不同，是官能团异构体。

3.3.1 二烯烃的分类和命名

1. 二烯烃的分类

根据二烯烃分子中两个 C═C 双键的相对位置，二烯烃可分为三类。

(1) 聚集二烯烃(cumulated diene)。两个碳碳双键连在同一个碳原子上,即含 >C=C=C< 结构体系的二烯烃,称为聚集二烯烃,如 $CH_2=C=CH_2$(1,2-丙二烯)。此类化合物在自然界中存在不多,也较难制备。

(2) 隔离二烯烃(isolated diene)。两个碳碳双键间相隔两个或两个以上碳碳单键,即具有 >C=C—(C)$_n$—C=C< ($n \geqslant 1$)结构体系的二烯烃,称为隔离二烯烃,如 $CH_2=CHCH_2CH_2CH=CH_2$(1,5-己二烯)。此类二烯烃两个双键相隔较远,相互间影响很小,化学性质类似单烯烃。

(3) 共轭二烯烃(conjugated diene)。两个碳碳双键间隔一个碳碳单键,即单、双键交替排列,含 >C=C—C=C< 结构体系的二烯烃,称为共轭二烯烃,如 $CH_2=CH—CH=CH_2$(1,3-丁二烯)。此类二烯烃结构、性质都比较特殊,因此在理论和实际应用上都较重要,本节主要以1,3-丁二烯为例,重点讨论共轭二烯烃的结构特点和特殊性质。

2. 二烯烃的命名

二烯烃的系统命名原则与烯烃相似,只是选主链时应包括两个双键,母体名称为“某二烯”。例如

$CH_3CH=C=CH_2$

1,2-丁二烯

$(CH_3)_2C=CH—CH=CH_2$

4-甲基-1,3-戊二烯

$CH_2=CH—CH=CH_2$

1,3-丁二烯

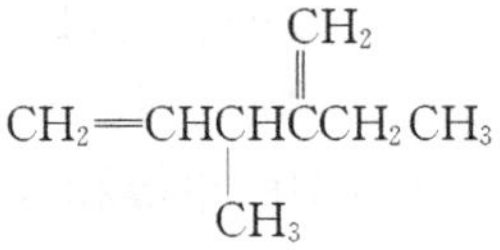

3-甲基-2-乙基-1,4-戊二烯

对于有顺反异构的二烯烃,则须用“顺/反”或“Z/E”构型命名法标出每个碳碳双键的构型。例如

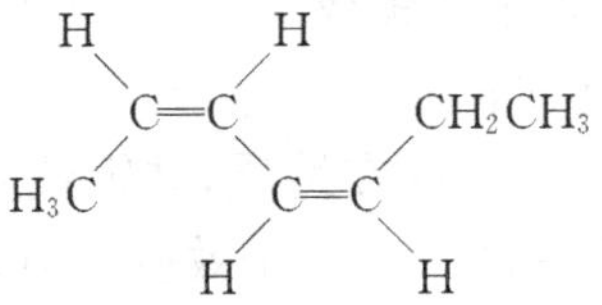

顺,顺-2,4-庚二烯
或(2Z,4Z)-2,4-庚二烯

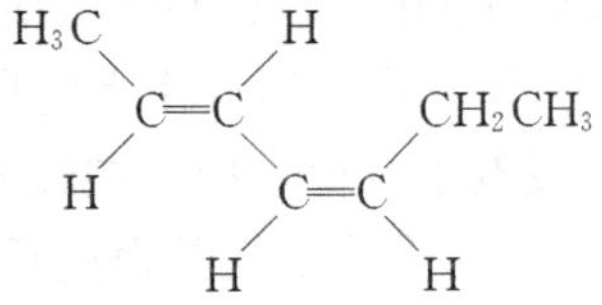

反,顺-2,4-庚二烯
或(2E,4Z)-2,4-庚二烯

3.3.2 共轭二烯烃

1. 共轭二烯烃的结构

以最简单的共轭二烯烃1,3-丁二烯为例,讨论共轭二烯烃的结构。在1,3-丁二烯分子中,4个碳原子都为sp^2杂化,各碳原子之间形成3个C—Cσ键,构成分子碳架;其余sp^2杂化轨道分别与氢原子的1s轨道发生重叠,形成6个C—Hσ键,分子中所有的σ键都处于同一平面。每个碳原子上未杂化的p轨道都垂直于该平面且相互平行。不仅C_1与C_2、C_3与C_4之间能相互侧面重叠形成π键,而且C_2和C_3的p轨道也有一定程度的侧面重叠,这样使得两个π

键不是孤立存在的，而是形成了以 4 个碳原子为中心，包含 4 个 p 轨道的大 π 键，又称为共轭 π 键(conjugated π bond)，如图 3-5 所示。1,3-丁二烯分子经电子衍射法测得的各种共价键的键长如图 3-6 所示。

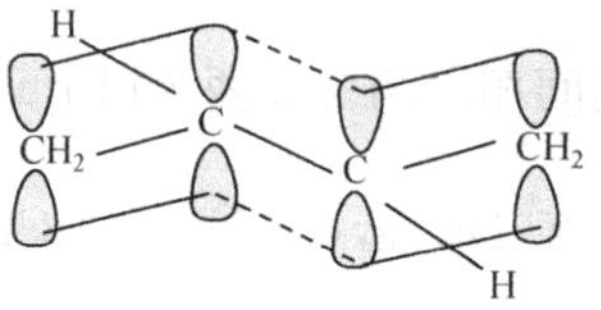

图 3-5　1,3-丁二烯分子中 p 轨道的重叠

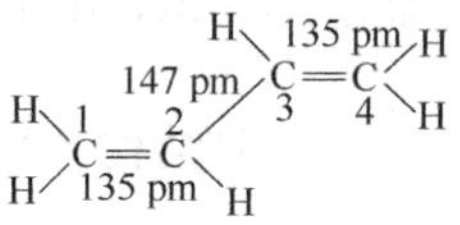

图 3-6　1,3-丁二烯分子中的键长

问题 3-12　3-甲基-1,3-戊二烯是否为共轭体系？若是，请指出共轭链。

2. 共轭效应

1) π-π 共轭效应

在 1,3-丁二烯分子中，π 电子不再局限于 C_1—C_2 和 C_3—C_4 之间，而是运动在整个分子中，即 π 电子发生离域(delocalization)，具有电子离域现象的分子称为共轭分子，具有共轭分子的体系称为共轭体系(conjugative system)。在共轭体系中，电子离域使共轭体系中的电子分布发生变化，对分子性质产生影响，这种通过共轭体系传递的电子效应称为共轭效应(conjugative effect)。像 1,3-丁二烯分子中 π 电子离域体现的共轭效应称为 π-π 共轭效应。

1,3-丁二烯分子的键长数据表明，1,3-丁二烯分子中 π 键的键长(135 pm)比单烯烃的双键(134 pm)略长，而 C_2—C_3 间的键长(147 pm)明显小于碳碳单键的键长(154 pm)，说明 1,3-丁二烯分子中不存在典型的单键和双键，特别是 C_2 与 C_3 间的化学键具有部分双键的性质。键长平均化是共轭体系的特点之一。

共轭体系的另一个特点是电子的离域使得电子可以在更大空间运动，以至分子热力学能降低，所以较稳定。

根据共轭效应作用的结果，共轭效应也可分为给电子共轭效应(用＋C 表示)和吸电子共轭效应(用－C 表示)。凡共轭体系上的取代基能增高共轭体系的电子云密度，称为给电子共轭效应；反之，为吸电子共轭效应。共轭效应是共轭体系的内在性质，共轭效应的传递是沿着共轭链交替传递，效应强弱不受共轭链长短的影响，是一种远程电子效应。当共轭体系受外界(电场、试剂等)作用时，产生动态的共轭效应。例如，1,3-丁二烯分子无静态极化作用，是非极性分子，但当受到亲电试剂(如 H^+)进攻时，分子发生极化，分子中电荷密度也出现交替极化。

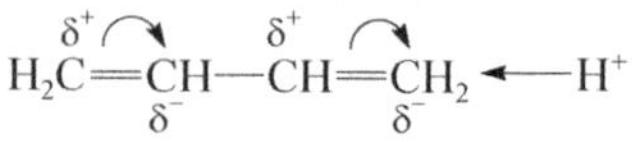

此外，共轭效应还有 p-π 共轭及 σ-π 或 σ-p 超共轭效应等。

2) p-π 共轭效应

烯丙基碳正离子 $\overset{+}{C}H_2CH{=}CH_2$ 中，3 个碳原子均为 sp^2 杂化，处在同一个平面上，带正电荷的碳原子的 p 轨道无电子，该 p 轨道与相邻的 π 键发生侧面重叠，形成以 3 个碳原子为中心，包含两个 p 电子的共轭 π 键，如图 3-7(a)所示。这种 p 轨道与 π 键的共轭，称为 p-π 共轭。p-π 共轭体系中的离域作用称为 p-π 共轭效应。

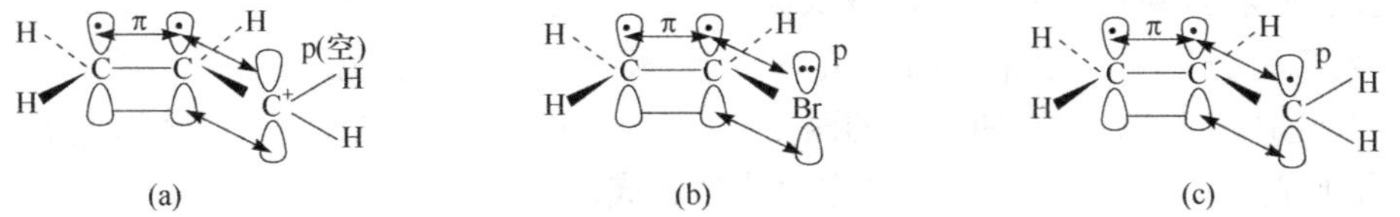

图 3-7　p-π 共轭体系示意图

溴乙烯 $CH_2=CHBr$ 分子中，溴原子的孤对 p 电子，也能与碳碳 π 键形成 p-π 共轭体系，如图 3-7(b)所示。烯丙基自由基 $\dot{C}H_2CH=CH_2$ 中，与双键相连的碳原子的 p 轨道上有一个单电子，该 p 轨道与 π 键侧面重叠，形成 p-π 共轭体系，如图 3-7(c)所示。它们都有 p-π 共轭效应。

3)超共轭效应

电子的离域还可发生在 C—H σ 键与相邻的 π 键或 p 轨道部分重叠而成的共轭体系中。常见的有以下两种：

(1) σ-π 共轭。例如，丙烯 $CH_3CH=CH_2$ 中，与双键碳原子相连的甲基碳原子上有 3 个 C—H σ键，由于氢原子体积较小，像是嵌在 C—H σ 电子云中，因此 C—H σ 键类似有孤对电子，当 C—C 单键自由旋转时可使 C—H σ 键有机会与 π 键发生一定程度的侧面重叠，形成 σ-π 超共轭，如图 3-8(a)所示。

(2) σ-p 共轭。例如，乙基碳正离子 $CH_3\overset{+}{C}H_2$ 中，带正电荷的 C 原子为 sp^2 杂化，并有一空 p 轨道，C—C 单键的自由旋转，使甲基上的 C—H σ 键有机会与该空 p 轨道发生一定程度重叠，形成 σ-p 超共轭，如图 3-8(b)所示。除甲基碳正离子外，烷基碳正离子一般都有此类共轭。

(a) σ-π共轭　　(b) σ-p共轭

图 3-8　超共轭体系示意图

σ-π 和 σ-p 共轭统称为超共轭。超共轭效应比 π-π 共轭和 p-π 共轭共轭效应弱得多，但由于分子中参与这种共轭的 C—H σ 键数目较多，总体效应不可忽略。

3.3.3　共轭二烯烃的化学性质

共轭双键可看成是共轭二烯烃的官能团，共轭二烯烃具有烯烃的通性，但由于是共轭体系，因此又具有共轭二烯烃的特有性质。下面主要讨论共轭二烯烃的特性。

1. 1,4-加成反应

共轭二烯烃与卤素、卤化氢等发生加成反应时，可随反应条件不同得到两种加成产物。例如

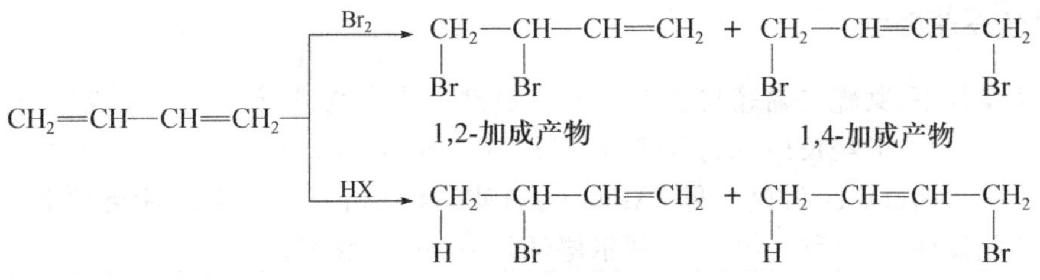

上述结果表明，共轭二烯烃与亲电试剂加成时有两种方式。一种是在一个双键上加成，亲电试剂的两部分分别加到相邻的两个碳原子上，称为1,2-加成；另一种是亲电试剂的两部分分别加在共轭体系两端，结果使原有的两个双键变成了单键，而在 $C_2—C_3$ 之间生成一个新的双键，这种加成方式称为1,4-加成，也称为共轭加成。

共轭二烯烃的亲电加成机制与单烯烃相同，反应也是分两步进行。以1,3-丁二烯与 HBr 反应为例，反应的第一步是试剂中的 H^+ 进攻电荷密度呈交替极化分布的1,3-丁二烯分子的负电荷中心，生成两种碳正离子中间体Ⅰ和Ⅱ：

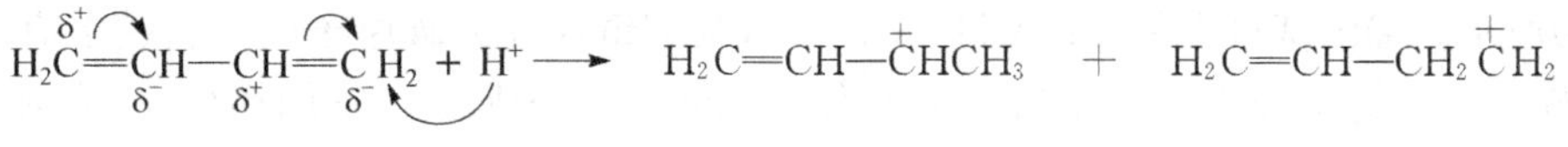

（Ⅰ）　　　　（Ⅱ）

碳正离子（Ⅰ）为烯丙基型碳正离子，带正电荷的炭原子的空 p 轨道既可与 π 键形成 p-π 共轭，又可与甲基上3个 C—H σ 键形成 σ-p 超共轭，从而使体系的正电荷得以分散，使碳正离子（Ⅰ）具有较大的稳定性。而碳正离子（Ⅱ）是1°碳正离子，无 p-π 共轭，稳定性较差，因此反应第一步主要形成碳正离子（Ⅰ）。

反应的第二步是溴负离子（Br^-）进攻活性碳正离子（Ⅰ）中间体，由于该碳正离子中间体为共轭体系，π 电子离域使其电荷分布呈交替极化，即体系中正电荷不是均匀分布，而是间隔分布在 C_2 和 C_4 上，所以 Br^- 可进攻的正电荷中心为 C_2 和 C_4，因而分别得到1,2-加成和1,4-加成产物。

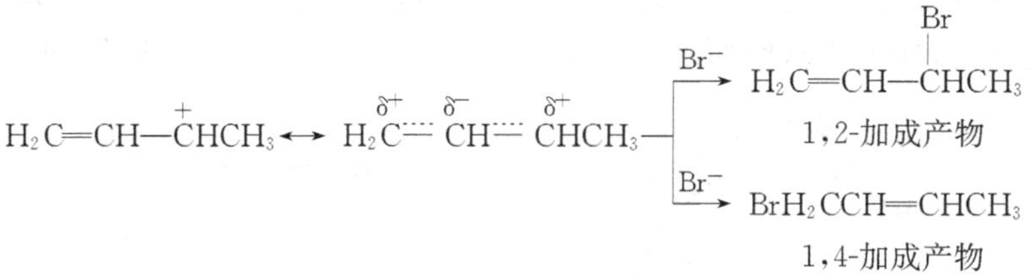

1,2-加成和1,4-加成是同时发生的，两种产物的比例与反应温度和溶剂等因素有关。通常在较低温度及非极性溶剂中，以1,2-加成产物为主；在较高温度及极性溶剂中，以1,4-加成产物为主。例如，1,3-丁二烯与 HBr 的加成，在−80 ℃、非极性溶剂中反应，1,2-加成产物的产率为80%，而在40 ℃、极性溶剂中反应，1,4-加成产物的产率为80%。这说明了低温有利于1,2-加成反应，即产物的比例是由反应速率决定，称为动力学控制产物。在较高温度下以1,4-加成为主，产物比例是由产物的稳定性决定，称为热力学控制产物。

问题 3-13　写出下列反应方程式。

$$CH_3CH{=}CH{-}\underset{\displaystyle CH_3}{\underset{|}{C}}{=}CHCH(CH_3)_2 + HCl \longrightarrow$$

---

2. 双烯合成反应

在加热条件下，共轭二烯烃与含有烯键或炔键的化合物进行1,4-环加成反应，生成稳定的六元环状化合物，此类反应称为双烯合成反应（diene synthesis reaction）。双烯合成反应是德国化学家第尔斯（Diels）和阿尔德（Alder）于1928年在研究1,3-丁二烯与顺丁烯二酸酐互相作用时共同发现的，又称为第尔斯-阿尔德（Diels-Alder）反应。

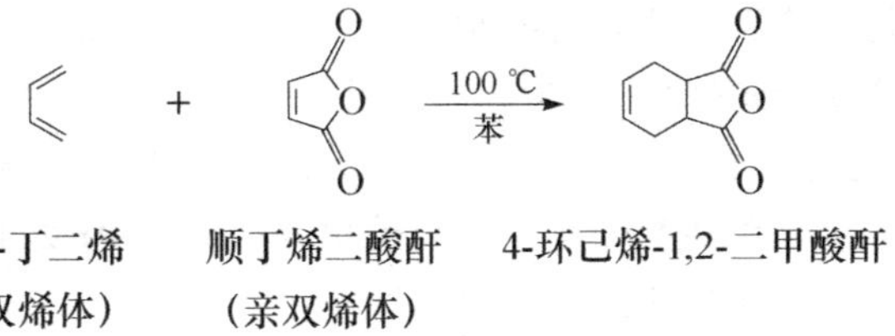

反应中提供共轭双键的反应物称为双烯体，提供重键的化合物称为亲双烯体。双烯体含有 4 个 π 电子，亲双烯体含有 2 个 π 电子，所以它们之间的反应也称为[4+2]环加成反应。反应时双烯体与亲双烯体彼此靠近、互相作用，通过形成环状过渡态，一步反应得到环加成产物，其旧键的断裂和新键的形成是同时进行的，具有这种特点的反应称为协同反应(synergistic reaction)。

Diels-Alder 反应在有机合成以及药物合成中有着广泛的应用。

知识拓展

21 世纪畅销的天然保健食品——番茄红素

番茄红素(lycopene)是类胡萝卜素的一种，呈红色，最初从番茄中分离提取出来，故此得名。最早的有关番茄红素有生物活性的报道是在 1959 年，在辐射的小鼠腹腔中注射番茄红素后发现它的生存率提高，并能降低细菌的感染率。近几年的研究发现，番茄红素具有比其他类胡萝卜素更好的性能，是防病治病的重要功能因子，所以目前成为国际上功能食品成分研究的一个热点。

番茄红素番广泛分布于各种植物中，成熟的红色植物果实中含量较高，如番茄、西瓜、红葡萄柚、番石榴、蔷薇果中含量较多，其中番茄的番茄红素含量最高，且成熟度越高，番茄红素的含量越多。成熟的番茄每千克中大约含 20 mg 番茄红素。人体内也含有番茄红素，主要分布在人的血液、肾上腺、肝脏、睾丸中。但人体内不能自行合成番茄红素，只能从食物中摄取。

番茄红素的分子式为 $C_{40}H_{56}$。它具有独特的长链分子结构，含有 11 个共轭双键及两个非共轭双键，其基本结构如下：

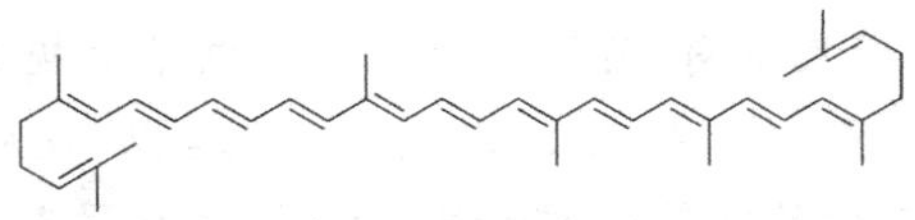

番茄红素具有很强的生物活性，有清除自由基和抗氧化的作用。过量氧自由基在组织热力学能和体内 DNA、蛋白质、碳水化合物和脂类等重要的大分子反应中，损坏它们的功能，引起一系列的疾病，如心血管疾病、衰老、癌症等。研究结果表明，番茄红素是猝灭单线态氧和清除过氧化氢等自由基能力最强的类胡萝卜素，其抗氧化能力是 β-胡萝卜素的 2 倍多，是维生素 E 的 100 多倍。番茄红素具有抗衰老、防癌抗癌、降低心血管疾病的危险性、保护皮肤免受紫外光的损伤及提高机体免疫能力的多重功效。

许多临床试验证明，番茄红素对前列腺癌、心肌梗塞、心血管、皮肤癌等多种疾病有预防和治疗作用，其作为食品添加剂可预防老年性视力退化、抗衰老等。

小　结

烯烃、炔烃都是分子中含有不饱和键的链烃。烯烃分子中含碳碳双键，双键碳原子为 sp^2 杂化。炔烃分子中含碳碳叁键，叁键碳原子为 sp 杂化。碳碳双键及碳碳叁键都是由稳定的 σ

键和不稳定的 π 键构成。烯烃和炔烃的异构现象较烷烃复杂，除有碳链异构和官能团位置异构等构造异构外，有的烯烃还有顺反异构。有顺反异构的烯烃需用顺(*cis*)/反(*trans*)或 Z/E 标记法命名，后者适用范围较前者广。对于多烯烃，则需标出每个碳碳双键的构型。

烯烃和炔烃的化学性质主要表现为不饱和键中 π 键断裂而发生加成、氧化、聚合等反应，但二者因结构的差异而反应难易及产物不同。

烯、炔烃的加成反应有催化加氢、亲电加成及自由基加成等，一般条件下主要发生亲电加成反应。亲电加成反应分两步完成，生成碳正离子中间体是决定反应速率的一步，因此亲电加成反应的取向是以形成较稳定的碳正离子中间体决定反应的主要产物，即遵循马氏规则。

氧化反应随氧化剂、反应条件及烯、炔烃分子结构不同而反应程度不同，产物也不同。在较温和条件下仅 π 键断裂，条件强烈时 σ 键也随之断裂。利用反应前后 $KMnO_4$ 的紫红色的改变可检验不饱和键的存在。根据反应产物的结构可推断原烯、炔烃的结构。

聚合反应为在一定条件下多个相同(或相似)分子间自身的加成聚合。烯烃可形成相对分子质量很大的聚合物。

此外，烯烃在高温或光照下，α-氢原子易与卤素发生自由基取代，生成相应的卤代烯烃。

末端炔烃的炔氢具有弱酸性，可被一些金属离子取代。例如，与硝酸银的氨溶液或氯化亚铜的氨溶液反应，分别生成白色的炔化银或砖红色的炔化亚铜沉淀，常用于鉴别具有—C≡CH结构特征的炔烃。

共轭二烯烃是分子中含有共轭 π 键的共轭体系，π 电子离域使其化学性质除与单烯烃有相似之处外，还能随反应条件不同发生 1,2-或 1,4-两种取向不同的亲电加成反应及双烯合成(Diels-Alder)反应。

电子效应是指分子中电子云密度分布对分子性质的影响，可分为诱导效应和共轭效应。因为分子中原子或基团电负性不同而造成键的极化，并使成键电子云沿着分子链(价键)向某一方向偏移的效应称为诱导效应。通常以碳氢键作为比较标准分为吸电子诱导效应(－I 效应)和给电子诱导效应(＋I 效应)。诱导效应随碳链增长而减弱，是一种“短程”效应。在共轭体系中，电子离域使共轭体系中的电子分布发生变化，对分子性质产生影响，这种通过共轭体系传递的电子效应称为共轭效应。共轭效应主要有 π-π 共轭、p-π 共轭及 σ-π 或 σ-p 超共轭效应等。根据共轭效应作用的结果不同，共轭效应分为给电子共轭效应(＋C)和吸电子共轭效应(－C)。共轭效应不随共轭链的长短而减弱，是一种“远程”效应。共轭效应和诱导效应在产生的原因、作用的方式及导致的结果等方面都不相同，注意区别。

烯烃主要反应总结如下：

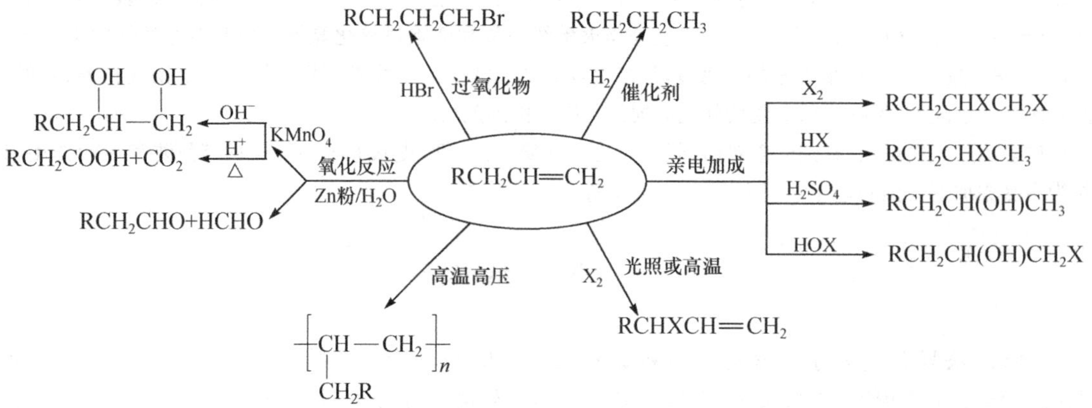

炔烃主要反应总结如下：

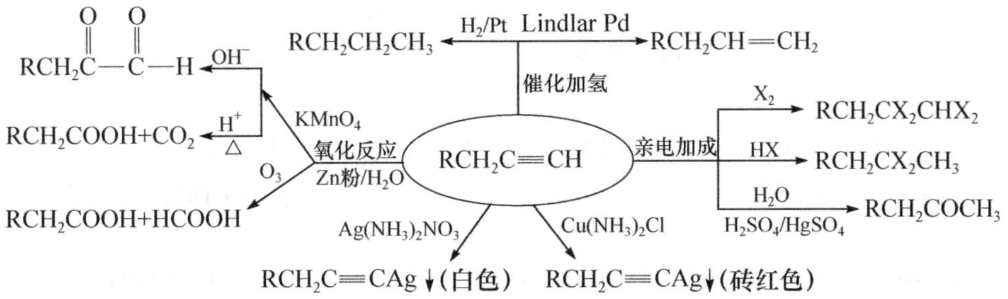

习　　题

1. 用系统命名法命名下列化合物。

(1) $(CH_3)_3CCH{=}CHCH(CH_3)_2$

(2) $(CH_3)_2CHCH_2C{\equiv}CH$

(3)
$$\begin{array}{l}\qquad\quad CH_2\\ \qquad\quad \| \\ CH_3CH_2CCH(CH_3)_2\end{array}$$

(4)
$$\begin{array}{l}HC{\equiv}CC{=}C(CH_3)_2\\ \qquad\ \ |\\ \qquad CH(CH_3)_2\end{array}$$

(5)
$$\begin{array}{l}CH_3C{\equiv}CC{=}CHC_2H_5\\ \qquad\quad\ \ |\\ \qquad\quad CH{=}CH_2\end{array}$$

(6)
$$\begin{array}{l}CH_3CH_2C{=}CHCH{=}CHC(CH_3)_3\\ \qquad\quad\ \ |\\ \qquad\quad CH_3\end{array}$$

2. 写出下列化合物的结构式。

(1) *cis*-3,4-二甲基-2-戊烯

(2) 4,5-二甲基-2-庚炔

(3) (1*Z*,3*E*)-1-氯-1,3-戊二烯

(4) (5*E*)-2-异丙基-1,5-庚二烯-3-炔

3. 什么是诱导效应和共轭效应？试比较它们的特点。

4. 完成下列化学反应式。

(1) 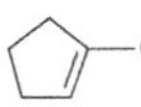 $—CH_2CH_3 + Cl_2 \xrightarrow{CCl_4}$

(2)
$$\begin{array}{l}CH_3CH_2C{=}CH_2 + Cl_2 \xrightarrow{H_2O}\\ \qquad\quad\ \ |\\ \qquad\quad CH_3\end{array}$$

(3) $(CH_3)_2C{=}CHCH(CH_3)_2 + H_2SO_4 \longrightarrow ? \xrightarrow{H_2O}$

(4)
$$\begin{array}{l}(CH_3)_2C{=}CHCH_2C{=}CHCH_3 + KMnO_4 \xrightarrow{H^+}\\ \qquad\qquad\qquad\quad |\\ \qquad\qquad\qquad CH_3\end{array}$$

(5) $(CH_3)_3CCH{=}C(CH_3)_2 \xrightarrow{O_3} ? \xrightarrow{H_2O/锌粉}$

(6)
$$\begin{array}{l}CH_3CH_2C{=}CH_2 + HBr \xrightarrow{ROOR}\\ \qquad\quad\ \ |\\ \qquad\quad CH_3\end{array}$$

(7)  $+ Cl_2 \xrightarrow{高温、高压}$

(8) $CH_3C{\equiv}CCH_3 + H_2O \xrightarrow[HgSO_4]{H_2SO_4}$

(9) 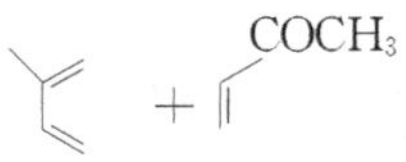

$\longrightarrow$

(10) 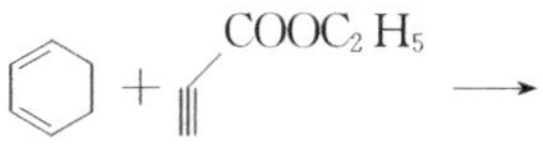

5. 将下列化合物按指定要求由大到小排列成序。

(1) 碳正离子稳定性

① $CH_2{=}CH\overset{+}{C}HCH_3$　② $CH_3CH_2CH_2\overset{+}{C}H_2$　③ $CH_3\overset{+}{C}HCH_2CH_3$

④ $CH_3CH_2\overset{+}{C}(CH_3)_2$　⑤ $\overset{+}{C}H_3$　⑥ $CH_3{=}CH\overset{+}{C}H_2$

(2) 与 H_2SO_4 反应的活性

① $CH_2{=}CH_2$　② $(CH_3)_2C{=}CHCH_3$　③ $H_2C{=}CHCH(CH_3)_2$

6. 指出下列各共轭体系中的共轭类型。

(1) $CH_2{=}CH\overset{+}{C}HCH_3$　(2) $CH_3CH{=}CHCl$　(3) $CH_3CH{=}CHCH{=}CH_2$

7. 根据下列反应产物，试写出原烯烃的结构式。

(1) 经酸性高锰酸钾氧化后得 CH_3COOH 和 $CH_3COCH_2CH(CH_3)_2$

(2) 经酸性高锰酸钾氧化后得两分子 CH_3COOH 和一分子 HOOC—COOH

(3) 经酸性高锰酸钾氧化后得 CH_3COOH、CH_3COCH_2COOH 和 $CH_3COCH(CH_3)_2$

(4) 经臭氧还原水解后得$(CH_3)_2CHCHO$ 和 CH_3COCH_3

8. 用简单化学方法鉴别下列各组化合物。

(1) 丁烷、2-丁烯和 1-丁炔

(2) $CH{\equiv}CCH(CH_3)_2$、$CH_3C{\equiv}CCH_2CH_3$ 和$(CH_3)_2CHCH_2CH_3$

9. 化合物 **A**(C_5H_{10})及 **B**(C_5H_8)都能使溴水褪色，与高锰酸钾酸性溶液作用都有 CO_2 气体放出；**A** 经臭氧化水解后得 HCHO 和$(CH_3)_2CHCHO$，**B** 在硫酸汞存在下与稀硫酸作用则得一含氧化合物 **C**。试写出化合物 **A**、**B**、**C** 的可能结构式。

10. 四种化合物 **A**、**B**、**C**、**D** 都具有分子式 C_6H_{10}。它们都能使溴的四氯化碳溶液褪色。**A** 能与 $AgNO_3$ 的氨溶液作用生成沉淀，**B**、**C**、**D** 则不能。当用热的酸性高锰酸钾氧化时，**A** 得 CO_2 和 $CH_3CH_2CH_2CH_2COOH$；**B** 得 CH_3COOH 和 $(CH_3)_2CHCOOH$；**C** 只得 CH_3CH_2COOH；**D** 得 $HOOCCH(CH_3)COOH$ 和 CO_2。试写出化合物 **A**、**B**、**C**、**D** 的结构式。

(昆明医学院海源学院　李映苓)

第4章 芳 香 烃

芳香烃(aromatic hydrocarbon)简称芳烃，通常是指含有苯环的碳氢化合物。在有机化学发展初期，人们从天然的树脂和香精油等中提取出一些具有芳香气味的物质，它们大多含有苯环结构。为了与脂肪族化合物相区别，人们把此类化合物称为芳香族化合物(aromatic compound)。后来发现，许多含有苯环结构的化合物并不都具有芳香味，有的甚至还有难闻的气味，"芳香"二字只是历史的沿用而已。芳香族化合物具有独特的化学性质——芳香性(aromaticity)。因此，芳香族化合物的现代概念是基于它们的结构和性质来定义的，主要指苯及其衍生物，以及结构中并不含苯环，但具有芳香性的非苯型芳香族化合物，如杂环化合物等(第12章)。

本章主要讨论苯的结构、芳香族化合物的亲电取代反应及其定位效应，以及苯环侧链的氧化和自由基反应。通过本章学习要熟悉萘、蒽、菲的结构，了解休克尔规则和非苯型芳烃的芳香性。

4.1 苯的结构

4.1.1 苯的凯库勒结构式

苯的分子式是 C_6H_6，分子中碳与氢原子的比例为 1∶1，显示高度的不饱和性。但事实上，苯的结构非常稳定，与卤素和氢在一般情况下不易发生加成反应，也不易被高锰酸钾氧化，却容易发生取代反应。在加压条件下，苯通过氢化反应可生成环己烷，说明苯具有六元碳环的结构；苯的一取代物只有一种，说明苯环上6 个碳原子和 6 个氢原子的化学环境完全等同。19 世纪中期德国化学家凯库勒(A. Kekulè)提出了苯的环状结构，他认为苯的结构是一个对称的六元碳环，碳碳之间以单、双键相间隔的方式结合，每个碳原子上都连有一个氢原子，这个结构式称为苯的 Kekulè 式，书写如下：

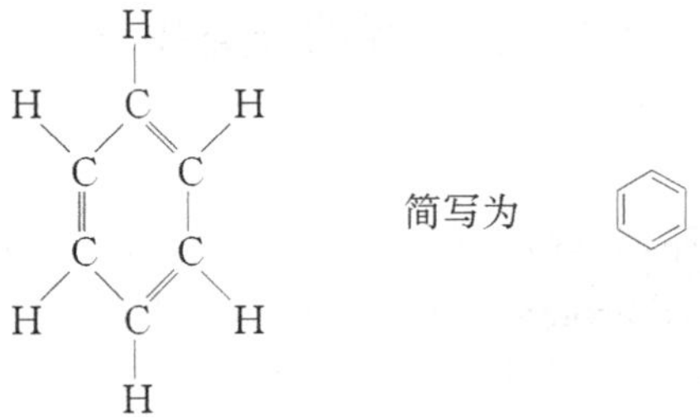

苯的 Kekulè 式说明了苯分子的组成及原子间的连接次序，但无法解释以下事实：苯分子中有 3 个碳碳双键，但实际不易发生类似于烯烃的加成和氧化反应；此外，按照苯的 Kekulè 式，苯的邻位二元取代物应有下列两种异构体，但实际只有一种。

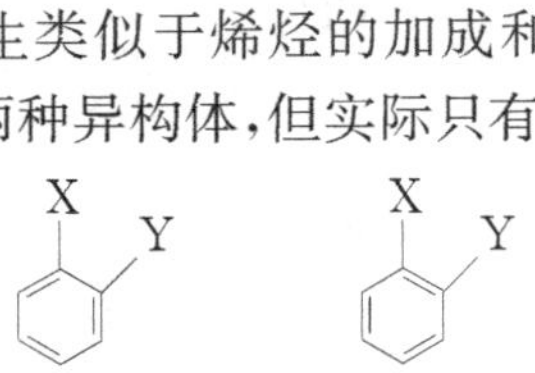

因此苯的 Kekulè 式不能完全正确地反应苯的真实结构。

4.1.2 苯分子结构的现代解释

近代物理学证明，苯分子是平面正六边形碳架，每个碳与一个氢相连，碳架与 6 个氢共处于同一平面，所有键角均为 120°，所有碳碳键长均为 139 pm，碳氢键长为 110 pm，如图 4-1(a)所示。

杂化轨道理论认为：苯分子的 6 个碳原子都是 sp^2 杂化，每个碳原子以 sp^2 杂化轨道互相重叠形成 C—C σ 键，构成正六边形，碳原子另一个 sp^2 杂化轨道与氢原子的 1s 轨道重叠形成 6 个 C—H σ 键，6 个氢原子也处于碳原子的同一平面上。每个碳原子未参与杂化的 p 轨道垂直于分子平面且相互平行，侧面重叠形成一个包含 6 个碳原子的闭合“大 π 键”，从而形成了苯的闭合共轭体系，大 π 键的电子云对称地分布在环平面的上方和下方，如图 4-1(b)所示。由于 π 电子离域在闭合环体系中，电子云密度平均化，环上没有单键和双键的区别，键长均为 139 pm，如图 4-1(c)所示。

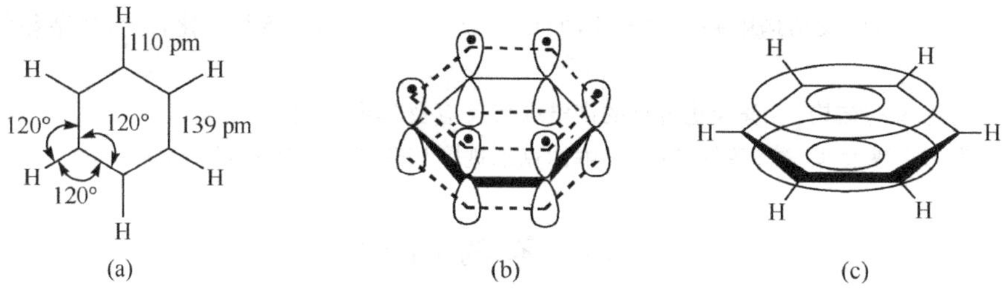

图 4-1　苯分子的骨架和 π 轨道(大 π 键)

苯结构的书写方法除仍沿用 Kekulè 式外，还采用正六边形中心加一个圆圈表示，圆圈代表苯分子中的大 π 键。

苯的结构也可以用两个 Kekulè 式的共振杂化体表示。

4.2　芳香烃的分类和命名

4.2.1　芳香烃的分类

根据分子中是否含有苯环，芳香烃可分为苯型芳香烃(benzenoid aromatic hydrocarbon)和非苯型芳香烃(nonbenzenoid aromatic hydrocarbon)两类。

(1) 苯型芳香烃。根据分子结构中所含苯环的数目和连接方式的不同，苯型芳香烃可分为单环芳香烃和多环芳香烃。例如

单环芳香烃

苯

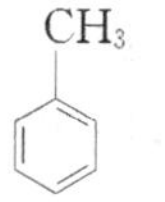

甲苯

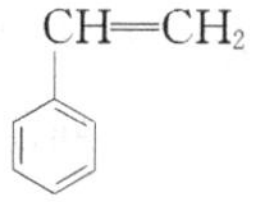

苯乙烯

多环芳香烃

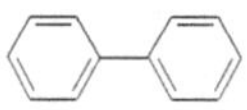

联苯

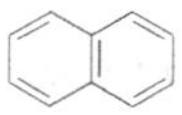

萘

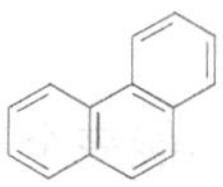

菲

(2) 非苯型芳香烃。分子中不含苯环，但具有芳香性的离子或化合物，称为非苯型芳香烃。它们的结构与苯环结构非常类似。例如

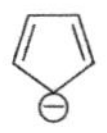

环戊二烯负离子

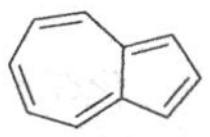

薁

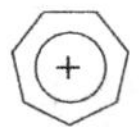

环庚三烯正离子

4.2.2　芳香烃的命名

苯分子中的氢原子被烃基取代，形成一烃基苯、二烃基苯和三烃基苯等，称为苯的同系物。一烷基苯的命名多以苯作母体，烷基作取代基来命名，称为“某烷基苯”（“基”字可省略，简称“某苯”）。例如

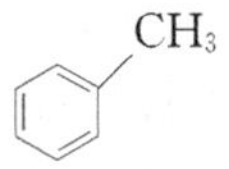

甲苯

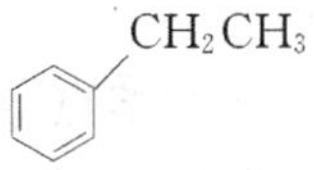

乙苯

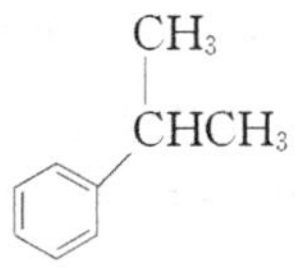

异丙苯

当苯环上连接有较复杂烃基或不饱和烃基时，可以苯环为取代基（称苯基），链烃为母体进行命名。例如

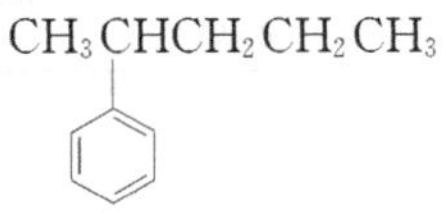

2 -苯基戊烷

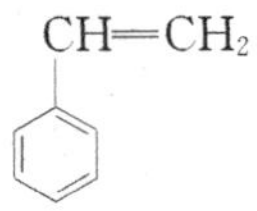

苯乙烯

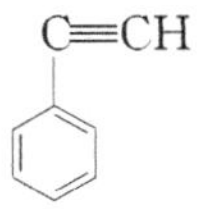

苯乙炔

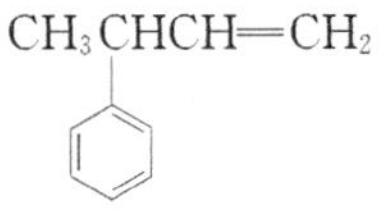

3-苯基-1-丁烯

二烃基苯有 3 种异构体。命名时为了表示取代基的不同位置，应在名称前用邻、间、对位或 *o*-(*ortho*)、*m*-(*meta*)、*p*-(*para*)等词头表示，或用 1,2-、1,3-、1,4-表示。例如

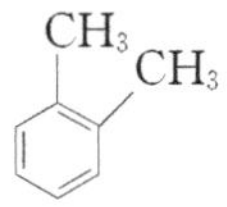

1,2-二甲苯（邻二甲苯）
（*o*-二甲苯）

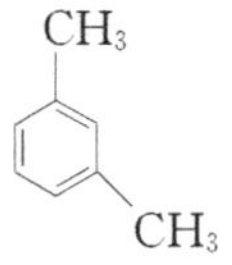

1,3-二甲苯（间二甲苯）
（*m*-二甲苯）

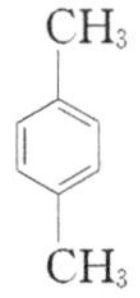

1,4-二甲苯（对二甲苯）
（*p*-二甲苯）

苯的三烃基取代物如 3 个烃基相同，则有 3 种位置异构体。例如

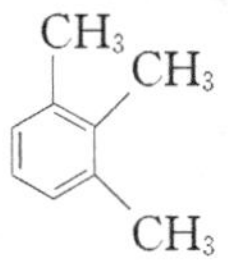

1,2,3-三甲苯（连三甲苯）

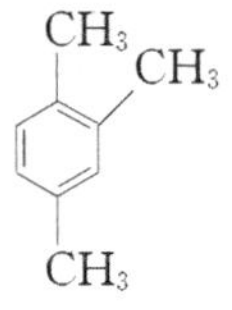

1,2,4-三甲苯（偏三甲苯）

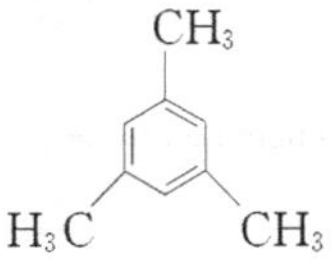

1,3,5-三甲苯（均三甲苯）

当苯环上连接不同的烷基时，烷基名称的排列顺序应按“次序规则”，优先基团后列出，苯环的编号以最简单烃基为 1 位，并以位置数总和最小原则进行命名。例如

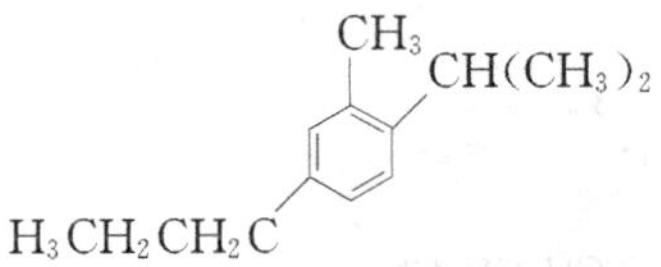

1-甲基-5-丙基-2-异丙基苯

芳香烃分子中去掉一个氢原子后剩下的基团称为芳烃基(aryl)，常用“Ar—”表示。常见的芳烃基有苯基（—C_6H_5，phenyl），可用“Ph—”表示。甲苯分子中的甲基去掉一个氢原子后剩余的基团称为苯甲基（$C_6H_5CH_2$—），又称苄基(benzyl)。

问题 4-1 试写出对叔丁基甲苯和间氯苯乙炔的化学结构式。

4.3 单环芳香烃的物理性质

苯及其常见同系物多为有芳香气味的无色液体，难溶于水，易溶于石油醚、四氯化碳、乙醚等有机溶剂。苯、甲苯、二甲苯等液态芳烃是常用的有机溶剂。单环芳烃的相对密度小于 1，但比同碳数的脂肪烃和脂环烃大。单环芳香烃的沸点与其相对分子质量有关，苯的同系物中每增加一个系差"—CH_2—"，沸点相应升高 20～30℃。含相同碳原子数目的各种异构体，其沸点相差不大。结构对称的异构体，具有较高的熔点。芳香烃燃烧时产生带烟的火焰。苯及同系物有毒，长期吸入它们的蒸气会损害造血器官及神经系统。一些常见芳香烃的物理常数见表 4-1。

表 4-1 一些常见芳香烃的物理常数

化合物	结构式	熔点/℃	沸点/℃	相对密度(d_4^{20})
苯(benzene)		5.5	80.1	0.879
甲苯(toluene)	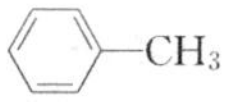	−9.5	110.6	0.867
邻二甲苯(*o*-xylene)	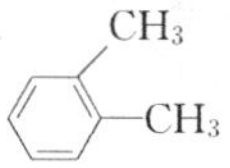	−25	144.4	0.880
对二甲苯(*p*-xylene)		−13.2	138.4	0.861
间二甲苯(*m*-xylene)	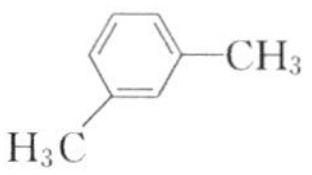	−47.9	139.1	0.864
乙苯(ethylbenzene)	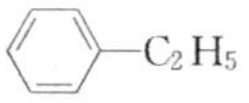	−95	136.1	0.867
连三甲苯(hemimellitene)	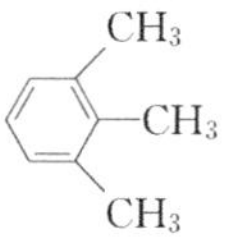	−25.5	176.1	0.894
偏三甲苯(pseudocumene)	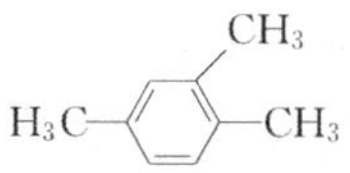	−43.9	169.2	0.876
均三甲苯(mesitylene)	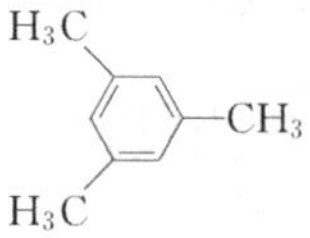	−44.7	164.6	0.865
正丙苯(propylbenzene)	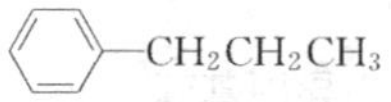	−99.6	159.3	0.862
异丙苯(isopropylbenzene)	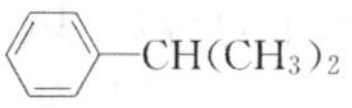	−96	152.4	0.862

4.4 单环芳香烃的化学性质

由于苯环是一个稳定的共轭体系，因此其化学性质与不饱和烃有显著的不同，具有特殊的“芳香性”，即一般不容易发生加成反应，难以氧化，而易发生苯环氢原子取代反应。芳香性是芳香族化合物所共有的特性。单环芳香烃发生化学反应的主要部位及反应类型为

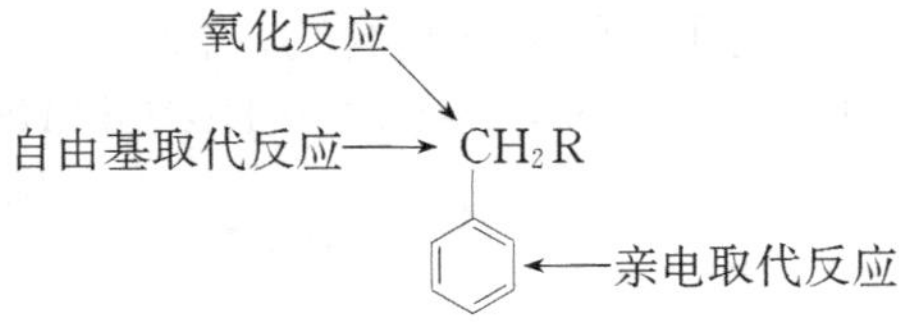

4.4.1 苯环的亲电取代反应

苯环取代反应是亲电取代反应(electrophilic substitution)，反应中苯环的 π 电子提供电子给亲电试剂，反应机理如下：

第一步，在催化剂作用下，亲电试剂 E^+ 进攻苯环，和苯环中的 π 电子形成 π-配合物(π-complex)，进而形成非芳香碳正离子中间体——σ-配合物(σ -complex)。第二步，σ-配合物失去一个 H^+，重新恢复苯环闭合的共轭体系，生成苯的取代产物。一般来说，生成 σ-配合物的反应需要较高的活化能，反应较慢，是决定整个反应速率的一步。

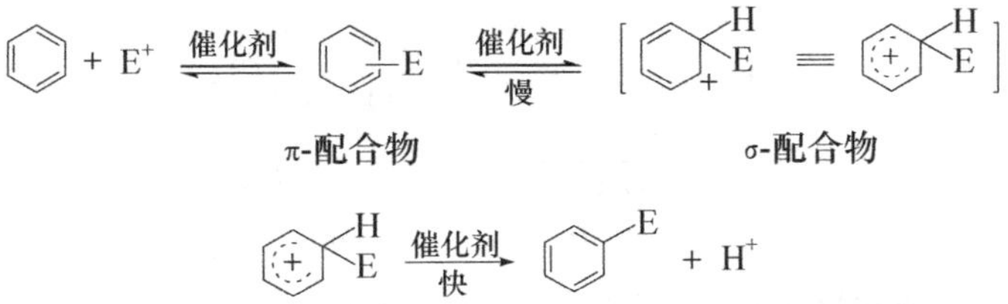

在芳香烃的亲电取代反应中，苯环上的 H 原子可以被—X、—NO_2、—SO_3H、—R 等原子或基团所取代，发生相应的卤代反应(halogenation)、硝化反应(nitration)、磺化反应(sulfonation)、烷基化反应(alkylation)等。

1. 卤代反应

苯与卤素在铁粉或三卤化铁的催化下，加热发生反应，苯环上的氢原子可被溴、氯等卤原子取代，生成相应的卤代苯，并放出卤化氢。例如

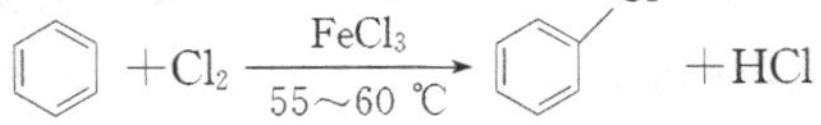

反应中 Cl_2 在三氯化铁的作用下极化而解离，产生亲电试剂氯正离子(Cl^+)，Cl^+ 进攻苯环形成非芳香碳正离子中间体，此中间体不稳定，易失去一个质子生成氯苯。

$$Cl_2 + FeCl_3 \rightleftharpoons Cl^+ + FeCl_4^-$$

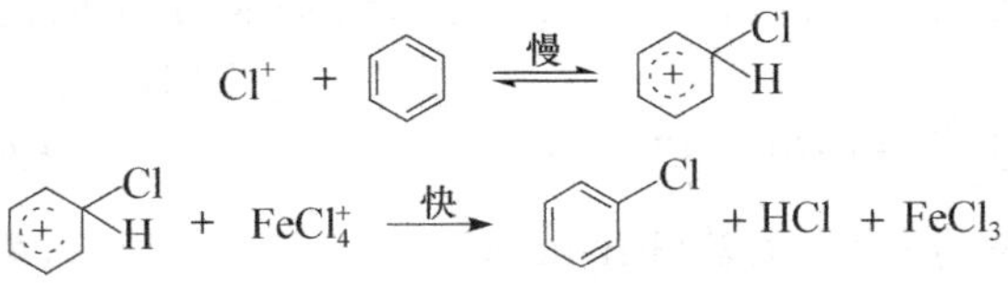

2. 硝化反应

苯与浓硝酸和浓硫酸组成的“混酸”作用，苯环上的氢原子被硝基取代，生成硝基苯。

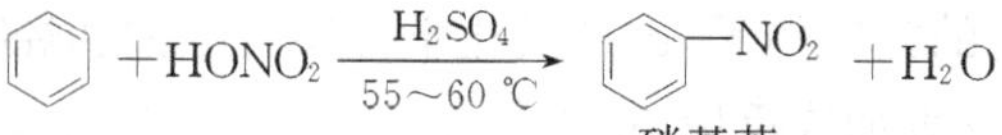

硝基苯

在硝化反应中，浓硫酸既是催化剂，又是脱水剂，它与硝酸作用生成硝酰正离子（NO_2^+），硝酰正离子进攻苯环形成碳正离子中间体σ-配合物，再失去一个质子生成硝基苯。

$$HNO_3 + 2H_2SO_4 \rightleftharpoons NO_2^+ + H_3O^+ + 2HSO_4^-$$

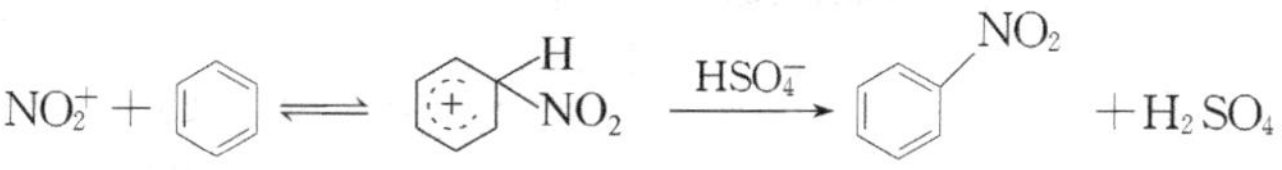

σ-配合物

硝基苯在过量的“混酸”存在下能够继续被硝化，生成间二硝基苯。但第二次硝化反应要比第一次慢得多，且需要较高的温度。

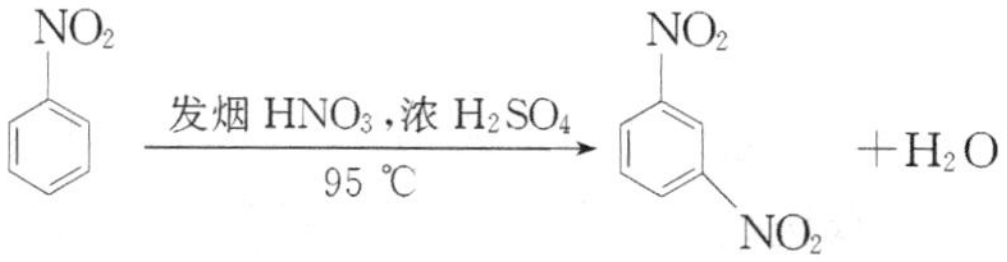

间二硝基苯

烷基苯比苯容易硝化。例如，甲苯在低于 50 ℃时就可以硝化，生成的主要产物是邻硝基甲苯和对硝基甲苯。

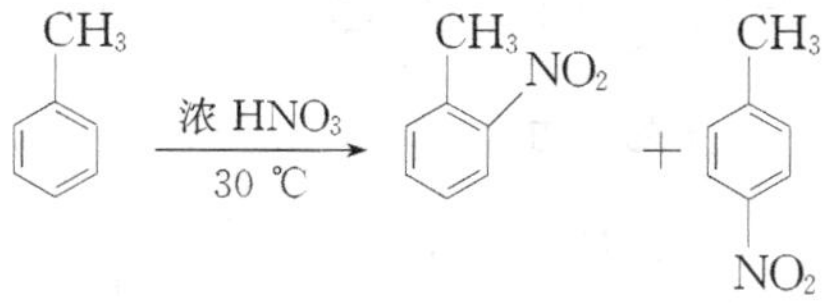

可以看出，甲苯比苯容易硝化，而硝基苯比苯难硝化。

3. 磺化反应

在有机化合物分子中引入磺酸基的反应称为磺化反应。苯与浓硫酸一起加热或与发烟硫酸作用，苯环的氢原子被磺酸基（$—SO_3H$）取代生成苯磺酸。

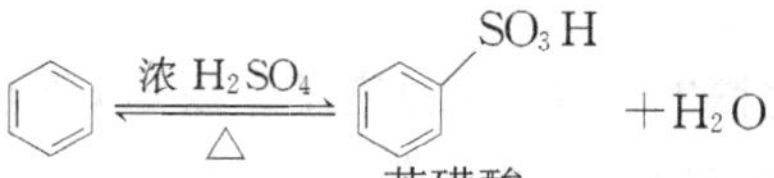

苯磺酸

磺化反应是一个可逆反应，反应中生成的水可以使苯磺酸发生水解反应，脱去磺酸基生成苯。因此用发烟硫酸进行磺化，有利于苯磺酸的生成。苯磺酸易溶于水，某些芳香族类药物的水溶性差，常利用磺化反应引入磺酸基增加其水溶性。

4. 烷基化反应

苯在无水 $AlCl_3$ 的催化下，能与卤代烷反应生成烷基苯，放出卤化氢。

此反应又称为傅瑞德尔-克拉夫茨（Friedel-Crafts）烷基化反应，简称“傅-克”烷基化反应。

这是苯环上引入侧链最重要的方法之一，在有机合成中应用较广。

在烷基化的反应中，若卤代烷中烷基大于 2 个碳原子时，常得到异构化产物。由于 $AlCl_3$ 的作用是使卤代烷转变成伯碳正离子，若伯碳正离子不稳定，则常重排形成更稳定的仲或叔碳正离子，下面反应中重排生成的异丙基碳正离子比正丙基碳正离子稳定，因此最后产物异丙基苯为主要产物。例如

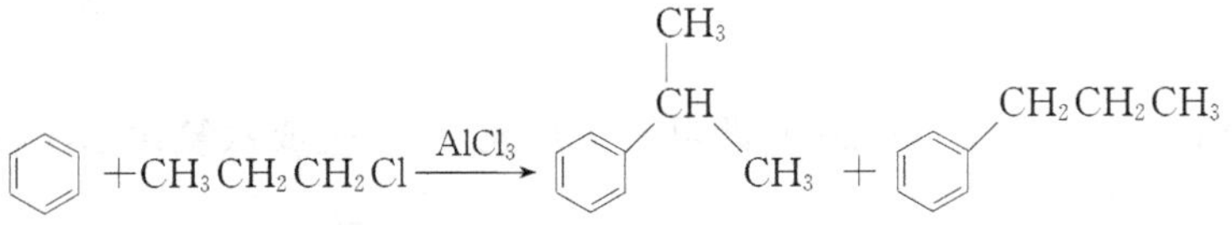

异丙苯(70%)　　　正丙苯(30%)

当苯环上已有—NO_2、—SO_3H、—COR(酰基)等吸电子基时，由于这些取代基具有吸电子作用，因此苯环的反应活性降低，Fridel-Crafts 烷基化反应较难进行。

4.4.2　烷基苯侧链上的反应

1. 烷基苯的侧链氧化反应

苯环较稳定，难以被常用的强氧化剂，如高锰酸钾、重铬酸钾、浓硫酸、硝酸等氧化，但苯环侧链烃基则可以被氧化。一般无论侧链长短，只要与苯环直接相连的 α-C 上有氢原子，都可以被氧化成苯甲酸。无 α-H 的烃基苯一般不与上述氧化剂反应。例如

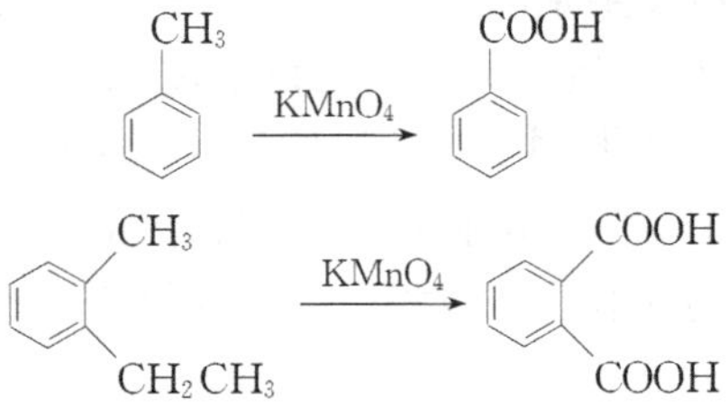

2. 烷基苯的侧链卤代反应

在光照或加热条件下，烷基苯侧链上的 α-氢原子能被卤素取代。其反应机理与烷烃卤代反应相同，属于自由基反应机理。例如，在日光照射下，将氯气通入沸腾的甲苯中，甲基上的氢原子可以逐个被氯原子取代。

$$C_6H_5CH_3 \xrightarrow[\text{光照}]{Cl_2} \underset{\text{苯氯甲烷(氯化苄)}}{C_6H_5CH_2Cl} \xrightarrow[\text{光照}]{Cl_2} \underset{\text{苯二氯甲烷}}{C_6H_5CHCl_2} \xrightarrow[\text{光照}]{Cl_2} \underset{\text{苯三氯甲烷}}{C_6H_5CCl_3}$$

若含有多碳烷基的芳烃，卤代时先取代 α-C 上的氢原子。例如

$$C_6H_5CH_2CH_3 \xrightarrow[\text{光照}]{Br_2} C_6H_5CHBrCH_3 + HBr$$

问题 4-2　甲苯分别在三氯化铁和光照条件下，与溴反应的主要产物和反应机理各是什么？

4.4.3　加成反应

单环芳香烃不易发生加成反应，但在特殊的条件下也能与氢或卤素发生加成反应。

1. 加氢

苯在催化剂存在下，加压、高温条件下可加氢生成环己烷。

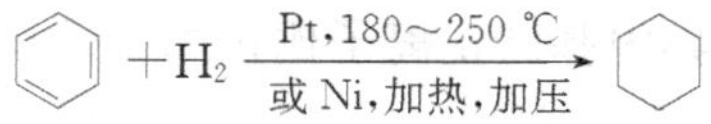

2. 加氯

在紫外线照射下，苯与 Cl_2 在 40 ℃即可发生加成反应，生成六氯化苯（$C_6H_6Cl_6$）。

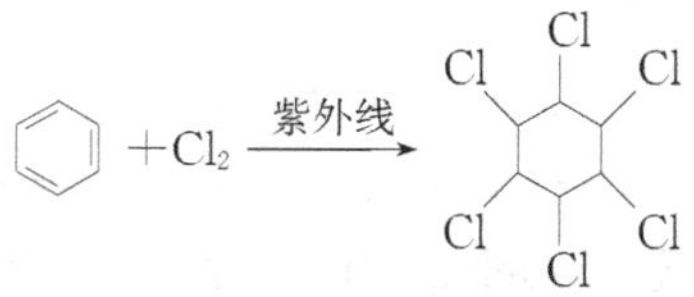

六氯化苯商品名称“六六六”，曾为一种有效的杀虫剂，被大量使用，但由于本身稳定性高，残留毒性大而逐渐被淘汰，现已被禁止使用。

4.5 苯环亲电取代反应的定位效应

4.5.1 定位效应

当苯环上已有取代基，若再发生亲电取代反应，苯环上原有的取代基将影响亲电取代反应的活性和第二个基团进入苯环的位置。如前面已讨论过：甲苯比苯容易硝化，主要得到邻位或对位取代产物；而硝基苯比苯难硝化，主要得到间位取代产物。苯环上原有的取代基称为定位基（orienting group），定位基的这种作用称为定位效应（orienting effect）。

根据定位效应的不同，可将定位基分为邻、对位定位基（ortho-para director）和间位定位基（meta director）两类。

邻、对位定位基又称为第一类定位基，主要使新引入的基团进入其邻、对位。此类定位基一般使苯环活化（卤素除外），易于发生亲电取代反应，所以又称为致活基团。其结构特征是与苯环直接相连的原子不含双键或叁键，多数含有孤对电子或负电荷。属于这类定位基的有—NR_2、—NHR、—NH_2、—OH、—OR、—NHCOR、—OCOR、—R、—Ar、—X(Cl、Br、I)等。

间位定位基又称为第二类定位基，它使新引入的基团主要进入苯环的间位。此类定位基使苯环较难发生亲电取代反应，所以又称为致钝基团。其结构特征是与苯环直接相连的原子一般含有双键或叁键或带有正电荷。属于这类定位基的有—$\overset{+}{N}R_3$、—NO_2、—CN、—SO_3H、—CHO、—COR、—COOH 等。

上述两类定位基的定位效应各不相同，在苯环上进行亲电取代反应的位置只取决于原有定位基的种类和性质，而与新进入的取代基的性质无关。总之，能够增大苯环电子云密度的基团使苯环活化，反应比苯容易，取代基进入邻、对位；反之，能降低苯环电子云密度的基团则使苯环钝化，反应比苯难，取代基进入间位（卤素除外）。

4.5.2 定位效应的应用

对于二取代苯的定位规律可归纳如下：

(1) 若两个取代基都是邻、对位定位基，第三个取代基进入苯环的位置主要取决于定位效

应较强的基团。在上述两类常见定位基的顺序中,排在前面的是作用较强的基团。例如

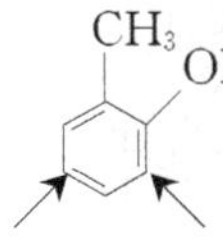

(2) 若已有的两个取代基,一个是邻、对位定位基,另一个是间位定位基,则主要由邻、对位定位基支配第三个取代基进入苯环的位置。例如

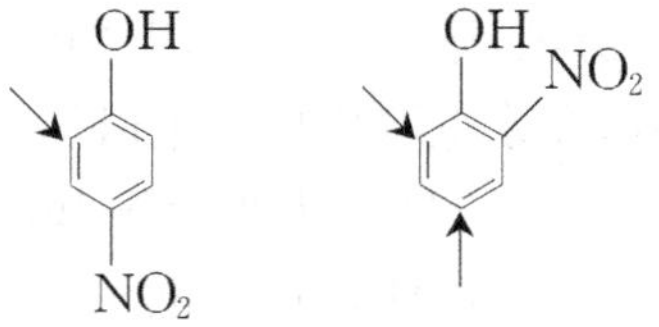

(3) 取代反应一般不进入 1,3-二取代苯的 2-位。例如

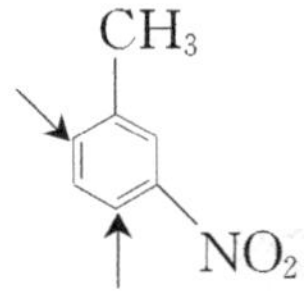

应用定位效应,可以预测亲电取代反应的主要产物及选择最合理的合成路线,得到预期的产率较好的产物。

问题 4-3　试以苯为原料合成邻硝基苯甲酸和间硝基苯甲酸。

4.5.3　定位效应的解释

单取代苯分子中取代基的定位效应与该取代基的诱导效应、共轭效应及超共轭效应等电子效应有关。此外,空间位阻也有一定的影响。

对于第一类定位基,以甲苯为例,甲苯中甲基对苯环有给电子的 +I 效应,同时甲基的 C—H 键的 σ 轨道与苯环的大 π 键存在 σ-π 超共轭效应,这两种效应的方向一致,都使 C—H 键的 σ 电子云向苯环转移,特别是与甲基直接相连的苯环碳原子的邻位和对位电子密度相对增加得多些。

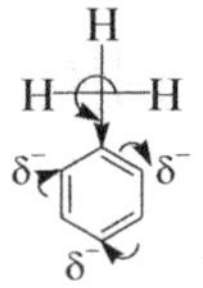

量子化学计算的结果证明了甲苯分子中甲基邻、对位碳原子上的电荷密度都比苯高。因此,甲苯比苯更易发生亲电取代反应,取代主要进入甲基的邻、对位。

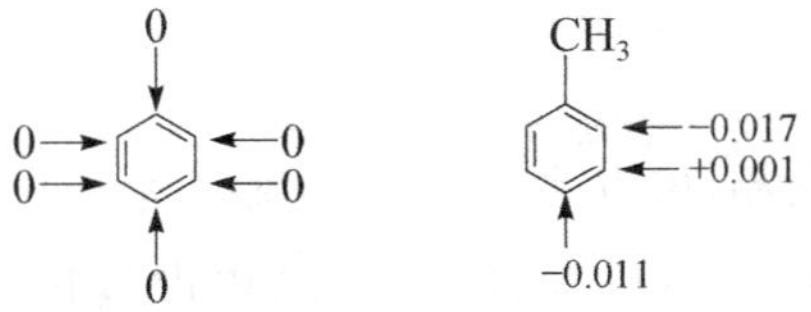

取代基的定位效应还可以通过反应过程中形成的碳正离子中间体(σ-配合物)的稳定性来解释。甲苯发生亲电取代反应生成的碳正离子中间体的结构如下(E^+ 为亲电试剂):

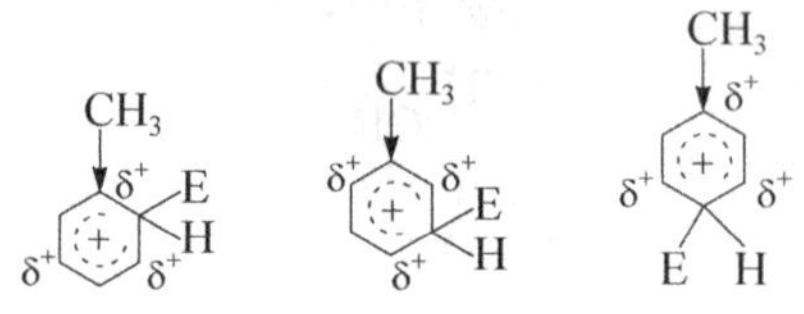

在碳正离子中间体(**1**)和(**3**)中具有给电子效应的甲基直接与共轭体系中带部分正电荷的碳原子相连，使正电荷得到较有效的分散，碳正离子中间体更稳定。而(**2**)的结构中不具备这种稳定作用，所以稳定性不及前两者，在亲电取代反应中以邻、对位产物为主。

对于第二类定位基，如硝基苯分子中的硝基为吸电子基，具有吸电子－I效应，同时硝基又具有－C效应，诱导和共轭的方向一致，均使苯环上电子云密度下降，特别使邻位和对位下降显著，间位相对降低少些，即电子云密度相对稍高一些。因此，亲电取代反应易发生在间位，主要得到间位产物。

量子化学计算的结果表明，硝基苯的分子中，邻位、对位和间位的电荷密度分布如下所示：

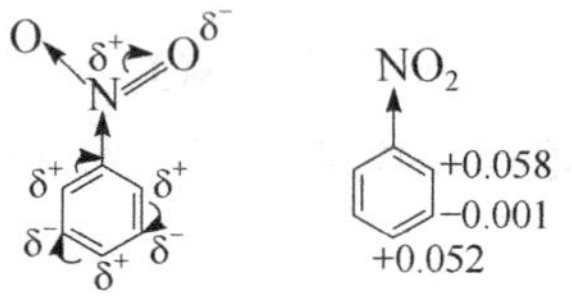

硝基苯在发生亲电取代反应中可能形成下列三种碳正离子中间体：

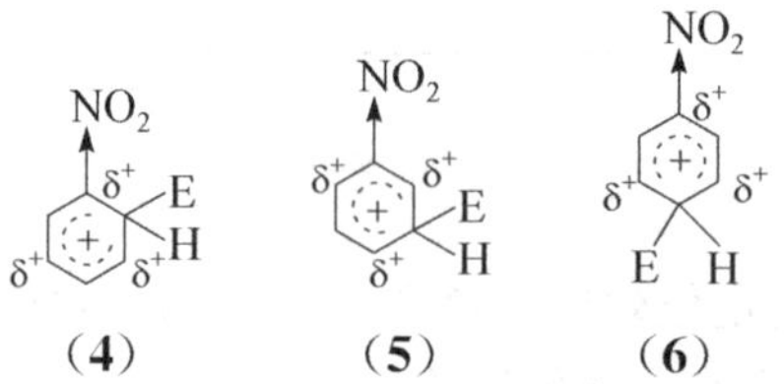

这三个碳正离子中间体中，(**4**)和(**6**)中硝基和带部分正电荷的碳原子直接相连，硝基的吸电子作用使正电荷更集中，稳定性差。而在碳正离子中间体(**5**)中，硝基未与带部分正电荷的碳原子直接相连，正电荷不及(**4**)和(**6**)集中，碳正离子(**5**)的稳定性比(**4**)和(**6**)稍高。因此，亲电取代反应的产物以间位为主。

4.6 稠环芳香烃

稠环芳香烃(condensed aromatic)是多环芳香烃中的一类，它是由两个或两个以上的苯环共用两个邻位碳原子而稠合形成的多环芳香烃。例如萘、蒽、菲等均存在于煤焦油的高温分馏产物中。

4.6.1 萘

萘(naphthalene)为无色结晶，熔点为80.3 ℃，沸点为218.0 ℃，易升华，具有特殊气味；不溶于水，易溶于乙醇、苯、乙醚等有机溶剂中。以前市售的卫生丸就是用萘做成的，因为对人体有害，已被禁止使用。萘的分子式为 $C_{10}H_8$，是由两个苯环稠合而成的，它的结构式及环上碳原子的编号表示如下：

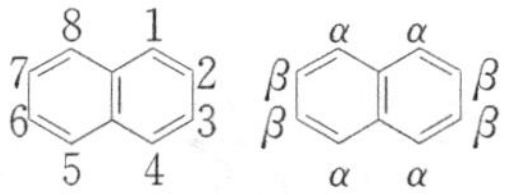

其中，C_1、C_4、C_5 和 C_8 的位置是完全等同的，称为 α-碳原子；C_2、C_3、C_6、C_7 完全等同，称为 β-碳原子，因此，萘的一元取代物有 α-和 β-两种异构体。例如，萘酚有 α-萘酚和 β-萘酚两种。

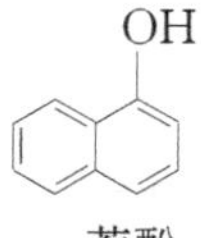

α-萘酚

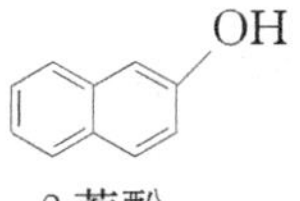

β-萘酚

如果碳环上有两个或两个以上的取代基，命名时可用阿拉伯数字标明取代基的位置，连同取代基名称写于萘名之前。

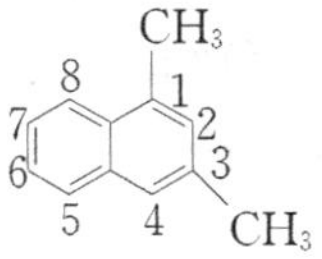

1,3-二甲基萘

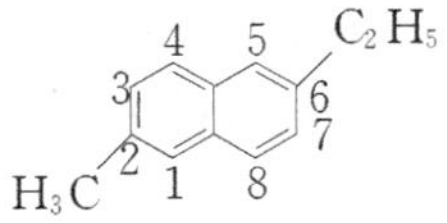

2-甲基-6-乙基萘

萘分子和苯分子的结构类似，萘的 10 个碳原子处于同一平面上，各碳原子的 p 轨道都平行重叠，也形成了一个闭合的共轭体系。但各 p 轨道重叠的程度不是完全相同的，因此萘分子中各碳碳键的键长不同于开链烃的单、双键，彼此不完全相等。由于电子云密度没有完全平均化，α-碳原子的电子云密度较大，而 β-碳原子的电子云密度较小。因此，萘的亲电取代反应易发生在 α-位上。萘的“芳香性”比苯差，比苯容易发生加成和氧化反应。

(1) 取代反应。萘的卤代、硝化主要发生在 α-位上，磺化反应根据温度不同，反应产物可为 α-萘磺酸或 β-萘磺酸。

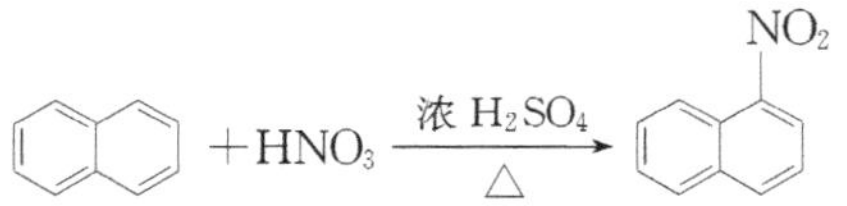

α-硝基萘

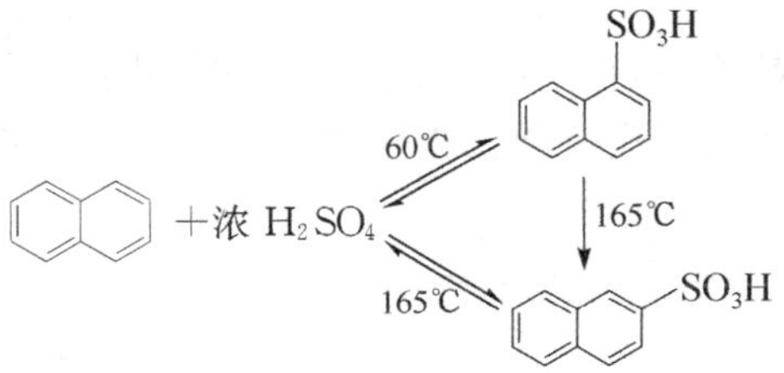

α-萘磺酸

β-萘磺酸

(2) 加成反应。由于萘的芳香性比苯差，容易发生加成反应，在不同的条件下生成不同的产物。

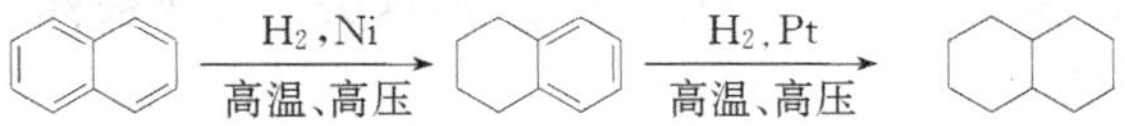

四氢化萘　　十氢化萘

(3) 氧化反应。萘比苯容易被氧化，不同的反应条件可得不同的氧化产物。用 V_2O_5 作催化剂，萘蒸气在高温下就可被空气氧化成邻苯二甲酸酐，后者是有机合成的重要原料。

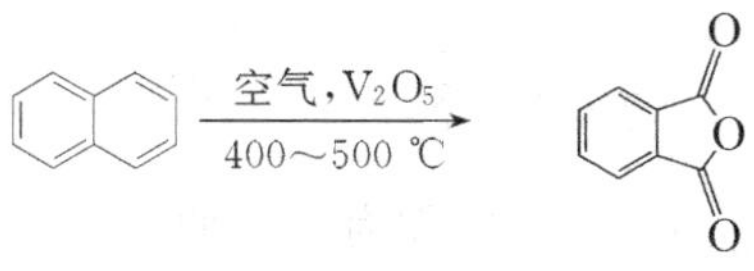

邻苯二甲酸酐

问题 4-4　萘的一取代和二取代产物各有几种异构体?

4.6.2　蒽和菲

蒽(anthracene)为无色片状晶体,熔点为 217 ℃,沸点为 354 ℃,不溶于水,难溶于乙醇和乙醚,能溶于苯。菲(phenanthrene)为具有光泽的无色结晶,熔点为 101.1 ℃,沸点为 340.2 ℃,易溶于苯和乙醚。蒽和菲的分子式都为 $C_{14}H_{10}$,二者互为同分异构体,其结构式和碳原子编号表示为

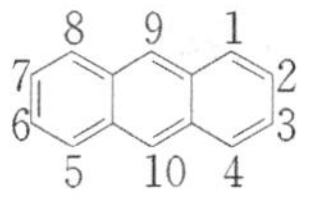

蒽

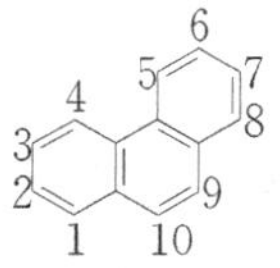

菲

或

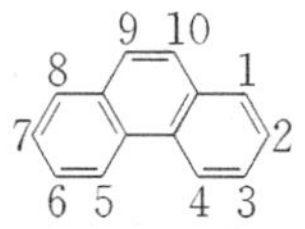

菲

蒽和菲在结构上也都形成了闭合的共轭体系,同萘一样,分子中各碳原子的电子云密度也不均等。因此,各碳原子的反应能力也随之有所不同,其中的 9、10-位碳原子特别活泼,所以它们的取代、加成及氧化反应都易发生在 9、10-位上。其反应产物如

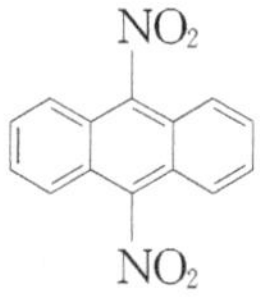

9,10-二硝基蒽

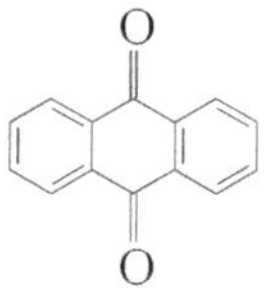

9,10-蒽醌

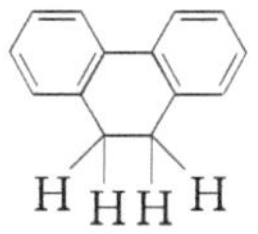

9,10-二氢菲

蒽和菲的芳香性比苯和萘都差,具有一定的不饱和性和氧化性。

完全氢化的菲在 C_7 和 C_8 处与环戊烷稠合成的结构称为环戊烷多氢菲,碳骨架如下:

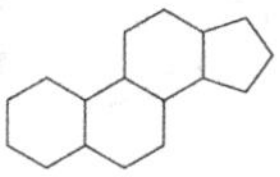

环戊烷并氢化菲

环戊烷多氢菲本身不存在于自然界中,但它的衍生物广泛分布在动植物体内,而且具有重要的生理作用,如胆固醇、胆酸、维生素 D、性激素等,这类化合物被称为甾族化合物,分子中都有环戊烷多氢菲的基本结构。

4.6.3　致癌芳香烃

致癌芳香烃主要是稠环芳香烃的衍生物。蒽和菲均不易致癌,但其分子中某些碳上连有甲基时就有致癌性。4 个或 5 个苯环稠合的芳香烃及它们的部分甲基衍生物有致癌性,6 个苯环的稠环芳香烃部分能致癌。多于 6 个苯环以上的稠环芳香烃则很少有致癌性。

常见的致癌芳香烃结构如下：

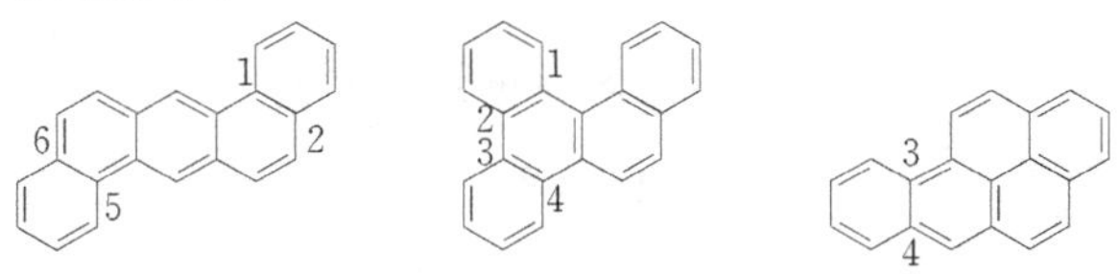

1,2,5,6-二苯并蒽　1,2,3,4-二苯并菲　3,4-苯并[b]芘

其中3,4-苯并[b]芘的致癌作用最强。它们存在于煤焦油和沥青中。糖类、脂肪和蛋白质等加热“燃烧”时均会产生此类致癌物质。在食物烟熏过程中也能产生此致癌物的污染。

4.7　非苯型芳香烃

4.7.1　芳香性和休克尔规则

萘、蒽、菲都是由苯环组成的苯型芳香烃，在结构上形成环状的闭合共轭体系，π电子高度离域，它们和单环芳香烃一样都具有芳香性。但是有一些不具有苯环结构的烃类化合物也具有类似苯环的芳香性，这类化合物称为非苯型芳香烃，如环戊二烯负离子、薁等。

通过对大量环状化合物芳香性的研究，德国化学家休克尔(Hückel)发现：在一个环状多烯烃化合物中，只要它具有共平面的离域体系，且π电子数等于$4n+2$($n=0,1,2$等正整数)，该化合物就具有芳香性。这就是判断化合物是否具有芳香性的休克尔规则，也称为$4n+2$规则。苯分子具有平面的电子离域体系，离域的大π键共有6个π电子，符合Hückel规则($n=1$)，具有芳香性，这与苯的化学性质完全相符。同理，萘、蒽、菲也满足Hückel规则，也都具有芳香性。

4.7.2　非苯型芳香性化合物

1. 环多烯离子

下列化合物中，环戊二烯负离子(c)、环庚三烯正离子(d)和环辛四烯二价负离子(g)具有芳香性。

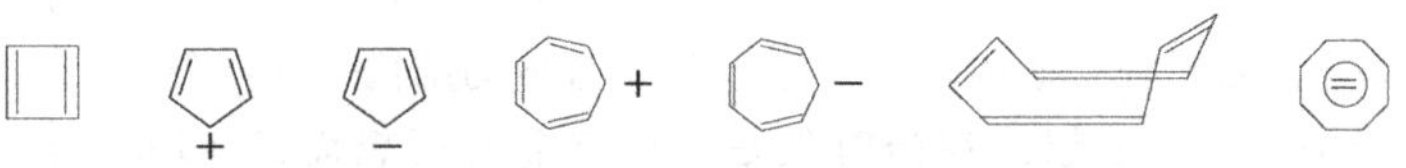

a　b　c　d　e　f　g

环戊二烯负离子和环庚三烯正离子都是具有平面的闭合离域体系，两者的π电子数均为6，符合$4n+2$($n=1$)规则，所以具有芳香性，属于6π电子体系。

环辛四烯(f)不符合$4n+2$规则，没有芳香性。当环辛四烯变成二价负离子(g)后，π电子数为10，符合$4n+2$规则($n=2$)，由原来的船型结构转变成平面正八边形的大π键离域体系，目前此阴离子已经制得，并证明其具有芳香性。

此外，环丁二烯(a)、环戊二烯正离子(b)和环庚三烯负离子(e)均不符合Hückel规则，都无芳香性。

2. 薁

薁(azulene)又称蓝烃，分子式为$C_{10}H_8$，是由一个五元碳环和七元碳环稠合而成的结构。它是萘的同分异构体，具有平面结构，成环原子的π电子数为10，符合$4n+2$规则($n=2$)，所以具有芳香性，能进行亲电取代反应，如硝化和傅-克烷基化反应。薁为蓝色固体，熔点为99 ℃，是香精油的成分，具有明显的抗菌、镇静及镇痛作用。

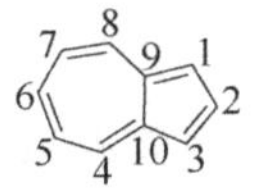

薁

3. 轮烯

轮烯(annulene)属于大环芳香体系，通常它是 $n\geqslant10$ 的单环共轭多烯烃。命名时以轮烯为母体，将环碳原子数置于方括号内，称为某轮烯。例如

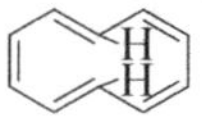

[10]-轮烯

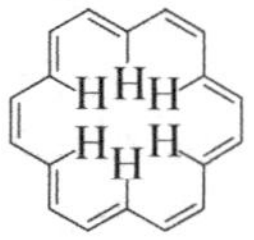

[18]-轮烯

它们是否有芳香性，取决于成环的所有碳原子是否在同一平面，同时 π 电子数必须符合 $4n+2$，两者缺一不可。

[10]-轮烯的 π 电子数为 10，虽然符合 Hückel 规则，但因环较小，且环内的氢原子又比较集中，产生较强的斥力，而使环上碳原子不能在同一平面上，不能形成闭合共轭体系，无芳香性。而[18]-轮烯的环较大，环内氢的斥力较小，保证了分子的共平面性，且 π 电子数为 18，符合 Hückel 规则，因而具有芳香性。

知识拓展

对称的三维球形芳香分子——富勒烯

假如有 60 个碳原子，如何将它们组成一个完美的分子 C_{60}？这似乎是一个简单的拼图游戏。20 世纪 70 年代，日本和苏联的科学家各自独立地从理论上发现了 C_{60} 合适的结构——一个由 12 个正五边形和 20 个正六边形组成的球形结构。但这个想法在当时仅是一种有趣的遐想而已。1985 年，英国科学家克罗托(H. W. Kroto)和美国科学家斯莫利(R. E. Smally)及科尔(R. F. Curl)等在研究激光汽化蒸发石墨实验中，首次发现含有 60 个碳原子的原子簇。受建筑学家理查德·巴克明斯特·富勒(R. B. Fuller)设计的美国万国博览馆球形圆顶薄壳建筑的启发，将其命名为富勒烯(fullerene)。

富勒烯是一系列纯碳组成的原子簇的总称，是继金刚石和石墨之后碳元素同素异形体的第三种晶体。它们是由非平面的五元环、六元环等构成的封闭式空心球形或椭球形结构的共轭烯，如图 4-2 所示。现已分离得到其中的几种，如 C_{60} 和 C_{70} 等。C_{60} 分子由 60 个碳原子组成，有 60 个顶点和 32 个面，其中 12 个面是五元环，20 个面是六元环，它们联结成一个高度均匀、类似球状的中空结构，因此又称足球烯。C_{60} 分子具有 30 个碳碳双键，每个碳原子以 sp^2 杂化轨道和相邻三个碳原子相连，剩余的 p 轨道在 C_{60} 分子的外围和内腔形成 π 键。五边形彼此不相连接，只与六边形相邻，构成了对称的三维球形芳香分子。

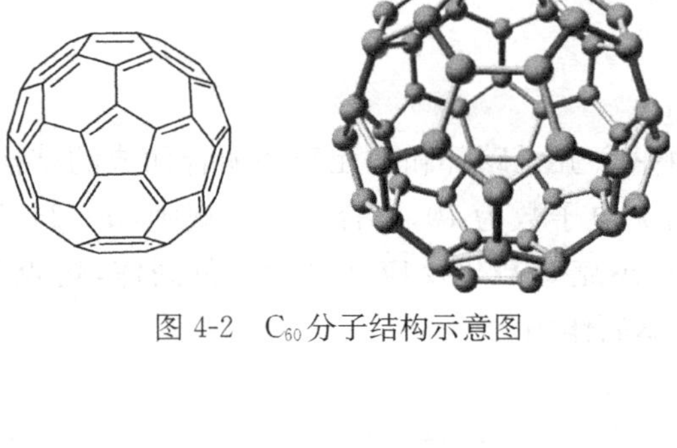

图 4-2　C_{60} 分子结构示意图

C_{60} 及富勒烯家族的诞生是 20 世纪 80 年代的重大发现之一，克罗托等因此获得了 1996 年诺贝尔化学奖。由于其独特的结构和性质，这些神奇的全碳分子及其衍生物在超导、磁性、光学、催化、材料及医学、药

物学等领域已显示新颖奇特的性能，具有良好的科学价值和应用前景。

小　　结

芳香族化合物通常都含有苯环。苯环是平面正六边形碳架，6个碳原子都是 sp^2 杂化，环上没有单键和双键的区别，所有的碳碳键长均相等，所有键角均为120°。每个碳原子未参与杂化的p轨道垂直于分子平面，形成闭合的大π键共轭体系，π电子离域使得电子云密度平均化，使得苯环较为稳定。

简单芳烃的命名以芳环为母体，烷基作取代基，称为“某烷基苯”。当苯环上连接有较复杂烃基或不饱和烃基时，可以将苯环作为取代基(称苯基)，链烃为母体进行命名。多烷基取代苯的命名可用“邻、间、对”或“连、偏、均”等词头，还可以用阿拉伯数字表明取代位置。

芳香族化合物最典型的性质是“芳香性”，即一般不易发生加成反应，难以氧化，而容易发生取代反应。苯及其同系物可以发生卤代、硝化、磺化、烷基化等亲电取代反应，苯环上的氢原子被亲电试剂中的—X、—NO_2、—SO_3H、—R等原子或基团所取代，分别得到卤苯、硝基苯、苯磺酸和烷基苯等。

苯环的结构相对稳定，不易被氧化。但苯环侧链如α-C上有氢原子，则可被氧化，且无论侧链长短，最终氧化成苯甲酸。此外，在光照或加热条件下，烷基苯侧链上的α-氢原子可以发生自由基反应，被卤原子所取代。

苯进行多取代反应时，取代基进入苯环的位置受到原有定位基性质的影响，邻、对位定位基使苯环活化(除卤素外)，反应比苯容易，新取代基进入邻、对位；间位定位基使苯环钝化，反应比苯难，新取代基进入间位。

非苯芳香烃只要符合Hückel规则，即在一个环状共轭多烯烃化合物中，具有共平面的离域体系，且π电子数等于 $4n+2$，该化合物就具有芳香性。

萘、蒽、菲等稠环芳烃都满足Hückel规则，也都具有芳香性。

芳香烃主要反应总结如下：

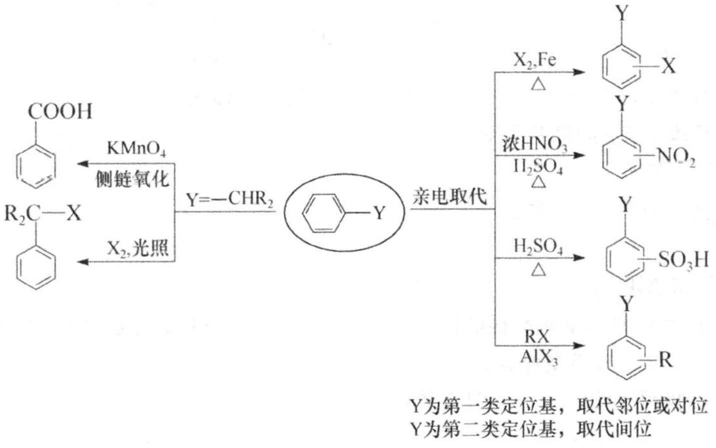

习　题

1. 写出芳烃 C_9H_{12} 所有同分异构体的结构式并命名。

2. 命名下列化合物或写出结构式。

(1) 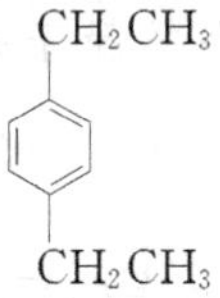　(2) 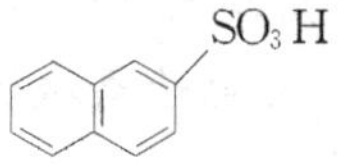　(3) 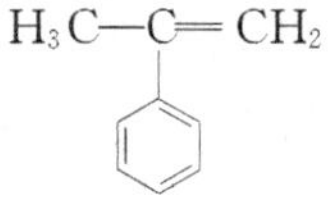　(4) 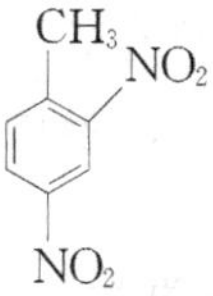

(5) 连三甲苯　(6) 对甲基溴化苄　(7) 2-甲基-6-硝基萘　(8) *o*-氯苯磺酸

(9) 1-甲基-4-异丙基苯　(10) 蒽

3. 写出下列反应的主要产物。

(1) 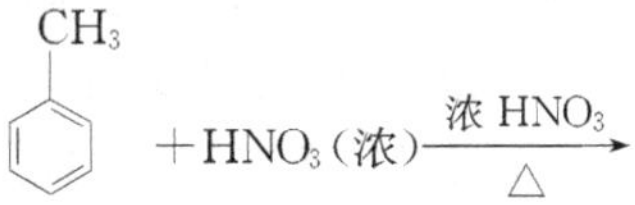

(2) 

(3) 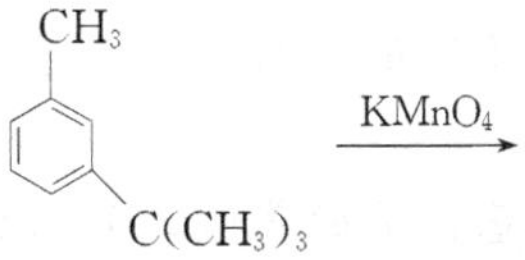

(4) 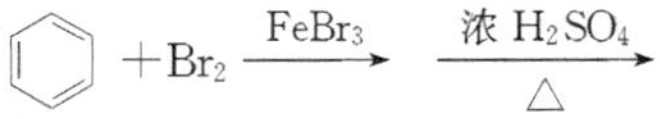

4. 下列各化合物进行一元溴代时，主要产物是什么？

(1) C_6H_5Cl　(2) C_6H_5COOH　(3) $C_6H_5OCH_3$　(4) $C_6H_5CH_3$

5. 用箭头表示下列化合物硝化反应时，硝基主要进入的位置。

(1) 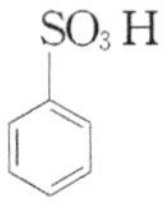　(2) 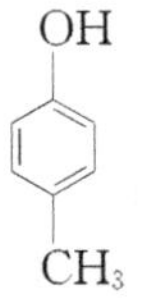　(3) 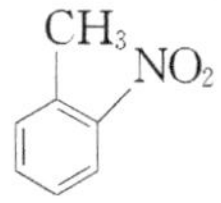　(4) 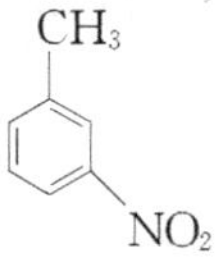　(5) 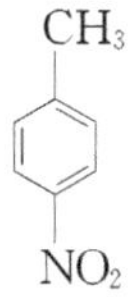　(6) 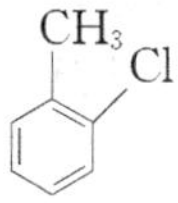

6. 根据苯环定位取代规则，推测下列合成反应的路线，写出反应方程式。

(1) 由苯合成对硝基氯苯和间硝基氯苯。

(2) 由苯合成对甲基苯磺酸。

7. 用简单的化学方法鉴别下列化合物。

(1) 苯、甲苯、环己烯

(2) 乙苯、苯乙烯、苯乙炔

8. 某化合物 **A** 分子式为 C_9H_{12}，能被高锰酸钾氧化为分子式为 $C_8H_6O_4$ 的化合物 **B**。将 **A** 进行硝化，只得到两种一硝基产物。试推测 **A**、**B** 的结构式。

9. 根据 Hückel 规则判断下列化合物是否具有芳香性。

(1) 　(2) 　(3) 　(4) 　(5) 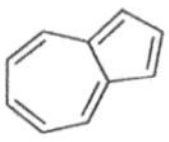　(6) 

（徐州医学院　朱松磊）

第 5 章　对映异构

在有机化合物分子中普遍存在同分异构现象，这是有机化合物数量众多、结构复杂的主要原因。同分异构一般分为两类：一类是分子式相同，分子中原子或基团连接顺序不同的构造异构，它包括碳链异构、官能团位置异构、官能团种类异构和互变异构等；另一类是分子构造式相同，只是原子或基团在空间排列方式不同的立体异构，它又分为构型异构（包括顺反异构和对映异构）和构象异构。

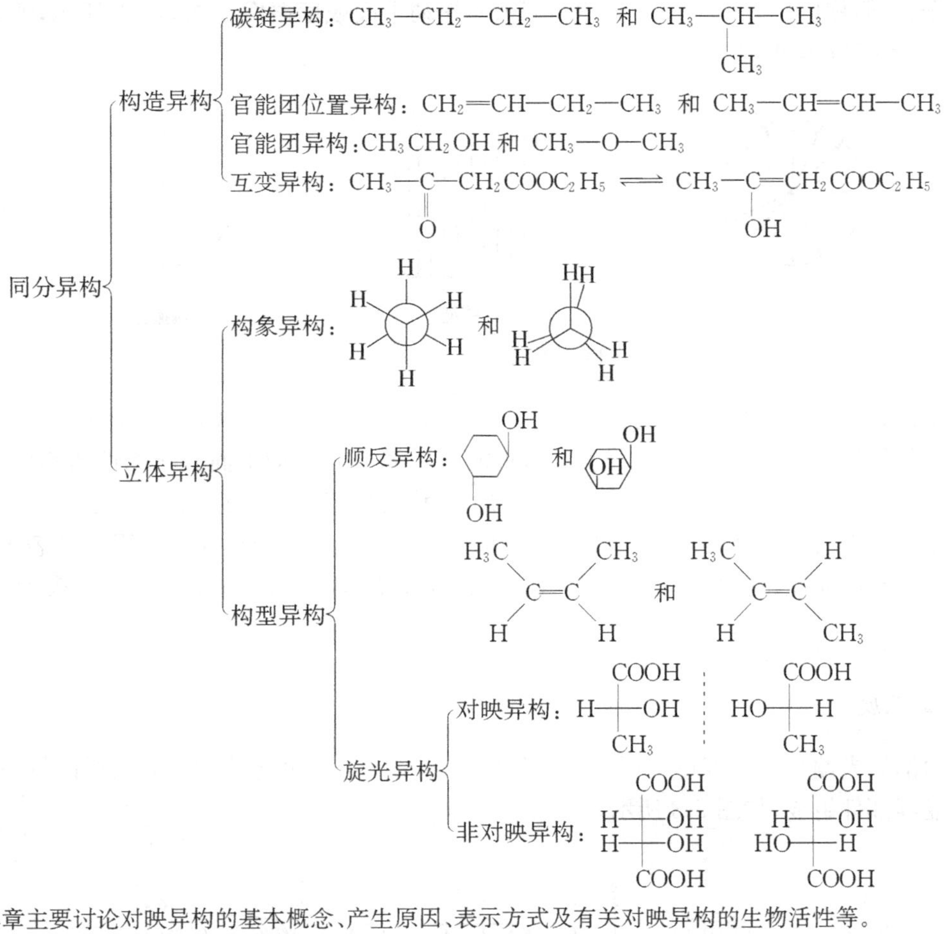

本章主要讨论对映异构的基本概念、产生原因、表示方式及有关对映异构的生物活性等。

5.1　物质的旋光性

5.1.1　偏振光和旋光性

光是一种电磁波，这种电磁波是振动前进的，其振动方向垂直于光波前进的方向（图 5-1）。普通光是由各种波长的、垂直于前进方向的各个平面内振动的光波所组成的。如图 5-2 中的圆圈表示一束朝眼睛直射过来的光线横截面，光波的振动平面可以是 A、B、C 等无数垂直于前进方向的平面。

当普通光通过尼科尔（Nicol）棱镜时，由于 Nicol 棱镜的特殊作用，一部分光线被阻挡不能

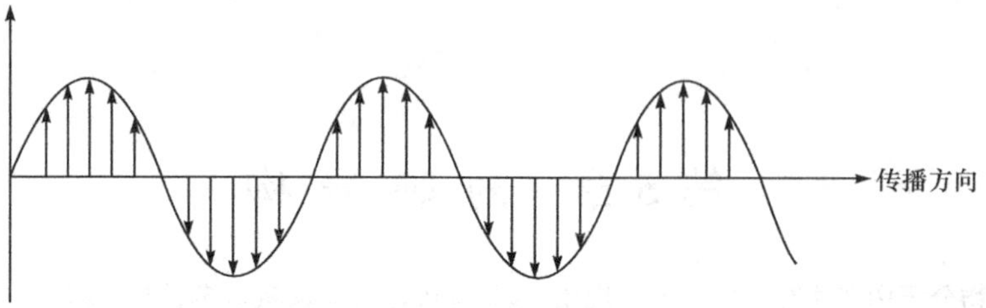

图 5-1 光波振动方向与传播方向垂直

通过，只能让与棱镜晶轴平行的平面内振动的光通过。这种只有在一个平面上振动的光称为平面偏振光，简称偏振光。这个平面称为偏振光振动平面或偏振面。如图 5-2 所示，普通光通过 Nicol 棱镜变为偏振光。

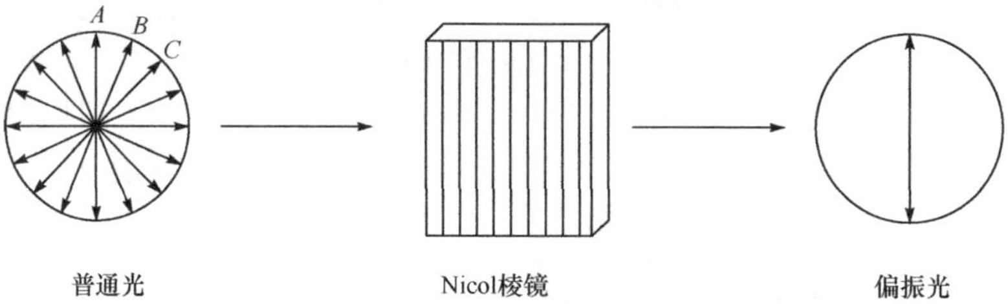

图 5-2 普通光和偏振光

当偏振光通过各种介质时，有的物质（如蔗糖、乳酸、葡萄糖、石英晶体、氯酸钾晶体等）能使偏振光的偏振面旋转一定角度，物质的这种能够使偏振光振动平面旋转的性质称为旋光性（optical active）或光学活性。具有这种性质的物质称为旋光性物质或光学活性物质。能使偏振光振动平面向右（顺时针方向）旋转的物质称为右旋体（dextrorotatory），用（+）表示；能使偏振光振动平面向左（逆时针方向）旋转的物质称为左旋体（levorotatory），用（−）表示。

5.1.2 旋光度与比旋光度

1. 旋光度

平面偏振光偏转的角度可以用旋光仪测出。旋光仪主要由光源、起偏镜、样品管、检偏镜和刻度盘等部件组成，如图 5-3 所示。

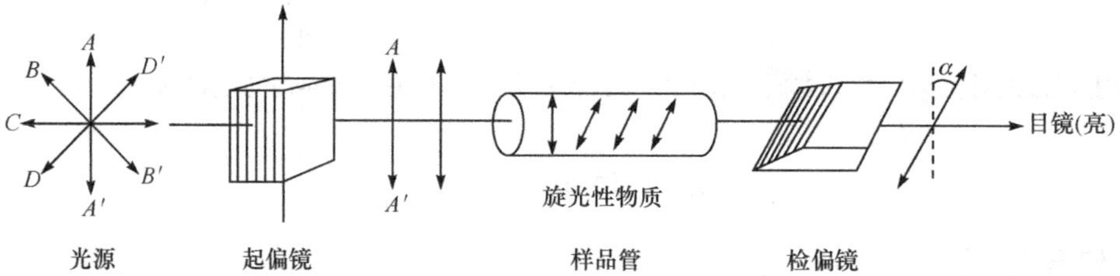

图 5-3 旋光仪的简图

图 5-3 中靠近光源的 Nicol 棱镜是固定不动的，称为起偏镜，其作用是将光源射来的光变为偏振光；后面的 Nicol 棱镜可以旋转，称为检偏镜，并连有一个 180°的刻度盘，它的作用是测定被测物质旋转偏振光的偏振面的角度。当两个棱镜晶轴互相平行时，刻度为零。两个棱镜之间放入样品管，若从检偏镜中观察到均匀的亮视野，说明样品管中装有无旋光性物质，对平

面偏振光不起作用。如果样品管中盛有旋光性物质，则通过起偏镜的偏振光不能通过检偏镜，看不到均匀的亮视野而发暗。为了重新看到亮视野，必须将检偏镜按一定方向旋转相应的角度才能使偏振光通过，视野恢复原来的亮度。旋光性物质使偏振面旋转的角度称为旋光度，通常用 α 表示。

2. 比旋光度

每一种旋光性物质在一定条件下都有一定的旋光度，它的大小除与物质本身的结构和配制溶液所用的溶剂有关外，还与测定时所用溶液的浓度、样品管的长度、温度和光源的波长等因素有关。为了比较物质的旋光能力，常用比旋光度来表示。规定样品管长度为 1 dm，待测物质的浓度为 1 g · mL^{-1}下，测得的旋光度即为该物质的比旋光度，通常用$[\alpha]_D^t$ 表示。

旋光度和比旋光度之间的关系可表示为

$$[\alpha]_D^t=\frac{\alpha}{l\times c}=\frac{\text{实测旋光度数}}{\text{样品管长度(dm)}\times\text{溶液质量浓度}(g\cdot mL^{-1})}$$

式中，α 为旋光仪测得的旋光度；c 为溶液的浓度，g · mL^{-1}；l 为样品管的长度，dm；t 为测定时的温度，℃；D 为钠光波长(589 nm)。

比旋光度只与物质的结构有关，是旋光性物质的一个特性常数，可以定量地表示旋光物质的旋光特性，可以鉴定未知旋光性化合物的旋光方向和旋光能力的大小，确保已知旋光性化合物的纯度。

【例题】 将胆固醇样品 260 mg 溶于 5 mL 氯仿中，然后将其装入 5 cm 长的样品管中，在 20 ℃时，在钠光旋光仪上测得的旋光度为−2.5°，试计算胆固醇的比旋光度。

解

$$[\alpha]_D^t=\frac{\alpha}{cl}=\frac{-2.5^\circ}{(0.26/5)\times0.5}=-96^\circ$$

因此，胆固醇的比旋光度为−96°(氯仿)，与文献查阅的值相一致。

5.2 手性和对称性

5.2.1 对映异构和手性分子

对映异构是立体化学的重要内容之一，而产生对映异构的原因是手性。什么是手性？人的左右手是不能同向重合的，如手指的排列刚好相反，如图 5-4(a)所示。如果将左手对着镜面，得到的镜像恰好与右手相同，如图 5-4(b)所示。这种左右手互为实物和镜像，并且相互又不能完全重合的现象称为手性。

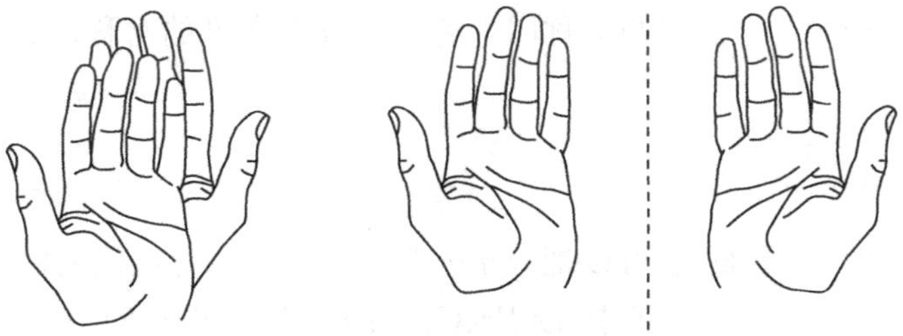

(a) 左右手不能重合　　(b) 左右手互为镜像

图 5-4 手性关系图

实物与镜像不能相互完全重合的现象，同样存在于微观世界的分子中。例如，从肌肉中分离得到的乳酸使偏振光右旋，是右旋体；从葡萄糖经左旋乳酸杆菌发酵制得的乳酸可使偏振光左旋，为左旋体。这两种乳酸的构造是相同的，都是 α-羟基丙酸，其不同点在于连接在碳原子上的四个原子或基团在空间的排列（构型）不同。从图 5-5 可以看出，这两种乳酸构型的关系如实物和镜像的关系，这两种构型看起来很相似，但有如左右手那样，相互对映而不能重叠，因此乳酸分子具有手性。这种互为实物与镜像关系但又不能完全重合的异构体，称为对映异构体，简称对映体。这种现象称为对映异构现象。一对对映体包含一个左旋体和一个右旋体，它们的比旋光度的绝对值相等，但旋光方向相反。

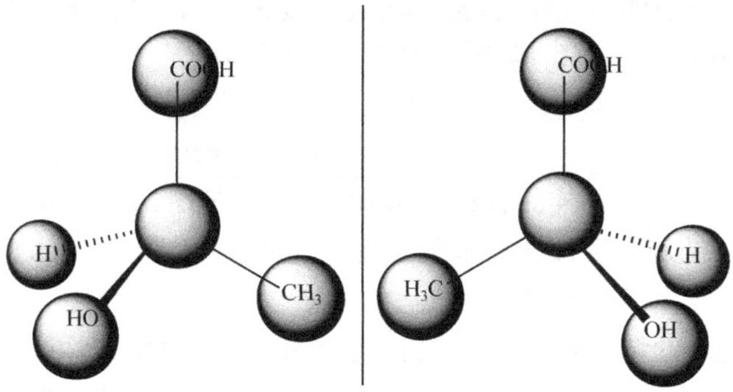

图 5-5　乳酸的对映体模型

像乳酸这种与其镜像不能重合的分子称为手性分子。手性分子与其镜像互为对映体。而与其镜像能重合的分子称为非手性分子。非手性分子没有对映体，也没有对映异构现象。

仔细观察乳酸分子结构，发现分子中有一个碳原子连有四个不同的原子或基团（—H、$—CH_3$、—COOH、—OH），这个碳原子称为手性碳原子或不对称碳原子，也称为手性中心，通常用“ * ”标明。例如

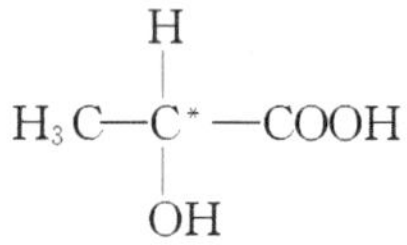

5.2.2　分子的对称性和对映异构

当分子和它的镜像能重合时，该分子的结构是对称的，没有旋光性；反之，手性分子具有旋光性。如何判断分子是否有手性，最好的方法是看分子与其镜像是否能重合，或看分子的结构是否有对称性，而分子的对称性又与对称因素有关。分子常见的对称因素主要有对称面和对称中心等。

1. 对称面

假定在分子中有一个平面，它可以把分子分割成互为实物与镜像的两部分，这个平面就是分子的对称面。例如，2-溴丙烷分子中，沿 Br、C、H 的正中间切开所形成的平面就是一个对称面，整个分子是对称的，它和它的镜像能够重合，是非手性分子，所以它没有对映异构体和旋光性，如图 5-6 所示。如果分子中所有的原子都在同一个平面上，这个平面是对称面。例如，反-1，2-二氯乙烯分子的对称面如图 5-7 所示。这种分子也没有对映体和旋光性。

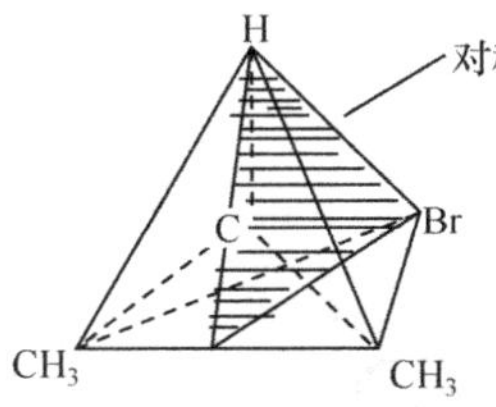

图 5-6　2-溴丙烷分子的对称面

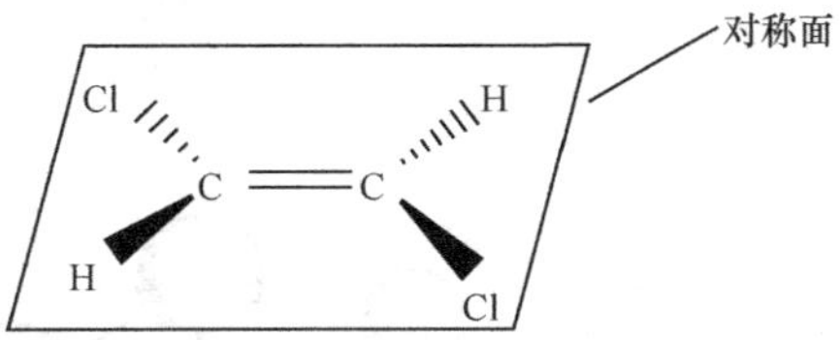

图 5-7　反-1,2-二氯乙烯的对称面

2. 对称中心

如果分子中有一点，从分子的任一原子或基团向该点引一直线并延长出去，在距该点等距离处，总会遇到相同的原子或基团，该点称为分子的对称中心。例如，(*E*)-2,4-二甲基-1,3-环丁烷二甲酸分子中就有一个对称中心，如图 5-8 所示。具有对称中心的化合物和它的镜像也能重合，所以这类化合物也没有对映体和旋光性。

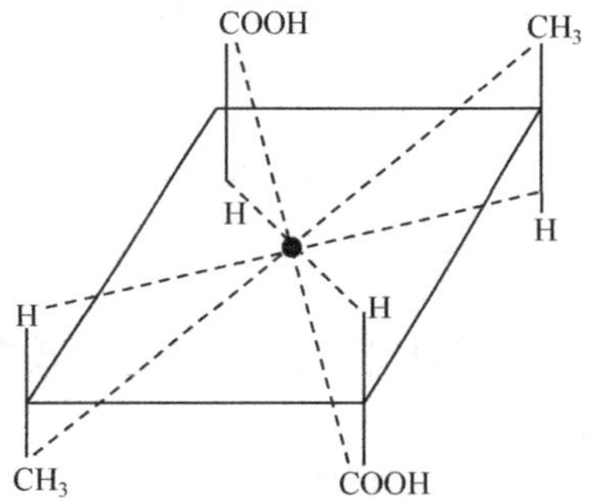

图 5-8　(*E*)-2,4-二甲基-1,3-环丁烷二甲酸的对称中心

对称因素除对称面和对称中心外，还可能存在对称轴和交替对称轴，但常见的是对称面和对称中心。通常一个分子如果存在对称面或对称中心，该分子则能与其镜像重合，具有对称性，是非手性分子；反之，如果不存在对称面或对称中心，则是手性分子。

因此，可通过考察化合物分子是否存在对称因素来判断分子是否具有手性。如果分子只含有一个手性碳原子，它一定是手性分子。所以，整个分子具有手性是存在对映异构体的充分必要条件。

问题 5-1　写出二甲基环丁烷的所有化学结构式，并确认哪些是手性的。

5.3　对映体的表示方法

手性碳的构型通常用球棒式、立体透视式、费歇尔(Fischer)投影式来表示。

球棒式一般是将手性碳原子和与它相连的原子或基团画成球，并标出原子或基团的符号，用棍棒表示原子或基团与手性碳之间的共价键，用立体关系表示出原子或基团在空间的排列关系。

立体透视式将手性碳原子放在纸平面上，用实线表示与手性碳原子同在纸平面上的共价键，用虚线表示伸向纸平面内的共价键，用楔形线表示伸向纸平面外的共价键。

Fischer 投影式是由立体模型投影到平面上得到的平面影像式。其投影规则是把含有手性碳原子的主链直立，编号小的碳原子位于上端，十字交叉点代表手性碳原子，使竖直键上所连的原子或基团伸向纸平面的后面，横键上所连的原子或基团伸向纸平面的前方（横前竖后）。

乳酸分子构型的三种表示方法如图 5-9 所示。

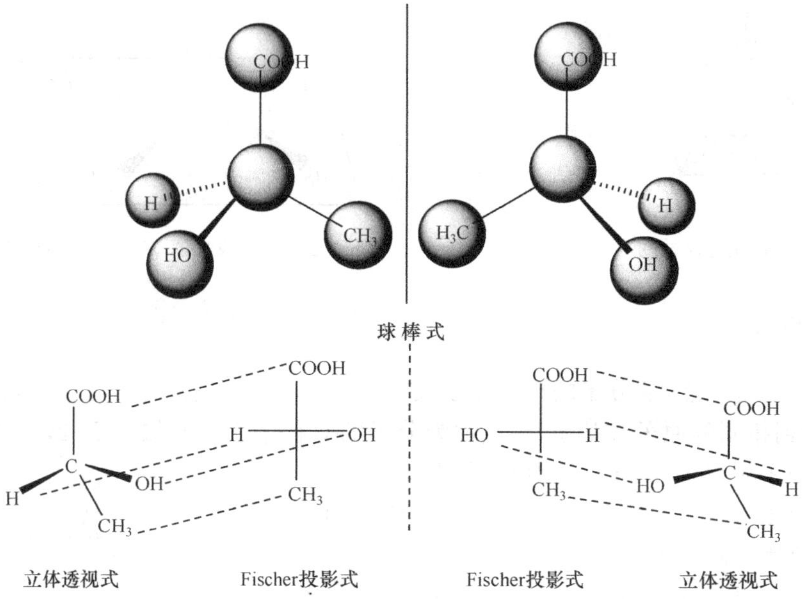

图 5-9　乳酸分子的构型的表示

显然，球棒式和立体透视式书写麻烦，为了方便地写出对映体，一般用 Fischer 投影式来表示。

Fischer 投影式使用平面式表示三维空间的立体结构。在书写时，必须按照其规定表示分子构型的立体结构。使用 Fischer 投影式不能将其脱离纸平面翻转，否则构型将发生改变。投影式可在纸面上旋转 180°或其偶数倍，构型保持不变；而不能旋转 90°或 270°，否则构型发生改变。

5.4　对映体构型的标记

一对对映体结构之间的差别在于手性碳原子所连的四个原子或基团在空间的排列不同。为了表明其不同，在对映体名称前应注明其构型。标明对映体构型的方法有以下两种。

5.4.1　D/L 构型标记法

D/L 构型标记法是以甘油醛为参照标准来确定的，在有机化学发展早期使用很普遍，现多用于标记糖类和氨基酸类构型。手性碳原子上所连的羟基处于 Fischer 投影式的右侧称为 D 构型（D 是拉丁文 dextro 字首，意为“右”），在左侧的称为 L 构型（L 是拉丁文 leavo 字首，意为“左”）。其他物质的构型以甘油醛为参照标准，在反应过程中不涉及手性碳原子构型的情况下，由 D-甘油醛构型衍生得到的化合物构型就是 D 构型，由 L-甘油醛构型衍生得到的化合物构型就是 L 构型。例如

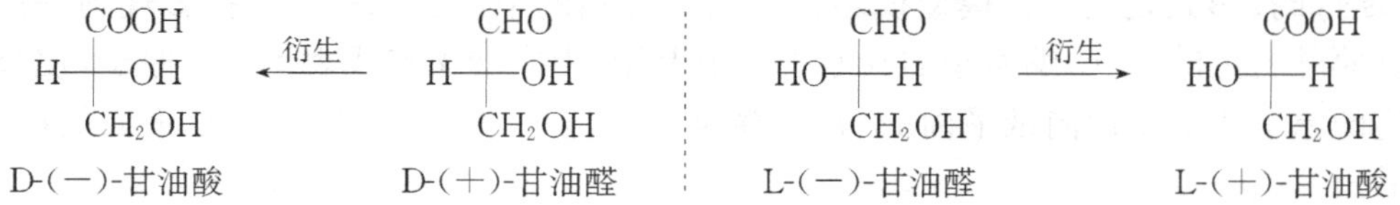

应注意的是，这种 D、L 表示的构型是以它们与甘油醛的衍生物的关系来确定的。而

(＋)、(－)表示旋光方向，旋光方向是在旋光仪上测定的。所以，构型与旋光方向之间并无一一对应关系，D 构型的旋光性物质中有右旋体，也有左旋体；而 L 构型的旋光性物质中有左旋体，也有右旋体。在一对对映体中，如果 D 构型是右旋体，则其对映体必然是左旋体；反之亦然。

以甘油醛为标准，确定化合物的构型，具有相对性，所以称为相对构型标记法。现已证实甘油醛的真实构型与人为规定的相对构型相一致。

5.4.2 *R/S* 构型标记法

R/S 构型标记法是 1970 年根据 IUPAC 的建议所采用的系统命名法。它是根据旋光性物质的真实构型或其投影式，以手性碳原子上四个不同原子或基团在"次序规则"中的排列次序来表示手性碳原子的构型命名法，又称为绝对构型标记法，它是一种应用广泛并具有普遍性的命名法。

首先，按次序规则将手性碳原子上连接的四个原子或基团(a、b、c、d)由大到小排列成序，如 a>b>c>d。其次，将次序最低的原子或基团 d 远离观察者，其余的三个原子或基团面向观察者，按次序规则由大到小排序 a>b>c，如果它们排列的次序 a→b→c 是顺时针方向，为 *R* 构型(*R* 为拉丁文 rectus 的字首，意为"右")；如果 a→b→c 是逆时针方向，则为 *S* 构型(*S* 为拉丁文 sinister 的字首，意为"左")(图 5-10)。

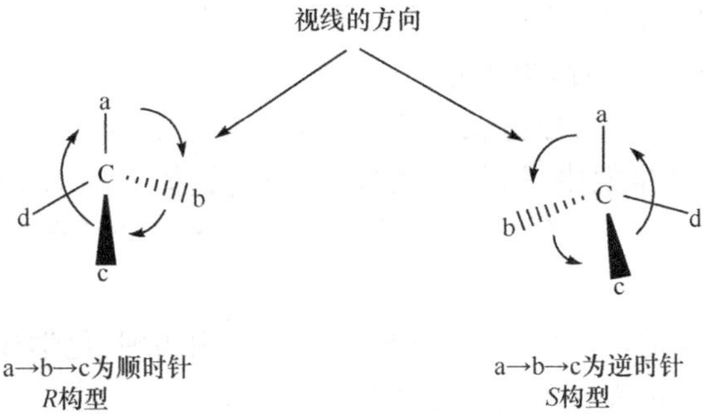

图 5-10　观察 *R*、*S* 构型的方法

以甘油醛为例，先将手性碳原子上的四个原子或基团按次序规则排列，优先顺序是 —OH>—CHO>—CH_2OH>—H，其构型标记如下：

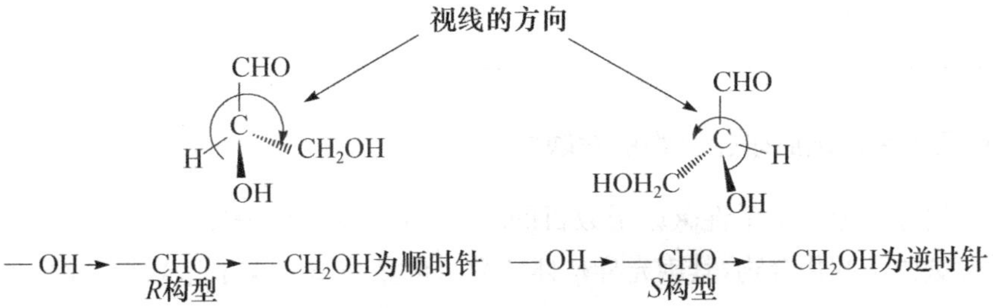

以上是从透视式确定构型，也可由 Fischer 投影式直接确定 *R*、*S* 构型。其规则为：

(1) 当最低次序的原子或基团处于横键的左右两端时，其余三个原子或基团按顺时针方向排列的为 *S* 构型；按逆时针方向排列的为 *R* 构型。

(2) 当最低次序的原子或基团处于竖直键的上下端时，其余三个原子或基团按顺时针方

向排列的为 R 构型；按逆时针方向排列的为 S 构型。例如

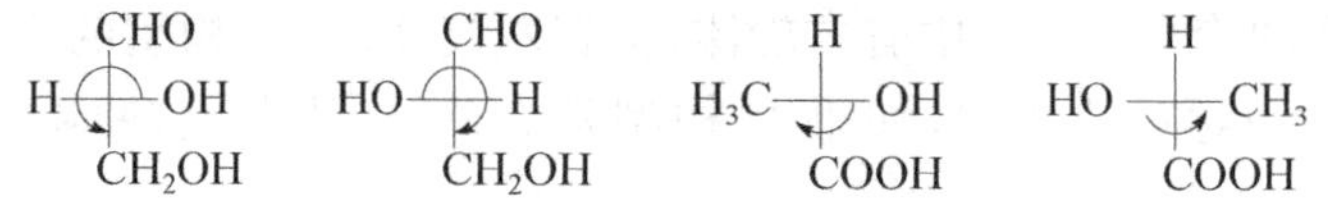

(R)-甘油醛　　(S)-甘油醛　　(R)-乳酸　　(S)-乳酸

需要注意的是，D 构型不一定是 R 构型，L 构型也不一定是 S 构型，反之亦然。此外，还没有发现 R、S 构型和旋光方向有明确的对应规律。

问题 5-2　画出下列分子的一个对映体(R 或 S)：2-氯丁烷、2-氯-2-氟丁烷和$(HC{\equiv}C)(CH_2{=}CH)C(Br)(CH_3)$。

5.5　具有手性碳原子的分子

5.5.1　具有一个手性碳原子的对映异构体

上述讨论的乳酸、甘油醛分子都有一个手性碳原子或一个手性中心，具有一对对映体并具有旋光性。在非手性条件下，一对对映体表现出的性质除旋光方向相反外，其他物理性质如熔点、沸点、溶解度及化学性质都相同。而在手性条件下，对映体的性质却不一样，如与手性试剂反应、在手性溶剂或手性催化剂催化下的转化速率等都不相同。

如果将一对对映体等量混合，由于它们的比旋光度大小相等，旋转方向相反，等量混合后旋光性可以相互抵消，形成的混合物没有旋光性，这种等量对映体混合物称为外消旋体，用“±”或“dl”表示。例如，从牛奶中得到的乳酸就是外消旋体。外消旋体与纯对映体除旋光性不同外，其他物理性质也不同。例如，(+)-乳酸和(−)-乳酸的熔点都是 53 ℃，而(±)-乳酸的熔点是 18 ℃。

外消旋体是一种混合物，不是一种光学异构体。可用物理、化学或生物方法将其分离为两个纯净的左、右旋体，这一过程又称为消旋体的拆分。

问题 5-3　下列分子的绝对构型是什么？

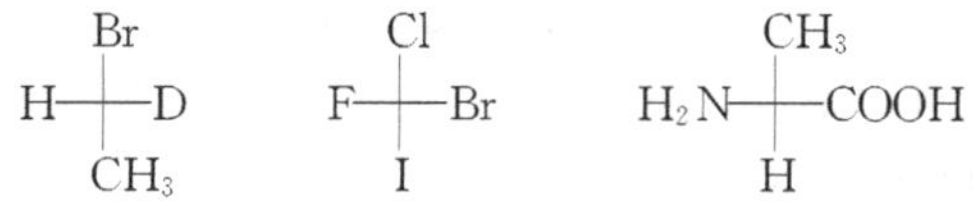

5.5.2　具有两个手性碳原子化合物的对映体

有机化合物随着分子中手性碳原子数目的增加，异构现象变得复杂，异构体的数目也增多。含有 n 个手性碳原子的化合物，其旋光异构体的数目最多为 2^n 个，可组成 2^{n-1} 个成对对映体。

1. 含有两个不相同手性碳原子化合物的对映体

2-氯-3-溴丁烷分子中含有两个不相同的手性碳原子，每个手性碳原子所连的四个原子或基团不完全相同。每个手性碳原子都各有两种不同的构型，它们可以组成 4 个异构体，用 Fischer 投影表示如下：

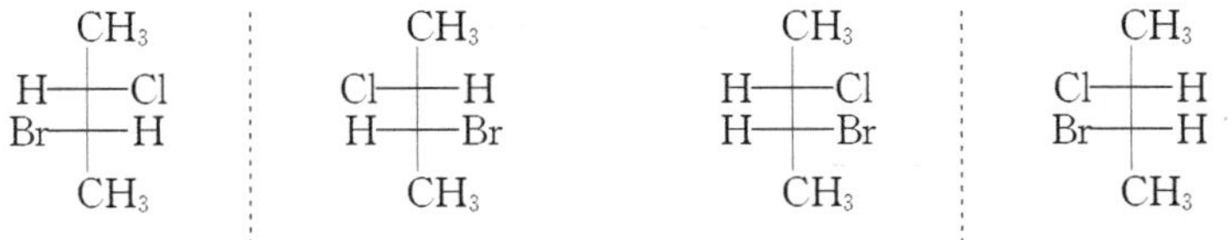

（Ⅰ）(2*S*,3*S*)　（Ⅱ）(2*R*,3*R*)　（Ⅲ）(2*S*,3*R*)　（Ⅳ）(2*R*,3*S*)

这四种异构体都不能重合，其中（Ⅰ）与（Ⅱ）、（Ⅲ）与（Ⅳ）分别组成对映体。（Ⅰ）与（Ⅲ）或（Ⅳ）、（Ⅱ）与（Ⅲ）或（Ⅳ）之间不是实物与镜像关系，称为非对映体。非对映体的物理性质都不相同，化学性质可能相似。

2. 含有两个相同手性碳原子化合物的对映体

酒石酸分子中含有两个相同的手性碳原子，每个手性碳原子所连的四个基团彼此相同。也可以组成 4 个异构体，用 Fischer 投影表示如下：

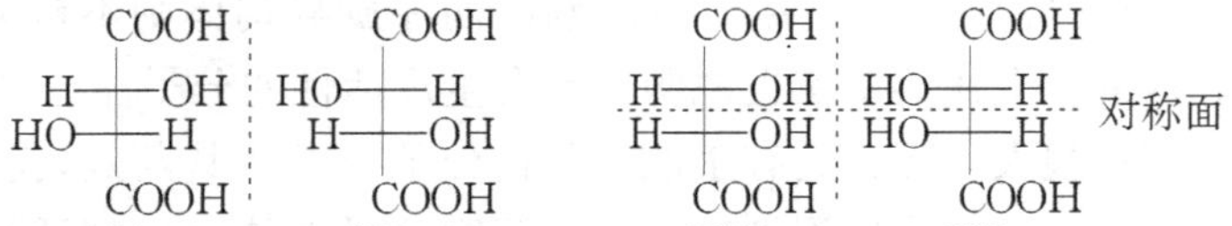

（Ⅰ）　（Ⅱ）　（Ⅲ）　（Ⅳ）

(+)-酒石酸　(−)-酒石酸　*meso*-酒石酸

(2*R*,3*R*)　(2*S*,3*S*)　(2*R*,3*S*)　(2*S*,3*R*)

（Ⅰ）和（Ⅱ）互为实物与镜像关系，不能重合，是一对对映体。（Ⅲ）和（Ⅳ）好像也是一对对映体，但它们可以重合，若将（Ⅳ）在纸平面上旋转 180°，即可得到（Ⅲ），所以（Ⅲ）和（Ⅳ）是同一种构型，代表同一个化合物。在（Ⅲ）和（Ⅳ）的 C_2 和 C_3 之间有一对称面（虚线表示），可将分子分成两部分，呈实物与镜像关系，这两个手性碳原子的旋光度数相等，旋光方向相反，旋光性互相抵消。这种由于分子内部将旋光性互相抵消而不具有旋光性的化合物称为内消旋体，以 *meso* 表示。因此，酒石酸只有三种立体异构体，包括一对对映体和一个内消旋体。当分子中存在相同的手性碳原子时，旋光异构体数目小于 2^n 个。

3. 含有两个以上手性碳原子的化合物

2,3,4-三溴己烷有三个手性碳原子，可以有 8 个立体异构体，用 Fischer 投影表示如下：

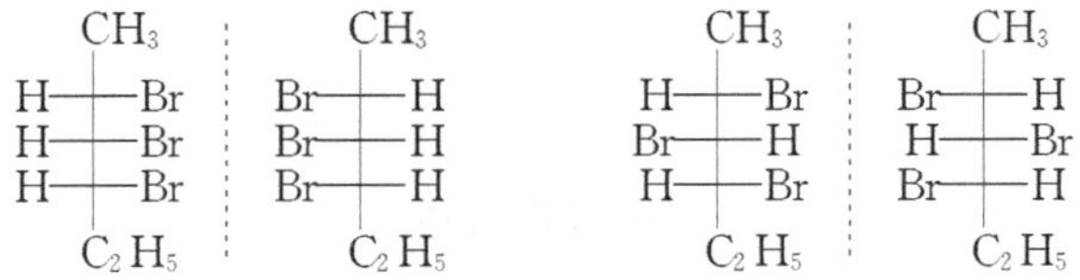

（Ⅰ）　（Ⅱ）　（Ⅲ）　（Ⅳ）

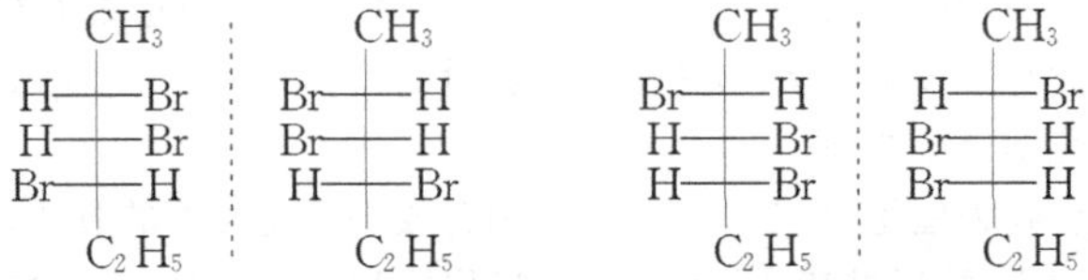

（Ⅴ）　（Ⅵ）　（Ⅶ）　（Ⅷ）

在这些立体异构体中，（Ⅰ）与（Ⅱ）、（Ⅲ）与（Ⅳ）、（Ⅴ）与（Ⅵ）、（Ⅶ）与（Ⅷ）是四对对映体。（Ⅰ）与（Ⅲ）、（Ⅰ）与（Ⅳ）、（Ⅰ）与（Ⅶ）中都只有一个手性碳原子的构型不同，其他手性碳原子的构型均相同，这种异构体称为差向异构体(epimer)。

问题 5-4 手性分子是否一定含有手性碳原子？有手性碳原子的分子是否一定为手性分子？试举例说明。

5.6 对映异构与生物活性

在生物体中，具有重要生理活性的有机大分子，如蛋白质、多糖、核酸和酶，大多数都具有手性。这些手性物质在生物体内常表现出不同的生理作用，即它们对生物体的生理效能有显著的差异。实验证明，这些生物活性与手性物质的构型有密切关系。例如，作为生命基础的蛋白质及其所产生的酶——生物体的重要催化剂都是由 α-氨基酸构成的。自然界存在的 α-氨基酸（除甘氨酸外）都具有旋光性，而且都是 L 构型。天然存在的单糖多为 D 构型，如对人体有着重要作用的葡萄糖，只有右旋异构体才能被人体吸收，而左旋异构体则不被吸收，所以血浆代用品葡萄糖酐是右旋糖酐。上述的事实也说明了具有生理活性的分子往往是对映体的一种。

目前使用的药物很大一部分具有手性。药物分子要发挥其药效，就必须通过与体内受体分子之间的严格手性匹配和手性识别来实现。药物分子在体内生理活性的不同，与两个对映体与受体结合是否适应有关，即一个特异性手性分子的立体结构只有与特定受体的立体结构有互补关系，其活性部分才能进入受体的靶位，才会产生应有的生理作用。手性分子可能具有不同的生物活性，一个异构体可能是有效的，而另一个异构体可能是无效甚至是有害的。药物手性引起严重副作用的一个典型的例子是 20 世纪 50 年代末期发生在欧洲的“反应停”事件。联邦德国 Clemie 制药公司于 1957 年推出对孕妇的妊娠呕吐疗效极佳的酞胺哌啶酮（俗称“反应停”）的新药，两年后，发现欧洲地区畸形婴儿的出生率显著上升，此后又陆续发现 12 000 多名母亲因服用反应停而出现海豹婴儿。后经研究发现，药物反应停为外消旋体，其中的 R 型异构体起镇静的作用，而 S 型异构体则有强烈的致畸作用。因此妊娠妇女服用此药后，出现了多例畸形儿。因此，如何合成手性药物的单一异构体成为化学研究领域的热门话题，同时也是化学家面临的巨大挑战。

知识拓展

不对称合成

不对称合成是研究向反应物中引入一个或多个具手性元素的化学反应的有机合成分支，是通过反应将分子中的对称结构单元转化为手性结构单元，并生成不等量的立体异构产物，也称为手性合成。常用的不对称合成方法有生物合成和化学合成两种。

生物合成是以酶或微生物为催化剂，立体选择性控制合成手性化合物的方法。酶本身就是旋光性物质，而且分子中含有很多手性中心，酶通过其分子表面的特异位置和反应物分子（底物）的结合来催化化学反应，因此有高度的立体选择性。目前常用生物催化的有机合成反应主要有水解反应、酯化反应、氧化还原反应等。

化学合成是通过不对称反应立体定向获得手性化合物的方法，主要有手性源法、催化不对称合成方法等。手性源合成是以天然手性物质为原料，经构型保持或构型转化等化学反应合成新的手性物质。在手性源合成中，所有的合成转变都必须是高度选择性的，通过这些反应最终将手性源分子转变成目标手性分子。糖类、有机酸、氨基酸、萜类化合物及生物碱是非常有用的手性合成起始原料，并可用于复杂分子的全合成中。

催化不对称合成方法的发现与发展是 20 世纪化学界乃至整个自然科学领域取得的重要成就之一。1966 年日本野依良治(Noyori)等首次报道了手性金属络合物催化的不对称合成,1968 年美国诺尔斯(Knowles)等报道了手性磷/铑络合物的不对称催化氢化(Noyori 和 Knowles 两位化学家以催化不对称合成方面的贡献获得 2001 年诺贝尔化学奖)。由于使用少量的手性催化剂就可以产生大量的手性产物,因此不对称催化氢化、不对称催化氧化、不对称催化环丙烷化及不对称催化羰基合成等反应广泛地应用到工业生产中,特别在药物合成和天然产物全合成中都有十分重要的地位。例如,治疗神经系统帕金森病的药物左旋多巴、高效消炎解热镇痛药(S)-萘普生等均为催化不对称合成的产物。

由于催化不对称合成是最有效的方法,它很容易实现不对称增殖,一个高效率的催化剂分子可以产生成百上千乃至上百万个光学活性产物分子,达到甚至超过酶催化的水平。因此,开发高效率、高选择性、高产出率的手性催化剂已经成为发展催化不对称合成方法的核心问题。

小　结

能使偏振光振动平面旋转一定角度的物质称为旋光性物质。使偏振光振动平面向右(顺时针方向)旋转的物质称为右旋体,用(+)表示;使偏振光振动平面向左(逆时针方向)旋转的物质称为左旋体,用(−)表示。平面偏振光偏转的角度可以用旋光仪测出。

实物与镜像不能重合的分子称为手性分子。手性分子与其镜像互为对映体,非手性分子没有对映体。手性分子不含有对称因素。连接四个不同的原子或基团的四面体碳原子称为手性碳原子或不对称碳原子,也称为手性中心。

一对对映体包含一个左旋体和一个右旋体,它们比旋光度的绝对值相等,但旋光方向相反。如果将一对对映体等量混合,由于它们的比旋光度大小相等,旋转方向相反,等量混合后旋光性可以相互抵消,形成的混合物没有旋光性,这种等量对映体混合物称为外消旋体,用“±”或“dl”表示。外消旋体与纯对映体除旋光性不同外,其他物理性质也不同。由于分子内部将旋光性互相抵消而不具有旋光性的化合物称为内消旋体。含有多个手性碳的对映体中若只有一个手性碳原子的构型不同,其他手性碳原子的构型均相同,这种异构体称为差向异构体。不是实物与镜像关系的立体异构体,称为非对映体。

手性碳的构型通常用球棒式、立体透视式、费歇尔投影式来表示。标明对映体构型的方法常有两种。D/L 构型标记法是以甘油醛为参照标准来确定的,即手性碳原子上所连的羟基处于 Fischer 投影式的右侧称为 D 构型,在左侧的称为 L 构型。

R/*S* 构型标记法是根据旋光性物质的真实构型或其投影式,以手性碳原子上四个不同原子或基团在“次序规则”中排列次序来表示手性碳原子的构型命名法。首先,按次序规则将手性碳原子上连接的四个原子或基团(a、b、c、d)由大到小排列成序,如 a>b>c>d。其次,将次序最低的原子或基团 d 远离观察者,其余的三个原子或基团面向观察者,按次序规则由大到小排序a>b>c,如果它们排列的次序是顺时针方向,为 *R* 构型;如果是逆时针方向排列,则为 *S* 构型。

习　题

1. 指出下列化合物有无手性碳原子,并加以标识。

(1) $CH_2BrCH_2CH_2Cl$　　(2) $CH_3CH(CH_2CH_3)CH_2CH_2CH_3$

(3) $CH_3CHClCH_2CH_3$　　(4) $CH_3CHClCHClCH_3$

2. 下列化合物

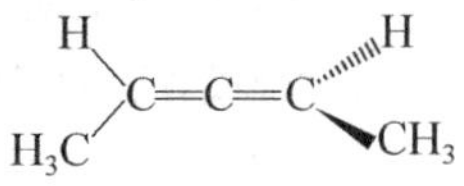
(Ⅰ)

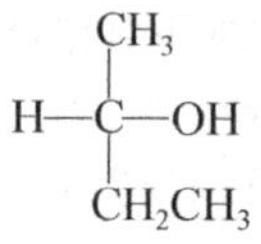
(Ⅱ)

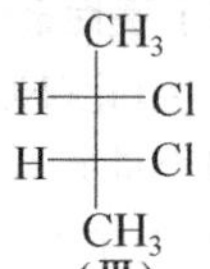
(Ⅲ)

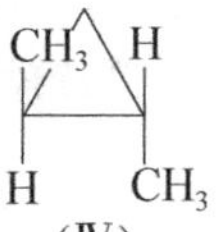
(Ⅳ)

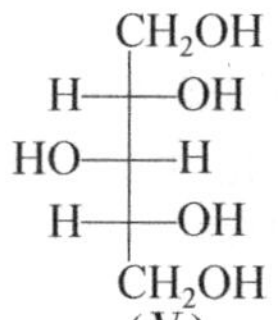
(Ⅴ)

(1) 哪些有旋光性?

(2) 哪些有手性碳原子而无旋光性?

(3) 哪些无手性碳原子而有旋光性?

3. 比较下列各式哪些是相同的化合物。

(1) 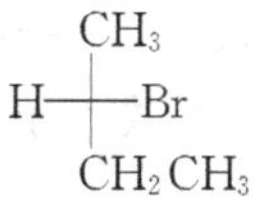
(2) 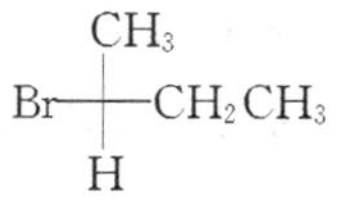
(3) 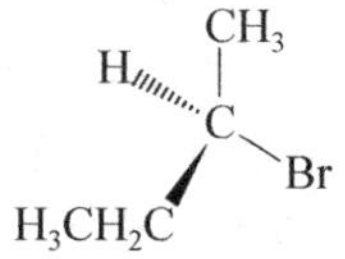
(4) 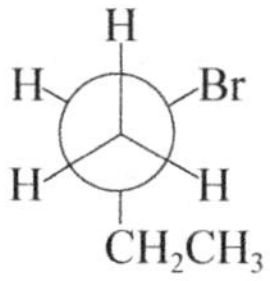

4. 下列各组化合物的关系属于对映体、非对映体、顺反异构体,还是同一物质?

(1) 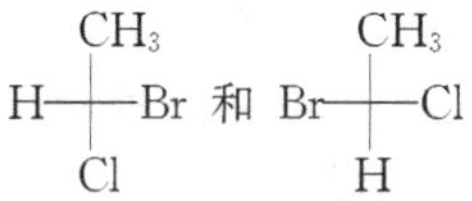
(2) 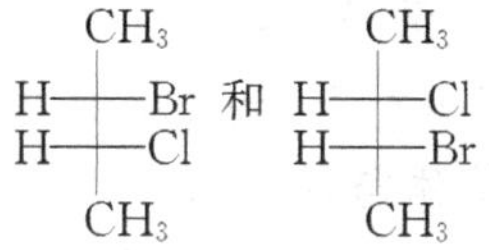

(3) 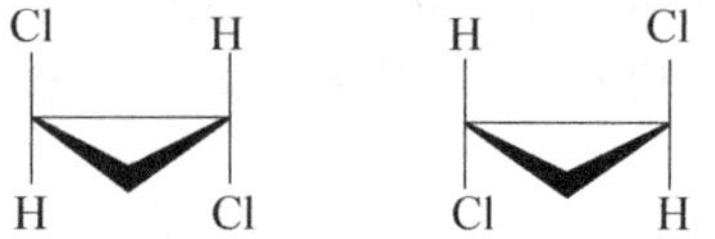

5. 写出下列化合物的 Fischer 投影式。

(1) (S)-$CH_3CHClBr$　　(2) ($2S,3R$)-$CH_3CHBrCHBrC_2H_5$

6. 画出下列化合物的构型。

(1) (R)-$CHBrDC_2H_5$　　(2) (S)-$CH_3CHClBr$

(3) ($2R,3S$)-$C_2H_5CHBrCHBrCH_3$

7. 氯代苹果酸(2-羟基-3-氯丁二酸)有四个立体异构体。

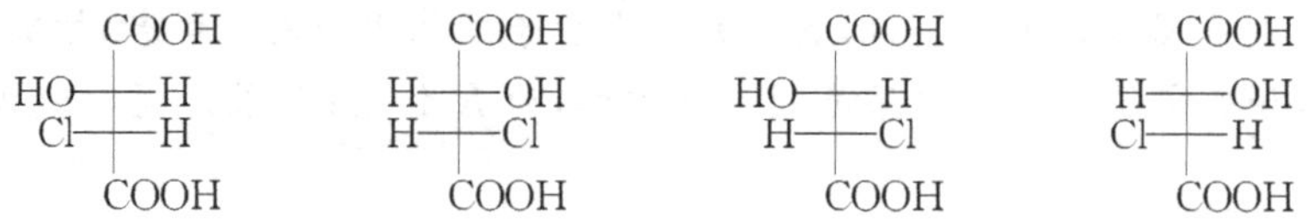
(Ⅰ)　(Ⅱ)　(Ⅲ)　(Ⅳ)

(1) 它们是否都有旋光性?

(2) 哪些是对映体,哪些是非对映体?

(3) 它们的等量混合物是否有旋光性?

(4) (Ⅰ)与(Ⅱ)的等量混合物是否有旋光性?

(5) (Ⅰ)与(Ⅲ)的等量混合物是否有旋光性?

8. 下列阐述哪些是正确的？哪些是错误的？

（1）一对对映体总有实物和镜像关系。

（2）所有手性分子都有非对映体。

（3）如果一个化合物没有对称面，它必然是手性的。

（4）内消旋体和外消旋体都是非手性分子，因为它们都无旋光性。

（5）构象异构体都没有光学活性。

（6）对映异构体可以通过单键旋转相互重合。

（7）由一种异构体转变成其对映体时，必须断裂与手性碳相连的键。

9. 化合物 **A** 的分子式为 C_5H_9Br，没有旋光性，分子中有一个环丙烷环，在环上有两个甲基和一个溴原子，试写出 **A** 的可能结构式。

（辽宁中医药大学　郭晏华）

第6章　卤　代　烃

卤代烃(halohydrocarbon)是烃分子中的一个或多个氢原子被卤素原子(氟、氯、溴、碘)取代后生成的化合物。一卤代烃的通式可表示为 R—X。卤代烃中至少含有一个碳卤键,卤代烃的官能团为卤原子。

卤代烃是一类非常重要的有机化合物,应用广泛。例如,较稳定的二氯甲烷、氯仿、四氯化碳是常用的有机溶剂;也有的卤代烃可用作杀虫剂、灭火剂及制冷剂等;而有些卤代烃则非常活泼,能用于制备多种化合物,常用作合成药物的原料,在有机合成中占有重要地位。

本章将在介绍卤代烃的分类和命名法的基础上,重点讨论卤代烷的亲核取代反应及反应机理、消除反应及扎依采夫(Saytzeff)规则,简要介绍不同类型卤代烯烃的亲核取代反应活性。

6.1　卤代烃的分类和命名

6.1.1　卤代烃的分类

根据卤原子的不同,卤代烃可分为氟代烃、氯代烃、溴代烃和碘代烃,其中氯代烃、溴代烃和碘代烃较为常见;根据分子中所含卤原子的数目,又可分为一卤代烃、二卤代烃和多卤代烃;根据卤原子所连烃基的不同类型,还可分为饱和卤代烃、不饱和卤代烃和卤代芳烃;根据与卤原子直接相连的饱和碳原子类型,饱和卤代烃可分为伯(1°)卤代烃、仲(2°)卤代烃和叔(3°)卤代烃。例如

$R—CH_2—X$　伯卤代烃　　$R_2CH—X$　仲卤代烃　　$R_3C—X$　叔卤代烃

RCH_2X　饱和卤代烃　　$RCH═CH(CH_2)_nX$　不饱和卤代烃

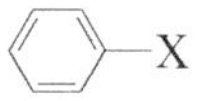

卤代芳烃

在不饱和卤代烃中,根据卤原子与双键的相对位置不同,可将不饱和卤代烃分为乙烯型卤代烃、烯丙基型卤代烃和孤立型卤代烯烃。

$RCH═CHX$　乙烯型卤代烃　　$RCH═CHCH_2X$　烯丙基型卤代烃　　$RCH═CH(CH_2)_nX$　孤立型卤代烯烃

6.1.2　卤代烃的命名

简单的卤代烃常采用普通命名法,根据相应烃的名称命名为"卤某烃"或"某基卤"。例如

CH_3Cl　氯甲烷　　$CH_2═CHCl$　氯乙烯

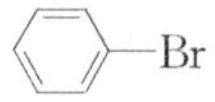

溴苯

$CH_3CH_2CH_2CH_2Cl$　正丁基氯　　$CH_2═CHCH_2Br$　烯丙基溴　　$C_6H_5—CH_2Cl$　苄基氯(氯化苄)

结构复杂的卤代烷烃通常采用系统命名法命名,以烃作为母体,卤原子为取代基命名。例如

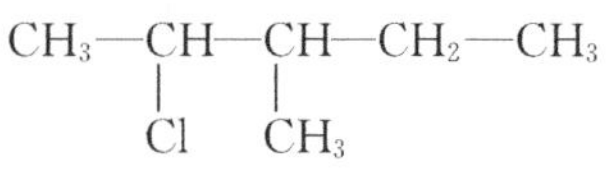

3-甲基-2-氯戊烷

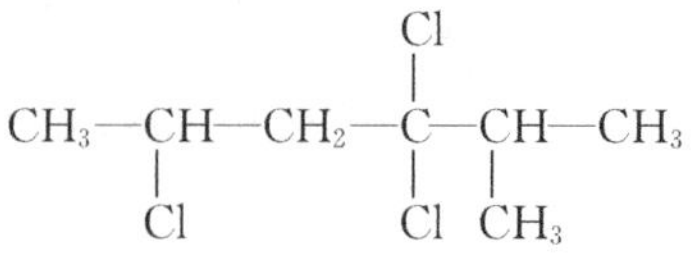

2-甲基-3,3,5-三氯己烷

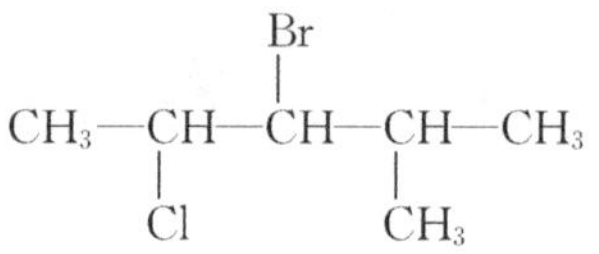

2-甲基-4-氯-3-溴戊烷

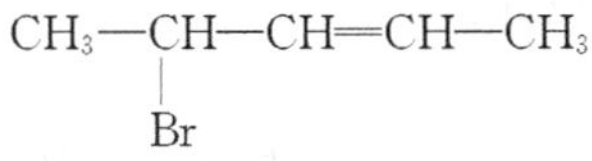
4-溴-2-戊烯

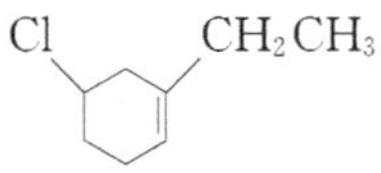
1-乙基-5-氯环己烯

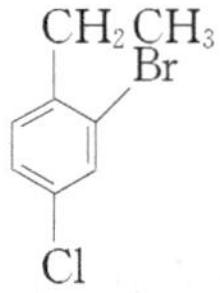
4-氯-2-溴-乙苯

某些多卤代烃常使用俗名，如 $CHCl_3$ 称为氯仿(chloroform)，CHI_3 称为碘仿(iodoform)。

问题 6-1 用系统命名法命名下列化合物。

(1) 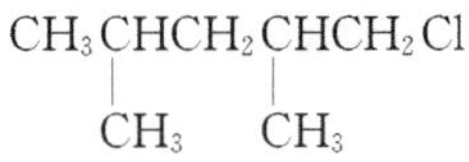

(2) 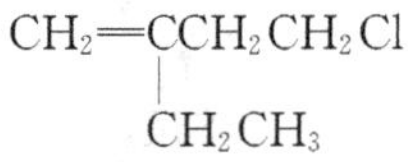

(3) 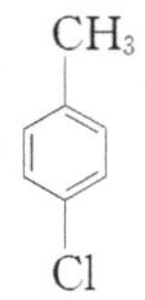

(4) 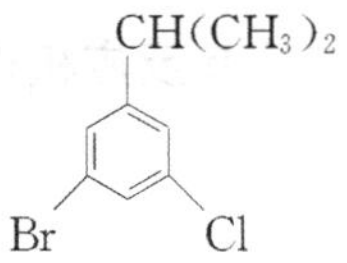

6.2 卤代烃的物理性质

在室温下，低碳数卤代烃除氯甲烷、氯乙烷、溴乙烯和一氟代烃等少数为气体外，一般为无色液体，C_{15}以上的高级卤代烃为固体。有些卤代烃具有异味，而有些卤代烃具有香味，但其蒸气有毒，应避免吸入体内。

除了一氟代烃和一氯代烃的密度比水小外，其他卤代烃的密度都比水大，其密度按 F、Cl、Br、I 的顺序增加。

卤代烃均难溶于水，而易溶于弱极性或非极性的乙醚、苯和烃等有机溶剂，许多卤代烃如氯仿、二氯甲烷等本身是常用的有机溶剂。

卤代烃的沸点随碳原子数目的增多和卤素原子序数的增加而升高。异构体中，支链分子的沸点较直链低，且支链越多，沸点越低。一些常见卤代烃的物理常数见表 6-1。

表 6-1　一些常见卤代烃的物理常数

化合物	结构式	沸点/℃	相对密度(d_4^{20})
氯甲烷(chloromethane)	CH_3Cl	−24.2	0.920
溴甲烷(bromomethane)	CH_3Br	3.6	1.732
碘甲烷(iodomethane)	CH_3I	42.4	2.279
氯乙烯(chloroethylene)	$CH_2{=}CHCl$	−14	0.911
溴乙烯(bromoethylene)	$CH_2{=}CHBr$	15.6	1.493
氯苯(chlorobenzene)	C_6H_5Cl	132	1.106
溴苯(bromobenzene)	C_6H_5Br	155.5	1.495
二氯甲烷(dichloromethane)	CH_2Cl_2	40	1.336
三氯甲烷(chloroform)	$CHCl_3$	61	1.489
四氯化碳(tetrachloromethane)	CCl_4	77	1.595

6.3　卤代烃的化学性质

卤代烃分子中，由于卤原子电负性较大，形成的C—X键是极性共价键。卤原子相对比较活泼，易被其他原子或基团取代，或与多种试剂反应形成其他有机化合物，因此卤代烃及其衍生物在有机合成上具有重要意义。卤代烃发生化学反应的主要部位及反应类型如下：

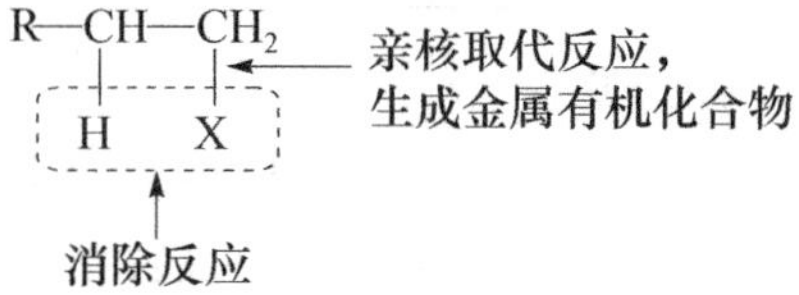

6.3.1　卤代烷的亲核取代反应及其反应机理

1. 卤代烷的亲核取代反应

卤代烷(haloalkane)分子中的卤原子能被许多试剂中带负电荷的原子或基团取代，生成各种取代产物。

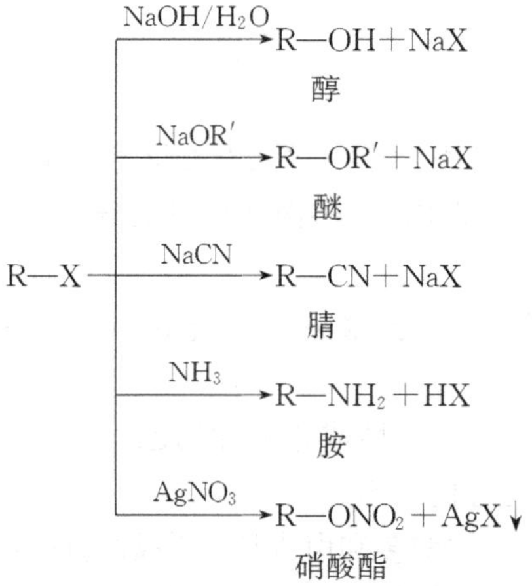

卤代烷与氢氧化钠(钾)的水溶液共热时，卤代烷中的卤原子被羟基取代生成醇，此反应又称为卤代烷的水解反应，可用作某些醇类化合物的制备。卤代烷与醇钠(NaOR)或酚钠(NaOAr)反应生成醚，常作为制备相应醚类的方法——威廉姆森(Williamson)合成法。卤代烷与氰化钠(钾)在醇溶液中反应生成腈，使碳链上增加了一个碳原子，该反应可用作增长碳链的方法之一。生成的腈在酸性条件下水解可得到相应的羧酸。卤代烷与氨反应可制得胺或铵盐，由于生成的胺还可继续与卤代烷反应，因此产物是各级胺的混合物。卤代烷与硝酸银的乙醇溶液共热生成的主要产物是硝酸酯，同时有卤化银的沉淀析出，所以此反应可用于鉴别卤代烷。

上述各反应的共同特点，都是试剂中带负电荷的原子或基团或含有未共用电子对的分子(如OH^-、CN^-、RO^-、NH_3、ONO_2^-等)进攻卤代烃分子中带部分正电荷的碳原子，即亲核试剂(nucleophile)进攻中心碳原子引起的取代反应，称为亲核取代反应(nucleophilic substitution)，以S_N表示。其反应通式如下：

$$Nu^- + R—\overset{\delta^+}{C}H_2—\overset{\delta^-}{X} \longrightarrow R—CH_2—Nu \quad + \quad X^-$$

亲核试剂　卤代烃　　　　产物　　　离去基团

其中，Nu^-为亲核试剂，被取代的 X 称为离去基团(leaving group)。受亲核试剂进攻的卤代烷称为反应底物，卤代烷中与卤原子所连的碳原子称为中心碳原子。在上述亲核取代反应中，反应速率与卤代烷的结构以及离去基团有关。对于烃基相同的卤代烷，其反应速率为碘代烷>溴代烷>氯代烷，氟代烷很难发生取代反应。

问题 6-2 完成下列反应方程式(写出主要产物)。

(1) $CH_3CH_2I + NaOCH_2CH_3 \longrightarrow$

(2) $CH_3CH_2Br + NaCN \xrightarrow{C_2H_5OH} \qquad \xrightarrow{H^+/H_2O}$

---

2. 卤代烷的亲核取代反应机理

卤代烷水解反应动力学研究表明，有些卤代烷的水解速率仅与卤代烷的浓度有关，而另一些卤代烷的水解速率则与卤代烷和碱的浓度都有关。这说明卤代烷的水解反应通常按两种反应机理进行，一种是单分子反应历程(S_N1)，另一种是双分子反应历程(S_N2)。

1) 单分子亲核取代反应(S_N1)机理

实验表明，叔丁基溴在碱性溶液中的水解反应速率只与叔丁基溴的浓度成正比，而与亲核试剂 OH^- 的浓度无关，动力学上为一级反应，$v=k[(CH_3)_3CBr]$。

$$(CH_3)_3CBr + OH^- \longrightarrow (CH_3)_3COH + Br^-$$

反应分两步进行：

第一步：$(CH_3)_3C—Br \longrightarrow [(CH_3)_3]\overset{\delta^+}{C}\cdots\overset{\delta^-}{Br} \longrightarrow (CH_3)_3C^+ + Br^-$

过渡态(Ⅰ)　　叔丁基碳正离子

第二步：$(CH_3)_3C^+ + OH^- \longrightarrow [(CH_3)_3]\overset{\delta^+}{C}\cdots\overset{\delta^-}{O}H \longrightarrow (CH_3)_3C—OH$

过渡态(Ⅱ)

反应第一步是叔丁基溴发生碳溴键(C—Br)异裂。碳溴键逐渐减弱，成键电子对逐渐转移到溴原子上，经过一个能量较高的过渡态(Ⅰ)，需要的活化能为 ΔE_1，生成活性中间体叔丁基碳正离子和溴负离子。

第二步生成的叔丁基碳正离子立即与亲核试剂结合形成过渡态(Ⅱ)，这一步所需活化能为 ΔE_2，ΔE_2 较低，反应进行较快，生成叔丁醇。

叔丁基溴水解反应过程中能量变化如图 6-1 所示。

从图 6-1 可以看出，形成过渡态(Ⅰ)时能量达到最高点，需要活化能 ΔE_1，然后解离成叔丁基碳正离子中间体，能量降低，第一步的活化能比第二步的活化能高，因此第一步反应较慢，是决定整个反应速率的关键步骤。由于卤代烷与碱性水溶液的反应只涉及卤代烷的碳卤键断裂，即反应速率只与卤代烃的浓度有关，因此这类反应称为单分子亲核取代反应(monomolecular nucleophilic substitution)，常用 S_N1 表示。

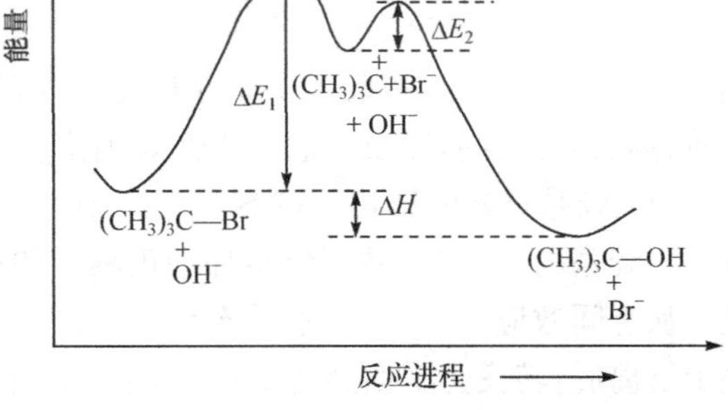

图 6-1 叔丁基溴水解反应的能量曲线

综上所述，S_N1 反应机理的特点为：反应为单分子反应，反应速率仅与卤代烷的浓度有关；反应分两步进行；反应中有活性中间体碳正离子生成，若卤代烷的中心碳原子为手性碳原子，则反应产物为外旋消化。

2）双分子亲核取代反应（S_N2）机理

实验表明，溴甲烷在碱溶液中的水解速率与卤代烷的浓度及试剂 OH^- 的浓度成正比，在动力学上称为二级反应，$v=k[CH_3Br][OH^-]$。

$$CH_3Br+OH^- \longrightarrow CH_3OH+Br^-$$

溴甲烷的水解反应机理表示如下：

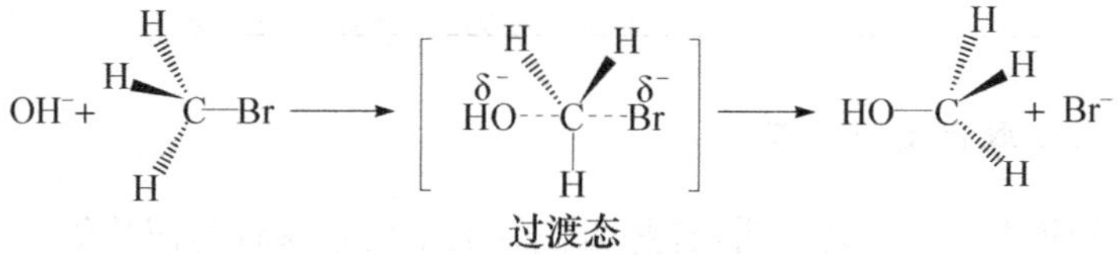

在反应过程中，亲核试剂 HO^- 从离去基团 Br^- 的背面进攻中心碳原子。当 HO^- 与中心碳原子接近时，C—Br 键逐渐变长变弱，此时中心碳原子由 sp^3 杂化转变为 sp^2 杂化，三个氢原子和中心碳原子处于一个平面，氧、碳、溴 3 个原子处于同一直线上，形成反应的过渡态，体系的能量达到最大值，需要活化能为 ΔE。随着 HO^- 继续接近中心碳原子，逐渐形成 C—OH 化学键。而 C—Br 键随之变弱，溴原子远离中心碳原子，体系能量逐渐降低，最后 HO^- 和中心碳原子形成 O—C 键而生成甲醇，Br^- 离去。在这个过程中，中心碳原子与甲醇中 3 个C—H 键就像一把雨伞在被大风吹翻一样，常将这种翻转称为瓦尔登（Walden）转化。如果中心碳原子是手性碳原子，经转化后，产物的构型与反应物的构型相反。

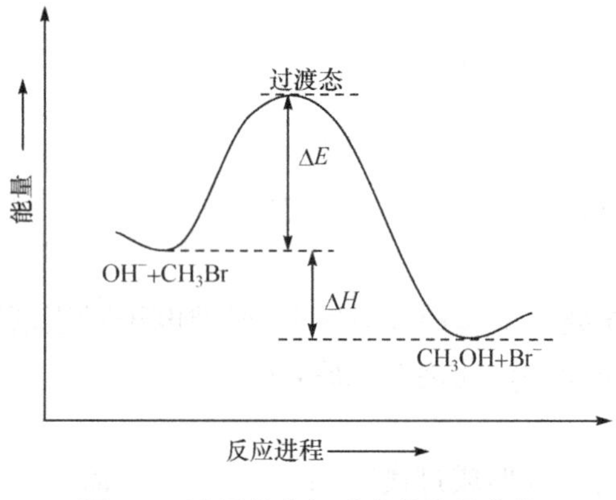

图 6-2　溴甲烷水解反应的能量曲线

由于反应过程中决定反应速率的一步是由两种分子控制的，因此这一反应称为双分子亲核取代（bimolecular nucleophilic substitution）反应，用 S_N2 表示。S_N2 反应过程中能量的变化如图 6-2 所示。

从图 6-2 中可以看出，当反应物形成过渡态时，需要吸收活化能 ΔE，但过渡态一旦形成，即释放能量，形成产物。

综上所述，S_N2 反应机理的特点为：反应为双分子反应，反应速率与卤代烷及亲核试剂浓度均有关；反应一步完成，旧键的断裂和新键的形成同时进行；反应过程伴随着构型转化。

3）影响亲核取代反应的因素

一个卤代烷的亲核取代反应究竟是 S_N1 机理还是 S_N2 机理，取决于烃基结构、亲核试剂性质、离去基团性质以及溶剂的极性等因素。

(1) 烃基结构的影响。在 S_N1 反应中，生成的碳正离子越稳定，越有利于提高 S_N1 反应的速率。烃基的+I 诱导效应能增加碳正离子的稳定性，碳正离子上的烷基越多，碳正离子越稳定。从空间效应看，中心碳原子连有多个烃基时，比较拥挤，互相排斥力也大，当中心碳上的卤原子解离后，转变为平面结构的碳正离子，降低了拥挤程度。卤代烷进行 S_N1 反应的相对速率为

叔卤代烷>仲卤代烷>伯卤代烷>卤代甲烷

在 S_N2 反应中，如果中心碳原子上连接的取代烃基越多，它们对亲核试剂从碳卤键的背面进攻中心碳原子的空间位阻就越大，不利于亲核试剂与中心碳原子接近形成过渡态，因而反应速率变慢，所以卤代烷的 S_N2 反应的相对速率次序为

卤代甲烷>伯卤代烷>仲卤代烷>叔卤代烷

综上所述，卤代甲烷和伯卤代烷易发生 S_N2 反应，叔卤代烷则易发生 S_N1 反应，仲卤代烷既可按 S_N1，也可按 S_N2 反应，或两者都有，取决于反应条件。

(2) 亲核试剂的影响。在 S_N1 反应中，反应速率只与卤代烷的浓度有关，而与亲核试剂的浓度无关，因此试剂亲核性的强弱对 S_N1 反应速率影响不大。而在 S_N2 反应中，亲核试剂参与过渡态的形成，其浓度、亲核能力和体积都对反应速率产生较大影响。一般亲核试剂的浓度大且亲核能力强，S_N2 反应越易进行。亲核试剂的空间位阻小，利于从背面进攻反应的中心碳原子，形成过渡状态，反应速率加快。一些常见试剂的亲核性顺序如下：

$$CH_3O^- > HO^- > C_6H_5O^- > CH_3COO^- > ONO_2^- > CH_3OH$$

(3) 离去基团的影响。在 S_N1 或 S_N2 机理中，都要发生 C—X 的异裂，X^- 作为离去基团，离去倾向越大，亲核取代反应越易进行，反应速率也就越快。离去基团的键能越弱，离去基团的稳定性越好，该离去基团的离去能力就越强，因此卤素离子离去能力的顺序为 $I^- > Br^- > Cl^-$。烃基结构相同的卤代烷反应速率顺序是 RI>RBr>RCl。

(4) 溶剂的影响。不同的溶剂对亲核取代反应的影响也不同。通常极性溶剂易使卤代烷的 C—X 键异裂而离子化，有利于 S_N1 反应；反之，非极性溶剂有利于 S_N2 反应。例如，苄基氯的水解，以水为溶剂时，反应按 S_N1 机理进行；若用极性较小的丙酮为溶剂时，则按 S_N2 机理进行。

问题 6-3 将下列各组化合物按发生 S_N2 反应的速率排序。

(1) 溴乙烷、2-甲基-1-溴丙烷、2-甲基-3-溴丁烷、2,2-二甲基-3-溴丁烷

(2) 环己基溴、2-溴甲基环己烷、1,3-二甲基-2-溴环己烷

6.3.2 卤代烷的消除反应

1. 卤代烷的消除反应

卤代烷分子中消去卤化氢生成烯烃的反应称为消除反应(elimination)，以 E 表示。由于卤代烷中的 C—X 键有极性，X 的诱导效应使 β-H 有一定的“酸性”或“活泼性”，在碱的作用下，卤代烷可消去 β-H 和卤原子，因此又称为 β-消除反应。这种消除反应是制备烯烃的方法之一。

$$\underset{\text{H}}{\overset{\beta}{\text{R—CH}}}\text{—}\underset{\text{X}}{\overset{\alpha}{\text{CH}_2}} + \text{NaOH} \xrightarrow{\text{乙醇}} \text{R—CH═CH}_2 + \text{NaX} + \text{H}_2\text{O}$$

当分子中有不止一种 β-碳原子时，消除反应有不同取向，随之可得到不同的烯烃。

$$\text{R—}\underset{\text{H}}{\overset{\beta}{\text{CH}}}\text{—}\underset{\text{X}}{\text{CH}}\text{—}\underset{\text{H}}{\overset{\beta}{\text{CH}_2}} \xrightarrow{\text{NaOH/乙醇}} \begin{cases} \text{R—CH═CHCH}_3\text{(主要产物)} \\ \text{R—CH}_2\text{—CH═CH}_2\text{(次要产物)} \end{cases}$$

实验证明，卤代烃脱卤化氢时，主要是从含氢较少的 β-碳原子上脱去氢原子，即消除反应

的主要产物是生成双键碳原子上带有较多烃基的烯烃，这一经验规律称为 Saytzeff 规则。

与亲核取代反应相似，消除反应的机理也分为单分子消除反应(E1)和双分子消除反应(E2)。E1 与 S_N1 的机理相似，也是分为两步完成，卤代烷的碳卤键首先异裂，生成碳正离子中间体，α-碳原子由 sp^3 杂化转化为 sp^2 杂化，接着试剂 B^- 进攻 β-氢原子，失去质子的 β-碳原子转化为 sp^2 杂化，其 p 轨道与 α-碳原子上的 p 轨道平行重叠形成 π 键，生成烯烃。第一步是反应速率较慢的一步，决定整个反应的速率，这一步只涉及卤代烷一种分子发生共价键的异裂，因此为单分子消除反应(monomolecular elimination)，以 E1 表示。

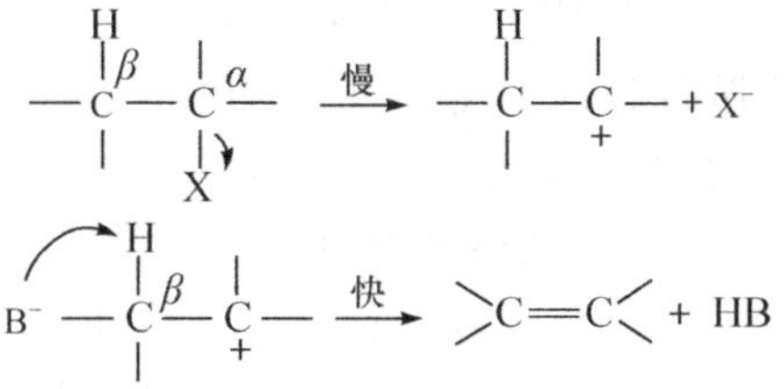

E2 与 S_N2 的机理相似，反应也是一步完成的。但不同的是 E2 反应中碱性试剂进攻 β-氢原子，使该氢原子以质子的形式与试剂结合而脱去，同时卤原子在溶剂的作用下离去，α 和 β 碳原子之间形成碳碳双键而生成烯烃。由于有卤代烃和试剂两种分子参与过渡态的形成，旧键的断裂与新键的形成同时进行，因此称为双分子消除(biomolecular elimination)反应，以 E2 表示。

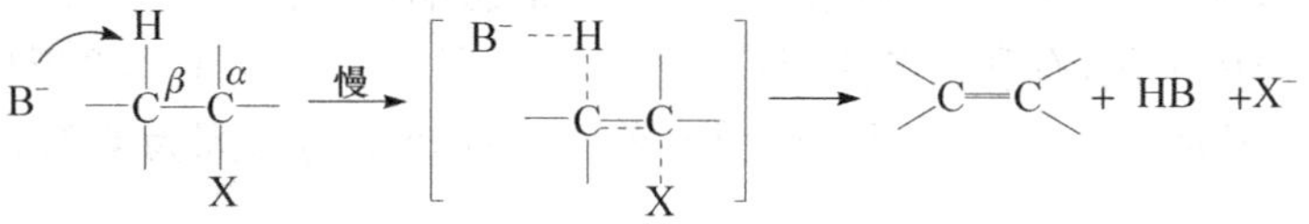

无论是按 E1 还是按 E2 反应，不同卤代烃消除反应的活性次序相同，即为叔卤代烃＞仲卤代烃＞伯卤代烃＞卤代甲烷。这是由于在 E2 反应中，叔卤代烷生成的烯烃稳定性最大，仲卤代烃次之，伯卤代烃最小；另外，对于 E1 反应，生成的叔碳正离子最稳定，伯碳正离子最不稳定。

2. 取代反应和消除反应的竞争

在卤代烷的反应中，亲核试剂既可以进攻 α-碳原子发生取代反应，也可以进攻 β-氢原子而发生消除反应，这两个反应通常是同时发生和相互竞争的。究竟以何者为主，取决于烃基的结构、亲核试剂的性质、溶剂的极性和反应温度等因素。适当选择的反应物和控制反应条件，可以得到产率较高的预期产物，对有机合成具有重要的意义。

一般来说，伯卤代烷与强亲核试剂反应主要是 S_N2 反应；叔卤代烷与强碱性试剂主要发生 E2 反应，无强碱试剂主要发生 S_N1 反应；仲卤代烷介于两者之间，试剂亲核性强有利于 S_N2 反应，试剂碱性强有利于 E2 反应。例如

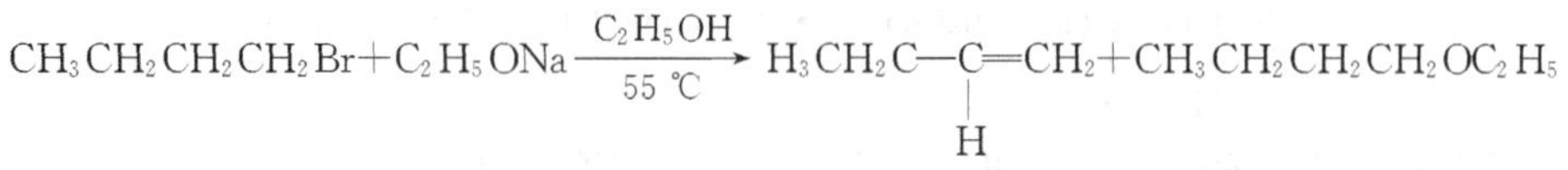

E2 (10%)　　S_N2 (90%)

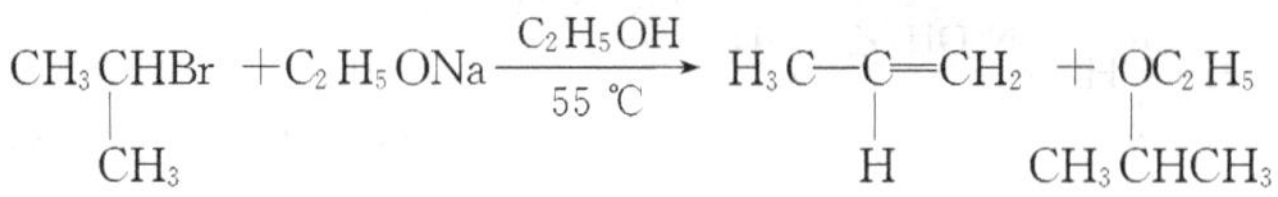

E2 (79%)　S_N2 (21%)

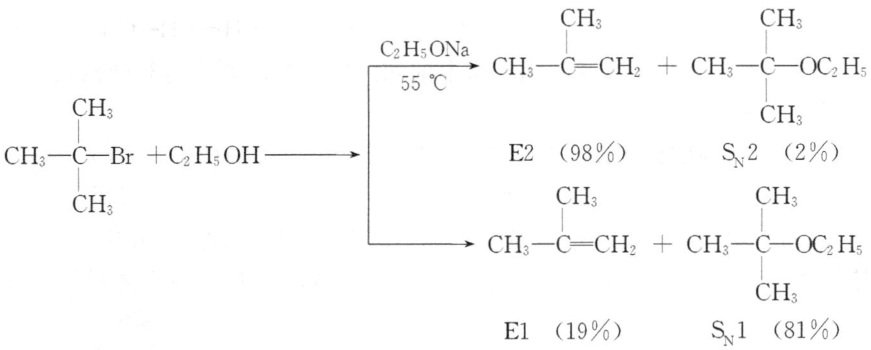

提高温度更有利于消除反应。增大溶剂的极性有利于取代反应，不利于消除反应。例如，卤代烷的水解反应在水溶液中进行，而脱卤化氢反应则在醇溶液中进行。

问题 6-4　写出下列卤代烷发生消除反应的主要产物。

(1) 2,3-二甲基-2-溴丁烷　(2) 3-乙基-2-溴戊烷　(3) 2-氯-1-甲基环己烷

(4) 4-溴环己烯　(5) 2-溴-1-苯基丁烷

6.3.3　不饱和卤代烃的取代反应

不饱和卤代烃分子中卤原子与 π 键的相对位置不同时，它们之间的相互影响也不一样，表现在化学性质上有较大差别。

(1) 乙烯型卤代烃和卤代苯。乙烯型卤代烃的卤原子与双键直接相连，卤代苯的卤原子与苯环直接相连。

(H)R—CH═CH—X　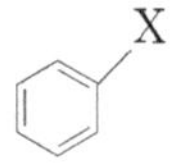

乙烯型卤代烃　卤代苯

这类卤代烃由于卤原子上的未成键电子对与烯烃的 C═C 键或苯环的大 π 键形成 p-π 共轭体系，碳卤键 C—X 电子云密度增加，键长缩短，键的极性降低，因此 C—X 键很难断裂，卤原子的反应活性很差。例如，与硝酸银的醇溶液在加热时也不反应。

(2) 烯丙基型卤代烃与苄基卤。烯丙基型卤代烃和苄基卤中，卤原子与双键碳或芳环碳之间相隔了一个饱和碳原子。

H(R)—CH═CH—CH_2X　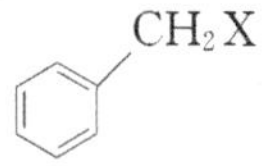

烯丙基型卤代烃　苄基卤(卤化苄)

这类卤代烃卤原子和双键或苯环未直接相连，不存在 p-π 共轭效应，C—X 键仍保持原有极性，可发生 C—X 键异裂的亲核取代反应，而且碳卤键异裂后生成的烯丙基碳正离子及苄基碳正离子均为 p-π 共轭体系，如图 6-3 所示，正电荷得以分散，体系能量降低，相对稳定。因此该类卤代烃比饱和卤代烃具有更活泼的化学性质，更容易发生亲核取代反应。例如，与硝酸银的乙醇溶液在室温下即能迅速反应，产生卤化银沉淀。

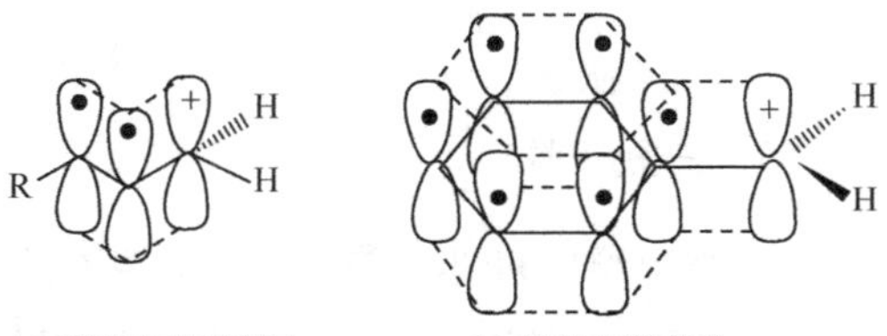

(a) 烯丙基碳正离子　(b) 苄基碳正离子

图 6-3　碳正离子电子离域示意图

$$(H)R—CH=CH—CH_2—X+AgNO_3 \xrightarrow{C_2H_5OH} (H)R—CH=CH—CH_2—ONO_2+AgX\downarrow$$

(3) 孤立型不饱和卤代烃。孤立型不饱和卤代烃的卤原子与双键相隔两个或两个以上饱和碳原子。

$RCH=CH(CH_2)_n—X(n\geqslant 2)$　　$C_6H_5(CH_2)_n—X(n\geqslant 2)$

孤立型卤代烯烃　　孤立型卤代芳烃

这类不饱和卤代烃分子中，卤原子与双键或芳环相隔较远，相互影响较小，卤原子的活泼性与饱和卤代烷中的卤原子相似。例如，与硝酸银醇溶液在加热下才可发生反应生成卤化银沉淀。

综上所述，三种不同结构类型的不饱和卤代烃进行亲核取代反应的活性顺序为

烯丙基型卤代烃≈苄基卤>孤立型不饱和卤代烃>乙烯型卤代烃≈卤代苯

问题 6-5　比较下列各组化合物与硝酸银醇溶液反应的活性顺序。

(1) 2-甲基-1-溴丁烷、2-溴-1-戊烯、3-氯环己烯

(2) 2-溴戊烷、3-氯戊烷、1-氯戊烷、2-甲基-2-溴丁烷

6.3.4　卤代烃与金属反应

卤代烃能与许多金属如 Mg、Li、Na、K 等作用，生成一类分子中含碳-金属键的化合物，称为有机金属化合物(organometallic compound)或金属有机化合物，用 R—M 表示，M 为金属。其中，最常见的是卤代烃与镁在无水乙醚中反应，生成烃基卤化镁(RMgX)，也称为格利雅(Grignard)试剂，简称格氏试剂。

$$RX+Mg \xrightarrow{无水乙醚} RMgX$$

烃基卤化镁

由于 Grignard 中的 C—Mg 键具有较强的极性，碳原子带部分负电荷，镁上带有部分正电荷，因此该试剂性质非常活泼，是有机合成中常用的一种强亲核试剂。利用 Grignard 试剂与二氧化碳反应可以制备得到比原来卤代烃多一个碳原子的羧酸，这也是有机合成中增长碳链的一种方法。利用格氏试剂与醛酮反应可制备各种醇(第 8 章)。格氏试剂遇到含活泼氢的化合物，如水、醇、氨、末端炔烃等，则立即分解生成烷烃。因此，制备和使用格氏试剂时都必须用无水溶剂和干燥的容器，操作时要隔绝空气中的湿气。

$$RMgX+CO_2 \xrightarrow{低温} RCOOMgX \xrightarrow{H^+,H_2O} RCOOH+Mg(OH)X$$

$$RMgX+H_2O \longrightarrow RH+Mg(OH)X$$

$$RMgX+R'OH \longrightarrow RH+Mg(OR')X$$

6.4　重要的卤代烃

1. 三氯甲烷

三氯甲烷($CHCl_3$)俗称氯仿，是具有甜味的无色液体，不易燃，不溶于水，能溶解脂肪等多种有机物，是常用的溶剂。纯净的氯仿可用作全身麻醉剂，但对肝脏有严重伤害，现已很少使用。氯仿在光照下能产生剧毒物光气，若在氯仿中加入体积分数为 1%的乙醇可增加其稳定性。

2. 四氯化碳

四氯化碳(CCl_4)是无色液体，不溶于水，是常用的有机溶剂，但其毒性较大，对肝脏有损伤，应慎用。四氯化碳不易燃烧，遇热易挥发，其蒸气的密度比空气大，能隔离燃烧物与空气的接触，是一种常用的灭火剂，但因其在高温下遇水能产生光气，而被许多国家禁止用作灭火剂。

3. 氟利昂

氟利昂(freon)是多种含氟含氯的烷烃衍生物的总称，常见的有氟利昂-11(CCl_3F)、氟利昂-12(CCl_2F_2)等。它们无色、无臭、无毒，易挥发，化学性质极稳定，被大量用于制冷剂和烟雾分散剂等。由于氟利昂性质稳定，因此它在大气中既不发生变化，也难被雨雪消除，其蒸气累积滞留在大气中。但氟利昂可以在平流层中受紫外光的作用而分解，破坏平流层中的臭氧层，从而产生全球性的环境污染问题。

知识拓展

天然有机卤化物

天然有机卤化物在自然界广泛存在，在海藻、海绵及软体动物等海洋生物中已发现成千上万种的有机卤化物。一些天然有机卤化物的生成量巨大，如森林大火、火山爆发和海草每年释放出的氯甲烷高达 500 万 t，而每年工业排放的废气只有 26 000 t。有机卤化物甚至参与了一些特殊的生理活动。例如，加利福尼亚大学的 Phillip Crews 教授发现了一种称为 Jasplakinolide 的含溴卤代物，它能阻止用于制造细胞器官骨架的肌动蛋白微管的生成。

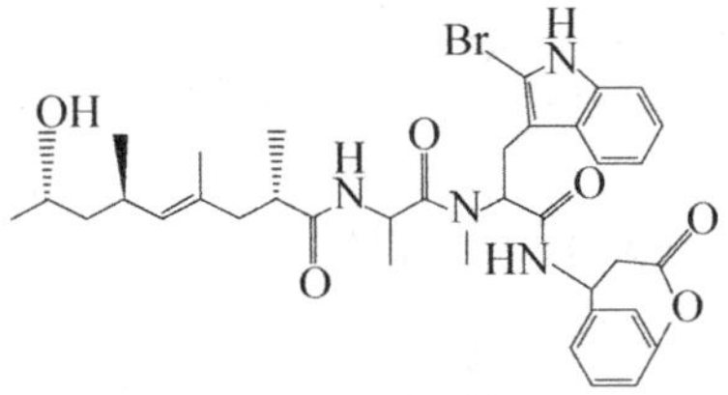

Jasplakinolide

为什么生物体会产生有机卤化物，而其中又有很多还具有毒性？生物体很可能是利用有机卤化物进行自我防御，作为摄取食物时的威慑物，针对外来入侵者的刺激物或天然杀虫剂。例如，海洋中的海绵、珊瑚虫和海兔就是通过释放带臭味的用来作为化学防卫的有机卤化物来阻止鱼、海星及其他掠食者吞食它们。人体也会产生有机卤化物并将其作为抵御感染的一种手段。例如，人类的免疫系统中含有一种过氧化酶，它能对真菌和细菌进行卤代反应进而杀死病原体。

对天然有机卤化物的研究是当今活跃的新研究领域之一，人们期望从中寻找到有治疗疾病价值的新化合物或新药研究的先导化合物。

小　　结

卤代烃的官能团为卤原子，由于碳卤键为极性共价键，因此其化学性质较活泼。其化学性质主要表现为 C—X 键或 C_β—H 键的断裂，发生亲核取代、消除及与金属反应等。亲核取代反应根据卤代烃的结构及反应条件不同可有 S_N2 和 S_N1 两种机理。在 S_N2 反应中，旧键的断裂和新键的形成同时进行，反应速率与卤代烷及亲核试剂的浓度都有关系，手性中心碳原子在反应过程中构型发生了完全转化。伯卤代烷主要发生 S_N2 反应。在 S_N1 反应中，反应是分步进行的，有活泼碳正离子中间体生成，并且可能发生分子重排，取代产物部分外消旋化。叔卤代烷主要发生 S_N1 反应。仲卤代烷既可发生 S_N1 反应，也可发生 S_N2 反应。

卤代烃在强碱的醇溶液中可发生 β-消除反应，生成烯烃。当卤代烃含有多个 β-H 氢时，消除反应取向遵循 Saytzeff 规则，一般脱去含氢较少的 β-C 上的氢原子，生成双键上有较多烃基的稳定烯烃。消除反应有 E2 和 E1 两种不同的机理。E1 分为两步完成，先生成碳正离子中间体，再脱去 β-C 碳上的氢生成消除产物。E2 反应一步完成，碱性试剂进攻 β-C 上的氢并与氢结合，X 带着一对电子离去，在 α-C 与 β-C 之间形成 π 键。不同卤代烃发生 E1 和 E2 的活泼性顺序均为叔卤代烃＞仲卤代烃＞伯卤代烃。

消除反应和亲核取代反应往往同时发生，是互相竞争性的反应，究竟哪种产物占主导，取决于卤代烷的结构和反应条件。

不饱和卤代烃分子中，卤原子的活泼性取决于卤原子与双键的相对位置。三种不同结构类型的不饱和卤代烃进行亲核取代反应的活性顺序为烯丙基型卤代烃≈苄基卤＞孤立型不饱和卤代烃＞乙烯型卤代烃≈卤代苯。

卤代烃与金属镁在无水乙醚中反应生成格氏试剂，格氏试剂是有机合成中一类非常重要的亲核试剂。

卤代烃主要反应总结如下：

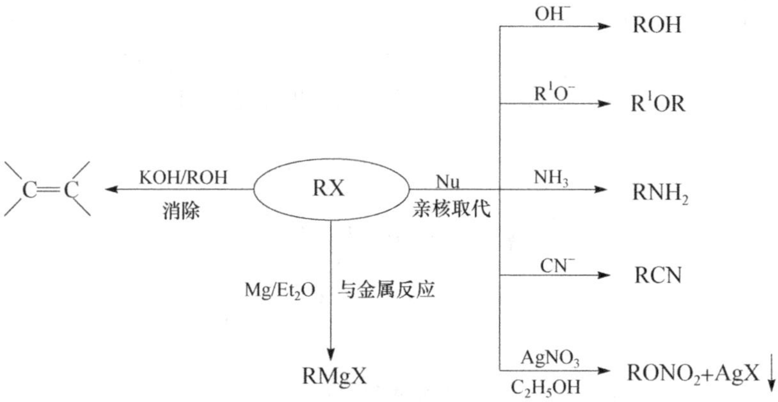

习　题

1. 命名下列化合物。

(1) 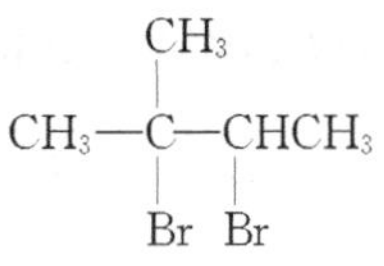

(2) 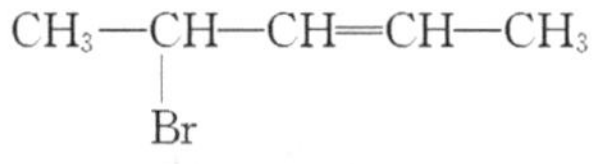

(3) 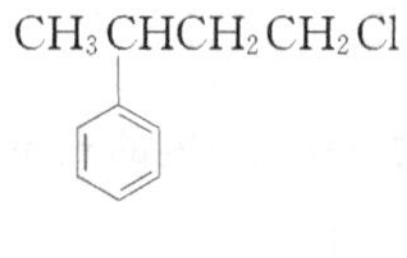

(4) 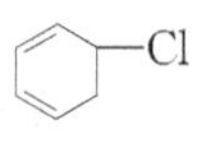

(5) 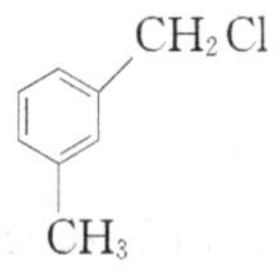

(6) 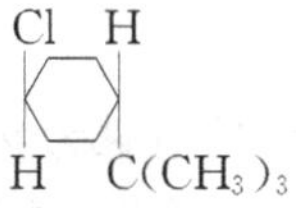

(7) 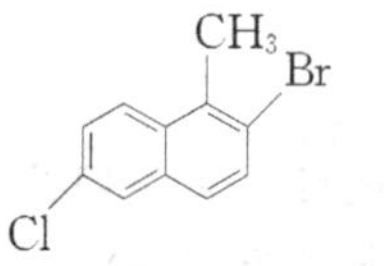

2. 写出下列化合物的结构式。

(1) 2-甲基-6-氯-4-碘辛烷　　(2) 1-甲基-2,4-二氯环己烷

(3) 烯丙基溴　　(4) 对溴苄基溴

(5) 3-氯环己烯　　(6) 间氯甲苯

(7) 反-4-甲基-5-碘-2-戊烯　　(8) (S)-4-氯-3-溴-1-丁烯

3. 完成下列反应方程式。

(1) $CH_3CH_2CH(CH_3)CHBrCH_3 \xrightarrow{NaOH/H_2O}$

(2) 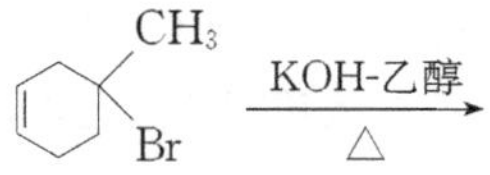

(3) 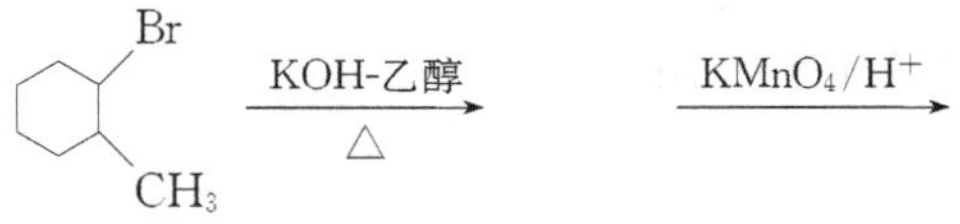

(4) 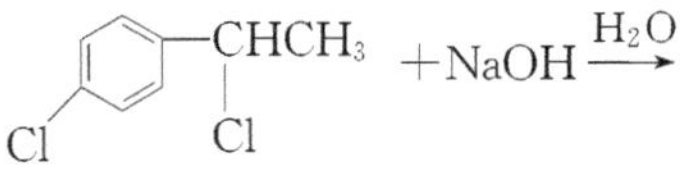

(5) $(CH_3)_2CHCH_2CH_2Br + CH_3COONa \xrightarrow{CH_3CH_2OH}$

(6) $C_6H_5CH{=}CH_2 \xrightarrow{HBr} \xrightarrow[\text{无水乙醚}]{Mg} \xrightarrow[\text{② } H_3O^+]{\text{① } CO_2}$

4. 卤代烷与 NaOH 在水和醇的混合溶液中进行反应,下列哪些现象属于 S_N1 反应? 哪些属于 S_N2 反应?

(1) NaOH 的浓度增加,反应速率增加　　(2) 反应是分步进行的

(3) 产物的构型完全转化　　(4) 有重排产物生成

(5) 产物发生外消旋化　　(6) 伯卤代烷的反应速率大于叔卤代烷

5. 用简单的化学方法鉴别下列各组化合物。

(1) 1-溴-1-戊烯、3-溴-1-戊烯、4-溴-1-戊烯

(2) 对氯甲苯、苄基氯、β-氯乙苯

6. 写出 1-溴丁烷与下列试剂反应的主要产物。

(1) NaOH 水溶液　　(2) KOH 醇溶液,加热　　(3) Mg,无水乙醚

(4) NaCN 醇溶液　　(5) $AgNO_3$ 醇溶液,加热　　(6) $NaOC_2H_5$

7. 写出下列卤代烷进行 β-消除反应的可能产物,并指出主要产物。

(1) 2-甲基-3-溴戊烷

(2) 2,3-二甲基-3-溴戊烷

(3) 2-甲基-4-苯基-3-溴戊烷

8. 分子式为 C_5H_{10} 的化合物 **A**,不与溴水反应,在光照下,被溴单质取代得到产物 **B**(C_5H_9Br),**B** 与 KOH 的醇溶液加热得到化合物 **C**(C_5H_8),**C** 能被酸性 $KMnO_4$ 氧化得到戊二酸。试写出 **A**、**B**、**C** 的结构式及各步反应方程式。

9. 某化合物 **A** 的分子式为 C_9H_{10},它能使溴水褪色,但无顺反异构体。**A** 与 HBr 作用得到化合物 **B**,**B** 具有旋光性,当 **B** 与 KOH 的乙醇溶液反应时可生成与 **A** 具有相同分子式的化合物 **C**,**C** 也能使溴水褪色,并具有顺反异构体。试写出 **A**、**B**、**C** 的可能结构式及各步反应方程式。

（大连医科大学　周兆平）

第 7 章　醇、酚、醚

醇、酚、醚都是烃的含氧衍生物。醇和酚分子中都含有羟基，醇(alcohol)是羟基直接与脂肪烃基相连形成的一类化合物；酚(phenol)是羟基直接与芳环相连形成的一类化合物。醚(ether)可以看成是醇或酚分子中羟基上的氢原子被其他烃基取代的化合物。醇、酚和醚都是重要的有机反应原料或试剂，学习它们结构和性质，有助于加深对机体生化、生理、病理变化及药物作用机理的微观认识。硫和氧同为第Ⅵ主族元素，化学性质相似，因此本章还讨论硫醇(mercaptan)和硫醚(thioether)的性质。

本章重点讨论醇、酚和醚的结构特点、主要化学性质及其重要的化合物。

7.1　醇

7.1.1　醇的结构、分类和命名

1. 醇的结构

醇的结构通式为 R—OH，分子中的羟基称为醇羟基，是醇类化合物的官能团。醇羟基中的氧原子为不等性 sp^3 杂化，两对孤对电子各占据一个 sp^3 杂化轨道，其余的两个 sp^3 杂化轨道的电子分别与一个碳原子和一个氢原子形成 C—Hσ 键。例如，在甲醇分子中的成键情况如图 7-1 所示。

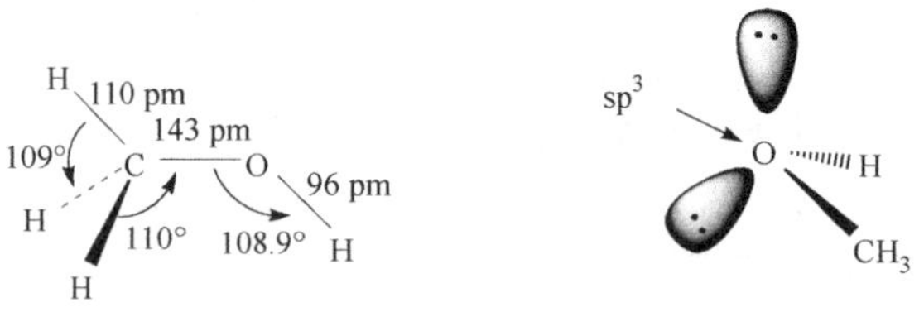

图 7-1　甲醇的结构

2. 醇的分类

根据醇分子中羟基的数目，醇可分为一元醇、二元醇及三元醇等，二元以上的醇统称为多元醇。

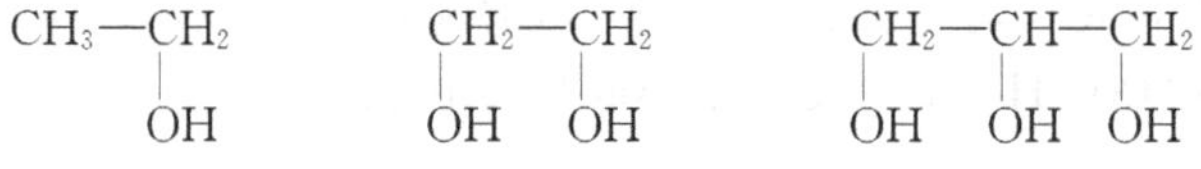

一元醇　　二元醇　　三元醇

根据醇羟基相连接的碳原子不同，醇又可分为伯醇(1°醇)、仲醇(2°醇)和叔醇(3°醇)。

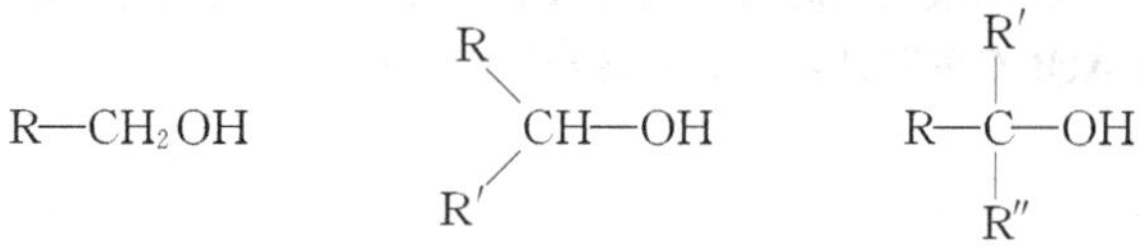

伯醇　　仲醇　　叔醇

根据醇分子中烃基的种类不同，醇还可分为饱和醇、不饱和醇和芳香醇等。

$R—CH_2—OH$	$R—CH═CH—CH_2OH$	$Ar—CH_2OH$
饱和醇	不饱和醇	芳香醇

羟基与双键碳原子直接相连则形成烯醇，烯醇是一类较不稳定的不饱和醇，脂肪族烯醇主要是以其互变异构体(羰基化合物)的形式存在。另外，当一个饱和碳原子上同时连有两个羟基时，该结构极不稳定，很容易脱水生成稳定的羰基化合物。例如

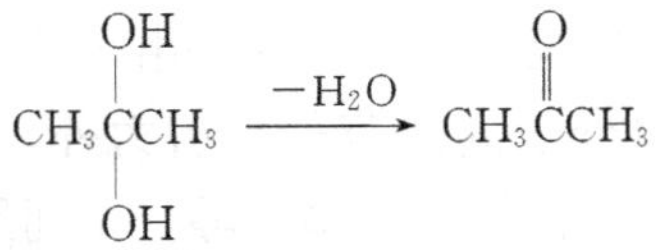

3. 醇的命名

(1) 普通命名法。通常以羟基相连的烃基名称加上“醇”字，“基”字可省略，这仅适用于结构简单的醇。例如

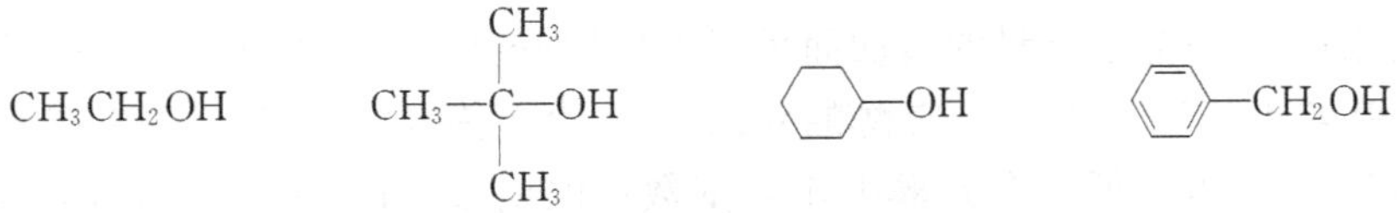

乙醇　　叔丁醇　　环己醇　　苄醇

(2) 系统命名法。选择含有羟基的最长碳链作为主链，从离羟基最近的一端开始编号，按照主链碳原子数称为某醇，侧链或其他取代基的位次、名称及羟基的位次写在某醇的前面。例如

3-甲基-2-丁醇　　3,3,4-三甲基-1-戊醇

不饱和醇的命名是选择含有羟基和不饱和键的最长碳链为主链，从靠近羟基的一端开始编号，按照主链碳原子数称为某烯醇或某炔醇，并在不饱和键和羟基前标明其位置。例如

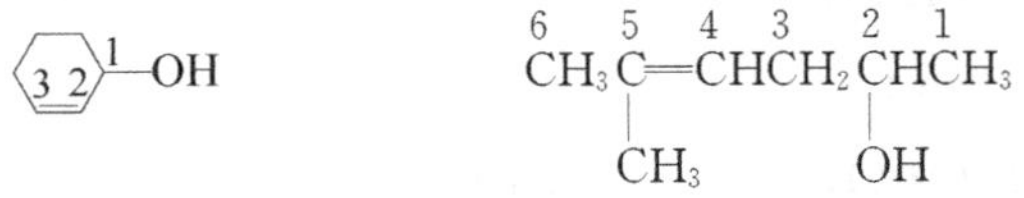

2-环己烯-1-醇　　5-甲基-4-己烯-2-醇

芳香醇命名时，通常把芳香基看成取代基，链醇作为母体。例如

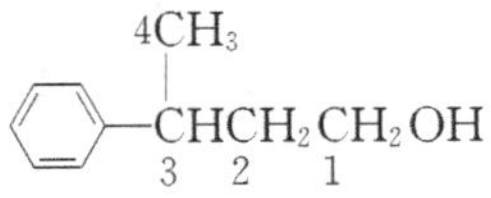

3-苯基-1-丁醇

多元醇命名时应尽可能选择包含多个羟基在内的最长碳链作为主链，按羟基的数目而称为“某几醇”，并在醇名前在标明羟基的位置。结构简单多元醇及一些天然醇习惯用俗名。例如

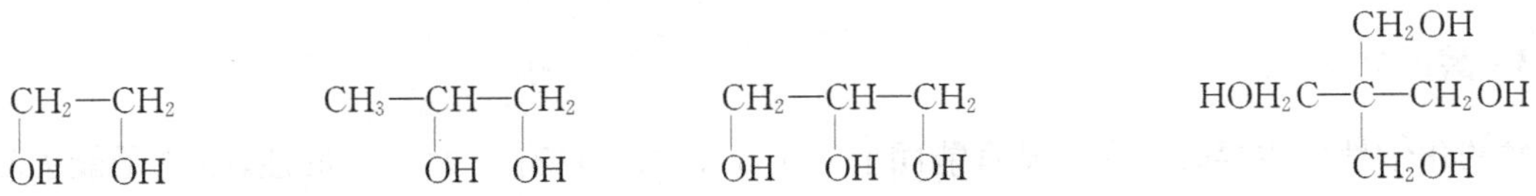

乙二醇(甘醇)　　1,2-丙二醇　　丙三醇(甘油)　　2,2-二羟甲基-1,3-丙二醇(季戊四醇)

7.1.2　醇的物理性质

在室温下，$C_1 \sim C_4$ 的直链饱和一元醇为易挥发的无色液体，$C_5 \sim C_{11}$ 的直链饱和一元醇为油状黏稠液体，C_{12} 及以上的醇则为蜡状固体。

低碳数醇的沸点比与其相对分子质量相近的烷烃和卤代烃要高得多。例如，甲醇的沸点比甲烷高 229 ℃，乙醇的沸点比乙烷高 167 ℃。这是由于液态醇分子间能通过氢键缔合，要使缔合的液态醇变成气体，除要克服分子间的范德华引力外，还需要提供更多的能量去破坏氢键，因此醇的沸点比相应的烷烃和卤代烃高得多。醇分子间形成氢键如下所示：

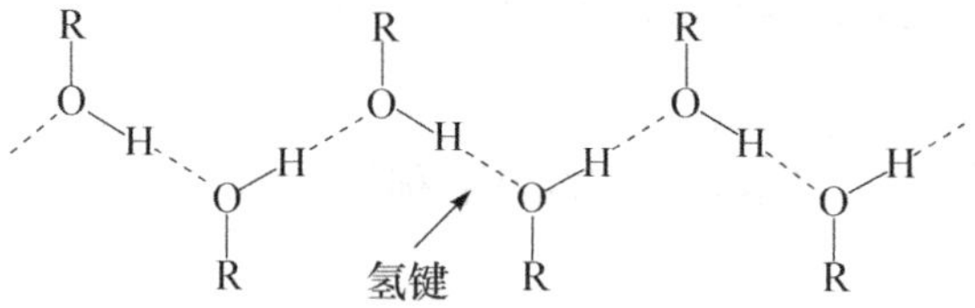

醇的沸点随着相对分子质量的增加而呈规律性地升高。对于直链饱和一元醇，每增加一个—CH_2—，沸点升高 18～20 ℃。在醇的异构体中，直链伯醇的沸点最高，带支链的醇的沸点要低些，支链越多，沸点越低。多元醇由于羟基数目的增多，分子间的氢键作用增强，其沸点增高。

同样，醇分子和水分子之间也能形成氢键。因此，甲醇、乙醇、丙醇等低碳数醇能以任何比例与水混溶，但随着醇分子中烃基部分的增大，醇羟基与水分子间形成氢键的能力也相应减小，醇的溶解度也随之降低，癸烷以上的醇几乎不溶于水。

多元醇分子中因含有多个羟基，可以形成更多的氢键，因此在水中的溶解度较大，甚至具有吸湿性。一些常见醇的物理常数见表 7-1。

表 7-1　一些常见醇的物理常数

化合物	结构式	熔点/℃	沸点/℃	相对密度 (d_4^{20})	溶解度 /[g·(100 mL H_2O)$^{-1}$]
甲醇(methanol)	CH_3OH	−97	64.7	0.792	∞
乙醇(ethanol)	CH_3CH_2OH	−115	78.4	0.789	∞
丙醇(propanol)	$CH_3CH_2CH_2OH$	−126	97.2	0.804	∞
异丙醇(isopropanol)	$(CH_3)_2CHOH$	−88.5	82.3	0.786	∞
正丁醇(butanol)	$CH_3CH_2CH_2CH_2OH$	−90.0	117.8	0.810	7.9
环己醇(cyclohexanol)	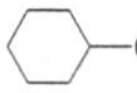—OH	24.0	161.5	0.962	3.8
苯甲醇(benzyl alcohol)	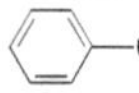—CH_2OH	−15.0	205.0	1.046	4.0
乙二醇(ethanediol)	$HOCH_2CH_2OH$	−13	197.0	1.113	∞
甘油(glycerol)	$HOCH_2CH(OH)CH_2OH$	18.0	290.0	1.261	∞

7.1.3　醇的化学性质

醇的化学性质主要表现在羟基官能团上。由于氧原子具有较大的电负性，吸电子能力较强，因此醇分子中的 C—O 键和 O—H 键都有明显的极性，容易受外来试剂的进攻而断裂，从而发生羟基或羟基上的氢被取代的反应。另外，由于羟基具有吸电子诱导效应，α-碳原子上的 C—H 键极性增强，使得 α-氢原子比较活泼，容易被氧化脱去。醇发生化学反应的主要部位及反应类型如下：

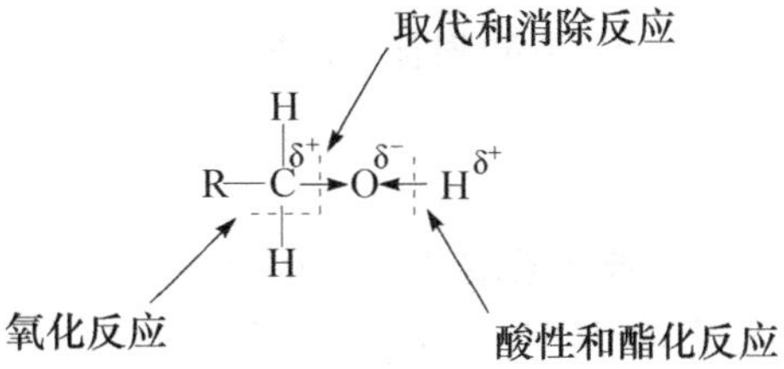

1．与活泼金属的反应

醇与水一样，能与钠、钾、锂、镁、铝等活泼金属反应，生成相应醇的金属化合物，并放出氢气。例如

$$2CH_3CH_2OH + 2Na \longrightarrow 2CH_3CH_2ONa + H_2\uparrow$$

醇与钠的反应不如水与钠反应剧烈，是因为醇是水的烃基衍生物，烃基的给电子作用使羟基中氧原子上的电子云密度增加，降低了氧原子吸引氢氧间电子对的能力，从而降低了氢氧键的极性。所以醇羟基中氢原子比水分子中氢原子的活泼性弱，反应也较缓和。由此可见，烃基的给电子能力越强，醇羟基中氢原子的活泼性越低，与金属钠的反应就越缓慢。因此不同类型的醇与金属钠反应时，反应速率由快到慢的顺序为

甲醇＞伯醇＞仲醇＞叔醇

醇与活泼金属反应说明醇具有弱酸性，其酸性(一般 pK_a 为 16～18)比水(pK_a=15.74)还要弱，其共轭碱烷氧负离子的碱性比 OH^- 强，所以醇钠遇水即水解生成醇和氢氧化钠。

$$CH_3CH_2ONa + H_2O \longrightarrow CH_3CH_2OH + NaOH$$

醇钠具有强碱性，是白色固体，能溶于过量的醇中，常用作碱性试剂或亲核试剂。

问题 7-1　将下列几种醇按与金属钠反应的快慢排序。
(1) 甲醇　(2) 1-丙醇　(3) 2-丙醇　(4) 2-丁醇　(5) 2-甲基-2-丙醇

2．与无机含氧酸的反应

醇与无机含氧酸(如硫酸、硝酸、磷酸等)反应，生成相应的无机酸酯。例如

$$CH_3OH + HOSO_2OH \longrightarrow \underset{\text{硫酸氢甲酯}}{CH_3OSO_2OH} + H_2O$$

$$CH_3OH + CH_3OSO_2OH \longrightarrow \underset{\text{硫酸二甲酯}}{(CH_3O)_2SO_2} + H_2O$$

低碳数醇的硫酸酯可用作向有机分子中导入烷基的烷基化试剂，高碳数醇(C_8～C_{18})的硫酸酯钠盐是常见的合成洗涤剂。在人体内，软骨中的硫酸软骨质含有硫酸酯的结构。

甘油与硝酸反应生成甘油三硝酸酯，在临床上称为硝酸甘油。硝酸甘油具有扩张血管的功能，常用作治疗心绞痛、胆绞痛的药物。它还可以用作烈性炸药。

$$\begin{array}{l} CH_2OH \\ | \\ CHOH \\ | \\ CH_2OH \end{array} + 3HONO_2 \longrightarrow \begin{array}{l} CH_2ONO_2 \\ | \\ CHONO_2 \\ | \\ CH_2ONO_2 \end{array} + 3H_2O$$

甘油三硝酸酯

甘油与磷酸反应可得甘油磷酸酯，它在人体的代谢过程中有着重要的生理作用。它与钙离子反应可形成甘油磷酸酯钙，用来调节体内钙磷的比例，防止佝偻病。

磷酸酯更是广泛存在于生物体内，无论是组成细胞的重要成分核苷酸(DNA、RNA)，还是生物体内重要能源的供应物质——三磷酸腺苷(ATP)，都有磷酸酯结构。

3. 卤代反应

醇与氢卤酸作用时，醇羟基可被卤素取代，生成卤代烃和水。

$$R—OH + HX \longrightarrow R—X + H_2O$$

这是制备卤代烃的重要方法，反应速率与氢卤酸的种类及醇的结构均有关。氢卤酸与同一种醇反应的相对活性顺序为 HI＞HBr＞HCl。醇与相同的氢卤酸反应时，反应活性顺序为叔醇＞仲醇＞伯醇。HI 很容易与伯醇反应，HBr 需要加入硫酸增强酸性，HCl 需要与无水 $ZnCl_2$ 一起进行氯代反应。浓盐酸与无水 $ZnCl_2$ 配成的溶液称为卢卡斯(Lucas)试剂，可与不同的醇反应，叔醇最快，仲醇次之，伯醇最慢。反应中生成的氯代烷不溶于水，因此呈现浑浊或分层现象，根据出现浑浊或分层的快慢，可以鉴别伯醇、仲醇和叔醇。例如，叔丁醇与 Lucas 试剂在室温下立即浑浊；而仲丁醇在室温下放置几分钟后才变浑浊；正丁醇与 Lucas 试剂在室温下无变化，加热后变浑浊。但含 6 个碳以上的一元醇水溶性较差，一般不能用 Lucas 试剂鉴别。甲醇、乙醇和丙醇也不适用，这是因为甲醇、乙醇与 Lucas 试剂分别生成的 CH_3Cl、CH_3CH_2Cl 均为气体，丙醇与其反应生成的 $(CH_3)_2CHCl$ 的沸点较低，在未分层前已挥发。

醇与氢卤酸的反应是在酸催化下的亲核取代反应。伯醇一般按 S_N2 机理进行反应：

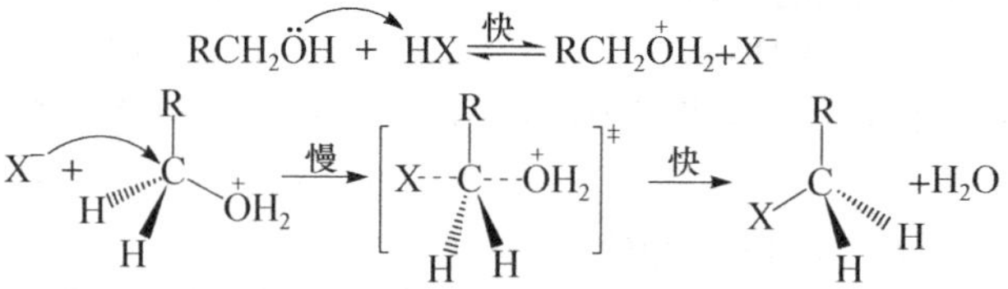

仲醇和叔醇则一般按 S_N1 机理进行反应：

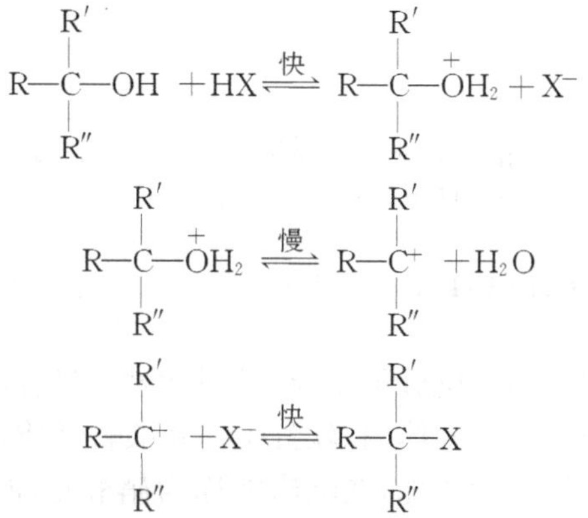

由于反应生成碳正离子中间体，因此有的反应可能发生重排，甚至重排产物可能成为主产物。为了避免重排的发生，常使用卤化磷或氯化亚砜(也称亚硫酰氯)作为卤化试剂。例如

$$3ROH + PBr_3 \longrightarrow 3RBr + \underset{\text{亚磷酸}}{H_3PO_3}$$

$$ROH + PCl_5 \longrightarrow RCl + HCl + POCl_3$$

三氯氧磷

$$ROH + SOCl_2 \longrightarrow RCl + HCl\uparrow + SO_2\uparrow$$

4. 脱水反应

醇与无机含氧酸反应不仅可以生成酯，随着反应温度的不同以及所用酸的浓度不同，还可以发生以生成烯烃或醚为主产物的脱水反应。

1）醇分子内脱水

醇在浓硫酸或磷酸催化下受热可发生消除反应，进行分子内脱水，生成烯烃。例如

$$CH_3CH_2OH \xrightarrow[170\ ℃]{浓\ H_2SO_4} CH_2{=}CH_2 + H_2O$$

$$CH_3CH_2CH_2CH_2OH \xrightarrow[140\ ℃]{70\%H_2SO_4} CH_3CH{=}CHCH_3 + H_2O$$

正丁醇

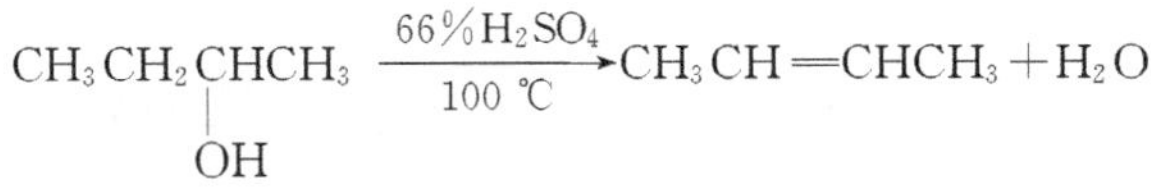

仲丁醇　　　　主要产物

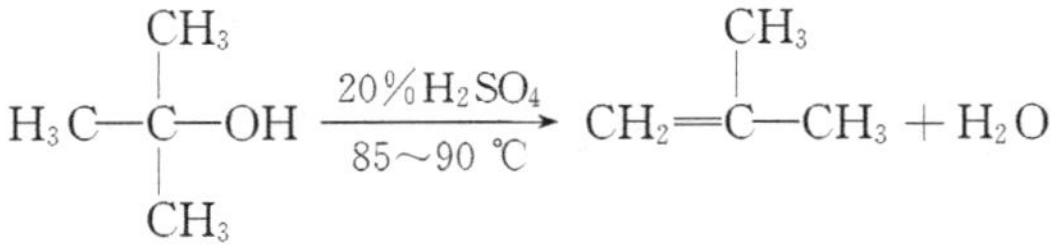

叔丁醇　　　　2-甲基丙烯

从上述反应可见，叔丁醇最易发生脱水，仲丁醇次之，正丁醇、乙醇最难。这主要与醇脱水机理有关。在无机酸催化下，醇首先发生羟基质子化，发生碳氧键断裂，以 H_2O 分子形式离去，形成碳正离子中间体，然后再消去 β-H 而生成烯烃（E1 机理）。

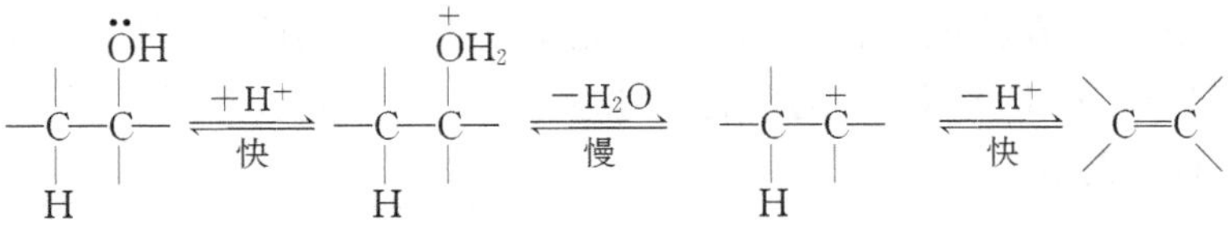

醇　　　　质子化醇　　　　碳正离子中间体　　　　烯

其中生成碳正离子的一步是决定整个反应速率的关键步骤，生成的碳正离子越稳定，反应速率就越快，相应的脱水反应也就越容易进行。由于各种碳正离子的稳定性顺序为叔碳正离子>仲碳正离子>伯碳正离子，因此各种醇发生消除反应时叔醇最易，仲醇次之，伯醇最难。

醇脱水的消除取向与卤代烷消除卤化氢相似，也遵循 Saytzeff 规则，即主要生成双键碳上连有最多烃基的烯烃异构体。例如

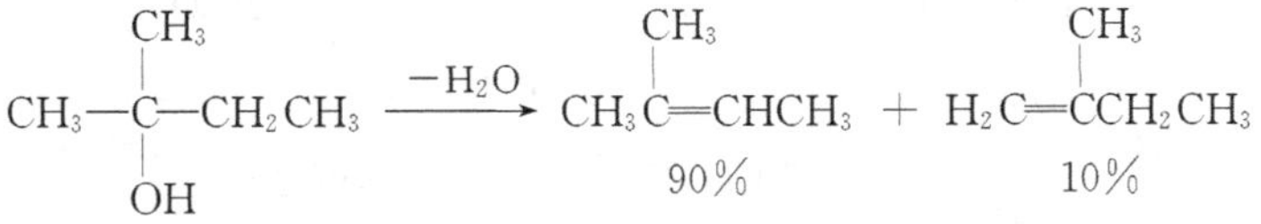

问题 7-2　写出下列各醇在酸催化下进行分子内脱水的主要产物。

（1）2,3-二甲基-2-丁醇　（2）2-甲基-1-戊醇　（3）1-苯基-2-丁醇　（4）3-甲基-1-苯基-2-丁醇

2）成醚反应

醇与酸在一定的反应温度下可以发生分子间脱水反应，生成醚，反应按 S_N2 机理进行。若采用结构不同的两种醇作反应原料，则反应产物为醚的混合物。例如

$$2CH_3CH_2OH \xrightarrow[140\ ℃]{浓\ H_2SO_4} CH_3CH_2—O—CH_2CH_3 + H_2O$$

$$(CH_3)_3COH + CH_3OH \xrightarrow{15\%\ H_2SO_4} (CH_3)_3C—O—CH_3 + H_2O$$

甲基叔丁基醚（汽油抗爆剂）

5. 氧化反应

醇的氧化实质上是脱去两个氢原子，一个是羟基上的氢，另一个是与羟基相连的碳上的氢。氧化的产物取决于醇的类型和反应条件。不同类型的饱和一元醇，在用酸性高锰酸钾或重铬酸钾氧化时，可生成不同的氧化产物。伯醇氧化生成醛，醛很容易进一步氧化成羧酸；仲醇氧化生成酮，酮比较稳定，通常不会继续被氧化；叔醇没有 α-H，一般不能被氧化。

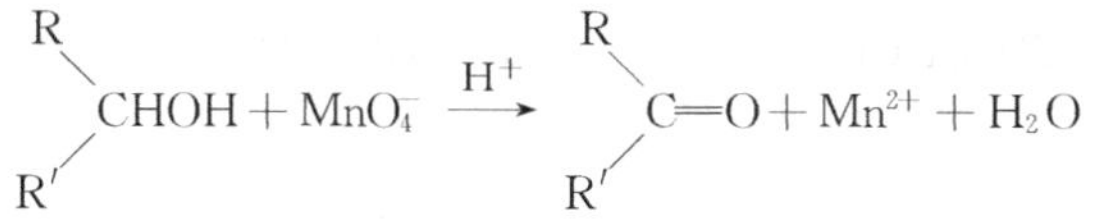

紫红色　　　　无色

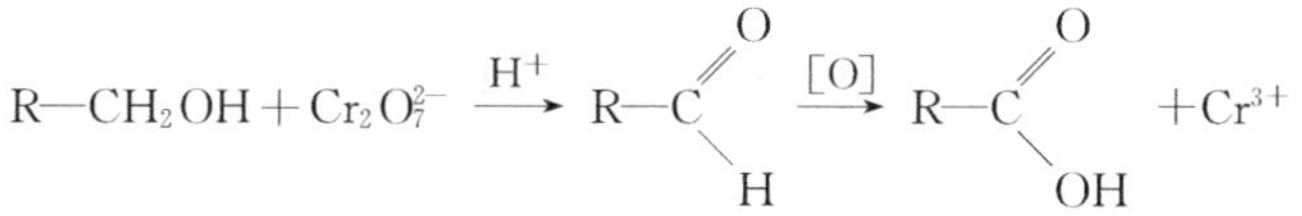

橙红色　　　　绿色

因此可根据氧化前后溶液颜色的变化，将伯醇、仲醇与叔醇区别开。酒中的乙醇与铬酸试剂反应，将会使原来橙色的试剂转变为绿色。检查司机是否酒后驾驶所使用的呼吸分析仪就是根据这一原理制成的。

欲使伯醇氧化停留在醛的阶段，则通常在无水条件下，采用以 CH_2Cl_2 为溶剂的三氧化铬-吡啶配合物[$CrO_3 \cdot (C_5H_5N)_2$]为氧化剂来实现。在工业上，醇可在 Cu、Ag 等金属催化下，经高温脱氢而生成相应的醛和酮。

6. 邻二醇的特性反应

邻二醇（羟基连接在相邻碳原子上的一类化合物，如乙二醇、丙三醇等）能使新制的氢氧化铜沉淀溶解，生成一种深蓝色的甘油铜溶液，此反应可用来鉴别具有两个相邻羟基结构的化合物。例如

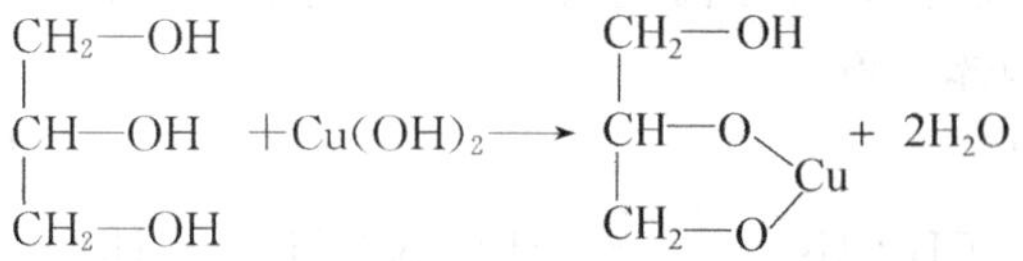

蓝色沉淀　　甘油铜（深蓝色）

7.1.4 重要的醇

1. 甲醇

甲醇最初由木材干馏制得，因此俗称木精或木醇。甲醇为无色透明液体，沸点为 64.7 ℃，

能与水及多数有机溶剂混溶，是常用的溶剂和重要的化工原料。甲醇有较强的毒性，对人体的血液系统和神经系统尤其是视网膜影响最大，无论是经消化道、呼吸道还是皮肤接触摄入都会产生毒性反应。

2. 乙醇

乙醇是酒的主要成分，因此俗称酒精。乙醇为无色透明液体，沸点为 78.4 ℃，也能与水及大多数有机溶剂混溶。乙醇用途广泛，是一种重要的化工原料和溶剂。临床使用 70%～75%(体积分数)的乙醇-水溶液作外用消毒剂。在医药上常用乙醇配制酊剂，如碘酊(俗称碘酒)就是碘和碘化钾的乙醇溶液。

3. 丙三醇

丙三醇俗称甘油，为无色有甜味的黏稠液体，沸点为 290 ℃，能以任意比例与水混溶，吸湿性很强，对皮肤有刺激性，因此用其润肤时须先用水稀释。由于甘油对无机盐及一些药物的盐有较好的溶解性能，因此在医药上可用作溶剂，如酚甘油、碘甘油等。

4. 苯甲醇

苯甲醇又名苄醇，常以酯的形式存在于植物香精油中，为无色液体，有芳香味，沸点为 205 ℃，微溶于水，易溶于乙醇、乙醚等有机溶剂。苯甲醇具有微弱的麻醉作用和防腐作用，某些针剂中加入少量苄醇可减轻疼痛。临床上曾使用的青霉素稀释液就是质量分数为 2%的苄醇灭菌液，俗称“无痛水”。质量分数为 10%的苄醇软膏或洗剂可用作局部止痒剂。

7.2　酚

7.2.1　酚的结构、分类和命名

1. 酚的结构

酚(phenol)的通式用 Ar—OH 表示，酚类中的羟基称为酚羟基，是其官能团。苯酚是最简单的酚类化合物。

在苯酚分子中，酚羟基的氧原子也为 sp^2 杂化，氧原子上有两对孤对电子，一对占据 sp^2 杂化轨道，另一对占据 p 轨道。该 p 轨道正好可以与苯环的大 π 键轨道发生侧面重叠，形成 p-π共轭体系(图 7-2)，从而增强了苯环上的电子云密度，致使氧原子周围的电子云密度下降，氢氧键减弱，增强了羟基上氢的解离能力。

2. 酚的分类

根据芳基的不同，酚可分为苯酚、萘酚和菲酚等，其中萘酚因羟基的位置不同有 α-萘酚和 β-萘酚之分；根据芳环上的羟基数目，可以分为一元酚、二元酚和三元酚等，含有两个以上酚羟基的统称为多元酚。例如

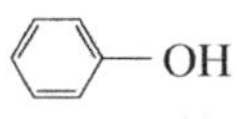

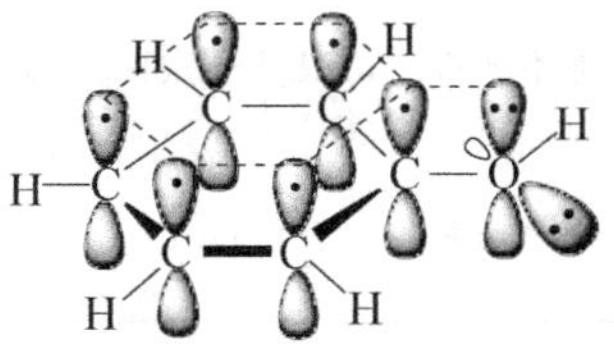

图 7-2　苯酚的结构

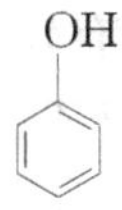
苯酚

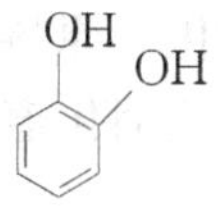
邻苯二酚

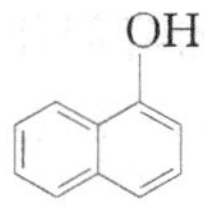
α-萘酚

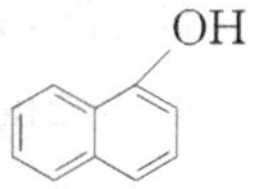
β-萘酚

3. 酚的命名

酚类命名时，常以酚为母体，用邻、间、对（o-、m-、p-）标明取代基的位置；多元酚命名时应在酚名前标明羟基的位置，并使其编号之和最小；若芳环上的侧链较复杂，或酚羟基不作主官能团时，则将羟基作为取代基处理；有些酚类化合物还习惯用俗称命名。例如

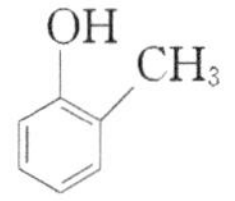
邻甲基苯酚

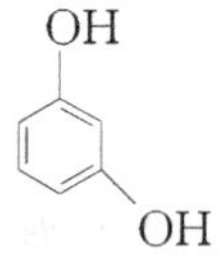
1,3-苯二酚（间苯二酚）

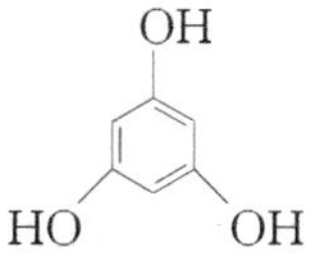
1,3,5-苯三酚（均苯三酚）

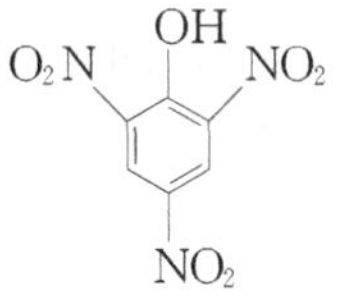
2,4,6-三硝基苯酚（苦味酸）

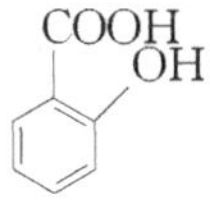
邻羟基苯甲酸（水杨酸）

7.2.2 酚的物理性质

酚类化合物在室温下大多为结晶性固体，少数烷基取代酚为液体。酚类化合物和醇一样，能形成分子间氢键，所以沸点比相对分子质量相当的烃类高得多。酚羟基也能与水形成氢键，但由于烃基（疏水性）部分较大，游离的酚类化合物在水中的溶解度都较小，可溶于乙醇、乙醚、苯等有机溶剂。长期放置的酚由于被空气所氧化，往往带有暗红色或更深的颜色。一些常见酚类化合物的物理常数见表 7-2。

表 7-2 一些常见酚类化合物的物理常数

化合物	结构式	熔点/℃	沸点/℃	溶解度/[g·(100 mL H_2O)$^{-1}$]	pK_a
苯酚(phenol)	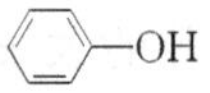	43.0	181.8	9.3	10.00
邻甲苯酚(2-methylphenol)	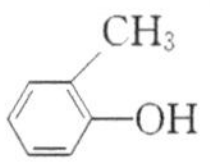	30.9	191.0	2.5	10.29
间甲苯酚(3-methylphenol)	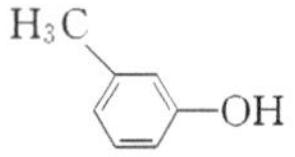	11.0	202	2.6	10.09
对甲苯酚(4-methylphenol)	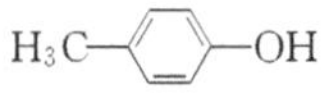	35.0	202	2.3	10.26
邻氯苯酚(2-chlorophenol)	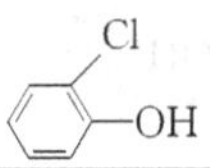	9.0	173.0	2.8	8.48

续表

化合物	结构式	熔点/℃	沸点/℃	溶解度 /[g·(100 mL H_2O)$^{-1}$]	pK_a
间氯苯酚(3-chlorophenol)	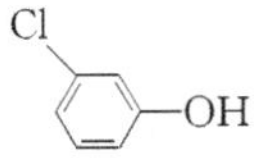	33.0	214.0	2.6	9.01
对氯苯酚(4-chlorophenol)	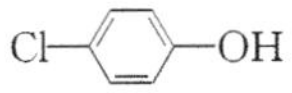	43.0	220.0	2.7	9.38
邻硝基苯酚(2-nitrophenol)	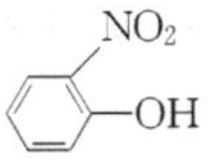	45.0	214.0	0.2	7.22
间硝基苯酚(3-nitrophenol)	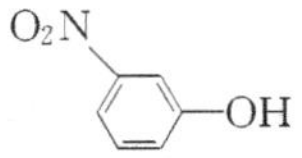	96.0	—	1.4	8.39
对硝基苯酚(4-nitrophenol)	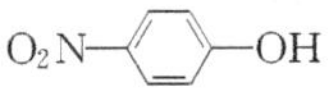	114.0	279.0	1.7	7.15
2,4-二硝基苯酚 (2,4-dinitrophenol)	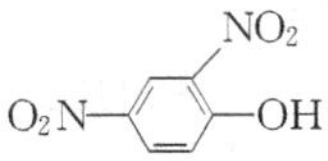	133.0	分解	0.56	4.09
2,4,6-三硝基苯酚 (2,4,6-trinitrophenol)	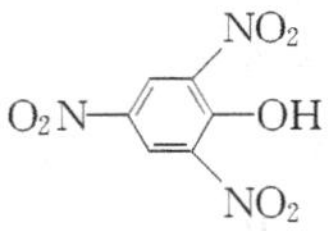	122.0	分解	1.40	0.38

7.2.3　酚的化学性质

酚的化学性质主要有酚羟基和苯环两方面的性质，由于这两者之间相互影响，因此酚具有不同于醇类和芳香烃的某些特性。

1. 酸性

酚类化合物具有明显的弱酸性，其酸性大于醇。

酚羟基的氢除能被金属取代外，还能与强碱溶液作用生成酚盐。例如，苯酚可与氢氧化钠反应生成易溶于水的苯酚钠。

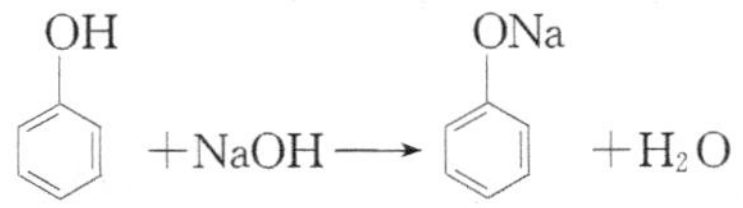

苯酚是很弱的酸，其水溶液不能使石蕊试纸变蓝。由于苯酚的酸性比碳酸($pK_a=6.35$)弱，若向苯酚钠的水溶液中通入二氧化碳，苯酚就会游离出来。可利用这一性质分离和提纯酚类化合物。

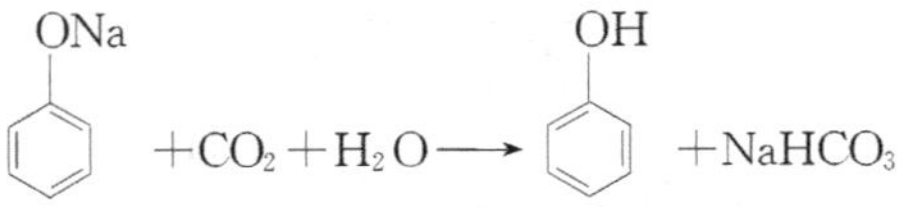

苯环上的其他取代基对酚的酸性有较大的影响。一般来说，连有吸电子取代基时，可降低苯环的电子云密度，酚解离后形成的负电荷可得到有效分散而稳定，使取代酚的酸性增强；当连接给电子取代基时，可增加苯环的电子云密度，酚解离后形成的负电荷不能得到有效分散，

酚盐负离子不稳定,会使取代酚酸性减弱。例如,甲基酚的酸性比苯酚弱,硝基酚的酸性比苯酚强,苦味酸($pK_a=0.38$)实际上已是一种较强酸。

问题 7-3 苯酚和乙醇哪个酸性更强?为什么?

2. 亲电取代反应

酚羟基是一个很强的邻、对位定位基,可使苯环上的电子云密度大大增加,因此与其相连的苯环很容易发生亲电取代反应。

1)卤代反应

在室温下苯酚与溴水发生反应,立即生成2,4,6-三溴苯酚白色沉淀,该反应非常灵敏,含有10 mg·L^{-1}苯酚的水溶液和溴水反应也能产生明显的浑浊现象,因此,该反应常用于酚类化合物的定性和定量分析。

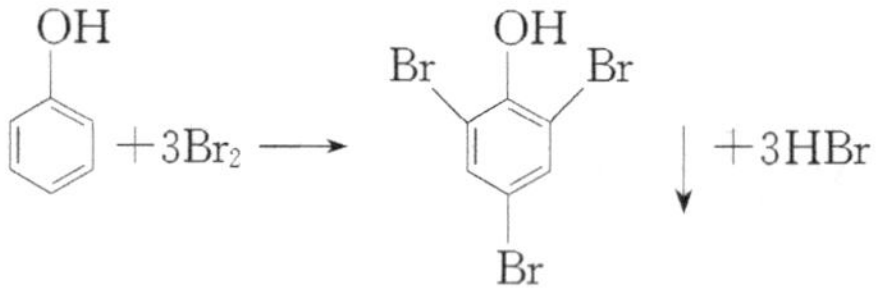

2,4,6-三溴苯酚

在强酸性条件下,苯酚与溴水反应可以得到二溴代酚。

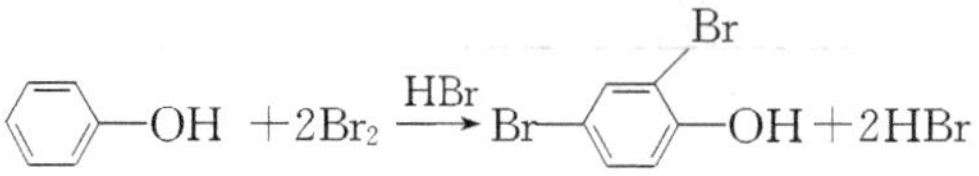

2,4-二溴苯酚(87%)

如果在低温条件下,并在非极性溶剂中,苯酚与液溴反应可得到一溴代苯酚——对溴苯酚。

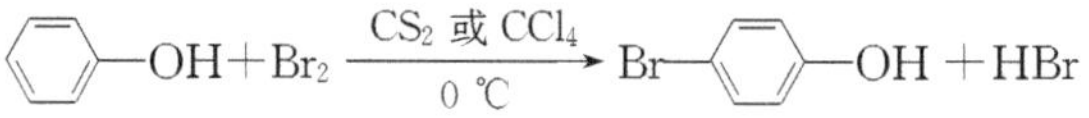

对溴苯酚(80%~84%)

2)磺化反应

酚容易发生磺化反应,随着硫酸的浓度变化和反应温度的不同,得到不同的产物。例如,在室温下苯酚与浓硫酸作用主要生成邻羟基苯磺酸;若在100 ℃用稀硫酸对苯酚磺化,则主要生成对羟基苯磺酸。

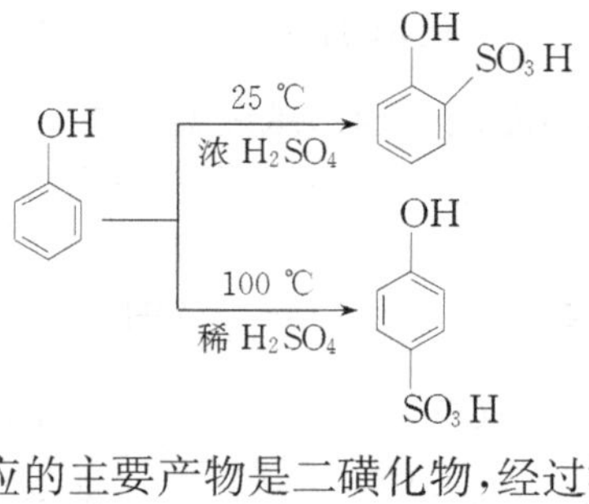

苯酚与浓硫酸在加热时反应的主要产物是二磺化物,经过溴代后脱去磺酸基,就可以制备较高纯度的邻溴苯酚。

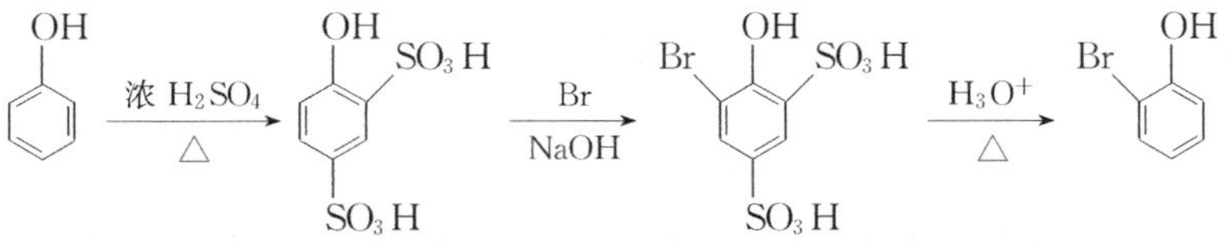

4-羟基-1,3-苯二磺酸

3）硝化反应

苯酚与稀硝酸在室温下就可发生硝化反应，生成邻硝基苯酚和对硝基苯酚。

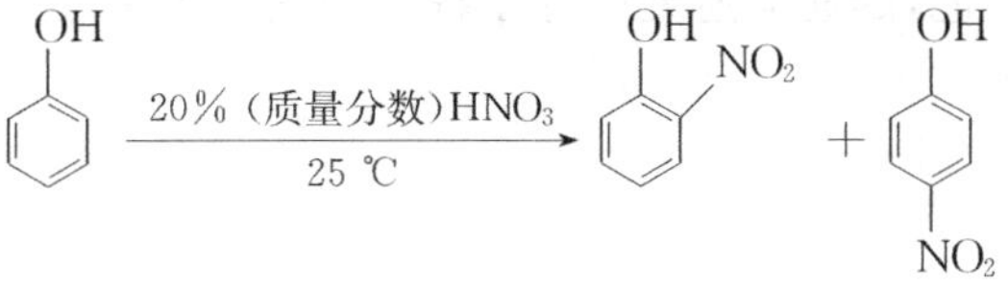

30%～40%(质量分数)　15%(质量分数)

反应所得的邻位产物含有分子内氢键，沸点较低；而对位产物生成分子间氢键，沸点较高，可利用沸点差异，用水蒸气蒸馏方法予以分离。由于硝酸有较强的氧化性，反应过程中不可避免要发生氧化等副反应，因此要严格控制反应温度和硝酸的浓度。

3. 与三氯化铁的显色反应

大多数酚与三氯化铁的水溶液发生显色反应。不同的酚显示不同的颜色。例如，苯酚、间苯二酚、1,3,5-苯三酚均呈紫色；甲苯酚呈蓝色；邻苯二酚、对苯二酚呈绿色。一般认为苯酚与三氯化铁的反应是生成了带有颜色的配合物。

$$6C_6H_5OH + FeCl_3 \longrightarrow H_3[Fe(OC_6H_5)_6] + 3HCl$$

除酚以外，具有烯醇式结构的化合物大多也可与三氯化铁溶液发生显色反应，因此常用三氯化铁溶液来鉴别含有烯醇式结构的化合物。

4. 氧化反应

酚易氧化，不仅能被各种强氧化剂氧化，还可以被空气缓慢氧化，产物比较复杂，颜色会逐渐变深。例如，苯酚可被氧化生成对苯醌；多元酚更易被氧化，其氧化产物均为醌类化合物。例如

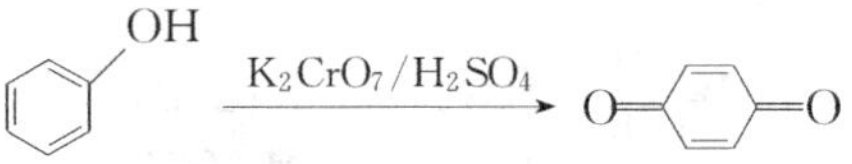

对苯醌

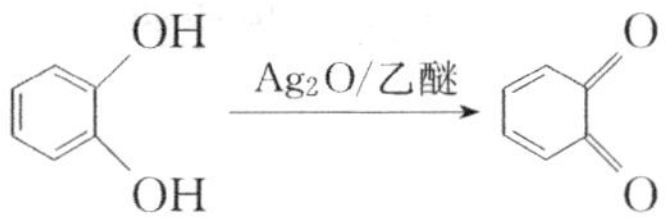

邻苯醌

在传统照相技术中，黑白胶片的片基上涂有 AgBr，AgBr 经曝光后形成激发态 $AgBr^*$，与显影剂对苯二酚作用生成对苯醌，而未曝光的 AgBr 不能发生此反应。$AgBr^*$ 反应后，被还原成金属银颗粒留在底片上；未发生反应的 AgBr，与 NaS_2O_3 作用，将 AgBr 从底片上溶解下来，这样在底片上就留下了“影”。

7.2.4 重要的酚

1. 苯酚

苯酚俗称石炭酸，纯净的苯酚是一种有特殊气味的无色结晶，熔点为 43.0 ℃，沸点为 181.8 ℃，易溶于乙醇、乙醚、氯仿、苯等有机溶剂，微溶于水。苯酚能使蛋白质凝固，医学上常用作重要的杀菌和防腐剂。苯酚对皮肤有强烈的腐蚀性。长期放置的苯酚易被空气氧化，往往带有暗红色或更深的颜色，因此应避光储存于棕色瓶内。苯酚还是制造塑料、染料及药物的重要原料。

2. 甲苯酚

甲苯酚可由煤焦油得到，俗称煤酚。甲苯酚有邻、间、对三种异构体，三者沸点相近，不易分离，常以混合物使用。煤酚杀菌能力比苯酚强。含质量分数为 47%～53%的三种甲苯酚混合物的皂溶液俗称来苏儿(Lysol)，临床上加水稀释后用作消毒剂。

3. 萘酚

萘酚有 α-萘酚和 β-萘酚两种异构体。α-萘酚为黄色结晶，熔点为 96 ℃，能与三氯化铁作用生成紫色沉淀。β-萘酚为无色结晶，熔点为 123 ℃，和三氯化铁作用生成绿色沉淀。这两种化合物都是合成染料的原料，β-萘酚还具有抗细菌、霉菌和寄生虫的作用。

7.3 醚

7.3.1 醚的结构、分类和命名

1. 结构

醚可看成是水分子中的氢原子分别被两个烃基取代的产物，其通式为(Ar)R—O—R′(Ar′)。

图 7-3 甲醚的结构

醚键 $\left[-\overset{|}{\underset{|}{C}}-O-\overset{|}{\underset{|}{C}}-\right]$ 是醚的官能团。醚键中的氧原子为 sp^3 杂化(图 7-3)，分别与两个烃基的碳原子形成 2 个 σ 键，余下 2 个杂化轨道各被一对孤对电子占据。杂化键角约为 112°。甲醚的结构如图 7-3 所示。

2. 分类

醚分子中，与氧原子相连的 R 与 R′(或 Ar 与 Ar′)相同，称为单醚，若不同，则为混醚；根据醚分子中两个烃基结构的不同，可将醚分为饱和醚、不饱和醚和芳香醚；氧原子和烃基连接成环状则称为环醚；含有多个氧的大环醚因形如皇冠而称为冠醚。

3. 命名

结构简单的醚常用普通命名法，即与氧原子连接的烃基名称后加上“醚”字即可。对于单醚，通常省略“二”字；对于混醚，则按照次序规则将两个烃基分别写出后加“醚”字，较小的烃基

名称在前，较大的烃基名称在后，芳香烃基放在脂肪烃基的前面。不饱和醚先写出饱和烃基再写出不饱和烃基。例如

$C_2H_5—O—C_2H_5$	$C_6H_5—O—C_6H_5$	$CH_3—O—CH(CH_3)_2$
二乙基醚（乙醚）	二苯基醚（苯醚）	甲基异丙基醚（甲异丙醚）
$C_2H_5—O—CH_2CH═CH_2$	$CH_3—O—C_6H_5$	
乙基烯丙基醚（乙烯丙醚）	苯基甲基醚（苯甲醚）	

结构比较复杂的醚常用系统命名法命名。命名时以较长的烃基为母体，将碳原子数较小的烃基与氧原子连在一起的烷氧基（RO—）作为取代基。环醚命名时，三元环醚称为环氧化合物，以"环氧"作词头，写在母体烃名之前；其他环醚多按杂环化合物的名称而用俗名。冠醚命名为 x-冠-y，其中 x 表示环上的原子（碳和氧）总数，y 表示氧原子数。例如

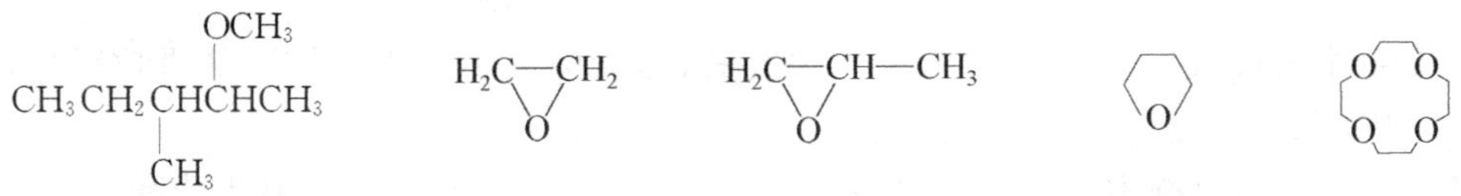

3-甲基-2-甲氧基戊烷　　环氧乙烷　　1，2-环氧丙烷　　四氢呋喃　　12-冠-4

7.3.2　醚的物理性质

常温下，除甲醚和甲乙醚是气体外，其余的大多数醚是无色、有特殊气味的液体。低碳数醚易挥发、易燃。由于醚分子间不能形成氢键，因此醚的沸点比相对分子质量相近的醇的沸点低得多。例如，甲醚的沸点为－24.9 ℃，乙醚的沸点为 34.6 ℃，而乙醇的沸点则为 78.4 ℃。较低碳数的醚可以和水分子形成氢键，在水中有一定的溶解度。一般高级的醚难溶于水。醚常用作有机溶剂和萃取剂。相对分子质量较低的醚具有麻醉作用，如乙醚、乙烯基醚。一些常见醚的物理性质见表 7-3。

表 7-3　一些常见醚的物理常数

化合物	结构式	熔点/℃	沸点/℃	相对密度（d_4^{20}）
甲醚（dimethyl ether）	CH_3OCH_3	－140	－24.9	0.661
乙醚（diethyl ether）	$CH_3CH_2OCH_2CH_3$	－116	34.6	0.714
苯甲醚（methylphenyl ether）	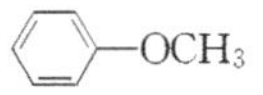	－38	155	0.996
环氧乙烷（oxirane）		－112.3	10.7	0.869
四氢呋喃（tetrahydrofuran）		－108.5	65.4	0.889

7.3.3　醚的化学性质

醚的化学性质比较稳定。醚与金属钠不反应，对碱及还原剂相当稳定。但在一定条件下，可与强酸发生反应，α-H 较易被氧化。

1. 鉮盐的生成

由于醚键上的氧原子带有孤对电子，可以作为 Lewis 碱，与浓硫酸、浓盐酸等强酸作用生成鉮盐，并溶于强酸中。

$$R—O—R' + H_2SO_4 \rightleftharpoons R—\overset{H}{\underset{+}{O}}—R' + HSO_4^-$$

镁盐不稳定，遇水即分解，恢复成原来的醚，而烷烃或卤代烃与冷浓硫酸均不反应，也不溶于其中。利用这一性质可以分离、提纯醚，并可用来鉴别醚与烃或卤代烃。

2. 醚键的断裂

醚与浓的氢卤酸共热，则醚键会发生断裂，生成醇和卤代烃。如果氢卤酸过量，则在较高温度条件下生成的醇也会转变成卤代烃。氢卤酸的反应活性为 HI>HBr>HCl。例如

$$C_2H_5—O—C_2H_5 + HI \xrightarrow{\triangle} C_2H_5I + C_2H_5OH$$
$$C_2H_5OH \xrightarrow{HI} C_2H_5I + H_2O$$

这是一个亲核取代反应，醚先与酸生成镁盐，然后卤离子作为亲核试剂进攻镁盐，从而使原来的醚键断裂，生成卤代烃和醇。

脂肪混醚的醚键断裂时，一般是较小的烃基生成卤代烃，较大的烃基生成醇。例如

$$H_3C—O—CH(CH_3)_2 + HI \xrightarrow{\triangle} CH_3I + CH_3\underset{}{\overset{OH}{|}}{CH}CH_3$$

芳基烷基醚的醚键发生断裂时总是断裂烷氧键，生成酚和卤代烷。

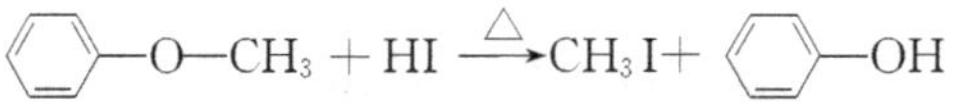

二苯基醚的醚键较稳定，醚键不易断裂。

问题 7-4 氢卤酸与醚共热反应时，为什么各种酸的活性顺序为 HI>HBr>HCl?

---

3. 过氧化物的生成

含有 α-H 的烷基醚由于受烃基氧原子的影响，在空气中放置时，会发生缓慢的自动氧化反应，生成醚的过氧化物。常用的乙醚、异丙醚、四氢呋喃等都可以发生这种反应。例如

$$CH_3CH_2—O—CH_2CH_3 + O_2 \longrightarrow CH_3CH_2—O—\underset{\displaystyle O—OH}{\underset{|}{C}}HCH_3$$

过氧化乙醚

过氧化物不稳定，遇热容易分解，发生强烈爆炸。因此，醚的存放应避光，密封存于阴凉处。在蒸馏醚类时，应预先用淀粉-碘化钾试纸或 $FeSO_4$-KSCN 溶液来检查是否有过氧化物存在，如果试纸变蓝色或 $FeSO_4$-KSCN 溶液变红色，则应加入适量 $FeSO_4$ 或 Na_2SO_3 等还原剂除去过氧化物。在蒸馏醚的过程中，避免蒸干，以免发生爆炸事故。

7.3.4 重要的醚

1. 乙醚

乙醚为无色易挥发的液体，沸点为 34.6 ℃，易燃易爆，因此使用时要特别小心。乙醚是一种应用广泛的有机溶剂。纯净乙醚在过去的外科手术中是一种吸入全身麻醉剂，麻醉苏醒后常有恶心、呕吐等副作用。目前已有不少新型的吸入全身麻醉药如氟烷($F_3C—CHClBr$)、甲氧氟烷($Cl_2CH—CF_2—OCH_3$)应用于临床。

2. 环氧乙烷

环氧乙烷(oxirane)是最重要也是最简单的环氧化合物。由于三元环的存在，它的化学性质非常活泼，遇酸、碱都容易开环。环氧乙烷常温下为气体，沸点为 10.7 ℃。临床上主要用作气体杀菌剂，穿透力强，可杀灭各种微生物，属高效灭菌剂，主要用于医疗器械、内窥镜及一次性使用的医疗用品消毒。

7.4　硫醇和硫醚

7.4.1　硫醇

1. 结构和命名

醇分子中的氧原子被硫原子替代而生成的化合物称为硫醇(mercaptan)，硫醇的通式为 R—SH，—SH 称为巯基(mercapto)，是这类化合物的官能团。硫醇也可以看成是烃分子中的氢原子被巯基取代的化合物。硫醇的命名与醇相似，只需把“醇”字改称为“硫醇”即可，对于结构较复杂的硫醇命名时把—SH 当成取代基。例如

CH_3SH	CH_3CH_2SH	$HSCH_2CH_2CH_2OH$
甲硫醇	乙硫醇	3-巯基-1-丙醇

2. 硫醇的物理性质

在室温下，甲硫醇为气体，其他的硫醇为液体或固体。低相对分子质量的硫醇易挥发且具有特殊的臭味，即使浓度极低，也可被人嗅出。利用这一特性，在燃气中加入微量的硫醇，起到对泄漏的自动报警作用。随着碳链的增长其臭味逐渐变淡，超过九个碳原子的硫醇基本无味。

与氧相比，硫的电负性较小，原子半径又较大，因此硫醇分子之间及与水分子之间均难以形成氢键，所以硫醇的沸点比相应的醇要低，且难溶于水。

3. 硫醇的化学性质

1) 弱酸性

硫的原子半径比氧大，易于极化，使得 S—H 键比 O—H 键容易解离，因而硫醇的酸性比相应的醇强，硫醇的 pK_a 值一般为 9～12。硫醇尽管难溶于水，但易溶于氢氧化钠(钾)等碱性溶液，发生中和反应生成可溶于水的盐。例如

$$CH_3CH_2SH + NaOH \longrightarrow \underset{\text{乙硫醇钠}}{CH_3CH_2SNa} + H_2O$$

硫醇不仅可以与碱反应，还可以与重金属(如汞、铅、银、铜等)的盐或氧化物反应生成不溶于水的硫醇盐。例如

$$2CH_3CH_2SH + HgO \longrightarrow (CH_3CH_2S)_2Hg\downarrow + H_2O$$

$$2RSH + (CH_3COO)_2Pb \longrightarrow (RS)_2Pb\downarrow + 2CH_3COOH$$

临床上利用硫醇的这一性质，将某些硫醇作为重金属中毒的解毒剂。例如

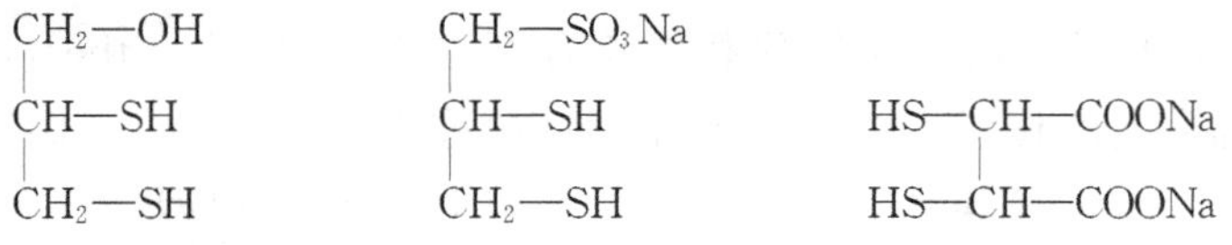

二巯基丙醇(BAL)　　二巯基丙磺酸钠　　二巯基丁二酸钠

这些解毒剂能与进入体内的重金属离子络合，阻止重金属与机体中的酶结合，或夺取已经与酶结合的重金属离子，生成的稳定螯合物从尿液中排出。例如

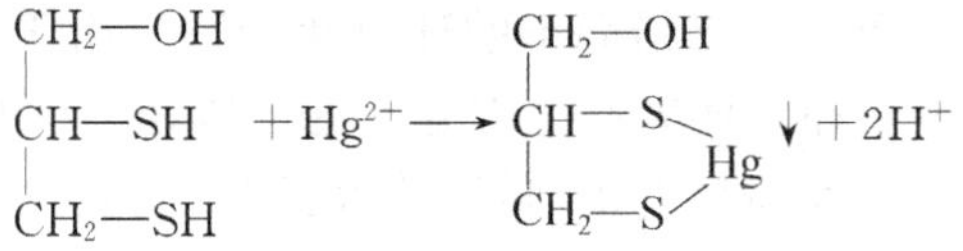

若酶或蛋白质的巯基与重金属离子结合过久，它们的活性则难以恢复，因此重金属中毒需尽早用药，及时抢救。

2）氧化反应

硫醇比醇容易被氧化，温和的氧化剂（如稀过氧化氢、碘、空气中的氧等）就可以将其氧化成二硫化物。例如

$$2CH_3CH_2CH_2SH + I_2 \longrightarrow CH_3CH_2CH_2S{-}SCH_2CH_2CH_3 + 2HI$$

二丙基二硫化物

二硫化物分子中的“—S—S—”化学键称为二硫键（disulfide bond）。二硫化物在一定条件下又可被还原剂（如 $NaHSO_3$、Zn 等）还原为原来的硫醇。

$$2R{-}SH \underset{[H]}{\overset{[O]}{\rightleftharpoons}} R{-}S{-}S{-}R$$

在生物体内，二硫键对于维持蛋白质的空间结构起着非常重要的作用，并且二硫键与巯基之间的转化是一个重要的生理过程。例如，半胱氨酸氧化生成胱氨酸，胱氨酸还原又生成半胱氨酸，此反应在氨基酸的代谢过程中占重要地位。

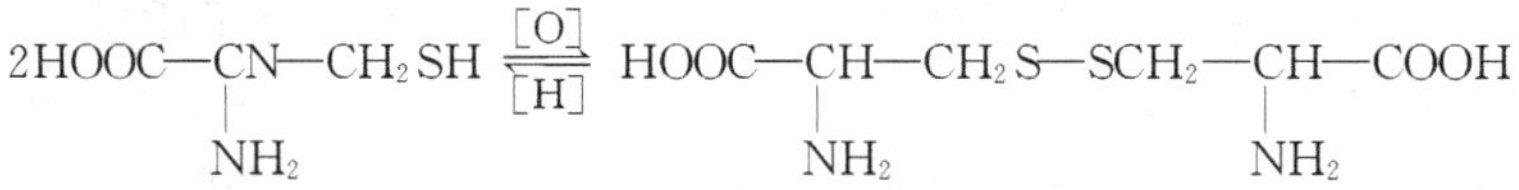

半胱氨酸　　　　胱氨酸

3）酯化反应

与醇相似，硫醇可以与羧酸发生酯化反应。

$$RSH + R'COOH \rightleftharpoons R'{-}\overset{\overset{\displaystyle O}{\|}}{C}{-}SR + H_2O$$

辅酶 A 是一种酰基转移酶的辅酶，在生物体内起转移传递酰基的作用。在结构上，辅酶 A 分子末端有一巯基，因此辅酶 A 常简写成 HS-CoA，这里的巯基可以与由糖、脂肪、蛋白质代谢产生的乙酰基结合，并以硫酯键的方式形成乙酰辅酶 A（$R{-}\overset{\overset{O}{\|}}{C}{-}S{-}CoA$），乙酰辅酶 A 再将乙酰基转移给底物，以此完成代谢过程中的乙酰化反应。可以说食物中的各种糖类、脂肪、蛋白质代谢产生的乙酸都是通过乙酰辅酶 A 而进入代谢过程，并得以氧化分解的。

7.4.2　硫醚

1. 结构和命名

醚分子中的氧原子被硫原子所代替的化合物称为硫醚（thioether），硫醚的通式为 R—S—R′。硫醚的命名与醚相似，只需将相应的“醚”改称为“硫醚”即可。例如

$CH_3{-}S{-}CH_3$	$CH_3{-}S{-}CH_2CH_3$
（二）甲硫醚	甲乙硫醚

2. 物理性质

低碳数的硫醚都是无色液体，有臭味但不如硫醇强烈。硫醚的沸点比相应的醚高，与相对分子质量相近的硫醇相当。由于硫醚不能与水分子形成氢键，因此其在水中的溶解度远小于醚，几乎不溶于水。

3. 化学性质

硫醚与醚相似，其化学性质稳定。但由于硫原子有良好的给电子性，因此硫醚具有弱碱性、亲核性和易于氧化的特点。

(1) 弱碱性。硫醚具有较弱的碱性，它与强酸作用可生成硫盐。

$$R—S—R' + H_2SO_4 \rightleftharpoons R_2\overset{+}{S}\overset{-}{H}SO_4H$$

(2) 亲核反应。硫醚与卤代烃发生亲核取代反应，生成硫盐。

$$CH_3SCH_3 + CH_3I \xrightarrow{THF} (CH_3)_3S^+I^-$$

硫盐自身也可以作为烷基化试剂，与其他亲核试剂反应，肾上腺素的生物合成就是通过硫盐参与的甲基转移反应实现的。

$$CH_3CH_2CH_2NH_2 + (CH_3)_3S^+I^- \longrightarrow CH_3CH_2CH_2NHCH_3 + CH_3SCH_3 + HI$$

(3) 氧化反应。硫醚像硫醇一样也非常容易发生氧化反应。室温条件下，过氧化氢、浓硝酸等就可以将其氧化生成亚砜；高温情况下，发烟硝酸、高锰酸钾等会将其氧化生成砜。例如

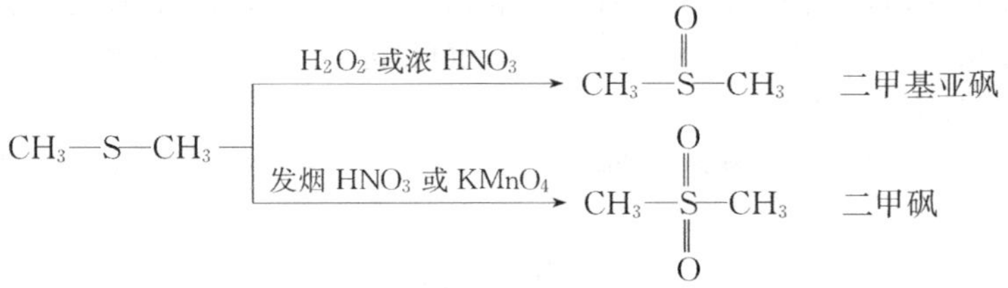

二甲基亚砜(DMSO)为无色具有强极性的液体，沸点为 189 ℃，可与水、乙醇、丙酮、醚、苯等溶剂互溶。它既能溶解有机物也能溶解无机物，是一种性能优良的非质子性溶剂。DMSO 对皮肤有很强的穿透力，可作为载体促进溶入其中的药物渗入皮肤。

知识拓展

冠　醚

冠醚，又称“大环醚”，是大环多元醚化合物，结构中含有重复的—CH_2CH_2O—单位。由于其结构形状似皇冠，因此称为冠醚。例如

18-冠-6　　**18-冠-6与K^+的络合物**

第一个冠醚的发现纯属偶然，1967 年美国化学家彼德森(C. J. Pedersen)在制备双酚Ⅰ时，除得到目标产

物Ⅰ外，还得到少量的副产物Ⅱ，研究发现它是邻苯二酚和二氯乙醚发生缩合关环的产物二苯-18-冠-6，随后又合成出一系列冠醚，并对它们的性质和应用做了进一步的研究。为表彰他在冠醚研究方面的贡献，1987 年诺贝尔化学奖授予了彼德森以及其他两位在此领域作出杰出贡献的科学家。

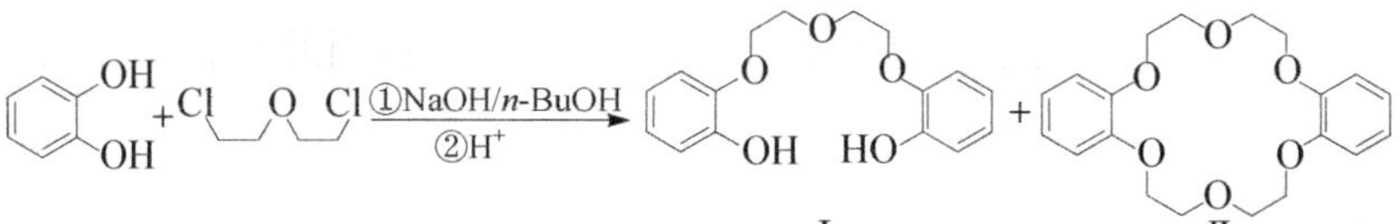

Ⅰ　　Ⅱ

冠醚分子具有特殊的大环孔状结构，具有疏水的外部骨架，又具有亲水的可以和金属离子成键的内腔。冠醚最重要的一个特点就是可以与金属离子形成配合物，不同的冠醚，分子内腔大小不同，可以和不同的金属离子形成较稳定的配合物，因此具有较高的选择性。例如，18-冠-6 能与 K^+ 形成比较稳定的配合物，而 12-冠-4与 Li^+ 形成稳定的配合物，冠醚的这种性质可以用来分离金属离子。

冠醚的另一个应用就是作为相转移催化剂。由于冠醚外部为疏水的烃基，当其与金属离子络合后，可将金属阳离子“带入”到有机溶剂中，阴离子也同时“跟随”进入到有机溶剂中，即完成相转移作用。由于阴离子是游离的、自由的，不受溶剂化效应的影响，活性增强，因此很容易发生反应。例如，下面的反应不加相转移催化剂时反应很难进行，当加入 18-冠-6 时不仅反应加快而且收率提高。

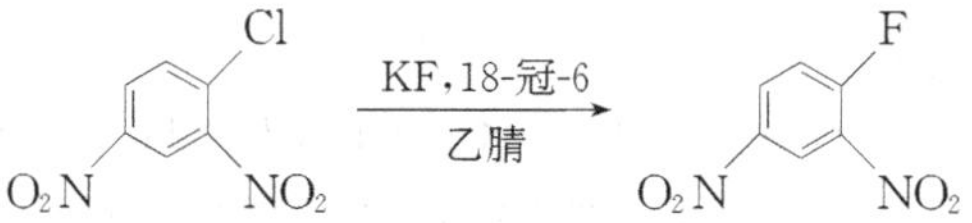

冠醚环上的氧可被氮、硫、硒等其他原子取代，而得到相应的氮杂、硫杂、硒杂等杂原子冠醚。在冠醚体系中连接不同的功能性基团对冠醚化合物进行修饰，由最简单的冠醚发展为臂式冠醚、穴醚、开链冠醚和双冠醚等。除在离子识别、相转移催化方面广为应用外，冠醚在仿生化学、气相色谱固定相、离子选择电极、环境医学、酶与膜模拟及分离萃取等方面也有着广泛的用途。

冠醚有一定的毒性，特别是对皮肤黏膜和眼睛均有刺激性，应避免吸入其蒸气或与皮肤接触。

小　　结

醇、酚、醚都是烃的含氧衍生物，其官能团分别为醇羟基、酚羟基和醚键。

因能形成氢键，醇具有较高的沸点，低碳数醇和多元醇具有较好的水溶性。

醇分子中，氧采取不等性 sp^3 杂化，O—H 键和 C—O 键都是极性键，在反应中均易发生异裂。O—H 键断裂会解离出质子，使醇表现出酸性，同时形成的烷氧负离子还可起到亲核试剂的作用；C—O 键断裂则生成碳正离子，可发生亲核取代反应和消除反应。此外，受羟基的影响，醇还易于发生氧化反应。

酚分子中，酚羟基中的氧采取 sp^2 杂化，其中一个未参与杂化的 p 轨道可同苯环的大 π 键形成 p-π 共轭体系，使 H—O 键易断裂而 C—O 键不易断裂，表现出不同于醇的性质。酚的酸性比醇强，有一定的酸性；酚羟基不易被取代；酚易于发生亲电取代反应；与三氯化铁的水溶液发生颜色反应，用以鉴别酚羟基的存在。

醚分子中，醚键中的氧采取 sp^3 杂化，稳定性是醚的主要化学性质，但在一定条件下也可与其他物质反应。

硫醇和硫醚的性质分别与醇和醚的性质有很大的相似性，但由于硫的电负性比氧小，原子半径比氧大，因此它们又分别表现出与醇或醚不同的性质，如更易被氧化、亲核性更强等。

醇的主要反应总结如下：

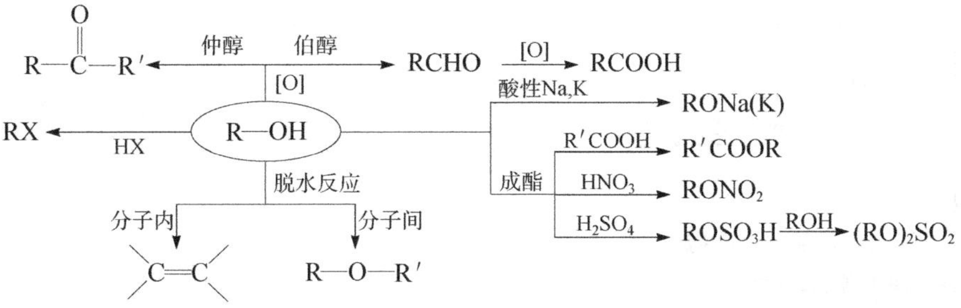

苯酚的主要反应总结如下：

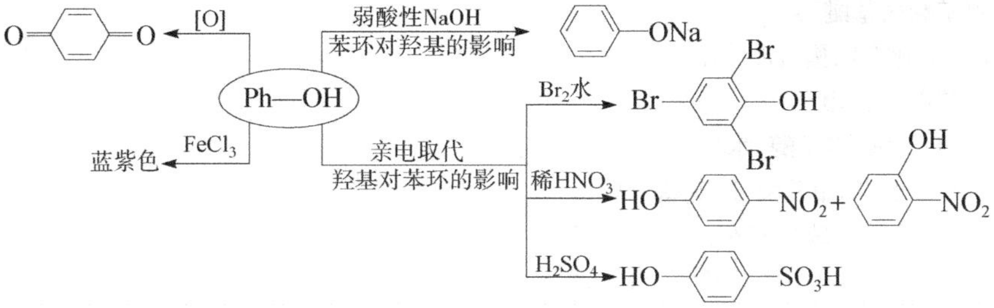

醚的主要反应总结如下：

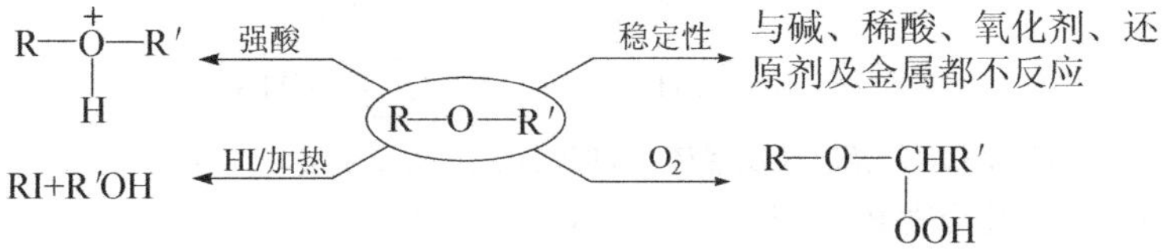

习　　题

1. 写出下列化合物的化学结构式。

(1) (*E*)-3-己烯-2-醇　(2) 4-甲基-1,4-戊二醇　(3) 2-甲基-3-己硫醇　(4) 苦味酸

(5) 2-乙氧基乙醇　(6) 3-甲基环己醇　(7) 5-甲基-2-异丙基苯酚　(8) 环氧乙烷

2. 用系统命名法命名下列各化合物。

(1) $(CH_3)_3CCH_2OH$　(2) $C_6H_5CH_2CH_2OH$　(3) $CH_3OCH_2CH_2OH$

(4) $(CH_3)_2C{=}CHCH(OH)CH_2CH_3$　(5) $HSCH_2CH_2CH_2OH$　(6) 

(7) 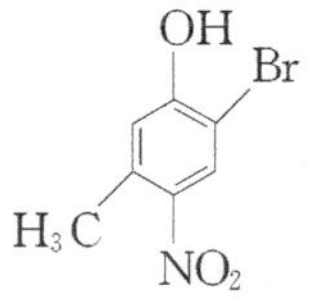　(8) 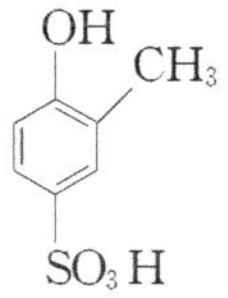　(9) 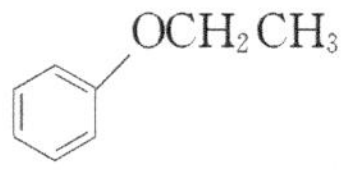

3. 完成下列反应，写出主要产物。

(1) $C_6H_5CH_2CH(OH)CH_3 + H_2SO_4 \xrightarrow{\triangle}$

(2) $CH_3CH_2CH_2OH + SOCl_2 \longrightarrow$

(3) HO—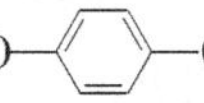—$CH_2OH + NaOH \longrightarrow$

(4) $\underset{OH}{CH_2}-\underset{OH}{CH}-\underset{OH}{CH_2} + HNO_3 \longrightarrow$

（5）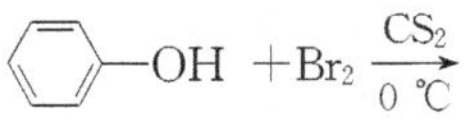

（6）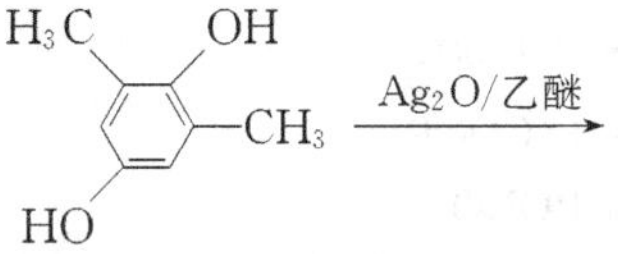

4. 用化学方法区别下列各组化合物。

（1）正丁醇、仲丁醇、叔丁醇

（2）正丁醇、苯酚、乙醚

（3）乙醚、甲基烯丙基醚

5. 将下列各组中的化合物按酸性大小排列成序。

（1）苯甲酸、苯甲醇、苯酚

（2）碳酸、乙醇、苯酚、叔丁醇、水

（3）苯酚、间氯苯酚、间甲苯酚、间硝基苯酚

（4）4-硝基苯酚、2,4-二硝基苯酚、2,4,6-三硝基苯酚

6. 比较下列各化合物在水中的溶解度，并说明理由。

（1）$HOCH_2—CH_2—CH_2OH$　（2）$HOCH_2—CH(OH)—CH_2OH$　（3）$CH_3CH(OH)CH_3$　（4）$CH_3CH_2CH_3$

（5）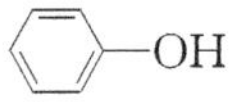　（6）$CH_3OCH_2CH_3$　（7）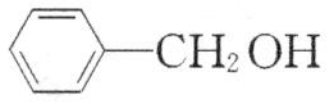

7. 化合物 **A** 的分子式为 C_7H_8O，不溶于水及稀硫酸，但可溶于 NaOH 溶液。当用溴水处理 **A** 时，它能迅速生成分子式为 C_7H_7OBr 的化合物 **B**。试推测化合物 **A** 和 **B** 的结构式。

8. 化合物 **A** 的分子式为 $C_6H_{14}O$，常温下 **A** 不与金属钠作用，和过量的浓氢碘酸共热时生成碘代烷 **B**，**B** 与氢氧化银作用生成正丙醇。试推测化合物 **A** 和 **B** 的结构式，并写出有关反应方程式。

（新乡医学院　耿明江）

第 8 章　醛、酮、醌

醛(aldehyde)、酮(ketone)和醌(quinone)都是含有羰基(carbonyl group)的化合物，也称为羰基化合物。羰基是碳原子以双键与氧原子相连的官能团。羰基的碳原子与一个烃基或氢原子相连形成的化合物称为醛(甲醛例外，它的羰基与两个氢原子相连)，醛的官能团(—CHO)又称醛基。羰基碳与两个烃基相连形成的化合物称为酮，酮羰基也称为酮基。

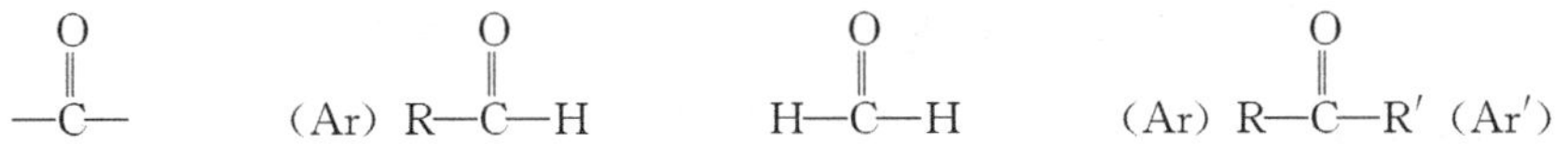

羰基　　醛的通式　　甲醛　　酮的通式

醌是一类分子中含有"环己二烯二酮"结构的不饱和环状共轭二酮。例如

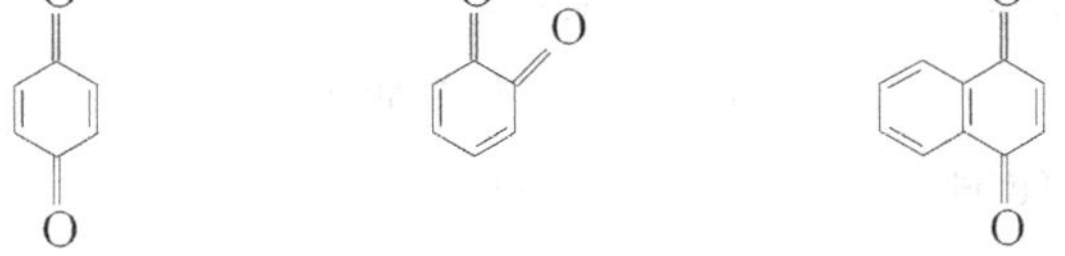

对苯醌（1,4-苯醌）　　邻苯醌（1,2-苯醌）　　α-萘醌（1,4-萘醌）

醛、酮和醌广泛存在于自然界，如肉桂醛、麝香酮、辅酶 Q 等，同时有些羰基化合物参与生物体内的基团转换和物质代谢，是重要的代谢中间体。

本章重点讨论醛、酮的分类、命名和化学性质。醛、酮的化学性质活泼，易发生许多化学反应，在有机合成反应中有着广泛的应用。

8.1　醛、酮

8.1.1　醛和酮的结构

羰基碳和氧原子都为 sp^2 杂化，3 个 sp^2 杂化轨道分别与一个氧原子和碳或氢原子形成 3 个 σ 键，这 3 个 σ 键处于同一平面上，键角近似 120°。碳和氧原子未杂化的 p 轨道从侧面重叠形成碳氧 π 键，并垂直于 σ 键所在的平面。碳氧双键(C═O)由 1 个 σ 键和 1 个 π 键组成，由于羰基氧原子的电负性大于碳原子，因此双键电子云不对称地分布在碳和氧之间，氧带部分负电荷(δ^-)，而碳带部分正电荷(δ^+)，形成一个极性共价键。所以醛、酮是极性较强的分子。甲醛和羰基的结构如图 8-1 所示。

(a)　　(b)

图 8-1　甲醛(a)和羰基(b)的结构

8.1.2　醛和酮的分类和命名

1. 醛和酮的分类

根据羰基所连接的烃基不同，醛、酮可分为脂肪族和芳香族两大类；根据烃基的饱和程度，

又可以分为饱和醛、酮和不饱和醛、酮；还可根据分子中羰基的数目，分为一元、二元和多元醛、酮等。例如

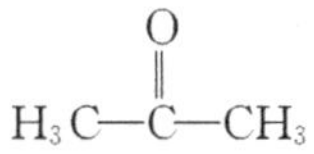
饱和脂肪酮
单酮

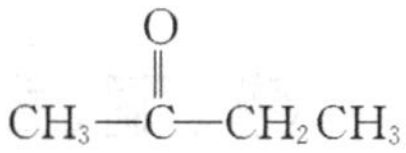
饱和脂肪酮
混酮

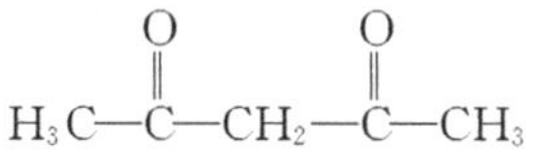
饱和脂肪酮
二元酮

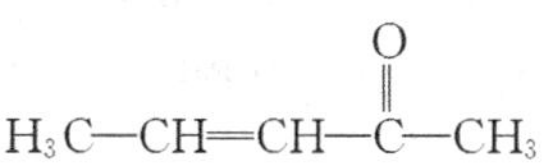
不饱和脂肪酮

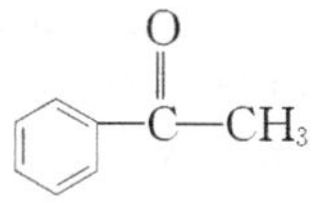
芳香酮

2. 醛和酮的命名

醛、酮的命名方法主要有普通命名法和系统命名法。

(1)普通命名法。结构简单的醛、酮可采用普通命名法命名。醛按分子中含有的碳原子数称为“某醛”，含脂环和芳香环的醛将脂环基和芳香基作为取代基，脂肪醛作为母体命名。例如

HCHO
甲醛

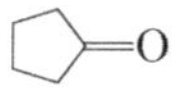
环戊基甲醛

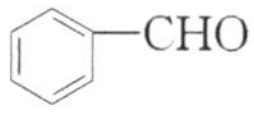
苯甲醛

酮则按羰基所连接的两个烃基的名称来命名，一般较小的烃基在前，较大基团在后，称为某(基)某(基)酮。例如

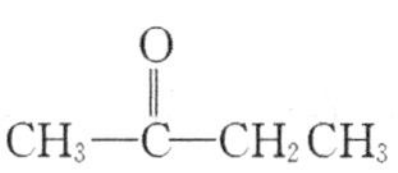
甲(基)乙(基)酮

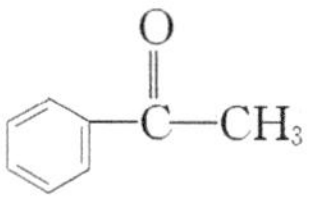
甲(基)苯(基)酮

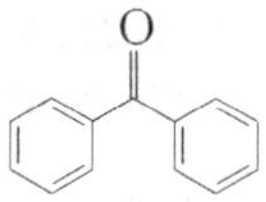
二苯(基)(甲)酮

(2) 系统命名法。选择含有羰基的最长碳链为主链，从距羰基最近的一端开始编号，称为“某醛”或“某酮”。由于醛基总是在碳链的一端，命名醛时不用标明醛基的位次，但酮基的位次需标明。主链上有取代基时，将取代基的位次和名称放在母体名称前。主链编号也可用希腊字母 α、β、γ、…、ω 表示。不饱和醛、酮命名时，应选择连有羰基和不饱和键在内的最长碳链作为主链，并使羰基编号最小。含脂环或芳香环的醛、酮是以脂肪醛、酮为母体，脂环或芳香烃基作为取代基来命名。多元醛、酮命名时，应选择含羰基尽可能多的碳链为主链，注明羰基的位次和数目。例如

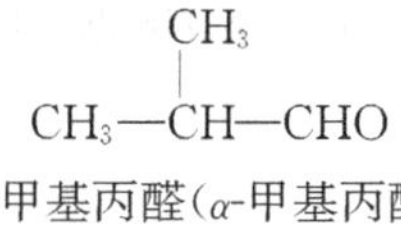
2-甲基丙醛(α-甲基丙醛)

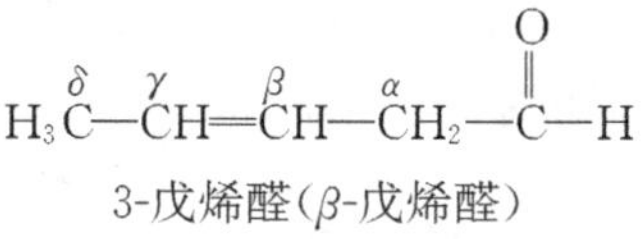
3-戊烯醛(β-戊烯醛)

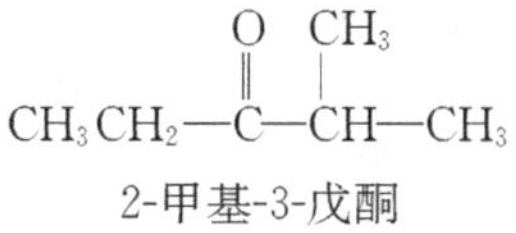
2-甲基-3-戊酮

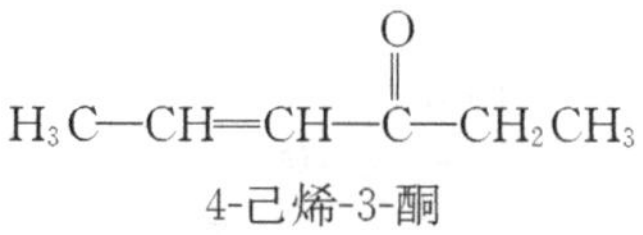
4-己烯-3-酮

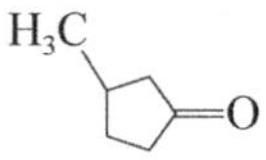
3-甲基环戊酮

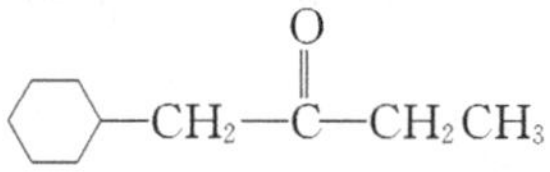
1-环己基-2-丁酮

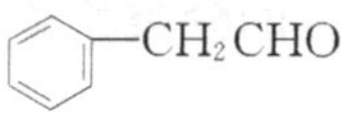
苯乙醛

$OHC—CH_2—CHO$　　　　$CH_3-\overset{\overset{\displaystyle O}{\|}}{C}-CH_2-\overset{\overset{\displaystyle O}{\|}}{C}-CH_3$

丙二醛　　　　2,4-戊二酮

许多天然醛、酮常用俗名。例如,从桂皮油中提取分离出的 3-苯基丙烯醛习惯称为肉桂醛;天然麝香的主要成分是麝香酮(3-甲基环十五酮)。

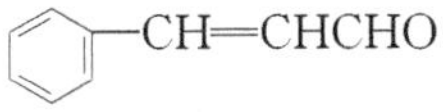

肉桂醛

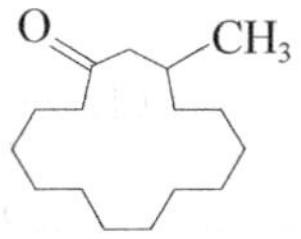

麝香酮

问题 8-1　命名下列化合物。

(1) $H_3C-\underset{}{\overset{\overset{\displaystyle CH_3}{|}}{CH}}-CH_2-\overset{\overset{\displaystyle O}{\|}}{C}H$

(2) 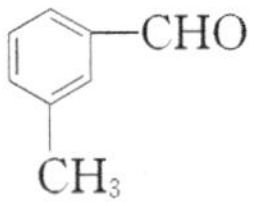

(3) 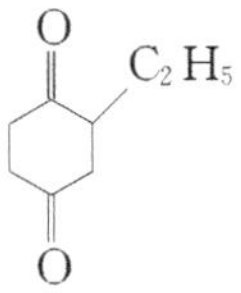

(4) 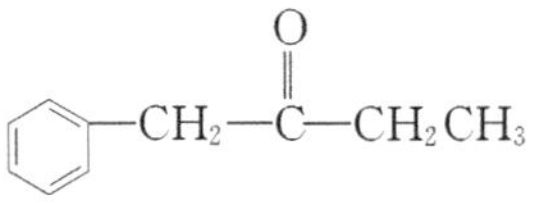

8.1.3　醛和酮的物理性质

常温下,甲醛是气体,含 12 个碳原子以下的脂肪醛、酮为液体,高碳数脂肪醛、酮和芳香醛、酮多为固体。许多低碳数醛具有强烈的刺激气味,某些天然醛、酮有芳香气味,常用于配制香精。

由于羰基是极性基团,羰基化合物分子之间的偶极-偶极相互作用增大,因而它们的沸点一般比相近相对分子质量的非极性化合物(如烷烃、醚等)高;但羰基化合物分子之间不能形成氢键,所以醛、酮的沸点比相近相对分子质量的醇和羧酸低。

由于醛、酮中的羰基能与水形成分子间氢键,因此低碳数醛、酮易溶于水,如甲醛、乙醛、丙醛和丙酮可与水互溶。随着醛、酮相对分子质量的增大,其水溶性逐渐降低,6 个碳以上的醛、酮几乎不溶于水。醛、酮一般能溶于乙醚、甲苯等有机溶剂,丙酮和丁酮是良好的有机溶剂。一些常见醛和酮的物理性质如表 8-1 所示。

表 8-1　一些常见醛和酮的物理性质

醛、酮名称	结构式	熔点/℃	沸点/℃	溶解度 /[g·(100 mL H_2O)$^{-1}$]
甲醛(methanal/formaldehyde)	$HCHO$	−92	−21	易溶
乙醛(ethanal)	CH_3CHO	−121	21	16
丙醛(propanal)	CH_3CH_2CHO	−81	49	7
丁醛(butanal)	$CH_3CH_2CH_2CHO$	−99	76	4
丙烯醛(propenal)	$CH_2=CHCHO$	−87	52	易溶
苯甲醛(benzaldehyde)	C_6H_5CHO	−26	178	0.33
丙酮(acetone/propanone)	$CH_3-\overset{\overset{O}{\|}}{C}-CH_3$	−95	56	∞
丁酮(butanone)	$CH_3-\overset{\overset{O}{\|}}{C}-CH_2CH_3$	−86	80	35.3

续表

醛、酮名称	结构式	熔点/℃	沸点/℃	溶解度/[g·(100 mL H_2O)$^{-1}$]
2-戊酮(2-pentanone)	$CH_3-\overset{\overset{O}{\|}}{C}-CH_2CH_2CH_3$	−78	102	6.3
3-戊酮(3-pentanone)	$CH_3CH_2-\overset{\overset{O}{\|}}{C}-CH_2CH_3$	−40	102	4.7
苯乙酮(acetophenone)	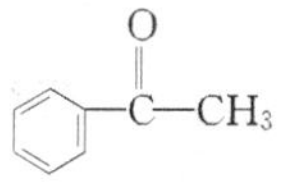	21	202	微溶
二苯酮(diphenyl ketone)	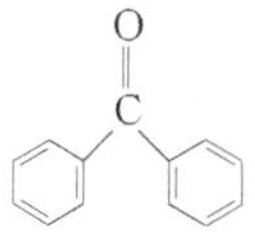	48	306	不溶
环己酮(cyclohexanone)	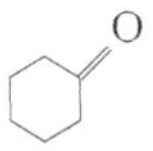	−45	155	2.4

问题 8-2　正丁醇、正丁醛和乙醚的相对分子质量很相近,而沸点却相差很大,为什么?

8.1.4　醛和酮的化学性质

醛、酮中都含有极性不饱和的碳氧双键,与烯烃中的碳碳双键相似,容易发生加成反应。羰基双键对邻近碳原子的影响使 α-碳原子上的氢原子(α-H)有一定的酸性。此外,醛、酮处于氧化还原反应的中间价态,它们既可被氧化,又可被还原,所以氧化还原反应也是醛、酮的一类重要反应。醛、酮发生化学反应的主要部位及反应类型如下所示:

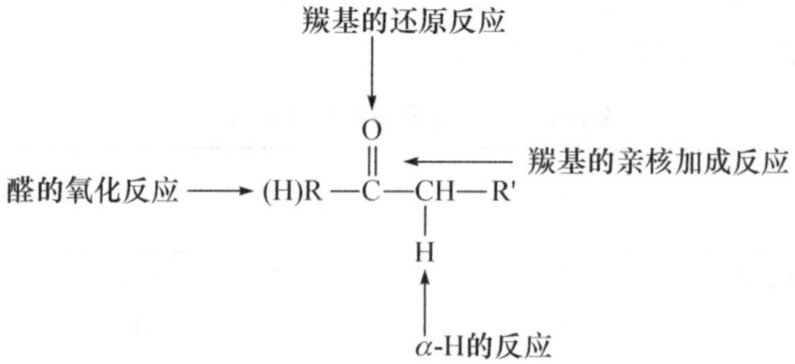

1. 羰基的亲核加成反应

羰基中碳原子带部分正电荷,受到带负电的亲核试剂的进攻,生成氧负离子中间体,然后再与试剂中带正电荷的部分结合,最终生成加成产物,这种由亲核试剂进攻所引起的加成反应称为亲核加成反应(nucleophilic addition reaction)。该反应可以在碱性条件下进行,也可在酸性条件下进行。下面以在碱性条件下反应为例说明亲核加成反应的机理。

亲核加成反应的第一步是亲核试剂中带负电部分(∶Nu^-)进攻带正电荷的羰基碳,形成氧负离子中间体,此步骤的反应速率较慢,且速率只与∶Nu^-的浓度有关,是决定该反应速率的步骤。反应的第二步是试剂中带正电部分(A^+)加到氧负离子中间体上，速率较快。反应可用下列通式表示：

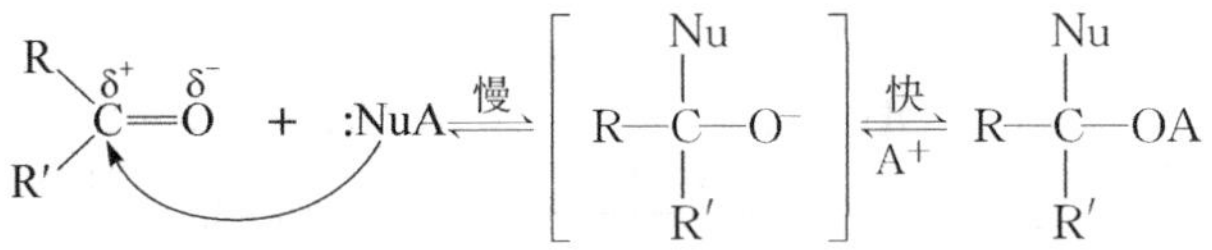

羰基亲核加成反应的活性大小，主要与形成的碳正离子和氧负离子中间体的稳定性有关。所以亲核加成反应的活性除了与亲核试剂的性质有关外，还与羰基碳原子上连接的基团的电子效应和空间效应有关。

从电子效应方面考虑，羰基亲核加成反应活性的强弱主要与羰基碳原子上所带正电荷的多少有关。羰基碳原子所带正电荷越多，带有负电荷的亲核试剂就越容易进攻，反应越容易进行。当羰基碳原子上连接的给电子基团(如烃基)越多，羰基碳原子的正电性越弱，反应就越难进行，所以甲醛比其他脂肪醛易于反应；芳香醛连有苯环，使羰基碳原子的正电性减弱，不利于亲核加成反应，反应速率比脂肪醛慢；酮的羰基上连有两个烃基，反应速率更慢。

从空间效应方面考虑，主要与羰基所连基团的空间位阻有关。羰基上连接的烃基越大，则空间位阻越大，亲核试剂越不容易靠近，反应也就越不容易进行。氢原子的空间位阻最小，所以甲醛的反应活性最强，脂肪醛比芳香醛、酮易于反应。

综上所述，不同结构的醛、酮进行亲核加成反应时，反应活性次序大致为

$$H-\overset{\overset{O}{\|}}{C}-H > R-\overset{\overset{O}{\|}}{C}-H > Ar-\overset{\overset{O}{\|}}{C}-H > H_3C-\overset{\overset{O}{\|}}{C}-CH_3 > R-\overset{\overset{O}{\|}}{C}-R > Ar-\overset{\overset{O}{\|}}{C}-Ar$$

1) 与含碳亲核试剂的加成

(1) 与氢氰酸的加成。醛、脂肪族甲基酮和含八个碳原子以下的环酮能与氢氰酸发生加成反应，生成 α-羟基腈(又称氰醇)，该反应是在碳链上增长一个碳原子的方法之一。

$$R-\overset{\overset{O}{\|}}{C}-CH_3(H) + HCN \xrightleftharpoons{OH^-} R-\underset{\underset{CN}{|}}{\overset{\overset{OH}{|}}{C}}-CH_3(H)$$

α-羟基腈

由于氢氰酸易挥发，有剧毒，因此与羰基化合物反应时，一般是将无机酸滴加至醛(酮)和氰化钠水溶液中，使得氢氰酸一生成就立即与醛(酮)发生加成反应。例如

$$H_3C-\overset{\overset{O}{\|}}{C}-H \xrightleftharpoons{NaCN+HCl} H_3C-\underset{\underset{CN}{|}}{\overset{\overset{OH}{|}}{C}}-H$$

α-羟基丙腈

但需要注意的是，在加酸时应控制溶液在 pH 8 左右，可使反应加速进行。而酸性条件下，该反应速率明显减慢，其原因是氢氰酸是一个弱酸，其解离过程为

$$HCN \rightleftharpoons H^+ + CN^-$$

$$HCN + OH^- \rightleftharpoons H_2O + CN^-$$

在上述平衡体系中，酸性条件下促使平衡向左移动，使 CN^- 浓度降低，而在碱性条件下可促使平衡向右移动，增加 CN^- 的浓度。该反应中 CN^- 是进攻试剂，反应的速率取决于 CN^- 浓度的大小，因此这一步反应较慢，是决定整个反应速率的关键步骤。

α-羟基腈是有用的中间体，氰基可进一步水解成α-羟基酸，也能还原为氨基。例如，有机玻璃的单体α-甲基丙烯酸甲酯就是以丙酮为原料，与氢氰酸反应合成丙酮羟氰，然后在硫酸和甲醇中水解后制得。

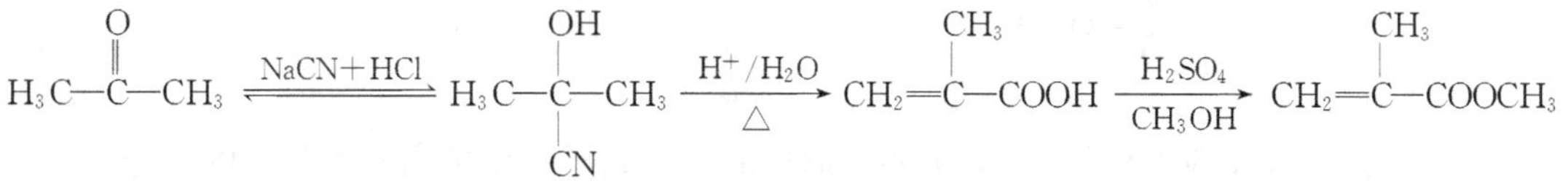

又如，α-羟基腈加氢生成β-羟基胺，利用该方法可以制备有机胺。例如

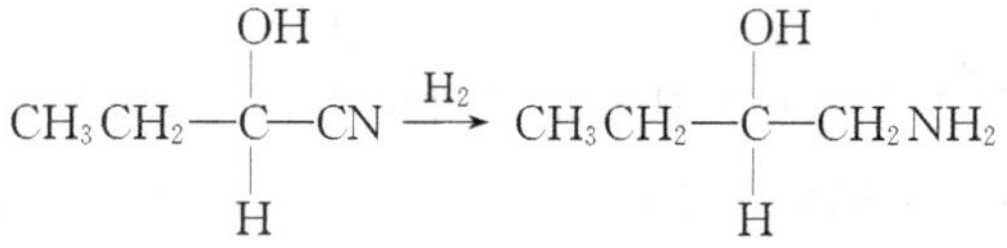

β-羟基丁胺

(2) 与 Grignard 试剂加成。Grignard 试剂中碳镁键极性很强，碳原子带部分负电荷，是一种很强的亲核试剂，很容易与醛、酮进行亲核加成反应，且此反应是不可逆的，加成的产物不经分离便可直接在酸性条件下水解生成相应的醇，是制备醇的最重要方法之一，也是增长碳链的一种方法。

Grignard 试剂与不同的醛酮反应可以制备不同的醇。甲醛与 Grignard 试剂反应和水解后可制得伯醇：

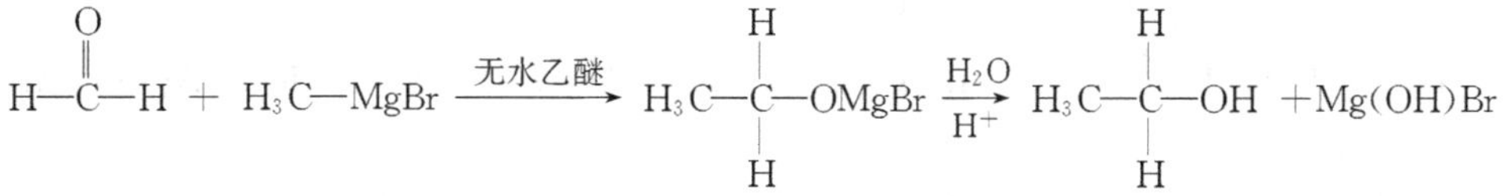

其他醛与 Grignard 试剂反应和水解后可制得仲醇：

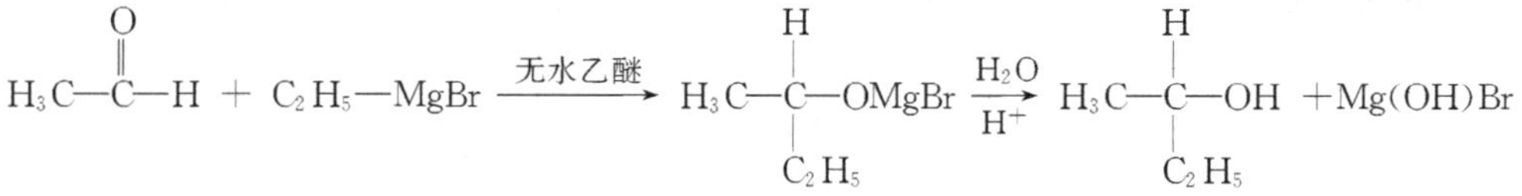

酮与 Grignard 试剂反应和水解后可制得叔醇：

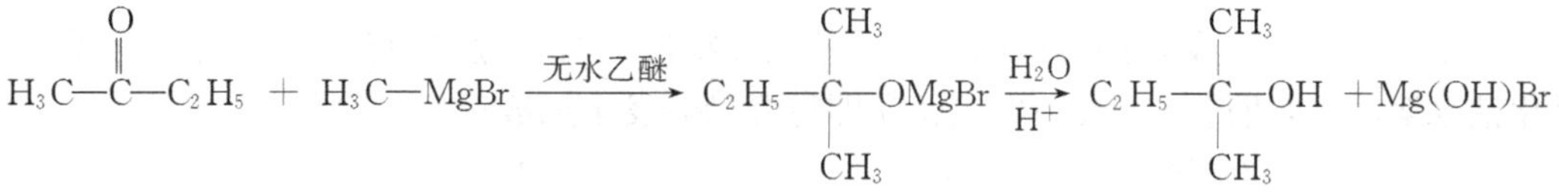

2) 与含氧亲核试剂的加成

(1) 与醇加成。在无水酸(常用干燥 HCl)的催化下，一分子的醛与一分子的醇发生加成反应，生成半缩醛(hemiacetal)。

半缩醛

半缩醛一般不稳定，易分解为原来的醛，一般很难分离得到。

半缩醛的羟基很活泼，在酸的催化下也能继续与另一分子的醇发生反应，生成稳定的缩醛(acetal)。

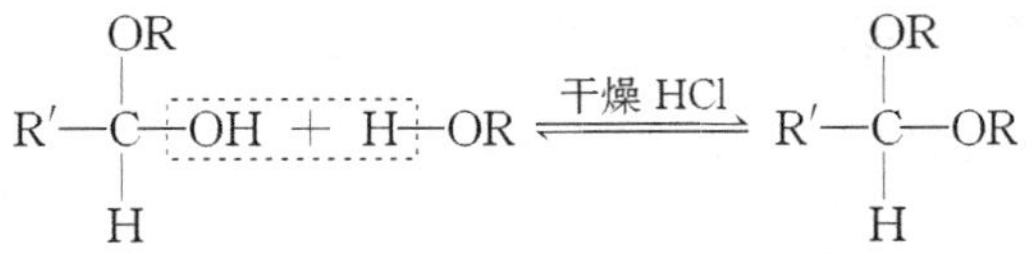

缩醛

通常将醛与过量的醇发生反应，得到与两分子醇发生反应的产物缩醛。例如

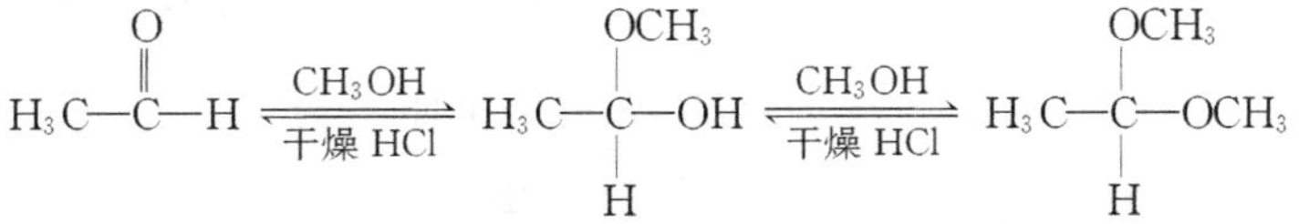

缩醛是同一个碳上连接了两个烷氧基，因此又称偕二醚，它对碱性溶液和氧化剂稳定，但在酸性溶液中易水解为原来的醛。例如

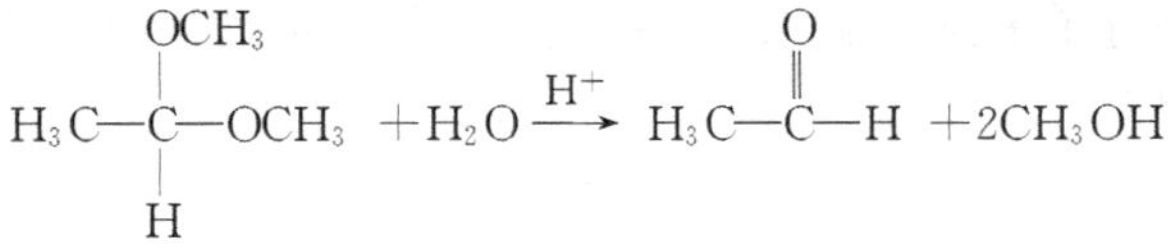

在无水酸存在下，酮不易生成缩酮，但是环状的缩酮相对比较容易形成。例如，在无水酸催化下，酮能与乙二醇等二元醇反应生成环状缩酮。

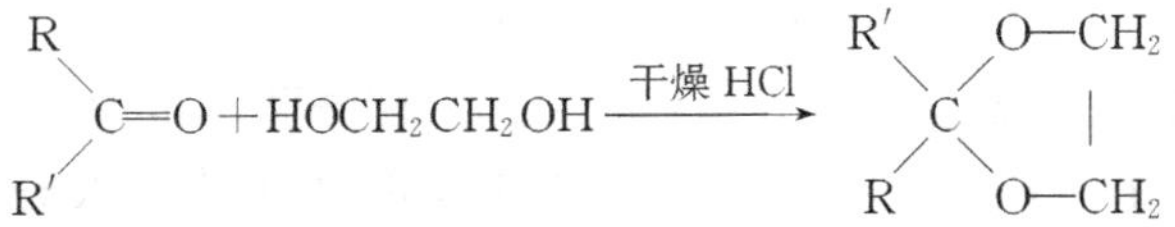

环己酮在对甲苯磺酸作用下回流可以得到稳定的缩酮。例如

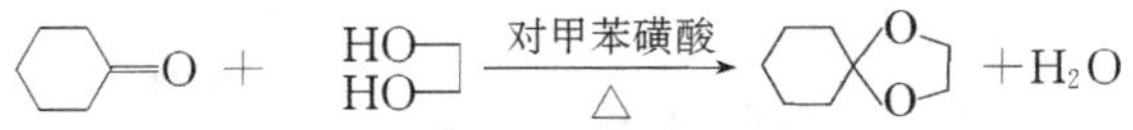

80%～85%

若在同一分子中既含有羰基又含有羟基，只要二者位置适当，就有可能在分子内生成五元或六元环状半缩醛(酮)，并能稳定存在。例如

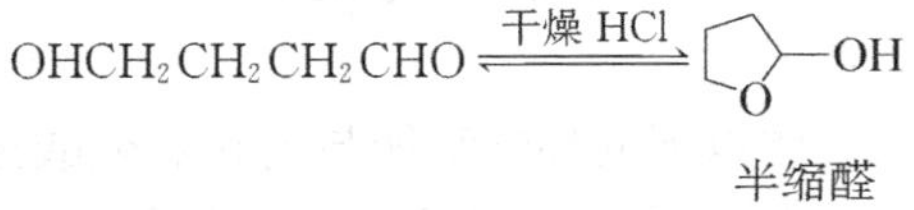

半缩醛

半缩醛(酮)和缩醛(酮)的结构在糖化学上具有重要的意义，将在第 13 章中详细讨论。

在有机合成中，由于羰基比较活泼，可以利用生成缩醛或缩酮的反应来保护醛、酮的羰基，即先将醛或酮转变成缩醛或缩酮，然后再进行分子中其他基团的转化反应，最后酸性水解，缩醛或缩酮即可水解释放出原来的羰基。例如，利用丙烯醛制备丙醛或 2，3-二羟基丙醛，其反应如下：

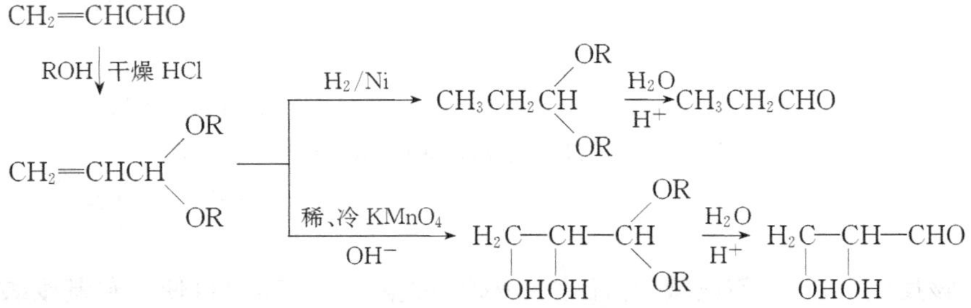

在工业上常利用缩醛反应来封闭羟基以增加产物的耐水性。例如，在维尼纶的生产中，常

用甲醛来封闭乙烯醇的部分羟基，以减少织物的水溶性：

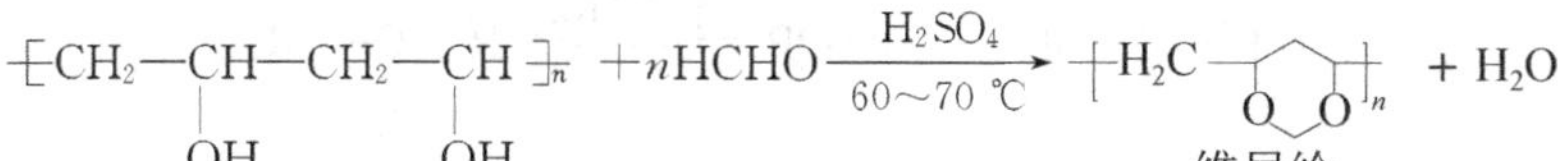

维尼纶

(2) 与水加成。醛、酮可与水加成形成水合物，也称为偕二醇。由于水是比醇更弱的亲核试剂，因此只有极少数活泼的羰基化合物才能与水加成生成相应的水合物。

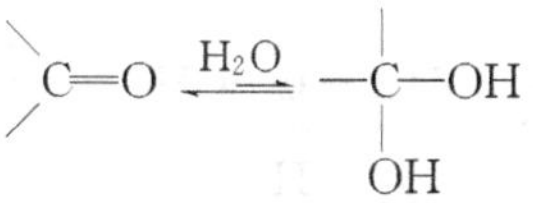

在水中，甲醛完全以水合物的形式存在，乙醛可有 58% 的水合物，丙醛水合物含量很低，而丙酮的水合就更加困难。若羰基上连有强吸电子基团时，则可与水加成形成较稳定的水合物。例如，在三氯乙醛分子中三个氯原子的吸电子诱导效应使羰基的反应活性增加，容易与水加成生成水合三氯乙醛：

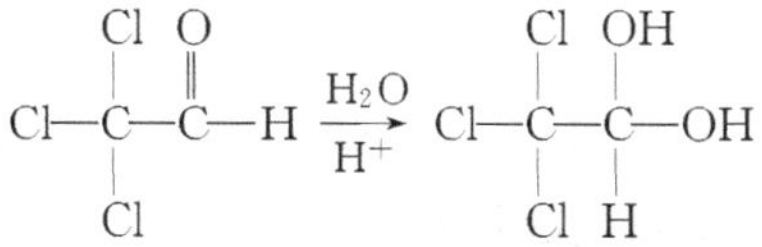

三氯乙醛　　水合三氯乙醛

水合三氯乙醛简称水合氯醛，为白色晶体，可作为催眠药和抗惊厥药。

在茚三酮分子中，由于羰基的吸电子诱导效应，它也容易和水分子形成稳定的水合茚三酮：

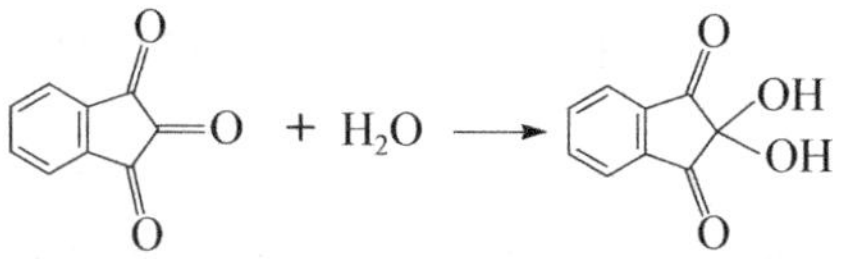

茚三酮　　**水合茚三酮**

水合茚三酮是 α-氨基酸和蛋白质的显色剂，常用于 α-氨基酸和蛋白质的鉴别。

3) 与含硫亲核试剂的加成

醛、脂肪族甲基酮以及 8 个碳以下的环酮都能与饱和亚硫酸氢钠溶液(质量分数为 40%)发生加成反应，生成 α-羟基磺酸钠。该产物易溶于水，但不溶于饱和亚硫酸氢钠水溶液。因此，将醛、脂肪族甲基酮以及 8 个碳以下的环酮与过量的饱和亚硫酸氢钠溶液一起振摇，无色晶体就会在反应液中析出，用此法可鉴别醛、脂肪族甲基酮以及 8 个碳以下的环酮。

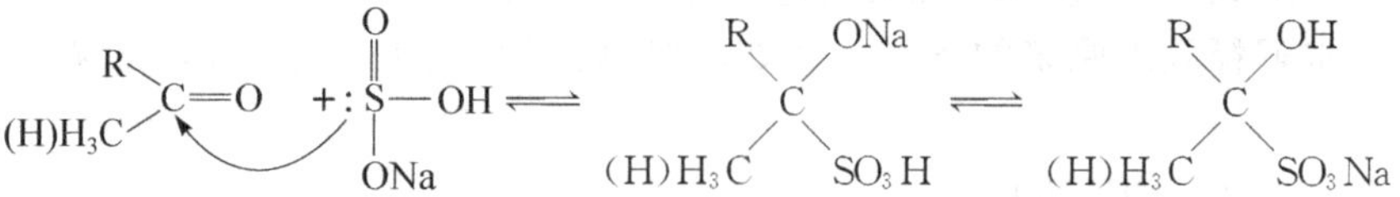

例如

白色

该反应可逆，加酸或碱(与稀盐酸或碳酸钠溶液共热时)可使 α-羟基磺酸钠不断分解为原来的醛或酮。因此，利用该过程可以分离或提纯醛、脂肪族甲基酮以及 8 个碳以下的环酮。

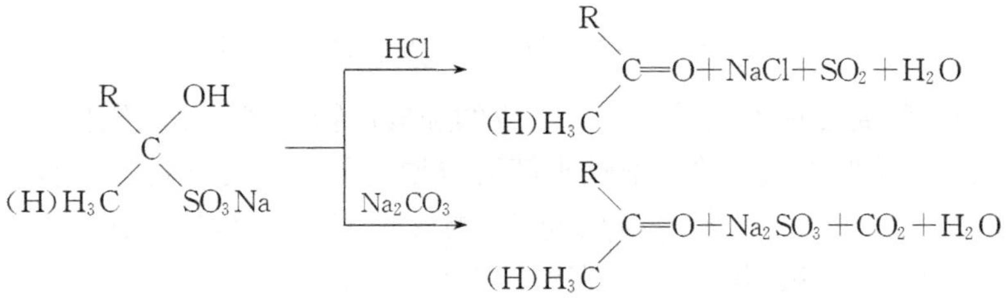

问题 8-3　下列化合物中哪些既能与 HCN 反应，又能与饱和的亚硫酸钠溶液反应？

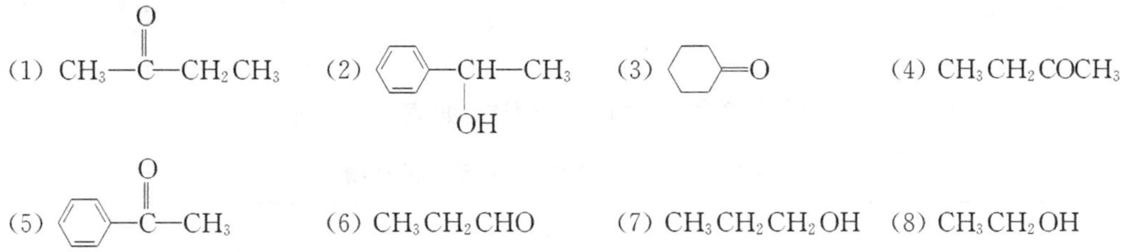

含硫的亲核试剂硫醇(RSH)也能与醛、酮发生亲核加成反应。硫醇的亲核反应活性比醇的高。例如，乙二硫醇和醛酮在室温下就能反应，生成缩硫醛或缩硫酮。例如

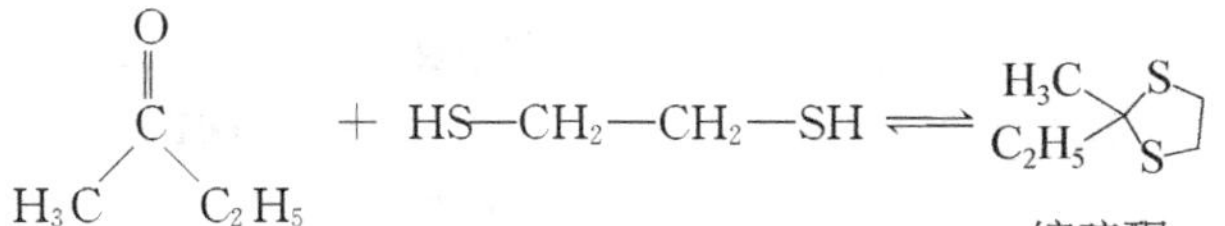

缩硫酮

缩硫醛或缩硫酮相对比较稳定，不易分解为原来的醛酮，因此不能用来保护羰基。

4) 与含氮亲核试剂的加成

含氮的亲和试剂主要有氨及其衍生物。醛、酮与氨反应一般比较困难(甲醛除外)，很难得到稳定的产物。但甲醛容易与氨反应生成亚胺，亚胺很容易聚合得到六亚甲基四胺(俗称乌洛托品)。它是一种常用的塑料固化剂，在医药上也可用作尿道消毒剂。

$$HCHO+NH_3 \longrightarrow CH_2{=}NH$$

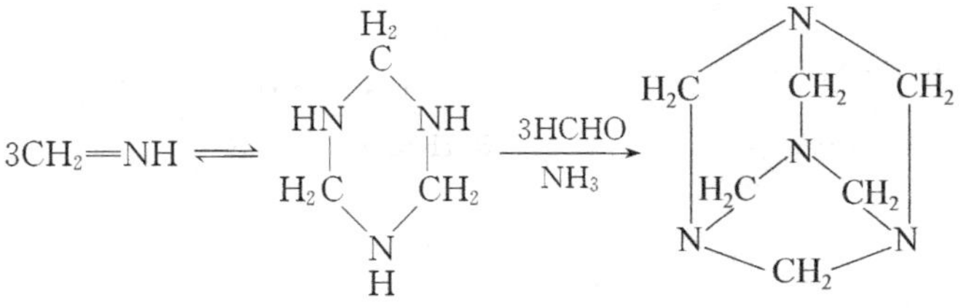

六亚甲基四胺

氨的衍生物如羟胺、肼、苯肼、2,4-二硝基苯肼和氨基脲(可用通式 H_2N-G 表示)，可作为亲核试剂与羰基加成，加成产物不稳定，容易脱水生成稳定的含碳氮双键的*N*-取代亚氨基化合物。反应过程表示如下：

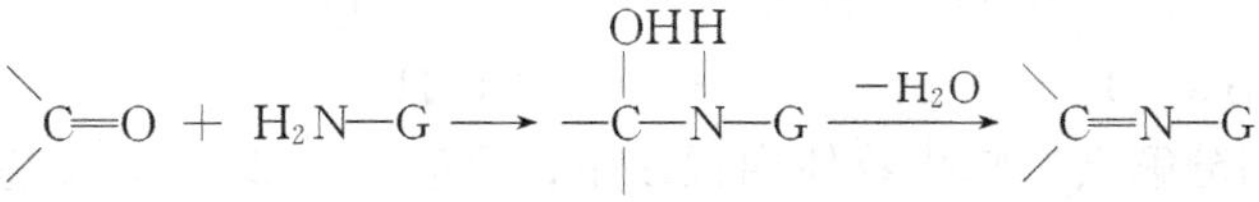

从最终产物来看，此反应是由加成-消除两步完成，实际上可以看成是醛、酮和氨的衍生物之间脱掉一分子水，所以该反应也可称为缩合反应。

$$\rangle C{=}O + H_2N{-}G \longrightarrow \rangle C{=}N{-}G + H_2O$$

上述氨的衍生物通常称为羰基试剂。生成的加成产物大多是结晶固体，具有一定的熔点，可用于鉴别醛、酮。这些加成产物经酸性水解可复原为原来的醛、酮。因此，可利用这一性质分离和提纯醛、酮。其中 2,4-二硝基苯肼与醛、酮反应生成的 2,4-二硝基苯腙多为黄色或橙色结晶，鉴别醛、酮比较灵敏，是一种应用比较广泛的羰基试剂。

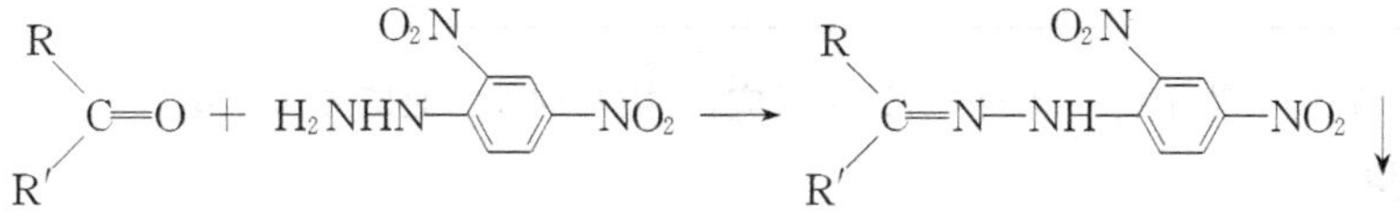

黄色

醛、酮与氨的衍生物加成缩合产物的名称和结构式如表 8-2 所示。

表 8-2　氨的衍生物与醛、酮反应的产物

氨的衍生物名称	结构式	加成缩合产物的结构式	名称
伯胺	$H_2N{-}R$	$R(R)HC{=}N{-}R$	席夫碱
羟胺	$H_2N{-}OH$	$R(R)HC{=}N{-}OH$	肟
肼	$H_2N{-}NH_2$	$R(R)HC{=}N{-}NH_2$	腙
苯肼	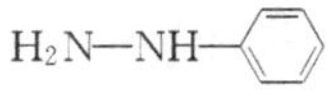	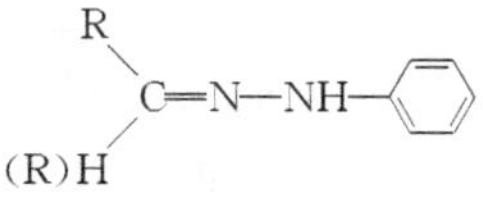	苯腙
2,4-二硝基苯肼	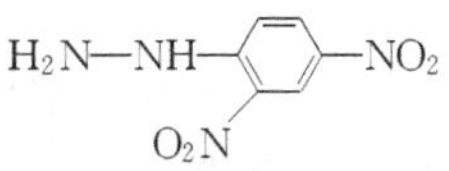	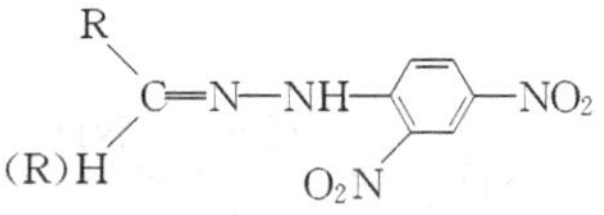	2,4-二硝基苯腙
氨基脲	$H_2N{-}NH{-}\overset{O}{\overset{\|}{C}}{-}NH_2$	$R(R)HC{=}N{-}NH{-}\overset{O}{\overset{\|}{C}}{-}NH_2$	缩氨脲

羰基化合物与伯胺加成缩合产物*N*-取代亚胺，又称为席夫(Schiff)碱。

$$R(R')HC{=}O + H_2N{-}R'' \rightleftharpoons R(R')HC{=}N{-}R'' + H_2O$$

席夫碱的形成与分解会影响生物体内很多生化反应。例如，在视觉感光细胞中，与视觉相关的感光色素视紫红素就是一种席夫碱。

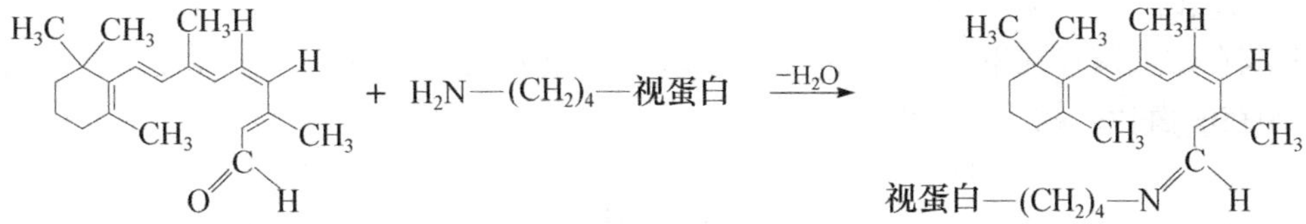

11-顺视黄醛　　　　　　视紫红素（席夫碱）

2. α-活泼氢的反应

1）酮式与烯醇式互变异构

醛、酮分子中的α-碳原子上的氢通常称为α-H，由于受到羰基的吸电子诱导效应和σ-π超共轭效应的影响，α-H 的活性增加，容易失去质子，表现出一定的弱酸性；此外，α-H 离去后形成的碳负离子可将负电荷离域到氧原子，形成烯醇氧负离子而趋于稳定。烯醇氧负离子还可进一步转变为更稳定的烯醇。

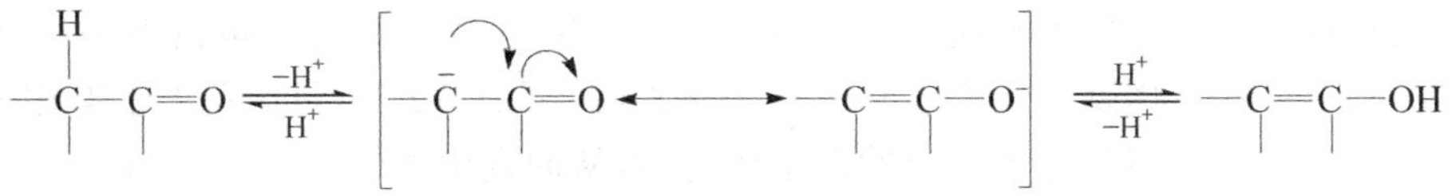

酮式　　　　碳负离子　　　　烯醇负离子　　　　烯醇式

由此可以看出，如有碱存在，可以加速形成烯醇盐；而在酸的催化下，加速生成烯醇；烯醇不稳定，能迅速转变为它的构造异构体，即原来的醛或酮。

这种同分异构体之间可相互转变，并以一定比例呈动态平衡存在的现象，称为互变异构现象(tautomerism)，各异构体称为互变异构体。含有α-H 的醛或酮在溶液中是酮式和烯醇式互变异构体的平衡混合物。一般情况下，平衡有利于酮式。

酮式　　　　烯醇式

当分子中存在$—\overset{\overset{O}{\|}}{C}—\overset{\overset{H}{|}}{C}H—$结构时，分子中就可能存在酮式-烯醇式互变异构，但比例各有差异。简单羰基化合物的烯醇式含量很少。例如

酮式(99.9%)　　　烯醇式(0.1%)

当分子中含有可与双键共轭的基团时有利于烯醇式的存在，如β-二酮、β-酮酸、β-酮酸酯等二羰基化合物，烯醇式含量较高。同时β-二羰基化合物的烯醇式结构能形成六元环的分子内氢键，更加强了它的稳定性。例如

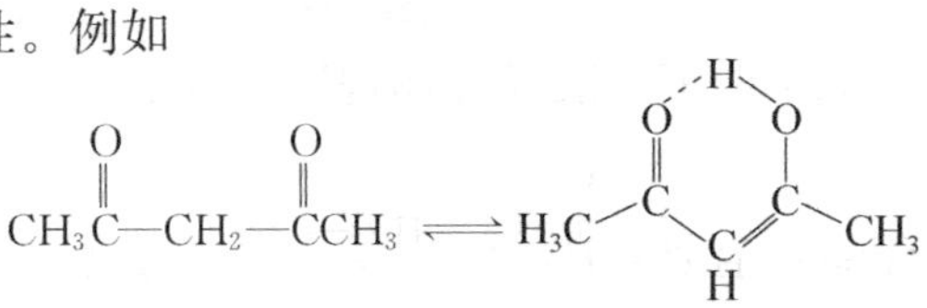

76%

2）卤代和卤仿反应

醛、酮在酸或碱存在下，α-H 可被卤原子取代生成 α-卤代醛或酮。在酸性条件下，卤代反应可控制在一卤代产物阶段。例如

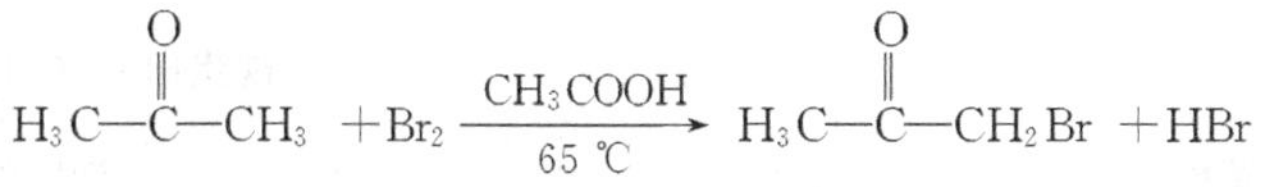

如果在碱性条件下，则生成多卤代产物，反应一般进行到 α-H 完全被取代为止，且反应迅速。

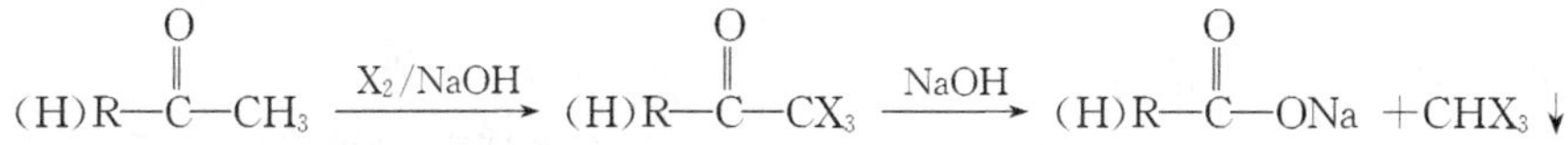

上述反应中，乙醛或甲基酮的羰基 α-碳上的三个氢都可被卤素取代，这是由于 α-H 被卤素取代后，卤原子的吸电子诱导效应使还没有取代的 α-H 更加活泼，更容易被卤素取代。生成的三卤代醛或酮由于受到羰基氧和三个卤原子极强的吸电子作用，使羰基碳原子的正电性增强，在碱性溶液中不稳定，易分解成三卤甲烷（又称卤仿）和相应的羧酸盐。该反应称为卤仿反应。卤仿反应中生成的氯仿和溴仿在常温常压下均为液体，而碘仿为黄色固体，并有特殊的气味，容易识别，所以可用碘仿反应鉴别甲基酮和乙醛。此外，乙醇和 α-碳上连有甲基的仲醇也能被碘的氢氧化钠溶液氧化为相应的羰基化合物，从而发生碘仿反应。例如

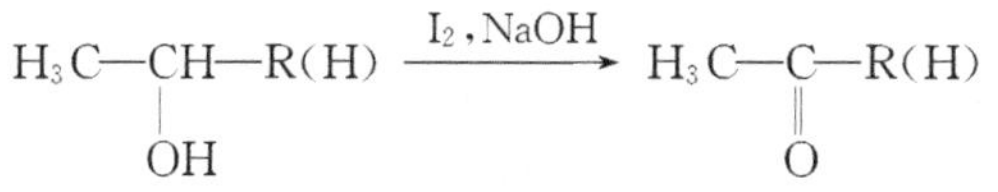

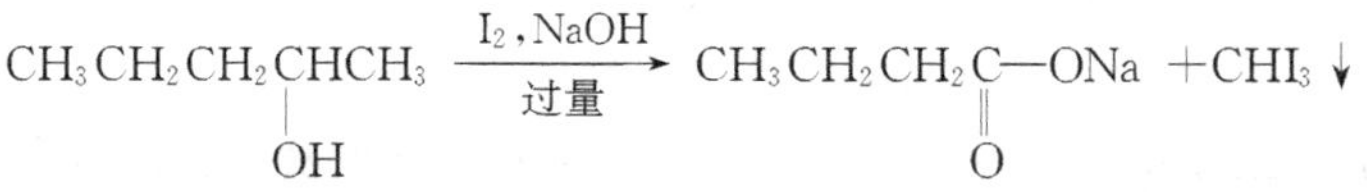

因此，碘仿反应也可用于乙醇及具有乙醇衍生物结构（$RCHOHCH_3$）的醇的定性鉴别。

问题 8-4 下列化合物哪些能发生碘仿反应？

（1）乙醛 （2）丙醛 （3）2-戊醇 （4）苯乙酮 （5）3-戊酮 （6）3-戊醇

问题 8-5 为什么 2，4-戊二酮的溶液中烯醇式结构含量较多？

3）羟醛缩合反应

在稀碱催化下，含 α-H 的醛与另一分子醛发生亲核加成生成 β-羟基醛的反应称为羟醛缩合反应（aldol condensation）。α-碳上有氢原子的 β-羟基醛受热容易失去一分子水，生成具有共轭双键的 α，β-不饱和醛。例如

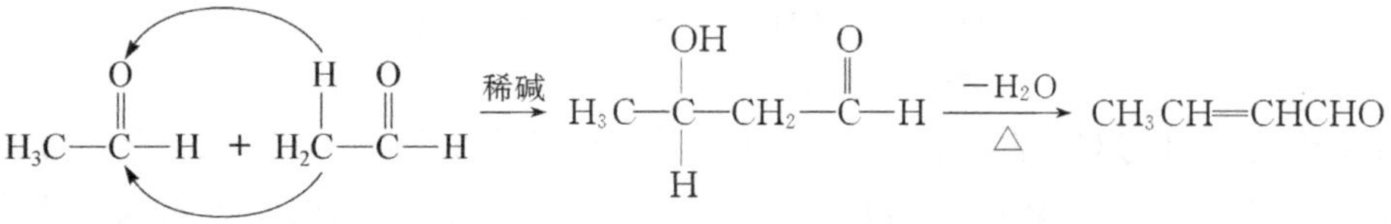

β-羟基丁醛　　　　2-丁烯醛（α，β-不饱和醛）

碱催化下，羟醛缩合反应的机理可用乙醛为例表示如下：

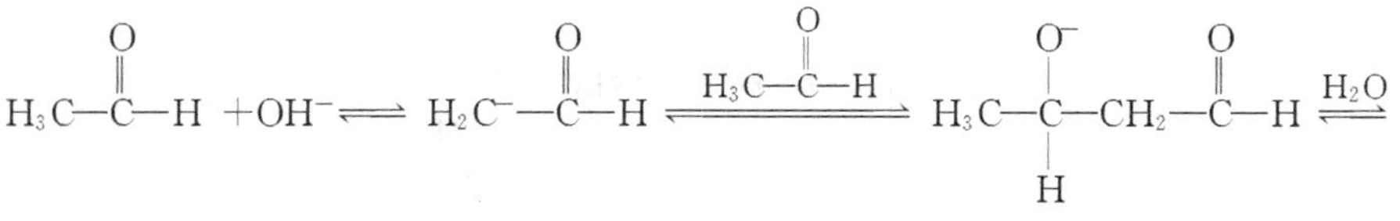

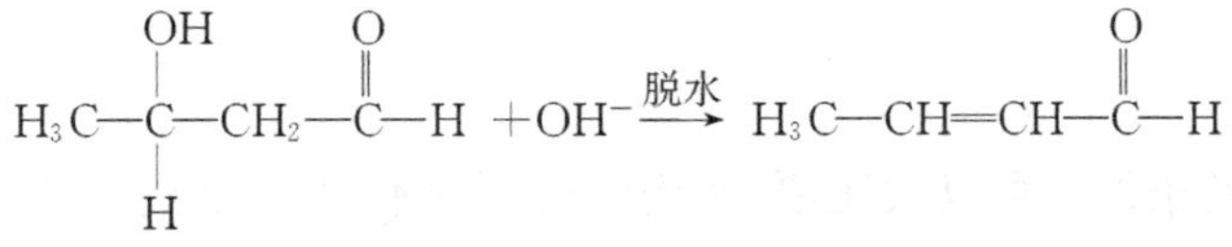

含有 α-H 的酮也能发生类似的羟醛缩合反应，最后生成 α，β-不饱和酮，但比醛难。

当两种含有 α-H 的不同的醛或酮发生羟醛缩合反应时，由于交叉缩合的结果会得到四种产物的混合物，实际分离困难，实用意义不大。若选用一种不含 α-H 的醛或酮与一种含 α-H 的醛进行缩合，控制反应条件可得到产率较高的单一产物。例如

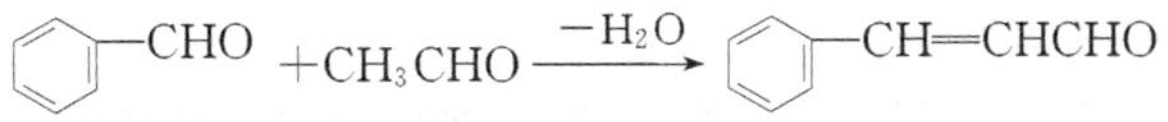

肉桂醛

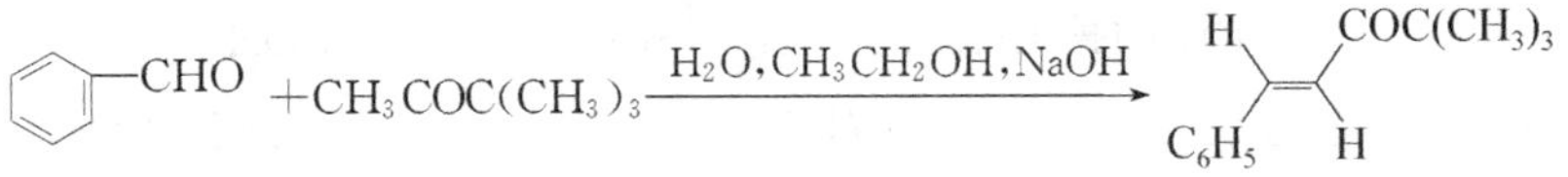

88%～93%

羟醛缩合反应是一类非常重要的反应，是有机合成中增长碳链的重要方法之一，同时也可合成某些具有特殊结构要求的 α，β-不饱和醛酮。

3. 氧化还原反应

1）氧化反应

由于醛的羰基碳原子上连有一个氢原子，因而非常容易被 $KMnO_4$、铬酸等较强氧化剂氧化。使用弱氧化剂如土伦（Tollen）试剂、费林（Fehling）试剂等也可以把醛氧化为相应的羧酸。

（1）Tollen 试剂（硝酸银的氨溶液）。醛与 Tollen 试剂共热，$Ag(NH_3)_2^+$ 被还原为金属银析出，附着在洁净的试管壁上形成光亮的银镜，此反应又称为银镜反应。所有的醛都能发生银镜反应。

$$RCHO + 2Ag(NH_3)_2^+ + 2OH^- \xrightarrow{\triangle} RCOO^- NH_4^+ + 2Ag\downarrow + H_2O + 3NH_3$$

（2）Fehling 试剂（由硫酸铜和酒石酸钾钠的碱溶液混合而成）。脂肪醛与 Fehling 试剂共热，生成砖红色的氧化亚铜沉淀。

$$RCHO + Cu^{2+} \xrightarrow[\triangle]{OH^-} RCOO^- + Cu_2O\downarrow$$

甲醛可使 Fehling 试剂中的 Cu^{2+} 还原成单质的铜，其他脂肪醛可使 Fehling 试剂中的 Cu^{2+} 还原成 Cu_2O 沉淀，但芳香醛很难与 Fehling 试剂反应。因此，可用 Fehling 试剂鉴别脂肪醛和芳香醛。

Tollen 试剂和 Fehling 试剂都为弱氧化剂，对醛分子中的羟基、碳碳不饱和键没有影响。例如

$$CH_3CH{=}CHCHO \xrightarrow[\text{或 Fehling 试剂}]{\text{Tollen 试剂}} CH_3CH{=}CHCOO^-$$

酮羰基碳原子上没有氢原子，所以一般氧化剂不能将酮氧化。因此可用 Tollen 试剂、Fehling试剂来鉴别醛和酮。

酮只有在剧烈条件下才被氧化。例如，用强氧化剂（如 $KMnO_4$、HNO_3 等）在较高温度或较长时间的作用下，酮也可以被氧化，反应结果是与羰基相连的碳碳键发生断裂，生成羧酸的

混合物。

2）还原反应

醛和酮在一定的条件下可以被还原，所用的还原剂不同，生成的产物也不同。

（1）催化氢化。醛、酮用催化氢化的方法，可分别被还原为伯醇或仲醇，常用的催化剂是镍、钯、铂。

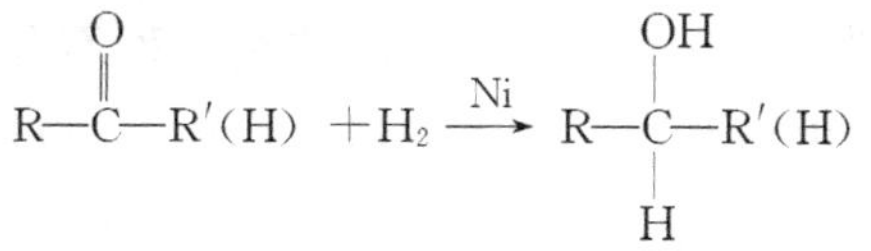

催化氢化的选择性不强，分子中存在的碳碳不饱和键也会被还原。例如

$$CH_3CH{=}CHCHO + H_2 \xrightarrow{Ni} CH_3CH_2CH_2CH_2OH$$

（2）用金属氢化物还原。醛、酮可被金属氢化物如硼氢化钠（$NaBH_4$）或氢化铝锂（$LiAlH_4$）还原成相应的醇羟基。硼氢化钠和氢化铝锂有较高的选择性，只还原羰基，分子中的碳碳不饱和键不受影响。例如

$$CH_3CH{=}CHCHO \xrightarrow{NaBH_4} CH_3CH{=}CHCH_2OH$$

$$CH_3(CH_2)_5CHO \xrightarrow[\text{② } H_3O^+]{\text{① } LiAlH_4\text{，乙醚}} CH_3(CH_2)_5CH_2OH$$

（3）克莱门森(Clemmensen)还原。醛、酮与锌汞齐和浓盐酸回流，羰基能被还原成亚甲基，此反应称为 Clemmensen 还原法。

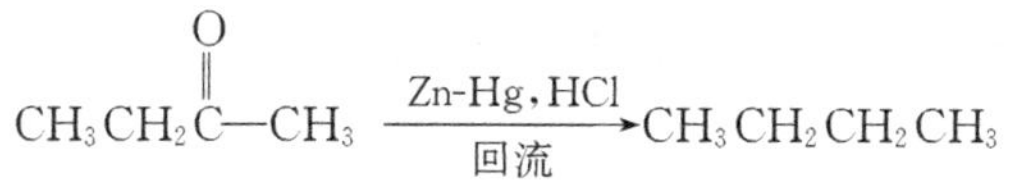

问题 8-6　利用化学方法鉴别下列化合物。

（1）苯甲醛和乙醛　　（2）正丁醛和 2-丁酮

问题 8-7　用化学方程式表示下列转化。

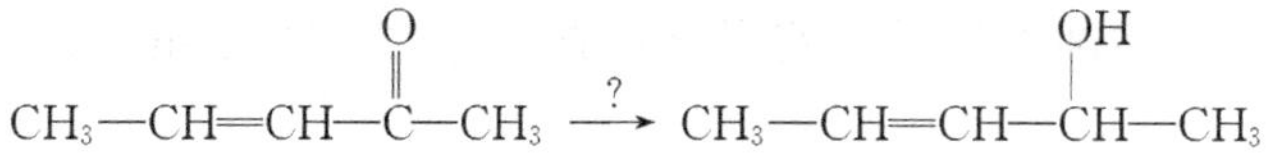

8.1.5　重要的醛和酮

1. 甲醛

甲醛是醛类化合物中最简单的化合物，又称为蚁醛，是一种具有强烈刺激气味的无色气体，沸点为−21 ℃，易溶于水。医用的福尔马林溶液为体积分数为 40%的甲醛水溶液。福尔马林可使蛋白质变性，因此通常用作消毒剂和生物标本的防腐剂。

甲醛很容易发生聚合反应。例如，将甲醛的水溶液慢慢蒸发，就可以得到白色固体的三聚甲醛或多聚甲醛。福尔马林长期存放所生成的白色沉淀就是多聚甲醛。三聚甲醛加强酸或多聚甲醛加热即可解聚为甲醛。甲醛也可作为合成酚醛树脂、氨基塑料的原料。

甲醛是室内环境和食品的污染源之一，对人体健康有很大的影响，已被世界卫生组织确定为致癌和致畸形物质。

2. 苯甲醛

苯甲醛为无色液体，沸点为 178 ℃，它和糖类物质结合存在于杏仁、桃仁等许多果实的种子中，俗称苦杏仁油，它是合成多种香料、染料和药物的原料。

3. 丙酮

丙酮是最简单的酮类化合物，是一种具有特殊香味的无色液体，沸点为 56 ℃，极易溶于水，几乎能与所有的有机溶剂混溶，也能溶解油脂、蜡、树脂和某些塑料等，因此广泛用作溶剂，也是合成有机玻璃(聚甲基丙烯酸甲酯)和双酚 A 的原料。

糖尿病患者由于糖代谢紊乱，体内常有过量丙酮产生，从尿中排出，在临床上可用亚硝酰铁氰化钠[$Na_2Fe(CN)_5NO$]溶液的呈色反应或碘仿反应来检查。在尿液中滴加亚硝酰铁氰化钠和氨水溶液，如果有丙酮存在，溶液就呈现鲜红色。

4. 麝香酮

麝香酮(3-甲基环十五酮)是大环脂环酮，为油状液体，具有麝香香味，是麝香的主要香气成分。沸点为 328 ℃，微溶于水，能与乙醇互溶。麝香酮具有扩张冠状动脉及增加其血流量的作用，对心绞痛有一定疗效，也是许多名贵香精中的定香剂。

8.2 醌

8.2.1 醌的结构和命名

醌(quinone)是一类含有环己二烯二酮结构的化合物，是一类特殊的 α,β-不饱和环状共轭二酮。苯醌是最简单的醌类化合物，苯醌有邻位和对位两种异构体。

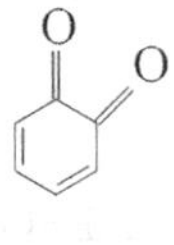
邻醌式

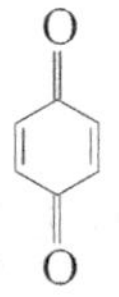
对醌式

醌的结构中虽然存在碳碳双键和碳氧双键的 π-π 共轭体系，但不同于芳香环的环状闭合共轭体系，没有芳香性。根据其骨架可分为苯醌、萘醌、蒽醌和菲醌及其衍生物。

醌类化合物在自然界中分布广泛。例如，在辅酶 Q 中含有苯醌环，在维生素 K 中含有萘醌环，在茜素和大黄素中含有蒽醌环。醌类化合物通常都有颜色，如对苯醌为黄色晶体，邻苯醌为红色结晶，1，4-萘醌为挥发性黄色固体，蒽醌为黄色固体。醌类化合物多存在于多种植物色素、染料及指示剂中。

醌类化合物根据醌羰基所在的位置和相应芳香母体来命名，命名时在“醌”字前加上芳基的名称，并标出羰基的位置。例如

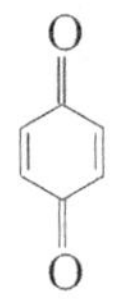
1，4-苯醌(对苯醌)

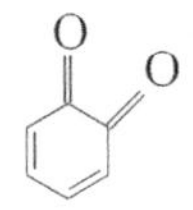
1，2-苯醌(邻苯醌)

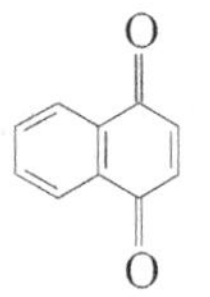
1，4-萘醌(α-萘醌)

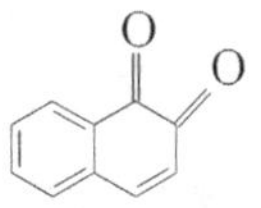

1,2-萘醌(β-萘醌)

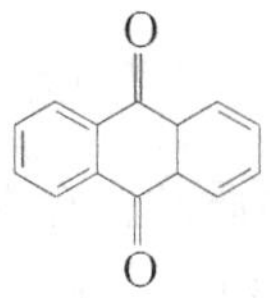

9,10-蒽醌

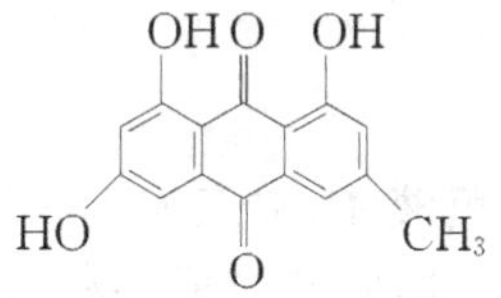

6-甲基-1,3,8-三羟基-9,10-蒽醌(大黄素)

8.2.2 醌的化学性质

醌类化合物具有烯烃和羰基化合物的典型性质,此外,还可发生 1,4-加成反应,二元酚与醌可通过氧化还原反应相互转化。

1. 羰基的加成反应

醌中的羰基能与羰基试剂发生亲核加成反应。例如,对苯醌与羟胺反应,可生成单肟和二肟。

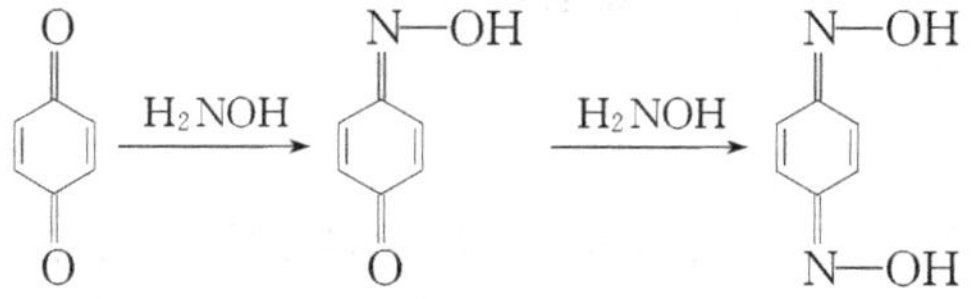

对苯醌单肟　　对苯醌二肟

2. 烯键的加成反应

醌中的碳碳双键可以与卤素、卤化氢等试剂发生亲电加成,生成二溴或四溴化物。例如

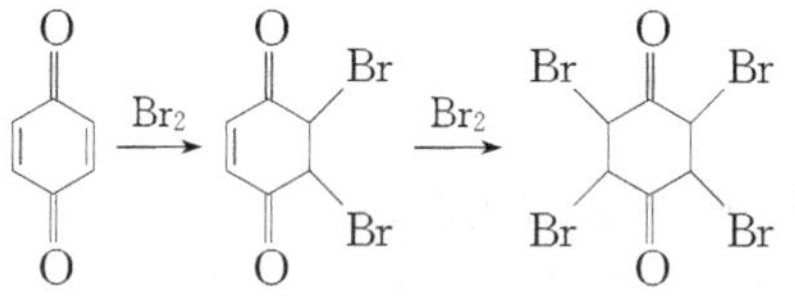

二溴化物　　四溴化物

3. 1,4-加成反应

醌中碳碳双键与碳氧双键共轭,可与亲核试剂发生 1,4-加成反应。例如,对苯醌与 HCl 发生 1,4-加成,生成 2-氯-1,4-苯醌。

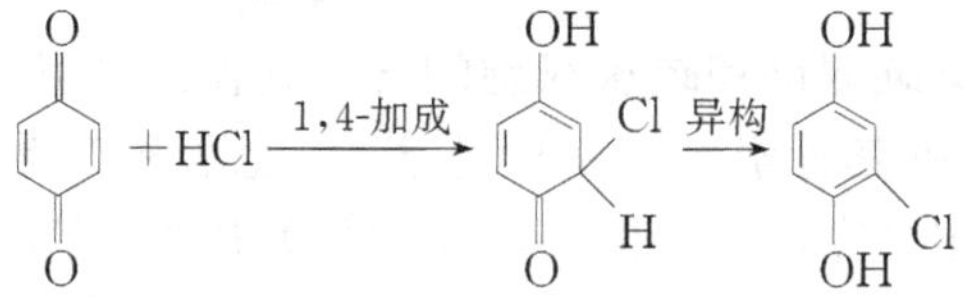

4. 还原反应

对苯醌在亚硫酸水溶液中很容易被还原为对苯二酚(又称氢醌),对苯二酚也容易被氧化为对苯醌。因此,二者可以通过氧化还原反应相互转变。

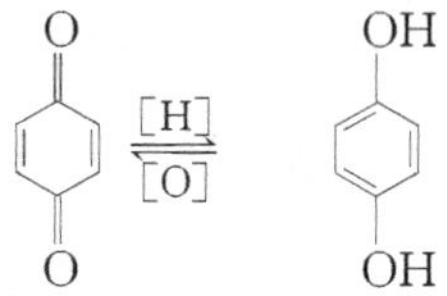

对苯醌　　对苯二酚(氢醌)

在电化学上,利用醌-氢醌之间的氧化还原性质制成氢醌电极,用来测定溶液的 pH。

在上述两个反应中，都会生成一个难溶于水的深绿色中间产物——醌氢醌。例如，将等量的对苯醌和对苯二酚两种溶液混合，也能制成醌氢醌。醌氢醌的形成是由于对苯醌环中“缺少 π 电子”，而氢醌环中电子过剩，二者之间形成电荷转移配合物，同时分子中的氢键也能起到稳定作用。

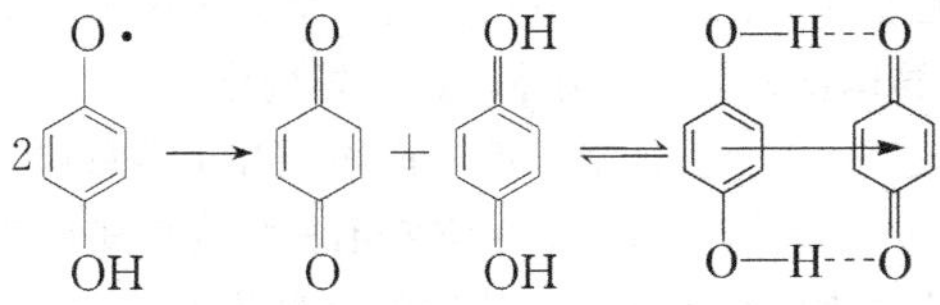

醌氢醌

这一反应在生物化学过程中具有重要意义。生物体内的氧化还原作用常是以脱氢或加氢的方式进行，在这一过程中，某些物质在酶的控制下所进行的氢的传递工作就是通过醌氢醌与氧化还原体系来实现的。

8.2.3　重要的醌

1. 对苯醌

对苯醌是黄色晶体，熔点为 115.7 ℃，能随水蒸气蒸出，具有刺激性臭味，有毒，能腐蚀皮肤，能溶于醇和醚中。

2. α-萘醌和维生素 K

α-萘醌又称 1，4-萘醌，是黄色晶体，熔点为 128.5 ℃，可升华，微溶于水，溶于乙醇和乙醚中，有刺鼻的气味。一些具有凝血作用的维生素的基本结构含 α-萘醌构造，如维生素 K_1 和维生素 K_2，二者仅侧链有所不同。

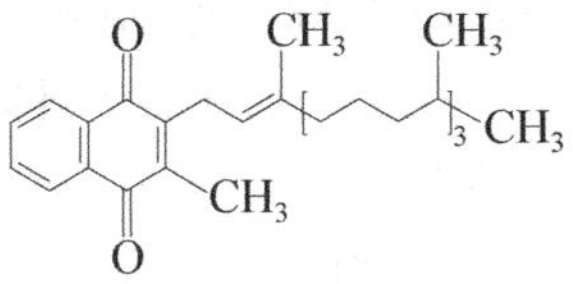

维生素K_1

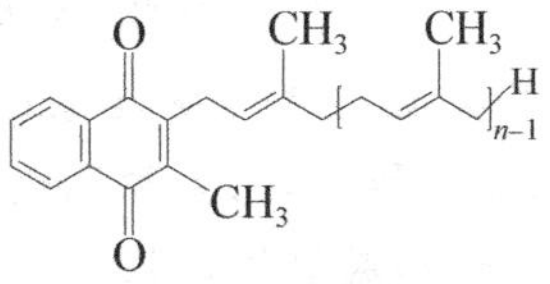

维生素K_2

维生素 K_1 为黄色油状液体，维生素 K_2 为黄色晶体。维生素 K_1 和 K_2 广泛存在于自然界，绿色植物(如苜蓿、菠菜等)、蛋黄、肝脏等中含量丰富，可用作止血药。在研究维生素 K_1、维生素 K_2 及其衍生物的化学结构与凝血作用的关系时发现，2-甲基-1，4-萘醌具有更强的凝血能力，称之为维生素 K_3。它是黄色晶体，熔点为 105～107 ℃，难溶于水，可溶于植物油或有机溶剂中。由于 2-甲基-1，4-萘醌难溶于水，因此在医药上常把它制成易溶于水的亚硫酸氢钠加成物——亚硫酸氢钠甲萘醌后使用。

知识拓展

视　黄　醛

视黄醛(retinaldehyde)也称视黄醛 1、维生素 A 醛，只因其最早是从视网膜中得到的，因此统称视黄醛。视黄醛的结构呈全顺式，共有 5 种异构体，其中重要的是 11-顺视黄醛。

视网膜的视杆细胞中存在感光物质视紫红素，它是由11-顺视黄醛的醛基与视蛋白(相对分子质量大约为38 000)的侧链中赖氨酸残基的ε-NH_2 通过缩合形成的一种结合蛋白质。

视紫红素是眼中对光敏感的化学单元，对弱光敏感，与暗视觉有关。在暗处时，视紫红素中的视黄醛呈11-顺型，分子卷曲紧密地嵌入视蛋白分子表面的空穴。当一个光子撞击视紫红素时，11-顺视黄醛就以极快的速度，在几个皮秒(10^{-12} s)内异构化为反式异构体。这一异构化引起极大的几何结构的变化，从而破坏了原来分子在蛋白质活性空穴中紧密的结合。这个光反应产物在几个纳秒(10^{-9} s)的时间内生成一系列新的中间体，蛋白质的构象也伴随着发生变化，然后与活性空穴不相配的反式视黄醛被水解，与视蛋白部分分离，直至生成反式视黄醛。这一变化过程中视蛋白通过复杂的信息传递，诱发视杆细胞产生几十毫伏的电位变化，引发视神经的冲动，并传递到视觉中枢，形成完整的视觉，就感觉到了光。然后反式视黄醛在视黄醛异构化酶的催化下，发生异构化重新形成11-顺视黄醛，并再生成视紫红素，形成一个视觉循环。视紫红素的光化学反应是可逆的，它在光作用下异构化、分解，又重新生成，构成动态平衡，这是维持视觉的重要环节。在分解和生成过程中，视蛋白和视黄醛会被消耗，而视黄醛在体内是由维生素A衍变而来的，因此，必须从食物中不断补充蛋白质和维生素A。

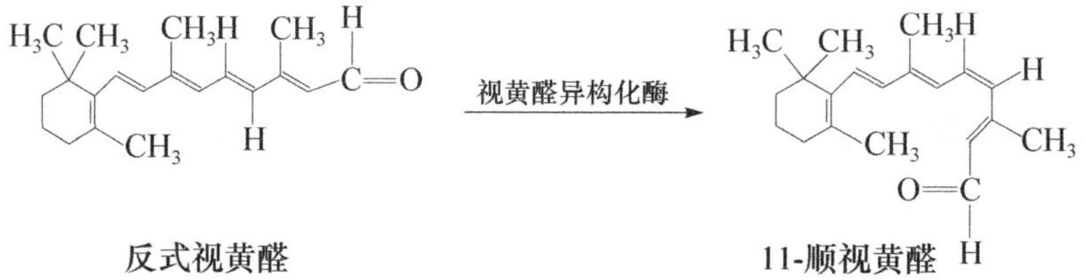

反式视黄醛　　　　11-顺视黄醛

小　结

醛、酮、醌是一类含有羰基的化合物，统称为羰基衍生物。醛、酮的普通命名法主要适用于简单的醛、酮，系统命名法适用于结构复杂的醛、酮。醛、酮的沸点比相对分子质量相近的醚高，比相对分子质量相近的醇低，主要原因是醛、酮羰基之间的偶极-偶极作用力。又因为羰基可以与水分子中的氢原子形成氢键，因此低碳数醛、酮易溶于水。

醛、酮的化学性质非常活泼，可以发生很多反应，主要有羰基的亲核加成反应、α-H的反应和氧化还原反应等。亲核加成反应机理：亲核试剂中带负电部分易进攻碳正离子，而亲核试剂中正电荷部分则进攻氧负离子，最后形成加成产物。其反应机理表示如下：

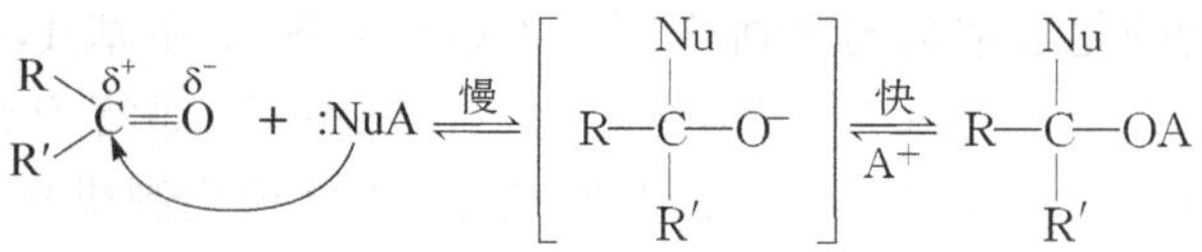

醛、酮可以与含碳、氧、硫、氮等亲核试剂发生亲核加成反应，与不同的亲核试剂反应的活性不同，利用此性质可以进行醛、酮的鉴别、分离和提纯。

由于羰基的影响，与羰基相连的α-碳上的α-H活性增强，醛和酮溶液中存在酮式和烯醇式互变异构现象。α-H也可以被卤素取代，其中典型的反应为碘仿反应。醛、酮分子中一端含有甲基酮结构或能被氧化成甲基酮结构的化合物都能发生碘仿反应。由于α-H活性增强，容易离去，形成碳负离子，在碱性条件下可以发生醇、醛缩合反应。醛、酮的性质不同之处在于醛易被一些弱氧化剂氧化，而酮不能，利用这种性质可以鉴别醛、酮。同时，羰基也可以在金属催化剂的作用下还原成醇。在锌汞齐和浓盐酸回流下，醛、酮中的羰基可以还原成亚甲基。

醌是分子中含有共轭的环己二烯二酮基本结构的一类化合物的总称。醌具有烯烃和羰基化合物的典型反应,能发生羰基的加成、烯键的加成等反应。

醛、酮的反应可以总结如下图:

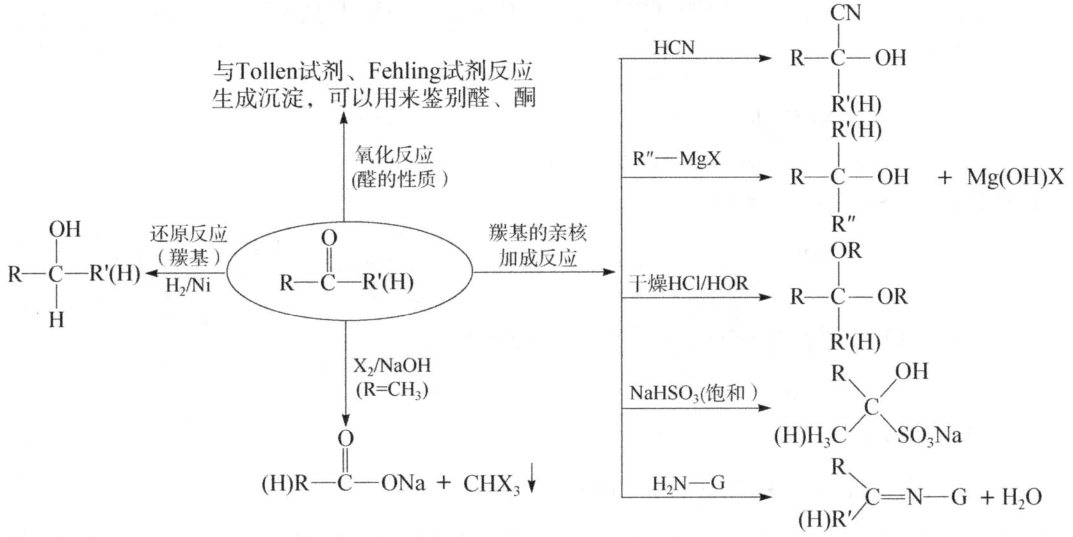

习　　题

1. 命名下列化合物。

(1) 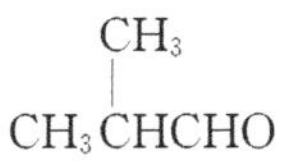
(2) 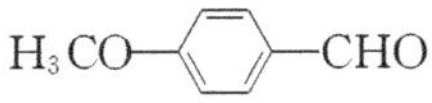
(3) 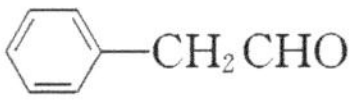
(4) 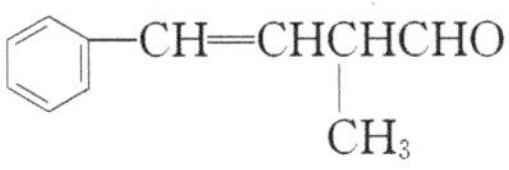
(5) 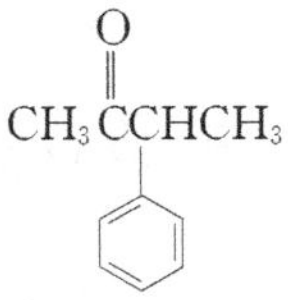
(6) $(CH_3)_2CHCOCH_3$
(7) 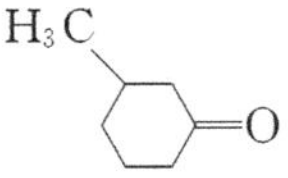
(8) 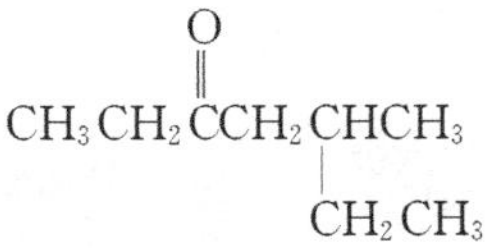
(9) $(CH_3)_2C{=}CHCHO$
(10) 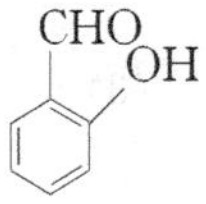

2. 写出下列化合物的结构式。

(1) α-氯代丁醛　(2) 戊二醛　(3) 苯基苄基甲酮　(4) 3-苯丙烯醛
(5) 3-戊烯-2-酮　(6) 对硝基苯乙醛　(7) 2,4-戊二酮　(8) 2-甲基-1,4-苯醌

3. 写出下列反应的主要产物。

(1) 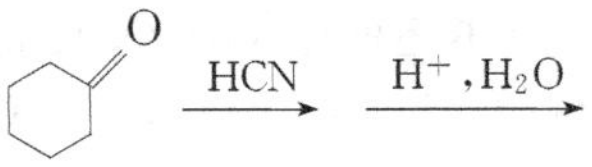
(2) 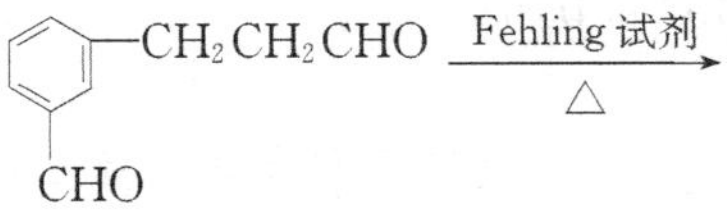
(3) $CH_3CH_2CHO \xrightarrow{稀\ OH^-} \xrightarrow{NaBH_4}$
(4) $CH_3COCH_2CH_3 \xrightarrow{I_2/NaOH}$

(5) 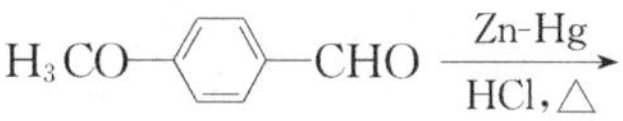

(6) $CH_3CH(CH_3)CH_2CH_2CHO \xrightarrow{C_2H_5OH,干燥\ HCl} \xrightarrow{C_2H_5MgBr} \xrightarrow{H^+,H_2O}$

(7) 

4. 选择适当的化学试剂，完成下列反应方程式。

(1) $C_2H_5OH \longrightarrow CH_3CH(OH)COOH$

(2) 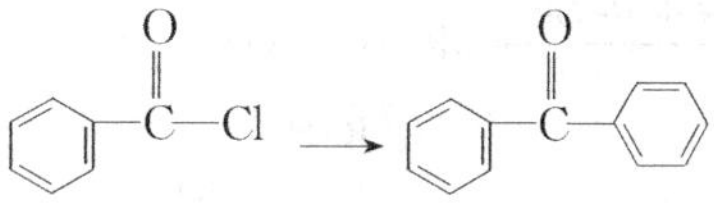

(3) 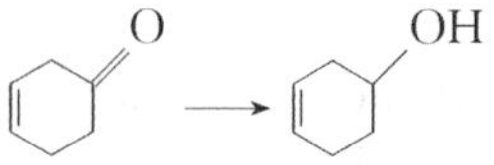

(4) $CH_3CH{=}CHCHO \longrightarrow CH_3CH(OH)CH(OH)CHO$

5. 按亲核加成反应活性次序排列下列化合物。

(1) CH_3CHO　(2) CH_3COCH_3　(3) 　(4) $H_3CCOCH_2CH_3$

(5) HCHO　(6) 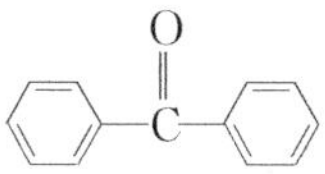

6. 用化学方法鉴别下列各组化合物。

(1) 苯甲醛、苯乙醛、丙酮

(2) 苯甲醛、苯酚、苯甲醇

7. 下列化合物中，哪个是半缩醛(或半缩酮)，哪个是缩醛(或缩酮)？并推测其原来的醛或酮的结构式。

(1) 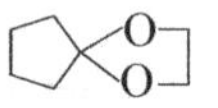　(2) 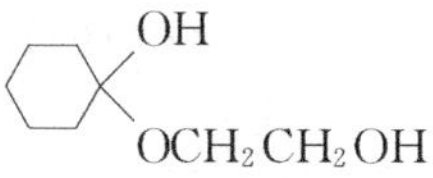

(3) 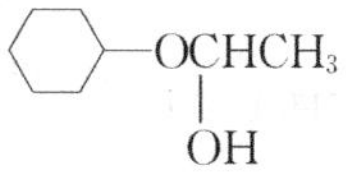　(4) 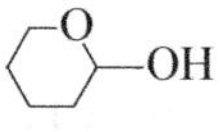

8. 推断题。

(1) 分子式为 $C_5H_{12}O$ 的 **A**，氧化后得 **B**($C_5H_{10}O$)，**B** 能与 2,4-二硝基苯肼反应，并在与碘的碱溶液共热时生成黄色沉淀。**A** 与浓硫酸共热得 **C**(C_5H_{10})，**C** 经高锰酸钾氧化得丙酮及乙酸。试推断 **A** 的结构式，并写出推测过程的反应方程式。

(2) 分子式为 $C_6H_{12}O$ 的四种非芳香族无侧链的有机化合物 **A**、**B**、**C**、**D**。实验表明：它们都不能使溴的四氯化碳溶液褪色，但 **A**、**B** 和 **C** 都可与 2,4-二硝基苯肼生成黄色沉淀；**A** 和 **B** 还可与 $NaHSO_3$ 反应产生结晶性加成物；**A** 与 Tollen 试剂作用，有银镜生成，**B** 无此反应，但可与碘的氢氧化钠溶液作用生成黄色沉淀；**D** 不与上述试剂作用，但遇金属钠能放出氢气。试写出 **A**、**B**、**C** 和 **D** 的结构式。

（大连医科大学　燕小梅）

第 9 章 羧酸和取代羧酸

羧酸(carboxylic acid)是分子中含有羧基的化合物。羧酸分子中烃基上的氢原子被其他原子或基团取代后得到的化合物称为取代羧酸(substituted acid)。常见的取代羧酸有羟基酸、羰基酸、卤代酸和氨基酸等。取代羧酸除具有羧酸和取代官能团的性质外，还具有取代官能团和羧基相互作用所产生的一些特殊性质。羧酸和取代羧酸常以游离态、盐或酯的形式广泛存在于自然界，许多羧酸及取代羧酸是动植物代谢的中间产物；有些参与动植物体的生命活动；有些具有强烈的生物活性；它们大多是工农业生产的重要原料。

本章主要讨论羧酸、羟基酸和酮酸的结构、命名、主要化学性质。氨基酸将在第 15 章加以介绍。

9.1 羧 酸

9.1.1 羧酸的结构、分类和命名

1. 羧酸的结构

羧基是羧酸的官能团，羧基中的碳原子及氧原子均采取 sp^2 杂化，形成的 3 个杂化轨道分别与羰基氧原子、羟基氧原子和一个烃基的碳原子(或一个氢原子)以 σ 键相结合，这 3 个键在同一个平面上，键角约为 120°。羰基碳原子上还有一个未杂化的 p 轨道，与羰基氧原子上的 p 轨道重叠形成 π 键，羟基氧原子上的孤对电子与 π 键形成 p-π 共轭体系。其结构如图 9-1 所示。

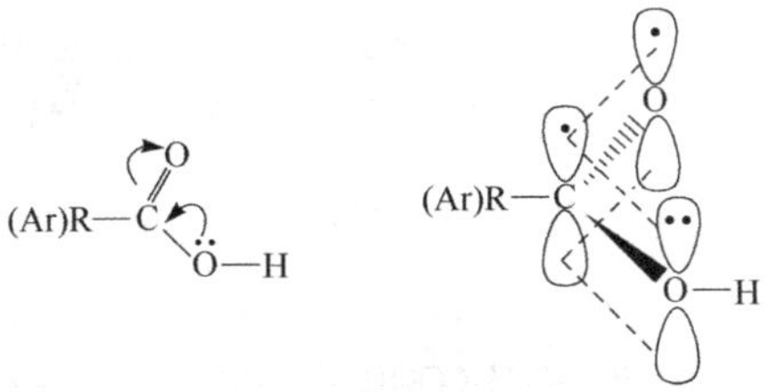

图 9-1 羧酸的结构

由于 p-π 共轭，羧基的键长趋于平均化。例如，甲酸分子中 C═O 的键长为 123 pm，略长于正常羰基的键长 122 pm，C—O 的键长为 131 pm，比醇中 C—O 的键长 143 pm 略短；在甲酸钠晶体中，两个碳氧键的键长均为 127 pm，键长完全平均化，说明羧基负离子中 p-π 共轭作用更强，负电荷平均分散到两个氧原子上，羧酸负离子较稳定，如图 9-2 所示。

图 9-2 甲酸和甲酸根的键长

2. 分类

根据分子中羧基相连的烃基种类不同，羧酸可分为脂肪、脂环和芳香羧酸；根据分子中羧基数目不同，分为一元酸、二元酸和多元酸；根据烃基饱和程度不同，分为饱和酸和不饱和酸，不饱和酸又可分为烯酸和炔酸。例如

CH_3COOH	HOOC—COOH	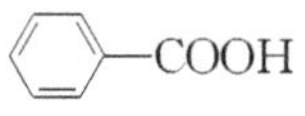	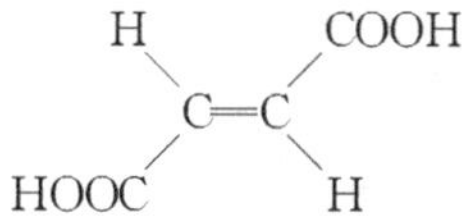
脂肪酸 一元酸	脂肪酸 二元酸	芳香酸 一元酸	不饱和脂肪酸 二元酸

3. 命名

一些常见的羧酸常用俗名，大多按其来源而命名。例如，甲酸最初是从蚂蚁蒸馏液中分离得到，因此称为蚁酸；从酿制醋中得到的乙酸称为醋酸。一些常见羧酸的俗称如表 9-1 所示。

表 9-1　一些常见羧酸的物理常数

化合物	结构式	熔点/℃	沸点/℃	溶解度/[g·(100 mL H_2O)$^{-1}$]	pK_a (25 ℃)
甲酸(蚁酸,methanoic acid)	HCOOH	8.4	100.5	∞	3.77
乙酸(醋酸,acetic acid)	CH_3COOH	16.6	117.9	∞	4.76
丙酸(初油酸,propanoic acid)	CH_3CH_2COOH	−20.8	141	∞	4.78
丁酸(酪酸,butanoic acid)	$CH_3(CH_2)_2COOH$	−4.3	163.5	∞	4.81
戊酸(缬草酸,pentanoic acid)	$CH_3(CH_2)_3COOH$	−33.8	187	5	4.82
己酸(羊油酸,hexanoic acid)	$CH_3(CH_2)_4COOH$	−3	205	0.96	4.83
庚酸(毒水芹酸,heptanoic acid)	$CH_3(CH_2)_5COOH$	−8	223.5	微溶	4.89
辛酸(羊脂酸,octanoic acid)	$CH_3(CH_2)_6COOH$	16	237	0.07	4.85
十六碳酸(软脂酸,hexadecanoic acid)	$CH_3(CH_2)_{14}COOH$	62.9	269/0.01MPa	不溶	—
十八碳酸(硬脂酸,octadecanoic acid)	$CH_3(CH_2)_{16}COOH$	69.9	287/0.01MPa	不溶	—
丙烯酸(败脂酸,propenoic acid)	CH_2═CHCOOH	13	141	∞	4.26
3-苯基丙烯酸(肉桂酸,3-phenyl propenoic acid)	C_6H_5CH═CHCOOH	133	—	不溶	4.44
乙二酸(草酸,oxalic acid)	HOOC—COOH	189.5	>100(升华)	8.6	1.46*　4.46**
丙二酸(缩苹果酸,propanedioic acid)	$HOOCCH_2COOH$	135	140 分解	73.5	2.80*　5.85**
丁二酸(琥珀酸,butanedioic acid)	$HOOC(CH_2)_2COOH$	187	235 分解	5.8	4.17*　5.64**
苯甲酸(安息香酸,benzoic acid)	C_6H_5COOH	122.4	249	0.34	4.17
苯乙酸(phenyl acetic acid)	$C_6H_5CH_2COOH$	77	265.5	1.66	4.31
邻甲基苯甲酸(*o*-methyl benzoic acid)	*o*-$CH_3C_6H_4COOH$	106	259	0.12	3.91
间甲基苯甲酸(*m*-methyl benzoic acid)	*m*-$CH_3C_6H_4COOH$	112	263	0.10	4.27
对甲基苯甲酸(*p*-methyl benzoic acid)	*p*-$CH_3C_6H_4COOH$	180	275	0.3	4.38

* pK_{a_1}；** pK_{a_2}。

羧酸的系统命名与醛相似，即选择含有羧基的最长碳链作为主链，命名为某酸，并从羧基碳原子开始编号，用阿拉伯数字标明取代基的位次。当碳原子数超过 10 时，一般称为“某碳酸”，如十二碳酸。二元酸一般选择含有两个羧基的最长碳链作为主链，称为“某二酸”。命名一些简单的脂肪酸时，也可用希腊字母来表示取代基的位次，从与羧基碳相邻的碳原子开始，依次为 α、β、γ 等希腊字母。例如

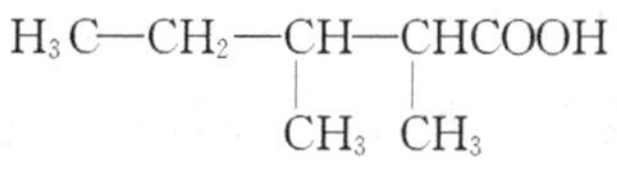	CH_3CH═CHCOOH
2,3-二甲基戊酸	2-丁烯酸(α-丁烯酸)

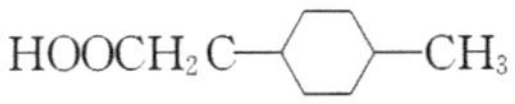

对甲基环己基乙酸

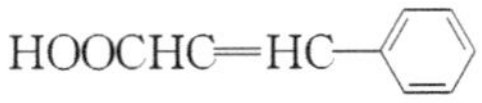

3-苯基丙烯酸(肉桂酸)

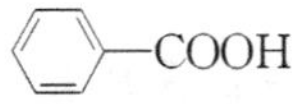

苯甲酸(安息香酸)

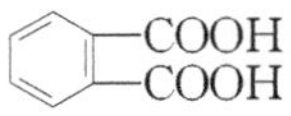

邻苯二甲酸

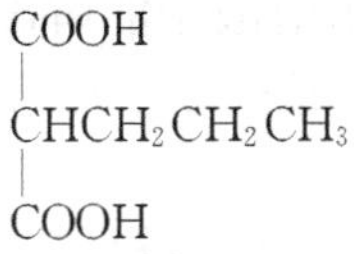

正丙基丙二酸

问题 9-1　命名下列化合物。

(1) 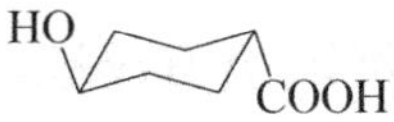　(2) 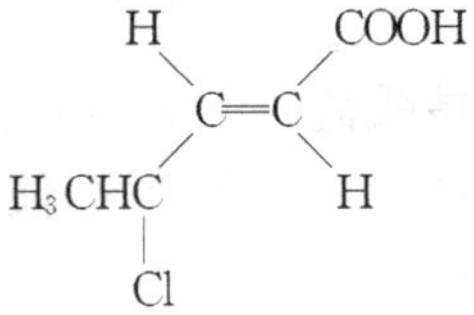　(3) 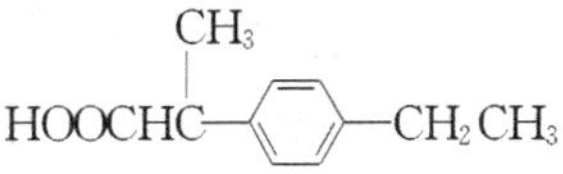

问题 9-2　写出下列化合物的结构式。

(1) 2-正丁基-3-丁烯酸　(2) 琥珀酸(丁二酸)　(3) 软脂酸(十六碳酸)

9.1.2　羧酸的物理性质

在常温下,甲酸、乙酸、丙酸是具有刺激性气味的液体,含 4～9 个碳原子的直链饱和一元羧酸是有腐败恶臭气味的油状液体,含 10 个碳原子及以上的羧酸为无味石蜡状固体。脂肪族二元酸和芳香酸都是结晶型固体。羧基可与水形成氢键,所以低碳数羧酸如甲酸、乙酸、丙酸能与水混溶,随着碳链的增长,水溶性逐渐减小,6 个碳原子以上的羧酸则难溶于水而易溶于有机溶剂。

饱和一元羧酸的沸点随着相对分子质量的增加而升高。两个羧酸分子之间能形成两个氢键,即使在气态时,羧酸也是双分子缔合,形成二聚体。因此,羧酸的沸点比相对分子质量相近的其他有机物如醇、醛或酮等都高。一些常见羧酸的物理常数如表 9-1 所示。

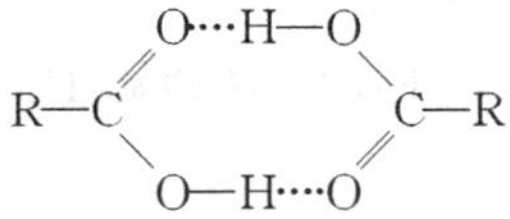

9.1.3　羧酸的化学性质

羧酸的化学性质主要表现在官能团羧基及 α-H 上。由于羧基中 p-π 共轭的影响,羧基碳原子的正电性降低,从而使羧基中碳氧双键活性降低,发生亲核加成反应的活性不及醛、酮;羧基中的羟基氢活性较醇羟基氢活性大而显酸性。另外,因羧基具有吸电子作用,所以羧酸中的 α-H具有一定活性而易发生取代反应。羧酸发生化学反应的主要部位及反应类型如下所示:

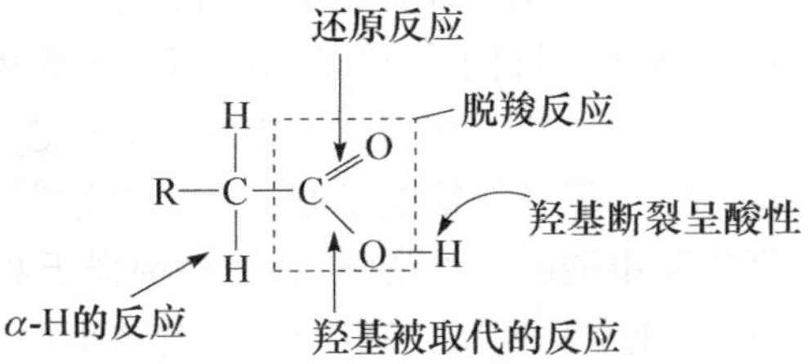

1. 酸性及成盐反应

羧酸具有弱酸性，在水溶液中能解离出氢离子。通常与碳酸氢钠、碳酸钠和氢氧化钠等碱作用生成羧酸盐。常见一元羧酸 pK_a 值为 3～5，比碳酸（pK_a＝6.5）酸性强，但比无机强酸弱。

羧酸盐具有盐的一般性质，其钠、钾和铵盐能溶于水，一般不易溶于有机溶剂。在羧酸盐水溶液中加入无机强酸时，可使羧酸游离出来。利用这一性质，不仅可以鉴别羧酸和苯酚，还可以用来分离和提纯羧酸，也可用于从动植物体中提取含羧基的有效成分等。

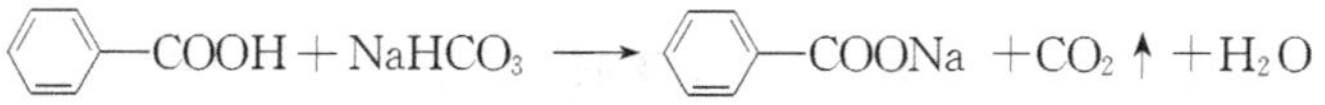

对于一些含有羧基的药物，可将其制成羧酸盐以增加其水溶性。例如，含有羧基的青霉素和氨苄青霉素水溶性极差，制成其钾盐或钠盐后水溶性增大，便于临床使用。

问题 9-3　请设计一合理方案分离和鉴别苯甲酸、苯甲醇、对甲苯酚。

通常羧酸的酸性强弱受与羰基相连的烃基的影响。能使羧基电子云密度降低的基团，如碳碳双键和叁键、卤素、羟基、羧基、硝基等，使羧酸酸性增强；反之，使羧基电子云密度升高的基团，如给电子基团烷基等，使酸性减弱。脂肪族一元羧酸中，甲酸的酸性最强。从乙酸开始，由于烷基的给电子效应，碳链的增长使给电子基团个数增加，从而使其酸性减弱。当乙酸分子中甲基上的氢被氯取代后，由于氯原子的吸电子诱导效应，其酸性增强。氯代乙酸的酸性随着氯原子数目的增加而增强。当氯原子与羧基之间的碳链增长时，诱导效应迅速减弱，相应的氯代酸的酸性也随之减弱。表示羧酸酸性强弱的 pK_a 如下：

	$HCOOH$ >	CH_3COOH >	CH_3CH_2COOH >	$(CH_3)_2CHCOOH$ >	$(CH_3)_3CCOOH$
pK_a	3.77	4.76	4.78	4.87	5.05

	Cl_3CCOOH >	$Cl_2CHCOOH$ >	$ClCH_2COOH$ >	CH_3COOH
pK_a	0.63	1.36	2.87	4.76

	$CH_3CH_2CH(Cl)COOH$ >	$CH_3CH(Cl)CH_2COOH$ >	$CH_2(Cl)CH_2CH_2COOH$
pK_a	2.86	4.06	4.52

二元羧酸的酸性与两个羧基的相对距离和在空间的位置有关。二元羧酸解离是分两步进行的，第一步电离受另一个羧基－I 效应的影响，两个羧基相距越近影响越大。因此，二元羧酸的酸性一般大于相应一元羧酸。例如，乙二酸的 pK_{a_1}＝1.46，其酸性比磷酸的 pK_{a_1}＝1.59 还强。电离后的酸根负离子对第二个羧基有＋I 效应，因此，第二个羧基氢比较难解离，所以低碳数二元酸的 $pK_{a_2} > pK_{a_1}$。例如，乙二酸的 pK_{a_1}＝1.46，pK_{a_2}＝4.46。

苯甲酸的酸性比脂肪族饱和一元羧酸强，但比甲酸弱。这主要是由于苯环大 π 键能与羧基形成共轭体系，电子云向羧基偏移，不利于氢离子的解离。当苯甲酸苯环上引入取代基后，其酸性与取代基的种类、位置以及立体效应相关。当羧基的对位连有硝基、卤素原子等吸电子基时，酸性增强，而对位连有甲基、甲氧基等给电子基时，则酸性减弱；间位取代基使其酸性增强；邻位取代基（氨基除外）都使苯甲酸的酸性增强，且酸性都强于对位取代和间位取代的苯甲酸。这是由于邻位基团的存在造成空间拥挤，羧基与苯环的共平面性被削弱，从而使苯环的给电共轭效应减弱，因此酸性较强。

问题 9-4　试解释邻羟基苯甲酸的酸性比对羟基苯甲酸的酸性强，比甲酸也强的原因。

2. 羧基中的羟基被取代

羧酸分子中羧基上的羟基在一定条件下可以被卤素原子(—X)、酰氧基(—OOCR)、烷氧基(—OR)和氨基($—NH_2$)等取代，分别生成酰卤、酸酐、酯和酰胺等羧酸衍生物。

(1) 酰卤的生成。羧酸与 PX_3、PX_5、$SOCl_2$(二氯亚砜)作用则生成酰卤。例如

$$H_3C-\overset{\overset{\displaystyle O}{\|}}{C}-OH + PCl_3 \xrightarrow{\text{回流}} H_3C-\overset{\overset{\displaystyle O}{\|}}{C}-Cl + H_3PO_3$$

乙酰氯

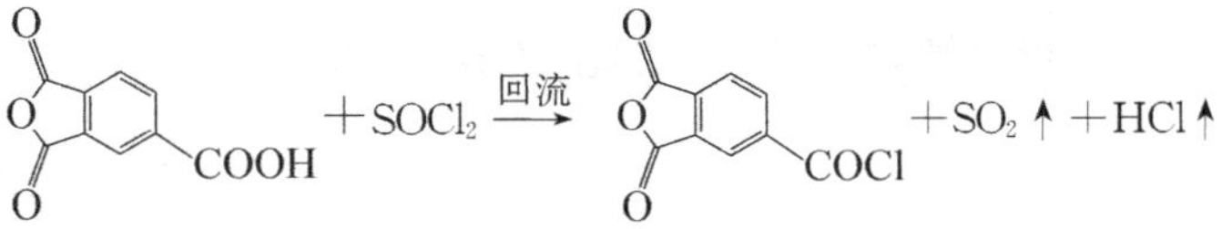

偏苯三酸酐酰氯(90%～98%，质量分数)

$SOCl_2$ 是最常用的酰氯化试剂，因为该反应的副产物 SO_2 和 HCl 都是气体。$SOCl_2$ 的沸点为 75 ℃，反应后过量的 $SOCl_2$ 以及副产物很容易通过蒸馏的方法除去，得到的酰氯纯度高。

(2) 酸酐的生成。除甲酸在脱水时生成 CO 外，其他羧酸在脱水剂(如 P_2O_5 等)的作用下加热脱水，均成酸酐。乙酸酐具有较强的脱水能力，因此也可作为脱水剂。例如

$$R-\overset{\overset{\displaystyle O}{\|}}{C}-OH + R-\overset{\overset{\displaystyle O}{\|}}{C}-OH \xrightarrow[\triangle]{P_2O_5} R-\overset{\overset{\displaystyle O}{\|}}{C}-O-\overset{\overset{\displaystyle O}{\|}}{C}-R + H_2O$$

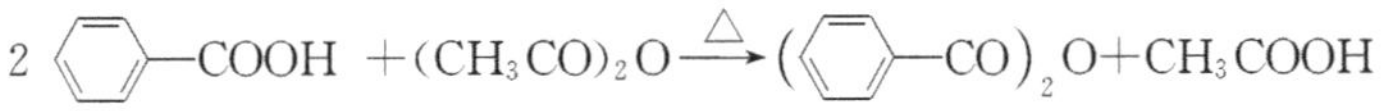

乙酐(脱水剂)

(3) 酯化反应。羧酸与醇在酸的催化作用下生成酯的反应称为酯化反应。酯化反应是可逆反应，为了提高产率，可增加某种反应物的浓度或及时蒸出反应生成的酯或水，使平衡向生成物方向移动。

$$RCOOH + R'OH \xrightleftharpoons{H^+} RCOOR' + H_2O$$

酯化反应过程中，反应物的键是如何断裂的呢？同位素标记法证实：不同类型的醇生成酯的机理不同。羧酸与伯醇和大多数仲醇酯化反应中是羧酸的酰氧键、醇的氧氢键断裂。

$$R-\overset{\overset{\displaystyle O}{\|}}{C}\boxed{-O-H + H-}O^{18}-R' \xrightleftharpoons{H^+} R-\overset{\overset{\displaystyle O}{\|}}{C}-O^{18}-R' + H_2O$$

酰氧键断裂　　伯醇和大多数仲醇

其反应机理如下：

$$R-\overset{\overset{\displaystyle O}{\|}}{C}-OH + H^+ \rightleftharpoons R-\overset{\overset{\displaystyle OH^+}{\|}}{C}-OH \xrightleftharpoons{R_1OH} R-\underset{\underset{\displaystyle OR_1}{|}}{\overset{\overset{\displaystyle OH}{|}}{C}}-OH \xrightleftharpoons{H^+\text{转移}}$$

$$R-\underset{\underset{\displaystyle OR_1}{|}}{\overset{\overset{\displaystyle OH}{|}}{C}}-OH_2^+ \xrightleftharpoons{-H_2O} R-\overset{\overset{\displaystyle OH^+}{\|}}{C}-OR_1 \xrightleftharpoons{-H^+} R-\overset{\overset{\displaystyle O}{\|}}{C}-OR_1$$

羧酸与叔醇酯化反应时，却是羧酸发生氧氢键断裂，醇发生烷氧键断裂。

$$R-\overset{\overset{\displaystyle O}{\|}}{C}-O-H + H-O^{18}-R' \xrightleftharpoons{H^+} R-\overset{\overset{\displaystyle O}{\|}}{C}-O-R' + H_2O^{18}$$

烷氧键断裂　　叔醇

其反应机理如下：

$$R_3C-OH + H^+ \rightleftharpoons R_3C-\overset{+}{O}H_2 \xrightleftharpoons{-H_2O} R_3C^+ \xrightleftharpoons{R'COOH} R'-\overset{\overset{\displaystyle OH^+}{\|}}{C}-OCR_3 \xrightleftharpoons{-H^+} R'-\overset{\overset{\displaystyle O}{\|}}{C}-OCR_3$$

(4) 酰胺的生成。羧酸与氨气、碳酸铵或有机胺等反应生成羧酸铵盐，铵盐加热或脱水而生成酰胺。例如

$$CH_3COOH + NH_3 \longrightarrow CH_3COONH_4 \xrightarrow{\triangle} CH_3CONH_2 + H_2O$$

酰卤、酸酐和酯进行氨解，也可以得到酰胺(第 11 章)。

3. α-氢被取代

羧基和羰基一样，也能使 α-H 活化。但羧基的致活作用比羰基小，所以羧酸的 α-H 卤代反应需在红磷等催化剂存在下才能顺利进行。

$$RCH_2COOH + Br_2 \xrightarrow[\triangle]{P} \underset{\displaystyle Br}{\underset{|}{RCHCOOH}} \xrightarrow[P,\triangle]{Br_2} R\underset{\underset{\displaystyle Br}{|}}{\overset{\overset{\displaystyle Br}{|}}{C}}COOH$$

α-卤代酸很活泼，常用来制备 α-羟基酸和 α-氨基酸。

4. 还原反应

羧酸在一般条件下不能被氢气、硼氢化钠等还原剂还原，但能被氢化锂铝还原成醇，具有较好的选择性，分子中的碳碳不饱和键不受影响。例如

$$RCH_2CH{=}CHCOOH \xrightarrow{LiAlH_4} RCH_2CH{=}CHCH_2OH$$

5. 脱羧反应

羧酸通常比较稳定，但在一定条件下也可分解放出二氧化碳，发生脱羧反应(decarboxylation)。例如，低碳数羧酸及芳香族羧酸的钠盐在碱石灰(NaOH-CaO)的作用下加热，可脱羧生成少 1 个碳原子的烃。例如

$$CH_3COOH + NaOH \xrightarrow[\triangle]{NaOH\text{-}CaO} CH_4 + Na_2CO_3$$

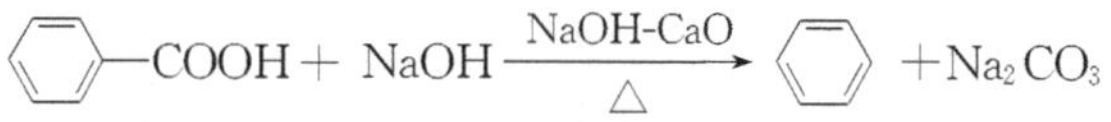

当一元羧酸的 α-碳上连有吸电子基团(如硝基、卤素、酰基、氰基和不饱和键等)时，脱羧较容易进行。例如

$$CCl_3COOH \xrightarrow{\triangle} CHCl_3 + CO_2\uparrow$$

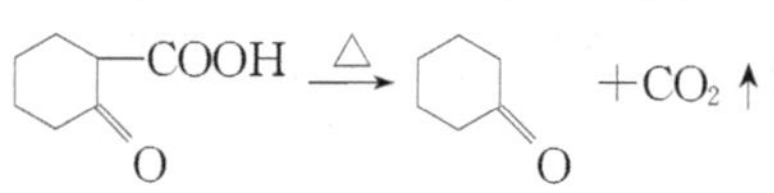

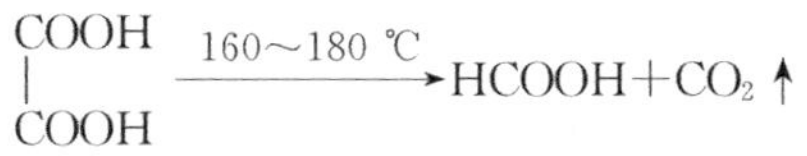

问题 9-5　完成下列反应方程式。

(1) 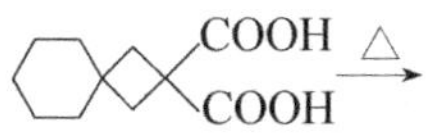

(2) 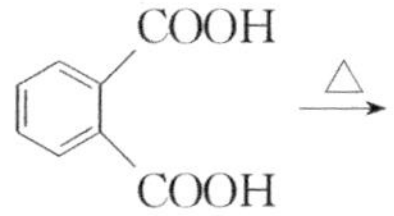

9.1.4　重要的羧酸

1. 甲酸

甲酸俗称蚁酸，是 17 世纪在红蚂蚁体内发现的。它是有刺激性气味的无色液体，有腐蚀性，可溶于水、乙醇和甘油。甲酸的结构比较特殊，分子中羧基和氢原子直接相连，它既有羧基结构，又具有醛基结构，因此，它既具有酸性又有还原性，能与 Tollen 试剂发生银镜反应，也能使高锰酸钾溶液褪色，这些性质常用于物质的鉴别。

2. 乙酸

乙酸俗称醋酸，为食醋的主要成分，一般食醋中含乙酸 6%～8%(质量分数)。乙酸也是有刺激性气味的无色液体。无水乙酸在 16.6 ℃以下很容易凝结成冰状固体，因此常把无水乙酸称为冰醋酸。乙酸能与水按任何比例混溶，也可溶于乙醇、乙醚和其他有机溶剂。乙酸是工业上重要的原料。

3. 乙二酸

乙二酸俗称草酸，为无色晶体，通常含有两分子的结晶水，可溶于水和乙醇，不溶于乙醚。乙二酸具有还原性，容易被高锰酸钾溶液氧化。利用乙二酸的还原性，还可将其用作漂白剂和除锈剂。

9.2　取 代 羧 酸

取代羧酸是一类复合官能团的化合物，在性质上既具有各官能团特有的典型性质，还具有不同官能团之间的相互影响而产生的一些特殊的性质。本节主要讨论羟基酸和酮酸。

9.2.1　羟基酸

1. 羟基酸的分类和命名

羧酸分子中烃基上的氢原子被羟基取代后的化合物称为羟基酸(hydroxy acid)。按羟基连接的烃基不同，羟基酸可分为醇酸和酚酸，羟基连在脂肪酸碳链上的属于醇酸，连在芳香环上的属于酚酸。

羟基酸的命名是以相应的羧酸作为母体，羟基作为取代基。自然界存在的羟基酸常按其来源而采用俗名。例如

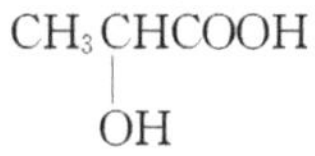
2-羟基丙酸(乳酸)

羟基丁二酸(苹果酸)

2,3-二羟基丁二酸(酒石酸)

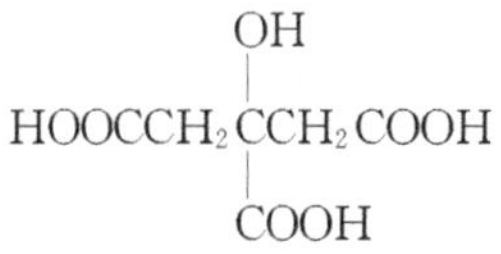
3-羧基-3-羟基戊二酸(柠檬酸或枸橼酸)

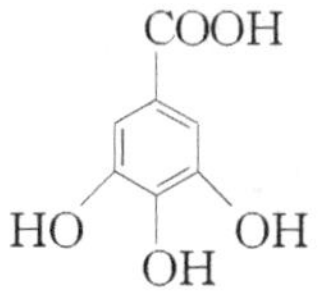
3,4,5-三羟基苯甲酸(没食子酸)

问题 9-6 写出下列化合物的结构式。

(1) (2*S*,3*S*)-2,3-二氯丁二酸 (2) (*Z*,*Z*)-5-甲基-4-异丙基-6-羟基-2,4-己二烯酸

问题 9-7 命名下列化合物。

(1) 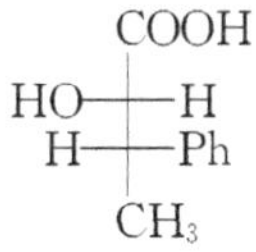 (2) 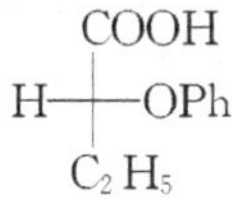 (3) 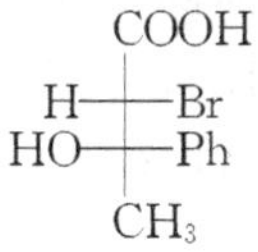

2. 羟基酸物理性质

醇酸一般为结晶的固体或黏稠的液体。由于分子中的羟基和羧基都与水形成氢键,因此醇酸在水中的溶解度比相应的醇或羧酸都大,低碳数的醇酸可与水混溶,在乙醚中溶解度则较小。大多数醇酸因含手性碳原子而具有旋光性。酚酸大多为晶体,多以盐、酯或糖苷的形式存在于植物中,有的微溶于水(如水杨酸),有的易溶于水(如没食子酸)。

3. 羟基酸的化学性质

(1) 酸性。在醇酸分子中,由于醇羟基的吸电子诱导效应,增强了羧基的酸性。诱导效应随传递距离的增长而减弱,醇酸的酸性随着羟基与羧基距离的增长而减弱。例如

	$CH_3CHOHCOOH$	$OHCH_2CH_2COOH$	CH_3CH_2COOH
pK_a	3.87	4.51	4.78

在酚酸分子中,酚羟基表现为吸电子诱导效应和给电子共轭效应。因此,酚酸的酸性随羟基与羧基的相对位置不同而异。例如

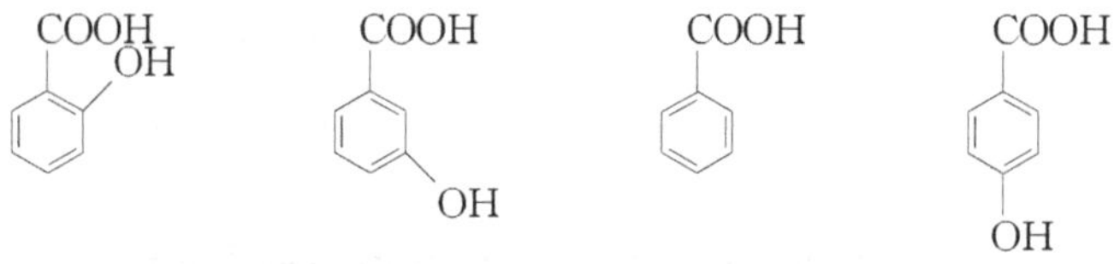

pK_a	3.00	4.12	4.17	4.54

邻羟基苯甲酸中酚羟基的氢可与羧基中羰基上的氧形成分子内氢键,从而增强了羧基中O—H键的极性,使其氢更容易解离,同时使所形成的酸根负离子稳定,酸性增强;间羟基苯甲酸中主要是羟基的吸电子诱导效应起作用,但因间隔3个碳原子,诱导效应作用较弱,结果使间羟基苯甲酸的酸性比苯甲酸略强;对羟基苯甲酸主要以共轭效应为主,使羧基解离度减小,其酸性比苯甲酸还弱。

邻羟基苯甲酸分子内氢键　　邻羟基苯甲酸负离子

(2) 氧化反应。α-醇酸中的羟基比醇的羟基容易氧化。Tollen 试剂、稀硝酸一般不能氧化醇,但能氧化 α-醇酸生成羰基酸。例如

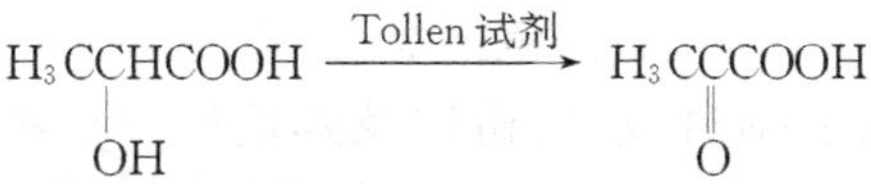

(3) 脱羧反应。酚酸中羟基处于邻位或对位的酚酸,对热不稳定,当加热至熔点以上时,则脱去羧基生成相应的酚。例如

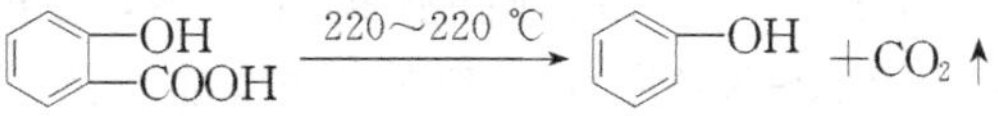

(4) 醇酸的脱水反应。醇酸由于分子中羟基和羧基的相互影响,加热时易发生脱水反应,其脱水方式因羟基和羧基的相对位置不同而异,生成不同的产物。

α-醇酸受热时,两个分子间的羧基和羟基交叉脱水,形成六元环的交酯。例如

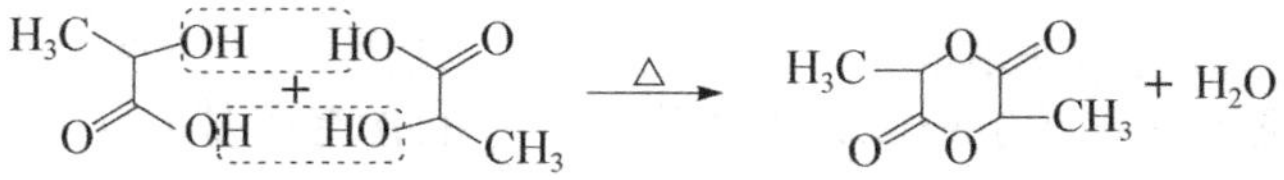

α-羟基丙酸　　**丙交酯**

β-醇酸中的 α-氢原子同时受到羟基和羧基的影响,比较活泼,受热时容易与 β-碳原子上的羟基结合,发生分子内脱水生成 α,β-不饱和羧酸。例如

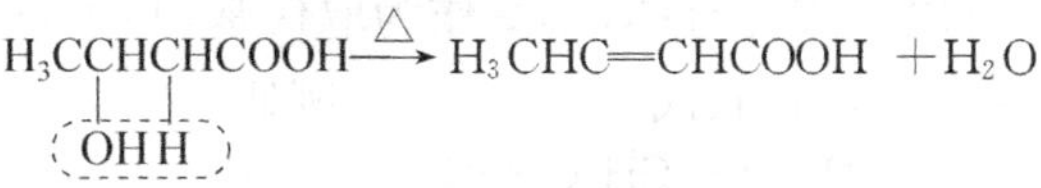

β-羟基丁酸　　2-丁烯酸

γ-醇酸和 δ-醇酸易发生分子内脱水,分别生成五元和六元环状结构的内酯。例如

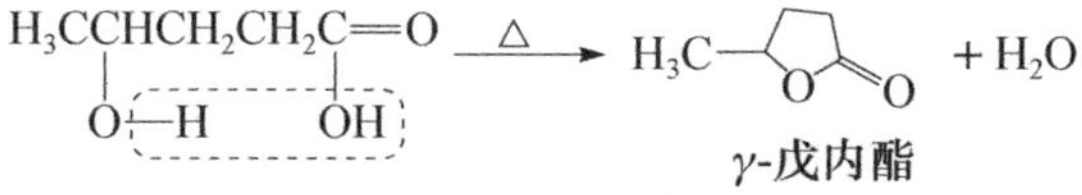

γ-戊内酯

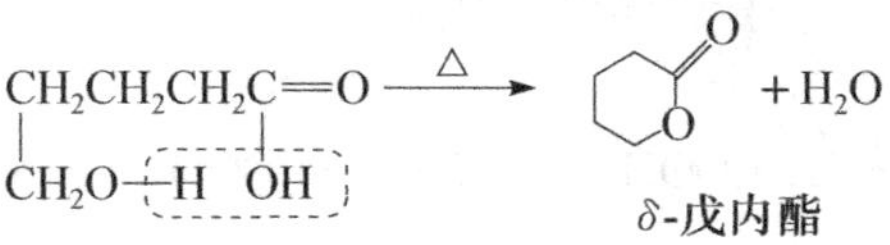

δ-戊内酯

4. 重要的羟基酸

(1) 乳酸。乳酸为黏稠的无色液体,有很强的吸湿性和酸味,溶于水、乙醇、甘油和乙醚,不溶于氯仿和油脂。因最初从酸牛奶中获得而得名。工业上是由葡萄糖发酵制得的。乳酸分子中含有一个手性碳,因此有一对对映异构体,它们可以用不同方法获得。乳酸具有消毒防腐作用,可用于治疗阴道滴虫;乳酸钙是补充体内钙质的药物,其钠盐可用作人体酸中毒的解毒剂。乳酸聚合物具有良好的生物相容性和生物降解性,因此可用于医用高分子材料,如手术缝线、药物微囊化的囊材等。

(2) 苹果酸。苹果酸为针状结晶,易溶于水和乙醇,微溶于乙醚。最初是从苹果中分离得到的,因而称为苹果酸。苹果酸是人体糖代谢的中间产物,在酶的催化下脱氢生成乙二酰

乙酸。

(3) 酒石酸。酒石酸为透明棱形晶体，有很强的酸味，易溶于水。它存在于各种果汁中，以葡萄中含量最高。它主要以酒石酸氢钾的形式存在于葡萄中。在用葡萄酿酒的过程中，该酸式盐随乙醇含量的增加而逐渐析出结晶，称为酒石，酒石酸也由此而得名。酒石难溶于水，与氢氧化钠作用生成酒石酸钾钠，易溶于水，用于配制 Fehling 试剂。用酒石制得的酒石酸锑钾，即吐酒石，曾用作催吐剂和治疗血吸虫病。

(4) 水杨酸。水杨酸又名柳酸，为白色结晶，熔点为 159 ℃，在 79 ℃时升华，微溶于水，易溶于乙醇和沸水中。存在于柳树、水杨树皮及其他许多植物中，有杀菌、防腐、解热和镇痛等作用，由于对胃刺激性强，不宜内服，因此多用其衍生物。其主要衍生物有乙酰水杨酸、水杨酸甲酯和对氨基水杨酸等。乙酰水杨酸的商品名称为阿司匹林，是解热、镇痛和消炎的常用药；水杨酸甲酯俗称冬青油，可用作扭伤的外用药，也可用于配制牙膏、糖果等的香精。对氨基水杨酸的钠盐(PAS-Na)用作治疗肺结核，常与链霉素或异烟肼合用，以增强疗效。因 PAS-Na 的水溶液稳定性较差，易变色而影响其疗效，因此，注射用的 PAS-Na 在使用时临时配制。

9.2.2　酮酸

羧酸分子中烃基上的氢原子被氧原子替代后产生的含有羰基的化合物称为羰基酸。可分为醛酸和酮酸，自然界中常见的是酮酸，这里只讨论酮酸。

1. 酮酸的命名

酮酸的系统命名法也是以羧酸为母体，酮基作为取代基，并用阿拉伯数字或希腊字母标明酮基的位置；也可以羧酸为母体，用“氧代”表示羰基。例如

丙酮酸(2-氧代丙酸)　　β-丁酮酸(3-氧代丁酸，乙酰乙酸)　　丁酮二酸(2-氧代丁二酸，草酰乙酸)

2. 酮酸的化学性质

(1) 酸性。由于酮基的吸电子诱导效应比羟基强，因此，酮酸的酸性较相应的醇酸强，更强于相应的羧酸。例如

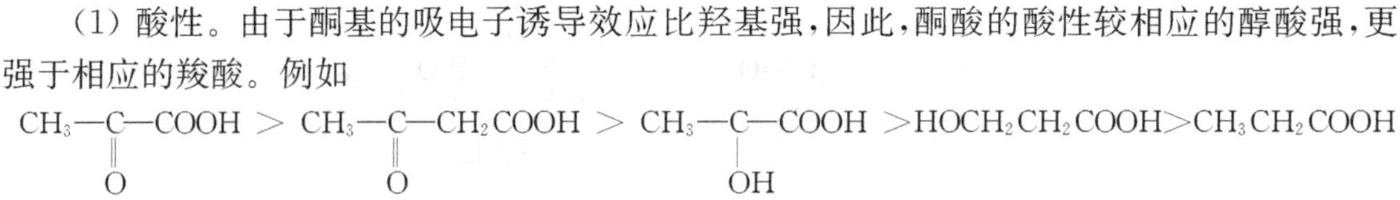

pK_a　2.49　　3.51　　3.86　　4.51　　4.88

(2) 脱羧反应。α-酮酸与稀硫酸共热，发生脱羧反应生成少一个碳原子的醛。

$$RCOCOOH \xrightarrow[\triangle]{稀\ H_2SO_4} RCHO + CO_2\uparrow$$

β-酮酸比 α-酮酸更易脱羧，这是因为 β-酮酸分子中酮基氧原子的吸电子诱导效应，以及酮基氧原子与羧基中的氢原子形成分子内氢键，当分子受热时即发生脱羧反应，形成烯醇型中间体，然后重排得酮。

3. 重要的酮酸

(1) 丙酮酸。丙酮酸为有刺激性臭味的无色液体，易溶于水。丙酮酸是生物体内糖、脂肪

和蛋白质代谢的一个重要中间产物。在体内酶的作用下，丙酮酸可以转化为乳酸、氨基酸等，在机体代谢过程中起着重要的作用。

(2) β-丁酮酸。β-丁酮酸又名乙酰乙酸，为黏稠的无色液体。在生物体内不稳定，可在脱羧酶催化下脱羧生成丙酮，也能还原为β-羟基丁酸。β-羟基丁酸、β-丁酮酸和丙酮是生物体内糖、蛋白质、脂肪代谢的中间产物，在医学上将这三者统称为酮体(acetone body)。正常人的血液中酮体的含量低于 10 $mg \cdot L^{-1}$，而糖尿病患者因糖代谢不正常，靠消耗脂肪供给能量，其血液中酮体的含量在 4 $g \cdot L^{-1}$以上。由于β-羟基酸和β-丁酮酸均具有较强的酸性，因此酮体含量过高的晚期糖尿病患者易发生酮症酸中毒。

(3) α-酮丁二酸。α-酮丁二酸又称乙二酰乙酸，为晶体，能溶于水，在水溶液中产生酮式-烯醇式互变异构，生成α-羟基丁烯二酸，其水溶液与三氯化铁反应显红色。乙二酰乙酸是体内糖代谢的中间产物，在酶催化下也能进行脱羧反应，生成丙酮酸和二氧化碳。

知识拓展

酮酸的生理活性

体内的醇酸和酮酸均为糖、脂肪和蛋白质代谢的中间产物，这些中间产物在体内各种特殊酶的催化下，在一系列化学反应(如氧化、脱羧及脱水等)过程中，伴随着氧气的吸收、二氧化碳的放出以及能量的产生，这一切都为生命活动提供了物质基础。α-酮酸与氨在催化剂(体内的酶)的作用下可生成α-氨基酸：

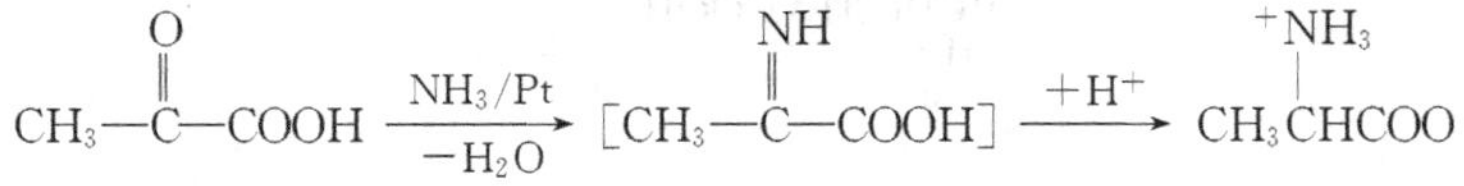

氨是体内代谢的产物，大部分氨在肝脏内转变成尿素经肾排出，另有一部分氨在谷氨酸脱氢酶的作用下，在组织细胞内与α-酮戊二酸反应生成谷氨酸。其中尼克烟酰胺腺嘌呤二核苷酸(nicotinamide adenine dinucleotide，NAD^+，又称辅酶Ⅰ)起递氢体作用。

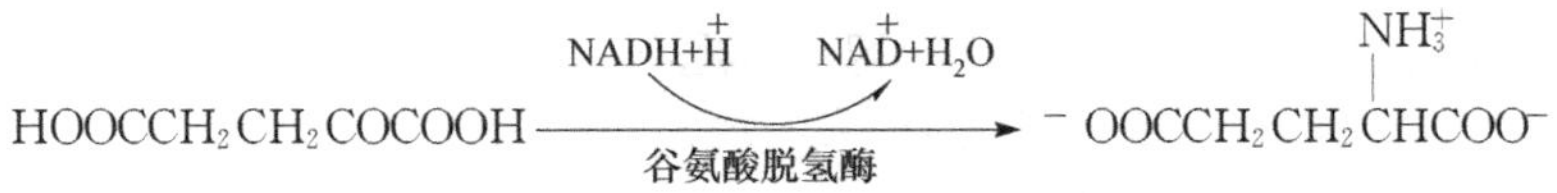

α-酮戊二酸　　谷氨酸

生物体内α-酮酸与α-氨基酸在转氨酶的作用下可以发生相互转换，产生新的α-酮酸和α-氨基酸，这种反应称为氨基转移反应。

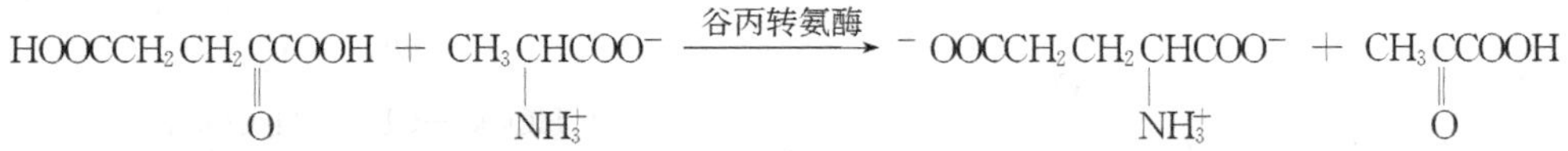

α-酮戊二酸　　丙氨酸　　谷氨酸　　丙酮酸

在正常情况下，谷丙转氨酶(GPT)存在于人体细胞内。急性肝炎患者因肝组织坏死，肝细胞破裂后大量 GPT 逸入血清，使血清中 GPT 活性明显上升；临床上测定血清中 GPT 的活性，就是利用上述反应生成的丙酮酸，在碱性条件下与 2,4-二硝基苯肼作用显红棕色(丙酮酸-2,4-二硝基苯腙)，再用比色法测定后，即可推算出血清中谷丙转氨酶的活性。

小　结

分子中含有羧基的化合物称为羧酸，羧基是羧酸的官能团。羧酸分子中烃基上的氢原子被其他原子或基团取代后得到的化合物称为取代羧酸。常见的取代羧酸有羟基酸、羰基酸等。

羧酸是一类重要的有机化合物，是工业和农业生产的重要原料。羧酸具有弱酸性，能与碱作用成盐，常见一元羧酸的 pK_a 为 3～5，比碳酸酸性强。影响羧酸酸性的因素主要有诱导效应、共轭效应、空间效应和氢键等，凡能使羧基电子云密度降低的基团，都能使羧酸酸性增强，反之，酸性则减弱；羧酸分子中羧基上的羟基在一定条件下能发生亲核取代反应，可生成酰卤、酸酐、酯、酰胺等羧酸衍生物；羧酸受热可发生脱羧反应；羧酸在一般条件下，不能被催化氢化法还原，但能被氢化铝锂还原成醇。

取代羧酸除具有羧酸的性质、取代官能团的性质外，还具有取代官能团和羧基相互作用所产生的一些特殊性质。醇酸加热时易发生脱水反应，其脱水方式因羟基和羧基的相对位置不同而异，生成不同的产物。α-酮酸与稀硫酸作用下脱羧生成醛；β-酮酸比 α-酮酸更易脱羧，生成酮。

羧酸及取代羧酸的反应可以总结如下：

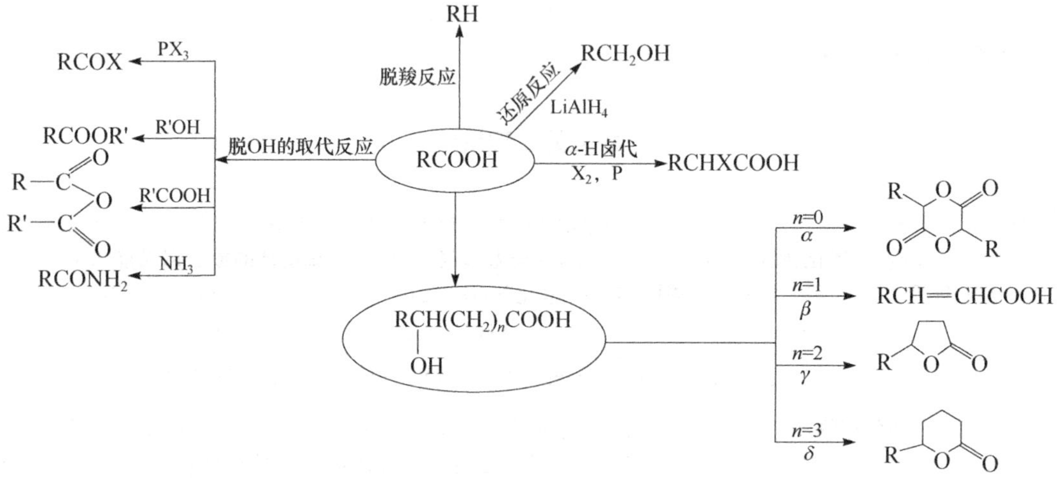

习　　题

1. 命名下列化合物或写出下列化合物的结构式。

(1) 2-(对异丁基)苯基丙酸　　(2) 3,4-二甲基己二酸　　(3) 乙二酰琥珀酸

(4) 酒石酸　　(5) 乙酰水杨酸　　(6) 柠檬酸

(7) 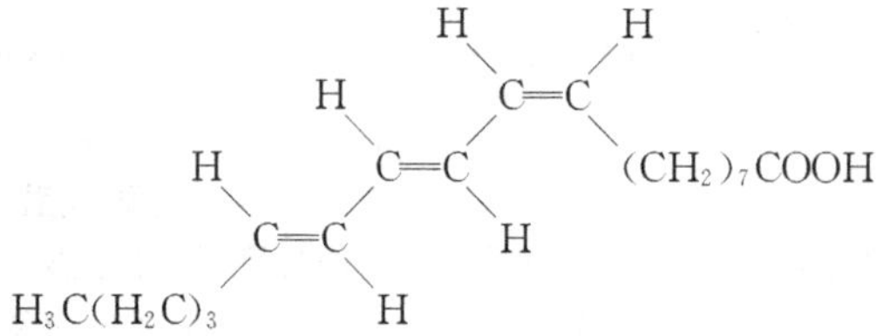

(8) $HOOC-CH(OH)-CH_2COOH$

(9) $HOOC-C(=O)-CH_2CH_2COOH$

2. 完成下列反应方程式。

(1) 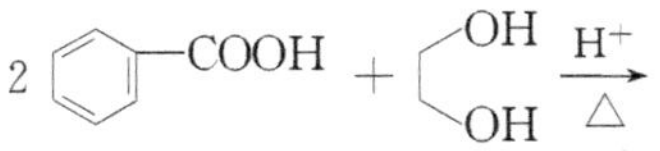

(2) 

(3) 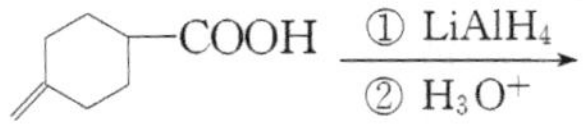

(4) 

(5) 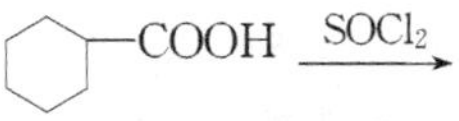

(6) $H_3C-\underset{CH_3}{CH}-\overset{OH}{CH}-COOH \xrightarrow{\triangle}$

(7) $H_3C-\overset{OH}{CH}-CH_2COOH \xrightarrow{\triangle} \xrightarrow{HBr}$

(8) $HOOC-\overset{OH}{CH}-CH_2COOH \xrightarrow{\triangle}$

3. 按要求排出下列化合物的次序。

(1) 按酸性由强到弱排列

① $CH_3CH_2CH_2COOH$ ② $CH_3CH_2\overset{Cl}{C}HCOOH$ ③ $CH_3CH_2\overset{OH}{C}HCOOH$

④ $CH_3CH_2\overset{O}{\overset{\|}{C}}COOH$ ⑤ $CH_3CH_2\overset{NH_2}{C}HCOOH$

(2) 按酸性由弱到强排序

① 乙酸 ② 甲酸 ③ 苯甲酸 ④ 丙酸 ⑤ 戊酸 ⑥ 乙二酸

(3) 脱羧反应由易到难

① α-丁酮酸 ② β-丁酮酸 ③ 丁酸

4. 用化学方法鉴别下列化合物。

(1) ① 甲酸 ② 乙酸 ③ 丙醛 ④ 丁二酸二甲酯 ⑤ 乙二酸

(2) ① $CH_3CH_2\overset{O}{\overset{\|}{C}}CH_3$ ② $HOOC-\overset{O}{\overset{\|}{C}}-CH_2COOC_2H_5$ ③ $H_3C-\overset{O}{\overset{\|}{C}}-CH_2COOC_2H_5$

④  ⑤ 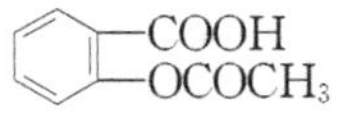

5. 以苯、四个或四个以下碳原子的醇和必需试剂为原料合成下列化合物。

(1) 对硝基苯乙酮 (2) 2,5-二甲基-3-己酮

6. 指出下列哪些化合物具有酮式-烯醇式互变异构,并写出其平衡式。

(1) 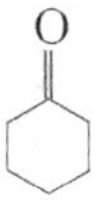 (2) 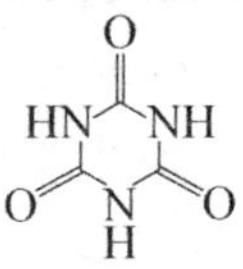

7. 旋光性物质 **A**($C_5H_{10}O_3$)与 $NaHCO_3$ 作用放出 CO_2,**A** 经加热后脱水生成 **B**($C_5H_8O_2$)。**B** 存在两种构型,但无光学活性,将 **B** 用高锰酸钾处理可得乙酸和 **C**($C_3H_4O_3$)。**C** 能与 Tollen 试剂作用产生银镜反应,**C** 还能与羰基试剂反应。试推测 **A**、**B**、**C** 的结构式及 **A**、**B** 的构型。

(昆明医学院 郭蕴苹)

第 10 章　羧酸衍生物

羧酸衍生物(carboxylic acid derivatives)是指羧酸分子中羧基上的羟基被其他原子或基团取代后所形成的化合物。常见的羧酸衍生物有酰卤、酸酐、酯和酰胺,它们分别是羧基上的羟基被—X、—OR、—OCOR或—NH_2(或取代胺基)取代后的产物。羧酸分子去掉羧基上的羟基,剩余的部分称为酰基(acyl group)。羧酸衍生物分子中都含有酰基,可以用下列通式表示:

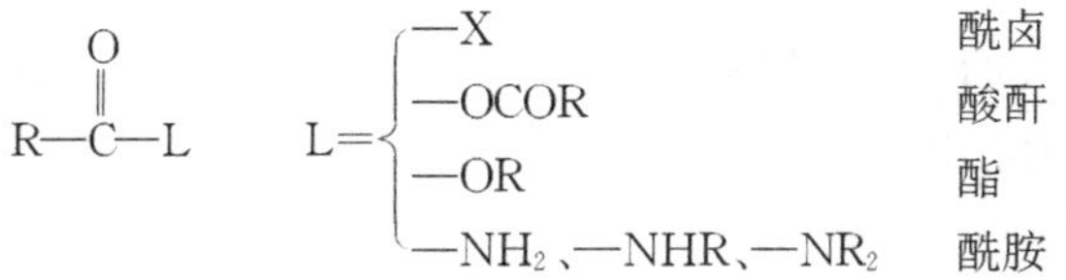

羧酸衍生物广泛存在于自然界,可以转变成许多其他化合物,有些参与动植物的生命过程,有些具有重要的生理活性。酰卤及酸酐性质较活泼,是有机合成的重要原料或中间体。许多植物的香气成分、某些植物药中的有效成分都具有酯类结构,蛋白质、多肽、青霉素类、头孢菌素等药物属于酰胺类化合物。

本章重点讨论羧酸衍生物的结构、命名、性质,对乙酰乙酸乙酯合成法、丙二酸二乙酯合成法和一些常见碳酸衍生物的结构和性质也作一简单介绍。

10.1　羧酸衍生物的结构和命名

10.1.1　羧酸衍生物的结构

羧酸衍生物分子中的酰基碳原子是 sp^2 杂化,碳氧双键由一个 σ 键和一个 π 键组成,与酰基碳直接相连的原子(X、O、N)的 p 轨道上都有孤对电子,能与酰基上的 π 键电子云重叠,发生 p-π 共轭。可以表示如下:

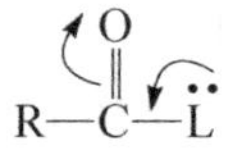

L 基团的给电子共轭效应使酰基碳原子的 π 电子云密度增大,吸电子诱导效应使酰基碳原子的 σ 电子云密度降低,二者共同影响酰基碳原子的电子云密度大小。在酰卤分子中,由于卤原子的电负性较强,吸电子诱导效应大于给电子的共轭效应,因此酰卤中的 C—X 键易断裂,化学性质活泼;在酰胺分子中,氮原子给电子的共轭效应强于吸电子的诱导效应,所以 C—N键具有部分双键的性质,导致酰胺无碱性且化学性质相对稳定。酸酐和酯的化学活性介于酰卤和酰胺之间,但酸酐的活性比酯要大。

10.1.2　羧酸衍生物的命名

1. 酰基的命名

酰基的名称可根据相应酸的名称来命名,即将其酸名称的"酸"字改为"酰基"即可。例如

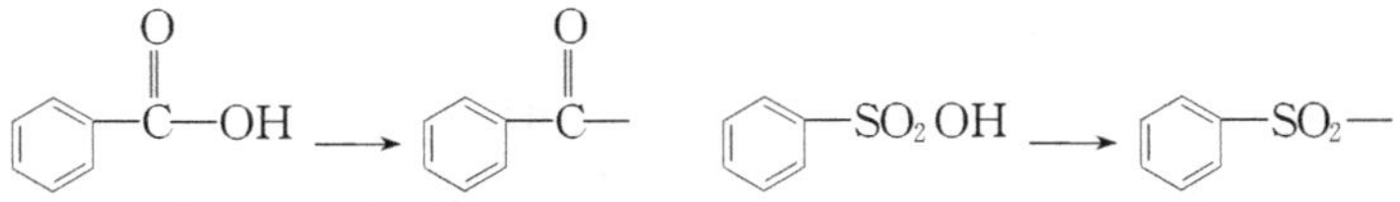

苯甲酸　　苯甲酰基　　苯磺酸　　苯磺酰基

2. 酰卤的命名

酰卤(acid haloride)的命名是在酰基名称后加上卤素的名称,称为“某酰卤”。例如

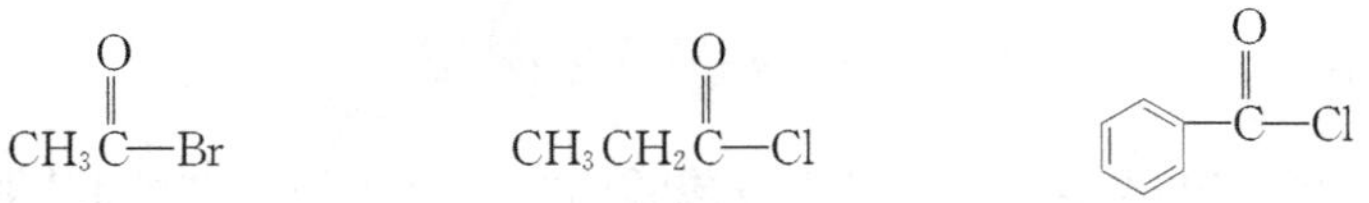

乙酰溴　　丙酰氯　　苯甲酰氯

3. 酸酐的命名

酸酐(acid anhydride)是根据形成它的羧酸来命名的。在羧酸名称后加“酐”字,称为“某酸酐”,“酸”字可以省略,称为“某酐”。若是不同羧酸形成的混酐,命名时把简单的羧酸放在前面,复杂的羧酸放在后面。例如

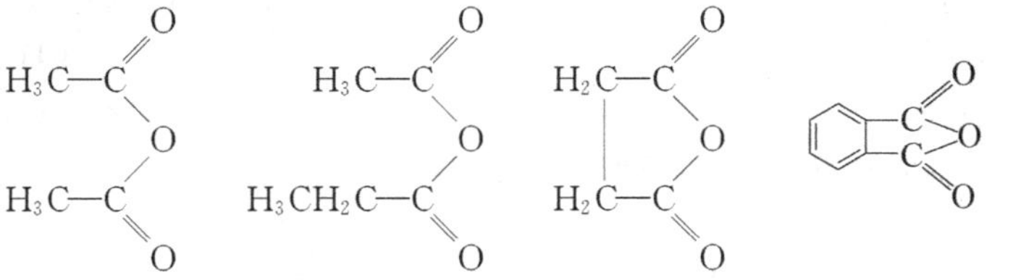

乙(酸)酐　　乙丙(酸)酐　　丁二(酸)酐　　邻苯二甲(酸)酐

4. 酯的命名

酯(ester)是根据形成它的羧酸和醇的名称来命名的。由一元醇和酸形成的酯是先酸后醇,即“某酸某酯”。例如

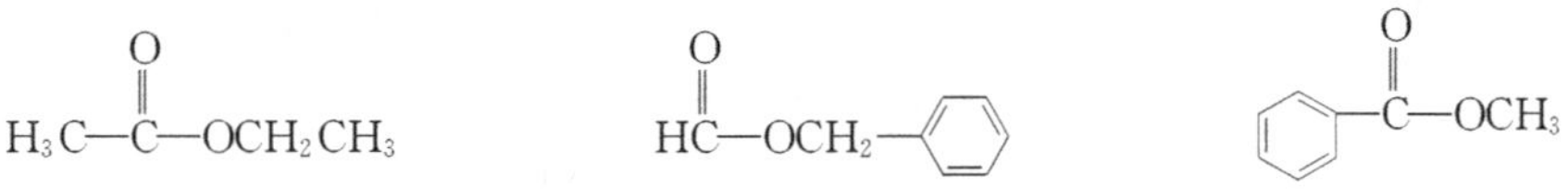

乙酸乙酯　　甲酸苄酯　　苯甲酸甲酯

乙二酸氢乙酯　　邻苯二甲酸甲乙酯

内酯的命名是将其相应的“酸”字变为“内酯”,用希腊字母表明原羟基的位置。例如

γ-戊内酯　　δ-己内酯

由多元醇和一元酸形成的酯命名时是先醇后酸,称为“某醇某酸酯”,此时,“醇”字不能省略。例如

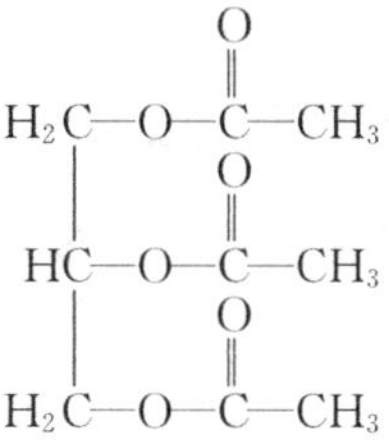

甘油三乙酸酯

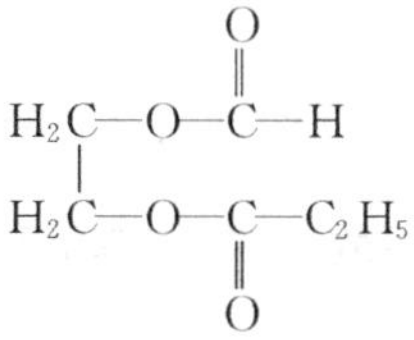

乙二醇甲酸丙酸酯

5. 酰胺的命名

酰胺(amide)的命名与酰卤类似,将相应羧酸的“酸”字去掉,加“酰胺”即可。例如

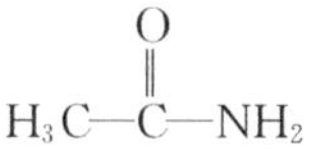

乙酰胺

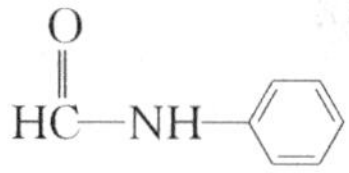

甲酰苯胺

若酰胺的氮原子上连有烃基,则需在烃基前加“*N*”表示烃基的位置。例如

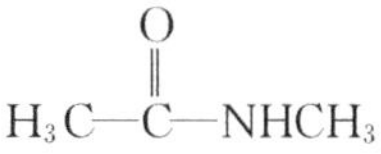

N-甲基乙酰胺

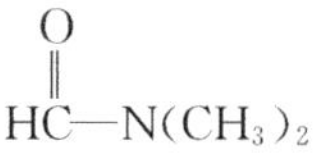

N,*N*-二甲基甲酰胺

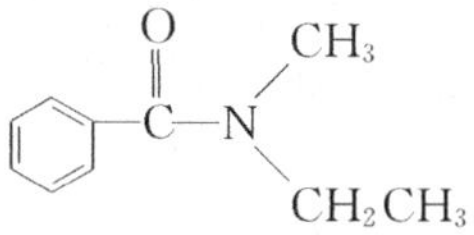

N-甲基-*N*-乙基苯甲酰胺

环状酰胺为内酰胺,命名和内酯类似。例如

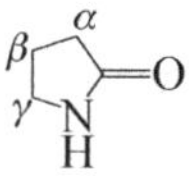

γ-丁内酰胺

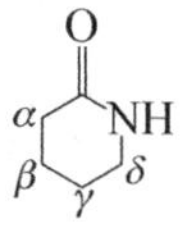

δ-戊内酰胺

二元羧酸的两个酰基与 >NH 或取代的 >NH 相连接的环状化合物称为酰亚胺,命名时称为“某酰亚胺”。例如

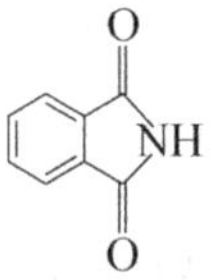

邻苯二甲酰亚胺

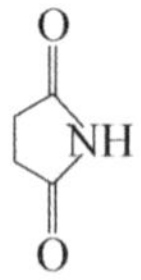

丁二酰亚胺

问题 10-1　命名下列化合物。

(1) 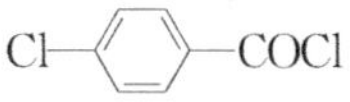　(2) 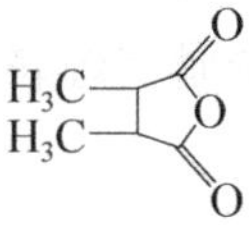　(3) 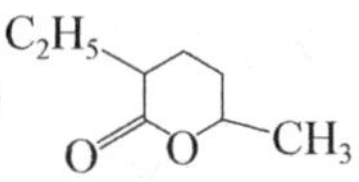　(4) 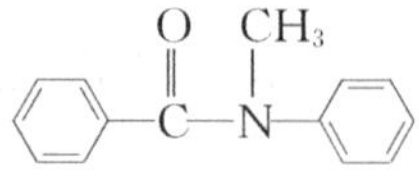

问题 10-2　青霉素母体结构中有几个酰胺键?

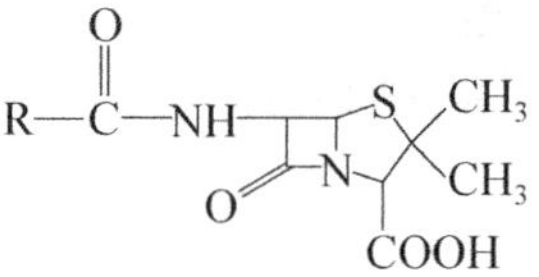

10.2　羧酸衍生物的物理性质

低碳数的酰卤和酸酐是有刺激气味的无色液体,高级的为固体。低碳数的酯多是具有水果或花草香味且易挥发的无色液体。例如,丁酸甲酯有菠萝香味,苯甲酸甲酯有茉莉香味,高级酯为蜡状固体。除甲酰胺和个别 *N*-取代酰胺为液体外,其他的酰胺均为固体。

酰卤、酸酐和酯的分子间不能形成氢键,酰胺分子间能形成氢键缔合。因此,酰卤和酯的沸点比相应的羧酸低,酸酐的沸点较相对分子质量相近的羧酸低。酰胺的熔点和沸点均比相应的羧酸高。

所有羧酸衍生物均溶于乙醚、氯仿和苯等有机溶剂。酰卤和酸酐不溶于水,但可发生水解;低碳数的酯和酰胺在水中有一定的溶解度,能与水混溶,是很好的非质子性溶剂。一些常见羧酸衍生物的物理常数如表 10-1 所示。

表 10-1　一些常见羧酸衍生物的物理常数

化合物	熔点/℃	沸点/℃	相对密度(d_4^{20})
乙酰氯(acetyl chloride)	−112	51	1.104
苯甲酰氯(benzoyl chloride)	−1	197	1.212
乙酸酐(acetic anhydride)	−73	140	1.082
邻苯二甲酸酐(phthalic anhydride)	131	284	1.527
乙酸乙酯(ethyl acetate)	−83	77	0.901
苯甲酸乙酯(ethyl benzoate)	−34	213	1.043
乙酰胺(acetamide)	82	221	1.159
N,*N*-二甲基甲酰胺(*N*,*N*-dimethylformamide)	−61	152.8	0.9445

问题 10-3　为什么乙酰胺的相对分子质量(59)比 *N*,*N*-二甲基甲酰胺的相对分子质量(73)小,但熔、沸点都比后者高?

10.3　羧酸衍生物的化学性质

与醛或酮的性质相似,羧酸衍生物分子中带部分正电荷的酰基碳原子容易受到亲核试剂的进攻,发生亲核取代反应;受酰基的影响,α-H 有一定的活泼性;另外,由于酰基所连的原子或基团不同,各衍生物的化学性质也有所差异。

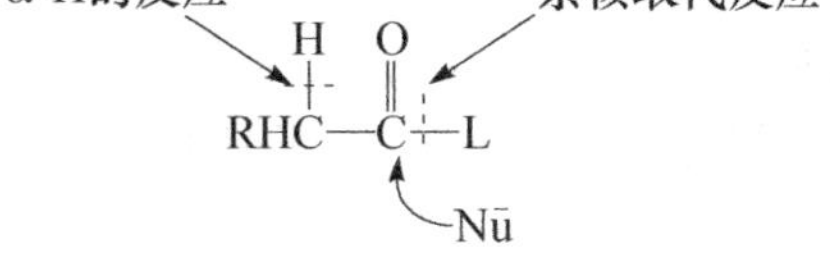

10.3.1　酰基亲核取代反应

羧酸衍生物可以在酸性或碱性条件下与许多亲核试剂发生酰基亲核取代反应(nucleophilic acyl substitution)，羧酸衍生物分子中与酰基相连的原子或原子基团被另外一个亲核原子或原子基团所取代。反应分两步进行：第一步，亲核试剂进攻酰基碳原子，发生亲核加成反应，形成带负电荷的四面体结构的中间体；第二步，中间体发生消除反应，形成恢复碳氧双键的取代产物。在取代过程中经历了亲核加成和消除反应两个步骤。羧酸衍生物的亲核取代反应在碱催化下可用下列通式表示：

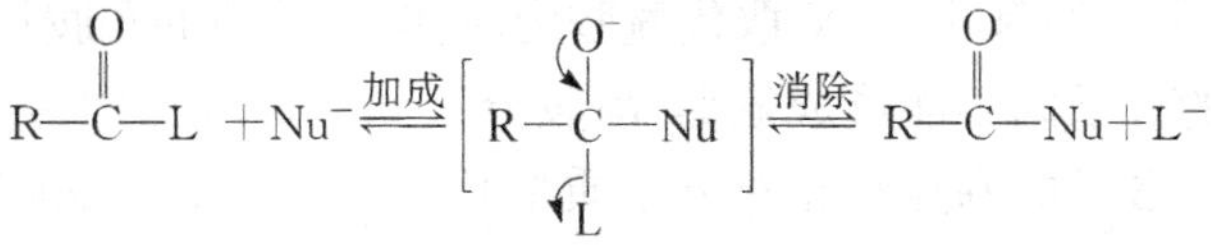

羧酸衍生物　亲核试剂　　中间体　　　　　　离去基团

酰基的亲核取代反应速率受其分子中的电子效应和空间效应的影响。酰基的空间阻碍越小，酰基上的离去基团越容易离去，反应速率就越快。所以羧酸衍生物发生亲核取代反应的活性次序为酰卤＞酸酐＞酯＞酰胺。

通常较活泼的羧酸衍生物能直接转化成较不活泼的羧酸衍生物。例如，酰卤能转化成酸酐、酯或酰胺；酸酐能转化成酯或酰胺；酯能转化成酰胺，但不活泼的羧酸衍生物不能直接转换成活泼的衍生物。

羧酸衍生物的亲核取代反应有水解、醇解和氨解等类型。

1. 水解反应

酰卤、酸酐、酯和酰胺均可以与水反应生成羧酸。

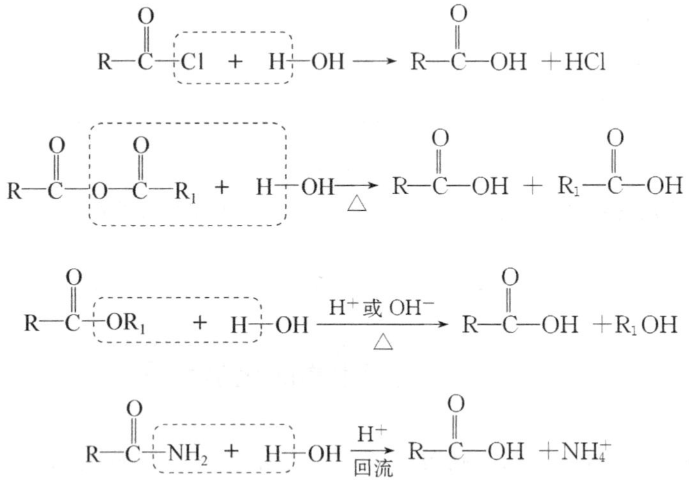

酰卤极易水解，且低分子酰卤反应很剧烈，如乙酰氯在湿空气中会发烟，放出氯化氢。酸酐反应活泼性比酰卤差些，在室温下水解缓慢，需加热才能水解。酯较稳定，需要在酸或碱的催化，并加热条件下水解。酰胺比酯更稳定，需要在强酸或强碱的催化下，经比较长时间的加热回流才能水解；但四元环的内酰胺（β-内酰胺）由于具有较大的环张力，较易发生水解反应，导致开环。

许多天然抗生素都含有β-内酰胺环。例如，青霉素 G 钾或钠盐的分子结构中就含有β-内酰胺环，其水溶液在室温条件下不稳定，容易发生水解。因此，通常使用粉针剂型，注射前临时配制注射液。青霉素 G 钾或钠盐的分子结构如下：

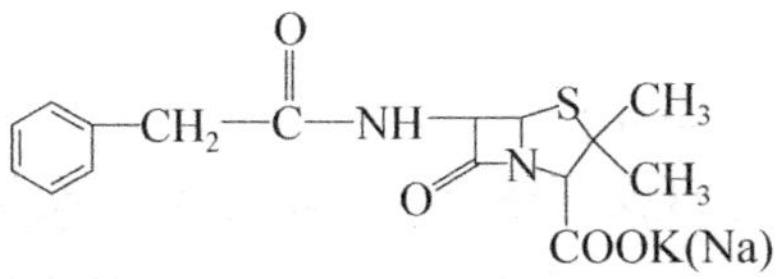

2. 醇解反应

酰卤、酸酐和酯都能发生醇解生成酯。

$$RCOCl + HOR'' \longrightarrow RCOOR'' + HCl$$

$$RCOOCOR' + HOR'' \xrightarrow{\triangle} RCOOR'' + R'COOH$$

$$RCOOR' + HOR'' \longrightarrow RCOOR'' + R'OH$$

酰卤与醇反应很容易生成酯，是制备酯的常用方法。在碱性条件下，可以加快反应的速度。此外，还经常用来制备一些难以用酸和醇直接酯化合成的酯。例如

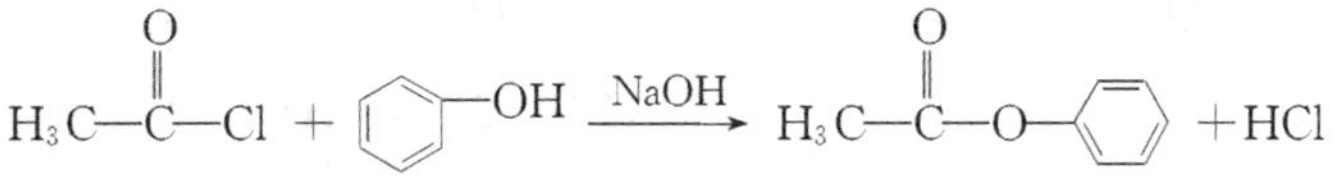

酸酐醇解也很容易进行，与酰卤一样，常用于制备酯，特别是各种醇的乙酰化。例如

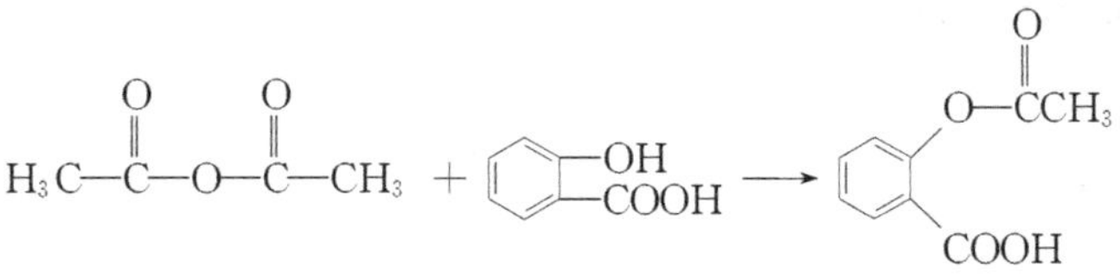

酯的醇解需要在酸或碱的催化下，反应生成另一种醇和另一种酯，该反应又称为酯交换反应。酯交换反应是可逆的，为了使反应向正方向进行，通常使用过量的醇。这个反应常用于将低沸点醇的酯转化为高沸点醇的酯的反应。例如

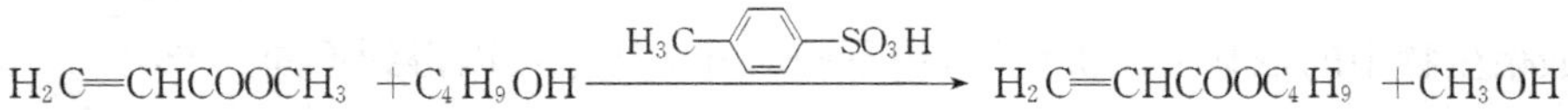

酰胺难以醇解。

3. 氨解反应

酰卤、酸酐、酯和酰胺与氨(胺)反应，均可生成酰胺。因为氨(胺)与水、醇相比是更强的亲核试剂，所以羧酸衍生物的氨解反应比水解、醇解更容易进行。

$$R-\overset{O}{\overset{\|}{C}}-X + NH_3 \longrightarrow R-\overset{O}{\overset{\|}{C}}-NH_2 + NH_4^+X^-$$

$$R-\overset{O}{\overset{\|}{C}}-O-\overset{O}{\overset{\|}{C}}-R_1 + NH_3 \longrightarrow R-\overset{O}{\overset{\|}{C}}-NH_2 + R_1COOH$$

$$R-\overset{O}{\overset{\|}{C}}-OR_1 + NH_3 \longrightarrow R-\overset{O}{\overset{\|}{C}}-NH_2 + R_1OH$$

$$R-\overset{\overset{\displaystyle O}{\|}}{C}-NH_2 + H_2NR_1 \longrightarrow R-\overset{\overset{\displaystyle O}{\|}}{C}-NHR_1 + NH_3$$

酰卤与氨、伯胺或仲胺反应较易生成酰胺和铵盐，这也是羧酸通过酰卤合成酰胺的一个常用方法。酰卤与氨反应迅速，反应中产生的卤化氢可通过加入过量的氨除去。例如

$$H_3CH_2C-\overset{\overset{\displaystyle O}{\|}}{C}-Cl + 2NH_3 \longrightarrow H_3CH_2C-\overset{\overset{\displaystyle O}{\|}}{C}-NH_2 + NH_4Cl$$

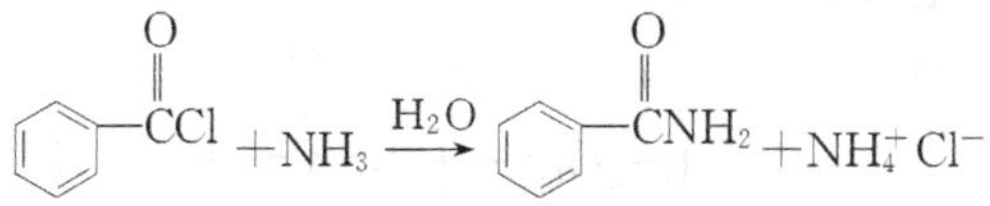

苯甲酰氯　　过量　苯甲酰胺(86%，质量分数)

酸酐与氨反应，生成酰胺和羧酸盐。反应主要用于各种胺特别是芳香伯胺或仲胺的乙酰化。例如

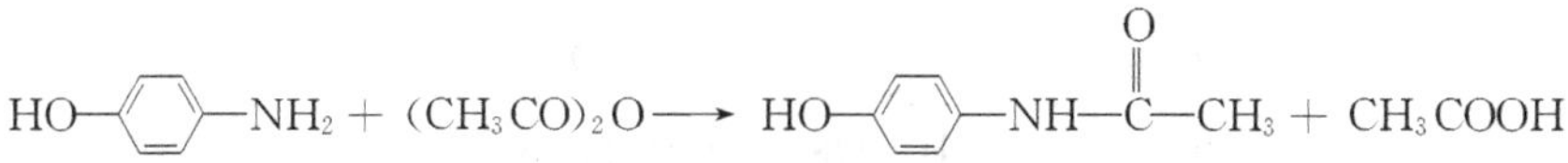

酯与氨(胺)的反应较慢，但有时也用于有机合成中。例如

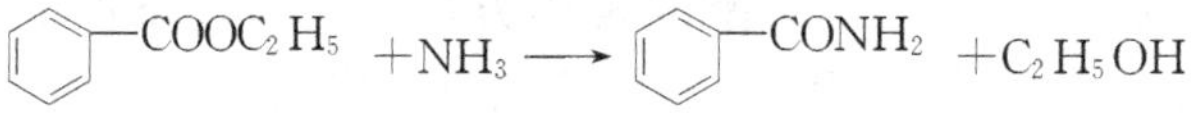

$$H_3C-\overset{\overset{\displaystyle O}{\|}}{C}-NH_2 + CH_3NH_2 \xrightarrow[\triangle]{} H_3C-\overset{\overset{\displaystyle O}{\|}}{C}-NHCH_3 + NH_3$$

问题 10-4　完成下列反应方程式。

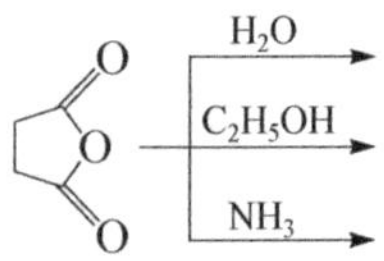

10.3.2　还原反应

羧酸衍生物中的酰基可以被还原，用不同的方法还原可以得到不同的产物。

1. 用金属氢化物或活泼金属还原

羧酸衍生物比羧酸容易还原，用氢化锂铝可以将酰卤、酸酐和酯还原为醇，且其烃基上的碳碳双键不受影响。例如

$$C_8H_{17}CH{=}CH(CH_2)_7COOC_2H_5 \xrightarrow{LiAlH_4} C_8H_{17}CH{=}CH(CH_2)_7CH_2OH$$

用金属钠和无水乙醇可以直接还原酯，生成相应的伯醇，而分子中的双键不受影响。例如

$$CH_3CH{=}CHCH_2CH_2\overset{\overset{\displaystyle O}{\|}}{C}OC_2H_5 \xrightarrow{Na/C_2H_5OH} CH_3CH{=}CHCH_2CH_2CH_2OH + C_2H_5OH$$

2. 催化氢化

酰卤用降低了活性的钯催化剂($Pd/BaSO_4$)进行催化还原或用三叔丁基氢化锂铝、三乙氧

基氢化锂铝还原，可选择性地还原为醛的反应称为罗森蒙德(Rosenmund)还原。反应中硝基、酯基、酰胺基等不受影响。例如

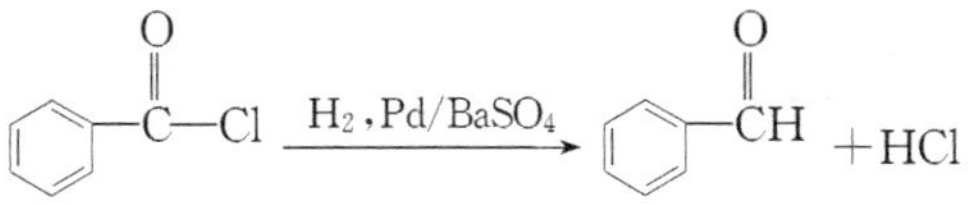

酯也可以被催化氢解为两分子的醇。在工业上应用最广泛的催化剂是铜铬氧化物($CuO \cdot CuCrO_4$)。例如

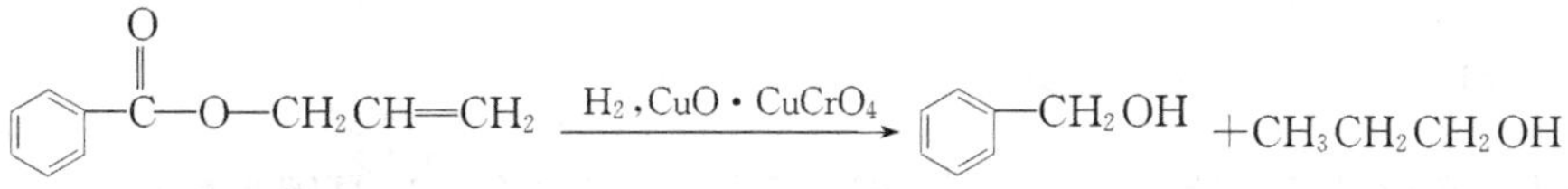

10.3.3　酯缩合反应

酯分子中的 α-H 显弱酸性，在醇钠的作用下可形成 α-碳负离子，与另一分子酯的酯羰基发生亲核加成和消除反应生成 β-酮酸酯，该反应称为酯缩合反应，也称为克莱森酯缩合反应(Claisen condensation)。例如

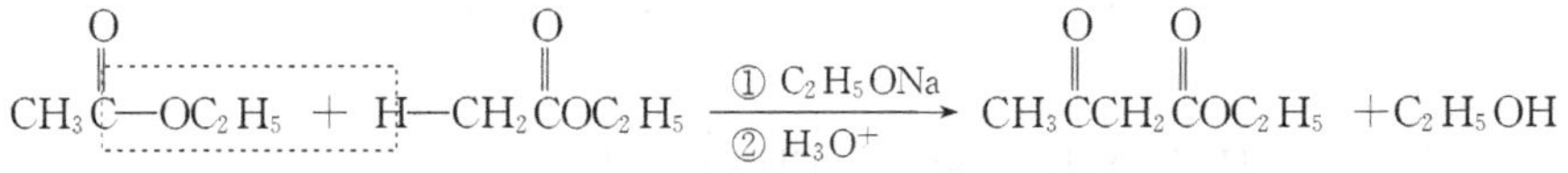

反应机理如下：

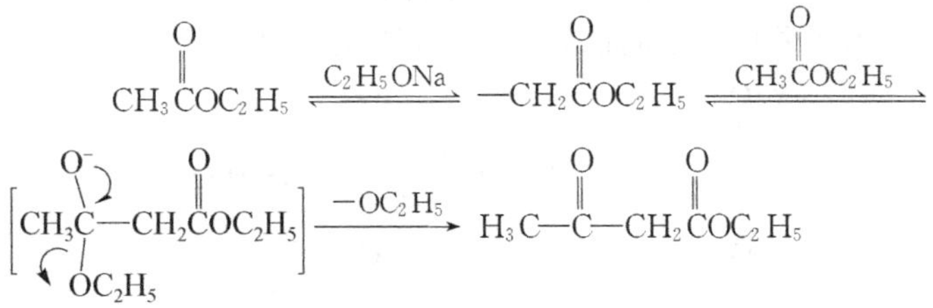

不具有 α-H 的酯(如苯甲酸酯、甲酸酯、乙二酸酯、碳酸酯等)可以提供羰基，与具有 α-H 的酯进行酯缩合反应，称为交叉 Claisen 酯缩合反应。例如

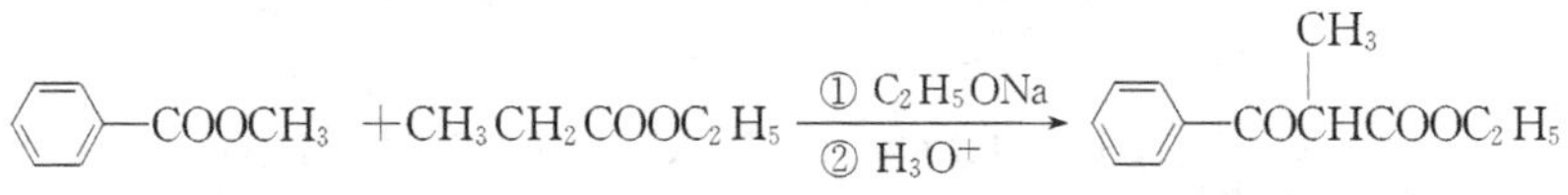

酯缩合反应在有机和药物合成方面具有很重要的价值。酯缩合反应也是生物体内一个重要的生化反应。例如，在某些酶催化下，丙酮酸与乙二酰乙酸经酯缩合反应生成柠檬酸。其反应过程如下：

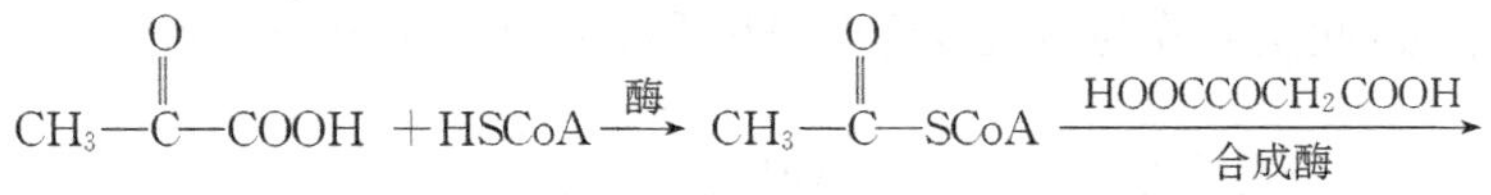

辅酶 A　　乙酰辅酶 A

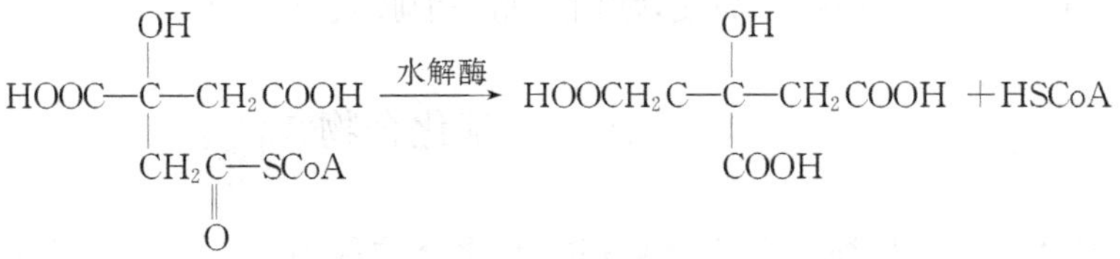

问题 10-5 写出用乙醇钠的乙醇溶液处理乙酸乙酯和丙酸乙酯的混合物而形成的所有 Claisen,缩合产物,可能得到一个主产物吗?

10.3.4 酰胺的特性

酰胺除具有羧酸衍生物的一般通性外,还有一些特殊性质。

1. 酸碱性

一般认为酰胺是近中性的化合物,其溶液不能使石蕊变色。这是因为酰胺分子中氮原子上的孤对电子与羰基发生共轭,氮原子本身的电子云密度降低,减弱了接受质子的能力,因而使酰胺的碱性减弱;同时随着氮原子电子云密度的降低,氮氢键的极性增大,酰胺呈微弱的酸性。

例如,乙酰胺与强酸成盐显弱碱性,与金属钠或金属钾反应显弱酸性:

$$CH_3\overset{\overset{O}{\|}}{C}-NH_2 + HCl \longrightarrow CH_3\overset{\overset{O}{\|}}{C}-NH_2 \cdot HCl$$

$$CH_3\overset{\overset{O}{\|}}{C}-NH_2 + Na \longrightarrow CH_3\overset{\overset{O}{\|}}{C}-NHNa + H_2$$

酰亚胺分子中的氮原子上连接两个酰基,从而使氮原子上的电子云密度极大降低,使N—H键极性增大,表现出弱酸性,能与强碱作用生成酰亚胺的盐。例如

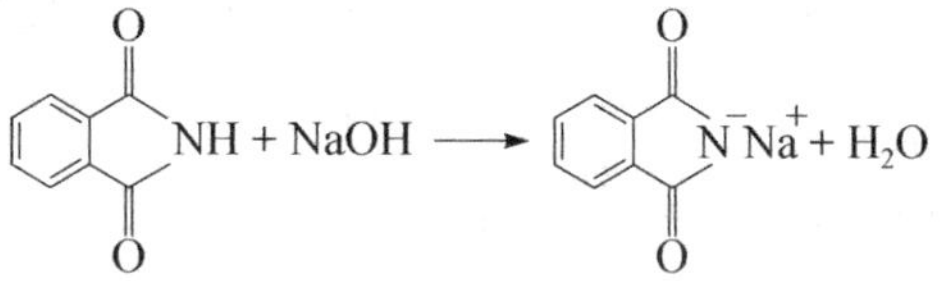

2. 与亚硝酸反应

酰胺与亚硝酸反应,氨基被羟基取代,生成羧酸,并放出氮气。

$$R-\overset{\overset{O}{\|}}{C}-NH_2 + HNO_2 \longrightarrow R-\overset{\overset{O}{\|}}{C}-OH + N_2\uparrow + H_2O$$

3. 霍夫曼降解反应

氮原子上没有被取代的酰胺在碱性溶液中与卤素(Cl_2 或 Br_2)反应,酰胺失去羰基生成少一个碳原子的伯胺,此反应称为霍夫曼降解(Hoffmann degradation)反应 。

$$R-\overset{\overset{O}{\|}}{C}-NH_2 \xrightarrow{Br_2/NaOH} R-NH_2 + NaBr + CO_2\uparrow$$

由于 Hoffmann 降解反应操作简便,常用来制备伯胺或氨基酸。

10.4 β-二羰基化合物

结构中含有两个羰基且被一个亚甲基相隔的化合物称为β-二羰基化合物。它主要包括β-二酮、β-酮酸、β-酮酸酯等,典型的二羰基化合物有乙酰乙酸乙酯和丙二酸二乙酯。

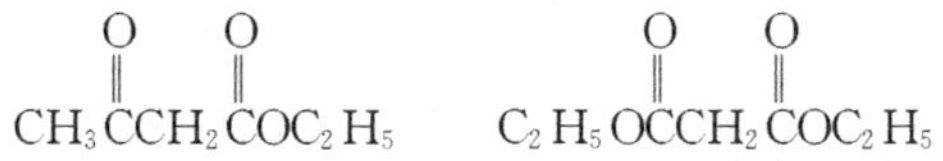

乙酰乙酸乙酯　　　丙二酸二乙酯

这两种化合物的亚甲基上的氢都具有一定的酸性，在碱（如醇钠）作用下可形成的碳负离子，容易烷基化或酰基化、酮式分解或酸式分解，这些反应实现了有机合成中官能团之间的转化，因此，β-二羰基化合物是很重要的有机合成中间体。

10.4.1　乙酰乙酸乙酯酮式-烯醇式互变异构

乙酰乙酸乙酯是无色有水果香味的液体，可与氢氰酸、亚硫酸氢钠和羰基试剂发生加成反应，说明分子中存在羰基；但它同时可以使溴的四氯化碳溶液褪色、与金属钠和醇钠生成盐，尤其能使三氯化铁溶液显色，这又说明分子中也存在烯醇式结构。乙酰乙酸乙酯是由酮式和烯醇式这两种互变异构体组成的动态平衡体系，酮式含量为 92.5%，烯醇式含量为 7.5%。在不同的温度、浓度或溶剂等条件下，酮式和烯醇式的含量也有变化。

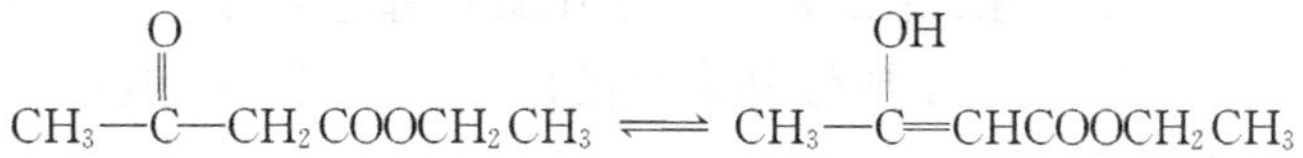

92.5%　　　　7.5%

10.4.2　乙酰乙酸乙酯合成法

碱性条件下，乙酰乙酸乙酯与活泼的卤代烃或酰氯反应，发生相应的烃基化或酰基化反应。

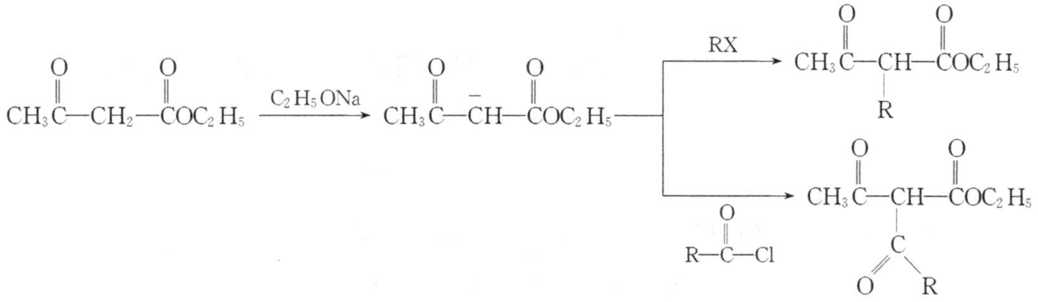

烷基化时只宜采用伯卤代烷，叔卤代烷和仲卤代烷主要发生消除反应而使产率较低，芳卤烃难以反应。酰化时常在二甲亚砜中进行。

乙酰乙酸乙酯在稀碱中共热，可分解脱羧生成丙酮，该反应称为酮式分解。

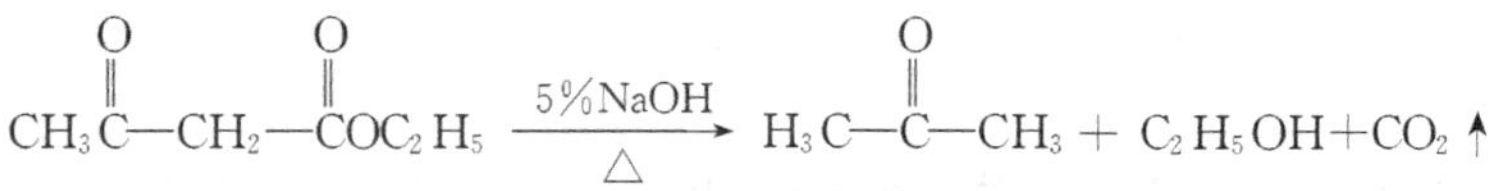

乙酰乙酸乙酯在浓碱中加热，则分解成两分子的羧酸盐，酸化后生成两分子的羧酸，此反应称为酸式分解。

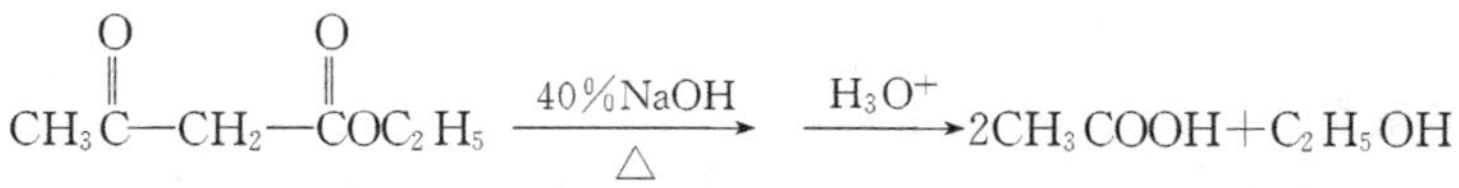

通过得到的乙酰乙酸乙酯烷基化或酰基化产物，再经过酮式或酸式分解，可制得甲基酮或取代乙酸，这种方法称为乙酰乙酸乙酯合成法。烷基化或酰基化被分解的反应通式如下：

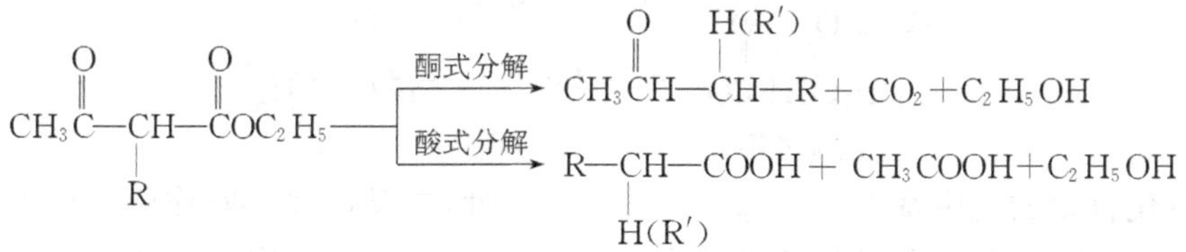

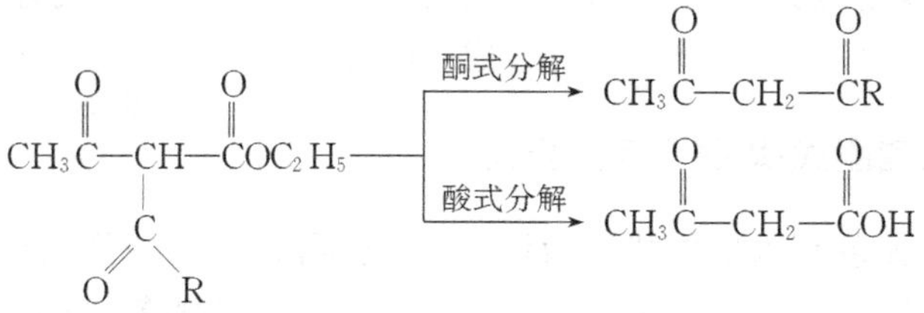

10.4.3　丙二酸二乙酯合成法

丙二酸二乙酯与乙酰乙酸乙酯具有相似的性质，可用来合成各类取代的乙酸衍生物，该方法称为丙二酸二乙酯合成法。丙二酸二乙酯分子中亚甲基上的氢在碱作用下产生碳负离子，可与活泼卤代烃发生烃基化反应，生成烃基取代的丙二酸二乙酯。其产物碱性水解并酸化后再脱羧可制得烃基羧酸。例如

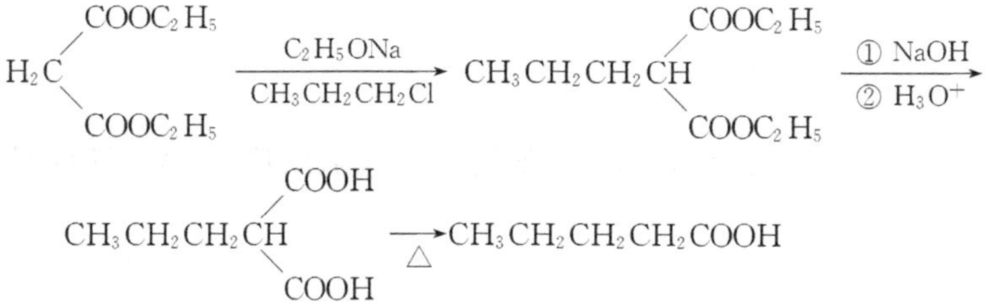

若使用二卤代烷和丙二酸酯反应，随反应物的量不同可得到二元酸和环烷酸。

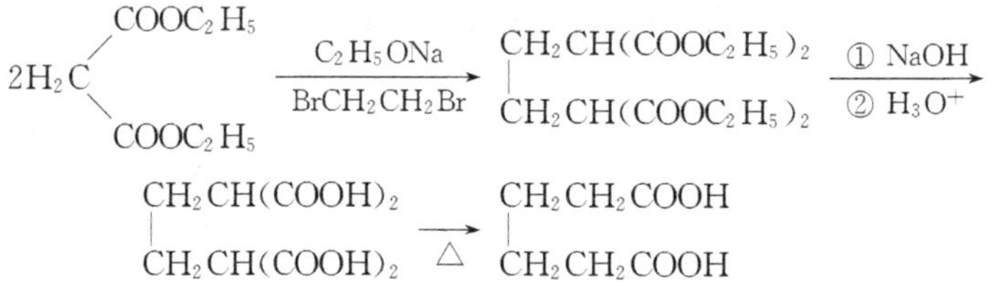

10.5　重要的羧酸衍生物

1. 乙酐

乙酐是有刺激性气味的无色液体，沸点为 140 ℃，微溶于水。乙酐是优良的溶剂和重要的化工原料，常用作乙酰化试剂。工业上用于合成乙酸纤维、塑料、胶片、油漆、药物、香料和染料等。

2. 顺丁烯二酸酐

顺丁烯二酸酐又名马来酸酐或失水苹果酸酐，是有强烈刺激气味的无色结晶，沸点为 202 ℃，在较低温度下(60～80 ℃)也能升华，能溶于醇、乙醚和丙酮，与水作用生成顺丁烯二

酸，是合成丁二酸、酒石酸的主要原料。

3. 乙酸乙酯

乙酸乙酯又称醋酸乙酯，是具有果香气味的无色透明液体，沸点为 77 ℃，微溶于水，易溶于醇、酮、醚、氯仿等多数有机溶剂。乙酸乙酯是极好的工业溶剂，也是制药工业和有机合成的重要原料。但持续大量吸入，对眼、鼻、咽喉有刺激作用，可致呼吸麻痹，高浓度吸入可产生麻醉作用。

4. 甲基丙烯酸甲酯

甲基丙烯酸甲酯为无色易挥发液体，沸点为 100～101 ℃，溶于乙醇、乙醚、丙酮等多种有机溶剂，微溶于乙二醇和水。在光、热、电离辐射和催化剂存在下易聚合。在医用高分子生物材料、纺织、涂料及胶黏剂等领域有广泛的应用。

10.6　碳酸衍生物

碳酸从结构上可看成是两个羟基共用一个羰基的二元酸，很不稳定，受热时便分解。碳酸分子中的羟基被其他原子或基团取代所生成的化合物称为碳酸衍生物（derivatives of carbonic acid）。碳酸的一个羟基被取代的酸性衍生物极不稳定，如氨基甲酸、氯甲酸等在一般条件下不能游离存在，易分解成二氧化碳；而两个羟基均被取代的衍生物一般都较稳定。常见的碳酸衍生物有以下几种：

$HO-\overset{\overset{\displaystyle O}{\|}}{C}-OH$	$Cl-\overset{\overset{\displaystyle O}{\|}}{C}-Cl$	$H_2N-\overset{\overset{\displaystyle O}{\|}}{C}-NH_2$	$H_2N-\overset{\overset{\displaystyle NH}{\|}}{C}-NH_2$
碳酸	光气 （碳酰氯）	脲 （碳酰胺）	胍 （亚氨基脲）

10.6.1　尿素

尿素（urea）又称脲，是碳酸的二元酰胺，是碳酸的最重要衍生物，也是哺乳动物体内蛋白质代谢的最终产物之一，成人每天经尿液排出 25～30 g 脲。

脲为无色长棱形结晶，熔点为 133 ℃，易溶于水及乙醇，难溶于乙醚，临床上脲注射液对降低脑颅内压和眼压有显著疗效，可用于治疗急性青光眼和脑外伤引起的脑水肿。下面介绍其化学性质。

1. 弱碱性

脲具有弱碱性，但不能使石蕊试纸变色，只能与强酸作用生成盐。例如，在脲的水溶液中加入浓硝酸，可析出硝酸脲白色沉淀。反应式为

$$H_2N-\overset{\overset{\displaystyle O}{\|}}{C}-NH_2 + HNO_3 \longrightarrow H_2N-\overset{\overset{\displaystyle O}{\|}}{C}-NH_2 \cdot HNO_3\downarrow$$

2. 水解

与一般酰胺一样，脲在酸、碱或尿素酶的催化作用下可发生水解反应：

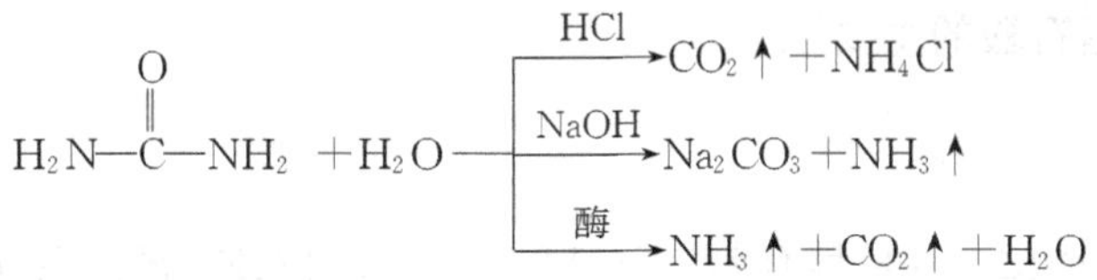

3. 缩二脲的生成和缩二脲反应

脲在缓慢加热至 150～160 ℃时，两分子脲之间脱去一分子氨，缩合形成缩二脲。

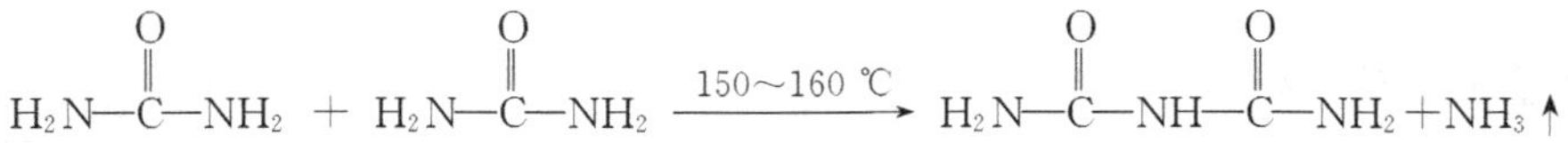

缩二脲

缩二脲难溶于水，在碱溶液中可互变成烯醇式而溶解。在缩二脲的碱溶液中加入少量硫酸铜，溶液呈紫色或紫红色，这个反应称为缩二脲反应（biuret reaction）。凡分子中含有两个或两个以上酰胺键 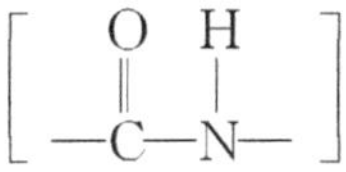 结构的化合物（如多肽和蛋白质），都可发生缩二脲反应。

10.6.2　胍

尿素分子中的氧原子被亚氨基（═NH）取代后的化合物称为胍（guanidine），又称为亚氨基脲。结构式为

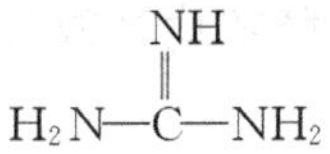

胍为无色晶体，熔点为 50 ℃，吸湿性极强，易溶于水。胍是一种很强的有机碱（pK_a＝13.8），碱性与氢氧化钾相当。胍分子中去掉一个氨基氢原子后称为胍基，去掉一个氨基后称为脒基。

胍基　　　　脒基

某些含有胍结构的化合物具有生理活性，如精氨酸、胍乙啶等；还有些胍的衍生物作为常见的药物，如二甲双胍、病毒灵等。二甲双胍、病毒灵的结构如下：

二甲双胍　　　　吗啉胍（病毒灵）

10.6.3　丙二酰脲

脲与丙二酰氯或在醇钠催化下与丙二酸二乙酯反应，生成丙二酰脲（malonyl urea）。

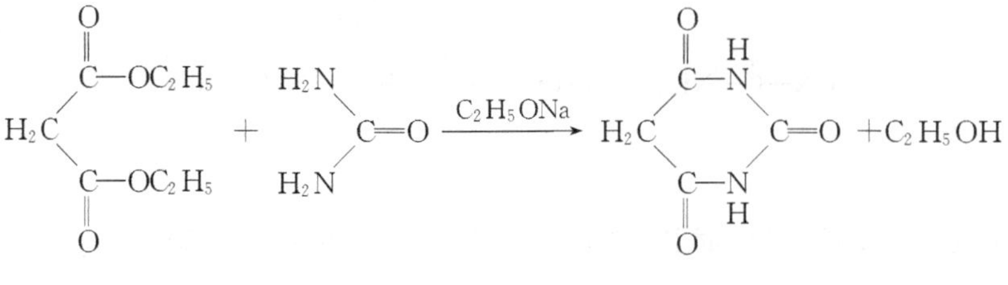

丙二酰脲为无色晶体，熔点为 245 ℃，微溶于水。分子结构中有一个活泼的亚甲基和两个二酰亚氨基，在水溶液中能够发生酮式-烯醇式互变异构。

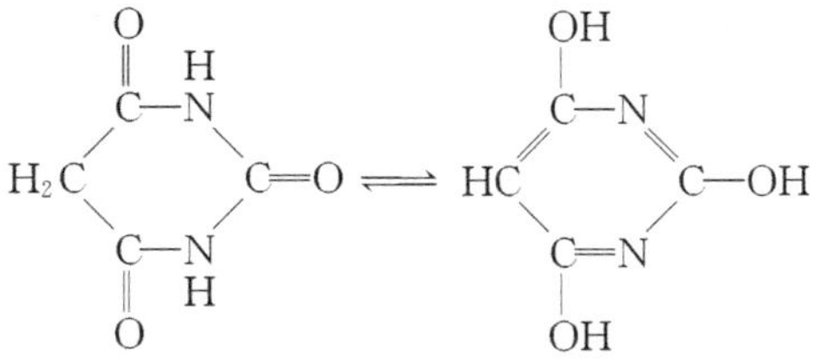

酮式　　烯醇式

烯醇式羟基上的氢很活泼，表现出较强的酸性（$pK_a=3.85$），常称为巴比妥酸。巴比妥酸本身没有药理作用，但其分子中的亚甲基上的两个氢原子被烃基取代后的衍生物具有镇静、催眠和麻醉作用，总称为巴比妥类药物。其结构通式为

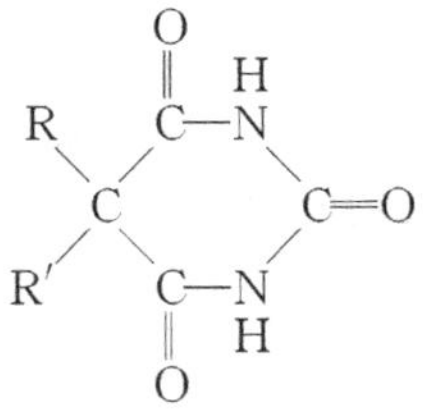

巴比妥（佛罗那）：$R=R'=C_2H_5$

苯巴比妥（鲁米那）：$R=C_2H_5$，$R'=C_6H_5$

异戊巴比妥（阿米妥）：$R=C_2H_5$，$R'=CH_2CH_2CH(CH_3)_2$

巴比妥类药物有成瘾性，用量过大会危及生命。

知识拓展

青　霉　素

1928 年，英国细菌学家弗莱明（A. Fleming）在实验室发现，金黄色的葡萄球菌培养基暴露在空气中受到了一种青色的霉菌的污染，恰好与青色霉菌接触周围区域的黄色葡萄球菌消失了，不久他证实这种青霉菌具有强烈的杀菌作用，于是将其命名为青霉素（penicillin）。

虽然弗莱明发现了青霉素可以杀菌这一现象，但由于青霉素在水溶液中极不稳定，很容易分解而失去效用，他当时无法纯化青霉素，因此，次年弗莱明只是将其发现发表了论文，青霉素的医用价值并未引起关注。直到 20 世纪 30 年代末期，澳大利亚的病理学家弗洛里（H. Florey）和在英国避难的德国生物化学家钱恩（E. Chain）等分离提纯了青霉素，终于在经过一系列的动物实验之后投入临床使用并获得成功。由于青霉素的发现和应用对人类的伟大贡献，弗莱明、弗洛里和钱恩共同获得了 1945 年的诺贝尔生理学或医学奖。

青霉素与其结构相似的头孢菌素（cephalosporins）同属 β-内酰胺抗生素（β-lactam antibioties），分子中都含有一个四元环的 β-内酰胺。β-内酰胺稠合一个含硫五元杂环的称为青霉素，稠合含硫的不饱和六元杂环的称为头孢菌素。天然青霉素和头孢菌素经半合成结构改造，得到稠杂环侧链不同、生物活性和使用范围各异的两大系列的化合物，常见的部分化合物的结构如下：

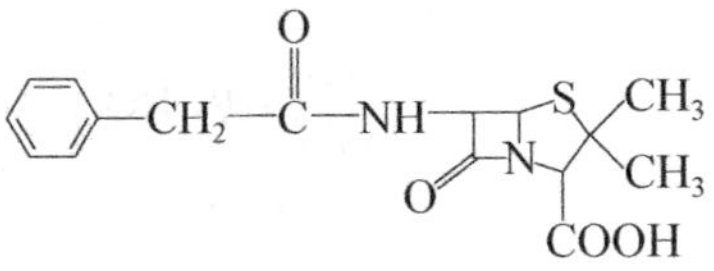

青霉素

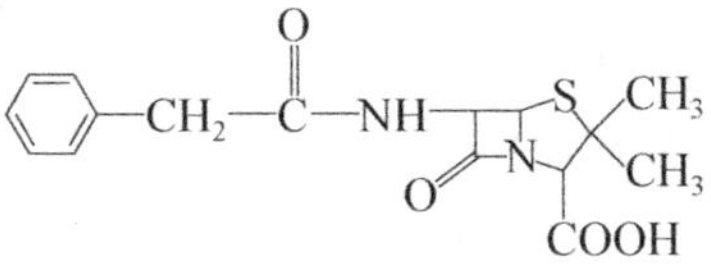

青霉素 G（苄基青霉素）

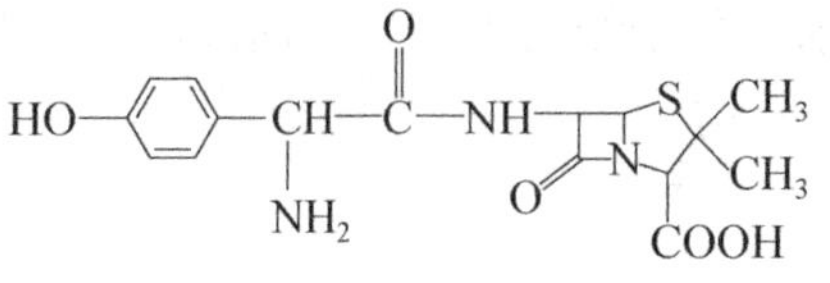

羟氨苄青霉素(阿莫西林)

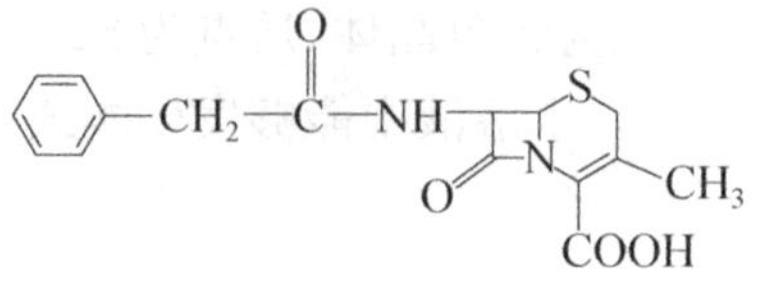

头孢霉素Ⅳ

小　结

羧酸分子中羧基上的羟基被—X、—OR、—OCOR 和—NH_2(或—NHR、—NR_2)取代后的化合物,分别称为酰卤、酸酐、酯和酰胺,总称为羧酸衍生物。

羧酸衍生物具有一系列重要性质,是合成其他有机物的重要原料。在羧酸衍生物中,带部分正电荷的羰基碳原子容易受到亲核试剂的进攻,发生酰基亲核取代反应。羧酸衍生物的主要化学性质是发生水解、醇解和氨解反应,分别生成其羧酸、酯、酰胺等取代产物。

羧酸衍生物发生亲核取代反应的活性顺序是酰卤>酸酐>酯>酰胺。一般来说,较活泼的羧酸衍生物容易转化为不活泼的羧酸衍生物。下图可以表示出各衍生物的相互转化:

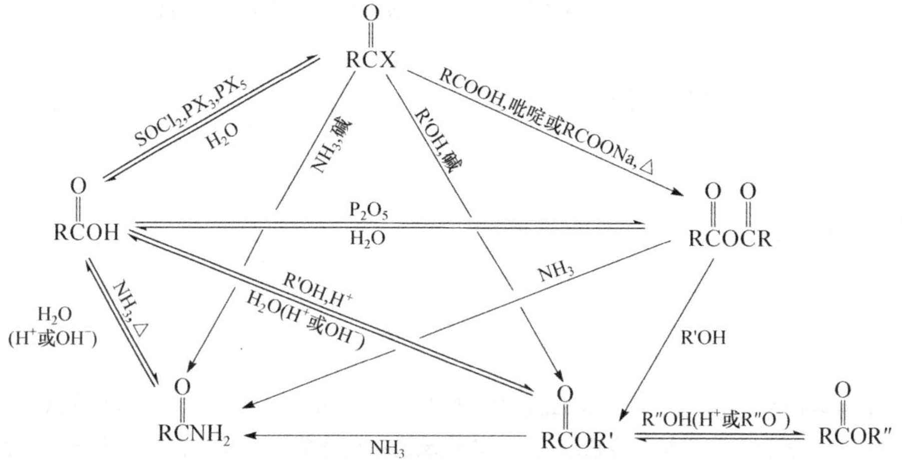

β-二羰基化合物是结构中含有两个羰基且被一个亚甲基相隔的化合物,它主要包括β-二酮、β-酮酸、β-酮酸酯等,典型的二羰基化合物有乙酰乙酸乙酯和丙二酸二乙酯。乙酰乙酸乙酯具有羰基和烯醇的典型反应,它是由酮式和烯醇式两种互变异构体组成的动态平衡体系。乙酰乙酸乙酯和丙二酸二乙酯是很重要的有机合成中间体。

羧酸衍生物的主要反应可以总结如下:

(1) 酰卤

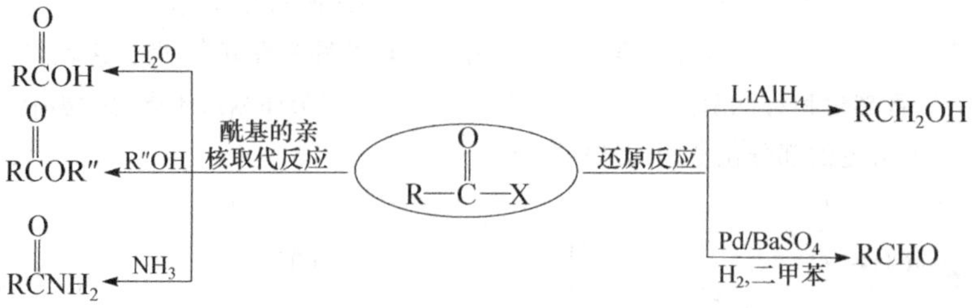

（2）酸酐

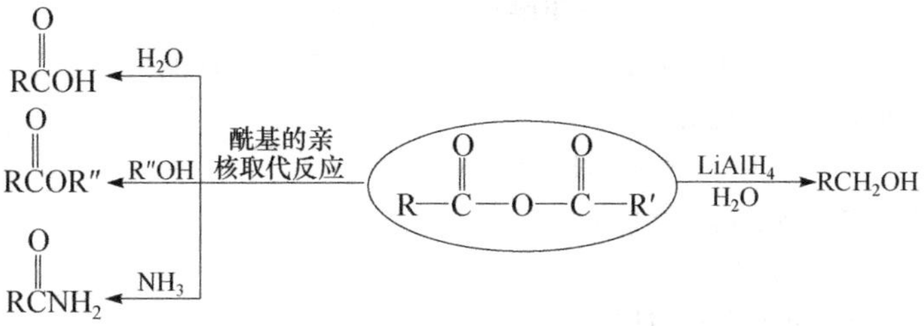

（3）酯

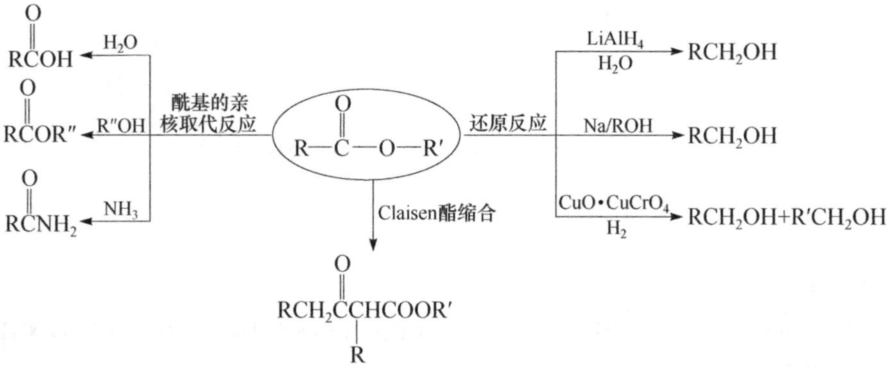

（4）酰胺

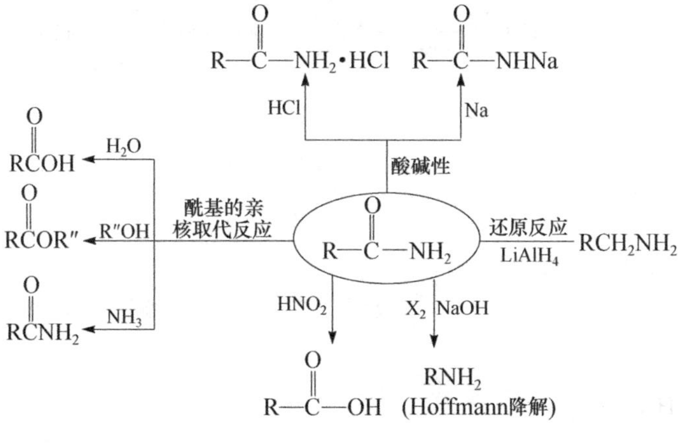

习　题

1. 命名下列化合物。

（1）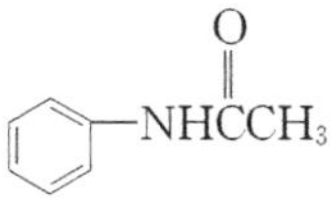　（2）$(CH_3)_3CCOCH_2CH_3$（C=O）　（3）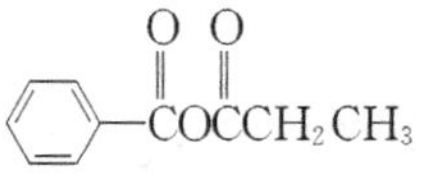

（4）$CH_2{=}CHCOOCH_3$　（5）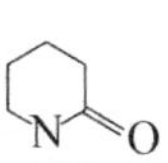　（6）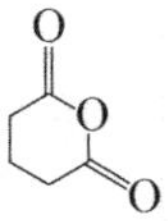　（7）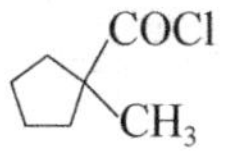　（8）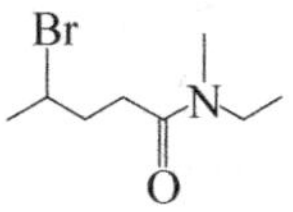

2. 写出下列化合物的结构式。
   (1) 苯甲酸-2-氯乙酯 (2) *N*,*N*-二甲基苯甲酰胺 (3) 3-甲基邻苯二甲酸酐
   (4) 3-溴丁酰氯 (5) β-丙内酰胺 (6) α-甲基-δ-戊内酯
3. 写出丁二酸酐与下列各试剂反应的产物。
   (1) $(CH_3)_2CHOH$ (2) NH_3 (3) H^+,H_2O
4. 写出丙酸甲酯与下列各试剂在指定条件下反应的产物。
   (1) NaOH,H_2O,加热;然后 H^+,H_2O
   (2) $(CH_3)_2CHCH_2CH_2OH$(过量),H^+
   (3) $(CH_3CH_2)_2NH$,加热
   (4) $LiAlH_4$,$(CH_3CH_2)_2O$;然后 H^+,H_2O
5. (1) 比较酰氯与酰胺中 α-氢的活泼性
   (2) 比较 $C_6H_5\overset{O}{\overset{\|}{C}}NH_2$、$C_6H_5\overset{O}{\overset{\|}{C}}NHC_6H_5$、$C_6H_5\overset{O}{\overset{\|}{C}}N(CH_3)_2$、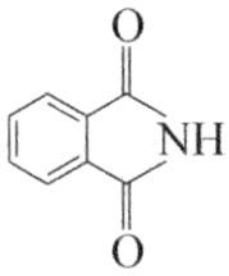的碱性
   (3) 比较碱水解的反应速率
   ① $CH_3\overset{CH_3}{\overset{|}{C}}CHOOC_6H_5$ ② $CH_3COOC_6H_5$ ③ $CH_3CH_2COOC_6H_5$ ④ $(CH_3)_3CCOOC_6H_5$
   (4) 比较酯水解的反应活性

6. 完成下列反应方程式。

(1) 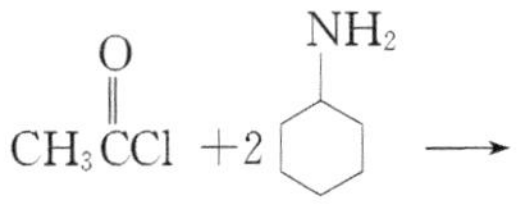

(2) 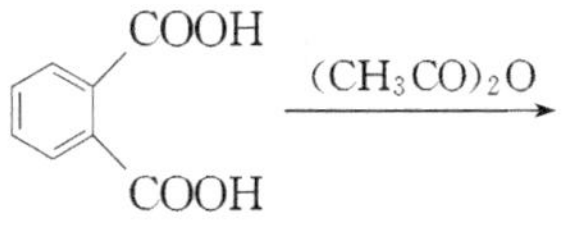

(3) 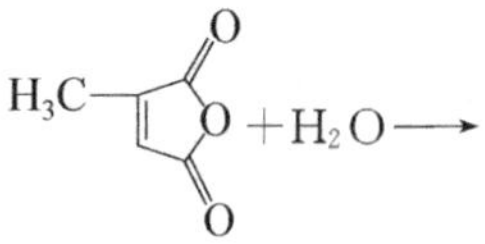

(4) $CH_3CH_2CH_2\overset{O}{\overset{\|}{C}}Cl + HOCH(CH_3)_2 \xrightarrow{\text{吡啶}}$

(5) 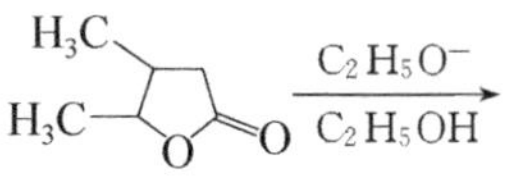

(6) 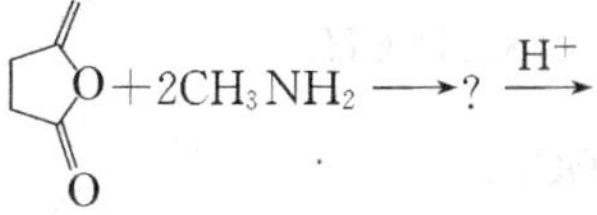

(7) 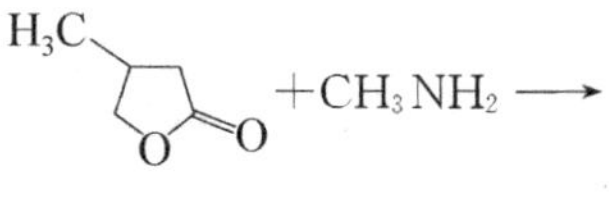

（8）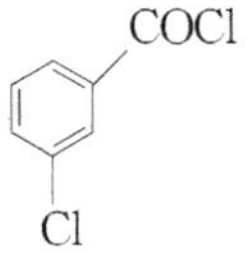 $\xrightarrow[\text{硫-喹啉}]{H_2,Pd/BaSO_4}$

（9）$HC\equiv CCH_2\overset{O}{\overset{\|}{C}}OC_2H_5 \xrightarrow[\text{② } H^+]{\text{① } Na, C_2H_5OH}$

（10）$H_2C{=}CHCH_2CH_2\overset{O}{\overset{\|}{C}}OC_2H_5 \xrightarrow[\text{高温,高压}]{CuO, CuCrO_4, H_2}$

（11）$2CH_3CH_2CH_2\overset{O}{\overset{\|}{C}}OCH_3 + C_2H_5OH + Na \longrightarrow$

7. 酰胺 **A** 经 $LiAlH_4$ 处理，再在酸性水溶液中水解，得到了化合物 **B**，予以解释。

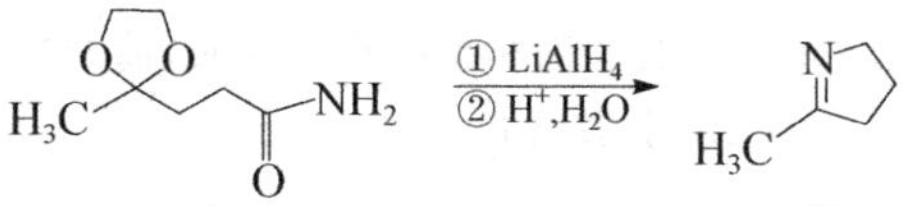

A　　**B**

（长治医学院　卫星星）

第 11 章　含氮、磷的有机化合物

含氮有机化合物(nitrogenous organic compound)是含有氮原子的有机化合物，它们的结构特征主要是含有碳氮键，有的还含有氮氮键、氮氧键及氮氢键等。含氮有机化合物种类繁多，常见的有机含氮化合物包括硝基化合物、酰胺、胺、重氮及偶氮化合物、杂环化合物、氨基酸和生物碱等。不同种类的含氮化合物具有不同的理化性质，有些是重要的化工、医药原料，有些具有显著的生物活性，与人类的生命活动密切相关。

含磷有机化合物(organophosphorus compound)不像含氮或含氧化合物那样普遍，但一些含磷有机物广泛用于工农业生产中，还有一些在生物体内具有重要的生理功能。与磷相关的医用材料和药物化学在生命科学领域中的研究也越来越受到人们的关注。

本章重点讨论胺、重氮和偶氮化合物的结构和主要化学性质，简介重氮化合物和偶氮化合物的理化性质，以及有机磷酸酯和常用的有机磷杀虫剂的结构。

11.1　胺

11.1.1　胺的结构、分类和命名

1. 胺的结构

胺(amine)是氨分子中氢原子被烃基取代的产物。胺分子的结构与氨相似，氮原子为不等性 sp^3 杂化，3 个 sp^3 杂化轨道分别与氢或碳原子成键形成 σ 键，N 上的一对孤对电子占据另一个 sp^3 杂化轨道，位于棱锥体的顶端，整个分子呈棱锥形结构。氨、二甲胺、三甲胺的结构如图 11-1 所示。

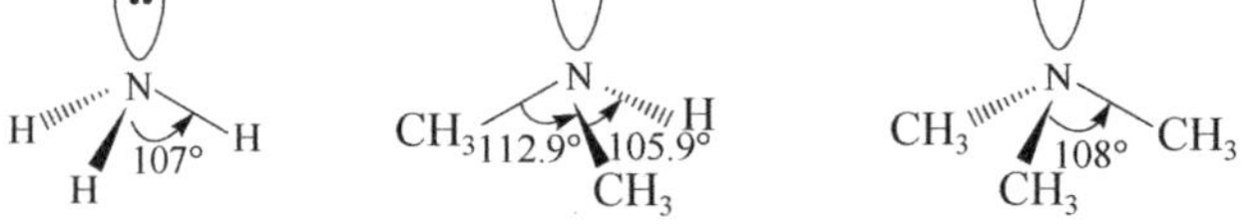

图 11-1　氨、二甲氨、三甲胺的结构

苯胺的氮原子仍采用不等性 sp^3 杂化(也有人认为 sp^2 杂化)，氮原子上孤对电子占据的 sp^3 杂化轨道比脂肪胺上孤对电子占据的 sp^3 杂化轨道含有更多的 p 轨道成分，可与苯环大 π 键重叠，形成共轭体系。苯胺分子虽然呈棱锥体，但比脂肪胺更扁平一些，如图 11-2 所示。

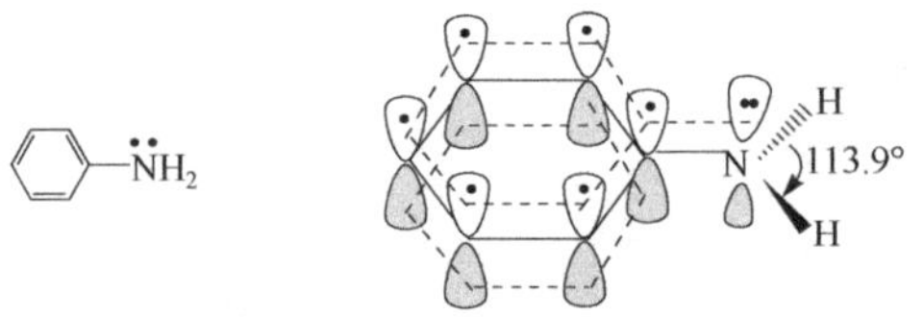

图 11-2　苯胺分子的轨道示意图

2. 胺的分类

根据胺分子中氮原子上连接的烃基种类，胺分为脂肪胺(aliphatic amine)和芳香胺(aromatic amine)。脂肪胺是指分子中氮原子与脂肪烃基相连，而芳香胺则是氮原子与芳香烃的

苯环直接相连。例如

脂肪胺　CH_3NH_2　　CH_3NHCH_3　　$(CH_3)_3N$

芳香胺 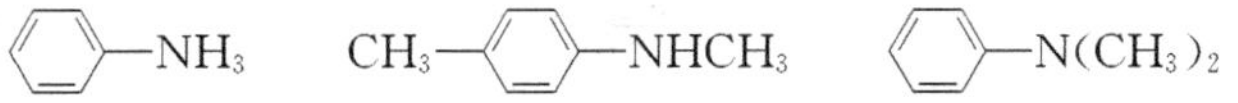

根据胺分子中氮原子上连接的烃基个数，又分为伯胺（primary amine）、仲胺（secondary amine）、叔胺（tertiary amine）和季铵（quaternary ammonium）类。季铵类化合物包括季铵盐（quaternary ammonium salt）和季铵碱（quaternary ammonium base）。

伯胺	仲胺	叔胺	季铵盐	季铵碱
R—NH_2	R—NH—R	R—N(R)—R	$R_4N^+X^-$	$R_4N^+OH^-$

伯、仲、叔胺中分别含有氨基（—NH_2）、亚氨基（—NH—）和次氨基（—N(—)—）。

伯、仲、叔胺与伯、仲、叔醇的分类是有区别的。例如

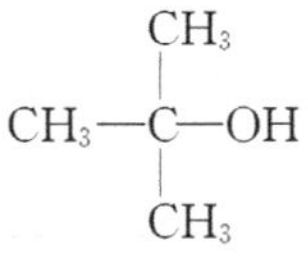

叔丁醇（叔醇）

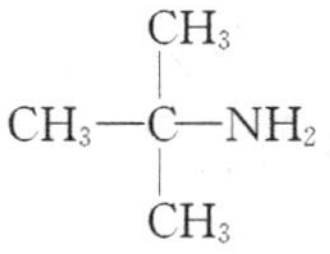

叔丁胺（伯胺）

根据胺分子中所含氨基的数目可分为一元胺（monoamine）、二元胺（diamine）和多元胺（polyamine）。例如

$CH_3CH_2NH_2$　　$H_2NCH_2CH_2NH_2$

乙胺（一元胺）　　乙二胺（二元胺）

问题 11-1　按伯、仲、叔、季的分类方法将下列胺和醇分类。

$CH_3CH(CH_3)NHCH_3$　　$(CH_3)_4N^+Cl^-$　　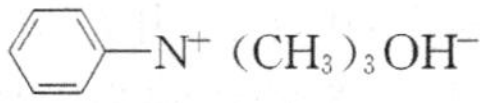

$CH_3CH(CH_3)CH_2OH$　　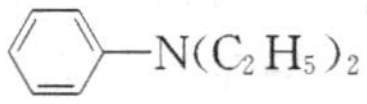　　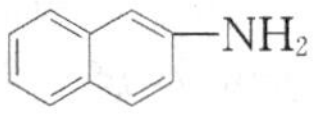

---

3. *胺的命名*

简单胺的命名一般以胺为母体，烃基作为取代基，称为某胺。如果氮原子上连有两个或三个相同的烃基，合并起来，将其数目、名称写在母体名称的前面；若为不相同的烃基，按照次序规则"优先基团后列"的原则，依次写于母体名称之前。例如

$CH_3CH_2NH_2$　　$(CH_3CH_2)_2NH$　　$CH_3NHCH_2CH_3$

乙胺　　二乙胺　　甲乙胺

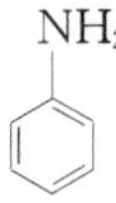

苯胺

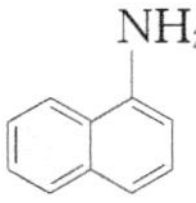

α-萘胺

$H_2NCH_2CH_2CH_2CH_2CH_2NH_2$

1,5-戊二胺（尸胺）

芳香仲胺和叔胺的命名常以苯胺为母体，脂肪烃基作为芳香胺氮原子上的取代基，命名时在取代基名称前冠以"*N*-"或"*N*,*N*-"。例如

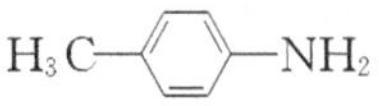

对甲基苯胺

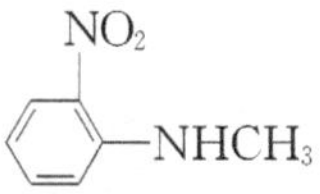

N-甲基-2-硝基苯胺

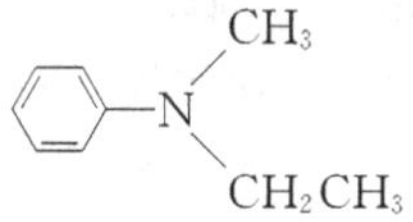

N-甲基-*N*-乙基苯胺

结构复杂的胺的命名可将烃作为母体，氨基或烃氨基(—NHR、—NR_2)为取代基。例如

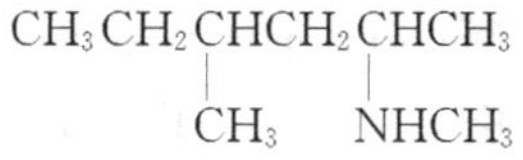

4-甲基-2-甲氨基己烷

季铵类化合物的命名与氢氧化铵和铵盐类似。例如

$HOCH_2CH_2N^+(CH_3)_3OH^-$

氢氧化三甲基-β-羟乙基铵(胆胺)

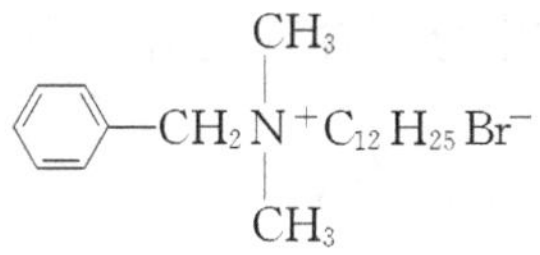

溴化二甲基十二烷基苄基铵

注意“氨”、“胺”、“铵”的用法。

问题 11-2 命名下列化合物或写出化合物的结构式。

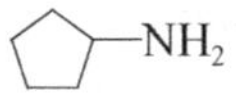

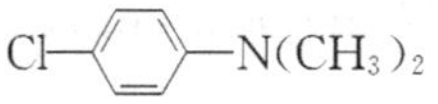

$(C_6H_5)_2NH$　　$(CH_3)_4N^+OH^-$

三乙胺　　甲异丙胺　　*N*-甲基-对溴苯胺

11.1.2 胺的物理性质

在常温下，甲胺、二甲胺和乙胺是气体，丙胺以上的低碳数脂肪胺是易挥发的液体，有氨的气味或鱼腥味，高碳数胺为固体，几乎没有气味。芳香胺多为高沸点的液体或低熔点的固体。伯胺和仲胺能形成分子间氢键，且胺分子中 N—H 的极性比醇中 O—H 弱，因此，沸点高于相对分子质量相近的烷烃而低于醇。叔胺中氮原子上没有氢原子，不能形成分子间氢键，所以沸点比相应的伯胺和仲胺低。

胺能与水分子形成氢键而溶于水，但随着相对分子质量的增加，胺的溶解度迅速降低，6个碳以上的胺难溶于水，但它们均能溶于醇、醚、苯等有机溶剂。

有机胺大多有毒性，如苯胺吸入过量或通过皮肤渗入易引起中毒，苯胺、α-萘胺和 β-萘胺有致癌作用。很多胺还有难闻的气味，如动物腐烂后产生的三甲胺有鱼腥味，1,5-戊二胺有恶臭味。一些常见胺的物理常数如表 11-1 所示。

表 11-1　一些常见胺的物理常数

胺的名称	结构式	熔点/℃	沸点/℃	pK_b
氨(ammon)	NH_3	−78	−33	4.76
甲胺(methylamine)	CH_3NH_2	−92	−7.5	3.38
二甲胺(dimethylamine)	$(CH_3)_2NH$	−96	7.5	3.27
三甲胺(trimethylamine)	$(CH_3)_3N$	−117	3	4.21
乙胺(ethylamine)	$CH_3CH_2NH_2$	−80	17	3.36
二乙胺(diethylamine)	$(CH_3CH_2)_2NH$	−39	55	3.06

续表

胺的名称	结构式	熔点/℃	沸点/℃	pK_b
三乙胺(triethylamine)	$(CH_3CH_2)_3N$	−115	89	3.25
苯胺(aniline)	$C_6H_5NH_2$	−6.3	184	9.40
苄胺(benzylamine)	$C_6H_5CH_2NH_2$	10	184	
二苯胺(diphenylamine)	$(C_6H_5)_2NH$	53	302	13.8
对甲苯胺(*p*-methylaniline)		44	200	8.90
对硝基苯胺(*p*-nitroaniline)	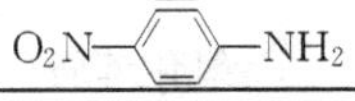	148	332	13.00

问题 11-3　比较乙胺、三甲胺和乙醇的沸点高低。

11.1.3　胺的化学性质

胺分子中的官能团是氨基，它决定了胺的化学性质，包括与它相连的烃基受氨基的影响而表现出的一些性质。

1. 碱性和成盐

胺分子中氮原子上有孤对电子，可以接受质子而呈现出碱性。在水溶液中胺的电离平衡如下：

$$RNH_2 + H_2O \rightleftharpoons RNH_3^+ + OH^-$$

一般脂肪胺的 $pK_b=3\sim5$，芳香胺的 $pK_b=7\sim10$，而氨的 pK_b 为 4.76，脂肪胺的碱性强于氨，芳香胺的碱性弱于氨。

胺的碱性强弱受电子效应、溶剂化效应、空间效应等作用的综合影响。

(1) 电子效应的影响。烷基给电子的诱导效应(+I)使氮原子上的电子云密度增大，氮接受质子的能力增强，因此脂肪胺的碱性强于氨，氮上所连烷基越多，脂肪胺的碱性也就越强。芳香胺中由于氮上的孤对电子参与苯环共轭而分散到苯环，从而氮原子上的电子云密度减少，氮接受质子的能力降低，因此芳香胺的碱性弱于氨。若是单一的电子效应影响，胺的碱性强弱顺序为脂肪叔胺>脂肪仲胺>脂肪伯胺>氨>芳香胺。

(2) 溶剂化效应的影响。在水溶液中，胺的碱性强弱还与胺和质子结合后形成的铵离子发生溶剂化效应的难易有关。氮原子上所连的氢越多，则与水形成氢键的机会越多，溶剂化程度越大，铵离子越稳定，胺的碱性也就越强。若只是单一的溶剂化效应，胺的碱性强弱顺序为伯胺>仲胺>叔胺。

(3) 空间效应的影响。胺分子中氮原子上所连的烃基数目越多或烃基体积增大，对氮上孤对电子的屏蔽作用也增大，使其接受质子的能力减弱，胺的碱性也就减弱。若单一的空间因素，胺的碱性强弱顺序为伯胺>仲胺>叔胺。

综上所述，各类胺的碱性强弱顺序大致为

$$脂肪仲胺 > \begin{matrix}脂肪叔胺\\脂肪伯胺\end{matrix} > 氨 > 芳香胺$$

脂肪伯胺和叔胺的碱性强弱因烷基的不同而有差异，但无明显的规律。例如，甲胺的碱性比三甲胺强，而乙胺的碱性比三乙胺弱。

酰胺的碱性比芳香胺还要弱，主要原因是其氮上的孤对电子与羰基发生共轭，电子更不易与质子结合。酰胺不与酸反应，其水溶液近为中性。

季铵碱是典型的离子化合物，为强碱，碱性与氢氧化钠或氢氧化钾相当，能吸收空气中的二氧化碳和水分，形成碳酸盐。

胺是一种弱碱，能与无机酸作用生成铵盐，苯胺的碱性弱只能与强酸成盐。例如

$$CH_3CH_2NH_2 + HCl \longrightarrow CH_3CH_2NH_3^+Cl^- \text{ 或 } CH_3CH_2NH_2 \cdot HCl$$

氯化乙胺（或盐酸乙胺）

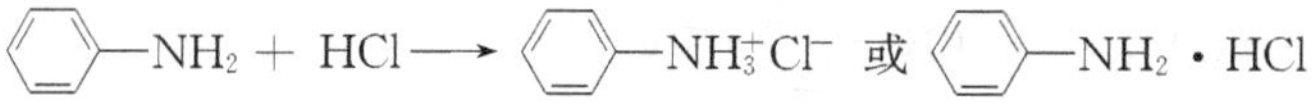

氯化苯胺(或盐酸苯胺)

铵盐一般都溶于水，与强碱（NaOH 或 KOH）作用又重新游离出原来的胺。此性质可用于分离或纯化胺。例如

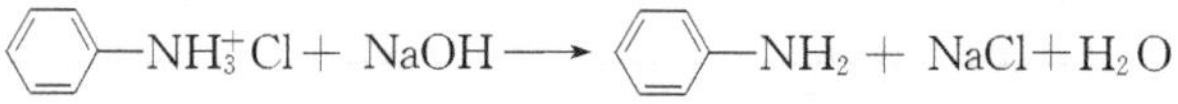

因铵盐溶解性较好，性质稳定，在制药工业上可将难溶于水的胺类药物制成相应的盐。例如，局部麻醉药盐酸普鲁卡因（procaine hydrochloride）其水溶液可用于肌肉注射。

普鲁卡因　　　　盐酸普鲁卡因

问题 11-4　比较下列化合物的碱性强弱。

(1) $(CH_3)_4N^+OH^-$　　$CH_3CH_2NHCH_3$　　$CH_3CH_2CH_2NH_2$　　$C_6H_5NH_2$

(2) 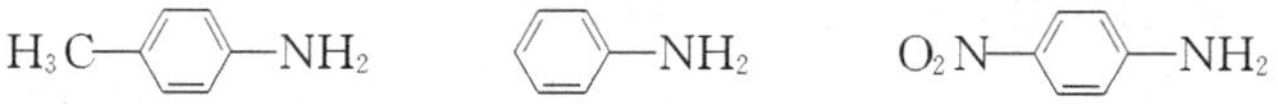

---

2. 酰化反应和磺酰化反应

伯胺、仲胺分子中氮原子上有氢原子，能与酰氯、酸酐等酰化剂发生酰化反应，生成酰胺，该反应称为胺的酰化。例如

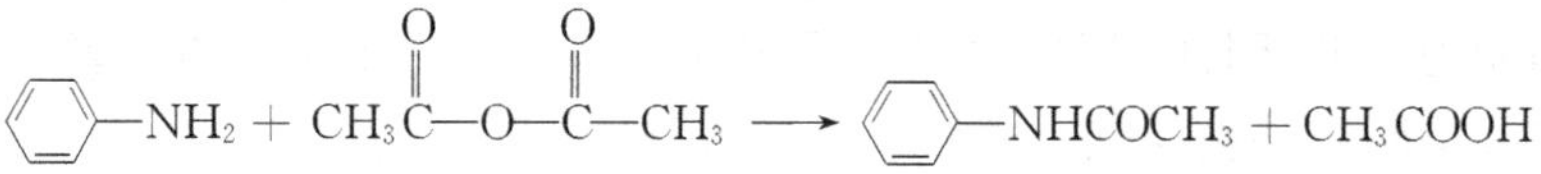

乙酰苯胺

$$(CH_3)_2NH + CH_3\overset{O}{\overset{\|}{C}}—Cl \longrightarrow CH_3\overset{O}{\overset{\|}{C}}—N(CH_3)_2 + HCl$$

N,*N*-二甲基乙酰胺

生成的酰胺在酸或碱的催化下容易水解游离出原来的胺，由于叔胺氮原子无此反应，因此可与伯胺、仲胺分离。

酰胺多为有一定熔点的结晶固体，测定熔点能推断出原来的胺类。此外，在有机合成中可用酰化的方法保护氨基，防止氨基被氧化破坏。例如，合成对氨基苯甲酸的反应方程式为

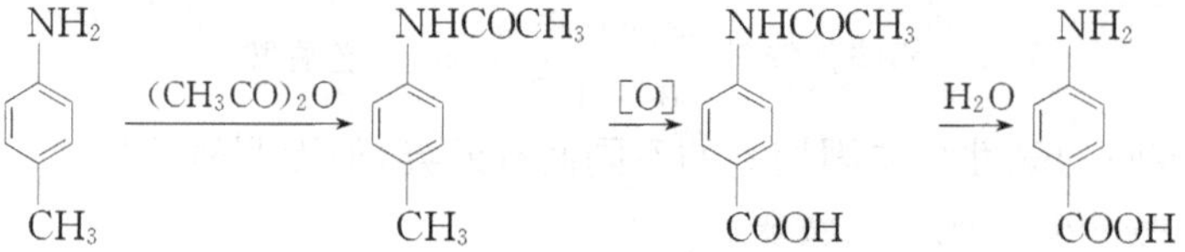

伯胺、仲胺与苯磺酰氯、对甲基苯磺酰氯等磺酰化剂反应，生成相应的磺酰胺。伯胺磺酰

化反应的产物中氮上的氢呈弱酸性，可与碱成盐而溶解；仲胺形成的磺酰胺上无氢，不与碱成盐，因而不能溶于碱；叔胺中氮原子上无氢原子，不被磺酰化。该反应又称为兴斯堡(Hinsberg)实验法，可鉴别和分离三种胺。反应过程如下：

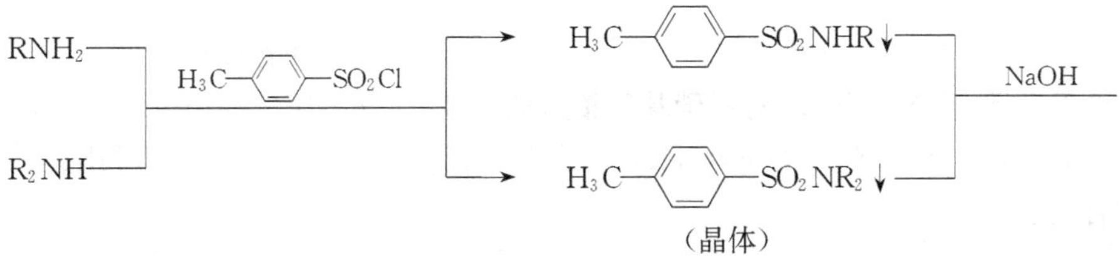

3. 与亚硝酸反应

伯胺、仲胺、叔胺因结构不同，与亚硝酸反应形成的产物不同。由于亚硝酸不稳定易分解，一般在反应中用亚硝酸盐与盐酸或硫酸反应制得。

(1) 伯胺。脂肪伯胺与亚硝酸反应定量放出氮气，得到卤代烃、烯烃、醇等的混合物。通过测定氮的含量，可定量测定分子中的氨基。例如

$$CH_3CH_2NH_2 \xrightarrow[0\sim5\ ℃]{NaNO_2+HCl} CH_3CH_2OH + CH_2{=}CH_2 + N_2\uparrow + \cdots\cdots$$

芳香伯胺与亚硝酸在低温(0～5 ℃)和强酸性溶液中反应生成芳香重氮盐(aromatic diazonium salt)，该反应称为重氮化反应(diazo reaction)。例如

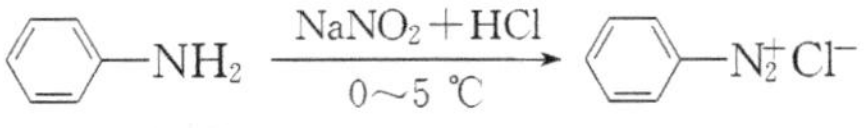

氯化重氮苯

(2) 仲胺。仲胺与亚硝酸反应生成 *N*-亚硝基胺(*N*-nitrosoamine)。例如

$$(CH_3)_2NH \xrightarrow[0\sim5\ ℃]{NaNO_2+HCl} (CH_3)_2N{-}NO$$

二甲胺　　　　*N*-亚硝基二甲胺

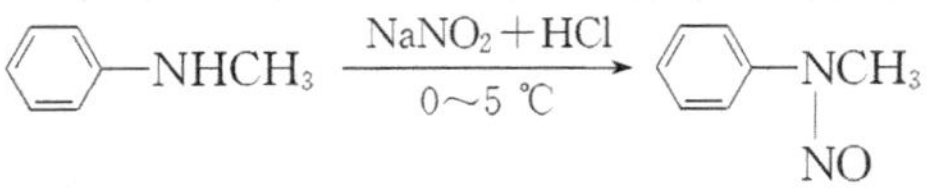

N-甲基苯胺　　　　*N*-甲基-*N*-亚硝基苯胺

通常 *N*-亚硝基胺为难溶于水的黄色油状液体或固体，具有强的致癌性，特别易诱发肝癌、鼻咽癌、食道癌及胃癌等。自然界中存在的 *N*-亚硝基胺类化合物不多，但人体内的硝酸盐、亚硝酸盐和其他含氮化合物代谢后可以转化为 *N*-亚硝基胺。实验表明，维生素 C、维生素 E、蔗糖及一些酚类等化合物具有抑制体内亚硝化作用，建议多食富含上述化合物的食物有利于预防肿瘤的发生。

(3) 叔胺。脂肪叔胺因氮上没有氢，与亚硝酸反应只能生成不稳定的亚硝酸盐，加碱又得到游离的叔胺。例如

$$(CH_3CH_2)_3N \xrightarrow[HCl]{NaNO_2} (CH_3CH_2)_3N^+HNO_2^- \xrightarrow{NaOH} (CH_3CH_2)_3N + NaNO_2 + H_2O$$

芳香叔胺与亚硝酸反应，由于氨基致活芳环，芳环上的亲电取代反应活性增加，取代生成对亚硝基胺类化合物。若对位被占据，亚硝基则进入邻位。例如

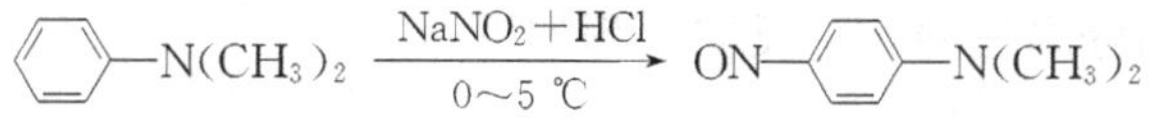

N,*N*-二甲基苯胺　　　　*N*,*N*-二甲基-对亚硝基苯胺

在酸性条件下 *N*,*N*-二甲基-对亚硝基苯胺呈橘黄色，用碱溶液中和至碱性后变为翠绿色。

根据伯胺、仲胺、叔胺在低温下与 HNO_2 反应生成的产物和现象不同，可用此性质鉴别几种胺类化合物。

4. 芳香胺的取代反应

芳香胺中氮原子上的孤对电子参与苯环的共轭而活化苯环，使芳香胺的苯环上易发生亲电取代反应。

(1) 卤代反应。苯胺与溴水反应，立即产生 2,4,6-三溴苯胺白色沉淀。此反应非常灵敏、迅速，可用于苯胺的定性和定量分析。

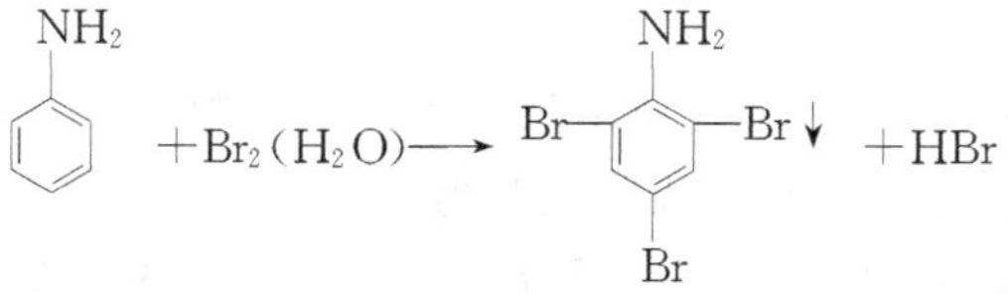

2,4,6-三溴苯胺

(2) 硝化反应。苯胺极易被氧化，因此不能直接用苯胺进行硝化。若需要制备苯胺硝化产物，应先将苯胺酰化后再硝化，最后水解除去酰基，即可得目标产物。例如

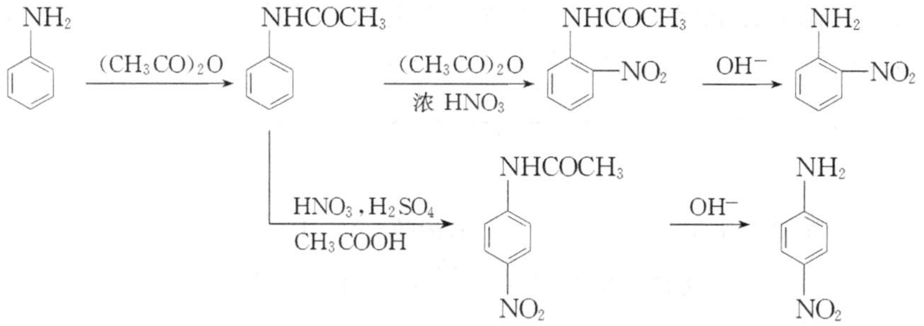

也可以将芳香胺先制成铵盐后再硝化，主要得到间硝基产物。例如

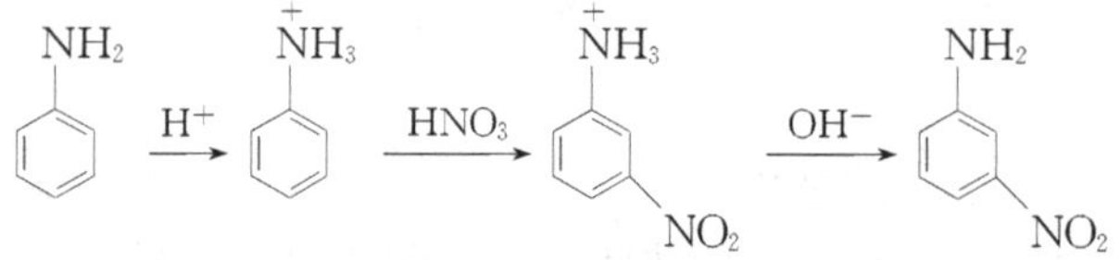

(3) 磺化反应。将苯胺溶于浓硫酸生成苯胺硫酸盐，加热脱水生成不稳定的 *N*-磺酸基苯胺，然后重排就可以得到对氨基苯磺酸，氨基苯磺酸常以内盐的形式存在。若氨基的对位被占据，磺酸基则进入邻位，生成邻氨基苯磺酸。

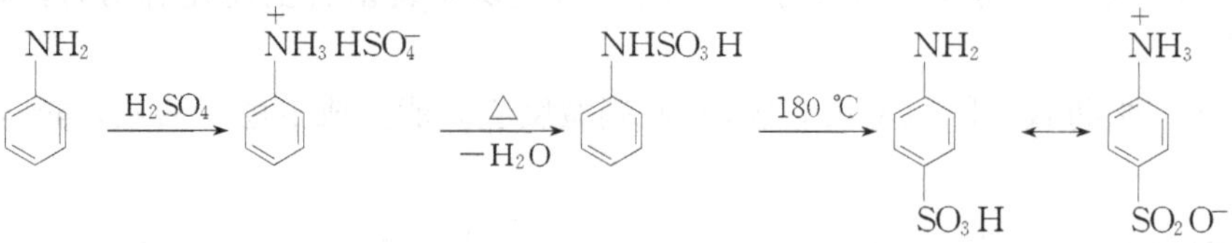

对氨基苯磺酸

对氨基苯磺酰胺简称磺胺(sulfanilamide,SN),是磺胺类药物的基本骨架。磺胺类药为广谱抗生素,主要作用是抑制细菌生长和繁殖。

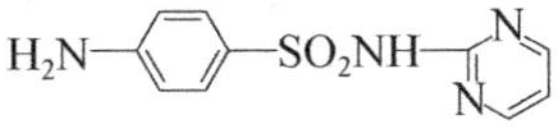

磺胺嘧啶(SD)

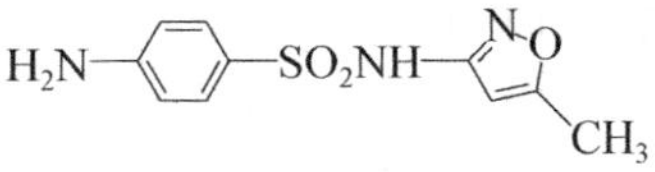

磺胺甲基异噁唑(SMZ)

11.1.4 重要的胺类化合物

1. 生源胺

生物体内释放出的担负神经冲动传导作用的化学介质通常都是胺类物质,因此称为生源胺(biogenic amine),主要有肾上腺素(adrenaline , AD)、去甲肾上腺素(noradrenaline , NE)、多巴胺(dopamine)、5-羟基色胺(serotonin,5-HT)、胆碱(bilineurine)等。

(1) 肾上腺素和去甲肾上腺素。肾上腺素和去甲肾上腺素又称为儿茶酚胺,具有邻苯二酚(儿茶酚)和 β-苯乙胺的结构。儿茶酚胺是手性分子,有一对对映体。左旋肾上腺素有收缩血管、兴奋心脏、舒张支气管的作用。左旋去甲肾上腺素为白色粉末,也有收缩血管、升高血压的作用。

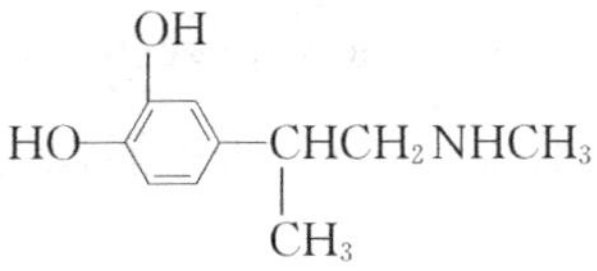

肾上腺素

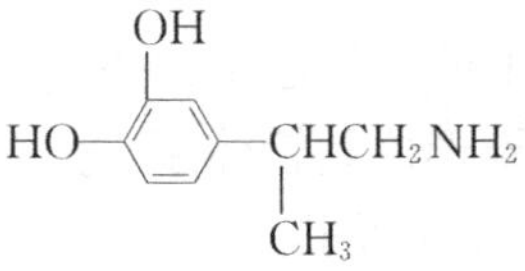

去甲肾上腺素

肾上腺素和去甲肾上腺素都能与 $FeCl_3$ 发生显色反应,都易氧化而失效。临床上常用其盐酸盐。在生物体内由酪氨酸在多种酶的催化下,经过一系列生化反应而得到。

(2) 多巴胺。多巴胺的结构与肾上腺素和去甲肾上腺素相似。它存在于肾上腺髓质和中枢神经系统中,是合成去甲肾上腺素的前体,也是中枢神经系统传导的递质。在体内酪氨酸在酶催化下经羟基化、脱羧而得到。

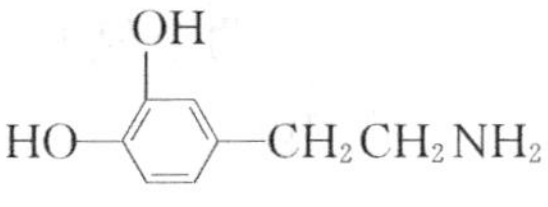

多巴胺

药用多巴胺是人工合成品,常用于治疗失血性、心源性及感染性休克、帕金森氏病(Parkinson's disease)、急性肾功能衰竭等。

(3) 5-羟基色胺。5-羟基色胺又称为吲哚胺,含有一个吲哚杂环,主要产生于消化道黏膜和血液中,在体内担负脑中枢的神经传导介质。血液凝固时,血小板游离出的5-羟基色胺,可引起血压降低、平滑肌收缩加速,血液发生凝固,缩短出血时间。

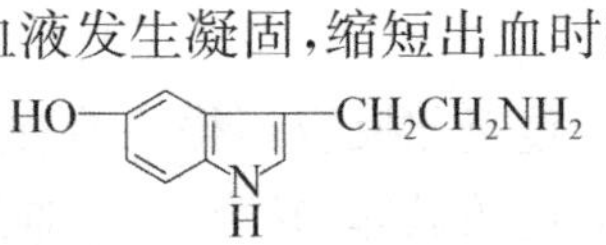

5-羟基色胺

(4) 胆碱。胆碱是存在于体内的一种季铵碱。由于最初发现它是胆汁中的碱性物质,因而得名。胆碱为白色结晶,吸湿性强,易溶于水和乙醇,不溶于乙醚、氯仿。在生物体内参与脂肪代谢,有抗脂肪肝的作用。氯化胆碱用于治疗脂肪肝和肝硬化。胆碱在体内与乙酸在胆碱酯酶的催化作用下生成乙酰胆碱。乙酰胆碱是体内重要的神经介质，当其在体内的合成与分解遭到破坏时，可以引起神经系统紊乱。

$HOCH_2CH_2N^+(CH_3)_3OH^-$ 氢氧化三甲基-β-羟乙基铵　　　　$CH_3COOCH_2CH_2N^+(CH_3)_3OH^-$ 乙酰胆碱

11.2 重氮化合物和偶氮化合物

重氮(diazo)和偶氮化合物(azo compound)都含有—N_2—G官能团。重氮化合物是指烃基与重氮基（—N^+≡N）相连构成的化合物，通式为 RN^+≡N；偶氮化合物是指偶氮基（—N═N—）的两端都与烃基相连构成的化合物，通式为 R—N═N—R。例如

重氮甲烷　　氯化重氮苯　　偶氮苯

重氮和偶氮化合物一般都是合成产物，其中以芳香族的化合物较为重要，如芳香族重氮化合物在有机合成及分析中有广泛的用途，芳香族偶氮化合物是重要的染料、药物、指示剂等。

11.2.1 结构

芳香重氮基上两个氮原子都是sp杂化，C—N^+≡N 呈直线形结构，N≡N 键中的π电子与苯环的大π键形成共轭体系，电子离域，使其在低温、强酸介质中能稳定存在。苯重氮正离子的结构如图11-3所示。

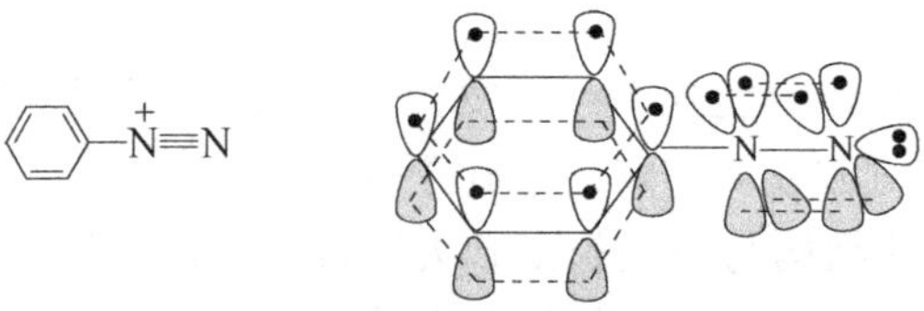

图11-3　苯重氮正离子的结构

偶氮化合物分子中的偶氮基—N═N—上两个氮原子以 sp^2 杂化，每个氮上孤对电子占据一个 sp^2 杂化轨道，所以偶氮苯有顺反异构体。

反式　　顺式

11.2.2 重氮盐的性质

重氮盐可由伯胺与亚硝酸发生重氮化反应制得。芳香重氮盐的性质与铵盐相似，是一种离子型化合物。纯净的重氮盐为无色的晶体，易溶于水，难溶于有机溶剂，水溶液能导电，干燥时极不稳定，受热或振荡易爆炸，在低温和强酸性溶液中可以短暂保存，因此通常在制备后直接用于下一步反应。

芳香重氮盐是一种活泼的中间体，可以发生许多化学反应。根据产物的不同可将反应分为取代反应和偶联反应两大类。

1. 取代反应(放氮反应)

在不同的条件下,重氮盐中的重氮基可以被羟基、氢、卤素和氰基等取代,形成相应的取代产物,并放出氮气。例如,将重氮盐的硫酸溶液加热煮沸,水解生成酚和放出氮气 。例如

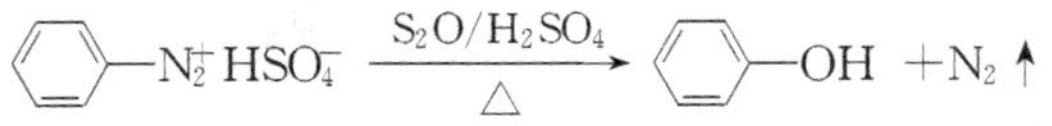

该反应可以将苯环上的—NH_2 转变成其他基团,在有机合成上可以合成某些难以通过苯环直接取代而制得的取代芳烃类物质。

重氮盐与次磷酸(H_3PO_2)的水溶液或与乙醇反应形成芳烃,此性质可以除去苯环上的—NH_2或—NO_2。例如

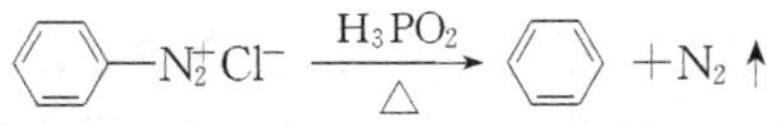

在亚铜离子的催化下,重氮基被—Cl、—Br 和—CN 等基团取代,形成卤代苯和苯基腈,此反应称为桑德迈尔(Sandmeyer)反应。例如

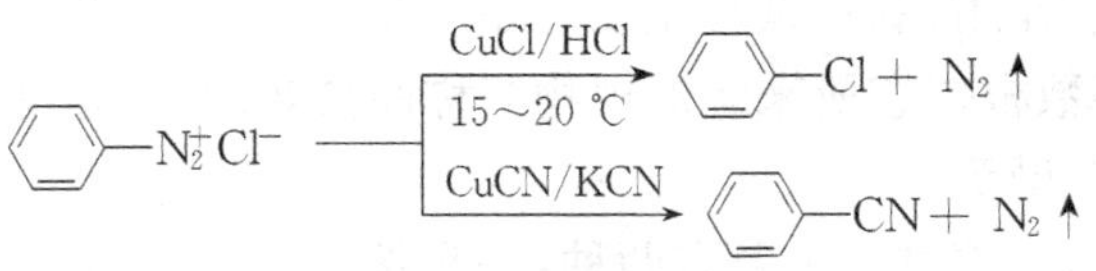

苯基腈水解可得到苯甲酸,可用于一些芳香酸的制备。

若直接用碘化钾与重氮盐共热,不需要催化剂就可以得到产率较高的碘代芳烃,这是合成碘代芳烃的适宜方法。

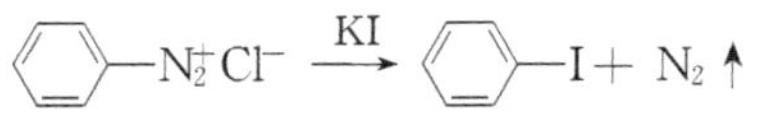

重氮盐的硝化反应常用于制备一些不能直接采用硝化反应制备的多官能团的化合物。

2. 偶联反应(保留氮的反应)

重氮盐是一种弱的亲电试剂,在一定 pH 条件下,能与酚、芳胺等发生亲电取代反应,生成分子中含有偶氮基的偶氮化合物,该类反应称为偶联反应(coupling reaction)。例如

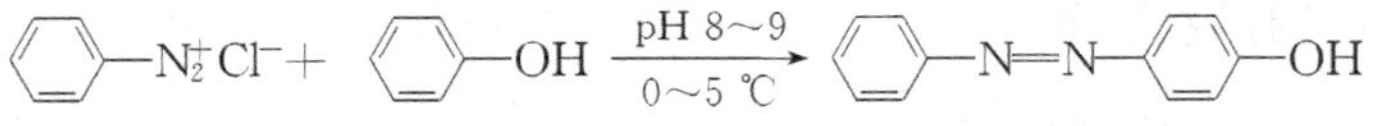

4-羟基偶氮苯

若苯酚或苯胺分子中对位上已有取代基,偶联则发生在邻位。此性质可用于鉴别某些酚或芳胺类化合物。

重氮盐与酚的偶联反应宜在弱碱性(pH 8~9)介质中进行,与芳胺的偶联反应则宜在中性或弱酸性(pH 5~7)介质中进行。

芳香偶氮化合物一般都具有鲜艳的颜色,且性质稳定,因此广泛用于合成染料和指示剂。因为分子中含有偶氮基团,所以称为偶氮染料。例如,甲基橙(4′-二甲氨基偶氮苯-4-磺酸钠)是常用的酸碱指示剂,在 pH 3.0~4.4 的溶液中能显示不同的颜色。

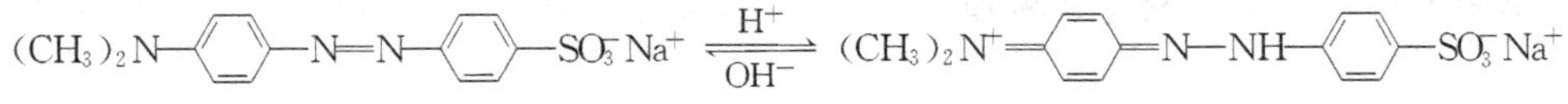

(黄色)　　　　甲基橙(红色)

重氮盐的偶联反应是制备偶氮染料的基本化学反应。

问题 11-5　以甲苯为原料合成间溴甲苯。

11.3 生　物　碱

11.3.1 生物碱的概念及分类

生物碱(alkaloid)是指从生物体内得到的一类具有较强生理活性的含氮有机碱性化合物。从结构上看，大多数生物碱都是胺类或季铵类化合物。

生物碱在植物中分布很广，因此又称为植物碱，但植物中生物碱的含量一般都较低。植物中的生物碱常与有机酸或无机酸结合成盐而存在，也有少数以游离碱、苷或酯的形式存在。很多生物碱是中草药的有效成分。有些生物碱的毒性极强，量小时可作为药物，量大时可引起中毒。例如，阿托品是平滑肌解痉药和常用的有机磷农药中毒的解毒剂；奎宁是治疗疟疾的重要药物；吗啡碱具有强镇痛作用；麻黄碱有止咳平喘的作用。

生物碱的名称大多数根据它所来源的植物名称而命名的，如来源于麻黄中的麻黄碱、烟草中的烟碱、乌头中的乌头碱等。

生物碱的种类繁多，分类方法主要有两种：一是按植物来源分类，如麻黄碱、长春花碱、乌头碱等；另一类是按分子结构特征分类(含有的杂环母核结构，见第 12 章)，如喹啉类、异喹啉类、吲哚类、嘌呤类等生物碱。

11.3.2 生物碱的性质

生物碱多为无色结晶形固体，少数如烟碱常温下为液体并有挥发性。生物碱一般都有手性，具有旋光性，大多是左旋体，其对映体的生理活性常有显著的差别。

游离的生物碱一般难溶于水，易溶于氯仿、丙酮、乙醚、苯等有机溶剂。它们的盐类易溶于水和乙醇，不溶或难溶于氯仿、乙醚、苯等有机溶剂中。此性质可用于生物碱的提取、分离和纯化。但也有例外，如麻黄碱、秋水仙碱均可溶于水，也溶于有机溶剂。

大多数生物碱具有碱性，各种生物碱的分子结构不同，其碱性强弱也不一样。

大多数生物碱或其盐在酸性水溶液中能与一些生物碱沉淀试剂反应，生成难溶性沉淀。常用的生物碱沉淀试剂有碘化汞钾(K_2HgI_4)、碘化铋钾($BiI_3 \cdot KI$)、碘-碘化钾试剂、磷钨酸、苦味酸、硅钨酸等。由于产生沉淀的颜色、形态等的不同，可用该反应鉴别生物碱。

生物碱能与一些试剂反应产生特殊的颜色，也可用于生物碱的鉴定。常用的生物碱显色试剂有浓硫酸、甲醛-浓硫酸、钒酸铵-浓硫酸溶液、钼酸铵-浓硫酸溶液等。

11.3.3 重要的生物碱

1. 烟碱

烟草中最重要的生物碱有烟碱和新烟碱，烟碱又称为尼古丁(nicotine)。分子结构如下：

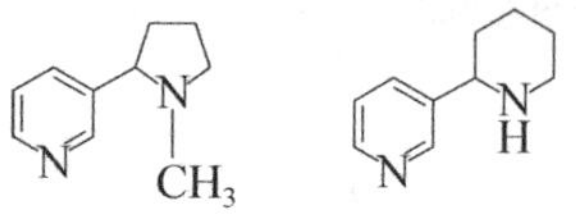

烟碱　　新烟碱

它们都是微黄色的液体，少量吸入能兴奋中枢神经、增高血压，大量吸入则能抑制中枢神经系统，使心脏麻痹，还可以导致死亡。解毒药为颠茄碱。

烟碱和新烟碱都具有杀虫活性而用作杀虫剂。烟碱类杀虫剂对哺乳动物毒性高，杀虫活性较低。新烟碱类杀虫剂具有优良的内吸性、高效、杀虫谱广、持效期长、对哺乳动物毒性低等特点，是目前使用量增长最快的一类杀虫剂，正在逐步取代有机磷和氨基甲酸类杀虫剂。

2. 麻黄碱

中药麻黄中含多种生物碱，其中主要是麻黄碱（ephedrine），又称麻黄素，其质量分数为60%以上，其次为伪麻黄碱，还有少量其他生物碱。麻黄碱是仲胺，分子中含有两个手性碳原子，应有两对对映体，但在麻黄中只有（一）-麻黄碱和（＋）-伪麻黄碱存在，它们的结构式如下：

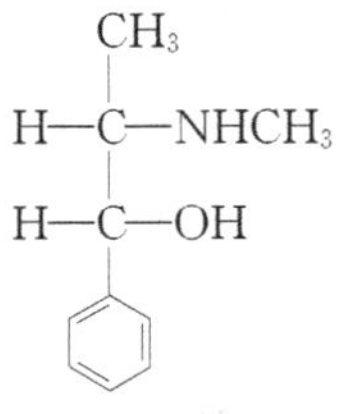

（一）-麻黄碱

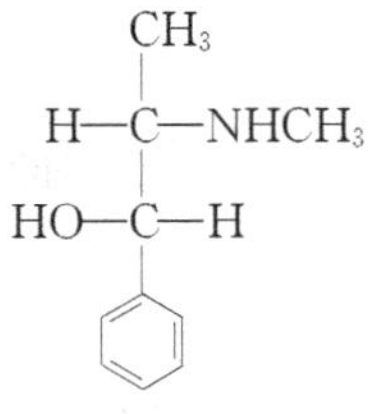

（＋）-伪麻黄碱

麻黄碱为无色结晶，熔点为 36 ℃，其溶解性与一般生物碱不同，溶于水及乙醇、氯仿、乙醚等有机溶剂中，与生物碱沉淀试剂也不易生成沉淀。麻黄碱有兴奋交感神经、增高血压、扩张支气管的作用，在临床上用于防治支气管哮喘、发汗和消除由于鼻黏膜充血而引起的鼻塞。

3. 颠茄碱

颠茄碱是指存在于茄科植物颠茄、莨菪、曼陀罗、洋金花等中所含生物碱的总称，主要有莨菪碱、东莨宕碱、山莨菪碱和樟柳碱。分子中所含的氮杂环称为莨菪烷（托烷），又称为莨菪烷生物碱。莨菪烷和莨菪碱的结构式如下：

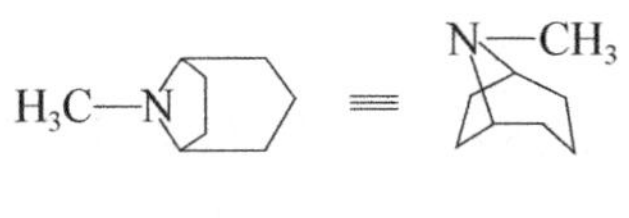

莨菪烷

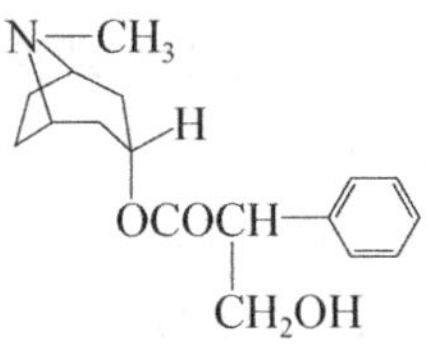

莨菪碱

莨菪碱（hyoscyamine）是由莨菪醇和莨菪酸所形成的酯，莨菪碱为左旋体。其外消旋体（阿托品）为长柱状晶体，熔点为 118 ℃，易溶于乙醇、氯仿等，难溶于水。颠茄碱硫酸盐在医药上用作抗胆碱药，能抑制唾液、肝腺、泪腺、胃液等的分泌，并能扩散瞳孔，用于治疗平滑肌痉挛、胃和十二指肠溃疡，也可用作有机磷和锑剂中毒的解毒剂。

4. 小檗碱

小檗碱（berberine）又名黄连素，存在于黄连、黄柏等小檗科植物中，属于异喹啉类生物碱，是一种季铵碱。小檗碱为黄色结晶，味极苦，能溶于水，难溶于有机溶剂。小檗碱有抑制痢疾杆菌、链球菌及葡萄球菌的作用，是一类抗菌药物，临床上常用于治疗痢疾、肠炎等疾病。

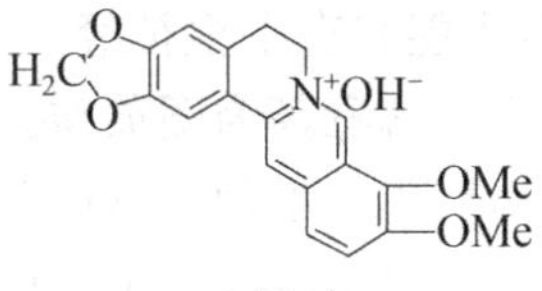

小檗碱

5. 吗啡

吗啡(morphine)存在于罂粟植物中,是 1803 年最早提纯的生物碱,但它的结构直到 1952 年才确定。吗啡是微溶于水的白色结晶,熔点为 254 ℃(分解),有强的镇痛作用,对中枢神经有麻醉作用,但容易成瘾,医药上常用于局部麻醉。

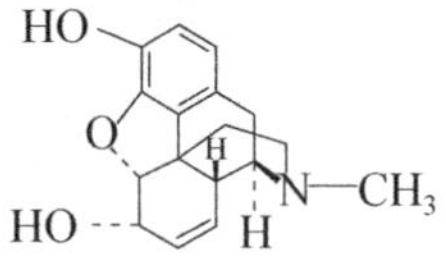

吗啡

11.4 含磷有机化合物

磷与氮位于同一主族,具有相似的价电子构型:$3s^2 3p^3$,因此能形成与氮相似的化合物,如磷化氢(PH_3)和膦(phosphine),又能形成一些氮原子不能形成的化合物,如膦酸及其衍生物等。磷化氢中的氢原子分别被 1~4 个烷基取代后,生成不同取代的烃基膦(RPH_2、R_2PH、R_3P)和季膦盐($R_4P^+X^-$)。磷酸分子中的—OH 被烃基所取代的衍生物称为膦酸(phosphonic acid)。

11.4.1 含磷有机化合物的结构和命名

1. 含磷有机化合物的结构

磷化氢的结构类似于 NH_3,磷原子为不等性 sp^3 杂化,其空间构型为三角锥形。磷化氢有剧毒,使用时要小心。

膦与胺相似,这些化合物为四面体形。磷原子(sp^3)位于四面体的中心,与磷原子成键的三个原子或基团位于四面体的三个顶点,磷原子上的孤对电子占据四面体的另一个顶点。膦酸的结构也为四面体形。

2. 含磷有机化合物的命名

膦和膦酸的命名都是在相应膦及膦酸的名称前加上烃基名。例如

CH_3PH_2	CH_3PHCH_3	$(CH_3)_2PCH_3$	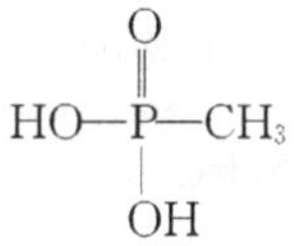
甲基膦	二甲基膦	三甲基膦	甲基膦酸

膦酸酯可以看成是膦酸与醇或酚脱水形成的相应产物,命名时将酯键上的烃基作为取代基,用前缀 *O*-烃基表示,即命名为“某基膦酸酯”。例如

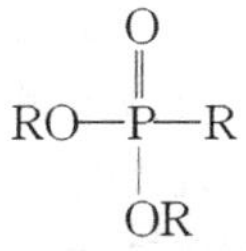

膦脂酸

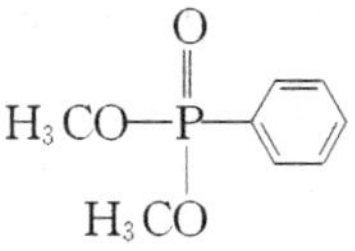

O,*O*-二甲基苯基膦酸酯

问题 11-6 写出下列化合物的结构式。

甲丙膦 二乙基亚膦酸 *O*-甲基苄基膦酸酯 2-氯乙基膦酸(一种植物催熟剂)

11.4.2 有机磷农药

在有机磷化合物中,有许多是有毒甚至是剧毒的化合物。其中有些用作农药,有的只是用作环境卫生杀虫剂,也有些是用作军事毒气。这类有机磷化合物的结构主要为磷酸酯或硫代磷酸酯类化合物,少数属于膦酸酯和磷酰胺酯类。它们大多数呈黄色或棕色的油状液体,少数为固体(如敌百虫),有类似大蒜的特殊臭味,难溶于水,易溶于有机溶剂及动植物油脂,对光、热较稳定,碱性溶液中易分解。

常见的有机磷杀虫剂如下:

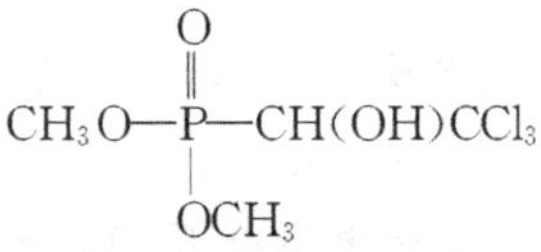

敌百虫(dipterex)

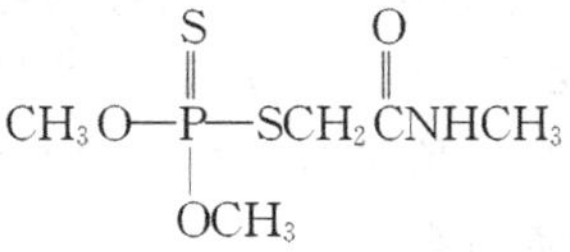

乐果(rogor)

敌百虫、乐果等有机磷杀虫剂具有杀虫力强,易被生物代谢为可利用的磷肥(磷酸盐)等优点,但有一定的毒性,可以通过呼吸道、消化道和皮肤(可以渗透无破损的皮肤)等进入体内,造成人畜中毒,多次使用后害虫容易产生抗药性,并造成环境污染和农作物中残留量超标。磷酸酯类农药中毒较轻者,可服用恢复乙酰胆碱酶活性的解磷定,或注射阿托品等药物。中毒较严重者,应立即送医院洗胃,结合用药治疗。近年来,高毒性的有机磷杀虫剂正被毒性更低的杀虫剂所代替。

知识拓展

苯丙胺类化合物

常见的苯丙胺类化合物有苯丙胺和甲基苯丙胺等。苯丙胺(amphetamine),译音名为安非他明,是麻黄碱的衍生物,于 1887 年首次合成,是合成的第一个兴奋剂。苯丙胺的作用类似于麻黄碱,用于发作性睡眠病和麻醉药物,也用作中枢兴奋药及抗抑郁症药物。常用其硫酸盐,为白色结晶性粉末,无臭,味微苦,可作雾化剂吸入,服用后有麻感,是国家严格管制的精神类药物。

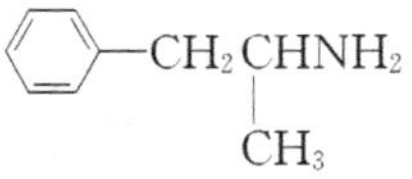

苯丙胺

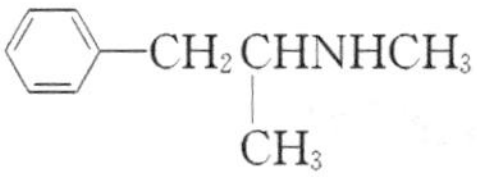

甲基苯丙胺

甲基苯丙胺(methamp hetamine,MA),又称甲基安非他明或去氧麻黄碱,其盐酸盐为无味或微有苦味的透明结晶体,形似冰,由于其毒性剧烈,因此俗称"冰毒",是国际、国内严禁的毒品。甲基苯丙胺对中枢的兴奋作用较强,具有强的精神依赖性,可一次成瘾,小剂量时有短暂的兴奋抗疲劳作用,高剂量或重复使用可产生中毒性精神病,表现有被害妄想、幻觉,也可能出现听幻觉和触幻觉,现代医学称之为苯丙胺精神病。甲基苯异丙胺使人的正常生理活动和平衡遭受严重破坏,免疫力下降,精神偏执,行为举止咄咄逼人,同时严重损害内脏器官和脑组织,甚至会导致肾机能衰竭及精神失常,或造成死亡。

毒品是人类社会的公害,防毒反毒,人人有责。珍爱生命,拒绝毒品!

小　结

胺是氨的烃基衍生物,可分为伯胺、仲胺、叔胺和季铵类或脂肪胺和芳香胺。简单胺的命名是以胺为母体,烃基为取代基;芳香仲胺和叔胺的命名以芳香胺为母体,脂肪烃基为取代基;比较复杂胺的命名是以烃为母体,将氨基或烃氨基作为取代基;季铵类化合物的命名与氢氧化铵和铵盐类似。

胺分子呈棱锥形的结构,芳香胺分子中由于氮原子上的孤对电子参与苯环的共轭,分子虽呈棱锥体,但趋向于平面化。

胺具有碱性,可以成盐。胺的碱性强弱与其结构有关,同时还受溶剂化效应、空间效应等多种因素的综合影响,碱性强弱顺序为季铵碱>脂肪仲胺>脂肪伯胺或叔胺>氨>芳香胺。伯胺、仲胺能发生酰化反应形成酰胺类化合物,发生磺酰化反应生成相应的苯磺酰胺,叔胺则不能发生此类反应。伯胺、仲胺、叔胺在低温(0～5 ℃)下与亚硝酸反应形成不同的产物,可用此性质鉴别几种不同类型的胺。芳香胺的苯环上易于发生亲电取代反应,如卤代、硝化和磺化反应,芳香胺极易被氧化。

芳香重氮盐是一种活泼的中间体,其中的重氮基可以被羟基、氢、卤素和氰基等取代,形成相应的取代产物,并放出氮气。在一定 pH 条件下,芳香重氮盐能与酚或芳胺等发生偶联反应,形成有鲜艳颜色的偶氮化合物。

生物碱是一类主要存在于生物体内,具有较强生理活性的含氮有机碱性化合物,大多数生物碱具有胺类或季铵类化合物的结构特征。游离生物碱一般难溶于水,易溶于有机溶剂,生物碱的盐大多易溶于水或乙醇,难溶于有机溶剂。大多数生物碱具有碱性,各种生物碱的分子结构不同,其碱性强弱也不一样。生物碱能与一些生物碱沉淀试剂生成难溶性沉淀,与生物碱显色试剂发生颜色反应,根据形成沉淀的形态、颜色等的不同,可用于生物碱的鉴定。

膦与胺相似,可分为伯膦、仲膦、叔膦。叔膦也能形成季𬭸盐 $R_4P^+\ X^-$。磷酸分子中的"—OH"被烃基所取代的衍生物称为膦酸,膦酸与醇或酚脱水形成膦酸酯。

有机含氮化合物主要反应总结如下:

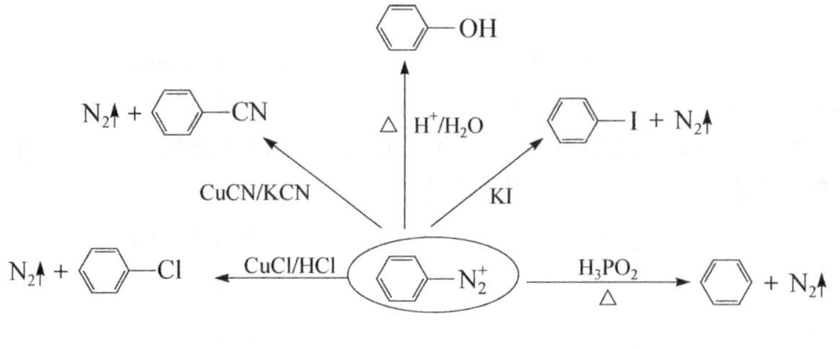

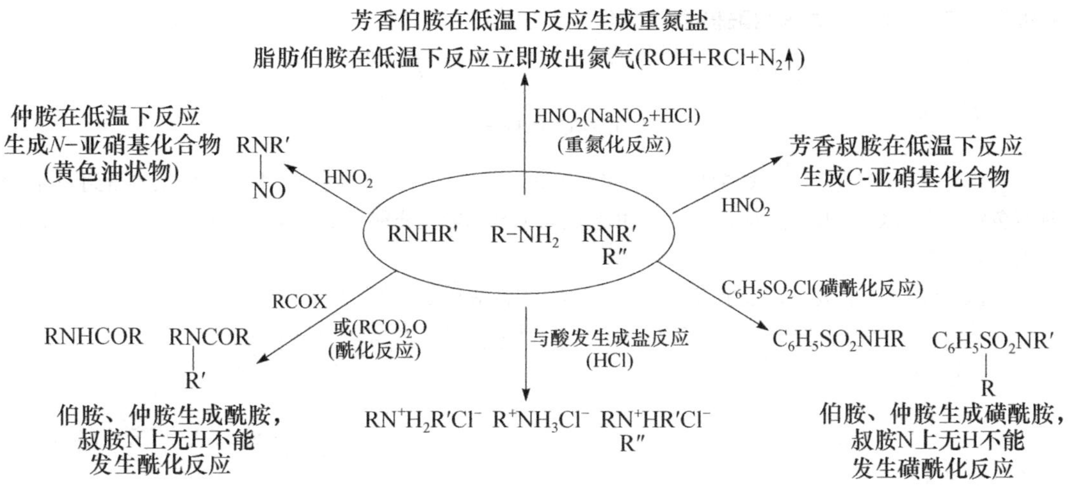

习　题

1. 命名下列化合物或写出合物的结构式。

(1) $(CH_3CH_2CH_2)_3N$　(2) $(CH_3)_2CHNHCH_3$　(3) $CH_3CH(NH_2)CH_2CH_2CH(C_2H_5)CH_3$

(4) 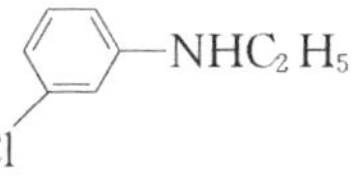

(5) 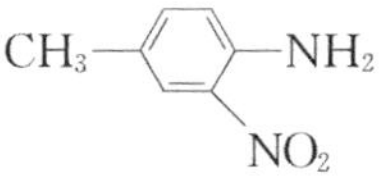

(6) $HOCH_2CH_2N^+(CH_3)_3OH^-$

(7) 乙二胺　(8) 三苯基膦　(9) 2,4,6-三溴苯胺　(10) 2-羟基偶氮苯　(11) β-萘胺

2. 比较下列各组化合物的碱性强弱。

(1) 三甲胺、二甲胺、氨、氢氧化四甲铵

(2) 对硝基苯胺、苯胺、邻苯二甲酰亚胺、苄胺、对甲基苯胺

3. 写出下列化学反应的主要产物。

(1) $(CH_3)_3N + HBr \longrightarrow$

(2) 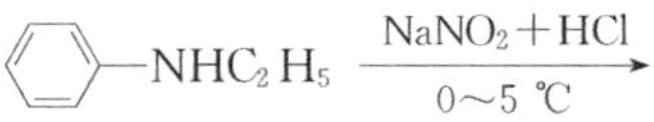

(3) 

(4) 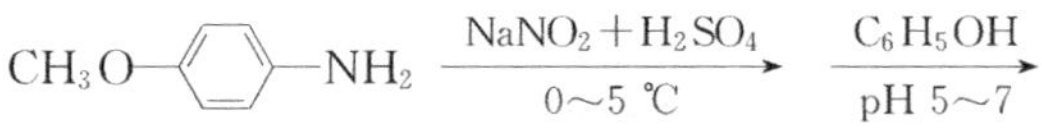

(5) 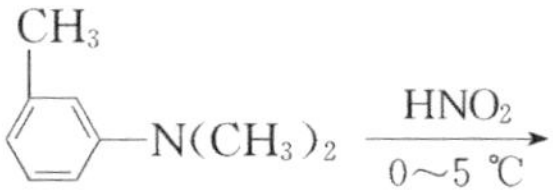

4. 用简便的化学方法鉴别下列各组化合物。

(1) 乙胺、甲乙胺、三甲胺

(2) N-甲基苯胺、邻甲苯胺、苯甲基胺

5. 写出下列合成途径最终产物 **B** 的结构式。

$$C_6H_5NH_2 \xrightarrow[0\sim5\ ℃]{NaNO_2/HCl} \xrightarrow{CuCl/KCN} \xrightarrow{H_2O/H^+} \xrightarrow{SO_2Cl} \xrightarrow{CH_3NHC_2H_5} \mathbf{B}$$

6. 青霉素V钾是一种常用的β-内酰胺类抗生素,其结构如下。请指出分子中的手性碳原子。

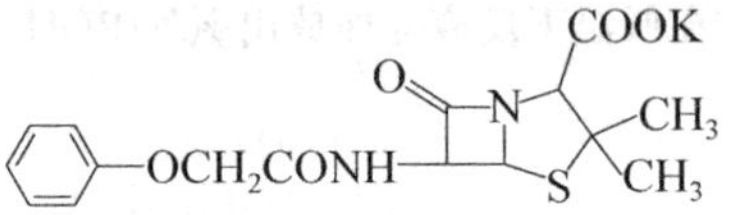

7. 某化合物**A**(C_7H_9N)呈碱性,**A**在低温下亚硝酸钠和盐酸反应得到化合物**B**。**B**与苯酚反应得到一种有鲜艳颜色的化合物**C**,将**B**加热有氮气放出,并生成对甲基苯酚。分别写出化合物**A**、**B**和**C**的化学结构式。

8. 由对硝基苯酚合成止痛药非那西汀。

提示:芳香族硝基化合物可以被金属(Fe、Zn、Sn等)和盐酸还原成芳香胺。

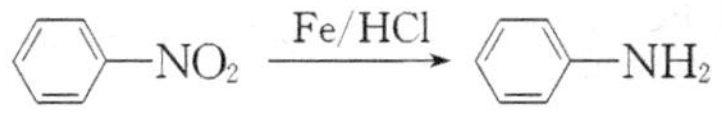

(遵义医学院　江波)

第 12 章　杂环化合物

杂环化合物(heterocyclic compound)是由碳原子和杂原子(如氧、硫、氮、磷等)共同参与成环的一类环状化合物。在前几章曾学习过的内酯、交酯、环状酸酐和内酰胺等环状化合物,广义上也属于杂环化合物,但由于这些化合物的性质与一般脂肪族化合物性质相似,且容易通过开环反应得到脂肪族的链状化合物,因此一般称为非芳香杂环化合物,通常不在本章讨论。本章主要学习具有芳香性的杂环化合物。

杂环化合物广泛分布于自然界,种类繁多,数目庞大,其数量占已知有机化合物的 65%以上。例如,动植物体内所含的生物碱、苷类、色素等物质中往往都含有杂环结构;与人类生命活动及各种代谢关系非常密切的核酸的碱基部分、有机药物、维生素等也含有杂环。

本章重点讨论杂环化合物的结构、命名、主要化学性质和一些重要的杂环化合物。

12.1　杂环化合物的分类和命名

12.1.1　杂环化合物的分类

杂环化合物根据成环的原子数目,可分为三元环、四元环、五元环、六元环等;根据含杂原子数目可分为一个、两个或多个杂原子的杂环;根据成环的数目,分为单杂环和稠杂环。常见杂环化合物的结构和名称如表 12-1 所示。

表 12-1　常见杂环化合物的结构和名称

类别	含有一个杂原子	含有两个杂原子
五元单杂环	 呋喃 (furan)　 吡咯 (pyrrole)　 噻吩 (thiophene)	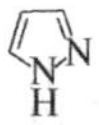 吡唑 (pyrazole)　 咪唑 (imidazole)　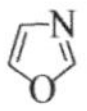 噁唑 (oxazole)　 噻唑 (thiazole)
五元稠杂环	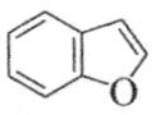 苯并呋喃 (benzofuran)　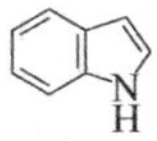 吲哚 (indole)　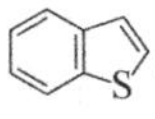 苯并噻吩 (thionaphthene)	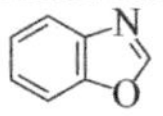 苯并噁唑 (benzoxazole)　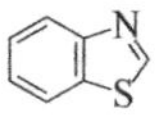 苯并噻唑 (benzothiazole)　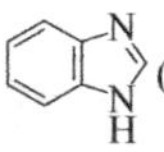 苯并咪唑 (benzoimidazole)
六元单杂环	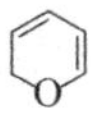 2*H*-吡喃 (2*H*-pyran)　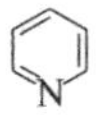 吡啶 (pyridine)	 哒嗪 (pyridazinei)　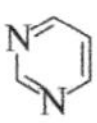 嘧啶 (pyrimidine)　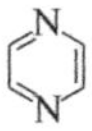 吡嗪 (pyrazine)
六元稠杂环	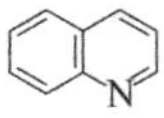 喹啉 (quinoline)　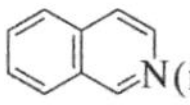 异喹啉 (isoquinoline)	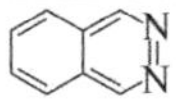 酞嗪 (phthalazine)　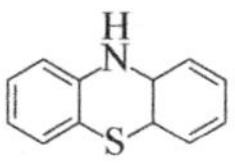 酚噻嗪 (phenothiazine)

12.1.2　杂环化合物的命名

杂环化合物的命名比较复杂，其名称包括基本母体名称和环上取代基的名称两部分。对于杂环母体的命名，我国采用其英文名称的译音，即按照英文名称选用发音相近的汉字，并在汉字左边加一个"口"字旁表示杂环名称(表 12-1)。

当环上有取代基时，命名时以杂环化合物为母体。含一个杂原子的单杂环从杂原子开始依次编号，并使取代基的位次最小。另外，也可以用希腊字母将杂原子邻位编为 α-位，其次为 β-位，再次为 γ-位，依此类推。例如

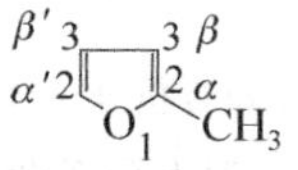

2-甲基呋喃(α-甲基呋喃)

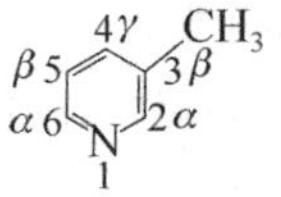

3-甲基吡啶(β-甲基吡啶)

当环上有两个或更多的杂原子时，若杂原子相同，应从连有氢原子或取代基的杂原子开始编号，并使杂原子的位次之和最小；当环上有不同杂原子时，按 O、S、NH 和 N 的顺序编号。例如

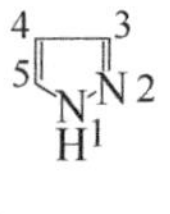

吡唑

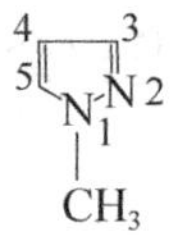

1-甲基吡唑

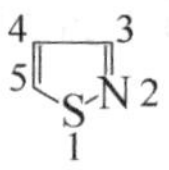

异噻唑

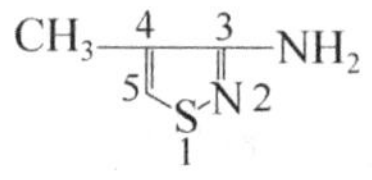

3-氨基-4-甲基异噻唑

稠杂环一般按相应芳环的编号方式编号，两环稠合处的碳原子不编号，如吲哚、喹啉。但有一些稠杂环，如异喹啉、嘌呤等，有自己的特殊的编号，需要特别记忆。例如

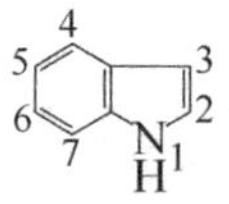

吲哚

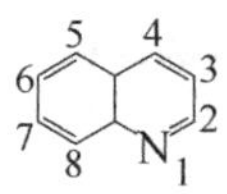

喹啉

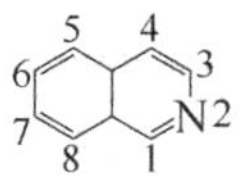

异喹啉

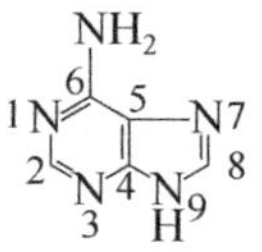

6-氨基嘌呤

当杂环上氢原子的位置不同时，应将氢原子的编号置于母体名称之前。例如

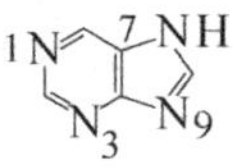

7*H*-嘌呤

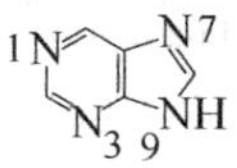

9*H*-嘌呤

此外，若环上取代基是醛基、羧基、磺酸基等基团时，通常把杂环作为取代基来命名。例如

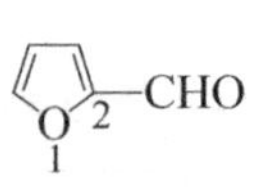

2-呋喃甲醛(糠醛)

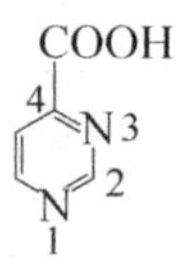

4-嘧啶甲酸

问题 12-1　写出下列化合物的名称。

(1) 　(2) 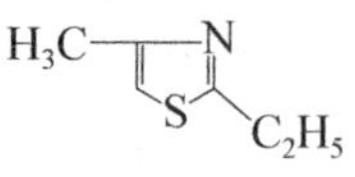　(3) 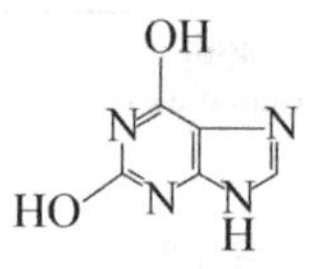

12.2　五元杂环化合物

12.2.1　呋喃、噻吩和吡咯的结构

呋喃、噻吩和吡咯属于最重要的五元杂环化合物。它们在结构上相似，都是由一个杂原子和 4 个碳原子成环构成，杂环中的碳原子与杂原子间均以 sp^2 杂化轨道相互连接形成 σ 键，且成环原子在同一个平面上。在每一个碳原子的 p 轨道上有一个电子，在杂原子的 p 轨道上有 2 个电子，这 5 个 p 轨道彼此平行，并相互侧面重叠形成一个环状共轭大 π 键，π 电子云分布于环平面的上方与下方，其 π 电子数为 6，符合 Hückel 规则，如图 12-1 所示。

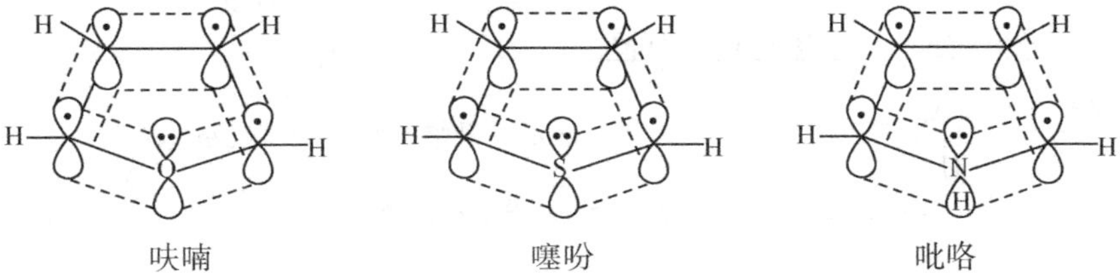

图 12-1　呋喃、噻吩和吡咯的结构

因此，这些五元杂环化合物都具有芳香性。它们分子中的键长数据如下：

由此可见，五元杂环分子中的键长有一定程度的平均化，但不像苯那样完全平均化，因此芳香性较苯差，有一定程度的不饱和性及环的不稳定性。

由于五元杂环分子中环状共轭大 π 键的 π 电子数为 6，“分摊”到每个碳原子的电子云密度大于 1，环上平均 π 电子云密度比苯环上的大，因此称为富 π 芳杂环，较苯环易发生亲电取代反应。但又因为杂原子的电负性都大于苯，其表现出吸电子诱导效应，使得呋喃、噻吩和吡咯环上的电子云密度不均匀，杂原子周围的电子云密度较大。因此，当它们发生亲核取代反应时，主要发生在电子云密度较大的 α 位。

12.2.2　呋喃、噻吩和吡咯的性质

1. 吡咯的酸碱性

吡咯虽然是一个仲胺，但由于氮原子上的孤对电子参与了环的共轭，氮原子上的电子云密度降低，因此表现出极弱的碱性（$pK_b=13.8$），不能与酸形成稳定的盐。相反，由于这种共轭作用，吡咯的 N—H 键极性增加，因此显弱酸性（$pK_a=17.5$），是一种比苯酚酸性更弱的弱酸，能与固体氢氧化钾等强碱作用生成吡咯钾盐。

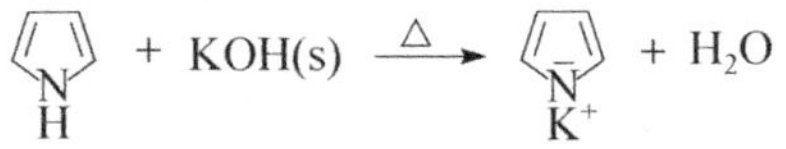

2. 亲电取代反应

呋喃、噻吩、吡咯和苯一样，可以发生卤代、硝化、磺化反应，也可进行傅-克酰化反应，取代基主要进入 α-位。由于其反应活性一般比苯高，因此反应条件较温和。呋喃、吡咯遇强酸时，杂原子质子化，导致芳香大 π 键被破坏。因此，硝化和磺化反应不能在强酸条件下进行，需选用温和的非质子试剂。例如

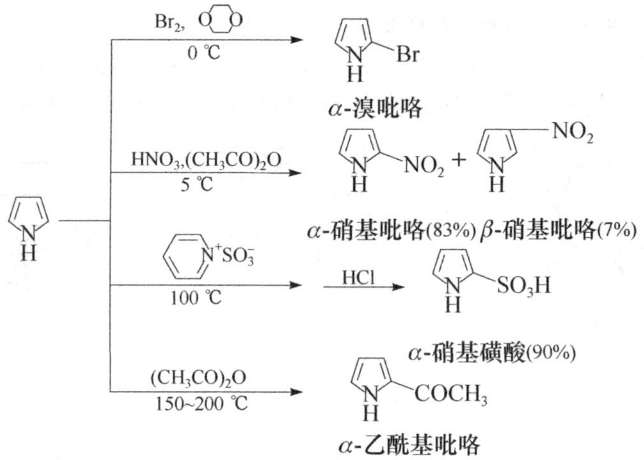

3. 加成反应

在一定条件下，呋喃、吡咯和噻吩在催化剂存在下可以被还原成饱和的环状化合物。其中噻吩含硫，易使催化剂中毒而失去活性，所以其催化加氢较困难，需使用特殊催化剂 MoS_2。

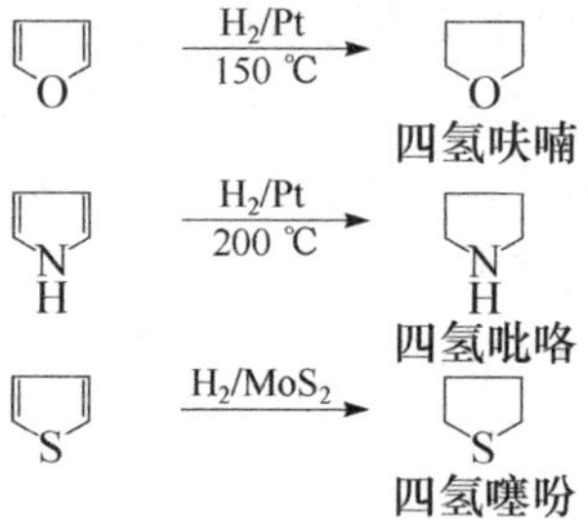

4. 显色反应

呋喃、噻吩、吡咯遇到酸浸润过的松木片，能够显示出不同的颜色。例如，呋喃与吡咯遇到盐酸浸润过的松木片分别显深绿色和鲜红色；噻吩遇蘸有硫酸的松木片则显蓝色。这种反应非常灵敏，称为松片反应，可用于三种杂环化合物的鉴别。

12.2.3 重要的五元杂环化合物及其衍生物

1. 吡咯

吡咯存在于煤焦油、骨焦油和石油中，但含量很少，为无色油状液体，沸点为 131 ℃，熔点为−18.15 ℃，气味与 $CHCl_3$ 类似，难溶于水，能与乙醇和乙醚混溶。

2. 吡咯的衍生物

吡咯衍生物在自然界分布广泛，如血红素、叶绿素、胆红素、维生素 B_{12} 以及许多有重要的生理作用的生物碱均含有吡咯环。血红素和叶绿素的基本结构都是由 4 个吡咯环的 α-碳原子通过 4 个次甲基连接而成的大环共轭体系。这个共轭体系环上含 18 个 p 电子，符合 Hückel 规则，该环称为卟吩（porphin），其衍生物称为卟啉（porphyrin），血红素和叶绿素就是含有金属的卟啉类化合物。

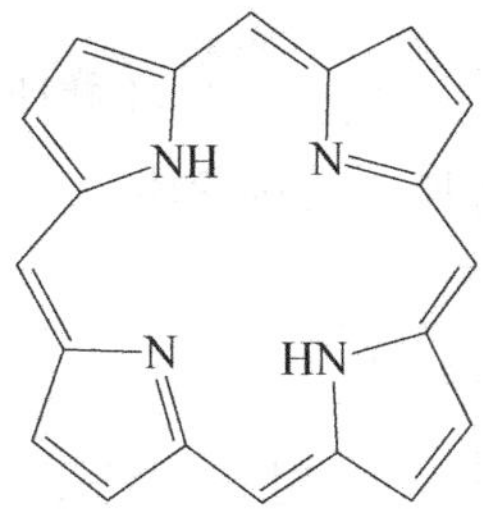

叶吩

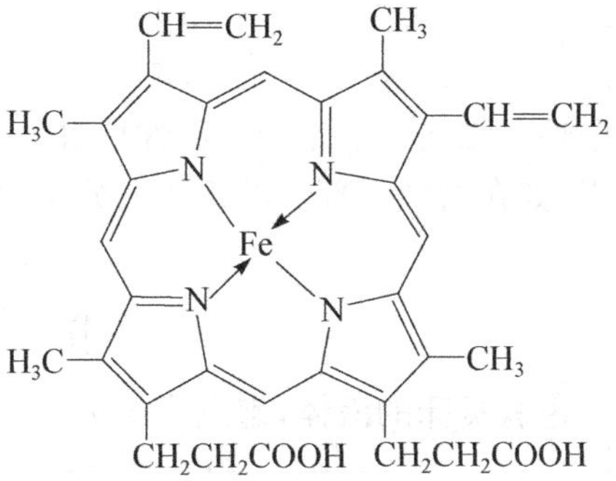

血红素

血红素存在于哺乳动物的红细胞中，与蛋白质结合成血红蛋白，是运输氧气及二氧化碳的载体。叶绿素是存在于植物茎和叶中的绿色色素，它与蛋白质结合存在于叶绿体中，是植物进行光合作用的催化剂。叶绿素由叶绿素 a 和叶绿素 b 混合组成，二者的比例为 3∶1。

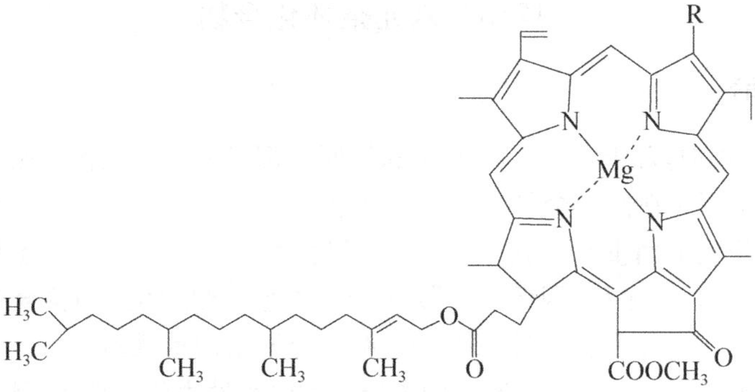

叶绿素（R=CH_3，叶绿素 a；R=CHO，叶绿素 b）

3. 吡唑、咪唑和噻唑

含有两个杂原子的五元杂环称为唑。咪唑（imidazole）是含有两个氮原子的五元杂环，噻唑（thiazole）是含有一个氮原子和一个硫原子的五元杂环，它们都是平面形分子，均为多 π 芳杂环，具有一定程度的芳香性。结构式如下：

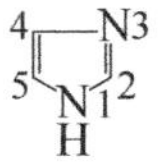

咪唑

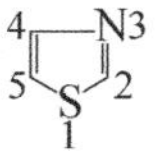

噻唑

咪唑为无色晶体，熔点为 90 ℃，沸点为 256 ℃。咪唑环上两个氮原子中的一个有孤对电子未与环共轭，因此分子间能形成氢键，也可以与水形成氢键，而易溶于水。

咪唑 3-位上的氮原子具有弱碱性，能与强酸生成稳定的盐，1-位上氮原子上的氢具有弱酸性，可被金属置换成盐。咪唑分子中存在着互变异构现象：

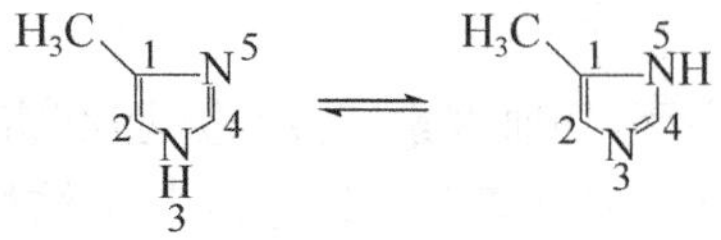

在生理 pH 条件下，咪唑以质子化状态（酸型）和未质子化的中性状态（中性型）同时存在：

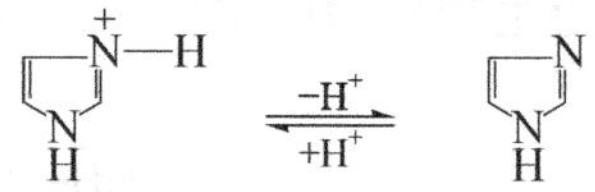

酸型　　　　中性型

酸型和中性型结构存在于酶的活性位置上，起着酸和碱的作用。咪唑的碱性在生命过程中有重要意义，如在酶活性部位的组氨酸分子中的咪唑环作为质子的接受体。

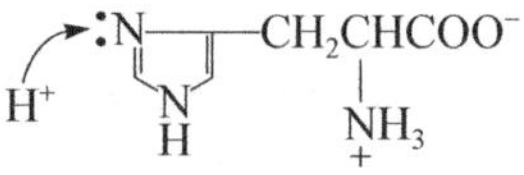

噻唑为无色有臭味的液体，沸点为 117 ℃，易溶于水，有弱碱性，对氧化剂、还原剂稳定。

问题 12-2　试解释为什么呋喃、噻吩及吡咯比苯容易发生亲电取代反应？为什么呋喃、噻吩、吡咯的亲电反应发生在 α-位？

12.3　六元杂环化合物

12.3.1　吡啶的结构

吡啶环与苯环相似，环上的 5 个碳原子和氮原子都以 sp^2 杂化轨道相互以 σ 键连接形成六元环，成环的 6 个原子在同一个平面上。每个原子各有一个电子在 p 轨道上，且垂直于环平面，这 6 个 p 轨道相互侧面重叠形成与苯相似的闭合大 π 键。氮原子上还有一对孤对电子在 sp^2 杂化轨道上，它与环共平面，因而不能参与环的共轭。吡啶的结构符合 Hückel 规则，具有芳香性。图 12-2 为吡啶的分子结构示意图。

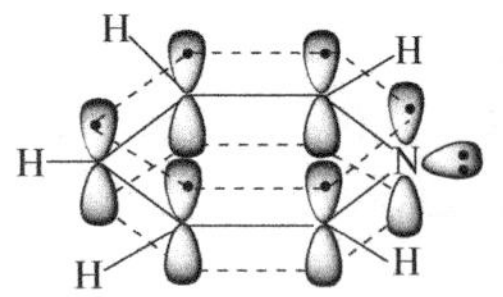

图 12-2　吡啶的分子结构

由于吡啶环中氮原子的电负性大于碳原子，环上的电子云密度不像苯那样均匀分布，而氮原子周围的电子云密度较高，碳原子上的电子云密度较低，环上电子云密度分布不完全平均化。所以吡啶的芳香性比苯差，较难发生亲电取代反应。若反应条件较剧烈时，反应主要发生在 β-位上。类似于吡啶环上的 π 电子云密度比苯低的芳杂环也称为“缺 π”芳杂环。其结构为

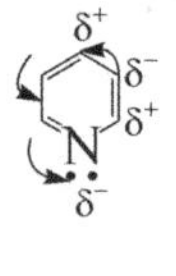

12.3.2　吡啶的性质

1. 碱性和亲核性

吡啶氮原子上的孤对电子能接受质子而显碱性，由于这对电子在不等性的 sp^2 杂化轨道上，其 s 成分较多，距核较近，受核束缚较强，因此吡啶的碱性较弱。其碱性比一般脂肪胺及氨都弱，但比苯胺强，能与强酸生成稳定的吡啶盐。某些结晶型盐可用于吡啶的分离、鉴别和纯化。吡啶还可以与路易斯酸（如 SO_3、BF_3）成盐，在许多有机反应里，它既作溶剂，又作质子接受剂。

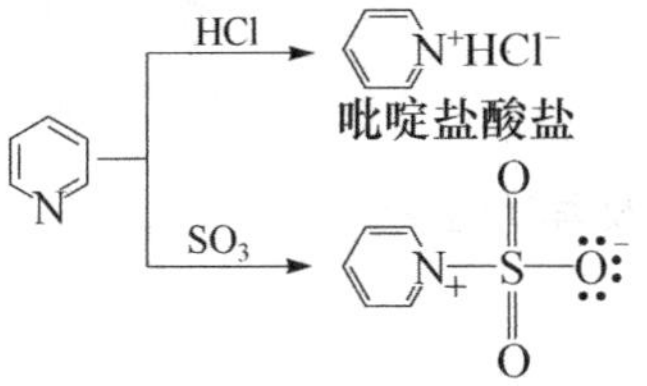

吡啶盐酸盐

吡啶三氧化硫

同时，吡啶也是一种亲核试剂，可与卤代烃反应生成季铵盐的吡啶𬭩盐，也可与酰卤反应成盐。

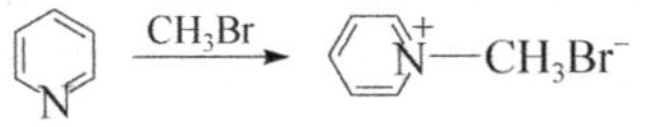

溴化*N*-甲基吡啶

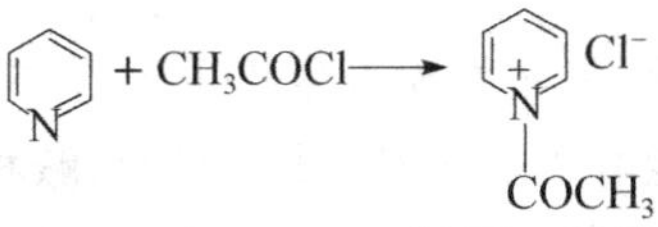

氯化*N*-乙酰基吡啶

2. 取代反应

由于吡啶环上氮原子的钝化作用，芳杂环上的电子云密度降低。与苯相比，吡啶不易发生亲电取代反应。吡啶的硝化与磺化反应需要在较强烈的条件下进行，取代基主要进入环中的3-位。一般不容易发生傅-克烷基化和酰基化反应。

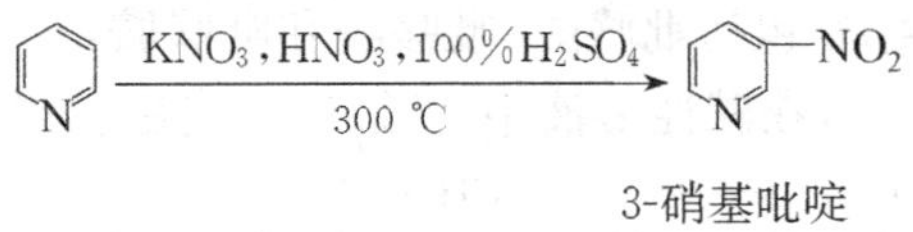

3-硝基吡啶

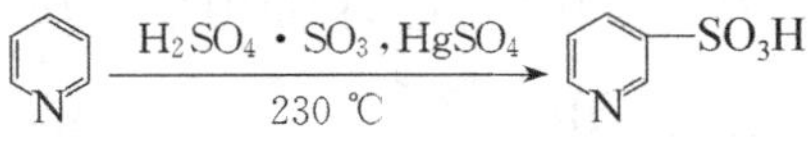

吡啶-3-磺酸

吡啶不易进行亲电取代，却很容易发生亲核取代反应。例如，吡啶可与氨基钠作用，生成2-氨基吡啶。

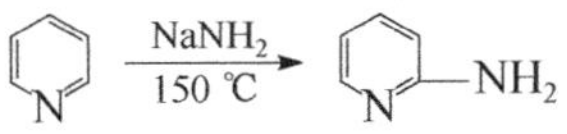

3. 氧化和还原反应

由于吡啶环上的电子云密度较低，吡啶环不易氧化，但有侧链的吡啶其侧链可以氧化。例如

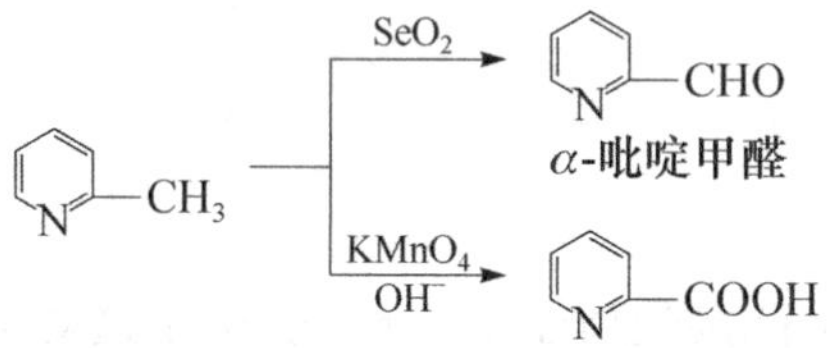

吡啶比苯易还原，用钠加乙醇或催化加氢均能使吡啶还原为六氢吡啶（哌啶，$pK_b=2.8$）。六氢吡啶为仲胺，碱性比吡啶强，很多天然产物具有此结构。

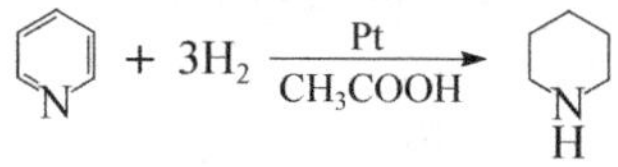

六氢吡啶

12.3.3　重要的六元杂环化合物及其衍生物

1. 吡啶

吡啶存在于煤焦油及页岩油中，其衍生物广泛分布于自然界，是许多天然药物、染料、维生素和生物碱的基本组成部分。

吡啶是具有特殊臭味的无色液体，沸点为 115.3 ℃，熔点为－42 ℃，相对密度为 0.982。吡啶可与水以任意比例互溶，同时还能溶解大多数有机化合物和许多无机盐，是良好的溶剂。

2. 吡啶的衍生物

（1）烟酸和烟酰胺。烟酸和烟酰胺又称为维生素 PP，存在于肉类、谷物和花生中，属于 B 族维生素类。它们都是白色晶体，能溶于热水和乙醇，对酸、碱和热稳定。人、植物和某些细菌可将色氨酸转变成烟酸，烟酸在体内可转变成烟酰胺。维生素 PP 参与葡萄糖的降解、脂类代谢、丙酮酸的代谢等，对中枢神经和交感神经系统有维护作用。维生素 PP 缺乏时，会出现神经营养障碍，易患癞皮病。但大剂量服用时对人的胃和皮肤有一定的副作用。

烟酸　　　　烟酰胺

（2）维生素 B_6。维生素 B_6 包括吡哆醇、吡哆醛和吡哆胺，广泛存在于鱼、肉、谷物和蔬菜中，均为无色晶体，对酸较稳定，在碱性溶液中易破坏，对光敏感，与三氯化铁作用呈红色。

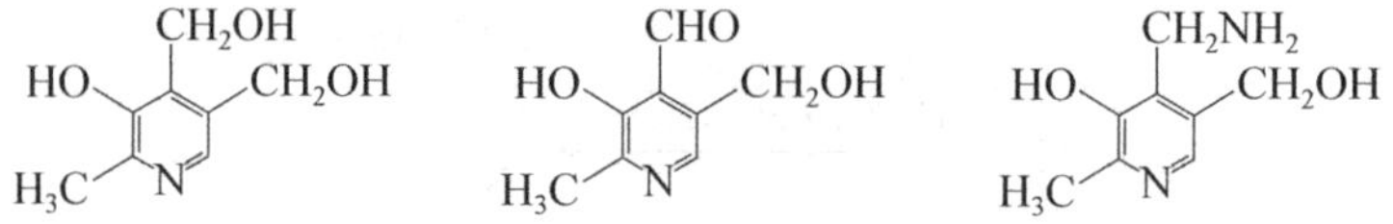

吡哆醇　　　　吡哆醛　　　　吡哆胺

维生素 B_6 参与体内蛋白质及脂肪代谢，如果人体缺乏维生素 B_6，蛋白质代谢就会出现障碍。药用维生素 B_6 是吡多醇的盐酸盐，它在体内需转变成吡多醛或吡多胺才具有生理活性。

3. 嘧啶及其衍生物

嘧啶是含有两个氮原子的六元杂环化合物，为无色结晶，熔点为 22.5 ℃，沸点为 124 ℃，易溶于水，碱性比吡啶弱。嘧啶的衍生物广泛存在于生物体内，在生物体的新陈代谢中起着重要作用。例如，核酸中的碱基就是尿嘧啶、胞嘧啶和胸腺嘧啶。

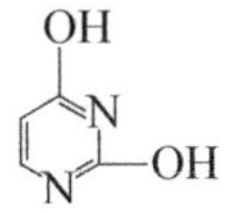

尿嘧啶(U)

（2,4-二羟基嘧啶）

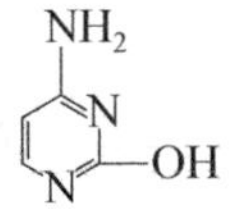

胞嘧啶(C)

（4-氨基-2-羟基嘧啶）

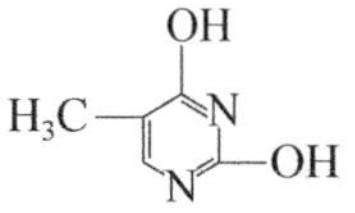

胸腺嘧啶(T)

（5-甲基-2,4-二羟基嘧啶）

嘧啶也是磺胺类和巴比妥类等药物的重要结构部分。例如

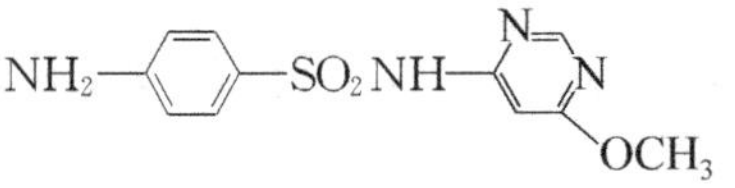

磺胺间甲氧嘧啶(SMM)

磺胺甲氧嘧啶(SMD)

问题 12-3　为什么吡啶比苯难于发生亲电取代反应？为什么其亲电取代反应发生在 3-位？

问题 12-4　下列化合物有无芳香性？如有请指出参与 π 体系的未共用电子数。

(1) 　(2) 　(3) 

12.4　稠杂环化合物

稠杂环(fused heterocycles)是由苯环与杂环或杂环与杂环稠合而成的化合物。常见的稠杂环化合物有喹啉、嘌呤等。

12.4.1　喹啉及异喹啉

喹啉和异喹啉都是由苯环与吡啶环稠合而成，喹啉的苯环是与吡啶环的 b 边稠合，可称为苯并[b]吡啶；异喹啉的苯环则是与吡啶环的 c 边稠合，也称为苯并[c]吡啶。二者的结构与吡啶类似，均属于缺 π 芳杂环。

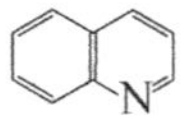

喹啉

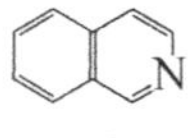

异喹啉

喹啉与异喹啉都是无色油状液体，可以和大多数有机溶剂混溶，难溶于冷水，易溶于热水。与吡啶相比，它们的水溶能力显著降低。它们都含有叔氮原子，具有弱碱性，其中喹啉的碱性($pK_b=9.1$)较吡啶($pK_b=8.8$)稍弱，而异喹啉的碱性($pK_a=8.6$)较吡啶略强。二者都可以和强酸作用成盐。

许多天然及合成药物的结构中都含有喹啉环。例如，从金鸡纳属植物中分离得到的奎宁(quinine)具有抗疟疾活性；合成药物抗疟药氯喹(chloroquine)也是喹啉的衍生物。异喹啉的衍生物在植物中分布较广。例如，从中药黄连、黄柏、三颗针等分离得到的小檗碱，也称黄连素，具有良好的抗菌作用。

12.4.2　嘌呤

嘌呤(purine)是由一个咪唑环和一个嘧啶环稠合而成。嘌呤采用固有的习惯编号方式，它有两种互变异构体，晶体状态下主要以 7*H*-嘌呤的形式存在，在生物体内多以 9*H*-嘌呤的形式存在：

7*H*-嘌呤(Ⅰ)　　　9*H*-嘌呤(Ⅱ)

嘌呤为无色针状晶体，熔点为 216～217 ℃，易溶于水和热的乙醇，难溶于常用的有机溶剂。嘌呤既有弱酸性，又有弱碱性，所以既可以与强酸成盐，也可以与强碱成盐。

嘌呤本身不存在于自然界，但它的衍生物广泛存在于生物体中，参与生物体的生命活动。例如，腺嘌呤、鸟嘌呤为核酸的碱基。

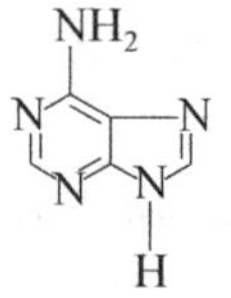

腺嘌呤(**A**)

(6-氨基嘌呤)

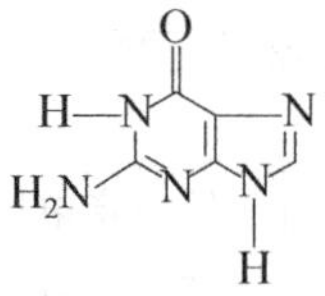

鸟嘌呤(**G**)

(2-氨基-6-氧嘌呤)

尿酸(urate)是腺嘌呤和鸟嘌呤的代谢产物。它具有酮式和烯醇式两种互变异构体，在生理 pH 范围内以酮式为主。

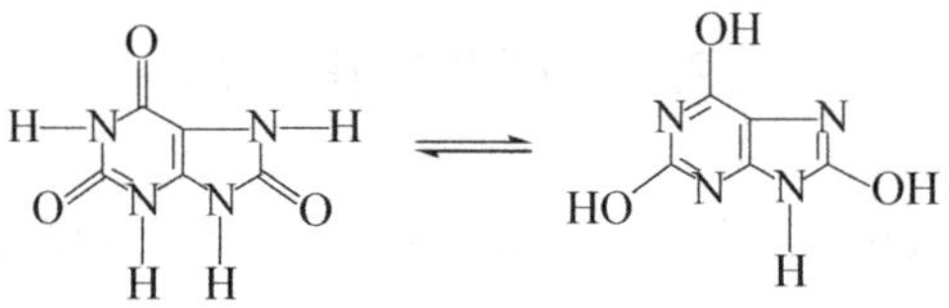

2,6,8-三氧嘌呤(酮型)　　2,6,8-三羟基嘌呤(烯醇型)

尿酸为白色晶体，无嗅无味，极难溶于水，有弱酸性，可与强碱成盐。尿酸在体内以盐的形式存在于哺乳动物的尿和血中，溶解度较大。健康人每天排泄的尿中含尿酸 0.5～1 g，但当代谢紊乱时，尿中尿酸含量增加，形成尿结石；血液中尿酸含量过多时，可沉积在关节处，形成痛风石。

知识拓展

自然界中的氮杂萘

氮杂萘，又名喹啉、苯并[b]吡啶，有喹啉和异喹啉两种异构体，具有一定的毒性，其蒸气对人的鼻、喉有刺激性，吸入后引起头痛、头晕、恶心。对眼睛和皮肤有刺激性，口服刺激口腔和胃。自然界的氮杂萘主要以异喹啉的衍生物 1,3,5,8-四氮杂萘(蝶啶)为主。例如，黄蝶呤、无色蝶呤分别是从黄蝴蝶、白蝴蝶翅膀中发现的昆虫色素。

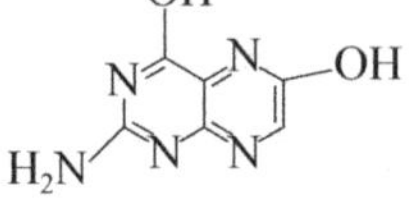

黄蝶呤

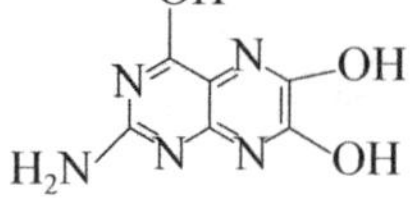

无色蝶呤

叶酸(folic acid)是含有 1,2,3,4-四氮杂萘(蝶啶)环、对氨基苯甲酸和谷氨酸的生物学上很重要的分子，是一种水溶性 B 族维生素，在植物的绿叶中含量丰富。叶酸是有机体细胞分裂和繁殖的必需物质，对细胞的分裂生长及核酸、氨基酸和蛋白质的合成发挥着重要的作用。在生物体内以四氢叶酸的形式发挥作用，四氢叶酸在体内参与嘌呤核酸和嘧啶核苷酸的合成以及转化，并且在制造核酸中充当重要的角色。人体若缺少叶酸可能导致红细胞的异常或贫血等。叶酸也是胎儿生长发育不可缺少的营养素，是极早期妊娠中神经系统正常发育的关键因素。若在怀孕前 3 个月缺少叶酸，可能导致幼儿跛足以及脊柱裂和无脑畸形等死胎缺损等。美国公共卫生署(Public Health Service)推荐，所有育龄妇女每天应服用 0.4 mg 叶酸。

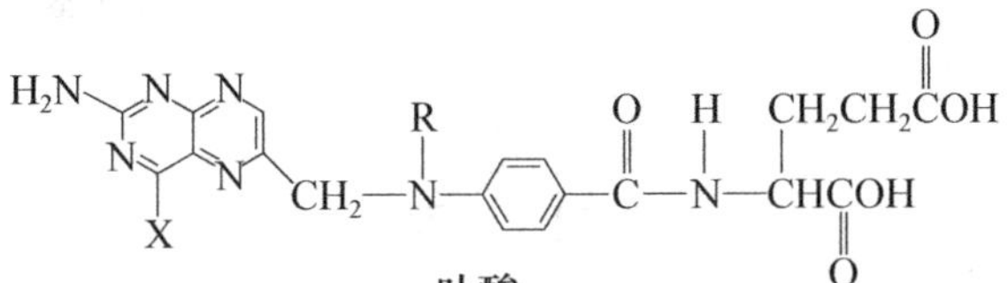

叶酸

小　　结

杂环化合物是由碳原子和杂原子(如氧、硫、氮、磷等)共同参与成环的一类环状化合物。根据成环的数目，将杂环化合物分为单杂环和稠杂环，最重要的是五元杂环和六元杂环。

杂环化合物的命名主要采用“音译法”，即按照英文名称选用发音相近的汉字，并在汉字左边加一个“口”字旁表示杂环名称。

五元单杂环化合物呋喃、噻吩和吡咯，它们均能组成由一个杂原子和四个碳原子以六个 π 电子构成的“富 π 芳杂环”环状共轭体系。发生亲核取代反应时，主要发生在电子云密度较大的 α-位。而六元单杂环吡啶由一个杂原子和五个碳原子以六个 π 电子构成“缺 π 芳杂环”环状共轭体系。因为吡啶环的电子密度比苯小，所以亲电取代反应主要进入 β-位，且比苯难于进行；一定条件下吡啶还可发生亲核取代反应，主要进入 α-位和 γ-位。

吡咯由于氮原子上的孤对电子参与了环的共轭，表现出极弱的碱性，不能与酸形成稳定的盐，相反显弱酸性，能与强碱作用生成吡咯钾盐。吡啶氮原子上的孤对电子能接受质子而显碱性，碱性比一般脂肪胺及氨都弱，但比苯胺强。

血红素、叶绿素是重要的吡咯衍生物，它们都含有卟吩结构，环中都有一个金属离子。维生素 PP 是重要的吡啶衍生物。嘧啶的衍生物尿嘧啶、胞嘧啶和胸腺嘧啶是核酸中的碱基。

嘌呤是由一个咪唑环和一个嘧啶环稠合而成。它有两种互变异构体，在生物体内多以 9*H*-嘌呤的形式存在。嘌呤本身不存在于自然界，但其衍生物如腺嘌呤、鸟嘌呤为核酸的碱基，却广泛存在于生物体中。尿酸是腺嘌呤和鸟嘌呤的代谢产物。

杂环化合物主要反应总结如下：

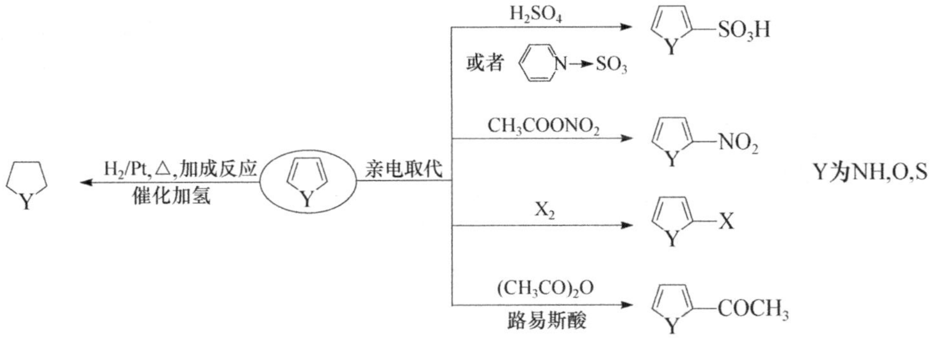

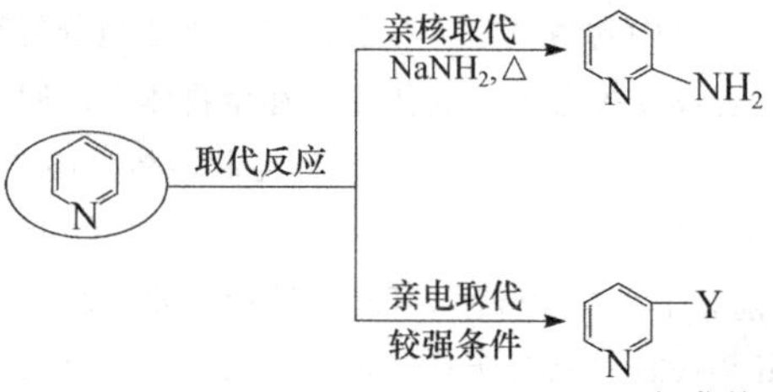

Y为磺基或硝基

习　　题

1. 命名下列化合物。

(1) 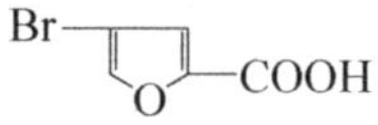　(2) 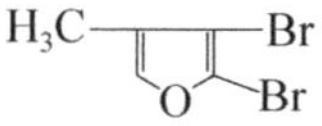　(3) 　(4) 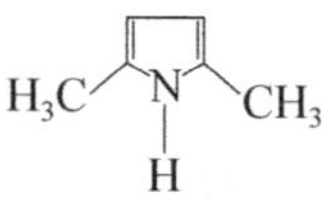

(5) 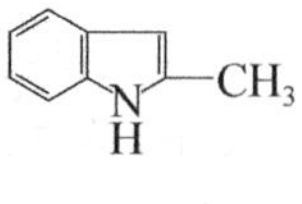　(6) 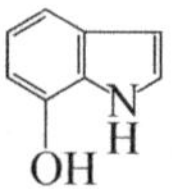　(7) 　(8) 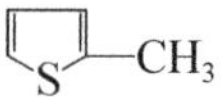

(9) 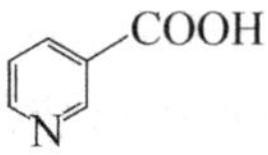　(10) 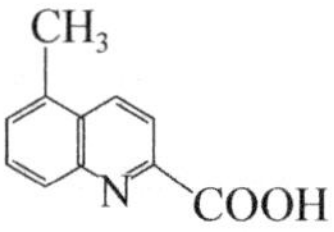　(11) 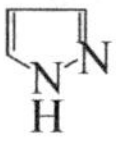　(12) 

2. 写出下列化合物的结构式。

(1) α,β-二甲基吡咯　(2) 2,5-二氢吡咯　(3) 磺胺噻唑

(4) α,β-二甲基噻吩　(5) 溴化 *N*-甲基吡咯　(6) 嘧啶

3. 完成下列反应方程式。

(1) 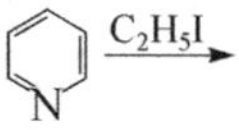　(2) 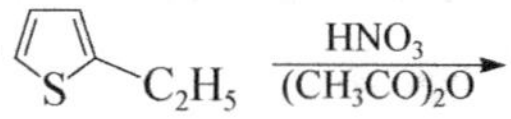

(3) 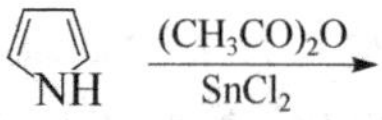　(4) 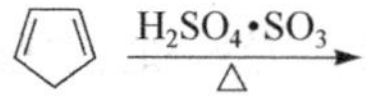

(5) 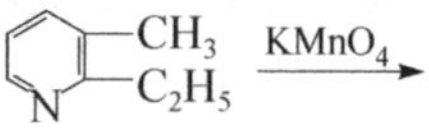　(6) 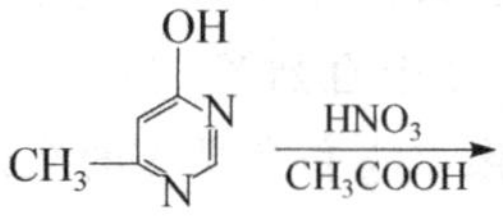

(辽宁中医药大学　孙艳涛)

第 13 章　糖　　类

糖类又称碳水化合物(carbohydrate),是自然界存在量最大、分布最广的一类有机化合物。糖作为人类(或动植物)的三大能源(脂肪、蛋白质、糖类)之一,在体内进行各种变化,参与人体代谢和生命活动,释放出能量以维持生命及体内进行的各种生物合成和转变。此外,糖类有的还具有特殊的作用。例如,动物体内有些糖类参与组织和体液的组成,具有一定的生理功能;某些糖类或其衍生物具有明显的药理活性,常为中草药的有效成分;糖还是生物体内的重要信息物质,它与细胞间的相互作用、表面识别、免疫活性及血型特异性等有重要关系。随着分子生物学的发展及分析技术的进步,糖链结构和功能的研究再次成为生命科学的热点和前沿。

从结构上看,糖类是多羟基醛或多羟基酮(包括环状异构体)以及能水解生成多羟基醛或酮的一类化合物。糖类常根据其能否水解及水解后生成的产物分为单糖(monosaccharide)、低聚糖(oligosaccharide)和多糖(polysaccharide)三大类。单糖是不能水解成更小分子的多羟基醛或多羟基酮,如葡萄糖、果糖、核糖等。低聚糖又称寡糖,它能水解生成 2～10 个单糖分子,其中以双糖最常见,如麦芽糖、蔗糖、乳糖等。多糖能水解成 10 个以上单糖,如淀粉、糖原、纤维素等。

本章重点介绍单糖的结构和性质,重要双糖和多糖的组成和结构特点;一般阐述糖类化合物的生物特性及其在医药学上的意义。

13.1　单　　糖

13.1.1 单糖的分类、开链结构和构型

1. 单糖的分类

按分子中含有的羰基类型可将单糖分为醛糖(aldose)和酮糖(ketose)。根据分子中碳原子数目又可将其分为丙糖、丁糖、戊糖及己糖等。最简单的单糖是丙糖中的甘油醛和二羟基丙酮,自然界中存在最广泛的葡萄糖是己醛糖,而在蜂蜜中富含的果糖是己酮糖,生物体内以戊糖和己糖最为常见。有些糖的羟基可被氨基或氢原子取代,分别称为氨基糖或去氧糖,如 2-氨基葡萄糖、2-去氧核糖等。

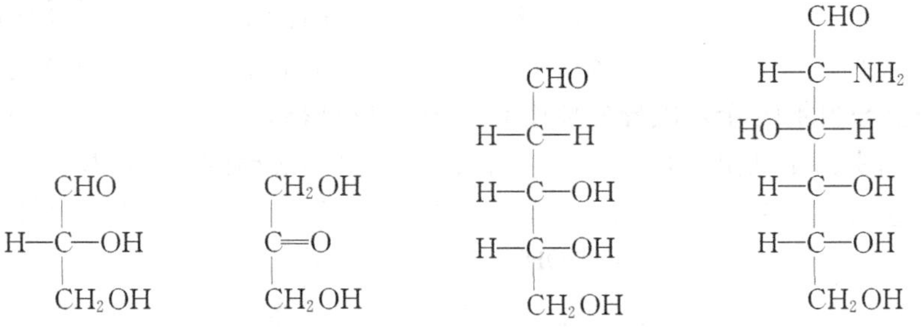

甘油醛　　二羟基丙酮　　2-去氧核糖　　2-氨基葡萄糖

2. 单糖的开链结构

单糖中除二羟基丙酮外,都含有手性碳原子,因此存在对映异构现象。例如,丙醛糖甘油醛有 1 个手性碳,有 2 个对映异构体(一对对映体);己醛糖有 4 个手性碳,有 16 个对映异构体

(8对对映异构体)。碳原子数相同的醛糖和酮糖互为同分异构体,但酮糖比醛糖少一个手性碳原子,所以对映异构体的数目比相应的醛糖少。

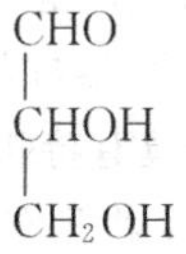
丙醛糖

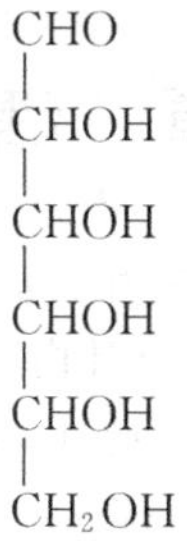
己醛糖

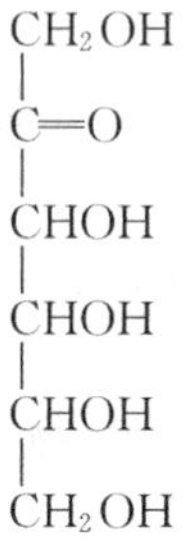
己酮糖

3. 单糖的构型

单糖分子的开链式构型用Fischer投影式表示,一般将主链竖向排列,1号碳放在最上端。为书写方便,常用简单式表示。例如,葡萄糖的构型可用以下几种简写方法:

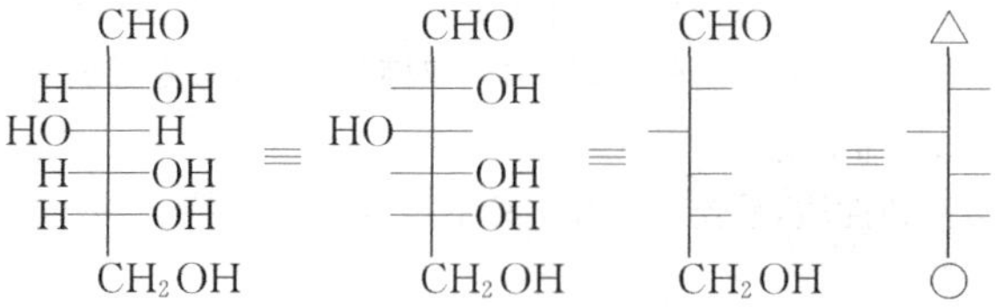
(1) (2) (3) (4)

式(2)是省略了手性碳上氢原子的Fischer投影式,式(3)和式(4)用短横线"—"表示羟基,不写出碳氢键,式(3)是简略Fischer投影式,式(4)是一种表达构型的最简式,其中"△"和"○"分别代表"CHO"和"CH_2OH"。

单糖分子的构型习惯上用D、L标记。规定凡是在Fischer投影式中编号最大的手性碳原子的构型与D-甘油醛相同者(—OH在右边)为D型,与L-甘油醛相同者(—OH在左边)为L型。

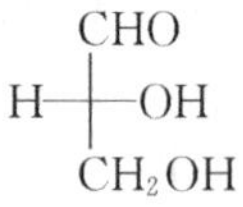
D-甘油醛

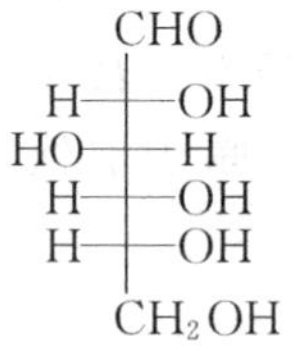
D-葡萄糖

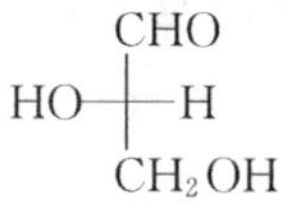
L-甘油醛

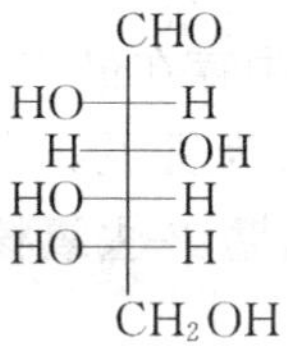
L-葡萄糖

据此,在己醛糖的16个对映异构体中有8个为D型糖,8个为L型糖。自然界存在的单糖大多为D型,图13-1列出了含有3~6个碳原子的D型醛糖的开链结构式、旋光性及名称。

在自然界也发现一些D-酮糖。它们的结构一般在C_2位上具有酮基,如D-果糖、D-山梨糖等。

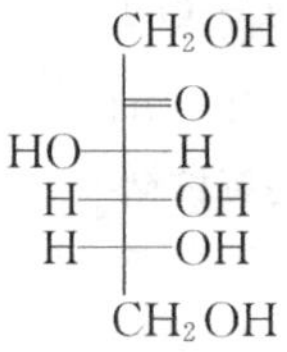
D-果糖

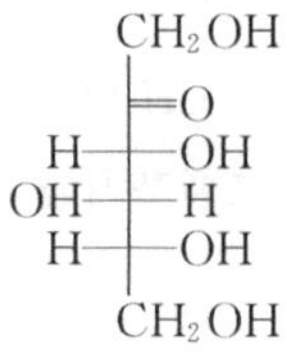
D-山梨糖

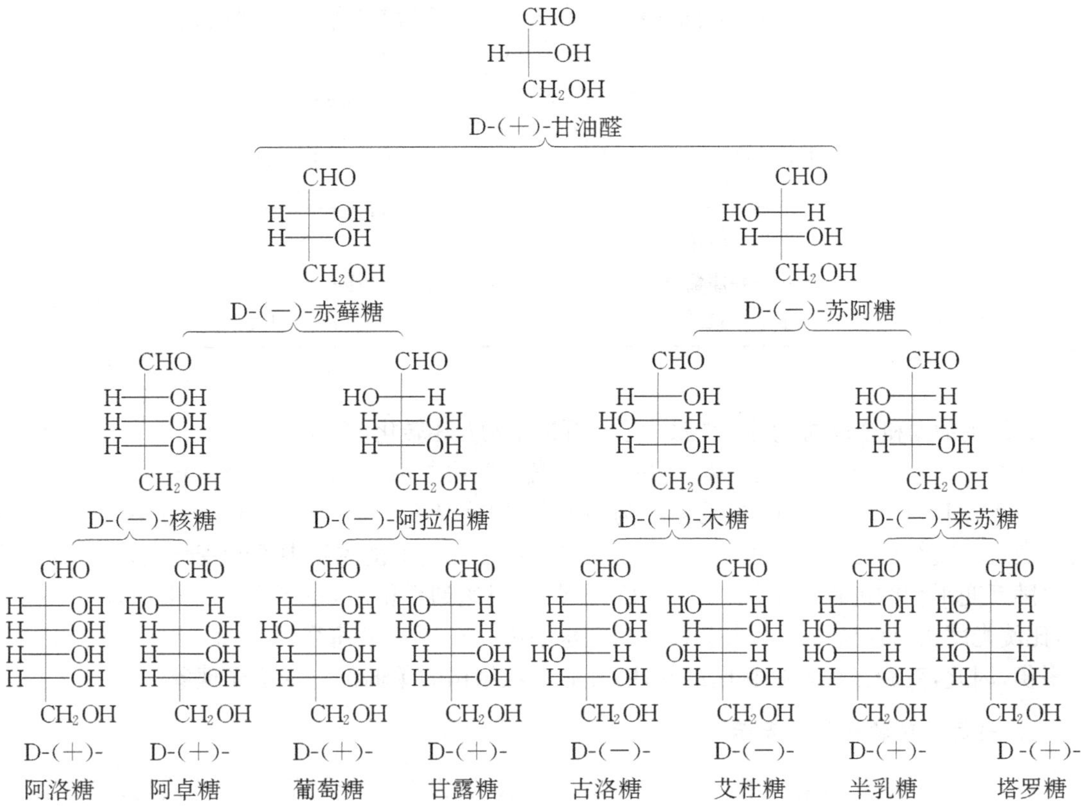

图 13-1　D型醛糖

13.1.2　单糖的变旋光现象和环状结构

D-葡萄糖(glucose)是最常见的重要单糖，它以游离或结合状态广泛存在于自然界。比较详细讨论葡萄糖的结构和性质对了解其他糖有重要意义。

1. 葡萄糖的变旋光现象

葡萄糖的开链结构可以说明它的许多实验事实，但不能解释另外一些性质。例如，葡萄糖的醛基仅与一分子甲醇(干燥 HCl 存在下)缩合就生成缩醛；很早就发现 D-葡萄糖在不同条件下可得到两种结晶，并且这两种结晶在某些物理性质上不同。从冷乙醇中得到熔点 146 ℃、$[\alpha]_D^t$ 为 +112°的 D-葡萄糖晶体；从热吡啶中析出熔点 150℃，$[\alpha]_D^t$ 为+18.7°的 D-葡萄糖晶体；上述两种葡萄糖晶体的任意一种新配制的水溶液在放置过程中比旋光度会逐渐变化，直至达到+52.5°的恒定值。像葡萄糖这样，在水溶液中物质的比旋光度自行改变最终达到定值的现象称为变旋光现象(mutarotation)。这些实验现象说明了葡萄糖的开链结构不能完全代表葡萄糖结构。

经物理及化学方法进一步证实，晶体葡萄糖是以环状结构存在的。联系到醛可以与醇生成半缩醛的反应，葡萄糖分子中由于碳链的弯曲使醛基与 C_5—OH 接近，容易发生分子内加成，形成六元环状半缩醛结构。在环状半缩醛结构中，原开链葡萄糖的羰基碳原子上由于连接了半缩醛羟基，变成一个新的手性碳原子，因此产生两个异构体：半缩醛羟基在费歇尔投影式右边的，称为 α-型，在费歇尔投影式左边的，称为 β-型。葡萄糖的这两种环状结构，分别称为 α-D-(+)-葡萄糖和 β-D-(+)-葡萄糖，二者在结构上的差别只是一个手性碳原子的构型不同，其余手性碳原子构型完全相同，因此为差向异构体(epimer)。α-D-(+)-葡萄糖和 β-D-(+)-葡萄糖结构上的差别

是 C_1 的构型不同，因此称为 C_1 差向异构体，习惯上又称为端基异构体或异头物(anomer)。

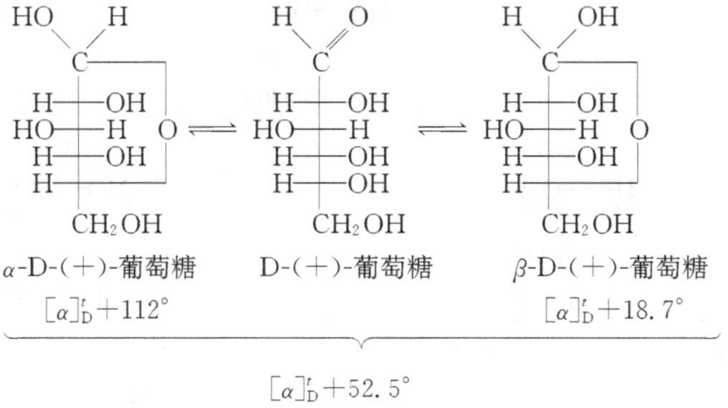

α-D-葡萄糖和 β-D-葡萄糖在溶液中通过开链结构互相转化，逐渐达到动态平衡。在互变平衡混合物中，α-D-(+)-葡萄糖约占 36%，β-D-(+)-葡萄糖约占 64%，开链结构含量很少，不足 0.1%。

由于 α-D-葡萄糖和 β-D-葡萄糖的构型不同，比旋光度不同，因此，当它们在溶液中由一种构型通过开链结构变为另一种构型时，其相对含量在互变平衡体系中不断变化，溶液的比旋光度也随互变平衡的进程而变化，发生变旋光现象，当达到平衡后，三者在溶液中的含量不再改变，比旋光度也就保持恒定。大多数单糖在水中都存在环状半缩醛结构和开链结构之间的互变平衡，因此，变旋光现象是它们的共性，凡有环状结构的单糖都有变旋光现象。

2. 葡萄糖环状结构的表示

上述葡萄糖的环状结构用 Fischer 投影式表示，称为直立氧环式，它不能确切地反映单糖分子的立体形象，为了合理地反映单糖的环状结构，常采用哈沃斯(Haworth)式。

在 Haworth 式中，把含氧的六元环单糖看成杂环吡喃的衍生物，称为吡喃糖(glycopyranose)；含氧的五元环单糖看成杂环呋喃的衍生物，称为呋喃糖(glycofuranose)。葡萄糖通常以吡喃糖的形式存在。

现以 D-葡萄糖为例，说明由 Fischer 投影式转变为 Haworth 式的过程：

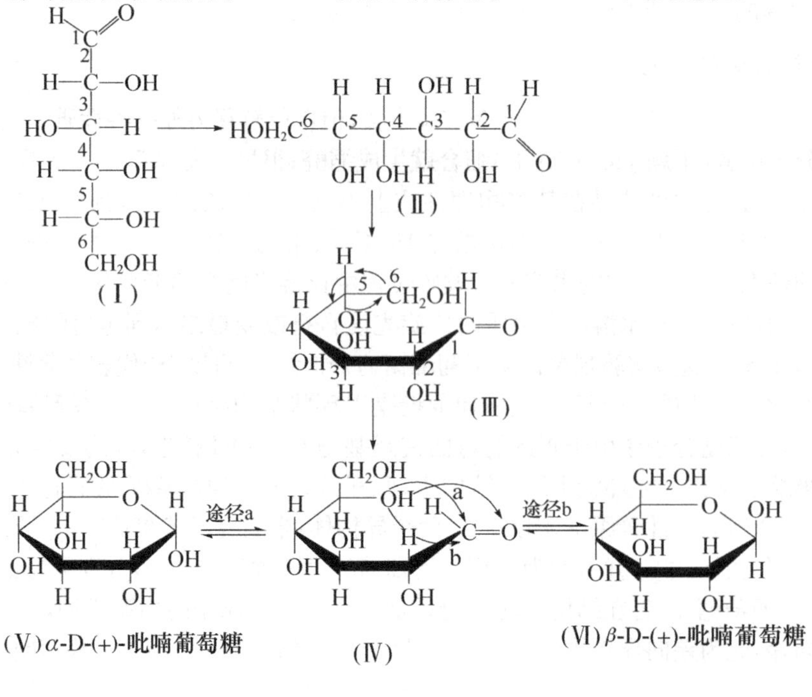

先将开链式(Ⅰ)顺时针旋转 90°成水平状如式(Ⅱ),然后将碳链在水平位置上向上弯成如式(Ⅲ),将 C_5 绕 C_4—C_5 键轴逆时针旋转 120°则成式(Ⅳ)。在式(Ⅳ)中,C_5—OH 与羰基处于同一平面,如果 C_5—OH 中的氧从平面上方进攻羰基碳原子,则 C_1 上新生成的羟基在环面的下方,就生成环状半缩醛 α-D-(+)-吡喃葡萄糖(Ⅴ,途径 a);反之,如果 C_5—OH 中的氧从平面下方进攻,则新生成的羟基便在环面的上方,就生成环状半缩醛 β-D-(+)-吡喃葡萄糖(Ⅵ,途径 b)。

在 Haworth 式中,成环的 6 个原子在同一平面上写成平面六边形,并将环上的氧原子置于平面的右上角;环上的碳原子从最右边开始按顺时针方向编号;原 Fischer 投影式中处于左边的羟基写在环上方,右边羟基写在环下方;D 型糖的尾基(—CH_2OH)始终处于环上方;α-半缩醛羟基位于环下方,与尾基处于异侧,β-半缩醛羟基位于环上方,与尾基处于同侧。

为书写方便,Haworth 式环碳原子上的—H 常省略;当不必强调半缩醛羟基的构型时,可用"∿∿"与半缩醛羟基连接。

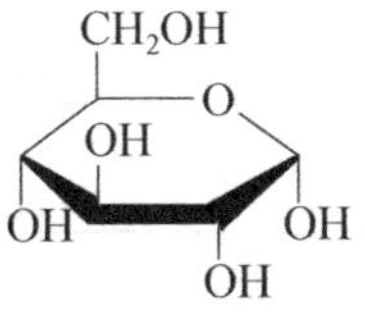

α-D-(+)-吡喃葡萄糖

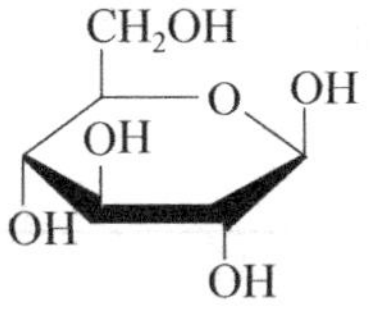

β-D-(+)-吡喃葡萄糖

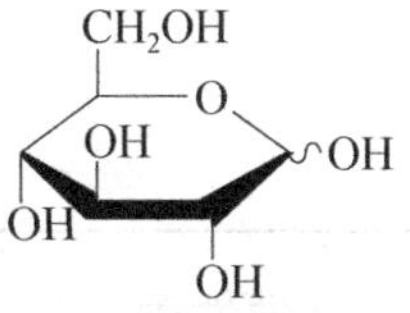

D-(+)-吡喃葡萄糖

葡萄糖的六元氧环与环己烷相似,也具有稳定的构象。X 射线衍射分析已证明吡喃糖中的六元环以椅式构象存在。由它们的优势构象式可以看出,β-D-(+)-吡喃葡萄糖中,所有较大的基团都在 e 键上,相互距离较远,斥力较小;而 α-D-(+)-吡喃葡萄糖中,半缩醛羟基在 a 键上,其余较大基团在 e 键上。因此,β-型比 α-型热力学能更低,更稳定。这也是在互变异构平衡中 β-D-(+)-吡喃葡萄糖的含量较高的原因。

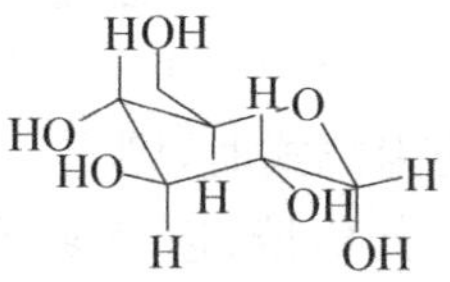

α-D-(+)-吡喃葡萄糖

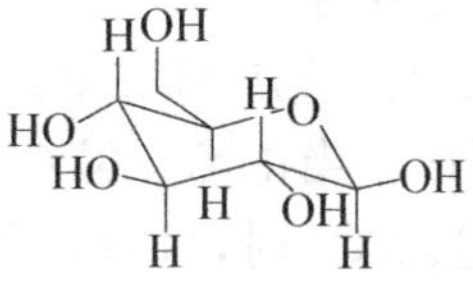

β-D-(+)-吡喃葡萄糖

3. 果糖的环状结构

果糖(fructose)分子式为 $C_6H_{12}O_6$,属于 D 型的己酮糖。游离态的果糖以吡喃糖的形式存在,由 C_6 上的羟基与酮基加成形成六元环状半缩酮;结合态的果糖则以呋喃糖的形式存在,由 C_5 上的羟基与酮基加成形成五元环状半缩酮。

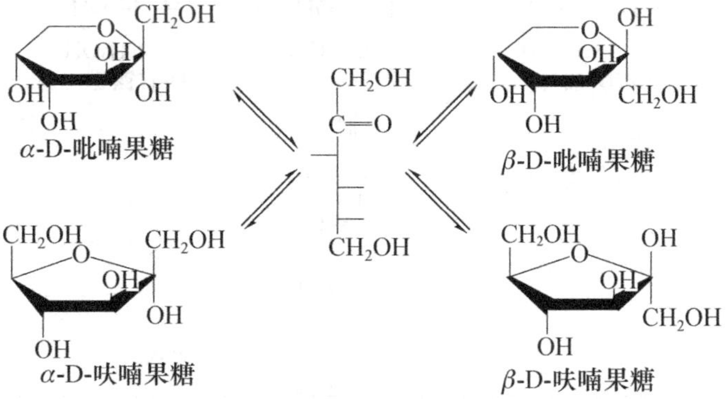

问题 13-1 写出 D-果糖的开链结构及环状结构的 Haworth 式，说明 D、L；(+)、(−)；α、β；吡喃糖与呋喃糖的含义。

13.1.3 单糖的物理性质

单糖是具有甜味的结晶性物质，具吸湿性，易溶于水，易形成过饱和糖浆，但难溶于有机溶剂。具有环状结构的单糖有变旋光现象。由于分子间氢键的存在，单糖的沸点较高。一些单糖的物理常数见表 13-1。

表 13-1 一些单糖的物理常数

名称	比旋光度$[\alpha]_D^t$	熔点/℃
D-核糖(ribose)	−23.7°	87
D-2-去氧核糖(deoxyribose)	−59.0°	90
D-葡萄糖(glucose)	+52.5°	146
D-甘露糖(mannose)	+14.6°	132
D-半乳糖(galactose)	+80.2°	167
D-果糖(fructose)	−92.4°	104

13.1.4 单糖的化学性质

单糖分子中含有羟基和羰基，因此，除显示一般醇和醛、酮的性质外，还表现出由于基团的相互影响而产生的特殊性质。由于在溶液中还存在环状与开链结构的互变平衡，因此单糖的反应既可按环状又可按开链结构进行。

1. 稀碱溶液中的差向异构化

单糖在稀碱溶液中能相互转化生成几种糖的混合物。以 D-葡萄糖为例，由于具有羰基醇结构，在稀碱条件下可互变异构成烯二醇结构的中间体，C_2 由 sp^3 杂化变为 sp^2 杂化，双键碳原子和所连各基团共平面。当由烯二醇结构互变为酮式时，则有三种方式：当 C_1—OH 上的氢从双键的两个方向进攻 C_2 时，可分别得到 D-葡萄糖(途径 a)和 D-甘露糖(途径 b)；当 C_2—OH上的氢进攻 C_1 时则得到果糖(途径 c)。因此，D-葡萄糖在稀碱溶液中，通过烯二醇中间体最终得到 D-葡萄糖、D-甘露糖、D-果糖的混合物。

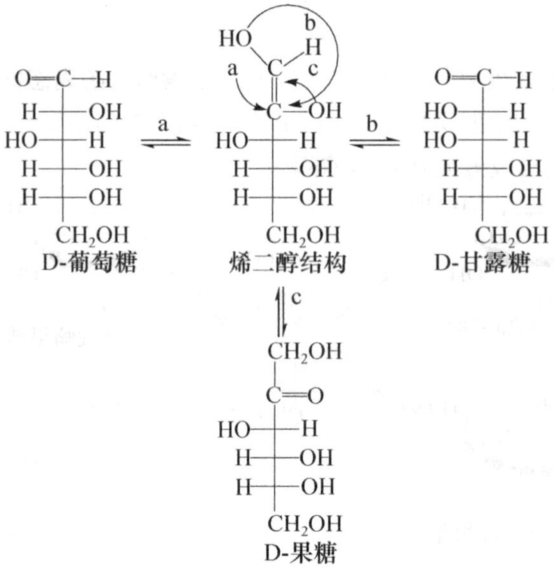

同理，D-果糖和 D-甘露糖在稀碱溶液中也得到三者的混合物。其中 D-葡萄糖、D-甘露糖二者互为 C_2 差向异构体，差向异构体间的转化称为差向异构化(epimerization)。

生物体代谢过程中，某些糖衍生物的相互转化就是在酶催化下通过烯醇式中间体进行的。

问题 13-2　将 D-葡萄糖的 C_2、C_3、C_4 位分别进行差向异构化可得到什么糖？

---

2. 氧化反应

单糖可被多种氧化剂氧化，生成的氧化产物也可不同。

(1) 弱氧化剂氧化。单糖能与碱性弱氧化剂如 Tollen 试剂、Fehling 试剂和本尼迪特(Benedict)试剂反应，除生成糖酸等复杂的氧化产物外，前者有银镜现象，后者有砖红色的氧化亚铜沉淀。

$$单糖+[Ag(NH_3)_2]OH \xrightarrow{\triangle} Ag\downarrow +复杂的氧化产物$$

$$单糖+\underset{新制}{2Cu(OH)_2} \xrightarrow{\triangle} Cu_2O\downarrow +复杂的氧化产物+2H_2O$$

凡能使上述弱氧化剂还原的糖称为还原糖，所有的单糖都是还原糖。

(2) 溴水氧化。醛糖用溴水(pH<6.0)氧化，生成糖酸并使溴水褪色，酮糖不发生此反应，因此可用溴水区别醛糖和酮糖。

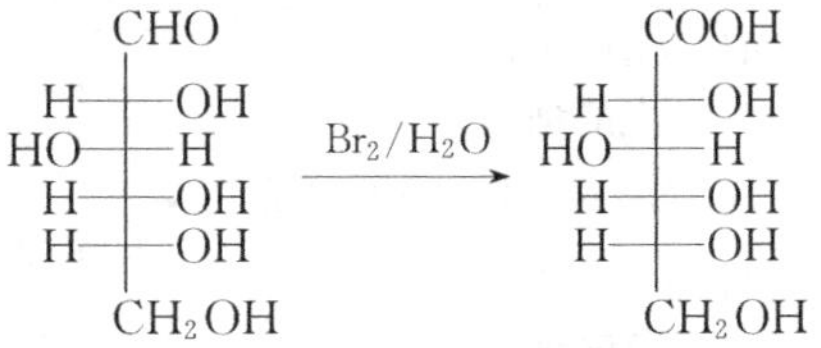

D-葡萄糖酸

(3) 稀硝酸氧化。稀硝酸加热醛糖则被氧化生成糖二酸。

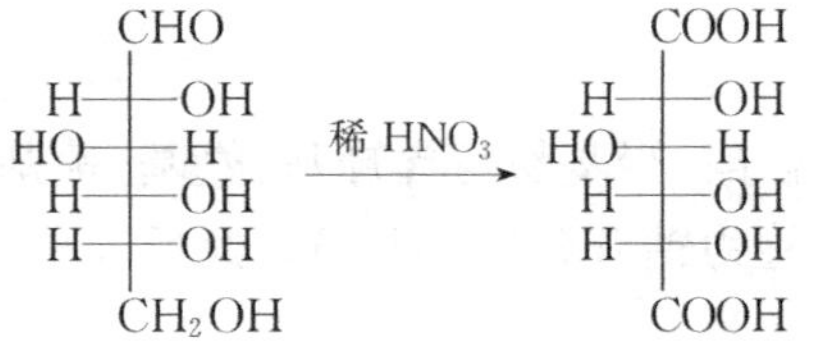

D-葡萄糖二酸

D-葡萄糖二酸经选择性还原，可得到 D-葡萄糖醛酸(glucuronic acid)，D-葡萄糖醛酸广泛存在于动植物体内，在肝脏中它可以和有毒物质醇、酚结合成无毒的糖苷类化合物排出体外，从而起到解毒作用。

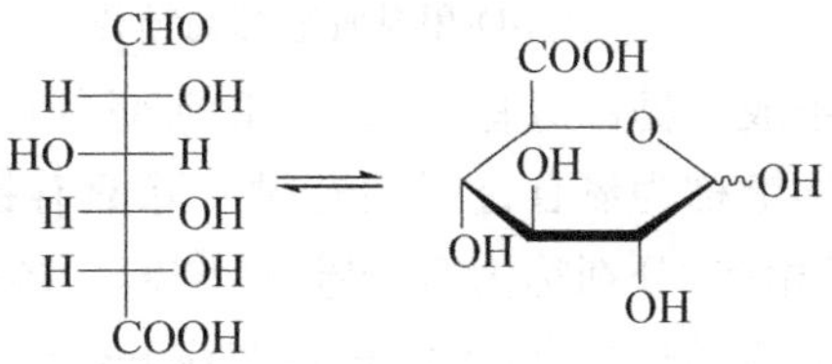

D-吡喃葡萄糖醛酸

酮糖在上述条件下发生 C_2—C_3 键断裂，生成小分子醇酸。例如，D-果糖氧化成乙醇酸和三羟基丁酸。

3. 成脎反应

醛糖或酮糖与过量苯肼加热生成不溶于水的二苯腙黄色结晶，称为糖脎(osazone)。糖脎有一定的晶形，不同的糖脎熔点不同，常用糖脎的生成来进行糖的定性鉴别。成脎反应只在单糖的 C_1 和 C_2 上发生，其他碳原子上的基团不参与反应，因此 D-葡萄糖、D-果糖、D-甘露糖与过量苯肼反应生成相同的糖脎。

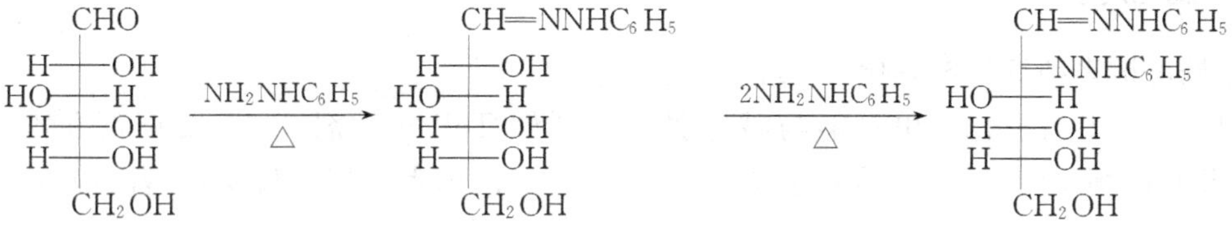

D-葡萄糖　　D-葡萄糖脎

4. 酸溶液中的脱水反应

在弱酸性条件下，含有 β-羟基的羰基化合物易发生 β-羟基与 α-氢的脱水反应，形成 α-不饱和羰基化合物，单糖具备该结构特征，易脱水形成二羰基化合物。在强酸条件下，戊醛糖和己醛糖经多步脱水分别得到 α-呋喃甲醛(又称糠醛)和 5-羟甲基-2-呋喃甲醛。

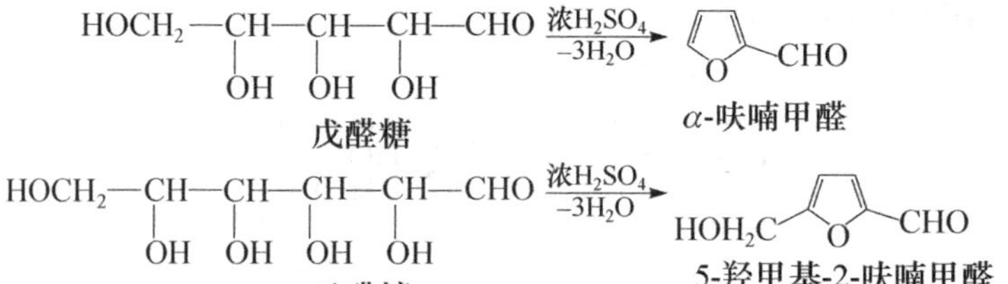

戊醛糖　α-呋喃甲醛

己醛糖　5-羟甲基-2-呋喃甲醛

糠醛及其衍生物可和某些酚类试剂缩合生成有色化合物，常用于糖类的鉴别。

5. 成苷反应

单糖环状结构中的半缩醛(酮)羟基易与含羟基、氨基、巯基等有活泼氢的化合物脱水，生成具有缩醛(酮)结构的产物，称为糖苷(glycoside)。此反应称为成苷反应。糖分子中的半缩醛(酮)羟基又称为苷羟基。

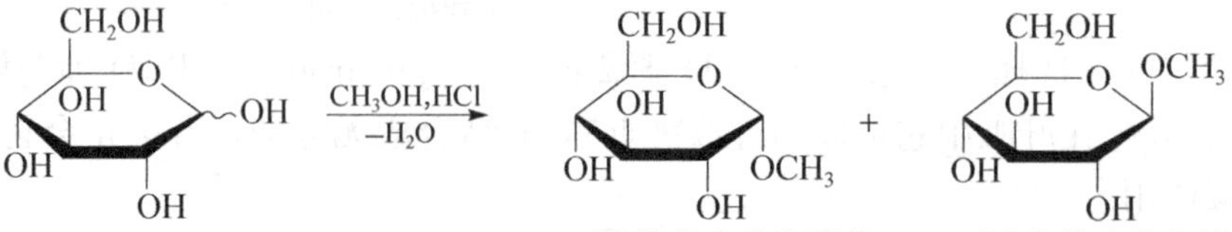

α-D-甲基吡喃葡萄糖苷　β-D-甲基吡喃葡萄糖苷

糖苷由糖和非糖两部分组成。糖部分称为糖基，非糖部分称为配基或苷元。通过氧原子把糖基和配基连接起来的化学键称为氧苷键或糖苷键。除氧苷键外，在糖和配基之间还可以通过氮原子、硫原子或碳原子相连，分别称为氮苷键、硫苷键和碳苷键等。

由于糖苷分子中没有半缩醛(酮)羟基，不能再转变成开链结构，因此糖苷无还原性和变旋光现象。糖苷在中性或碱性条件下比较稳定，但在稀酸或酶的作用下容易水解，得到原来的糖和非糖成分。

糖苷在自然界分布很广，很多具有生物活性。

问题 13-3　以 β-D-葡萄糖水杨苷为例，说明为什么糖苷在中性或碱性水溶液中无变旋现象，而在酸性水溶液中有变旋光现象。

13.1.5　重要的单糖及其衍生物

1. D-核糖和 D-脱氧核糖

D-核糖(ribose)和 D-脱氧核糖(deoxyribose)均为戊醛糖。D-核糖晶体的熔点为 87 ℃，比旋光度为 −23.7°，D-脱氧核糖熔点为 90 ℃，比旋光度为 −59.0°。它们通常以 β 型呋喃糖的形式存在，与嘌呤碱或嘧啶碱结合成核苷，是核糖核酸和脱氧核糖核酸的重要组分。

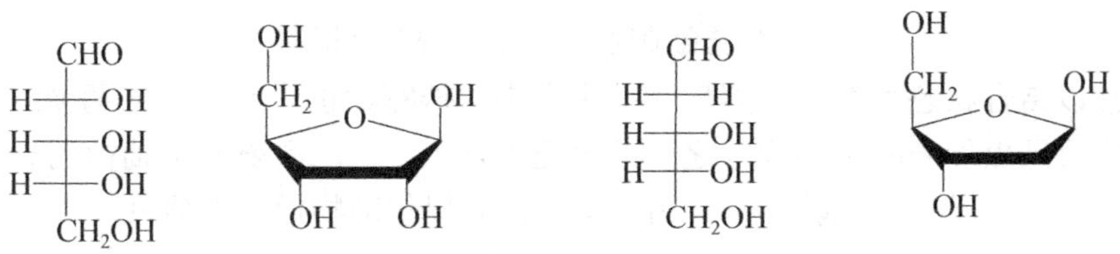

D-核糖　　β-D-呋喃核糖　　D-2-脱氧核糖　　β-D-呋喃脱氧核糖

2. D-葡萄糖

D-葡萄糖是自然界分布最广的己醛糖，多以低聚糖、多糖或糖苷的形式存在于生物体内。植物果实、蜂蜜、动物血液和淋巴液中有游离的葡萄糖。葡萄糖为无色结晶，易溶于水，难溶于乙醇、乙醚。水溶液具有右旋光性，因此又称为右旋糖。

人体血液中的葡萄糖称为血糖(blood sugar)，正常值为 3.3～5.6 mmol · L^{-1}(葡萄糖氧化酶法)，维持血糖浓度的恒定具有重要生理意义。

3. D-果糖

D-果糖是自然界含量最丰富的己酮糖，以游离态广泛存在于水果和蜂蜜中，其甜度是蔗糖甜度的 1.7 倍。果糖熔点为 104 ℃，比旋光度为 −92.4°，又称左旋糖。某些植物如菊根粉中，含有 D-呋喃果糖的聚合物，称为菊糖(inulin)，相对分子质量为 5000 左右。由静脉注入体内的菊糖因不被消化分解，将完全从肾脏排出，因此菊糖清除实验在临床上用于肾功能测定。

果糖在人体内形成磷酸酯，在糖的代谢过程中占有重要的地位。

4. D-半乳糖

半乳糖(galactose)是许多低聚糖和多糖的重要组分。例如，哺乳动物乳汁中的乳糖就是半乳糖和葡萄糖结合生成的二糖。脑苷脂以及多种糖蛋白中也含有半乳糖。半乳糖为无色晶体，水溶液的比旋光度为 +83.3°。

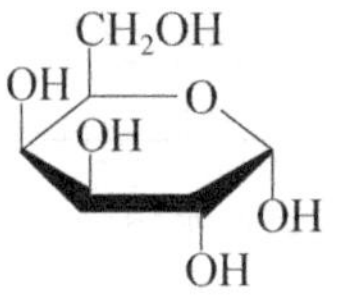
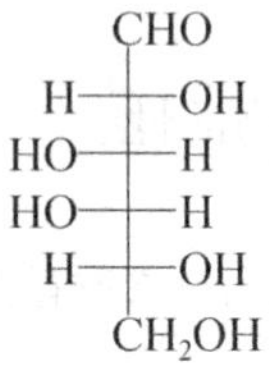
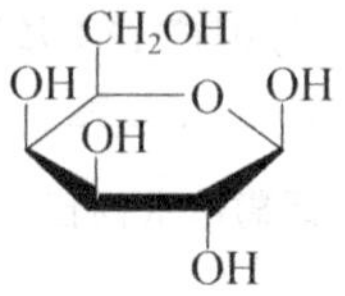

α-D-吡喃半乳糖　　　D-半乳糖　　　β-D-吡喃半乳糖

5. 氨基糖

氨基糖是己醛糖分子中 C_2 上的羟基被氨基取代的衍生物。氨基葡萄糖和氨基半乳糖是两个典型的氨基糖，二者的差异在于 C_4 构型。

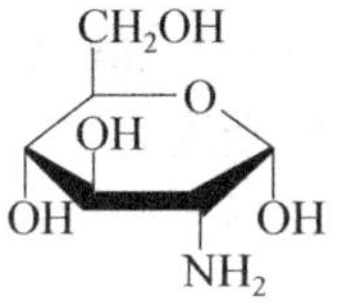
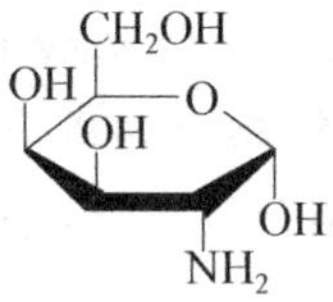

α-D-氨基葡萄糖　　　α-D-氨基半乳糖

氨基糖常以结合状态存在于黏多糖和糖蛋白中。链霉素也含有氨基葡萄糖组分。海洋中许多甲壳动物及昆虫外壳的主要成分之一的甲壳素，就是 *N*-乙酰氨基葡萄糖的聚合物。游离的 D-氨基半乳糖可引起肝细胞损害，常用于实验性肝损伤动物模型的研究。

6. 维生素 C

维生素 C 又称抗坏血酸(ascorbic acid)，是含有烯二醇结构的糖酸内酯，常看成单糖的衍生物。有生理活性的天然维生素 C 是 L 构型。

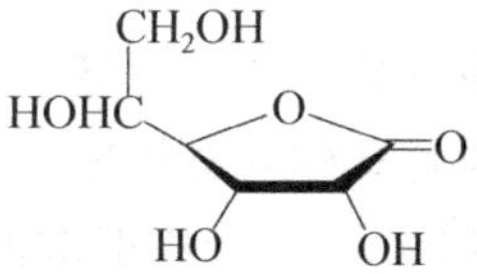

维生素 C 可溶于水，$[\alpha]_D^t = +21°$。维生素 C 大量存在于新鲜蔬菜和水果中，尤以柠檬、橘子、番茄中含量最多，可防治坏血病。维生素 C 极易被氧化为去氢抗坏血酸，所以是一种很强的还原剂，可阻止生物体内自由基引起的氧化反应，具有清除自由基的作用。

13.2 双　　糖

双糖是两分子单糖脱水缩合的产物，根据结构中是否保留有苷羟基，分为还原性双糖和非还原性双糖。还原性双糖是由一个单糖分子的苷羟基与另一个单糖分子的醇羟基之间脱去一分子水缩合而成，结构中仍保留了一个苷羟基。因此，环状结构和开链式结构能发生相互转化，具有变旋光现象，能成脎，有还原性，如麦芽糖、乳糖纤维二糖等。非还原二糖是由两分子单糖的半缩醛羟基脱去一分子水形成的，结构中没有苷羟基，不能由环状结构转化为开链式结构，因此无变旋光现象，不能成脎，也没有还原性，如蔗糖等。

1. 麦芽糖

麦芽糖(maltose)是由淀粉经淀粉酶水解或在稀酸中部分水解得到的，专一性水解 α-苷键的麦芽糖酶(maltase)可水解麦芽糖成两分子 D-葡萄糖。因为麦芽糖是由一分子 α-D-(＋)-吡喃葡萄糖的苷羟基与另一分子 α-D-(＋)-吡喃葡萄糖 C_4 位羟基失水通过 α-1,4-苷键生成的,结构中仍保留着一个苷羟基,因此是还原性双糖。其结构的 Haworth 式和构象式如下:

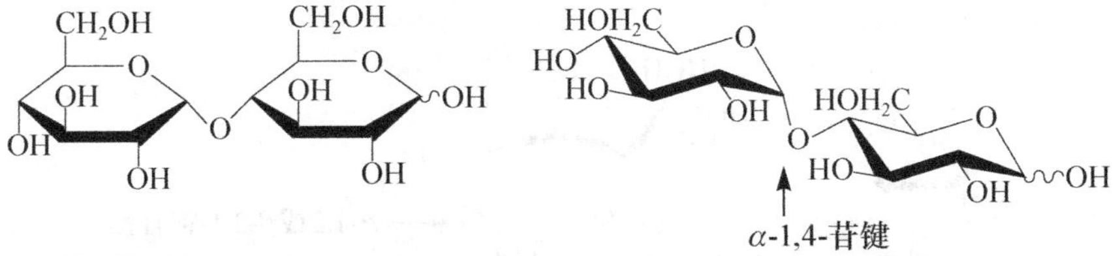

麦芽糖结晶含一分子结晶水,熔点为 104 ℃,易溶于水,甜度不及蔗糖。结晶状态的麦芽糖中苷羟基为 β-构型,互变异构平衡时的比旋光度为＋136°。

2. 纤维二糖

纤维二糖(cellobiose)是纤维素部分水解的产物,化学性质与麦芽糖相似,为还原性双糖,有变旋光现象。水解纤维二糖也得到两分子 D-葡萄糖,但纤维二糖不能被麦芽糖酶水解,能被苦杏仁酶(emulsn)(专一性水解 β-苷键的酶)水解,因为它由两分子葡萄糖经 β-1,4 苷键结合而成。由于人体内缺乏水解 β-1,4-苷键的酶,因此纤维二糖不能被人体消化吸收。

固态纤维二糖是 β 型,其结构的 Haworth 式和构象式如下:

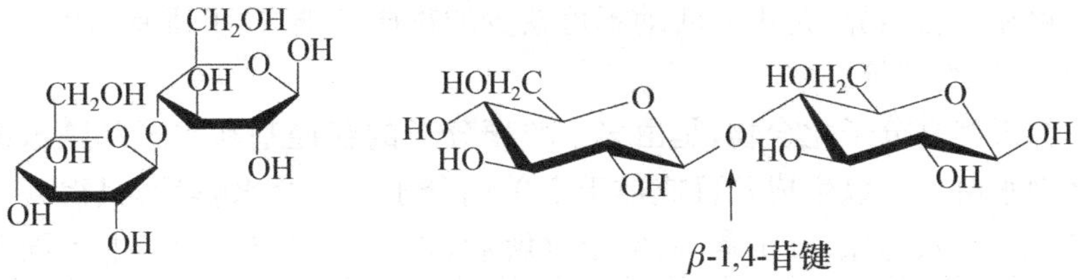

纤维二糖为白色晶体,熔点为 225 ℃,可溶于水,互变异构平衡时的比旋光度为＋35°,无甜味。

3. 乳糖

乳糖(lactose)存在于哺乳动物的乳汁中,人乳中含 7%～8%(质量分数),牛奶中含 4%～5%(质量分数)。乳糖也是还原性双糖。当用苦杏仁酶水解乳糖时,可得到等量的 D-半乳糖和 D-葡萄糖,乳糖苷键是 β-1,4-苷键。其结构的 Haworth 式和构象式如下:

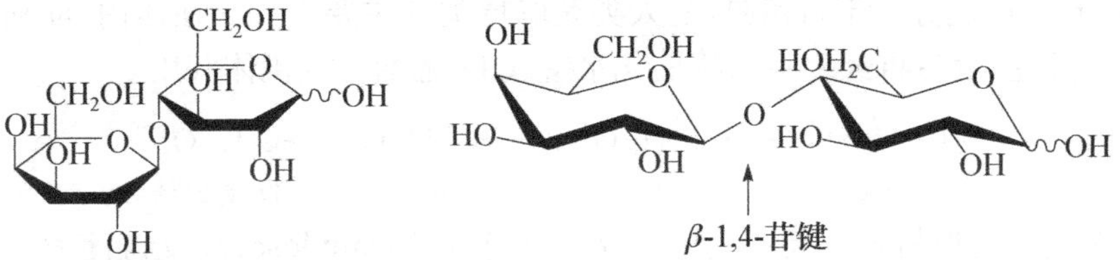

乳糖为白色结晶粉末,含一分子结晶水,熔点为 202 ℃,易溶于水,甜度弱,互变异构平衡时的比旋光度为＋55°。

4. 蔗糖

蔗糖(sucrose)是植物中分布最广的双糖,在甘蔗和甜菜中含量较高,是日常生活和工业上使用较多的甜味剂。纯蔗糖为无色晶体,易溶于水,难溶于乙醇和乙醚。

蔗糖分子式为 $C_{12}H_{22}O_{11}$。蔗糖水解能产生等量的 D-葡萄糖和 D-果糖,并且,蔗糖既能被麦芽糖酶水解，又能被转化酶(此酶专一性水解 β-D-果糖苷键)水解，结构复杂。经 X 射线研究，结合实验事实，确定了蔗糖既是 α-D-吡喃葡萄糖基-β-D-呋喃果糖苷，又是 β-D-呋喃果糖基-α-D-吡喃葡萄糖苷，它是由葡萄糖和果糖通过 α-1,2-或 β-2,1-糖苷键连接而成的双糖。其结构的 Haworth 式和构象式如下：

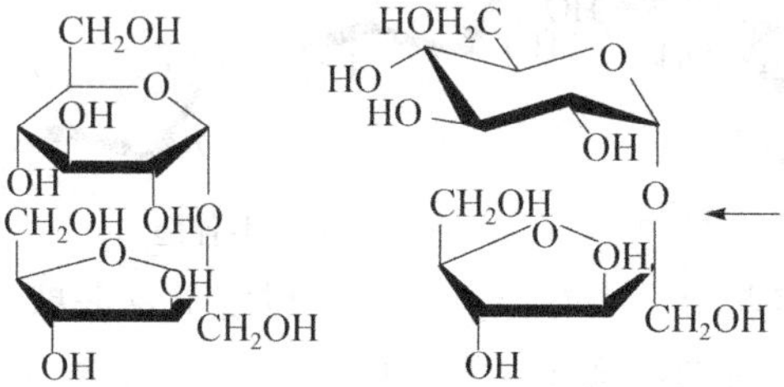

蔗糖分子中因无半缩醛羟基存在，因此不具有还原性，也无变旋光现象，是非还原性双糖。

蔗糖是右旋糖，比旋光度为＋66.5°，水解生成等量的葡萄糖和果糖的混合物，比旋光度为－19.75°，与水解前的旋光方向相反。因此，常将蔗糖的水解称为转化，水解产物称为转化糖(invert sugar)。蜂蜜中含有大量的转化糖。

13.3 多　糖

多糖广泛存在于自然界，是生命活动不可缺少的物质基础，几乎所有的生物体内均含有多糖，如淀粉、糖原、纤维素等。

多糖是一类天然高分子化合物，是由多个单糖分子的苷羟基和醇羟基脱水缩合而成的产物。一分子多糖水解后可以生成几百或数千个单糖分子。完全水解后，只得到一种单糖的多糖称为匀多糖，如淀粉、糖原、纤维素等；完全水解后，得到两种或两种以上不同单糖及其单糖衍生物的多糖称为杂多糖，如透明质酸、肝素等。

多糖在性质上与单糖和低聚糖有很大差别。多糖分子中虽然有苷羟基，但因为相对分子质量很大，所以表现不出还原性和变旋光现象。多糖一般无固定熔点，难溶于水，少数能在水中形成胶体溶液，一般无甜味。

13.3.1 淀粉

淀粉(starch)广泛分布于自然界，是人类获取糖类的主要来源。在体内，淀粉先经淀粉酶催化水解成麦芽糖，后者再经麦芽糖酶催化水解成 D-葡萄糖供机体利用。

$$\underset{\text{淀粉}}{(C_6H_{10}O_5)_n} \longrightarrow \underset{\text{糊精}}{(C_6H_{10}O_5)_m} \longrightarrow \underset{\text{麦芽糖}}{C_{12}H_{22}O_{11}} \longrightarrow \underset{\text{D-葡萄糖}}{C_6H_{12}O_6}$$

淀粉是白色无定形粉末。天然淀粉可分为直链淀粉(amylose)和支链淀粉(amylopectin)两类，前者存在于淀粉的内层，后者存在于淀粉的外层，组成淀粉的皮质。

1. 直链淀粉

直链淀粉不易溶于冷水，在热水中有一定的溶解度。通常由 250～300 个 D-葡萄糖以 α-1,4-苷键连接而成，呈线形直链，支链很少。由于 α-1,4-苷键的氧原子有一定的键角，且单键可以自由转动，分子内的羟基间可形成氢键，因此直链淀粉具有规则的螺旋状空间排列，如图 13-2 所示，每一周螺旋约含 6 个葡萄糖单位。直链淀粉的螺旋状结构的空穴中恰好能容纳碘分子，借助分子间力，二者可形成蓝色配合物。

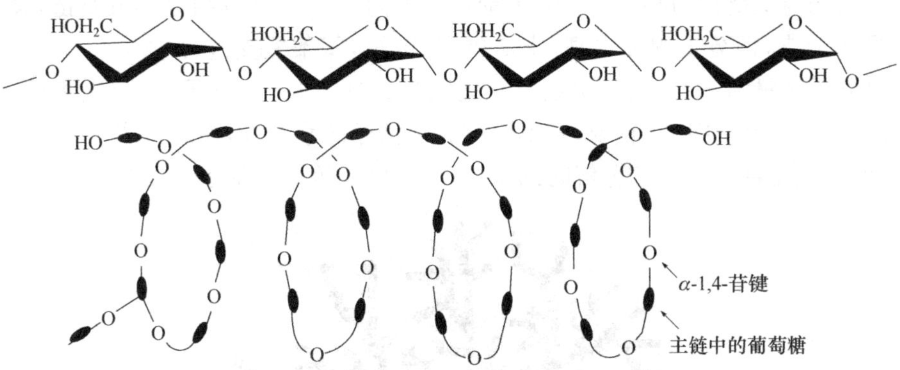

图 13-2　直链淀粉的螺旋状结构

2. 支链淀粉

支链淀粉不溶于热水，但可膨胀成糊状。其相对分子质量因来源不同而异，含 6000～40 000 个 D-葡萄糖单元。在支链淀粉中，由 20～30 个葡萄糖单位以 α-1，4-苷键结合成短支链，这些支链再通过 α-1，6-苷键与主链相连，从而形成多分枝链状结构。图 13-3 是含一个支链的淀粉的部分结构，图 13-4 是支链淀粉的分支结构。

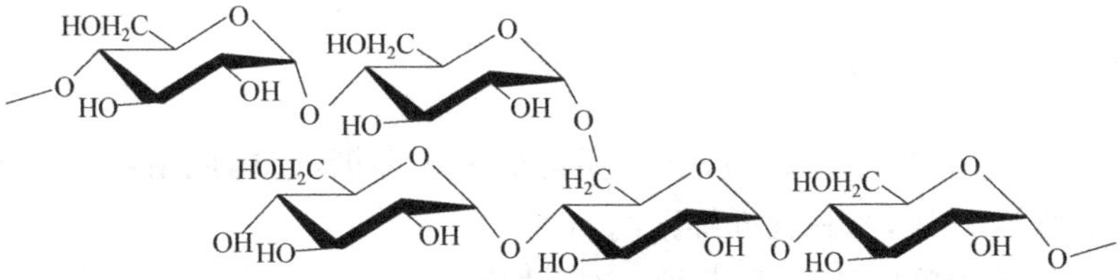

图 13-3　支链淀粉的部分结构

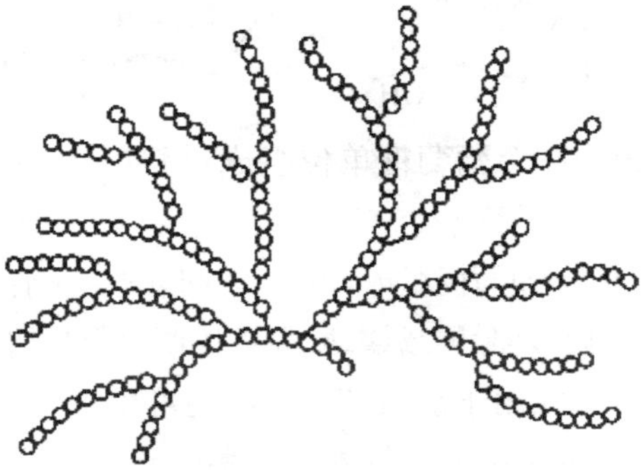

图 13-4　支链淀粉的分支结构

13.3.2　糖原

糖原(glycogen)是存在于动物体内的多糖，是储存葡萄糖的形式，又是获得葡萄糖的来源，糖原的合成与分解是糖代谢的重要内容。在人体中，糖原主要存在于肝脏和肌肉中，成人体内约含 400 g 糖原，一旦机体需要(如血糖浓度低于正常水平时)，糖原即可在酶的催化下分解出葡萄糖供机体利用。

糖原的结构与支链淀粉相似，也由 D-葡萄糖通过 α-1，4-苷键结合形成直链，又以 α-1，6-苷键连接形成分支，但分支程度更高，支链更多、更短，每条短支链含 12～18 个葡萄糖单位。糖原的相对分子质量为 10^5～10^7，由数万个葡萄糖组成，属于高分子、多分支多糖（图 13-5）。糖原分子的分支结构的作用很重要，它不仅增大了糖原的水溶性，而且造成了许多非还原性的末端残基，而它们是糖原合成和分解时的酶的作用部位，因而增加了糖原合成和降解的速率。

图 13-5　糖原的分支结构

13.3.3　纤维素

纤维素（cellulose）是自然界分布最广、存量最多的多糖，它构成植物细胞壁中的纤维组织。棉花中含纤维素 98%，木材含纤维素约 50%。

组成纤维素的结构单位是 D-葡萄糖，它们之间通过 β-1，4-苷键连接链状聚合物，并借助分子间羟基的氢键相互作用，进一步绞扭成绳索状。

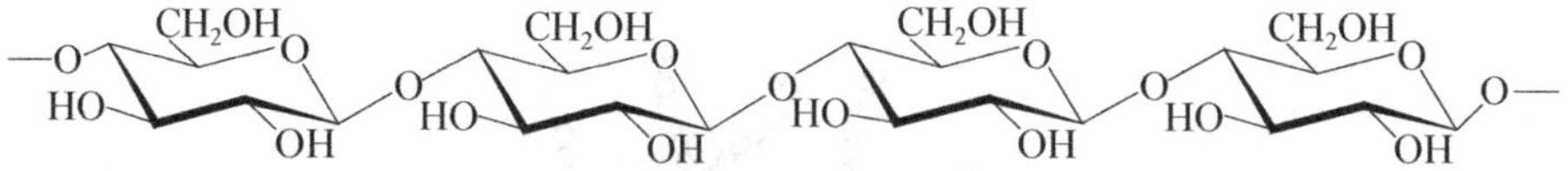

天然纤维素由 8000～10 000 个葡萄糖单位组成，相对分子质量为 2.5×10^5～2.5×10^6。通常为白色微晶。

纤维素虽然与淀粉一样由 D-葡萄糖组成，但由于是以 β-1，4-苷键连接，不能被淀粉酶水解，因此人不能消化纤维素，但它具有刺激胃肠蠕动，促进排便及保持胃肠道微生物平衡等作用。

纤维素是重要的工业原料，除用于纺织、造纸外，还可用来生产火药、人造丝、玻璃纸、电影胶片等。

问题 13-4　比较直链淀粉、支链淀粉、糖原、纤维素在结构单位名称、结合键及分子空间形状方面的异同。

13.3.4　右旋糖酐

右旋糖酐（dextran）是蔗糖发酵产生的胞外多糖，主要是 α-1，6-糖苷键连接的 D-葡萄糖聚合物，有时也有 α-1，2、α-1，3、α-1，4 分支结构。右旋糖酐具有黏性和强右旋光性，因此称为右旋糖酐。临床上常用的有中分子右旋糖酐，主要用作血浆代用品，用于出血性休克、创伤性休克及烧伤性休克等。低、小分子右旋糖酐能改善微循环，预防或消除血管内红细胞聚集和血栓形成等，也有扩充血容量作用。

13.3.5　透明质酸

透明质酸(hyaluronic acid)是一个直链的杂多糖，也是由 β-D-葡萄糖醛酸和 β-N-乙酰氨基葡萄糖以 β-1，3-苷键连接成二糖衍生物，以此作为结构重复单元，通过 β-1，4-苷键再结合成大分子的黏多糖。其分子结构如下：

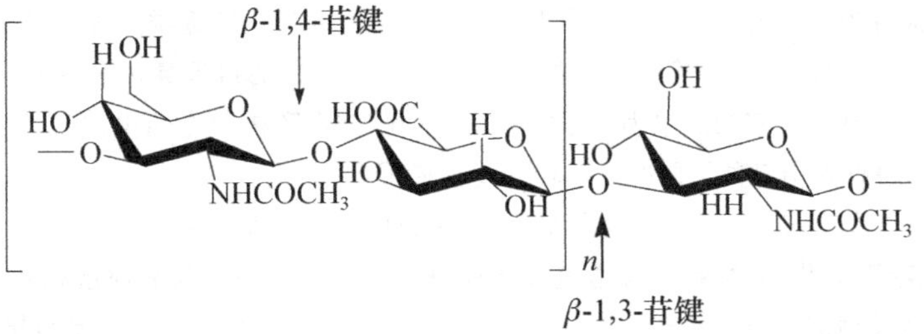

透明质酸存在于多数结缔组织、眼球玻璃体、关节液和皮肤中。它与水形成凝胶，起润滑、联结和保护细胞的作用。

13.3.6　肝素

肝素(heparin)是一种含有硫酸酯的黏多糖，为人和动物体内的天然抗血凝物质，是凝血酶的对抗物。

肝素也是一种杂多糖，相对分子质量的平均值为 17 000。肝素的结构比较复杂，目前认为它由 L-艾杜糖醛酸、D-葡萄糖醛酸和 D-氨基葡萄糖组成，其结构可用一个四糖重复单位表示，分子中还含有硫酸酯和磺酰胺的结构。肝素的可能结构如下：

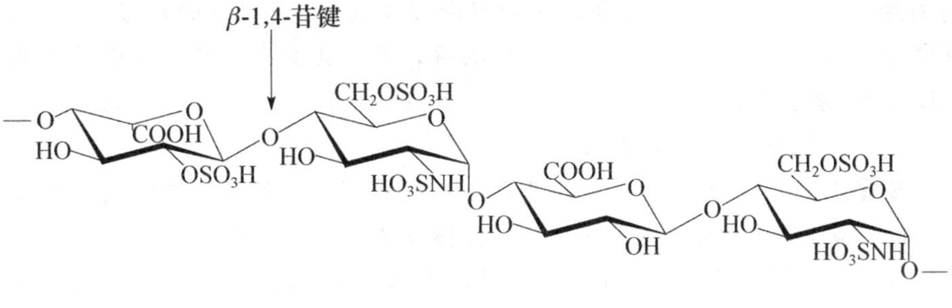

知识拓展

糖 生 物 学

蛋白质、核酸和多糖是构成生命的三类大分子，蛋白质和核酸的研究已经成为生命科学中的热点问题，糖类的研究一度被人冷落，对它的研究远远滞后于对蛋白质和核酸的研究。在很长时间内，糖主要作为生物体内的能量和结构性质被认识的，随着研究工作的深入，现在人们已经认识到糖类在生命过程中也起着十分重要的作用。细胞表面密布着糖,糖是细胞与细胞间通信的信息分子。糖结构的多样化,使得它可携带的信息量远远超过了蛋白质和核酸。为此,有人沿袭"基因组学"和"蛋白质组学"的概念把研究生物体内糖类的科学称为"功能糖组学"。糖生物学这一个学科的正式提出是在1988年,牛津大学的德威克教授在当年的《生化年评》中撰写了以"糖生物学"为题的综述,这标志了糖生物学这一新的分支学科的诞生。

糖生物学(glycobiology)是研究糖类(糖链和聚糖)及其衍生物的结构、化学、生物合成及生物功能的一门科学。其研究的范围包括糖的结构、性质,糖链在生物细胞中的合成,糖链的生物学功能以及糖链的基因程序和分子操作等。

将糖生物学推向生命科学前沿的重大事件发生于1990年。有三家实验室几乎同时发现血管内皮细胞-白细胞黏附分子1(ELAM-1),后来改名为E-选凝素(E-selectin)。这种分子能识别白细胞表面的四糖Sia-LeX。当组织受到损伤时,白细胞和内皮细胞穿过血管壁,进入受损组织,以便杀灭入侵的异物。然而,过多白细胞的进入则可能导致炎症的产生。这一发现首次阐明了炎症过程有糖类和相关的糖结合蛋白参与。更令人吃惊的是,进入血液循环系统的癌细胞可能借助了类似于上述的机理穿过血管,进而导致癌症的转移。紧接着又出现了以这一基础研究的成果为依据的开发和生产抗炎和抗肿瘤药物的热潮。美国华裔科学家翁启惠(Chi-Huey Wong)首先用三种不同的糖基转移酶合成了Sia-LeX。

现已确证糖链作为信息分子在保持受精、发育、分化、神经系统、免疫系统处于恒态方面起着重要作用,在炎症及自身免疫疾病、老化、癌细胞异常增殖及转移、病原体感染、植物与病原菌相互作用、豆科植物与根瘤菌共生过程中都涉及糖链的介导。在此基础上,新兴的糖生物学正处在蓬勃发展的起点,前程远大。糖生物学涉及生物学科的多个领域,如分子生物学、细胞生物学、病理学、免疫学、神经生物学等,而糖生物学研究的发展又会促进这些学科的发展。21世纪的生命科学研究是多细胞生物学过程的高层次生命现象的解释,因此对生物体内介导识别和调控生物学过程的信息分子——糖的研究是必不可少的。

小　结

糖类是多羟基醛或多羟基酮以及能水解生成多羟基醛或酮的一类化合物。根据糖分子能否水解和水解产物的数目,可将糖分为单糖、低聚糖和多糖。天然存在的糖大多数为D构型,D构型是指糖分子中最后一个手性碳的构型,与旋光方向无关。

D-葡萄糖和大多数单糖在晶体状态是以环状结构存在;新配制的水溶液有变旋光现象,在水溶液中两种环状结构(α和β)与开链结构共存。产生变旋光现象的原因是在两种环状异构体互变过程中,分子中的手性碳原子数目发生改变。Haworth式和稳定的椅式构象式能较合理地表达糖类化合物的环状结构。

单糖是多官能团化合物,因此具有羟基和羰基的典型化学性质。在溶液中又存在环状结构和链状结构的互变平衡,因此化学反应既可按链状又可按环状结构进行。

低聚糖中以双糖最常见。双糖是两分子单糖失水生成的糖苷。按结构中是否仍保留有半缩醛羟基,分为还原性双糖(如麦芽糖、纤维二糖、乳糖)和非还原性双糖(如蔗糖)。还原性双糖有变旋光现象、有还原性。

多糖是天然高分子化合物,也是自然界分布最广的糖类。多糖中的淀粉可由多个α-D-葡萄糖通过α-1,4-苷键结合而成(直链淀粉);若由α-1,4-苷键和α-1,6-苷键结合,则形成支链淀粉或糖原,但糖原的分支程度更大。纤维素是由多个β-D-葡萄糖通过β-1,4-苷键结合而成。多糖具有重要的生理功能。

葡萄糖主要反应总结如下:

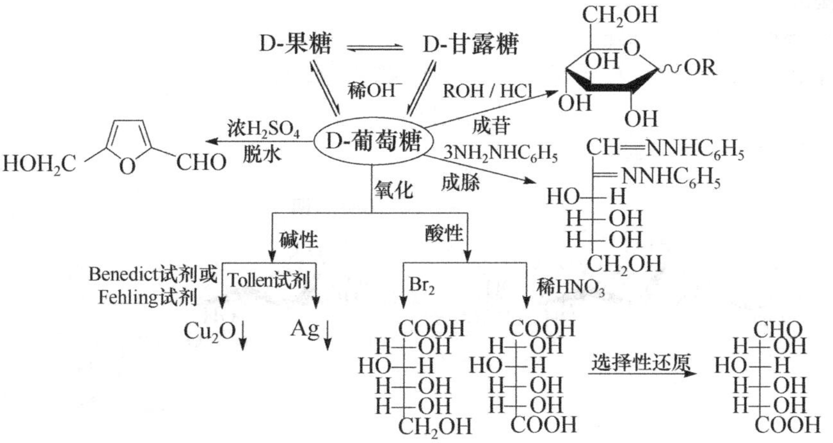

习　　题

1. 解释下列名词。
   (1) 己糖　　(2) 还原糖和非还原糖　　(3) 变旋光现象
   (4) 差向异构体　(5) 转化糖　　(6) 糖苷
2. (1) 写出 D-半乳糖的吡喃环式及链式异构体的互变平衡体系。
   (2) 写出 D-核糖的呋喃环式及链式异构体的互变平衡体系。
3. 根据下列化合物的结构式。

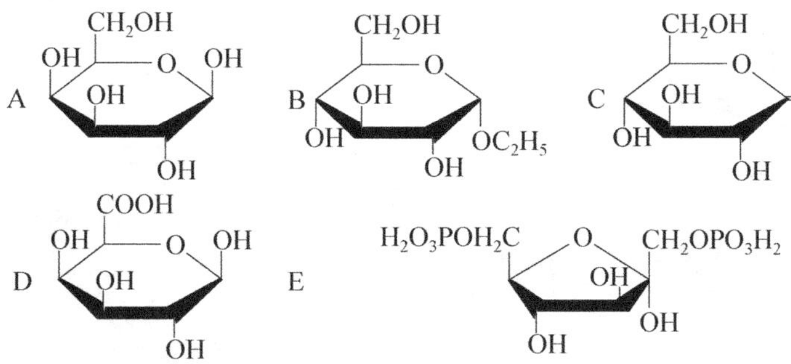

   (1) 写出各化合物的名称。
   (2) 指出各化合物有无还原性和变旋光现象。
   (3) 指出各化合物能否水解，水解产物有无还原性。
4. 写出 D-半乳糖与下列试剂的反应产物。
   (1) 稀 HNO_3　(2) Br_2/H_2O　(3) CH_3OH＋HCl(干)　(4) $NaBH_4$　(5) 苯肼(过量)
5. 判断下列关于糖类的叙述是否正确。
   (1) 所有的单糖都是还原性糖。
   (2) 两分子葡萄糖脱水后通过苷键连接形成的双糖均为还原性双糖。
   (3) 葡萄糖的水溶液达到平衡时，β-D-葡萄糖占 64%，α-D-葡萄糖占 36%，是因为 β 构型的葡萄糖其构象较 α 构型更稳定。
   (4) β-D-葡萄糖在干 HCl 存在下可生成 α-D-甲基葡萄糖苷和 β-D-甲基葡萄糖苷。
   (5) D-葡萄糖、D-果糖、D-甘露糖能形成相同的糖脎。
   (6) 淀粉、糖原、纤维素的结构中，主要的化学键均为 β-1,4-苷键。

6. 用化学方法区别下列化合物。

（1）葡萄糖、果糖、甲基葡萄糖苷

（2）葡萄糖、蔗糖、淀粉

（3）麦芽糖、纤维素、淀粉

7. 指出下述各个二糖中糖苷键的类型。

(1) 纤维二糖

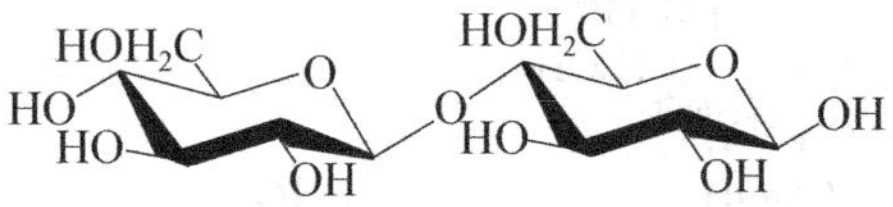

(2) 龙胆二糖

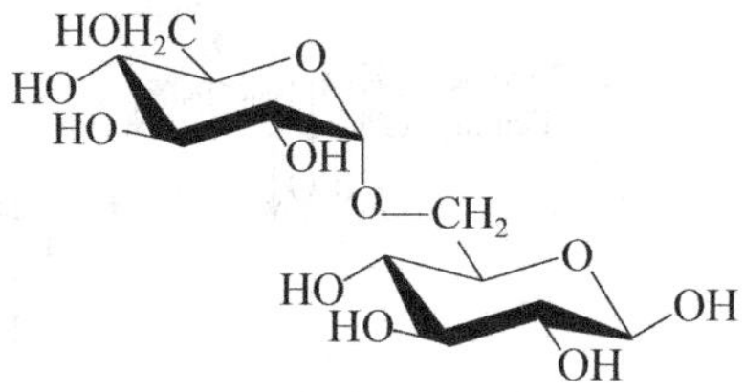

(3) 异麦芽二糖

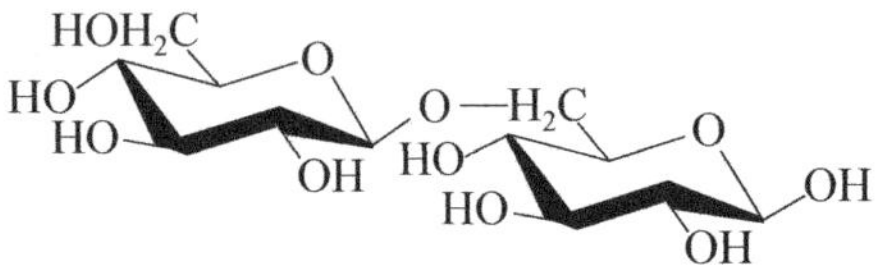

(4) 海带二糖

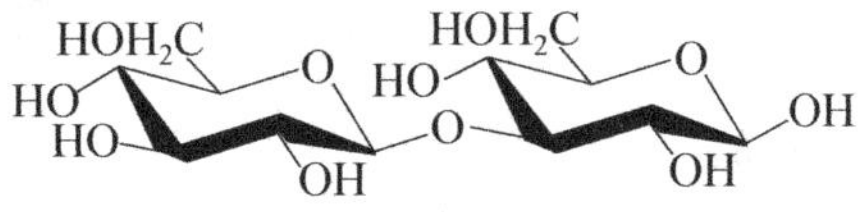

8. 化合物 **A**($C_9H_{18}O_6$)无还原性，经水解生成化合物 **B** 和 **C**。**B**($C_6H_{12}O_6$)有还原性，可被溴水氧化，与葡萄糖生成相同的脎。**C**(C_3H_8O)可发生碘仿反应。请写出 **A**、**B**、**C** 的结构式。

（贵阳医学院　徐红）

第 14 章　脂类和萜类化合物

脂类(lipid)也称脂质，是广泛存在于生物体内的一类天然有机物，主要包括油脂、蜡、磷脂和甾族化合物等。它们的共同特点是不溶于水，易溶于非极性或弱极性有机溶剂，在组成、结构和化学性质上的差异较大，但可用上述有机溶剂将这类化合物从生物组织中提取出来。

脂类是生物维持正常生命不可缺少的物质之一，在生物体内可作为生物膜和组织成分(结构脂质)；也可作为机体新陈代谢的能量来源(储存脂质)；同时，脂类又是维生素 A、D、K 等许多生物活性物质的良好溶剂，一些脂溶性维生素必须随同脂质一起吸收；脂类作为细胞的表面物质，与细胞识别、种属特异性和免疫等密切相关。

萜类(terpenoid)化合物可看成是由两个或多个异戊二烯为单位按不同方式首尾相连而成的化合物及其饱和程度不等的含氧衍生物，广泛存在于动植物体内，与医药学关系较密切。

本章重点介绍油脂、磷脂、甾族化合物和萜类化合物的结构、主要化学性质以及在医药学上的应用。

14.1　油脂和蜡

油脂是油和脂肪的总称，包括猪油、牛油、豆油和花生油等动植物油。习惯上把常温下呈液态的称为油(oil)，呈固态或半固态的称为脂肪(fat)。

14.1.1　油脂的组成、结构和命名

油脂主要是由一分子甘油和三分子高级脂肪酸形成的酯。其结构通式如下：

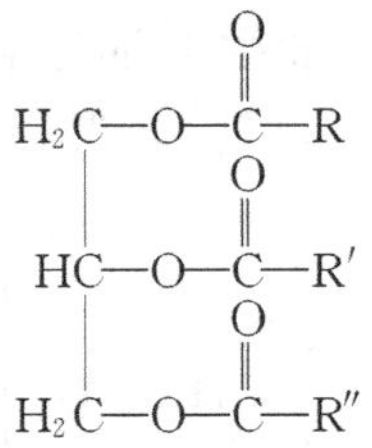

如果三个分子的脂肪酸相同，则为单甘油酯；如果为不同的脂肪酸，则为混甘油酯。油脂大多数是混甘油酯，其中油中含不饱和脂肪酸的甘油酯较多，而酯中含饱和脂肪酸的甘油酯较多。天然油脂是多种混甘油酯的混合物，也含有少量的游离脂肪酸、高级醇、高级烃、维生素及色素等物质。

天然油脂中已发现的脂肪酸有近百种，绝大多数是含 12～20 的偶数碳原子的直链羧酸，尤其以含 C_{16} 和 C_{18} 的脂肪酸为最多。在饱和脂肪酸中以十六碳酸(软脂酸)和十八碳酸(硬脂酸)含量较多。不饱和脂肪酸主要有含 16 或 18 个碳原子的烯酸，如棕榈酸、油酸、亚油酸和亚麻酸，不饱和键几乎都是顺式构型；不饱和脂肪酸的第一个双键位置大多位于 C_9 和 C_{10} 之间；不饱和脂肪酸分子中多个双键一般不构成共轭体系。此外，还有来自鱼油和海洋食品中的二十碳五烯酸(EPA)和二十二碳六烯酸(DHA)。油脂中常见脂肪酸见表14-1。

表 14-1 油脂中常见脂肪酸

类别	俗名	系统名称	结构式
饱和脂肪酸	月桂酸(lauric acid)	十二碳酸(dodecanoic acid)	$CH_3—(CH_2)_{10}—COOH$
	豆蔻酸(myristic acid)	十四碳酸(tetradecanoic acid)	$CH_3—(CH_2)_{12}—COOH$
	软脂酸(棕榈酸,palmitic acid)	十六碳酸(hexadecanoic acid)	$CH_3—(CH_2)_{14}—COOH$
	硬脂酸(stearic acid)	十八碳酸(octadecanoic acid)	$CH_3—(CH_2)_{16}—COOH$
	掬焦油酸(lignoceric acid)	二十四碳酸(tetracosanoic acid)	$CH_3—(CH_2)_{22}—COOH$
不饱和脂肪酸	油酸(oleic acid)	9-十八碳烯酸(9-octadecenoic acid)	$CH_3—(CH_2)_7—CH═CH—(CH_2)_7—COOH$
	蓖麻油酸(ricinoleic acid)	12-羟基-9-十八碳烯酸(12-hydroxyl-9-octadecenoic acid)	$CH_3(CH_2)_5CH(OH)CH_2CH═CH(CH_2)_7COOH$
	亚油酸(linoleic acid)	9,12-十八碳二烯酸(9,12-octadecadienoic acid)	$CH_3(CH_2)_4(CH═CH—CH_2)_2—(CH_2)_6COOH$
	亚麻酸(linolenic acid)	9,12,15-十八碳三烯酸(9,12,15-octadecatrienoic acid)	$CH_3CH_2(CH═CH—CH_2)_3—(CH_2)_6COOH$
	花生四烯酸(arachidonic acid)	5,8,11,14-二十碳四烯酸(5,8,11,14-eicosatetraenoic acid)	$CH_3(CH_2)_4(CH═CH—CH_2)_4(CH_2)_2COOH$

多数脂肪酸可在体内合成,但少数不饱和脂肪酸如亚油酸和亚麻酸不能在体内合成,体内虽然能合成花生四烯酸,但数量不能完全满足人体生命活动的需要,像这些人体不能合成或合成不足必须从食物中摄取的不饱和脂肪酸称为必需脂肪酸(essential fatty acid)。必需脂肪酸供应不足或过多被氧化,会导致脂质代谢紊乱,血脂升高、动脉硬化,进而诱发心脑血管疾病。因此,调节补充必需脂肪酸对人体非常重要。

脂肪酸的名称常用俗名,如软脂酸、油酸和花生四烯酸等。

油脂的命名可按多元醇酯的命名法称为"甘油三某脂肪酸酯"。有时也将脂肪酸的名称放在前面,醇名放在后面,称为"三某脂酰甘油"。若为混甘油酯,则要把各脂肪酸的位次用 α、β、α'标明。例如

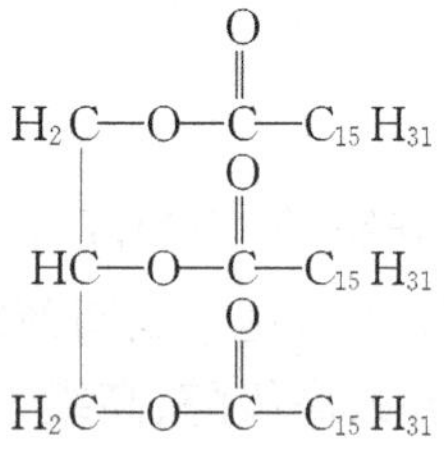

甘油三软脂酸酯

(三软脂酰甘油)

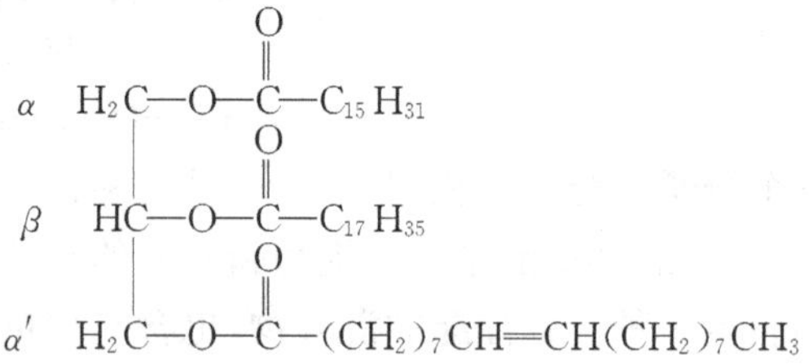

甘油-α-软脂酸-β-硬脂酸-α'-油酸酯

(α-软脂酰-β-硬脂酰-α'-油酰甘油)

14.1.2 油脂的物理性质

纯净的油脂是无色、无臭、无味的液体。但大多数天然油脂往往溶解有维生素、色素等,因此带有香味或特殊气味,并带有颜色。油脂的相对密度都小于 1,不溶于水,易溶于乙醚、石油醚、氯仿、苯、热乙醇等有机溶剂。

由于天然油脂都是混合物,因此其没有恒定的熔点和沸点。油脂中含不饱和脂肪酸多时有较高的流动性和较低的熔点。这是因为不饱和脂肪酸多为顺式构型,其碳链排布不像饱和

脂肪酸那样呈现规则的锯齿状，而是弯成一定角度，使相邻脂肪酸分子间的碳链不能紧密靠近，降低了分子间作用力，从而使得这类油脂的熔点较低，在常温下呈液态。例如，液态棉子油中含饱和脂肪酸为 25%（质量分数），而不饱和脂肪酸的含量是 75%（质量分数）；固态的牛脂中饱和脂肪酸的含量为 60%～70%（质量分数）。

14.1.3　油脂的化学性质

1. 皂化

油脂在酸、碱或脂酶（lipase）的作用下发生水解反应，生成一分子甘油和三分子高级脂肪酸。如果用碱（如氢氧化钠、氢氧化钾）进行水解，得到的产物是甘油和高级脂肪酸钠盐或钾盐即肥皂，因而油脂在碱性溶液中的水解又称为皂化（saponification）反应。

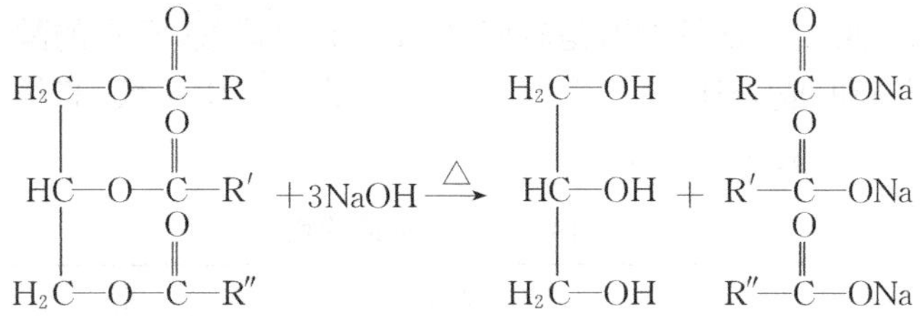

1 g 油脂完全皂化所需要的氢氧化钾的质量（mg）称为皂化值（saponification number）。皂化值反映了油脂所含脂肪酸的平均相对分子质量。皂化值越大，油脂的平均相对分子质量越小，油脂中含有较低碳数脂肪酸的甘油酯越多。

2. 加成

含有不饱和脂肪酸的油脂分子中碳碳双键可以和氢、卤素等发生加成反应。

（1）氢化。在金属镍的催化下，液态的油催化加氢转化为半固态或固态的脂肪，产物称为硬化油或氢化油。硬化油不仅熔点升高，且不容易变质，有利于保存和运输。人造黄油的主要成分就是氢化植物油，但在氢化过程中，一部分氢化油也会发生可逆的脱氢反应，生成相当含量的反式不饱和脂肪酸。因此人造黄油是反式脂肪酸的主要饮食来源。

（2）加碘。油脂中的不饱和程度可用碘值来衡量。100 g 油脂所吸收碘的质量（g）称为碘值（iodine number）。碘值越大，说明油脂的不饱和程度越高。由于碘和碳碳双键的加成反应较慢，因此常用氯化碘代替碘，因为其中的氯原子可以使碘活化。

3. 酸败

油脂在空气中放置过久或储存不当会发生变质，产生难闻的臭味，这种变化称为酸败（rancidity）。酸败的化学本质是油脂水解出的游离脂肪酸或不饱和脂肪酸的双键受到空气中的氧、水或微生物的作用，发生氧化，生成过氧化物，此过氧化物继续分解或氧化，产生有臭味的低级醛和羧酸等。油脂中的饱和脂肪酸比较稳定，但在霉菌或微生物作用下，发生生物氧化，生成 β-酮酸，β-酮酸进一步分解最终可转化成具有难闻气味的小分子酮和酸。

油脂酸败的程度可用酸值来表示。中和 1 g 油脂中的游离脂肪酸所需要氢氧化钾的质量（mg）称为油脂的酸值（acidic number）。酸值大，说明油脂中游离脂肪酸含量较高，即油脂酸败程度较严重。一般酸值大于 6.0 的油脂不宜食用。光、热或潮气可加速油的酸败，因此油脂应储存在密闭的容器中，并放置在阴凉避光的地方或加入抗氧化剂，以防止油脂的酸败。

问题 14-1　硬脂酸和油酸的碘值是否相同？

问题 14-2　写出三硬脂酰甘油的皂化反应式。

问题 14-3　测定油脂酸值有什么意义？

14.1.4　蜡

蜡(wax)通常是一类具有不同程度光泽、易熔、滑润和塑性的疏水性油状物质。蜡广泛存在于自然界，许多动植物的组织、一些动物的毛皮、鸟的羽毛、昆虫的外壳以及植物叶片和果实的保护层都含有蜡。

蜡的主要成分是由高级脂肪酸和高级一元醇形成的酯，其中的脂肪酸和脂肪醇大多由大于 16 的偶数个碳原子组成。常见的酸是软脂酸和二十六碳酸，常见的醇是十六碳醇、二十六醇和三十醇。除含有酯的成分外，蜡还含有少量游离的高级脂肪酸、高级一元醇、高级烷烃和高级酮等成分。几种常见的蜡见表 14-2。

表 14-2　几种常见的蜡

名称	主要成分	熔点/℃
蜂蜡(bees wax)	$C_{15}H_{31}COOC_{30}H_{61}$	60～67
虫蜡(shellac wax)	$C_{26}H_{53}COOC_{27}H_{55}$	65～68
巴西棕榈蜡(carnauba wax)	$C_{25}H_{51}COOC_{30}H_{61}$	80～86
鲸蜡(spermaceti wax)	$C_{15}H_{31}COOC_{16}H_{33}$	42～50

蜡的性质稳定，在空气中不易变质，并且较难皂化。常温下为固体，温度稍高时变软，温度下降时变硬。蜡可用于制造蜡烛、蜡纸、上光剂以及药用基质。羊毛脂、蜂蜡、鲸蜡等还广泛用于化妆品的基质原料。

14.2　磷　　脂

生物体内除油脂外，还含有许多结构和理化性质类似油脂的化合物，它们通常称为类脂。类脂包括磷脂、糖脂和甾族化合物。磷脂(phospholipid)是含有磷酸酯类结构的类脂。它广泛存在于动物的肝、脑、神经细胞以及植物种子中，是构成细胞膜的基本成分，具有特殊的功能。根据与磷酸成酯的成分不同，磷脂可分为甘油磷脂和鞘磷脂。

14.2.1　甘油磷脂

甘油磷脂(phosphoglyceride)又称为磷酸甘油酯。从结构上，甘油磷脂可看成是磷脂酸(phosphatidic acid)的衍生物。磷脂酸的结构式如下：

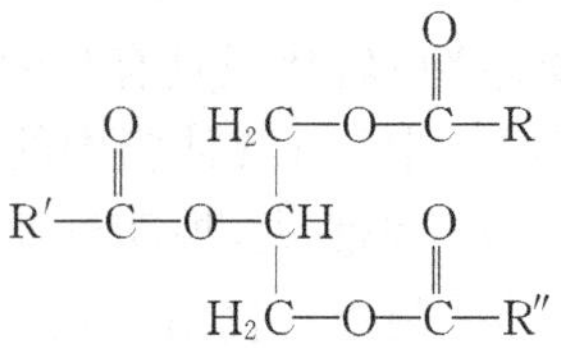

通常，R_1 为饱和脂肪烃基，R_2 为不饱和脂肪烃基，主要包括软脂酸、硬脂酸、油酸、亚油酸、

亚麻酸或花生四烯酸等；C_2 是手性碳原子，磷脂酸有一对对映体。天然存在的磷脂酸都属于 L(或 R)型。

磷脂酸中的磷酸基与其他物质结合，可得到各种不同甘油磷酸酯，其中最常见的是卵磷脂和脑磷脂。

卵磷脂(lecithin)是由磷脂酸分子中的磷酸基与胆碱中的羟基酯化而成的化合物，因此又称为磷脂酰胆碱。而脑磷脂(cephalin)是由磷脂酸分子中的磷酸基与胆胺(乙醇胺)中的羟基酯化而成的化合物，又称为磷脂酰胆胺。它们的结构式如下：

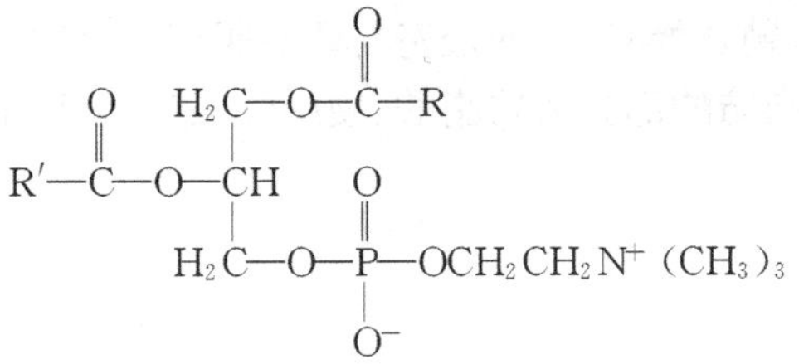
卵磷脂

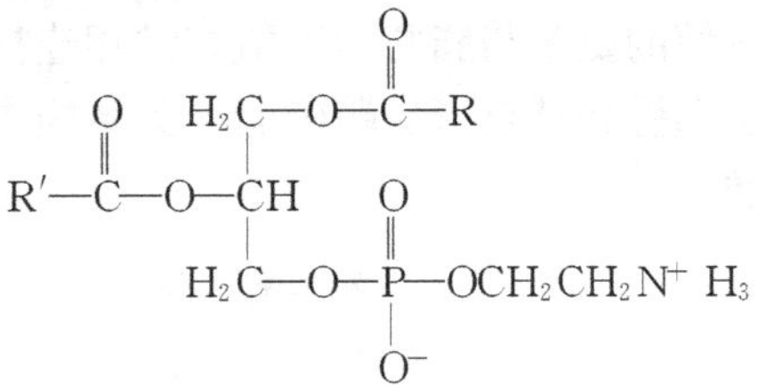
脑磷脂

新鲜的卵磷脂是吸水性很强的白色蜡状固体，不溶于水和丙酮，易溶于乙醚、乙醇、氯仿。在空气中易被氧化成黄色或棕色，这是分子中的不饱和脂肪酸被氧化的结果。卵磷脂完全水解可得到甘油、脂肪酸、磷酸和胆碱。

脑磷脂的结构和理化性质与卵磷脂相似，也是白色蜡状固体，吸水性强，不稳定，在空气中易氧化而成棕黑色。脑磷脂易溶于乙醚，不溶于丙酮，与卵磷脂不同的是难溶于冷乙醇中，据此可分离卵磷脂和脑磷脂。脑磷脂完全水解可得到甘油、脂肪酸、磷酸和乙醇胺。

由于卵磷脂和脑磷脂等磷脂分子中的磷酸基上未酯化的羟基具有酸性，能与磷脂分子中的碱性基团发生分子内酸碱中和，形成内盐，因此磷脂常以偶极离子形式存在。在磷脂分子中，偶极离子部分是亲水的，脂肪酸的长链部分是疏水的。因此，磷脂是体内的良好乳化剂，能使油脂、胆固醇等乳化，从而有助于脂肪的消化和吸收。

如果在水溶液中，磷脂分子的亲水性部分朝向水相，而疏水性部分因受水的排斥由范德华力聚集在一起，尾尾相连，与水隔开，形成热力学上稳定的脂双分子层结构，如图 14-1 所示，这种脂双分子层结构是细胞膜的基本构架，磷脂的结构特征和它们的物理性质决定了磷脂的生物学功能。

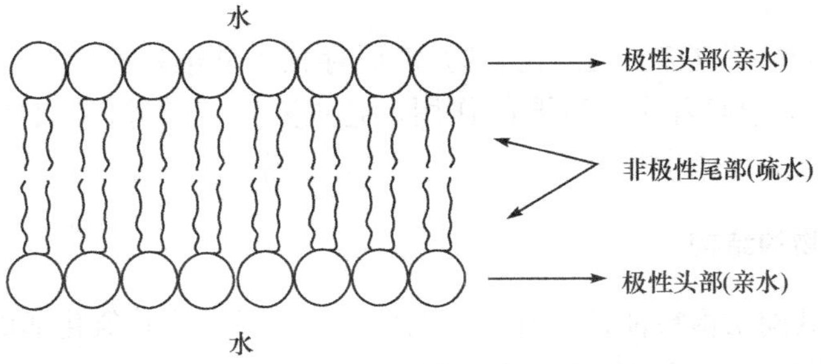

图 14-1　磷脂双分子层

问题 14-4　脑磷脂和卵磷脂的水解产物是什么？哪些相同，哪些不同？

问题 14-5　油脂和磷脂在结构上有什么区别？

14.2.2 鞘磷脂

鞘磷脂(sphingomyelin)又称神经磷脂，分子中不含甘油，而是一个长链的鞘氨醇(sphingol)。

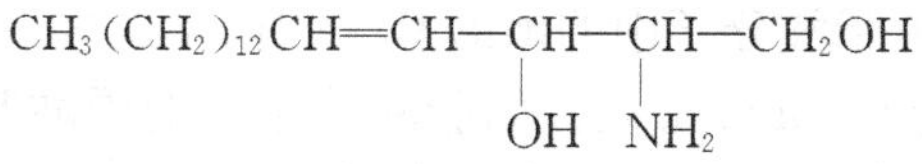

鞘氨醇

鞘氨醇的氨基与脂肪酸以酰胺键相连接，鞘氨醇 C_1 上的羟基与磷酸胆碱(或磷酸乙醇胺)通过磷酸酯键相结合形成鞘磷脂。其结构中脂肪酸部分为软脂酸、硬脂酸、二十四碳酸或二十四碳烯酸。

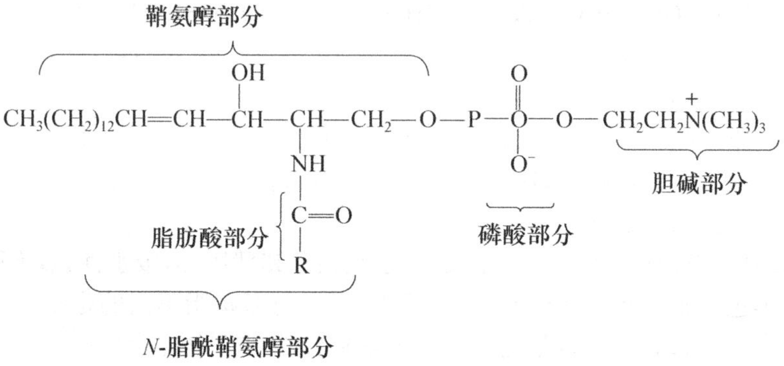

鞘磷脂

鞘磷脂是白色结晶，在光和空气中比较稳定。不溶于丙酮及乙醚，而溶于热乙醇。鞘磷脂是动植物细胞膜的主要成分，尤其在脑和神经组织中含量最丰富。它是构成髓鞘的成分，包裹在神经纤维的外面，传递神经冲动时起到绝缘作用。

14.3 甾族化合物

甾族化合物(steroid)也称类固醇化合物，广泛存在于动植物体内，含量虽少，却具有特殊生理功能，在生命活动中起着十分重要的作用。它主要包括甾醇、胆酸类、甾族皂苷、强心苷元、蟾蜍素、甾族激素和甾族生物碱等。

14.3.1 甾族化合物的结构

甾族化合物的共同结构特征是含有一个稠合四环的环戊烷并氢化菲的碳骨架，以 A、B、C 和 D 分别标示，环上的碳原子按如下顺序编号：

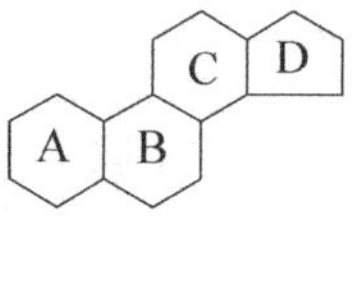

环戊烷并氢化菲

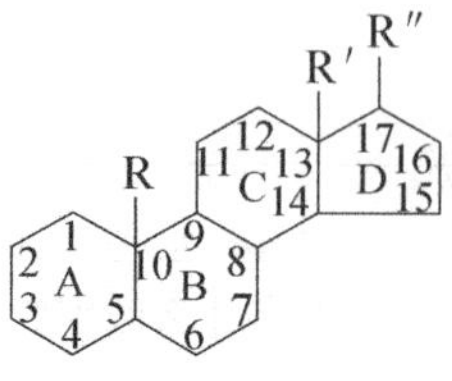

甾族化合物基本骨架

这类化合物一般在 C_{10} 和 C_{13} 上各有一甲基，称为角甲基，在 C_{17} 上连有一个不同碳原子数的碳链。此类化合物的结构特点可通过"甾"字形象地表示出来，"田"表示 4 个环，"巛"则象征环上的 3 个取代基。

甾族化合物的立体结构比较复杂，分子中含有多个手性碳原子，仅在基本骨架上就有 7 个，理论上应有 $2^7=128$ 个对映异构体。但是由于稠环的存在及其引起的空间位阻，实际存在的异构体非常少。天然甾族化合物中的 B、C 及 C、D 环之间绝大多数为反式稠合（以 B/C 反、C/D 反表示），而 A、B 环间既有顺式稠合（称正系或 5β-系），也有反式稠合（称别系或 5α-系）。两种结构式表示如下：

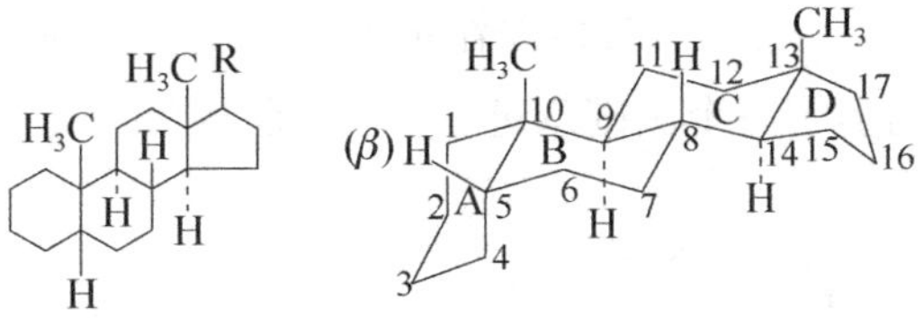

正系(5β-系)

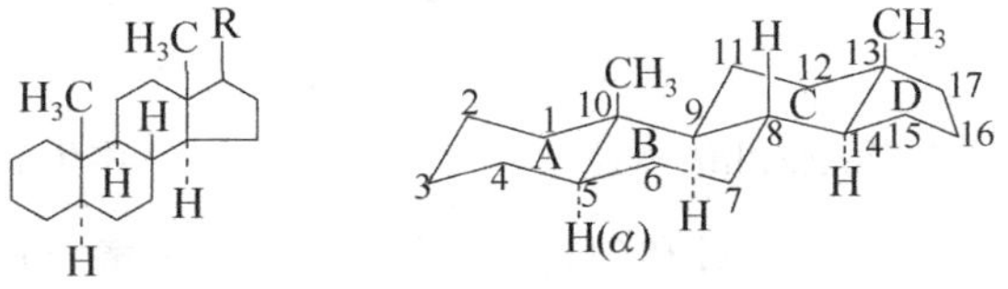

别系（5α-系）

当甾族化合物分子中 C_4— C_5 和 C_5—C_6 间有不饱和键存在时，无正系和别系之分。

问题 14-6　甾族化合物中的"甾"字的意义是什么？

问题 14-7　雌酚酮和鹅去氧胆酸中，有无 5β-系与 5α-系之分？为什么？

14.3.2　重要的甾族化合物

1. 甾醇类

(1) 胆固醇(cholesterol)又称胆甾醇，是一种重要的动物甾醇，因最初是从胆石中得到而得名，其分子式为 $C_{27}H_{46}O$。其结构特点是在 C_3 上有一个 3β-OH，C_5—C_6 间有一个碳碳双键，C_{17} 上连有一个 8 个碳原子的侧链。其结构式如下：

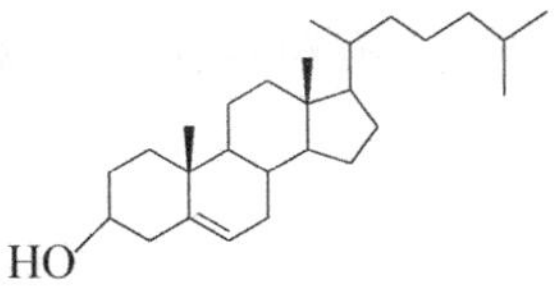

胆固醇

胆固醇为白色或略带黄色的晶体，熔点为 148.5 ℃，比旋光度 $[\alpha]_D^{20}=-39.5°$（氯仿）；不溶于水，易溶于热乙醇、乙醚、氯仿等有机溶剂。正常人每 100 mL 血清中含总胆固醇（游离胆固醇和胆固醇的酯）约为 200 mg，体内胆固醇代谢发生障碍时血液中胆固醇含量增加，可导致动脉粥样硬化和胆结石等症状。

胆固醇的氯仿溶液中加入乙酸酐和浓硫酸会发生颜色变化，呈现红色→紫色→褐色→绿色的系列颜色变化，此反应称为利伯曼-布查（Liberman-Burchartd）反应，该反应常用来定性检查甾族化合物。

（2）维生素 D。维生素 D（vitamin D）广泛存在于动物体内，如鱼的肝脏、牛乳和蛋黄中。在人体中的主要生理作用是促进钙离子的吸收和代谢正常化。维生素 D 缺乏会导致软骨病，但过量会使软组织发生钙化。D 族维生素包括 D_2、D_3、D_4、D_5、D_6 和 D_7 等，它们结构相似，A 环上有一个环外双键，仅侧链不同，其中以维生素 D_2 和维生素 D_3 的生理活性最强。维生素 D 本身的结构不属于甾族化合物，但它可以由甾族化合物合成。

7-去氢胆固醇（7-dehydrocholesterol）是存在于人皮肤中的一种动物甾醇，与胆固醇在结构上的差别是 C_7 与 C_8 之间多了一个碳碳双键。7-去氢胆固醇经紫外线照射，其 B 环开环转变为维生素 D_3。

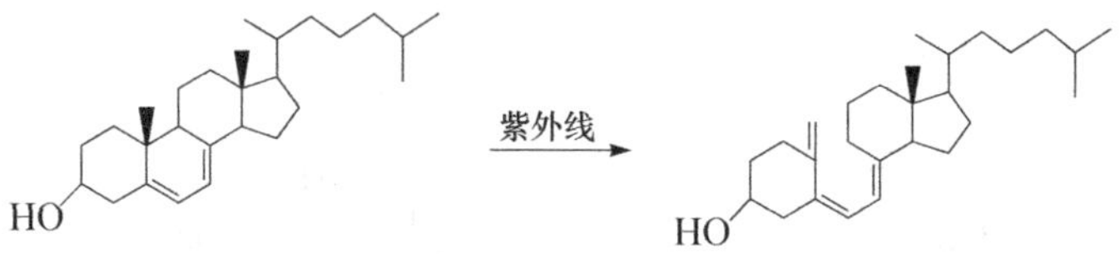

7-去氢胆固醇　　　　维生素D_3

麦角固醇（ergosterol）存在于酵母和麦角中，是一种植物甾醇，分子式为 $C_{28}H_{44}O$，其结构与 7-去氢胆固醇的区别在于 C_{17}的侧链上多了一个甲基和双键。麦角固醇经紫外线照射，其 B 环打开，生成维生素 D_2。麦角固醇的衍生物 22，23-二氢麦角固醇（22，23-dihydroergosterol）经紫外线照射后转变为维生素 D_4。

麦角固醇　　　　维生素D_2

2. 胆甾酸

胆甾酸是动物的胆组织分泌的一类甾族化合物，包括胆酸、脱氧胆酸、鹅胆酸和石胆酸等。它们都属于 5β-系甾族化合物，C_{17}的侧链上结合 5 个碳原子，末端碳为羧基，一般在 C_3、C_7、C_{12}位上含有羟基。在人体内可由胆固醇为原料直接进行生物合成。至今发现的胆甾酸已有 100 多种，其中人体内重要的是胆酸（cholic acid）和脱氧胆酸（deoxycholic acid）。

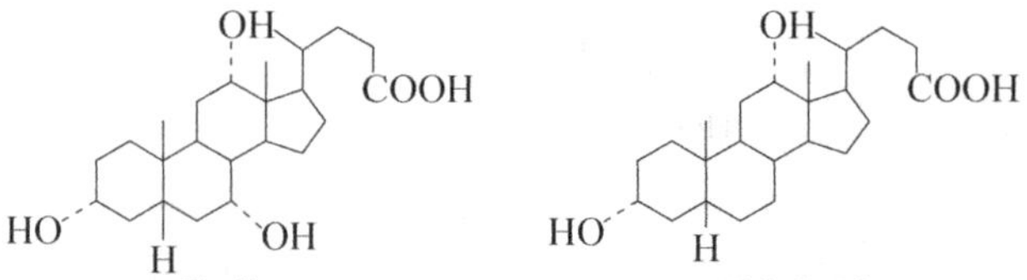

胆酸　　　　脱氧胆酸

在胆汁中，胆甾酸的羧基与甘氨酸（H_2NCH_2COOH）或牛磺酸（$H_2NCH_2CH_2SO_3H$）中的氨基结合，形成具有酰胺结构的衍生物。这些结合胆甾酸统称为胆汁酸（bile acid）。

甘氨胆酸（glycocholic acid）和牛磺胆酸（choleinie acid）的结构式为

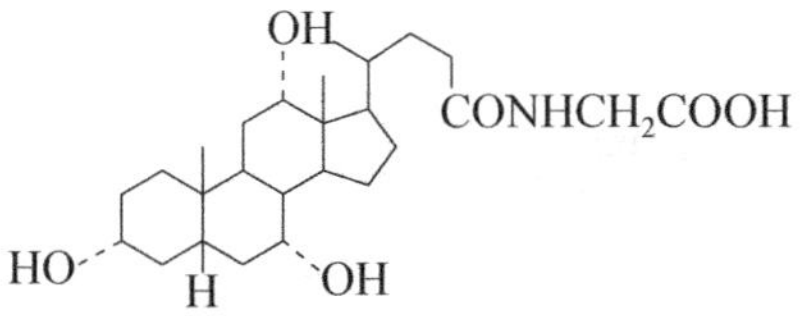

甘氨胆酸

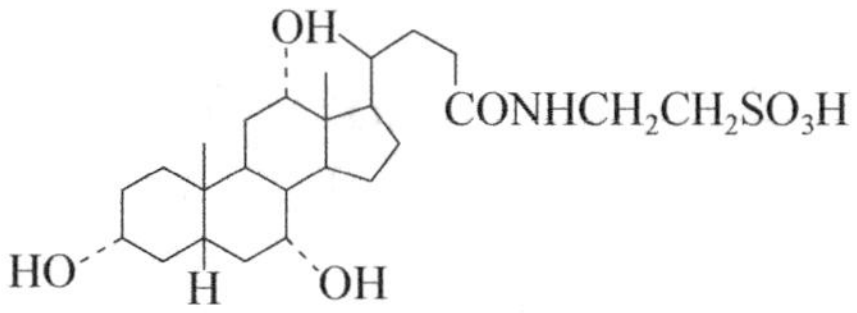

牛磺胆酸

胆甾酸在胆汁中多以钠盐或钾盐的形式存在，称为胆汁酸盐，简称胆盐。其结构中既有羟基和羧基等亲水基，又有甾环疏水基，这种分子具有乳化作用，能够使脂肪及胆固醇酯等疏水脂质乳化成细小微团，增加消化吸收酶对脂质的接触面积，以便机体对脂类进行消化与吸收；此外，生物体内的胆酸是从胆固醇转化生成的，可抑制胆汁中胆固醇的析出。

3. 甾族激素

甾族激素（steroid hormone）根据来源可分为性激素和肾上腺激素两类。

（1）性激素。性激素（sex hormone）是性腺（睾丸或卵巢）分泌的可调节或促进动物性器官和第二性征的发育、生长，并维持第二性征的甾族激素。性激素可分为雄性激素和雌性激素两类。性激素的结构特征是：大多数在 C_4 与 C_5 之间有一个碳碳双键，C_{17} 没有较长的碳链；骨架环系的构型相同，只是取代基的空间排布不同。

雄性激素主要有雄甾酮（androsterone）和睾丸酮（testosterone）。

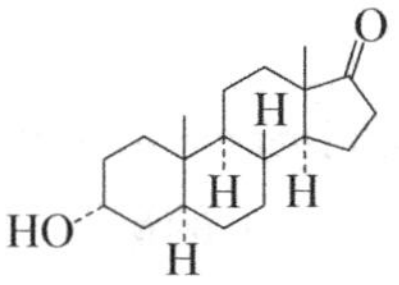

雄酮

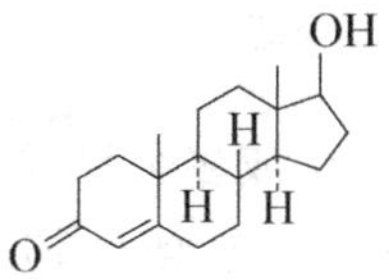

睾丸酮

雄激素活性还具有一定程度的促蛋白同化作用，能够促进蛋白质的合成和抑制蛋白质异化，能促进机体组织与肌肉的增长。

雌性激素主要有雌二醇（estradiol）、炔雌醇（ethinyl estradiol）和黄体酮（progesterone）。

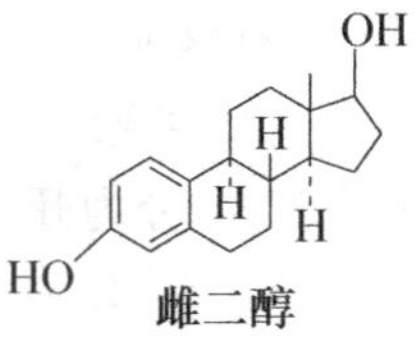

雌二醇

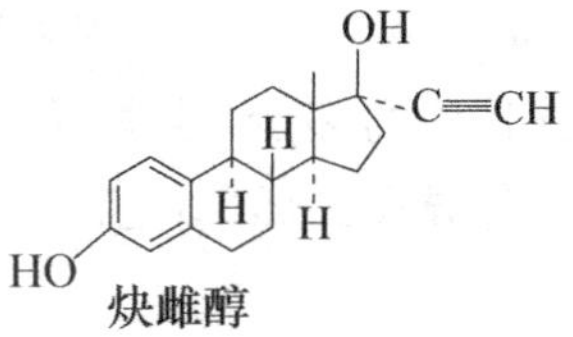

炔雌醇

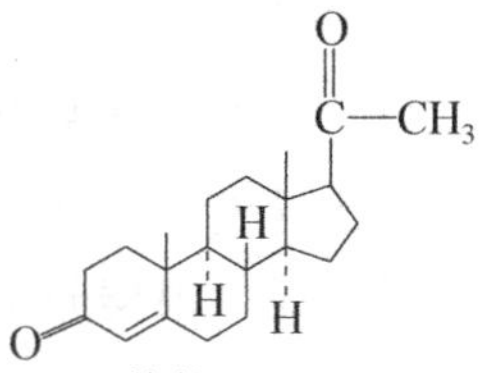

黄体酮

雌性激素还具有降低血中胆固醇含量，增加钙的骨沉积和保护神经的作用。

（2）肾上腺皮质激素。肾上腺皮质激素（adrenal corticoid）是哺乳动物的肾上腺产生的激素。按生理功能可分为糖代谢皮质激素，如皮质酮（corticosterone）和氢化可的松（hydrocortisone）等；盐代谢皮质激素，如 11-脱氧皮质酮和 17α-羟基-11-脱氧皮质酮等。缺乏这些激素可引起糖和蛋白质代谢失常以及电解质平衡失调等，导致无力甚至死亡。

肾上腺皮质激素都有相似的化学结构，均是含 21 个碳原子的甾族化合物，C_3 上有酮基，C_4 与 C_5 之间有一个碳碳双键，C_{17} 连有—$COCH_2OH$。常见皮质激素结构式如下：

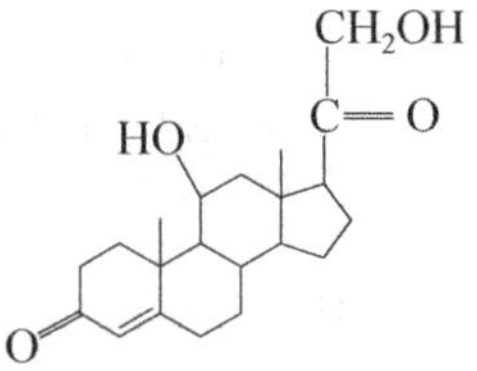

皮质酮

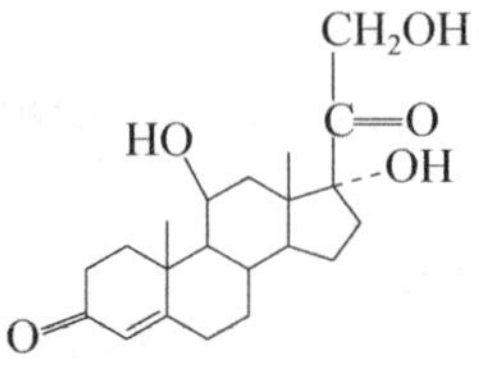

氢化可的松

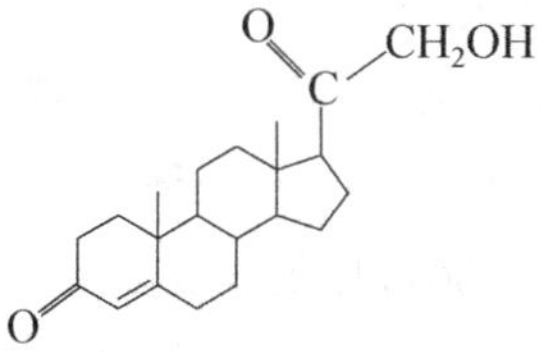

11-脱氧皮质酮

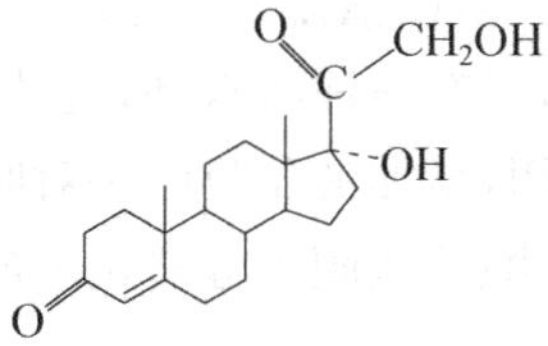

17α-羟基-11-脱氧皮质酮

14.4　萜类化合物

萜类化合物(terpene)广泛存在于自然界,绝大多数植物中都含有萜类化合物,在微生物和昆虫中也含有萜类化合物,如从植物的叶、花或果实中提取的某些精油以及动物中的某些色素等。

14.4.1　萜类化合物的结构和分类

萜类化合物可看成是由两个或多个异戊二烯(isoprene)为单位按不同方式首尾相连而成的化合物及其饱和程度不等的含氧衍生物,其分子中的碳原子数都是 5 的整数倍,通式为 $(C_5H_8)_n$,称为异戊二烯规则"。

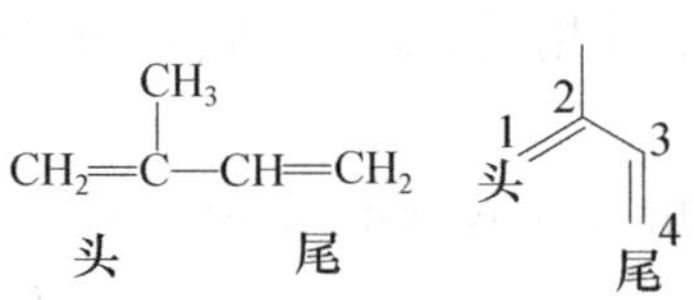

异戊二烯

月桂烯

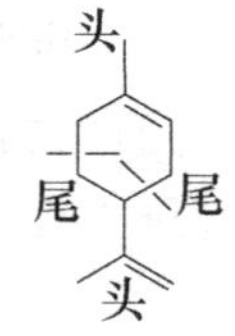

柠檬烯

根据分子中所含异戊二烯萜类碳骨架的多少,萜类可分为单萜、倍半萜、二萜、二倍半萜、三萜、四萜和多萜等;还可根据分子中各异戊二烯单位互相连接的方式,分为开链萜和环萜。

14.4.2　单萜类化合物

单萜类化合物是由两个异戊二烯单元构成。根据两个异戊二烯单元的连接方式不同,单萜又可以分成为开链单萜、单环单萜和双环单萜。

开链单萜(acyclic monoterpenoid)是由两个异戊二烯结构单元头尾相连而成,是植物精油的主要成分。例如,玫瑰油中的香叶醇、柠檬草油中的柠檬醛,其中多数是含有多个双键或氧原子的化合物,其结构如下:

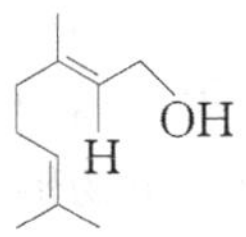
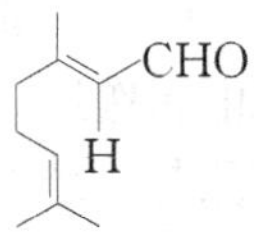
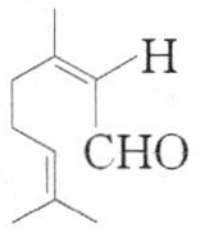

香叶醇　　α-柠檬醛(香叶醛)　　β-柠檬醛(橙花醛)

香叶醇是香叶油、玫瑰油、柠檬草油和香茅油等的主要成分,具有类似玫瑰的香气。柠檬醛在柠檬草油和香茅油中的含量较高,柠檬醛具有柠檬香气。柠檬醛有两种异构体,反式为 α-柠檬醛(香叶醛),顺式为 β-柠檬醛(橙花醛),通常天然柠檬醛是混合物,以反式为主。柠檬醛还是合成维生素 A 的重要原料。

单环单萜(monocyclic monoterpenoid)是由两个异戊二烯结构单元首尾相连而成的一个六元环状结构,其饱和烷烃称为苧烷(1-甲基-4-异丙基环己烷),其主要衍生物是薄荷醇和苧烯。

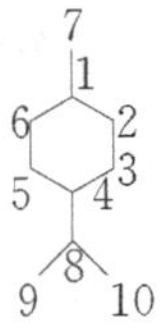
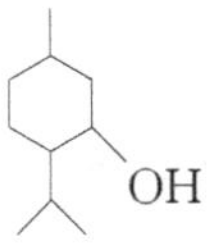

苧烷　　薄荷醇　　苧烯

苧烯又称为柠檬烯或 1,8-萜二烯。因为分子中含有一个手性碳原子,所以有一对对映体,其左旋体存在于松针油中,右旋体存在于柠檬油中,外消旋体则存在于松节油中。它们都是具有柠檬香味的液体,可用作香料。

薄荷醇分子中有 3 个不同的手性碳原子,所以有 8 个对映异构体。自然界主要存在的是左旋薄荷醇,是薄荷和欧薄荷等精油中的主要组成成分,为低熔点的白色块状或针状结晶,具有穿透性的芳香、清凉气味,又称薄荷脑。薄荷脑对皮肤和黏膜有清凉和弱的麻醉作用,用于镇痛和止痒,也有防腐和杀菌作用,广泛应用于医疗、化妆品及食品工业中。例如,清凉油、人丹、牙膏、糖果等中均含有此成分。薄荷脑的稳定构型如下:

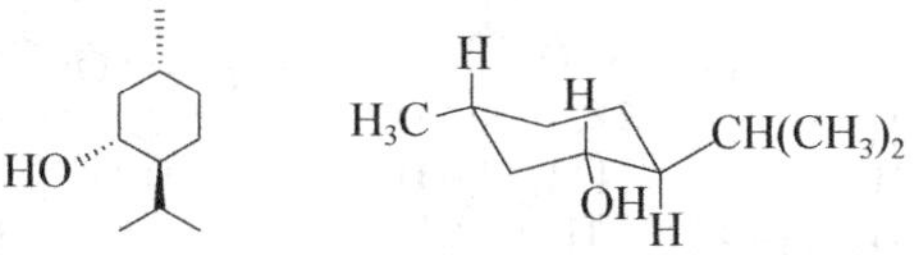

双环单萜(bicyclic monoterpenoid)可以看成是苧烷分子中 C_8 分别与 C_1、C_2 或 C_3 相连形成的桥环化合物,分别称为莰烷、蒎烷和蒈烷,若 C_4 与 C_6 连成桥键则形成莰烷。

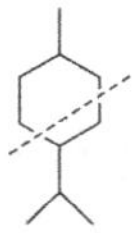
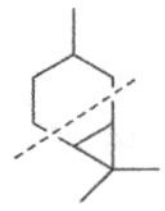
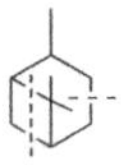
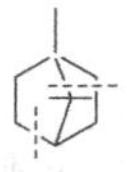

苧烷　　蒈烷　　蒎烷　　莰烷

这四种双环单萜烷并不存在于自然界,但莰烷和蒎烷的衍生物则广泛存在于植物体内。

蒎烯(pinene)是含一个双键的蒎烷衍生物。根据双键位置不同,分为 α-蒎烯(α-柠檬烯)和 β-蒎烯(β-柠檬烯)两种异构体。

α-蒎烯　　β-蒎烯

α-蒎烯和β-蒎烯均存在于松节油中，但以α-蒎烯为主，占松节油的70%～80%（质量分数），β-蒎烯含量较少。松节油具有局部止痛作用，可用作外用止痛药。

樟脑(camphor)的化学名称为2-莰酮或α-莰酮，是由樟科植物樟树中得到的，并由此而得名。樟脑分子中有两个手性碳原子，理论上应有4个对映异构体，但实际只存在两个：(+)-樟脑和(−)-樟脑。这是因为桥环需要的船式构象限制了桥头两个手性碳所连基团的构型，使其C_1所连的甲基与C_4相连的氢只能位于顺式构型。

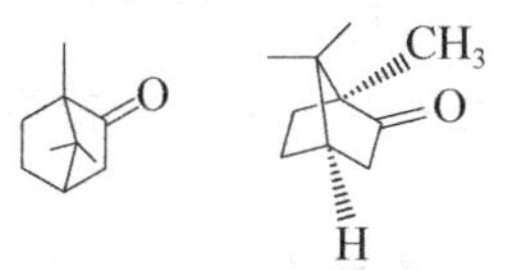

樟脑　　(−)-樟脑　　(+)-樟脑

从樟脑树中提取的樟脑是右旋体，从艾纳香中提取的樟脑是左旋体，人工合成樟脑为外消旋体。樟脑为有特殊香气、易升华的白色闪光晶体，难溶于水、易溶于有机溶剂。樟脑的气味有驱虫作用，可用于衣物的防虫剂。樟脑有局部刺激作用和防腐作用，可用于神经痛、炎症和跌打损伤的擦剂。

14.4.3 倍半萜类化合物

倍半萜(sesquiterpenoid)是含3个异戊二烯单位的萜类化合物，具有链状和环状结构，基本碳架在200种以上。倍半萜类多数为液体，在自然界倍半萜较多，如青蒿素、金合欢醇(法呢醇)和山道年等。

青蒿素(artemisinin)存在于菊科植物青蒿叶中，为白色针状结晶，味苦，易溶于苯、氯仿、乙酸乙酯、丙酮和冰醋酸，能溶于乙醇、甲醇、乙醚、热石油醚和汽油，几乎不溶于冷石油醚和水。青蒿素是由我国科学家从中草药青蒿中分离提取得到的一种抗疟药物，具有低毒、高效、速效的特点，已在国内外广泛使用。青蒿素衍生物——蒿甲醚(artemether)和青蒿琥珀酯(artesunate，ATS)作为抗疟新药供临床使用。它们的结构式如下：

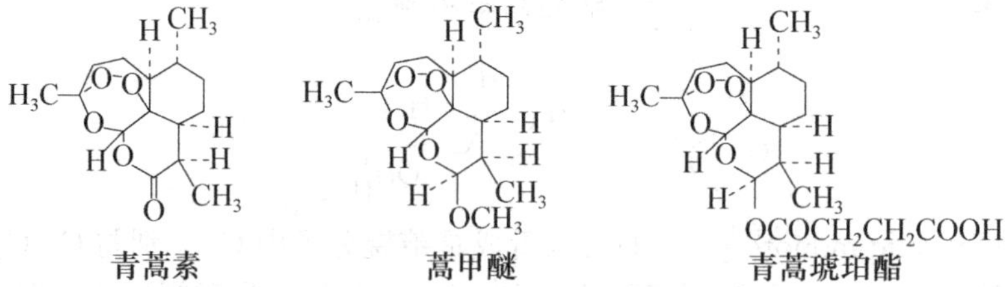

青蒿素　　蒿甲醚　　青蒿琥珀酯

14.4.4 二萜类化合物

二萜是由4个异戊二烯单元构成的萜类化合物。叶绿素的水解产物叶绿醇，也称为植醇，是链状的二萜类不饱和醇。天然的叶绿醇为油状液体，几乎不溶于水，易溶于有机溶剂。叶绿醇是合成维生素E和维生素K_1的原料。

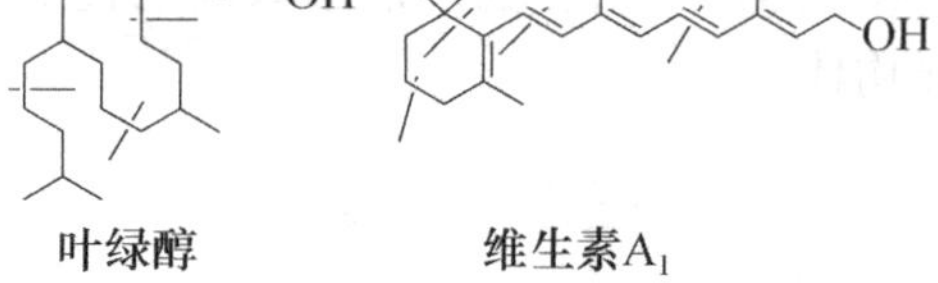

叶绿醇　　维生素A_1

维生素 A_1 为一种脂溶性维生素，属于单环二萜(monocyclic diterpenoid)类化合物，其共轭体系为全反式构型。它以游离醇或酯的形式存在于动物体中，在脂肪、蛋白质、乳汁、肝中含量丰富。维生素 A_1 为黄色棱柱形晶体，熔点为 63～64 ℃，溶于甲醇、乙醇、乙醚、氯仿、油脂和油，不溶于水和甘油。维生素 A_1 很容易被氧化成视黄醛，视黄醛在视觉过程中起重要作用。

14.4.5　三萜类化合物

三萜类化合物是由 6 个异戊二烯单元组成的物质。广泛存在于动植物体内，以游离状态、成酯或苷的形式存在。多数是含氧衍生物，为树脂的主要成分之一。例如，甘草中的甘草苷称为甘草酸，因其味甜又称为甘草甜素，在酸性条件下水解得到的苷元称为甘草次酸，可溶于乙醇和氯仿中，是一个五环三萜化合物。

角鲨烯是一个链状三萜，大量存在于鲨鱼的肝脏和人体的皮脂中，也存在于酵母、麦芽和橄榄油中。它是不溶于水的油状液体，具有降低血脂和软化血管等作用，被誉为血管清道夫。

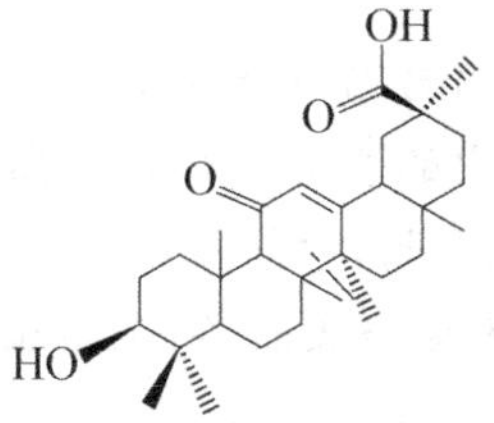

甘草次酸

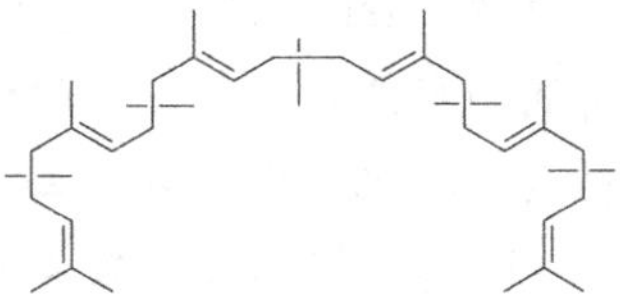
角鲨烯

14.4.6　四萜类化合物

四萜类化合物及其衍生物在植物中分布很广，大多数结构复杂。在植物色素中，四萜色素是含 40 个碳的共轭烯烃或其含氧衍生物，分子中含有 8 个异戊二烯单元，如胡萝卜素、番茄红素及叶黄素。

胡萝卜素(carotene)属于四萜(tetraterpenoid)类化合物，存在于胡萝卜、番茄汁中。它有 α、β、γ 三种异构体，其中 β-胡萝卜素最为重要。人体内肠壁或肝脏中的 β-胡萝卜素在酶的作用下可以被氧化为维生素 A，因此它也被称为维生素 A 原。β-胡萝卜素是一类天然色素，是食品、化妆品等的添加剂。

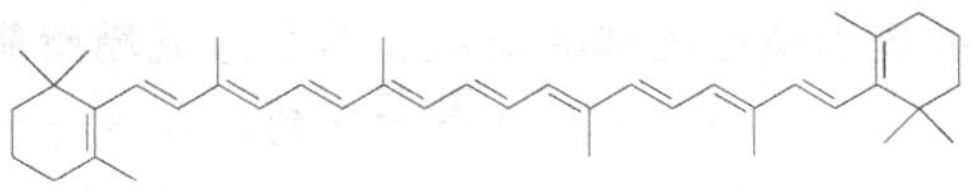
β-胡萝卜素

问题 14-8　画出维生素 A_1 和 β-胡萝卜素中的异戊二烯结构单位，指出它们在结构上有何异同。

知识拓展

海洋甾体化合物

海洋是生命的摇篮，占地球表面积的 70%左右，蕴藏着 80%以上的生物资源。海洋生物资源活性代谢产物的研究，一直是海洋天然产物化学研究的主要内容。

海洋化学家和药物学家的研究重点是发现一些结构新颖的海洋甾体化合物，且是陆地植物中从未发现的、具有引人注目的生理活性和药理作用的新型药物，为治疗重大疾病提供新的研究思路。目前，采集自台湾南端的具边乳节藻(galaxau marginata)，发现其侧链上具有氢过氧基取代的链甾醇化合物(D4、DS、E4、ES)，对肿瘤细胞有显著的细胞毒性。从褐藻拟小叶喇叭藻(turbinaria conoide)中分离出 6 种氧化岩藻甾醇(DS、Dg、ES、Eg、GS、Gg)，前 4 种化合物对不同肿瘤细胞有显著细胞毒性。现已清楚海绵(多孔动物门)所含新甾醇的数量最多，结构多样性和新颖性最为明显。产自日本沿海的某一种光溜海绵(xestos pongia)中得到两个罕见的具有二甲缩酮结构的新甾醇 N17 和 NIS，对人口腔表皮样癌细胞具有极强的细胞毒性。海星所含的皂角苷是含硫酸基和糖的甾酮，有细胞毒性、溶血性和抗病毒等药物活性。从中国南海的红树叶中得到的一种海洋真菌 1893#，用甲醇提取液分离得到四种化合物，其中一种为麦角甾醇，有一定的抗肿瘤活性，它的衍生物可以含有更多的羟基，而且抗肿瘤活性更好。

小　结

油脂是油和脂肪的总称，在化学组成上是高级脂肪酸与甘油生成的酯。蜡通常是一类具有不同程度光泽、易熔、滑润和塑性的疏水性油状物质，它的主要成分是由高级脂肪酸和高级一元醇形成的酯。类脂是结构和理化性质类似于油脂的化合物，它包括磷脂、糖脂和甾族化合物等。

多数脂肪酸可在体内合成，但也有少数必需脂肪酸如亚油酸、亚麻酸、花生四烯酸必须由食物供给。

油脂在碱性溶液中水解生成甘油和高级脂肪酸钠盐或钾盐，此过程称为皂化。1 g 油脂完全皂化所需要的氢氧化钾的质量(mg)称为皂化值。皂化值反映了油脂所含脂肪酸的平均相对分子质量。100 g 油脂所吸收碘的质量(g)称为碘值。碘值越大，说明油脂的不饱和程度越高。油脂在空气中放置过久或储存不当会发生变质，产生难闻的臭味，这种变化称为酸败。中和 1 g 油脂中的游离脂肪酸所需要氢氧化钾的质量(mg)称为油脂的酸值。酸值大，说明油脂中游离脂肪酸含量较高，即油脂酸败程度较严重。

磷脂是含有磷酸酯类结构的类脂。卵磷脂是由磷脂酸分子中的磷酸基与胆碱中的羟基酯化而成的化合物，脑磷脂是由磷脂酸分子中的磷酸基与胆胺(乙醇胺)中的羟基酯化而成的化合物。鞘磷脂分子中不含甘油，而是一个长链的鞘氨醇，鞘氨醇的氨基与脂肪酸以酰胺键相连接，鞘氨醇 C_1 上的羟基与磷酸胆碱通过磷酸酯键相结合形成鞘磷脂。

甾族化合物的共同结构特征是含有一个稠合四环的环戊烷并氢化菲的碳骨架，在 C_{10}、C_{13} 上各有一角甲基，C_{17}上连有一个侧链。甾族化合物的立体结构比较复杂，分为正系和别系。重要的甾族化合物有甾醇、胆甾酸、甾体激素。

萜类化合物可看成是由两个或多个异戊二烯为单位，按不同方式首尾相连而成的化合物及其饱和程度不等的含氧衍生物，分为单萜、倍半萜、二萜、二倍半萜、三萜、四萜和多萜等。

甾族化合物和萜类化合物广泛存在于自然界，具有特殊的生理功能，在生命活动中起着十分重要的作用。

习　题

1. 天然油脂所含脂肪酸的结构特点是什么？最常见的有哪几种？
2. 写出油酸的两种构型异构体。

3. 油脂的碘值、皂化值、酸值的含义是什么？

4. 橄榄油的组成成分之一是三油酰甘油。

（1）写出三油酰甘油的结构式。

（2）写出氢化产物的皂化反应方程式。

5. 写出磷脂酰胆碱完全水解的反应方程式。

6. 生物细胞膜的主要成分是什么？脂双层是如何形成的？

7. 写出下列化合物的结构式。

（1）胆甾醇　（2）7-去氢胆甾醇　（3）胆酸　（4）可的松

8. 胆甾酸与胆汁酸的涵义有什么不同？

9. 牛磺胆酸分子中 A/B 环按______式稠合，属于 5______构型，3______，7______，12______胆甾烷系。

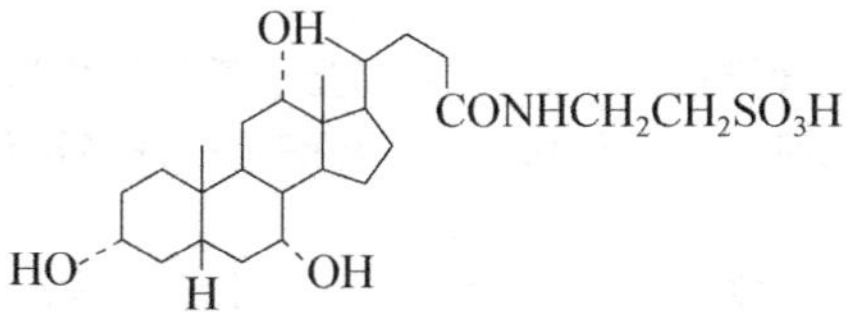

10. 写出下列各反应式的主要产物。

（1）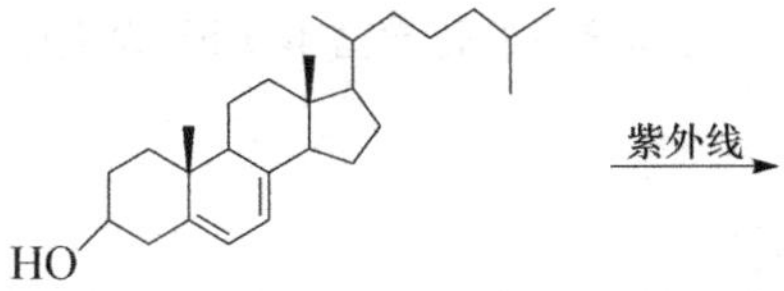

（2）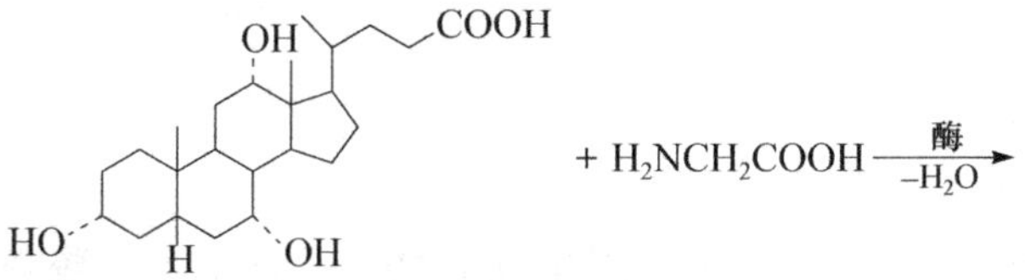

（3）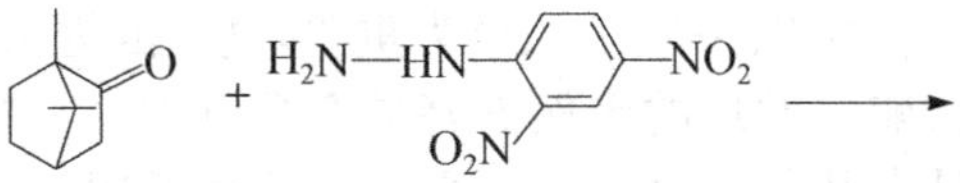

（昆明医学院　郭蕴苹）

第 15 章 氨基酸、肽、蛋白质、酶和核酸

蛋白质、酶和核酸都是存在于生物体内重要的生物大分子，是生命现象的物质基础。例如，构成人体基本物质的肌肉、皮肤、毛发，生物体内起催化作用的酶，调节机体代谢的一些激素，发生免疫反应的抗体等的主要成分均为蛋白质。核酸在细胞内主要与蛋白质结合，以核蛋白的形式存在。生物体的生命活动主要通过蛋白质来体现，其遗传特征则主要由核酸决定。酶几乎参与了所有的生命活动过程，生物体系中的许多化学反应都是在酶的催化下进行的。蛋白质、酶和核酸对生物体的生长、发育、代谢、繁殖、遗传和变异等生命活动起着十分重要的作用。

肽和蛋白质都是由氨基酸以酰胺键连接而成的，肽和蛋白质的生物学功能与构成肽和蛋白质的氨基酸种类、数量、排列顺序及由其形成的空间结构密切相关。核酸是由许多核苷酸聚合而成的，是充当传递生物体遗传信息的化学使者。

蛋白质可以被酸、碱或酶水解，在水解过程中，蛋白质分子逐渐降解成相对分子质量较小的肽链，直到最终成为氨基酸混合物，因此氨基酸是肽和蛋白质的基本组成单位。

本章主要介绍氨基酸的结构和性质，其次简要介绍肽、蛋白质、酶和核酸的化学基本知识，为蛋白质、酶和核酸的深入学习打下基础。

15.1 氨 基 酸

15.1.1 氨基酸的结构、分类和命名

1. 氨基酸的结构

氨基酸(amino acid)是一类分子中同时含有氨基和羧基的化合物。根据氨基和羧基的相对位置，氨基酸可分为α、β、γ、…、ω等类型氨基酸，其中以α-氨基酸最为重要，这是因为由蛋白质水解所得到的氨基酸绝大多数为α-氨基酸。目前已发现的天然氨基酸有数百种，但构成蛋白质的氨基酸主要有 20 种，它们在化学结构上具有共同点，即为α-氨基酸(脯氨酸为α-亚氨酸除外)，其结构通式如下：

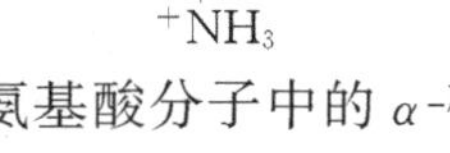

由于氨基酸分子中既有羧基酸性基团，又有氨基碱性基团，在固态或在生理 pH 条件下，羧基几乎完全以—COO^-形式存在，氨基主要以—NH_3^+ 形式存在，因此α-氨基酸分子是偶极离子(zwitterion)，常以内盐的形式存在，其结构通式如下：

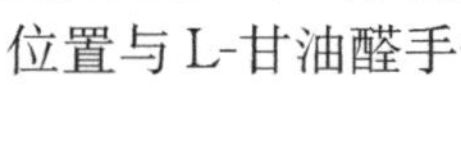

除甘氨酸外，组成蛋白质的其他氨基酸分子中的α-碳原子均为手性碳原子，因此具有旋光性。同糖一样，氨基酸构型的标示通常采用 D、L 标记法，以甘油醛为参考标准，在 Fischer 投影式中，凡氨基酸分子中的α-NH_3^+ 位置与 L-甘油醛手性碳原子上—OH 的位置相同者为 L 型，相反者为 D 型：

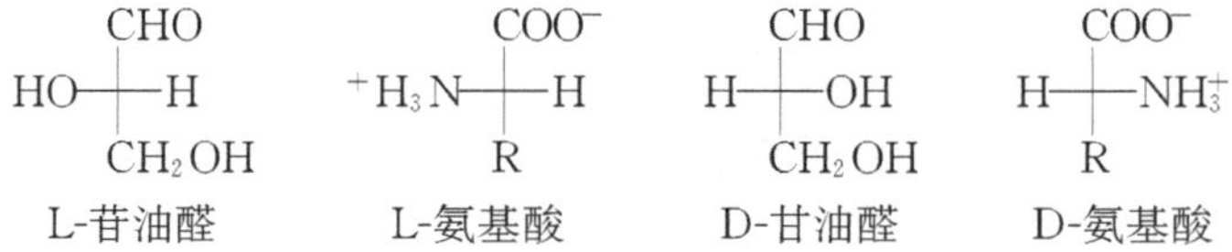

L-甘油醛　　L-氨基酸　　D-甘油醛　　D-氨基酸

生物体内的 α-氨基酸绝大多数为 L 型（某些细菌代谢产生极少量的 D 型氨基酸）。如果用 R、S 标记法，构成蛋白质的常见氨基酸（甘氨酸除外），除半胱氨酸为 R 构型外，其余的 α-氨基酸均为 S 构型。

问题 15-1　写出苏氨酸对映异构体的 Fischer 投影式，并标明 D、L 和 R、S 构型。

2. 氨基酸的分类

根据氨基酸分子中的烃基不同，可将氨基酸分为脂肪族、芳香族和杂环氨基酸。苯丙氨酸和酪氨酸分子中含有芳香环，属于芳香族氨基酸；脯氨酸、组氨酸和色氨酸分子中含有杂环，属于杂环氨基酸；其他都是脂肪族氨基酸。

根据氨基酸分子中所含氨基和羧基的数目不同，可将氨基酸分为酸性、碱性和中性氨基酸。分子中含一个氨基和两个羧基的氨基酸称为酸性氨基酸，如天冬氨酸、谷氨酸；分子中含两个氨基和一个羧基的氨基酸称为碱性氨基酸，如赖氨酸、精氨酸、组氨酸；其他只含有一个氨基和一个羧基的氨基酸称为中性氨基酸，如丙氨酸、缬氨酸等。

在医学上常根据氨基酸侧链 R 基的极性及其所带电荷，将氨基酸分为四类：①R 基团为非极性或疏水性的氨基酸，它们通常处于蛋白质分子内部；②R 基团具有极性但不带电荷的氨基酸，其侧链中含有羟基、巯基、酰胺基等极性基团，在生理条件下不带电荷，并具有一定的亲水性，往往分布在蛋白质分子的表面；③R 基团带正电荷的氨基酸，在其侧链中常带有易接受质子的基团（如胍基、氨基、咪唑基等），因此它们在中性和酸性溶液中带正电荷；④R 基团带负电荷的氨基酸，在其侧链中带有给出质子的羧基，因此它们在中性或碱性溶液中带负电荷。

3. 氨基酸的命名

氨基酸的系统命名法是把氨基作为羧酸的取代基命名。但更常用的是俗名，即按氨基酸的来源或特性而命名。例如，最初从蚕丝和天门冬的幼苗中获得的氨基酸分别称为丝氨酸和天冬氨酸，甘氨酸因其具有甜味而得名。组成蛋白质的 20 种常见 α-氨基酸像元素符号一样，都有国际通用的符号，即常用中文缩写、英文缩写（通常为前三个字母）和单字符号表示。例如，甘氨酸的中文缩写为“甘”，英文名称 Glycine 缩写为“Gly”，单字符号为“G”。

常见 20 种氨基酸的名称、结构及中英文缩写符号如表 15-1 所示。

表 15-1　组成蛋白质的 20 种常见氨基酸

化合物	中文缩写	英文缩写	单字符号	结构式	pI
中性氨基酸					
甘氨酸 （氨基乙酸，glycine）	甘	Gly	G	$\mathrm{H{-}CH{-}COO^-}$ | $\mathrm{^+NH_3}$	5.97
丙氨酸 （α-氨基丙酸，alanine）	丙	Ala	A	$\mathrm{H_3C{-}CH{-}COO^-}$ | $\mathrm{^+NH_3}$	6.00
*缬氨酸 （β-甲基-α-氨基丁酸，valine）	缬	Val	V	$\mathrm{(CH_3)_2CH{-}CHCOO^-}$ | $\mathrm{^+NH_3}$	5.96
*亮氨酸 （γ-甲基-α-氨基戊酸，leucine）	亮	Leu	L	$\mathrm{(CH_3)_2CHCH_2{-}CHCOO^-}$ | $\mathrm{^+NH_3}$	5.98
*异亮氨酸 （β-甲基-α-氨基戊酸，isoleucine）	异亮	Ile	I	$\mathrm{CH_3CH_2CH{-}CHCOO^-}$ |　　| $\mathrm{CH_3\ ^+NH_3}$	6.02

续表

化合物	中文缩写	英文缩写	单字符号	结构式	pI
中性氨基酸					
* 苯丙氨酸 （β-苯基-α-氨基丙酸，phenylalanine）	苯丙	Phe	F	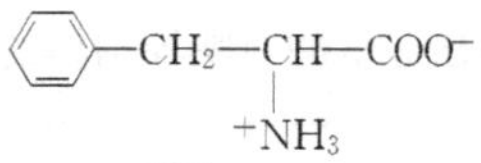	5.48
脯氨酸 （α-羧基四氢吡咯，proline）	脯	Pro	P	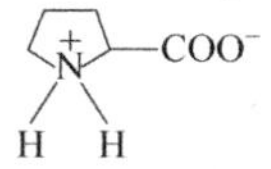	6.30
* 色氨酸 ［α-氨基-β-(3-吲哚基)丙酸，tryptophane］	色	Trp	W	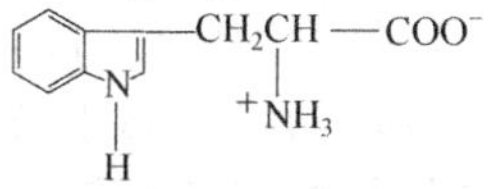	5.89
丝氨酸 （α-氨基-β-羟基丙酸，serine）	丝	Ser	S	$HOCH_2—CHCOO^-$ $\|$ $^+NH_3$	5.68
* 苏氨酸 （α-氨基-β-羟基丁酸，threonine）	苏	Thr	T	$H_3CCH—CHCOO^-$ $\|\quad\|$ $OH\ ^+NH_3$	5.60
半胱氨酸 （α-氨基-β-巯基丙酸，cysteine）	半胱	Cys	C	$HSCH_2—CH\ COO^-$ $\|$ $^+NH_3$	5.07
* 蛋(甲硫)氨酸 （α-氨基-γ-甲硫基丁酸，methionine）	蛋	Met	M	$H_3CSCH_2CH_2—CHCOO^-$ $\|$ $^+NH_3$	5.74
酪氨酸 （α-氨基-β-对羟苯基丙酸，tyrosine）	酪	Tyr	Y	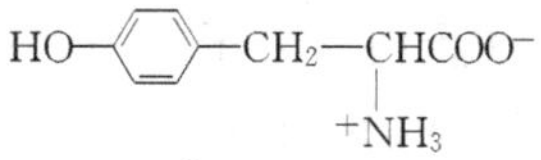	5.66
天冬酰胺 （α-氨基丁酰胺酸，asparagine）	天酰	Asn	N	O $\|\|$ $H_2N—C—CH_2CHCOO^-$ $\|$ $^+NH_3$	5.41
谷氨酰胺 （α-氨基戊酰胺酸，glutamine）	谷酰	Gln	Q	O $\|\|$ $H_2N—C—CH_2CH_2CHCOO^-$ $\|$ $^+NH_3$	5.65
酸性氨基酸					
天冬氨酸 （α-氨基丁二酸，aspartic acid）	天	Asp	D	$HOOCCH_2CHCOO^-$ $\|$ $^+NH_3$	2.77
谷氨酸 （α-氨基戊二酸，glutamic acid）	谷	Glu	E	$HOOCCH_2CH_2CHCOO^-$ $\|$ $^+NH_3$	3.22
碱性氨基酸					
* 赖氨酸 （α，ω-二氨基己酸，lysine）	赖	Lys	K	$H_3N^+—CH_2CH_2CH_2CH_2CHCOO^-$ $\|$ NH_2	9.74
精氨酸 （α-氨基-δ-胍基戊酸，arginine）	精	Arg	R	$^+NH_2$ $\|\|$ $H_2N—C—NHCH_2CH_2CH_2CHCOO^-$ $\|$ NH_2	10.76
组氨酸 ［α-氨基-β-(4-咪唑基)丙酸，histidine］	组	His	H	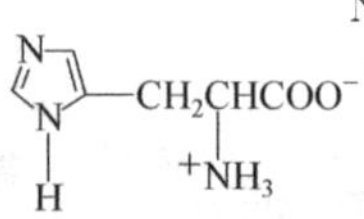	7.59

* 表示必需氨基酸。

在以上氨基酸中，* 标注的 8 种氨基酸不能由人体合成，必须由食物供给，如果人体缺乏这类氨基酸，就会导致生长缓慢或产生某些疾病。因此，这 8 种氨基酸称为必需氨基酸（essential amino acid)。此外，精氨酸和组氨酸在婴幼儿和儿童时期因体内合成不足，也需依赖食物补充一部分。

除上述 20 种氨基酸外，自然界中还发现大量以各种形式存在于动植物及细菌体内的修饰氨基酸和非蛋白氨基酸。修饰氨基酸往往是 20 种氨基酸结构修饰的衍生物，如胱氨酸、4-羟脯氨酸和 5-羟基赖氨酸等。由两分子半胱氨酸侧链上的巯基氧化可生成胱氨酸，胱氨酸分子中的二硫键对维持蛋白质的结构具有重要作用。

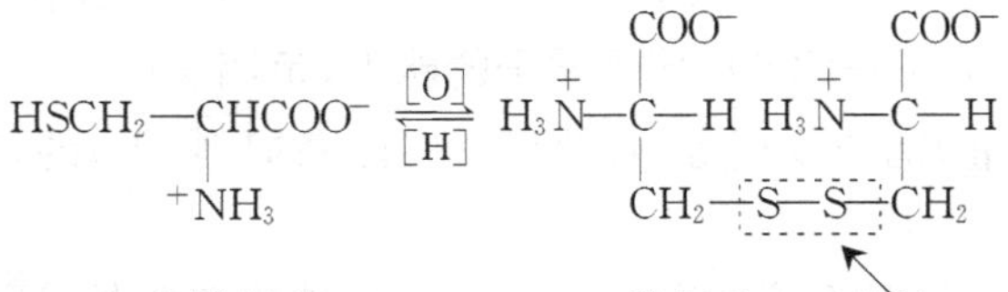

半胱氨酸　　胱氨酸　二硫键

4-羟基脯氨酸和 5-羟基赖氨酸主要存在于骨胶原和弹性蛋白中，是多肽链中脯氨酸和赖氨酸被羟化酶羟化后的产物。

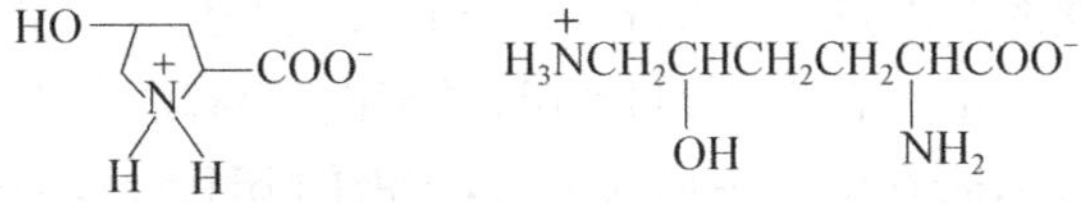

4-羟基脯氨酸　　**5-羟基赖氨酸**

非蛋白质氨基酸不参与构成蛋白质，但其中有些是蛋白质在体内的代谢中间体或产物，多为 α-氨基酸的衍生物，也有些是 β-氨基酸、γ-氨基酸、δ-氨基酸，还发现有 D 型氨基酸。例如，瓜氨酸是精氨酸被酶催化氧化生成代谢中间体 NO 反应的另一产物，脑内重要的神经递质 γ-氨基丁酸(GABA)是谷氨酸的脱羧产物。

瓜氨酸　　γ-氨基丁酸

15.1.2　氨基酸的性质

1. 氨基酸的物理性质

α-氨基酸为不易挥发的无色或白色晶体，熔点较高(一般为 200～300 ℃)，受热时易分解放出 CO_2。一般能溶于水，但溶解度差异很大；均可溶于强酸、强碱中；但难溶于苯、乙醚等有机溶剂。

2. 氨基酸的化学性质

氨基酸分子中同时含有羧基和氨基，它们具有羧酸和胺的某些典型性质，又由于氨基与羧基之间相互影响及分子中烃基的某些特殊结构，因而使其又表现出一些特殊的性质。

问题 15-2　试写出丙氨酸与下列试剂反应的产物。

(1) NaOH　　(2) HCl　　(3) CH_3CH_2OH/H^+　　(4) $(CH_3CO)_2O$

---

(1) 氨基酸的两性电离和等电点。氨基酸分子既可以与 H^+ 结合生成正离子，又可以失去 H^+ 形成负离子，因而表现出两性化合物的特性。氨基酸在水溶液中总是以正离子、负离子和偶极离子三种结构形式呈动态平衡：

$$H_3O^+ + R\text{—}\underset{\displaystyle NH_2}{\underset{|}{CH}}\text{—}COO^- \underset{}{\overset{H_2O}{\rightleftharpoons}} R\text{—}\underset{\displaystyle {}^+NH_3}{\underset{|}{CH}}\text{—}COO^- \overset{H_2O}{\rightleftharpoons} R\text{—}\underset{\displaystyle {}^+NH_3}{\underset{|}{CH}}\text{—}COOH + OH^-$$

负离子(Ⅰ)　　偶极离子　　正离子(Ⅱ)

由于氨基酸分子中的酸性基团和碱性基团的数目和能力各异,因此不同的氨基酸在水溶液中呈现出不同的酸碱性。酸性氨基酸的水溶液显酸性,它以负离子的形式存在;碱性氨基酸的水溶液显碱性,它以正离子的形式存在;而对于中性氨基酸,在水溶液中解离时,由于—NH_3^+给出质子的能力大于—COO^-接受质子的能力,负离子(Ⅰ)的浓度要比正离子(Ⅱ)的大一些,若要使(Ⅰ)与(Ⅱ)的浓度相等,必须加一些酸来抑制(Ⅰ)的过多生成,所以溶液显弱酸性。

氨基酸在溶液中究竟以什么形式存在?除与它的结构有关外,还与它所在溶液的 pH 有关。当调节溶液的 pH 达到某一定值时,氨基酸主要以偶极离子的形式存在,此时氨基酸所带正、负电荷数相等,净电荷为零,呈电中性,在电场中既不向阴极移动,也不向阳极移动。此时溶液的 pH 称为该氨基酸的等电点(isoelectric point),以 pI 表示。在等电点时,氨基酸溶液的 pH=pI。若在溶液中加入酸时,溶液的 pH<pI,平衡向右移动,氨基酸主要以正离子的形式存在,在电场中向阴极移动;若在溶液中加入碱时,溶液的 pH>pI,平衡向左移动,氨基酸主要以负离子的形式存在,在电场中向阳极移动。

$$R\text{—}\underset{\displaystyle NH_2}{\underset{|}{CH}}\text{—}COO^- \underset{H^+}{\overset{OH^-}{\rightleftharpoons}} R\text{—}\underset{\displaystyle {}^+NH_3}{\underset{|}{CH}}\text{—}COO^- \underset{OH^-}{\overset{H^+}{\rightleftharpoons}} R\text{—}\underset{\displaystyle {}^+NH_3}{\underset{|}{CH}}\text{—}COOH$$

负离子(pH>pI)　　偶极离子(pH=pI)　　正离子(pH<pI)

等电点是氨基酸的特定常数,可由实验测得或通过计算得到。每种氨基酸因结构不同,其等电点也不相同。酸性氨基酸的等电点为 2.7～3.2,碱性氨基酸的等电点为 7.6～10.7,中性氨基酸的等电点为 5.0～6.5(表 15-1)。

氨基酸的等电点并非是其溶液的中性点。在等电点时,氨基酸溶液中的偶极离子浓度最大,溶解度最小,常用这一性质来分离氨基酸。例如,在含有多种氨基酸的混合溶液中,将溶液的 pH 调节为某一氨基酸的等电点时,该氨基酸就会析出。调节溶液的 pH,具有不同等电点的氨基酸即可分步析出。

而在相同 pH 的缓冲溶液中,各种氨基酸所带的电荷不同,在电场中泳动的方向和速率不同,可利用电泳技术分离或鉴别氨基酸混合物。例如,将赖氨酸、甘氨酸和天冬氨酸的混合溶液置于电泳介质(滤纸条或凝胶条)的中央,并用 pH=5.97 的缓冲液湿润,将滤纸条或凝胶条的两端与电极相连。当存在电势差时,带负电荷的天冬氨酸(pI=2.77)缓慢向阳极移动,同时,带正电荷的赖氨酸(pI=9.74)迁移至阴极端,而不带电的甘氨酸(pI=5.97)在电场中不泳动,借此可将三者进行分离。三种氨基酸混合物在电场中的泳动方向如图 15-1 所示。

(2) 脱羧反应。氨基酸在一定条件下能发生脱羧反应,脱去羧基,生成相应的胺。

$$\underset{\displaystyle {}^+NH_3}{\underset{|}{RCH}}COO^- \xrightarrow[\triangle]{Ba(OH)_2} RCH_2NH_2 + CO_2\uparrow$$

氨基酸在生物体内的脱羧反应是在脱羧酶的作用下生成少一个碳原子的胺。例如,组氨酸在脱羧酶的作用下转变为组胺,过量的组胺在体内储存可引起变态反应,如流鼻涕和眼睛痒痛。赖氨酸脱羧后生成毒性很强且有强烈气味的 1,5-戊二胺(尸胺)。

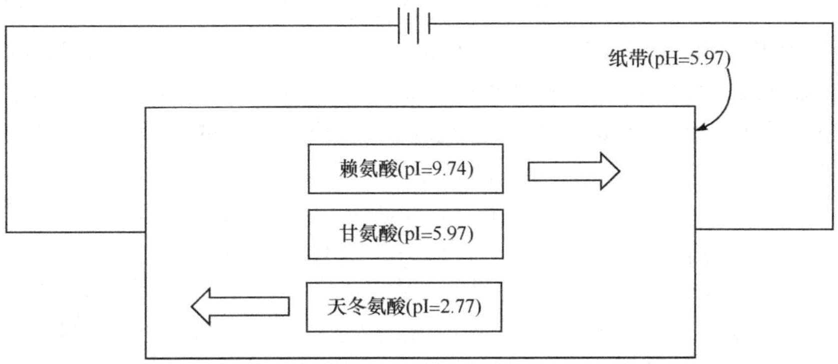

图 15-1　用电泳技术分离三种氨基酸混合物

$$H_3N^+(CH_2)_4\underset{\underset{NH_2}{|}}{C}HCOO^- \xrightarrow{\text{脱羧酸}} H_2N(CH_2)_4CH_2NH_2 + CO_2\uparrow$$

赖氨酸　　　　　　1,5-戊二胺

氨基酸脱羧后生成的胺呈碱性，若这些化合物在体内含量过高又不能正常代谢，将会引起碱中毒。

(3) 与亚硝酸反应。α-氨基酸(除脯氨酸和羟脯氨酸外)的氨基为伯胺基，与亚硝酸反应可定量地放出氮气，生成 α-羟基酸。

$$R-\underset{\underset{^+NH_3}{|}}{C}H-COO^- + HNO_2 \longrightarrow R-\underset{\underset{OH}{|}}{C}H-COOH + N_2\uparrow + H_2O$$

根据放出氮气的体积来测定氨基酸中氨基的含量，此法称为范斯莱克(van Slyke)氨基氮测定法，常用于氨基酸、多肽和蛋白质的定量分析。

(4) 显色反应。α-氨基酸与水合茚三酮在水溶液中加热时，生成蓝紫色的化合物(称为罗曼氏紫)。

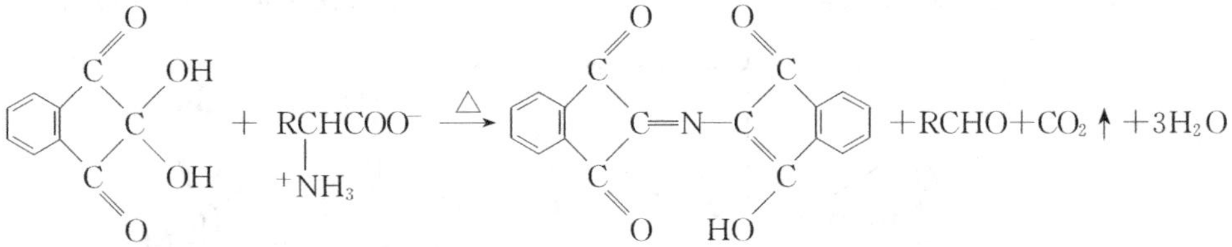

水合茚三酮　　　　　　　　罗曼氏紫

该反应用于鉴定 α-氨基酸非常灵敏。根据反应中 CO_2 的放出量或对罗曼氏紫的比色分析，就可对氨基酸作定量分析。该反应也广泛应用于肽和蛋白质的鉴定以及色谱分析中的显色。

脯氨酸等亚氨基氨基酸与水合茚三酮反应生成黄色化合物。

15.2　肽

15.2.1　肽的结构和命名

1. 肽的结构

肽(peptide)是氨基酸分子之间通过脱水形成的并以酰胺键相连而成的一类化合物，分子中的酰胺键又称为肽键(peptide bond)。一分子氨基酸中的羧基与另一个氨基酸分子的氨基之间脱去一分子水生成的酰胺称为二肽(dipeptide),由 3 个氨基酸缩合而成的肽称为三肽,由不超过 10 个氨基酸缩合而成的肽称为寡肽(oligopeptide)或低聚肽,由 10 个以上氨基酸缩合而成的肽称为多肽(poly peptide)。虽然存在环肽,但绝大多数的肽呈链状,因此又称为多肽链,以两性离子的形式存在。多肽链表示如下:

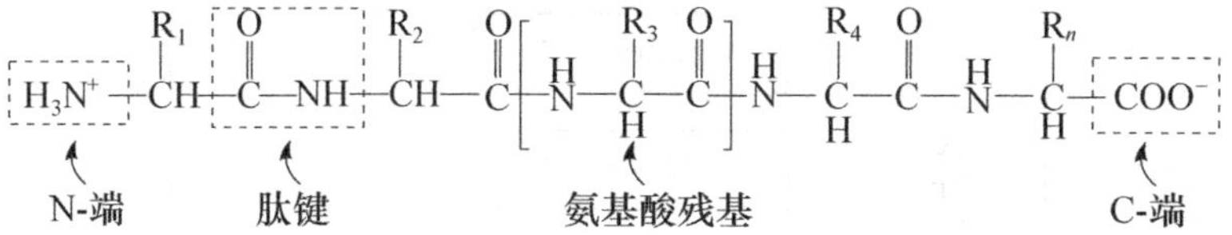

由于肽分子中的氨基酸通过脱水后才能形成肽链,已不是完整的氨基酸分子,所以肽链中的氨基酸又称为氨基酸残基(amino acid residue)。肽链的一端有游离的—NH_3^+,称为氨基末端或 N-端;而另一端有游离的—COO^-,称为羧基末端或 C-端。写肽链的结构式时,一般将 N-端写在左边,C-端写在右边。

不考虑同一种氨基酸的相互作用,两个不同的氨基酸形成二肽时,就有两种不同结构(或连接方式),随着形成肽的氨基酸数目的增多,在理论上的连接方式也随之增多,如三肽可能有 6 种,四肽有 24 种,n 肽就有 n! 种。因此,氨基酸按不同的顺序排列就可以形成大量的异构体,构成自然界中种类繁多的多肽和蛋白质。

多肽分子中构成多肽链的基本化学键是肽键,肽键与相邻的两个 α-碳原子所组成的基团(—C_α—CO—NH—C_α—)称为肽单元。研究表明:肽单元是共平面的,即组成肽单元的 6 个原子位于同一平面内(这个平面称为肽键平面,如图 15-2 所示);肽键中的 C—N 键长为132 pm,介于相邻的 C_α—N 键键长(147 pm)和 C═N 键键长(127 pm)之间,这表明肽键具有局部双键性质。

由于肽键不能自由旋转,与 C—N 键相连的两个原子或基团处于反式位置,呈较稳定的反式构型;肽键平面中除 C—N 键不能旋转外,两侧的 C_α—N 键和 C_α—C 键都是 σ 键,可以自由旋转,因而相邻的肽键平面可围绕 C_α旋转,使多肽链的主链骨架在空间形成不同的构象。

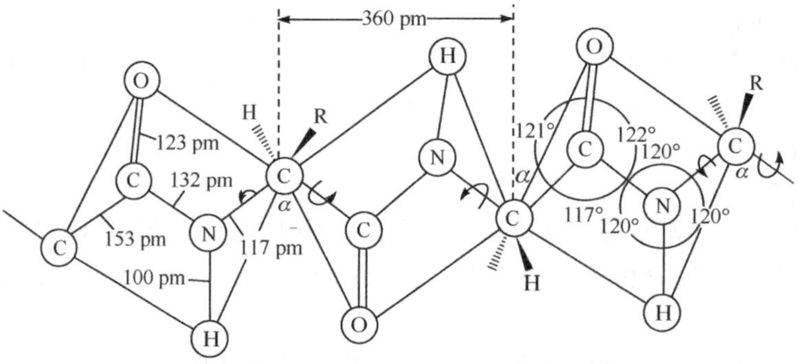

图 15-2　肽键平面

2. 肽的命名

肽的命名是以含 C-端的氨基酸为母体,从 N-端开始,依次将每个氨基酸残基写为某氨酰,处于 C-端的氨基酸保留原名,称为某氨酰某氨酸。通常肽链用简写式表示,即按从 N-端到 C-端的顺序,将组成肽链的各种氨基酸的英文缩写、单字符号或中文缩写写到一起,氨基酸之间

用“-”连接。例如

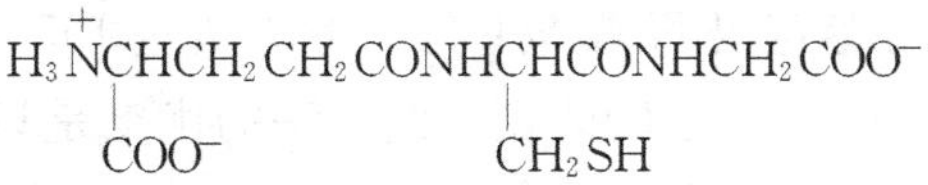

γ-谷氨酰半胱氨酰甘氨酸（γ-Glu-Cys-Gly，γ-E-C-G 或 γ-谷-半胱-甘）

问题 15-3　命名下列化合物。

15.2.2　肽链结构的测定

要确定肽的结构，不仅要确定组成肽链的氨基酸的种类和数目，而且还要研究肽链中氨基酸的排列顺序。

1. 组成测定

将纯化后的肽用酸完全水解为各种游离氨基酸的混合液，然后通过层析法或氨基酸分析仪来确定其组分和相对含量，再用物理化学方法测定氨基酸的相对分子质量，并计算出各种氨基酸的分子数目。

2. 序列测定

在肽链中各种氨基酸的排列顺序可用端基分析法和部分水解法结合来确定。

1）端基分析法

端基分析法是以某种标记化合物与肽链中的 N-端或 C-端的氨基酸作用，然后再水解，就能确定 N-端或 C-端氨基酸的种类。

（1）N-端分析。N-端分析常用的试剂是 2,4-二硝基氟苯（DNFB），该法又称为桑格（Sanger）法。DNFB 与 N-端的—NH_3^+ 反应，生成黄色的 *N*-（2,4-二硝基苯基）肽，经水解时此共价键不断裂，而原肽链的肽键被水解，因此含该试剂的氨基酸必然是 N-端氨基酸，该氨基酸可通过层析法检出。由于水解过程中整个肽链都被破坏，所以 Sanger 法在同一个肽链上只能做一次 N-端分析。反应式如下：

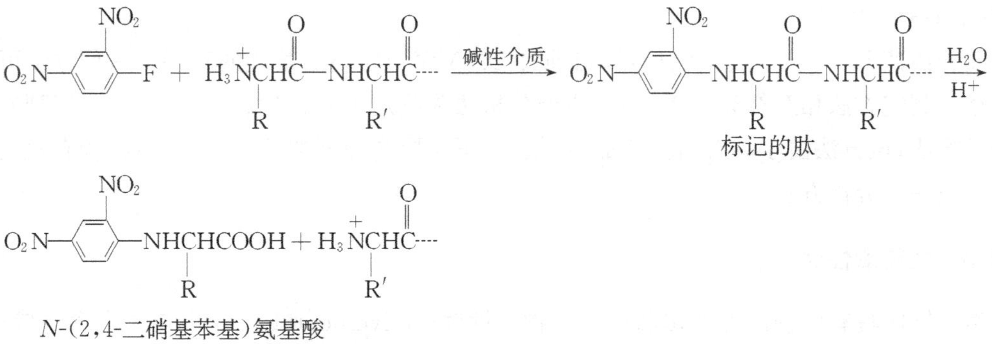

N-（2,4-二硝基苯基）氨基酸

目前 N-端分析广泛采用的另一种试剂是异硫氰酸苯酯。该试剂与肽链的 N-端氨基酸反应，生成苯氨基硫甲酰肽（PTC-肽），在有机溶剂中经无水 HCl 处理后，该肽键不被水解，但被结合的 N-端氨基酸以苯乙内酰硫脲氨基酸(PTH-氨基酸)的形式与肽链其他部分断开,再用乙酸乙酯提取,经层析法即可鉴定出 N-端氨基酸。此方法是 1950 年埃德曼(Edman)提出的,因此称为 Edman 降解,是对 Sanger 法的改良。此方法的优点是只断裂 N-端已经与试剂结合的氨基酸,而肽链的其余部分不受破坏,因此缩短的肽链又可以作类似的分析。现在用于测定蛋白质中氨基酸顺序的自动分析仪,就是根据该反应原理制成的。反应式如下:

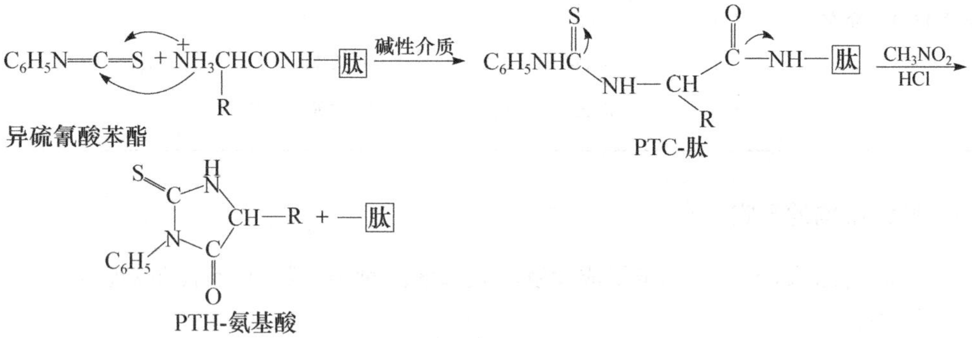

(2) C-端分析。C-端分析常用的试剂是羧肽酶。它能选择性地水解肽链中的 C-端氨基酸,并且可以反复用于缩短的肽链,逐个测定新的 C-端氨基酸。水解反应式如下:

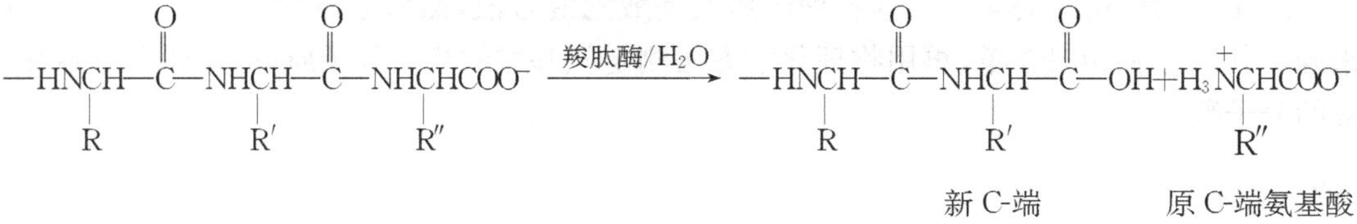

端基分析法通常适用于相对分子质量较小的多肽分析。对于较长的肽链,水解过程对其分析有干扰,因此还需要结合部分水解法确定肽链的排列顺序。

2) 部分水解法

部分水解法是将复杂的肽链用酸或酶部分水解成若干小肽的片段(碎片),然后用端基分析法鉴定,确定各个片段中氨基酸残基的排列顺序。经过组合、排列对比,找出关键性的"重叠顺序",推断出整个肽链中氨基酸残基的排列顺序。

用酸水解肽链选择性较差,每次水解得到的片段可能不同。而用某些蛋白酶水解则具有高度的专一性,某一种酶只能水解一定类型的肽键。例如,胰蛋白酶只能水解精氨酸和赖氨酸的羧基肽键,糜蛋白酶能水解芳香族氨基酸的羧基肽键,嗜热菌蛋白酶能水解亮氨酸、异亮氨酸、缬氨酸氨基肽键等。

随着快速 DNA 测序技术的使用,可通过 DNA 序列推演氨基酸的顺序。这种方法可以和肽链结构测定方法相互补充。近年来,质谱分析法为测定小肽、多肽及蛋白质分子序列提供了一种新方法,该方法由于具有所需样品少、快速、不需要高纯度的肽,因此是目前较有效的多肽和蛋白质序列分析方法。

15.2.3　生物活性肽

生物体内具有生物活性的多肽称为生物活性肽(active peptide),它们在体内含量较少,却具有重要的生物学功能,尤其在生物的生长、发育、细胞分化、大脑活动、肿瘤发生、生殖控制等方面起着重要的作用。以下介绍几种重要的生物活性肽。

1. 谷胱甘肽

谷胱甘肽(glutathione)学名 γ-谷氨酰半胱氨酰甘氨酸，是由谷氨酸、半胱氨酸和甘氨酸通过肽键缩合而成的三肽。由于其分子中含有—SH，因此又称为还原型谷胱甘肽(用 GSH 表示)。两分子的 GSH 的—SH 被氧化形成二硫键(—S—S—)，生成氧化型谷胱甘肽(用 G—S—S—G 表示)。

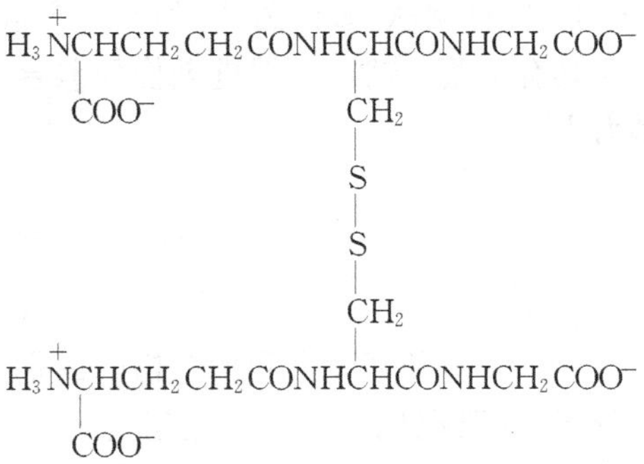

还原型谷胱甘肽　　　　　　　　　　氧化型谷胱甘肽

G—S—S—G 也可被还原成 GSH，GSH 和 G—S—S—G 之间的转变是可逆的。

$$2GSH \underset{[H]}{\overset{[O]}{\rightleftharpoons}} G—S—S—S—G$$

还原型　　　氧化型

谷胱甘肽广泛存在于生物细胞中，参与细胞的氧化还原过程。GSH 是体内主要的自由基清除剂；在体内对含—SH 的蛋白质和酶起着保护作用，使其不被氧化而失去生物活性；GSH 还可与某些毒物或药物反应，避免这些毒物或药物对 DNA、RNA 或蛋白质造成毒害。

2. 催产素和加压素

催产素(oxytocin)和加压素(vasopressin)都是在下丘脑的神经细胞中形成，然后顺着神经纤维运送到神经垂体并储存在神经垂体，在受到适当刺激时，再分泌入血液。结构上均为九肽，肽链中的两个半胱氨酸通过二硫键形成环肽，只是 3 位和 8 位残基不同，其余氨基酸残基的种类和顺序都相同。

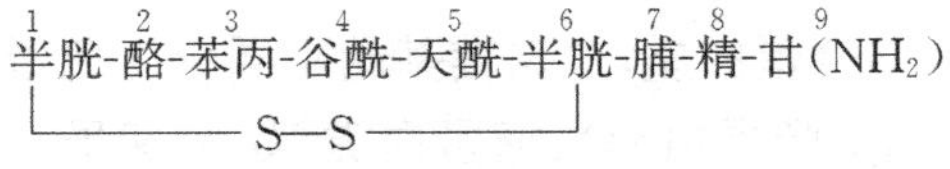

催产素

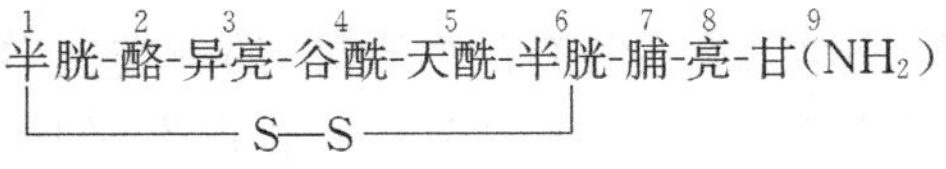

加压素

催产素能促使子宫及乳腺平滑肌收缩，具有催产及排乳作用；加压素能使毛细血管收缩，从而增高血压，并能降低肾小球的滤过率，具有增进水和钠离子吸收的功能和抗利尿作用。

3. 脑啡肽

1975 年，苏格兰科学家休斯(Hughes)和科斯特利兹(Kosterlitz)首先从猪脑中分离提取出两种具有与吗啡相同活性的肽，称为脑啡肽(enkephalin)。二者均为五肽，区别仅是 C-端的氨基酸残基不同，其中一种 C-端氨基酸残基是蛋氨酸的称为蛋氨酸脑啡肽，另一种C-端氨基酸残基是亮氨酸的称为亮氨酸脑啡肽。结构式如下：

Tyr-Gly-Gly-Phe-Met　Tyr-Gly-Gly-Phe-Leu
蛋氨酸脑啡肽　亮氨酸脑啡肽

脑啡肽有很强的镇痛作用。

4. 多肽类抗生素

多肽类抗生素是具有多肽结构特征的一类抗生素，包括多黏菌素类（多黏菌素 B、多黏菌素 E）、杆菌肽类（杆菌肽、短杆菌肽）和万古霉素。其中多数是开链肽，也有少量的环状肽。多肽类抗生素具有抗菌、抗肿瘤、促进创伤面愈合等多种生物学特性，尤其作为广谱高效抗菌药，其市场潜力十分巨大。

15.3 蛋　白　质

蛋白质(protein)和多肽之间无严格的区别，都是由氨基酸残基通过肽键相互连接而形成的生物大分子，一般把相对分子质量超过 10 000 的多肽称为蛋白质。但从结构上说，蛋白质分子的结构更复杂，除有一定的氨基酸组成和排列顺序外，还有特殊的空间结构。蛋白质的空间结构对其生物学功能有着非常重要的作用。

15.3.1　蛋白质的元素组成和分类

蛋白质几乎存在于任何生物体中。人体内有 10 万种以上的蛋白质，其质量约占人体干重的 45%。组成蛋白质的主要元素有碳、氢、氮、氧、硫等。此外，有些蛋白质中还含有磷、铁、镁、碘、铜、锌等。

大多数蛋白质中的氮元素的质量分数很接近，约为 16%，即每克氮相当于 6.25 g 的蛋白质。由于生物组织中的绝大多数氮元素都来自蛋白质，因此只要测定出生物试样中氮的质量分数，再乘以 6.25，就可得到试样中蛋白质的质量分数。

蛋白质的种类繁多，功能各异，目前尚缺乏能被普遍接受的分类系统，可基于蛋白质的化学组成、形状和功能等来分类。

根据化学组成分为单纯蛋白质和结合蛋白质。仅含 α-氨基酸组成的蛋白质称为单纯蛋白质，如清蛋白、组蛋白、精蛋白等。除含单纯蛋白质以外，还含有非蛋白物质（又称为辅基，如糖类、脂类、磷酸和有色物质等）的一类蛋白质称为结合蛋白质，根据辅基的不同分为色蛋白类（如血红蛋白、肌红蛋白等）、脂蛋白类（如 α-脂蛋白、β-脂蛋白等）、糖蛋白类（如 γ-球蛋白等）、核蛋白类（如核蛋白体、烟草花叶病毒等）、磷蛋白类（如酪蛋白等）等。根据形状又可将蛋白质分为可溶性球状蛋白质和不溶性纤维状蛋白质。例如，肌红蛋白、血红蛋白是球状蛋白质；角蛋白和胶原蛋白是纤维状蛋白质。根据功能分为活性蛋白质和非活性蛋白质。活性蛋白质是指在生命活动中具有生理活性的蛋白质，包括酶、激素及抗体等。非活性蛋白质是指担任生物保护或支持作用的蛋白质，包括角蛋白和胶原蛋白等。

15.3.2　蛋白质的结构

蛋白质的结构十分复杂，在其多肽链结构中除各种氨基酸的排列顺序外，还存在肽链的空间排布、构象和肽链段之间的相互作用。常将蛋白质的结构分为一级结构、二级结构、三级结构和四级结构。

蛋白质的一级结构(primary structure)又称为初级结构或基本结构，即多肽链中氨基酸残基的排列顺序，其中也包括二硫键的位置。它决定着蛋白质的性质。在多肽链中，连接氨基酸残基的主要化学键是肽键，也称为主键，此外，在一级结构中也存在其他类型的化学键，如二硫键、酯键等。蛋白质分子可以由一条多肽链组成，也可以由两条或多条多肽链组成。任何特定的蛋白质都有其特定的氨基酸排列顺序。例如，牛胰岛素分子的一级结构如图 15-3 所示。

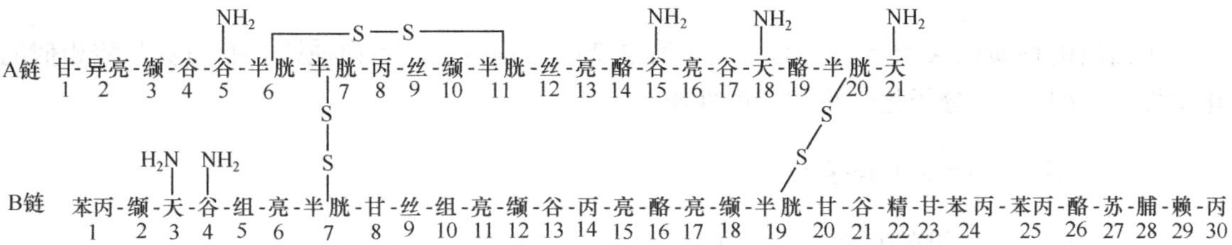

图 15-3　牛胰岛素的一级结构

牛胰岛素分子是由 51 个氨基酸残基组成的 A、B 两条多肽链，A 链含 21 个氨基酸残基，B 链含 30 个氨基酸残基。A 链和 B 链通过两个二硫键连接在一起，A 链中第 6 位和第 11 位的两个氨基酸残基之间还有一个二硫键。

蛋白质的二级结构、三级结构和四级结构均属于构象范畴，是多肽链在空间上进一步盘曲折叠形成的构象，也称为蛋白质的空间结构。蛋白质分子的二级结构(secondary structure)主要指多肽链的主链骨架在空间形成不同的构象，通过一个肽键平面中的 $\rangle C{=}O$ 和另一个肽键平面中的—NH—之间形成的氢键使肽键平面呈现不同的卷曲和折叠，主要有 α-螺旋(图 15-4)、β-折叠(图 15-5)、β-转角和无规卷曲等几种类型。

α-螺旋是多肽链中各肽键平面通过 α-C 的旋转，以螺旋方式按顺时针方向盘旋延伸形成的盘曲构象，螺旋之间靠氢键维系。β-折叠又称为 β-片层结构，它是指多肽链呈一种铺开的折扇形状，几条肽链或一条肽链的若干肽段平行排列，β-折叠依靠相邻肽链亚氨基上的氢和羰基氧原子之间形成的氢键维系。氢键是维持二级结构稳定的主要作用力。

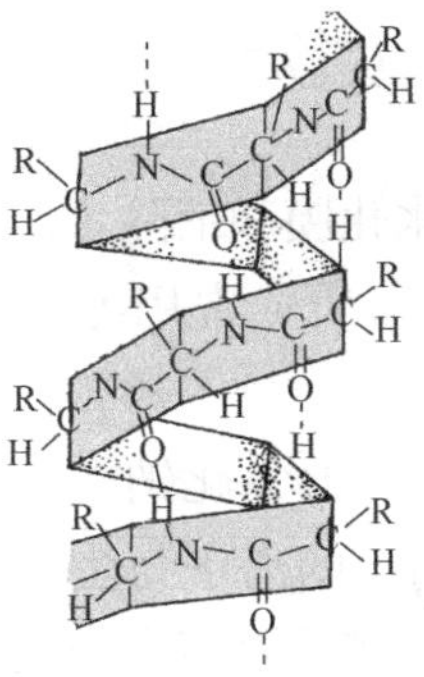

图 15-4　蛋白质的 α-螺旋结构

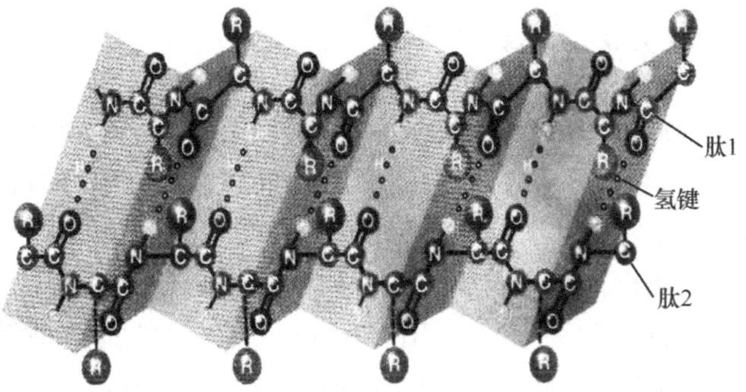

图 15-5　蛋白质的 β-折叠结构

蛋白质的三级结构(tertiary structure)是蛋白质的多肽链在二级结构的基础上，进行范围更广泛地扭曲折叠，形成包括主、侧链在内的空间排布。三级结构的形成和稳定除氢键维系外，还包括副键（如疏水作用力、范德华力、盐键、二硫键、酯键等）的维持作用，副键的键能较小，稳定性较差，但数量多，因此在维持蛋白质空间构象中起着重要作用。

蛋白质的四级结构（quaternary structure）由两条或两条以上具有三级结构的多肽链集合而成。其中每一条多肽链又称为亚基（subunit），亚基间通过氢键、疏水作用力或静电吸引缔合成为蛋白质的四级结构。

15.3.3 蛋白质的性质

蛋白质的性质取决于蛋白质的组成和其复杂的结构特征。蛋白质既具有与氨基酸相似的化学性质，又具有高分子化合物的一般性质。

1. 蛋白质的两性电离和等电点

蛋白质分子中肽键的C-端有$—COO^-$，N-端有$—NH_3^+$，侧链上有游离的羧基和氨基，与氨基酸一样，属于两性化合物，并具有等电点。不同种类的蛋白质具有不同的等电点。例如，酪蛋白的等电点为4.6，胰岛素为5.3，胃蛋白酶为1.0。人体中大多数蛋白质的等电点在5左右，而人体血液pH为7.35～7.45，因此蛋白质在血液中多以负离子的形式存在并与Na^+、K^+、Ca^{2+}等结合成盐。在等电点时，蛋白质不带电，蛋白质的溶解度最小，易聚积而以沉淀的形式析出。蛋白质与氨基酸一样也可采用电泳技术进行分离和纯化。

问题 15-4 胰岛素的等电点pI=5.3，将其置于pH为3.0、5.3和7.0的缓冲溶液中，它分别带哪种电荷？在哪一种溶液中溶解度最小？

---

2. 胶体性质

蛋白质在溶液中形成的颗粒直径一般为1～100 nm，属于胶体分散系，所以蛋白质具有胶体溶液的性质，如丁铎尔现象、布朗运动、不能透过半透膜及具有吸附作用等。

利用蛋白质不能透过半透膜的性质，可以分离提纯蛋白质（除去小分子杂质），这种方法称为透析法。

3. 蛋白质的沉淀

蛋白质溶液的稳定性是有条件的、相对的，若破坏蛋白质表层的水化膜和消除蛋白质所带的电荷后，蛋白质在溶液中就会凝集而以沉淀的形式析出。沉淀蛋白质的常用方法有以下几种。

（1）盐析。向蛋白质溶液中加入强电解质中性盐（如硫酸铵、硫酸钠、氯化钠等），使之析出沉淀的现象称为盐析（salting out）。其作用的实质是强电解质电离出的离子与蛋白质争夺水分子，因为强电解质离子的水化能力比蛋白质强，所以强电解质破坏了稳定蛋白质表面的水化膜，同时又中和了蛋白质所带的电荷，使蛋白质分子凝集而沉淀。若结合调节溶液的pH至蛋白质的等电点，盐析效果将会更好。

盐析所需电解质的最小质量称为盐析浓度，不同蛋白质盐析浓度常不同，可通过调节电解质浓度的方法使蛋白质分段沉淀析出，将混合的蛋白质加以分离。盐析一般不会破坏蛋白质的结构和生物活性，当加水或透析时，盐析出来的蛋白质又能重新溶解。盐析是一个可逆过程。

（2）有机溶剂沉淀法。在蛋白质溶液中加入适量的水溶性有机溶剂如乙醇、丙酮等，由于它们对水的亲和力大于蛋白质，破坏了蛋白质分子的水化膜而使之沉淀。这种方法在较短时间和低温时，沉淀是可逆的，蛋白质可保持其生物活性；但若时间较长和温度较高时，则会引起蛋白质性质的改变，而不再溶解。在中草药有效成分的提取、分离过程中，常加入乙醇以沉淀蛋白质。

（3）有机酸或重金属离子沉淀法。当 pH＜pI 时，三氯乙酸、苦味酸、鞣酸、磷钼酸等有机酸可与蛋白质分子中的正离子结合生成沉淀。当溶液 pH＞pI 时，加入氯化汞、硝酸银、乙酸铅和硫酸铜等重金属盐，这些重金属阳离子可与蛋白质分子的羧基负离子结合生成沉淀。

问题 15-5　试述如何使蛋白质沉淀和蛋白质分步盐析。

---

4. 蛋白质的变性

由于物理（如加热、加压、搅拌、紫外线或 X 射线等）或化学因素（如强酸、强碱、有机溶剂、重金属等）的影响，蛋白质分子的二级和三级结构发生改变，导致其理化性质改变、生理活性丧失的现象，称为蛋白质的变性（denaturation）。变性后的蛋白质称为变性蛋白质。蛋白质变性后，溶解度下降，不易结晶，易被酶水解。

蛋白质的变性一方面是破坏了维系和固定蛋白质空间结构的副键，蛋白质由原来有序的紧密空间结构变为无序松散的伸展状结构（但一级结构并未改变），使原来处于分子内部的疏水基团大量伸向分子表面，使蛋白质分子颗粒失去水化膜；另一方面，蛋白质分子中的某些极性基团也发生改变，影响到蛋白质的带电状态，结果使蛋白质容易沉淀或凝固。

蛋白质的变性有很多实际应用。例如，采用高温、高压、煮沸、紫外线照射或体积分数为 75％的乙醇等方法消毒，使细菌或病毒体内的蛋白质变性而失活，达到灭菌和消毒目的。变性后的蛋白质在体内更容易被消化吸收。蛋白质变性也有负面效应。例如，菌种、生物制剂的失效，种子失去发芽能力等均与蛋白质的变性有关，需要设法避免变性作用。

5. 颜色反应

蛋白质可以与某些试剂发生显色反应，这些反应常用于蛋白质的鉴别。

（1）缩二脲反应。蛋白质与硫酸铜的碱性溶液反应，呈紫色或紫红色。生成的颜色与蛋白质的种类有关。

（2）茚三酮反应。蛋白质与水合茚三酮一起加热呈现蓝紫色，此反应可用于蛋白质的定性和定量分析。

（3）蛋白黄反应。含有芳环的蛋白质与浓硝酸反应呈黄色。皮肤上溅上硝酸后变黄就是这个缘故。

6. 紫外吸收性质

酪氨酸、苯丙氨酸和色氨酸等氨基酸在 280 nm 处有最大的吸收峰，由于大多数蛋白质都含有这些氨基酸残基，因此也会有相应的紫外吸收特性。通过对 280 nm 处蛋白质溶液的吸光度测量即可对蛋白质溶液进行定量分析。

7. 水解作用

蛋白质在酸、碱或酶的作用下水解，经过一系列中间产物后，最终生成 α-氨基酸的混合物。其水解过程如下：

蛋白质→蛋白脲→蛋白胨→多肽→寡肽→二肽→α-氨基酸

蛋白质的水解反应对研究蛋白质以及在生物体中的代谢都具有十分重要的意义。

15.4 酶的化学

15.4.1 酶的概念

酶(enzyme)是一类由生物细胞产生的、具有催化活性的生物大分子。其化学本质主要是蛋白质，极少数是 RNA 等非蛋白质的分子。由酶催化的化学反应称为酶促反应，被酶催化的物质称为底物。

15.4.2 酶的分类和命名

1. 酶的分类

酶的种类很多，根据国际生化委员会酶学委员会的建议，酶按其催化反应的类型可分为 6 种：氧化还原酶催化氧化反应和还原反应；转移酶催化某一个基团从一个底物传送到另一个底物的反应；水解酶催化水解反应；裂解酶催化底物裂解为一些小分子；异构酶催化异构化反应；连接酶在腺苷三磷酸的参与下，使两个分子成键连接。

酶按化学组成又可分为单纯酶和结合酶两类。仅由蛋白质构成的酶，称为单纯酶，如淀粉酶、胃蛋白酶等；由蛋白质部分和非蛋白质部分组成的酶，称为结合酶，也称为复合酶。复合酶的蛋白质部分称为酶蛋白，非蛋白质部分称为辅助因子，它是由有机小分子或金属离子构成的。与酶蛋白松弛结合的辅助因子称为辅酶(coenzyme)，与酶蛋白较牢固结合的辅助因子称为辅基(prosthetic group)。单一的酶蛋白或辅助因子都没有活性，只有二者的复合物才具有酶的催化活性。酶蛋白决定反应的专一性和高效性，辅助因子决定反应的类型和性质。

2. 酶的命名

根据国际生化委员会酶学委员会在 1961 年提出的“国际系统命名法原则”，每一种酶都有一个习惯名称和一个系统名称。习惯名称有的根据底物，有的根据反应性质，有的将二者结合起来，还有的根据来源等来命名，如蛋白酶、胰蛋白酶、氨基酸氧化酶。系统名称要求标明酶的底物及催化反应的性质，因此它由底物名称和反应类型组成。例如，乳酸脱氢酶的系统命名为 L-乳酸：NAD^+ 氧化还原酶。

3. 酶的催化特点

与一般化学催化剂一样，酶只能催化热力学允许的反应，不影响反应的平衡常数，仅改变反应的途径，降低反应的活化能。此外，酶作为生物催化剂又具有一些特殊的特征，酶催化反应的条件十分温和，机体中多数化学反应在 37 ℃，常压和接近中性等条件下进行。酶具有高度的催化活性，对于同一反应，酶催化的反应速率是非催化反应速率的 10^8～10^{22} 倍，是一般化学催化剂催化反应速率的 10^7～10^{13} 倍。例如，糖苷酶催化多糖水解，使其反应速率增快 10^{17} 倍，使反应时间由数百万年缩短到几毫秒。酶具有高度的专一性，一种酶通常只催化一个特定的反应或只作用于一个特定的底物。例如，α-糖苷酶只能水解 α-糖苷键，而不能水解 β-糖苷键；精氨酸酶只能催化含 L-精氨酸的肽链水解，而对含 D-精氨酸的肽链则无作用。也有的酶对多种底物起作用，例如，木瓜蛋白酶能催化多种肽键的水解。

4. 酶的活性中心

酶的这种高效、高度专一的催化特点与酶的活性部位有关。在酶分子中与酶活性密切相关的化学基团称为酶的必需基团。酶的必需基团在空间结构上相互靠近，组成具有特定空间结构的区域，并能与底物特异地结合而将底物转化为产物的区域称为活性中心。酶的活性中心一般是位于酶表面的、具有三维结构的、呈裂缝状的小区域，只占整个酶分子的很小一部分。它可以深入到酶分子内部，且多为氨基酸残基疏水基团组成的疏水环境，裂缝的非极性增进了与底物的结合。酶活性中心外的一些必需基团虽不参与酶活性中心的组成，但可维系酶活性中心三维结构的特定空间构象，该构象具有柔性。1890 年，德国化学家 Fischer 曾提出酶和底物作用的锁-钥匙模型(图 15-6)，该模型虽然可较好地解释酶对底物的专一性，但后来的诱导契合模型表明，酶的活性部位并不是刚性的，在底物与酶接近时，酶受到底物分子的诱导，其构象发生适合于与底物结合的变化，最终导致酶与底物之间的契合（图 15-7)，生成米氏复合物。定向诱导契合使底物的化学键变形或极化，使之更具反应性；底物分子可以“靠近”及“定向”于酶，大大提高了活性中心区域的底物有效浓度，同时使之处于一种有利于反应的取向；酶的活性中心具有某些氨基酸残基的 R 基团，这些基团往往是良好的质子供体或受体，在酶催化过程中协同作用，大大增强了催化效果。酶催化反应后，释放出产物同时酶的构象再逆转，酶回到它的初始状态。

不同的酶，其活性中心也不同，对其作用的底物的空间构型和构象的要求也不同，这就决定了酶具有高度的选择性。

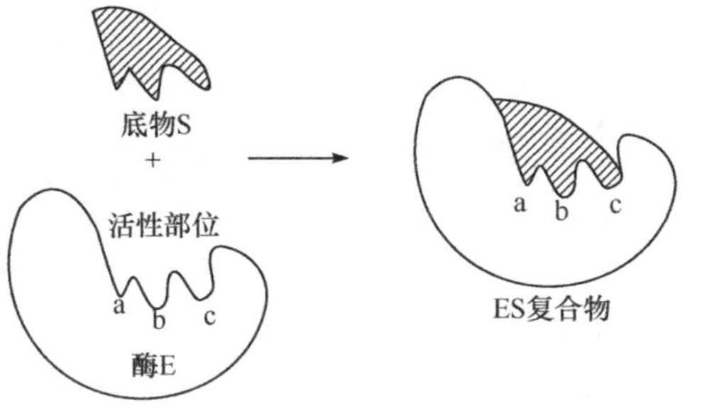

图 15-6　酶和底物相互作用的锁-钥匙模型

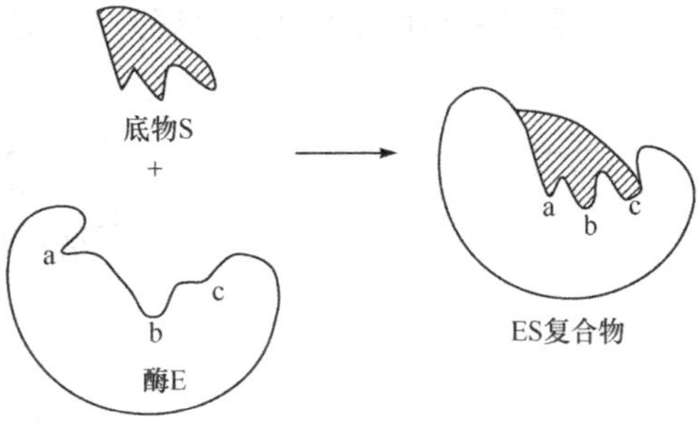

图 15-7　酶和底物相互作用的诱导契合模型

15.5　核　　酸

1869 年，瑞士科学家米歇尔(Miescher)首次从浓细胞核中分离获得一种含磷的酸性物质，当时称为“核素”(nuclein)，20 年后，更名为核酸(nucleic acid)。它控制着生命遗传，支配着蛋白质合成，是生物体遗传的物质基础。

15.5.1 核酸的化学组成

元素分析表明,核酸分子中主要由碳、氢、氧、氮、磷等元素组成,其中磷含量较恒定,为9%～10%,可通过检测样品中磷的含量进行核酸的定量分析。

通常核酸在细胞内主要与蛋白质结合形成核蛋白,水解首先会生成蛋白质和核酸,随后核酸水解成核苷酸,核苷酸进一步水解得到核苷(nucleoside)和磷酸,核苷经彻底水解则生成戊糖和碱基。

1. 戊糖

核酸中的戊糖有两种:D-2-脱氧核糖和 D-核糖,均为β-构型。含有 D-2-脱氧核糖的核酸称为脱氧核糖核酸(deoxyribonucleic acid,DNA),含有 D-核糖的核酸称为核糖核酸(ribonucleic acid,RNA)。其结构和编号如下:

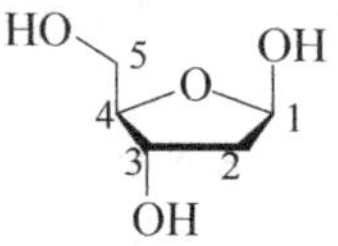
β-D-2-脱氧核糖

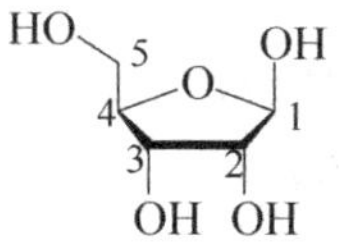
β-D-核糖

2. 碱基

核酸分子中所含的碱基都为嘌呤和嘧啶的衍生物:嘌呤碱有腺嘌呤(adenine,A)和鸟嘌呤(guanine,G),嘧啶碱有胞嘧啶(cytosine,C)、尿嘧啶(uracil,U)和胸腺嘧啶(thymine,T),结构式如下:

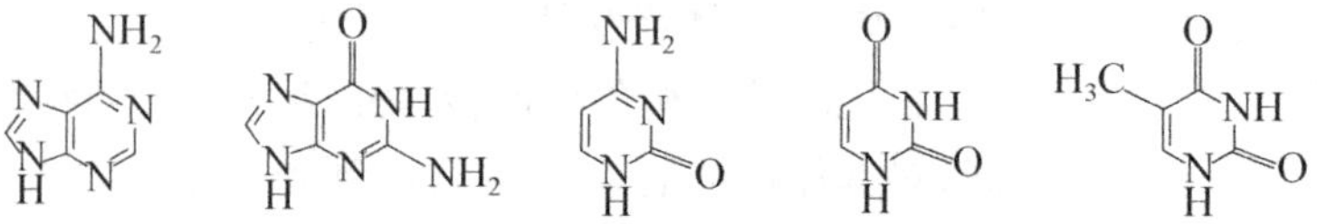
腺嘌呤(A) 鸟嘌呤(G) 胞嘧啶(C) 尿嘧啶(U) 胸腺嘧啶(T)

两类碱基均可发生酮式-烯醇式互变。例如

鸟嘌呤

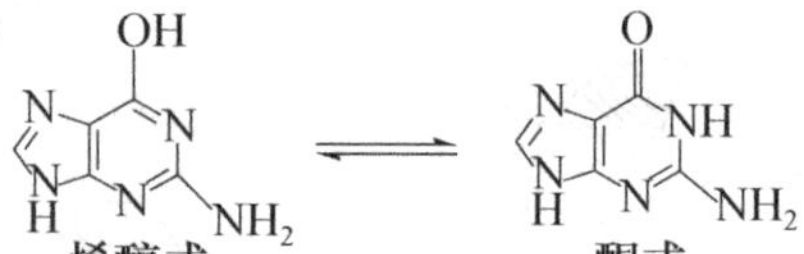
烯醇式 酮式

胞嘧啶

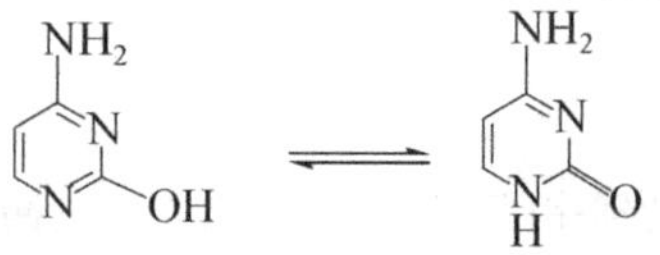
烯醇式 酮式

通常在生理条件下或者酸性和中性介质中,碱基均以酮式为主要存在形式。

DNA 和 RNA 中所含的嘌呤碱相同,但所含的嘧啶碱不同,组成 DNA 的嘧啶碱主要为胞嘧啶和胸腺嘧啶,而组成 RNA 的嘧啶碱主要为胞嘧啶和尿嘧啶。

3. 核苷

核苷也是一种糖苷，是由戊糖 1′位 C 上的 β-羟基与嘧啶碱 1 位或嘌呤碱 9 位氮原子上的氢脱水缩合而成的氮苷。核酸中的氮苷键均为 β-型。为避免戊糖的表示与碱基中原子编号混淆，规定戊糖环上的原子编号数字总是以带撇数字表示以示区别。

对核苷命名时，将碱基放在核苷的前面，如鸟嘌呤核苷（简称为鸟苷）和胞嘧啶脱氧核苷（简称为脱氧胞苷）等。在 DNA 中常见的四种脱氧核苷的结构和名称如下：

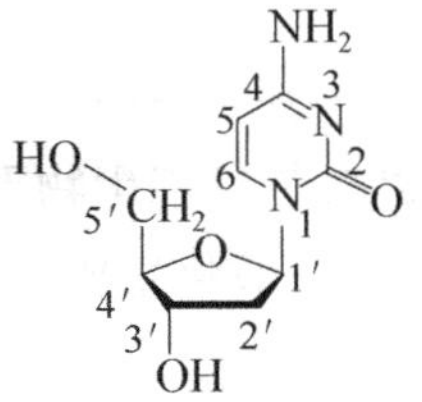

胞嘧啶脱氧核苷(脱氧胞苷)

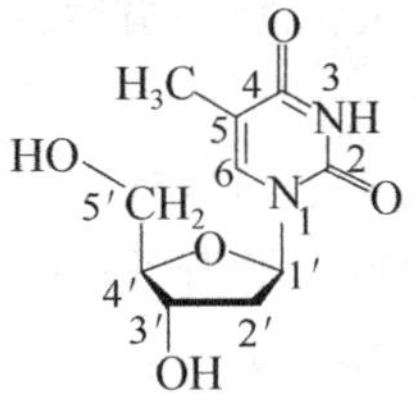

胸腺嘧啶脱氧核苷(胸苷)

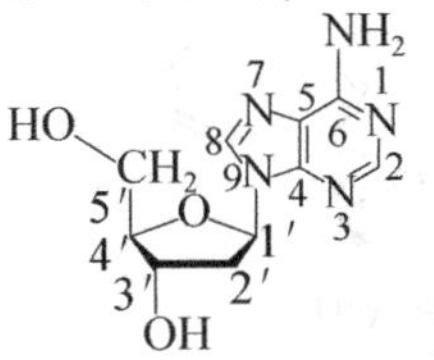

腺嘌呤脱氧核苷(脱氧腺苷)

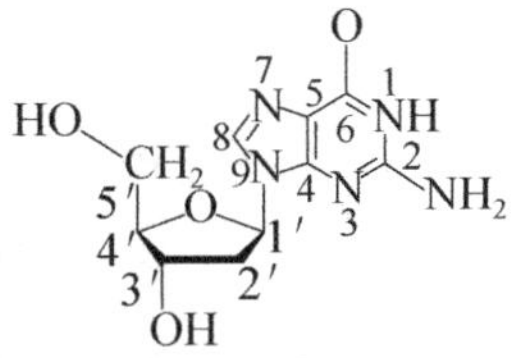

鸟嘌呤脱氧核苷(脱氧鸟苷)

RNA 中常见的四种核苷的结构及名称如下：

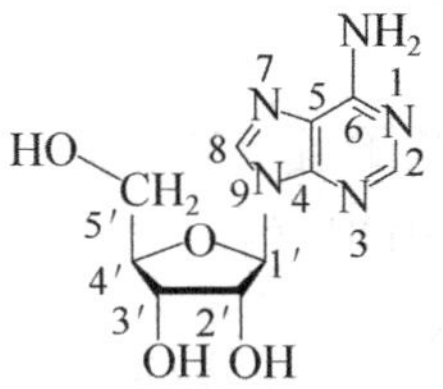

腺嘌呤核苷(腺苷)

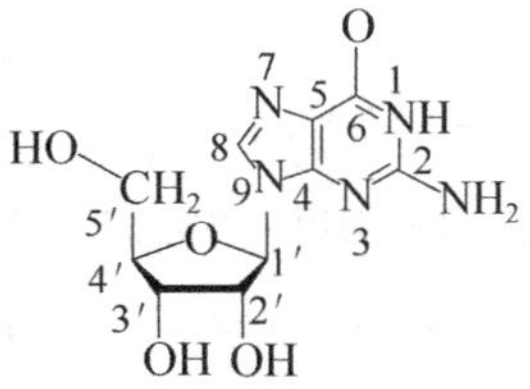

鸟嘌呤核苷(鸟苷)

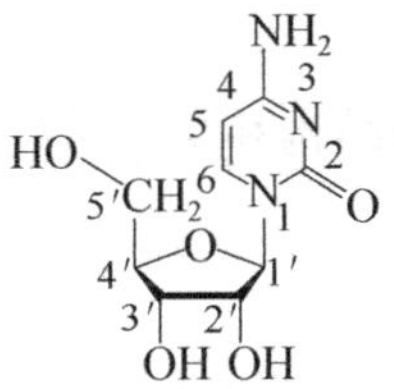

胞嘧啶核苷(胞苷)

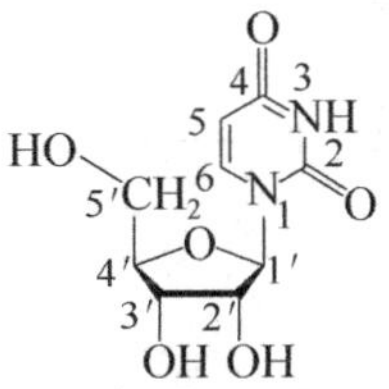

尿嘧啶核苷(尿苷)

氮苷与氧苷一样，对碱稳定，但在强酸溶液中能水解成相应的戊糖和碱基。

4. 核苷酸

核苷酸(nucleotide)是核苷的磷酸酯，又称为单核苷酸，是组成核酸的基本单位。核苷分子中的核糖或脱氧核糖的 3′位或 5′位的羟基可与磷酸酯化生成核苷酸，生物体内游离存在的核苷酸主要是 5′-核苷酸。组成 DNA 的核苷酸有脱氧腺苷酸（d-AMP）、脱氧鸟苷酸（d-GMP）、脱氧胞苷酸（d-CMP）和脱氧胸腺苷酸（d-TMP），组成 RNA 的核苷酸有腺苷酸（AMP）、鸟苷酸（GMP）、胞苷酸（CMP）和尿苷酸（UMP）。腺苷酸和脱氧胞苷酸的结构如下：

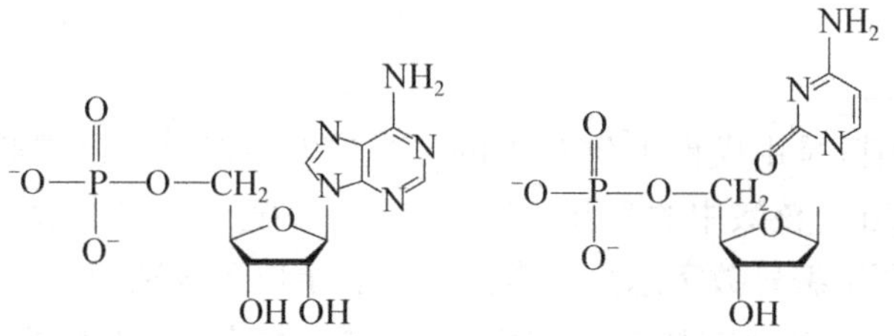

腺苷酸　　　　脱氧胞苷酸

问题 15-6 试写出胞苷酸和脱氧鸟苷酸的结构式。

在生物体内，核苷酸除了组成核酸外，还有一些是以游离态或衍生物形式存在，它们同样具有重要的生理作用。例如，腺苷酸(AMP)在体内能进一步磷酸化生成腺苷二磷酸(ADP)或腺苷三磷酸(ATP)，其结构式如下：

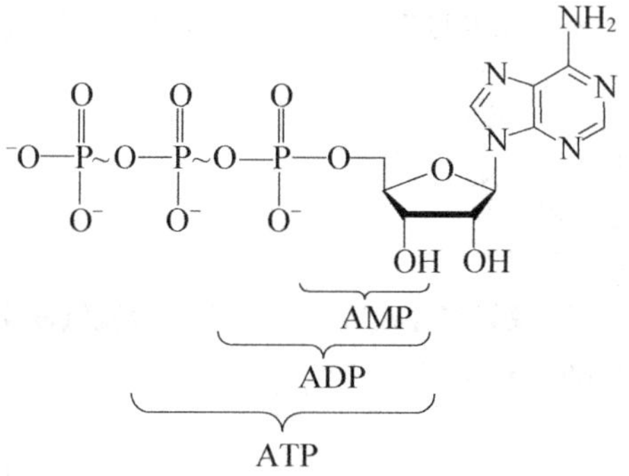

在 ADP 和 ATP 分子中，磷酸与磷酸之间的磷酸酐键具有较高的能量(水解时释放出大量的能量)，称为高能磷酸键，用"～"表示。ATP 和 ADP 又称为高能磷酸化合物，高能磷酸化合物是生物体内能量的储藏、转移和利用的主要形式。

15.5.2 核酸的分子结构

核酸的结构和蛋白质一样，非常复杂，也分为一级结构和空间结构。

1. 核酸的一级结构

核酸的一级结构是指核酸分子中各核苷酸排列的顺序，又称为核苷酸序列。由于核苷酸间的差别主要是碱基不同，因此也称碱基序列。无论是 RNA 还是 DNA，都是由一个核苷酸戊糖上 3′-羟基与另外一个核苷酸 5′-磷酸基脱水缩合形成 3′，5′-磷酸二酯键连接而成的多核苷酸长链大分子。多核苷酸长链的骨架是由磷酸和戊糖组成，每个核苷酸单位上的碱基不参与主链的结构，多核苷酸链连接方向为 5′→3′方向，主链的两端分别称为 5′端(常含游离磷酸基)和 3′端(常含戊糖)。

DNA 和 RNA 中部分核苷酸链结构可用简式表示如下：

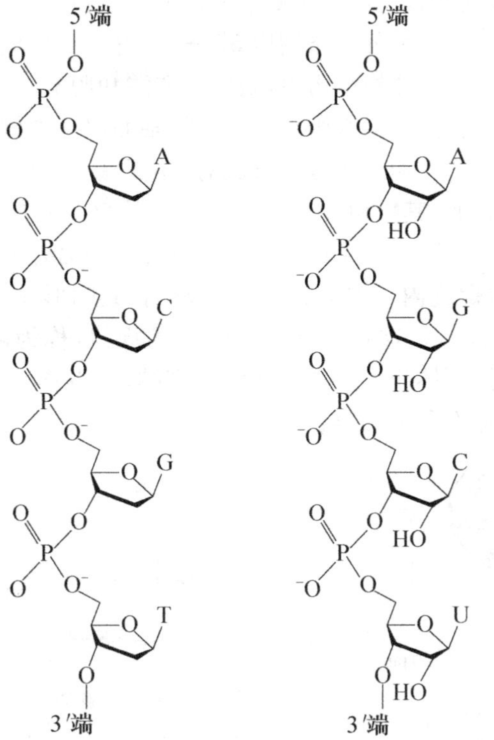

DNA　　　　RNA

这种表示方法较为直观，磷酸二酯键的连接关系一目了然，但书写麻烦。为了简化书写，常用线条式表示法和字母式表示法。线条式表示法中 P 表示磷酸基，竖线表示戊糖基，表示碱基的相应英文大写字母置于竖线上，斜线表示 3′，5′-磷酸二酯键。以上的 DNA 和 RNA 部分核苷酸链结构可表示如下：

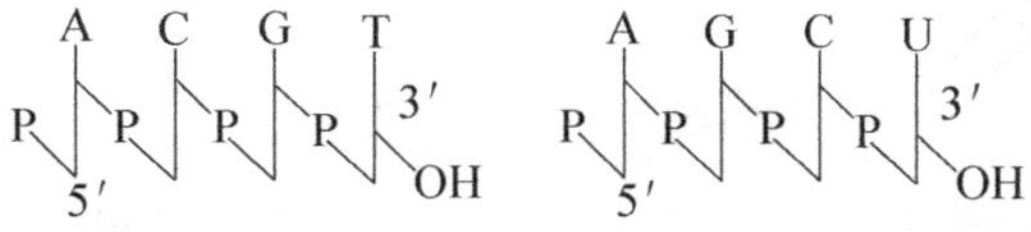

DNA　　　　RNA

字母式表示法更为简单，书写时用英文大写字母代表碱基，用小写字母 p 代表磷酸残基，核酸分子中的糖基、糖苷基和磷酸二酯键均省略不写，将碱基和磷酸残基相间排列即可，一般 5′端在左侧，3′端在右侧。如上面 DNA 和 RNA 的片段可表示为

DNA　5′pApCpGpT-OH3′或 5′ACGT 3′

RNA　5′pApGpCpU-OH3′或 5′AGCU 3′

2. 核酸分子的空间结构

核酸的空间结构是指多核苷酸链内或链之间通过氢键折叠卷曲而成的构象。

1）DNA 的双螺旋结构

1953 年，美国科学家沃森(E. S. Waston)和英国科学家克里克(Crick)在前人研究的基础上提出了 DNA 双螺旋(double helix)结构模型，揭示了生物遗传的分子奥秘，从而使遗传学的研究深入到分子水平。该模型设想的 DNA 分子是由两条核苷酸链组成，沿着一个共同轴心以反平行(一条以 3′ → 5′走向；另外一条则以 5′ → 3′走向)盘旋成右手双螺旋结构，螺旋直径为 2000 pm[图 15-8(a)]。在双螺旋结构中，亲水的磷酸和脱氧核糖通过 3′,5′-磷酸二酯键相连形成的骨架位于双螺旋的外侧，碱基则垂直于螺旋轴而居于内侧，每一个碱基均与其相对应的链上的碱基共处一个平面，且通过氢键结合成对，相邻碱基对平面间距离为 340 pm，双螺旋每旋转一圈包含 10 个核苷酸，其螺距为 3400 pm。为了产生最有效的氢键，两条核苷酸链之间的碱基必须遵循“互补规律”，即一条链上的嘌呤碱必须与另外一条链的嘧啶碱相匹配，才能使碱基对合适地安置在双螺旋内。碱基 A 与 T 相配对，其间形成 2 个氢键，G 与 C 相配对，其间形成 3 个氢键[图 15-8(b)]。这种碱基之间配对的规律，称为碱基互补或碱基配对规律。若两个碱基均为嘌呤碱时，则体积太大螺旋间无法容纳；二者均为嘧啶碱时，由于两链之间距离太远而难以形成氢键，都不利于双螺旋的形成。

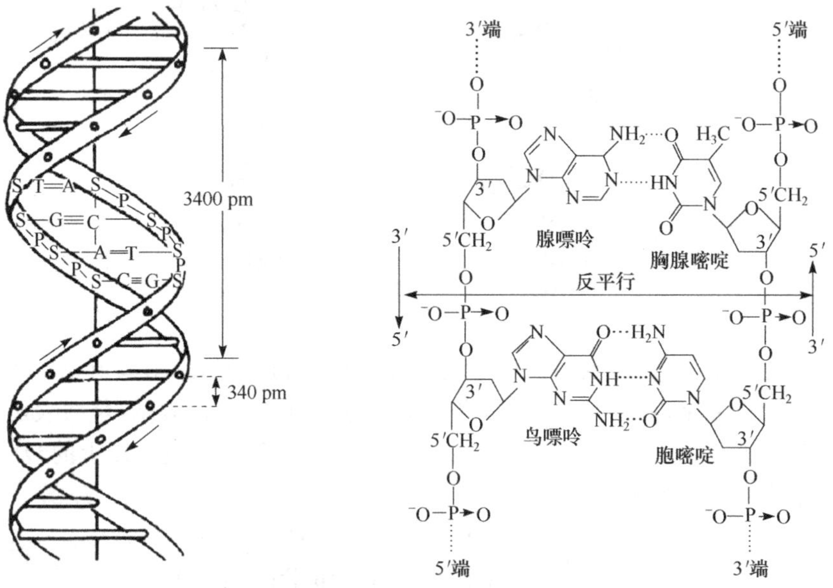

(a) DNA双螺旋结构示意图　　(b) DNA的反平行双链及碱基配对

图 15-8　DNA 双螺旋结构

图中 S 代表脱氧核糖，P 代表磷酸

由碱基互补规律可知，当一条多核苷酸链的碱基序列确定后，另外一条核苷酸链的碱基序列也就随之明确。这种互补关系对 DNA 复制和信息的传递具有极其重要的意义。

碱基间的疏水作用可导致碱基堆积，这种堆积力维系着双螺旋结构的纵向稳定，而维系 DNA 双螺旋结构横向稳定的因素是碱基对间的氢键。

DNA 右手双螺旋结构是 DNA 分子在生理 pH 条件和水溶液下最稳定结构，称为 B-DNA，这种结构也是 DNA 二级结构的主要形式。此外，DNA 还存在其他的双螺旋结构，如 Z-DNA、A-DNA、D-DNA、E-DNA、C-DNA 等。在双螺旋的基础上，DNA 还可以在空间进一步盘曲折叠构成 DNA 的三级结构，如双链环形的超螺旋和开链环形等结构。

2) RNA 的的二级结构简介

RNA 的二级结构的规律性不如 DNA。有些 RNA 的多核苷酸链，可以形成与 DNA 相似的双螺旋结构，但大多数 RNA 分子是由一条弯曲的多核苷酸链构成的，其中有间隔着的双螺旋与非螺旋结构部分。在双螺旋区，A 与 U、G 与 C 之间按碱基配对规律形成氢键加以稳定，A 与 U 之间形成 2 个氢键，G 与 C 之间形成 3 个氢键，并形成短的且不规则的双螺旋结构。一般有 40%～70%的核苷酸参与这种螺旋区的形成，其余的某些核苷酸使链成为从螺旋区中突出的小环(称为突环)。

15.5.3 核酸的理化性质

1. 物理性质

核酸是核苷酸的多聚物，DNA 的相对分子质量为 10^6～10^9，而 RNA 的相对分子质量为 10^4～10^6。无水的 DNA 为白色纤维状固体，RNA 为白色粉末或结晶。它们都微溶于水，易溶于稀碱中，其钠盐在水中溶解度较大，易溶于 2-甲氧基乙醇中，难溶于乙醇、乙醚、氯仿等有机溶剂。DNA 大多数为线形分子，分子形状极不对称，其长度有的可达几厘米，而直径仅为 2 nm，所以溶液的黏度极高，但 RNA 溶液的黏度小得多。

核酸分子因高度的不对称性而具有旋光性，且多为右旋。核酸分子中的碱基具有共轭结构，它们在 260 nm 波段有较强的紫外吸收，该性质常用于核酸、核苷酸、核苷及碱基的定量分析。

2. 酸碱性

核酸分子中不仅含有磷酸基团，而且含有嘧啶、嘌呤等碱性基团，所以它是两性化合物，但酸性大于碱性。它能与碱性蛋白质或金属离子 Na^+、K^+、Mg^{2+} 等结合成盐，也易与一些碱性染料(如甲苯胺蓝和派罗红等)结合呈现出各种颜色。在不同 pH 的溶液中，核酸可带有不同的电荷，并可在电场中泳动。核酸也有等电点，DNA 的 pI 为 4.0～4.5，RNA 的 pI 为 2.0～2.5。

3. 核酸的水解

核酸在酸、碱或酶的作用下也能水解，其水解程度随水解条件而异。核酸在中性溶液中可稳定存在；在酸性条件下不稳定，水解产物为戊糖、碱基、磷酸或核苷酸的混合物；在碱性条件下，DNA 和 RNA 中的磷酸二酯键的水解难易程度不同，DNA 在碱性溶液中较稳定，而 RNA 在碱性溶液中易水解成核苷酸或核苷；酶催化的水解比较温和，可以有选择地切断某些键。

4. 变性、复性和杂交

在加热、辐射、酸、碱或有机溶剂等外来因素的影响下，核酸分子中双螺旋结构松解为无规则线团结构的现象，称为核酸的变性。在变性过程中，仅是维持双螺旋结构稳定性的氢键和碱基间堆积力受到破坏，而磷酸二酯键不会断裂，所以变性不破坏核酸的一级结构。DNA 分子变性后，理化性质随之改变：260 nm 处紫外吸收增加、黏度降低、比旋光度值下降等，并将失去其部分或全部生物活性。而 RNA 本身只有局部的螺旋区，所以变性引起的性质变化不及 DNA 明显。

DNA 的变性常是可逆的。去除变性因素后，若条件适宜，变性 DNA 可恢复全部或部分双螺旋结构的现象，称为复性(renaturation)。由加热引起变性的 DNA 一般经缓慢冷却后，即可复性，这一过程称为退火(annealing)。如果将热变性的 DNA 快速冷却至低温，则变性的 DNA 分子很难复性，这一性质可用来保持 DNA 的变性状态。

分子杂交是以核酸的变性与复性为基础的。若将来源不同的 DNA 单链分子放在同一溶液中，或者将单链 DNA 和 RNA 分子放在一起，只要两种单链分子之间存在着一定程度的碱基配对关系，在适宜的条件(温度及离子强度)下，就可以在不同的分子间重新形成双螺旋结构，这个过程称为核酸分子杂交。核酸的杂交技术可以广泛地应用于核酸的结构和功能的研究、遗传性疾病的诊断、肿瘤病因学以及基因工程的研究等。

知识拓展

二肽甜味剂——阿斯巴甜

阿斯巴甜(aspartame，nutrasweet)又称天冬甜素，化学名称为 L-天冬氨酰-L-苯丙氨酸甲酯，为二肽甲酯。其结构如下：

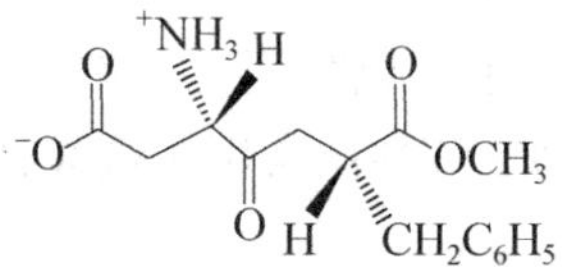

1965 年，美国化学家谢拉特(J. M. Schlatter)在合成促胃液分泌激素时，偶然发现其具有清爽的类似糖的甜味(后证实其甜度为蔗糖的 200 倍)。该物质为白色粉状或针状晶体，对水溶解度为 1 g · $(100mL)^{-1}$ (20 ℃)，含热量为 4 kcal · g^{-1}。因为其口感纯正，在体内易分解，安全性高，热量低，所以广泛应用在食品、饮料、保健品及医药制剂等领域，是目前市场上的主导甜味剂。

阿斯巴甜尚未发现于自然界，目前其生产均采用人工合成的方法。主要原料为 L-天冬氨酸和 L-苯丙氨酸，大多数合成方法由 L-天冬氨酸和 L-苯丙氨酸甲酯缩合而成。两种氨基酸的绝对构型极为重要，研究表明：两种氨基酸若是 D，D 构型、L，L 构型或 L，D 构型合成的二肽甲酯都没有甜味，甚至有微弱的苦味，只有 L-天冬氨酸和 L-苯丙氨酸甲酯缩合而成的阿斯巴甜才有甜味。

小　　结

α-氨基酸是组成蛋白质的基本单位，常见的有 20 余种。除甘氨酸外，α-氨基酸都含有手性碳原子，具有旋光性，均为 L 型。

氨基酸的化学性质除表现出羧酸和胺的典型性质外，还具有两性和等电点。在水溶液中氨基酸随溶液的 pH 不同而以不同的形式存在。当 pH = pI 时，氨基酸主要以偶极离子的形式存在，呈电中性，在电场中不移动；若 pH＜pI，氨基酸带正电荷，主要以正离子的形式存在，向阴极移动；若 pH＞pI，氨基酸带负电荷，主要以负离子的形式存在，向阳极移动。根据等电点的差异，可通过电泳技术分离和纯化氨基酸。氨基酸与亚硝酸和水合茚三酮反应可用于氨基酸的定性和定量分析。

肽是氨基酸分子之间通过脱水形成的肽键相连而成，肽键为肽链的基本化学键，肽键为平面结构。肽的命名常用简称。可用端基分析和部分水解法测定多肽的组成和肽链中各种氨基酸的排列顺序。生物体内含有许多生物活性肽。

蛋白质是氨基酸残基通过肽键连接的生物大分子，具有一级结构和空间结构。一级结构是指多肽链中氨基酸残基的排列顺序，肽键是其主键。二级结构主要指多肽链的主链骨架在空间形成不同的构象，氢键是维持二级结构的主要作用力。破坏蛋白质表层的水化膜和消除蛋白质所带的电荷将降低蛋白质的稳定性使之易凝集而以沉淀析出。蛋白质变性的主要原因是其分子空间结构中的副键被破坏和某些极性基团的改变影响蛋白质的带电状态。

酶是一类由生物细胞产生的、具有催化活性的生物大分子。酶按化学组成又可分为单纯酶和复合酶两类。复合酶又分为酶蛋白和辅助因子，二者结合的复合物才具有酶的催化活性。酶催化具有反应条件温和、高效性和高度专一性。

核酸是核苷酸的多聚物，分为脱氧核糖核酸(DNA)和核糖核酸(RNA)两大类。核酸的基本单元是核苷酸，DNA 水解的最终产物是磷酸、脱氧核糖和碱基 A、G、C、T；RNA 水解的最终产物是磷酸、核糖和碱基 A、G、C、U。核酸的一级结构是指核酸分子中各核苷酸排列的顺序。各核苷酸通过 3′,5′-磷酸二酯键相互连接。核酸的空间结构是指多核苷酸链内或链之间通过氢键折叠卷曲而成的构象。DNA 的二级结构主要是 DNA 的双螺旋结构。核酸的变性、复性和杂交是核酸的重要物理化学性质。

氨基酸主要反应总结如下：

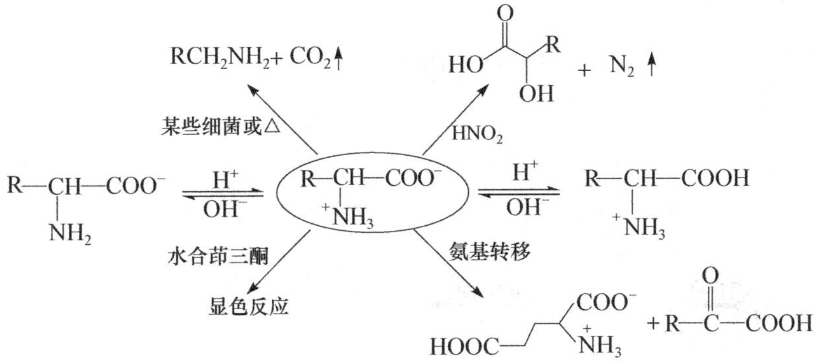

习　题

1. 写出下列化合物的结构式或命名。

(1) 半胱氨酸　　(2) 苯丙氨酸　　(3) 异亮氨酸

(4) 天冬氨酸　　(5) 甘氨酰亮氨酸　　(6) 蛋氨酰谷氨酸

(7) 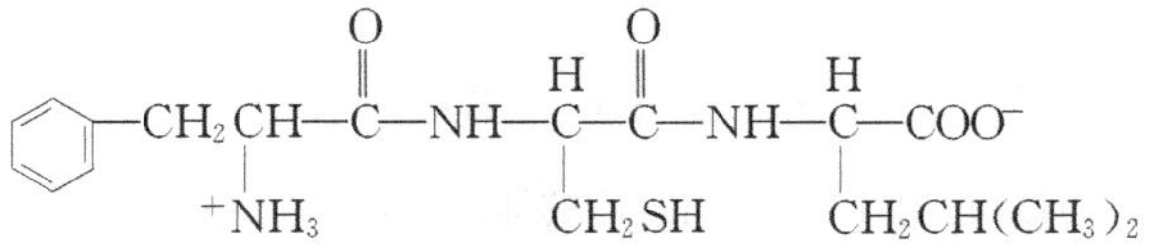

(8) 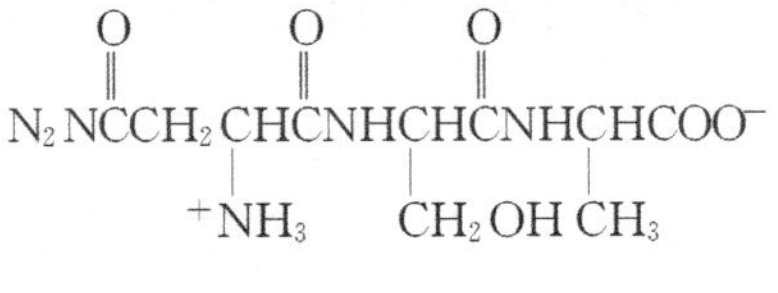

(9) 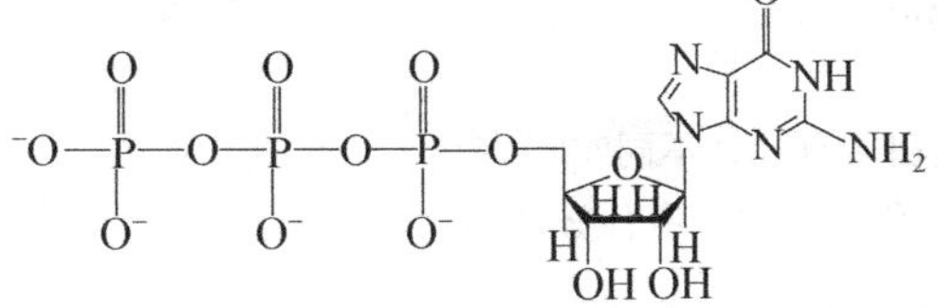

(10) 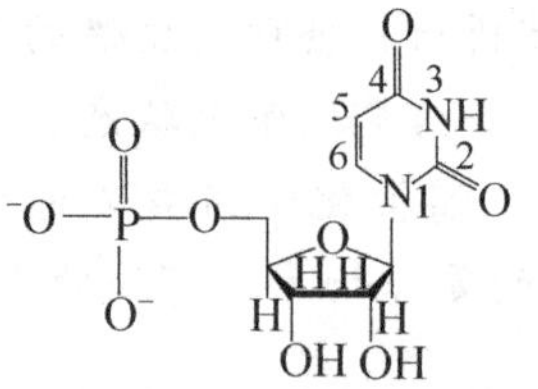

2. 完成下列反应方程式。

(1) $H_3\overset{+}{N}CH_2COO^- + HCl \longrightarrow$

(2) $H_3\overset{+}{N}CH_2COO^- + NaOH \longrightarrow$

(3) $\underset{\large OH}{CH_2}\underset{\large \overset{+}{N}H_3}{CHCOO^-} + H_3C\overset{\large O}{\overset{\|}{C}}COOH \xrightarrow{\text{转氨酶}}$

(4) 组氨酰丙氨酰苏氨酸的酸水解反应

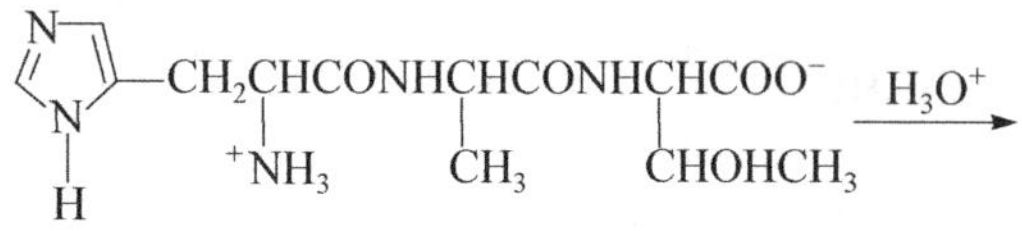

(5) 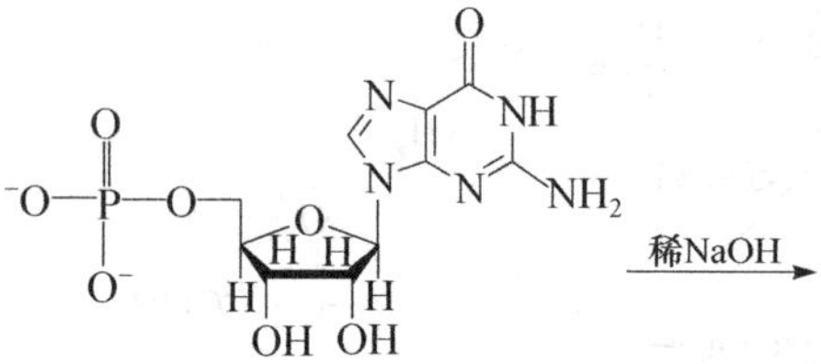

(6) 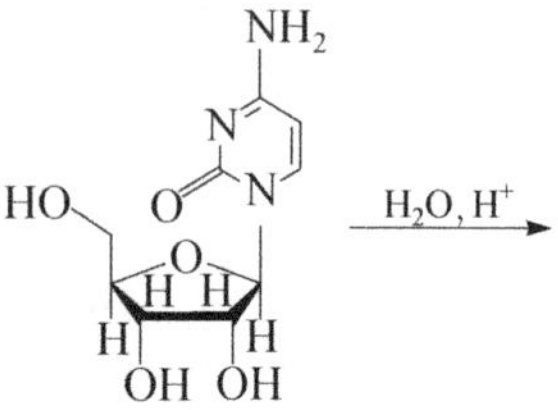

3. 写出下列氨基酸在 pH 介质中的主要存在形式。

(1) 谷氨酸、丝氨酸在 pH=2 的溶液中

(2) 缬氨酸、赖氨酸在 pH=11 的溶液中

4. 将酪氨酸、甘氨酸和组氨酸混合物在 pH= 6 时进行电泳，试推测它们的泳动方向。

5. 某三肽由甘氨酸、亮氨酸和苯丙氨酸组成，部分水解可得到两种二肽：甘-亮和苯丙-甘，试写出该肽中氨基酸的顺序。

6. 用化学方法区别下列各组化合物。

(1) 天冬氨酸和苹果酸　　(2) 丝氨酸和乳酸

(3) 甘丙肽和谷胱甘肽　　(4) 酪氨酸和酪蛋白

7. 酶催化作用的特点是什么？

8. 什么是蛋白质的变性？变性后的蛋白质与天然蛋白质有什么不同？

9. 写出 DNA 和 RNA 水解最终产物的名称。二者在化学组成上有什么区别？

10. 维系 DNA 二级结构的稳定因素是什么？

（大连医科大学　李发胜）

第 16 章　生物医用高分子材料

生物医用材料属于生物学、医学、化学、物理学和材料学等学科交叉形成的新兴分支学科，在人工组织或器官的制备、高性能医疗器械的研制、药物新剂型的开发和仿生效应研究等方面具有重要的意义。高分子材料作为生物材料中具有特殊功能的一员，其发展及在医药学领域的应用越来越受到人们的关注。本章主要介绍生物医用高分子材料的基本概念、命名和特征，阐述生物医用高分子材料的基本要求，以及当前一些重要的高分子材料在医学和药学上的应用。

16.1　生物医用高分子材料概述

生物医用材料（biomedical material）又称为生物材料（biomaterial），是一种对机体的细胞、组织或器官能进行诊断、治疗、替代、修复、诱导再生或增进其功能的特殊功能材料。生物材料的发展历史悠久，早在公元前人们就利用天然物质和材料治疗疾病。例如，用马鬃作缝合线，用象牙修复失牙。由于当时科学不发达，生物材料的研制和应用进展很缓慢。直到 20 世纪中后期，高分子科学和技术的不断发展推动了生物医用材料的迅猛发展。现在使用的金属、陶瓷、高分子等生物医用材料中，功能性高分子材料是发展最早、应用最广泛、用量最大的部分。通常把这类在生物及医药学方面所使用的具有特定功能的高分子材料统称为生物医用高分子材料（biomedical polymer material）。它是应用高分子化学的理论、功能高分子的研究方法和高分子材料的加工功能化手段，根据医药学的需要来研制的材料。生物医用高分子材料应用广泛，从外科整形材料、人工器官、血液透析装置到介入诊疗装置，从人工敷料、药物包衣材料、组织工程到再生医学，几乎遍及生物学、医学和药学的各个领域。

16.1.1　高分子化合物的组成和结构

高分子化合物是指相对分子质量很大的一类化合物，简称高分子或聚合物（polymer）、高聚物等。高分子化合物的相对分子质量虽然很大，但其化学组成比较简单，一般由一种或几种结构简单的低分子化合物通过共价键重复连接而成。聚合物分子的结构式可表示为：[重复单元的结构]$_n$（或用圆括号表示）。例如，聚氯乙烯（polyvinyl chloride，PVC）是由许多氯乙烯分子聚合形成的长链，其单体为氯乙烯（$CH_2=CHCl$），其结构式可表示为

$$-\!\!\left[CH_2-\underset{\substack{|\\ Cl}}{CH}\right]\!\!-_n$$

|←重复单元（链节）→|　n=聚合度

尼龙-66，单体为己二胺[$H_2N(CH_2)_6NH_2$]和己二酸[$HOOC(CH_2)_4COOH$]，结构式可表示为

$$-\!\!\left[NH-(CH_2)_6-NH-\overset{\substack{O\\ \|}}{C}-(CH_2)_4-\overset{\substack{O\\ \|}}{C}\right]\!\!-_n$$

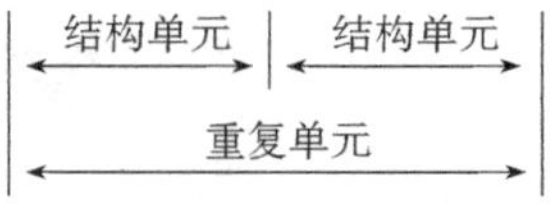

聚合度是衡量高分子大小的一个指标，同一种高分子化合物所含的链节数目并不相同。例如，常用的聚氯乙烯的相对分子质量为 5～15 万，链节的相对分子质量为 62.5，则可标出其平均聚合度为 800～2400。天然的或合成的高分子化合物实际上是由许多链节结构相同、聚合度不同的高分子化合物所组成的混合物。所以高分子化合物的相对分子质量和聚合度实际上都具有平均意义。

16.1.2 高分子化合物的分类和命名

1. 高分子化合物的分类

高分子化合物的种类繁多，并且不断增加。其分类和命名的方法也很多，可按来源、聚合物的性能和用途、聚合物的主链结构等分为以下几类。

(1) 按来源分类，高分子化合物可分成天然高分子化合物和合成高分子化合物两大类。天然高分子化合物包括天然橡胶类、多糖类、多肽类、核酸类、蛋白质类和无机高分子化合物等。合成有机高分子化合物包括碳链高分子（如聚苯乙烯）、杂链高分子（如聚酰胺）和无机高分子化合物（如聚磷酸酯类）。

(2) 按聚合物的性能和用途分类，可将其分成塑料用聚合物、合成橡胶用聚合物、合成纤维用聚合物和其他聚合物四类。

(3) 按聚合物主链结构的化学组成分类，可将聚合物分为碳链高分子、杂链高分子、元素有机高分子和无机高分子等。

a. 碳链高分子。主链完全是由碳原子构成的，如聚乙烯(polyethylene，PE)和聚氯乙烯。

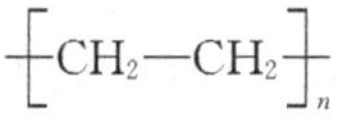
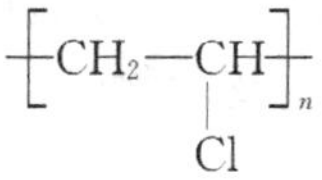

聚乙烯　　聚氯乙烯

b. 杂链高分子。主链除碳原子外，还含有氧、氮、硫等其他原子，如聚酯和聚酰胺等。

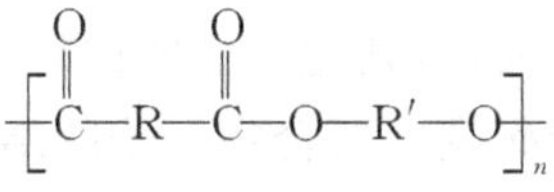
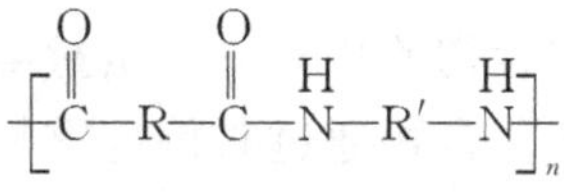

聚酯　　聚酰胺

c. 元素有机高分子。主链完全由杂原子构成，而侧链含有有机基团，如二甲基硅橡胶。

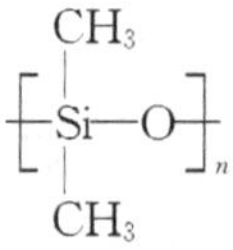

聚二甲基硅氧烷

d. 无机高分子。无论是主链还是侧基均无碳原子，完全由其他原子构成，如聚氯化磷腈等。

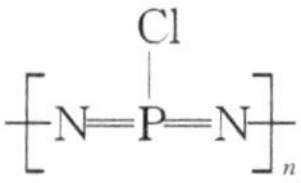

聚氯化磷腈

（4）高分子化合物按其几何结构形态分类，可分为线型高分子、支链型高分子和体型高分子。线型高分子是最基本的形式，即组成高分子链的链节按直线型连接。如果呈直线型连接的链上有很多分支，则称为支链型高分子。如果分子链和分子链之间通过化学键相互交联起来，即形成了三维空间结构聚合物，称为体型高分子。

线型高分子和体型高分子在性质上有很大差别，线型高分子多为柔性的，一般总是以卷曲的形式存在，可在适当的溶剂中溶解。而体型高分子多为刚性的，在溶剂中只能溶胀。

2. 高分子化合物的命名

高分子化合物的命名多采用一般命名法。

（1）以单体名称或假想单体名称为基础，前面冠以“聚”字。例如，乙烯单体的聚合物称为聚乙烯，而聚乙烯醇是以假想单体乙烯醇为基础命名的。一般碳链聚合物多以此方法命名。

（2）以单体名为基础，后缀加“树脂”或“橡胶”二字。例如，以苯酚和甲醛为单体的聚合物称为酚醛树脂，以丁二烯和苯乙烯为单体的聚合物称为丁苯橡胶。

（3）某些聚合物以大分子主链中所含特征基团命名：大分子主链中含有酯基的聚合物称为聚酯。例如，以乙二醇与对苯二甲酸为单体的聚合物称为聚对苯二甲酸乙二（醇）酯。大分子主链中含有酰胺基的聚合物称为聚酰胺，如以己二酸和己二胺为单体的聚合物称为聚己二酰己二胺等。

（4）商业名称。聚合物的一般名称比较冗长，使用不方便，有些聚合物常用商品名。如聚对苯二甲酸乙二（醇）酯的商品名为涤纶，聚己二酰己二胺称为尼龙-66，聚丙烯腈称为腈纶，聚甲基丙烯酸甲酯称为有机玻璃。聚合物的名称也常用英文缩写符号表示，常见高分子化合物的商品名称及英文缩写名称如表 16-1 所示。

表 16-1　常见高分子的商品名称及缩写代号

高聚物	习惯名称或商品名称	缩写代号	高聚物	习惯名称或商品名称	缩写代号
聚乙烯		PE	聚乙烯醇缩甲醛	维尼纶	PVFM
聚丙烯	丙纶	PP	聚甲基丙烯酸甲酯	有机玻璃	PMMA
聚氯乙烯	氯纶	PVC	聚氯丁二烯	氯丁橡胶	PCP
聚丙烯腈	腈纶	PAN	酚醛树脂	电木	PF
聚四氟乙烯	塑料王，氟纶	PTFE	硝化纤维素	赛璐珞	NC
聚己内酰胺	尼龙 6 或锦纶 6	PA-6	丙烯腈-丁二烯-苯乙烯共聚物	ABS 树脂	ABS
聚己二酰己二胺	尼龙 66 或锦纶 66	PA-66	聚对苯二甲酸乙二醇酯	涤纶	PET

16.1.3　高分子化合物的合成方法

高分子化合物可由单体相互作用而成。合成的基本反应有两类：一类称为加成聚合反应（简称加聚）；另外一类称为缩合聚合反应（简称缩聚）。

1. 加聚反应

通过对不饱和键的加成作用而引起的聚合反应，称为加聚反应。由加聚反应生成的聚合物称为加聚物。加聚反应又可分为两类：均聚反应和共聚反应。仅由一种单体相互加成的加聚反应称为均聚反应，由均聚反应生成的聚合物称为均聚物。例如

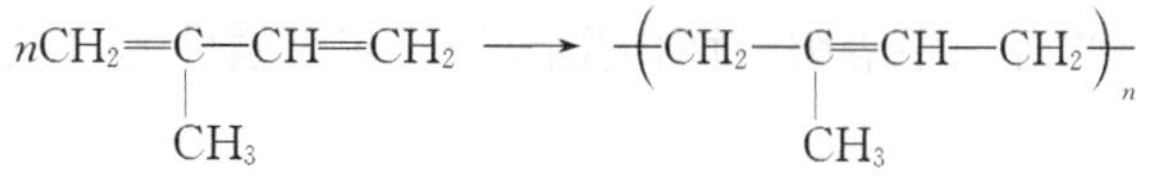

异戊二烯　　聚异戊二烯（天然橡胶）

甲基丙烯酸甲酯　　聚甲基丙烯酸甲酯（有机玻璃）

由两种或多种单体参与的加聚反应称为共聚反应，反应得到的聚合物称为共聚物。例如

乙烯　　乙酸乙烯　　乙烯-乙酸乙烯共聚物

加聚反应中没有低分子化合物产生，生成的聚合物与单体具有相同的化学组成，仅电子结构发生变化，其相对分子质量为单体的整数倍。

2. 缩聚反应

通过一种或几种具有两个或两个以上官能团的单体，以相互缩合的方式而发生的聚合反应称为缩聚反应。由缩聚反应生成的聚合物，称为缩聚物。缩聚反应也可以分为两类：只由一种单体所引起的缩聚反应称为均缩聚反应；由两种或两种以上单体所引起的缩聚反应称为共缩聚反应。例如

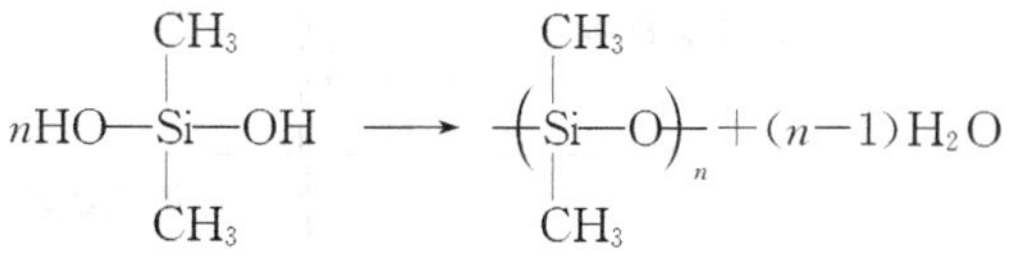

二甲基硅醇　　聚二甲基硅醚

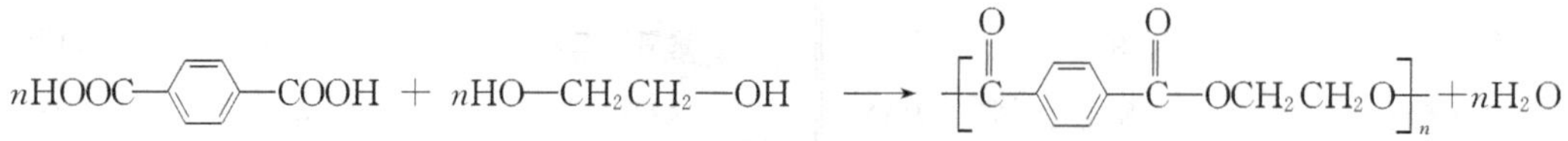

对苯二甲酸　　乙二醇　　聚对苯二甲酸乙二酯（涤纶）

缩聚反应过程中有低分子物质析出，生成的聚合物结构单元要比单体少若干原子，所以缩聚物的相对分子质量就不是单体相对分子质量的整数倍。

问题 16-1　举例说明加聚反应和缩聚反应这两种聚合反应有什么不同。

16.2　生物医用高分子化合物的性质

从低分子化合物到高分子化合物，相对分子质量的巨大变化引起了质的改变，使高分子化合物产生了不同于低分子化合物的特殊性质。

16.2.1　高分子化合物的物理性质

1. 不挥发性

低分子化合物一般存在气态、液态和固态三种形态。而聚合物没有气态，只有固态和液态。一般高聚物由于相对分子质量大(一般为 10^4～10^7)，分子链长，分子间作用力大，聚合物分子不能气化，因而不能用蒸馏的方法加以纯化。

2. 良好的机械强度和高分子链的柔顺性

高分子化合物往往是由几万或几十万个原子组成，分子间引力大，特别是当高分子链包含极性基团或分子间存在氢键时，分子间的引力更大，因此具有较好的机械强度。

线型高分子的分子链很长，原子间的 σ 健可以自由旋转，分子链可以自由旋转，使得每个链接的相对位置可以不断变化，这种性能称为高分子链的柔顺性。具有柔顺性的高分子在被拉伸时相当于分子链被拉直，当外力消除后有卷曲收缩，因此具有弹性。

3. 良好的绝缘性能

聚合物的分子间以共价键结合，不电离，因此有良好的绝缘性能。

4. 结晶性较差

聚合物在开始固化时，由于分子链长，沿高聚物的长链完全定向排列成非常规整的结晶非常困难。因此聚合物不容易形成完整的结晶，而是多分为晶区和非晶区。在晶区内链段排列整齐，在非晶区内往往不规则。聚合物在热熔时呈非晶态，如果将其拉伸，非晶区内的链段被强制伸长，链段进一步作规整排列，这样整个分子可以保持较好的抗张强度，可形成坚韧而又能弯曲的纤维材料。

16.2.2　高分子化合物的化学性质

1. 交联

聚合物在光、热、辐射或交联剂的作用下分子链间形成共价键，产生凝胶或不溶物，这类反应过程称为交联。交联反应往往为聚合物提供了许多优异性能，如提高聚合物的强度、弹性、硬度稳定性等。例如，不饱和聚酯的固化过程就是一种交联反应。在聚合物链上有不饱和键的低分子聚合物，它需要由线型聚合物转化为体型聚合物才有使用价值，这一过程即为“固化”，常采用烯类单体(如丙烯腈)进行共聚而交联完成。

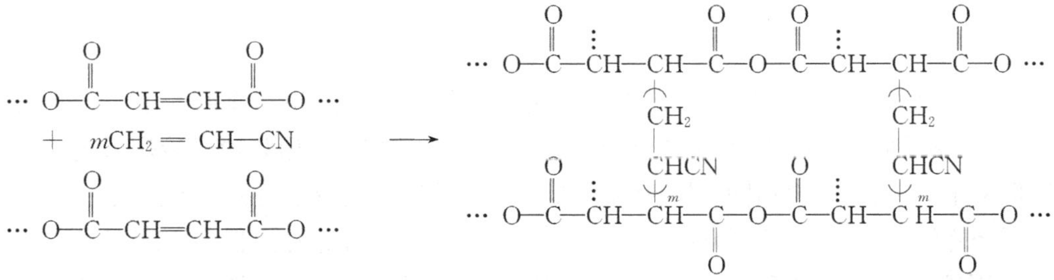

2. 降解

聚合物分子长链在一定条件下被分裂成较小部分的反应过程，称为降解。降解过程可在物理、化学或生物因素的影响下发生。引起降解的化学因素主要有水解、酸解及氧化降解等方式。这一过程可用于从天然高分子化合物制取有价值的小分子物质。例如，从淀粉、纤维素制取葡萄糖，从蛋白质制取氨基酸等。降解也可以用于回收单体、制取新型聚合物及研究聚合物的化学结构等。

（1）水解。大多数杂链高分子化合物都能与水作用而发生分解反应。例如，聚酯和聚酰胺都可以水解。

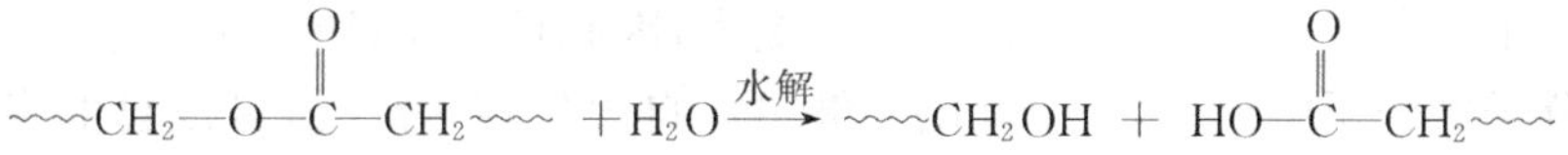

（2）酸解。以羧酸代替水使高分子裂解的称为酸解作用。此时羧酸中的酰基便相当于水中的氢原子。

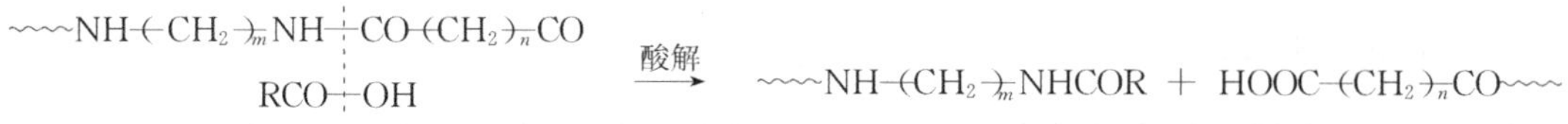

（3）氧化降解。在高分子的结构中，如含有易被氧化的基团时（如双键、羟基、醛基等），与氧化剂作用就容易发生氧化裂解。例如，橡胶与氧气作用可得到不稳定的过氧化物，易发生碳链断裂而降解。

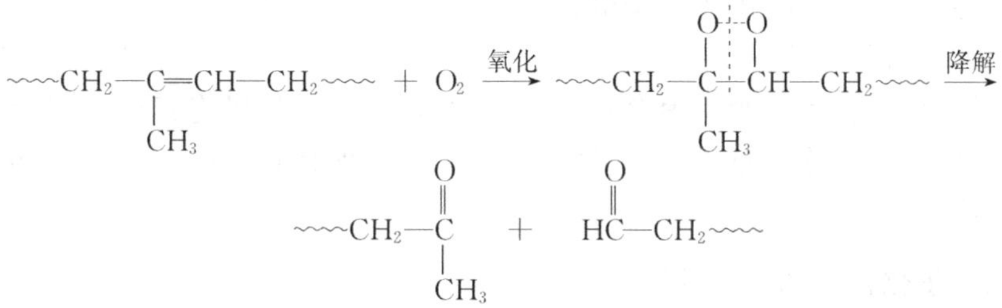

研究高分子化合物的交联和降解作用，一方面可以控制高分子的老化过程，合成一些不易降解的高分子化合物，以延长高分子材料的使用寿命；另一方面也正是由于某些高分子容易降解而具有特殊的用途。例如，有些羟基脂肪酸的聚合物、聚乳酸、聚羟基乙酸等较容易水解，可用作外科缝合线。伤口愈合后不必拆线，在生物体内可被水解降解为无害的乳酸，参与到正常的代谢循环中，被排出体外。

16.2.3 医用高分子化合物的生物相容性

1. 生物相容性的概念

生物相容性（biocompatibility）是生物医用材料与人体之间相互作用产生各种复杂的生物、物理、化学反应的一种概念，主要是指在特殊应用中，材料、医用装置或治疗系统能完成其功能，但又不会在临床上明显地引起宿主的反应。生物医用高分子材料在各种人工器官、辅助装置、缓释降解载体、微囊的研究和应用上，为临床上一些不可逆的脏器、组织的功能损伤性疾病创造了有效的治疗方法和手段。但所用的各种生物医用材料都必须具有优良的生物相容性才能被人体接受，并保证临床使用的安全性。植入人体内的生物医用材料及各种人工器官、医用辅助装置等医疗器械，必须对人体无毒性、无致敏性、无遗传毒性和无致癌性，对人体组织、血液、免疫等系统不产生不良反应。因此，材料的生物相容性的优劣是生物医用材料研究中首先需要考虑的重要问题。

2. 生物相容性的分类和要求

生物医用材料的生物相容性按材料接触人体部位的不同可分为两类：组织相容性和血液相容性(图 16-1)。

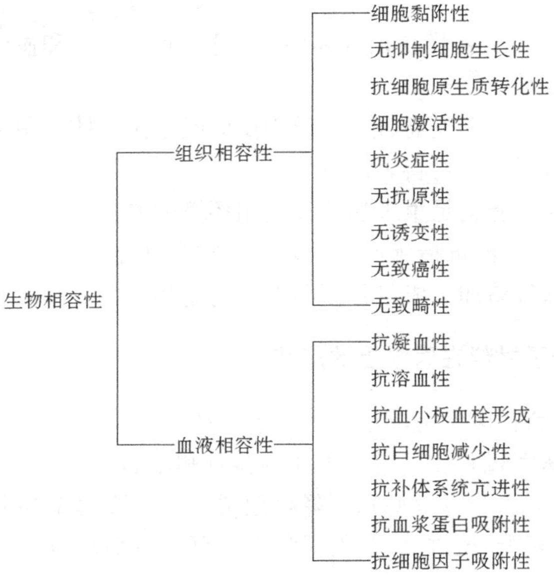

图 16-1　生物相容性的分类和要求

(1) 组织相容性。组织相容性要求医用材料植入体内后与组织、细胞接触无任何不良反应。当医用材料与生物体组织接触时，局部的组织对异物将产生一种正常的机体防御性应答反应，生物体为了适应和保护自己，会在材料表面逐渐形成一层包膜。若植入物无毒性，组织相容性好，则植入物逐渐被淋巴细胞、成纤维细胞和胶原纤维包裹，形成纤维性包膜囊。半年或一年后该包膜囊变薄，囊壁中的淋巴细胞消失，形成无炎症反应的正常包膜囊。若植入材料的组织相容性差，就会刺激局部组织细胞形成慢性炎症，材料周围的包囊壁增厚，最终会影响材料的使用，甚至会产生不良后果。

(2) 血液相容性。生物医用材料与血液接触时，将产生一系列生物反应，表现为材料表面出现血浆蛋白被吸附，血小板被黏附、聚集、变形，凝血系统、纤溶系统被激活，最终形成血栓。因此，要求制造人工心脏、人工血管、人工心血管的辅助装置及各种进入或留置血管内与血液直接接触的导管、功能性支架等医用装置的生物医用材料必须具备优良的血液相容性。

研究表明：改变材料表面的性能或结构有助于提高材料的血液相容性。材料表面亲水-疏水微相分离结构具有优良的抗凝血作用。一些表面带有负电荷的生物医用材料也有良好的抗凝血性能。

16.3 生物医用高分子材料在医药学上的应用

16.3.1 生物医用高分子材料的条件要求

生物医用高分子材料的来源广泛，既可以来源于天然产物，又可以进行人工合成。但作为生物医用的高分子材料又和其他用途的高分子不同，有着更为严格的要求。除了必须从原料开始就严格、精密、细致地专门制造外，还应该符合以下的要求：

(1) 生物相容性好。

(2) 化学稳定性好，人工替代物植入体内，长期浸泡在体液和血液中，不会因与体液接触而发生反应，不会老化变质。

(3) 对机体无毒，不会引起炎症、过敏、异物反应或干扰机体的免疫机理，无致癌作用。

(4) 具有抗血栓性，不会在材料表面凝血。

(5) 物理机械性能好，能满足生理功能和使用环境的要求。

(6) 能耐受必要的清洁消毒措施而不致影响生物学性能。

(7) 成型加工性能好，易加工成各种复杂形状的制品。

16.3.2 生物医用高分子材料在医学上的应用

生物医用高分子材料在医学上的应用主要包括用于制造人工组织和人工器官的高分子生物材料，以及用来制造医疗过程中各种体外用的器具和用品。

医用高分子材料可分为非降解型和可降解型两类。非降解型高分子主要包括聚乙烯、聚丙烯、聚丙烯酸酯、芳香聚酯、聚硅氧烷、聚甲醛等。可降解型高分子主要包括胶原、线型脂肪族聚酯、甲壳素、纤维素、氨基酸、聚乳酸、聚乙醇酸、聚己内酯等。常见的医用高分子材料如表 16-2所示。

表 16-2 常见医用高分子材料在医学上的应用

代用品名称	医用高分子材料
人工脑硬膜	硅橡胶、聚四氟乙烯等
人工头盖骨	聚甲基丙烯酸甲酯、聚苯乙烯磺酸钠等
人工角膜	硅橡胶、聚甲基丙烯酸酯甲酯等
人工心脏	聚氨酯橡胶、硅橡胶、聚四氟乙烯等
人工瓣膜	聚氨酯橡胶、硅橡胶、聚四氟乙烯等
心脏起搏器	硅橡胶、环氧树脂等
人工喉、食道、胆道、尿管	硅橡胶、聚四氟乙烯、聚乙烯等
人工血管	涤纶、聚四氟乙烯、聚乙烯醇缩甲醛海绵等
人工血浆	水凝胶、聚乙烯醇、聚乙烯吡咯烷酮等
人工膀胱	硅橡胶等
人工乳房	聚乙烯醇缩甲醛海绵、硅橡胶海绵、涤纶等
宫内节育器	硅橡胶、乙烯-乙酸乙烯酯共聚物等
人工耳、鼻、关节	硅橡胶、聚乙烯等

续表

代用品名称	医用高分子材料
隐形眼镜	聚甲基丙烯酸-β-羟基乙酯、硅橡胶等
齿科材料	聚甲基丙烯酸酯类、硅橡胶等
人工肾	水凝胶、乙酸纤维素等
膜状人工肺	聚乙烯膜、聚四氟乙烯膜、硅橡胶等
外科黏合剂	α-氰基丙烯酸酯类等
外科缝线	聚对苯二甲酸乙二酯、乙交酯-丙交酯共聚物等

1. 合成高分子生物材料

合成高分子材料的应用可分为两个方面：一是生物惰性聚合物与细胞或组织复合，形成具有特定功能的聚合物-生物组织杂化的人工器官；二是具有生物降解性能的聚合物与细胞或组织复合，聚合物起暂时支架的作用，在组织生长过程中，聚合物逐步降解，最终获得与人体组织完全一样的组织。

1）聚乙烯

聚乙烯是链状非极性分子，具有优异的物理机械性能，化学稳定性、耐水性和生物相容性均良好，无毒、无味，植入体内无不良反应，因此在医用高分子领域中应用广泛，是耗量最大的一个品种。超高相对分子质量的聚乙烯耐磨性强，摩擦系数很小，蠕动变形少，有高度的化学稳定性和疏水性，是制作人工髋、肘、指关节的理想材料。高密度聚乙烯还可用来制作人工喉、人工尿道、人工骨、矫形外科修补材料及一次性医疗用品。

2）聚氯乙烯

聚氯乙烯有良好的耐化学药品及耐有机溶剂腐蚀的性能，在常温下对酸、稀碱及盐稳定。机械性能和电性能良好，但耐光和热的稳定性较差。聚氯乙烯的性能可以用添加增塑剂来改善。聚氯乙烯大量用作储血、输血袋；可制成血液导管、人工腹膜、人工尿道、袋式人工肺（氧合袋）、心血管及人工心脏等。

3）聚四氟乙烯

聚四氟乙烯在高分子材料中有“贵金属”之称。它是高度结晶的聚合物，密度高，摩擦系数很小，耐热性极好，化学稳定性极强，对强酸、强碱和各种有机溶剂化学稳定性极强，所以又有“塑料王”之称。聚四氟乙烯由于其独特的性能和良好的生物相容性。在生物医学工程中可用作人工心、肺，人工血管，人工心瓣膜，各种人工管形脏器如人工气管、食道、尿道和人工腹膜、脑硬膜及人工皮肤等。

4）聚丙烯酸类化合物

聚丙烯酸类化合物包括聚丙烯酸、聚甲基丙烯酸及聚甲基丙烯酸甲酯（PMMA 又称为有机玻璃）等。其单体结构可用下式表示：

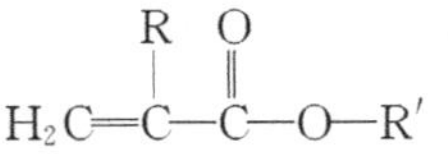

$R=R'=H$	内烯酸
$R=CH_3, R'=H$	甲基丙烯酸
$R=R'=CH_3$	甲基丙烯酸甲酯

这类材料具有良好的强度、韧性、黏连性和生物相容性，多用来制作硬质接触眼镜片、人工晶状体、人工颅骨、齿科修复及骨关节假体的充填黏合剂或黏着固定剂。亲水性有机玻璃聚甲

基丙烯酸羟乙酯(PHEMA)，在水中浸泡后成为含水率为 38%的水凝胶，是最早制作接触镜片的材料。用 PHEMA 粉末与聚氧化乙烯形成的凝胶薄膜可用作烧伤敷料。

5）硅橡胶

硅橡胶属于元素高分子，又称为聚有机硅氧烷，其结构通式为

根据其形态或相对分子质量可分为硅油和硅橡胶，硅油的相对分子质量较低，而硅橡胶的相对分子质量较高。硅橡胶和硅油都有优异的性能，如高弹性、高表面活性、抗水性、热稳定性等。

硅橡胶有优异的生理特性，生物相容性好，植入体内无不良反应，耐生物老化，长期植入体内物理性能变化较小，是理想的医用高分子材料。无论是在人工脏器还是在各种医疗用品中，硅橡胶的应用最为广泛。

6）聚氨酯

聚氨酯(polyurethane，PU)是聚醚或聚酯与二异氰酸酯（$O{=}C{=}N{-}R{-}N{=}C{=}O$）缩聚产物的总称，其高分子主链上含有氨基甲酸酯基团（$-O-\overset{\overset{O}{\|}}{C}-\overset{H}{N}-$）。聚氨酯具有优异的力学性能、高弹性、耐磨性、耐撕裂性、耐疲劳性、润滑性、生物相容性、可加工性等性能，因此被广泛用作生物材料。聚氨酯在医学上的应用主要有：

(1) 人工脏器膜和医疗器械。聚醚型嵌段聚氨酯由于优良的水解稳定性、血液相容性、其强度又优于硅橡胶，因此在医用弹性体中占主导地位。例如，用作血泵和人工血管、心脏助动器、人工心室、人工心瓣膜、诊断和治疗导管、心脏起搏器等。

(2) 人工皮及假肢。聚氨酯软泡富有弹性且通透性好，适于制作人工皮，而且这种人工皮可促使人体自体皮的生长。聚氨酯有优良的挠曲性，是制作轻便耐用假肢的理想材料。

(3) 骨折复位固定材料。人体骨折复位治疗后要进行固定，以前用石膏绷带，但石膏质重、强度低、透气性差、不耐水、对皮肤有刺激作用、不透 X 射线，这不但给复位固定操作的医生带来诸多不便，而且给患者造成难以忍受的痛苦。而用聚氨酯制成的矫形绷带强度大、质量轻、有良好的透气性和耐水性、固化速度快、操作简便、X 射线的透射性好，所以用它对骨折患者复位进行固定，不但大大地减轻患者的痛苦，而且骨科医生操作简便。

(4) 聚氨酯软组织黏合剂。近 10 年来，快速固化的聚氨酯软组织黏合剂有新的发展，已用于心血管外科涂料，防止缝合渗血。

(5) 可降解的聚氨酯和聚氨酯水凝胶。以乙二酸酯为基础的可降解聚氨酯，已用于处理动脉瘤材料和作医用黏合剂。

(6) 其他用途。聚氨酯还可用于人工气管、气囊、膜式肺和锁骨下双腔的插管材料，用于急性呼吸不足治疗和透析治疗等。

7）环氧树脂(epoxyresin)

一般是 2,2′-(4,4′-二羟基二苯基)丙烷和环氧氯丙烷为原料的缩聚物。其结构如下：

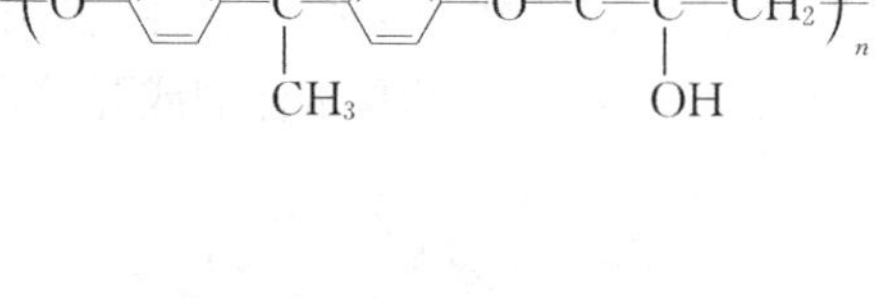

环氧树脂是一种热塑性树脂，在未加硬化剂前，无使用价值。加入乙二胺等硬化剂后，与环氧基作用生成体型的热固型树脂。硬化后的环氧树脂有良好的稳定性和黏着力，完全硬化后的树脂无臭、无味、无毒性，可用于口腔材料，以及电子显微镜技术中超薄切片的包埋剂。

2. 天然高分子生物材料

常用的天然高分子材料主要包括多糖和蛋白质材料两大类。这类材料由于它们直接来自于生物体内，具有很好的生物相容性，是较理想的生物医用材料。但其缺点是来源有限，价格较昂贵，加工过程中质量难以控制、性能变化与结构变化不成比例等。因此，其应用受到一定程度的限制。

1）甲壳素

甲壳素(chitin)又称甲壳质、壳蛋白，是一种类似于植物纤维的多糖类生物高分子，普遍存在于虾、蟹及昆虫等的甲壳中，是自然界中最为丰富的生物高分子之一。甲壳素常与蛋白质以共价键结合的形式存在。甲壳素在碱液中脱乙酰基即得壳聚糖(chitosan)，其分子结构如图16-2 所示。

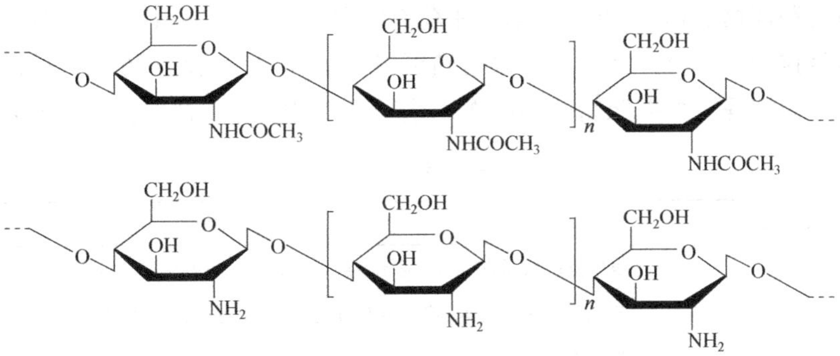

图 16-2　甲壳素和壳聚糖的分子结构

甲壳素进入人体后，形成阳离子基因，与人体细胞有良好的亲和性。能通过细胞免疫、体液免疫和非特异性免疫等多种途径，提高人体的免疫力。用壳聚糖制成薄膜、非编织纸或与其他纤维做成无纺布可以用作良好的创伤被覆材料，用于烧伤、植皮切皮部位的创面，能保护和促进伤口愈合。壳聚糖作敷料使用时，由于血浆蛋白易被壳聚糖吸附，因而具有良好的生物相容性。壳聚糖制成钉或棒形材料，可在皮下和骨内埋植，有助于骨折愈合。壳聚糖也可用作药物的控释剂和缓释剂，以增加难溶药物的溶解度和生物利用度，还可用于制作外科手术缝合线等。

2）胶原蛋白

胶原蛋白或称为胶原(collagen)，是动物体内含量最丰富的蛋白质，广泛存在于人和脊椎动物的结缔组织、皮肤、肌腱、骨和软骨中，占人体蛋白质总量的 30%以上。在细胞培养中，胶原能促进多数细胞的生长、分化、生殖和代谢，因此被广泛用作生物医用材料。例如，已被美国食品及药品管理局(FDA)批准的 Integra 人工皮肤，它具有双层膜结构，其真皮层就是由Ⅰ型胶原纤维和软骨素-6-硫酸盐的多孔交联网络组成。胶原也是软骨组织工程中培养软骨细胞的支架材料，因为成纤维细胞在胶原上生长时，其代谢和形态与在体内生长极为相似。但是，胶原作为生物材料具有机械强度小、降解速度快的缺点。目前可通过干热、戊二醛或紫外辐射等方法交联以提高其综合使用性能。

16.3.3 生物医用高分子材料在药学上的应用

高分子材料在药学上的应用主要包括辅药用高分子和高分子药物两大类。前者用于制剂加工，后者则可直接作为药物使用。

1. 药用高分子

用于制剂加工的辅药用高分子化合物包括稀释剂、黏合剂、包衣材料、赋形剂、悬浮剂、乳化剂等。其本身无药理活性，只是在药物制剂中起助剂的作用。

(1) 黏合剂。黏合剂有两大类，一类是水溶性的高分子物质，如甲基纤维素、羧甲基纤维素、羟乙基纤维素、聚乙烯醇等。另外一类是溶于有机溶剂的高分子物质，常用的有乙基纤维素、聚乙烯吡咯烷酮、聚乙酸乙烯酯和聚乙二醇等。

(2) 包衣材料。根据治疗的需要，药物的表面需要一层物质使其与外界隔绝，这个过程称为包衣。包衣后的药物可以增加稳定性，防止药物受空气、水分及光线的作用而氧化变质、吸潮和发霉等；控制药物的释放和吸收；临床用药有时要求在胃中显效或在肠内起作用，使用不同的包衣材料可控制药物释放的部位，以达到更好的治疗效果；掩盖药品的嗅、味，便于服用；改善外观，利于识别等。根据药物的不同作用途径，可采用不同材料的包衣，如表 16-3 所示。

表 16-3　常用包衣材料

包衣材料的性质	材料名称
水溶性包衣材料	羧甲基纤维素钠、羟丙基纤维素、聚乙二醇、聚乙烯吡咯烷酮
胃溶性包衣材料	苄氨基甲基纤维素、聚乙烯基吡啶、羟氨基醋酸纤维素及其衍生物、聚乙烯苄胺、聚甲基丙烯酸氨基酯
肠溶性包衣材料	邻苯二甲酸-醋酸纤维素、聚甲基丙烯酸、聚乙酸乙烯邻苯二甲酸酯、聚乙酸乙烯邻苯二甲酸酯与顺丁烯二酸酐的共聚物、苯乙烯与马来酸酐的共聚物
胃肠两溶性包衣材料	4-乙烯基吡啶与甲基丙烯酸的共聚物、4-乙烯基吡啶与丙烯酸酯的共聚物、2-甲基-5-乙烯基吡啶与甲基丙烯酸甲酯及甲基丙烯酸的三元共聚物

(3) 增溶剂、乳化剂和助悬剂。药物制剂中加入增溶剂、乳化剂和助悬剂可使药剂稳定性增大，体内吸收速度增大，副作用减少。一些常用增溶剂、乳化剂和助悬剂见表 16-4。

表 16-4　一些常用增溶剂、乳化剂和助悬剂

助剂性质	材料
增溶剂	羧甲基纤维素的盐类、甲基纤维素、聚乙烯吡咯烷酮、聚乙烯醇
乳化剂	高分子表面活性剂
助悬剂	聚乙二醇

(4) 微胶囊(microcapsule)。微胶囊是微型胶囊的简称，是最近 40 多年来发展起来的一种新剂型，20 世纪 60 年代应用于药学研究，为药剂学开辟了一条新途径。微胶囊采用高分子膜材料作为膜壁，将被包裹的药物等芯料包埋在里面，形成一个微小的囊状物，颗粒直径一般为

1～500 μm，药物芯料经壁膜包裹以后阻滞了与生物体的直接接触，只能借渗透、浸蚀或逐渐破坏等作用才能到达指定部位发挥药效。由于微囊化制剂有很多优点，因此国内外已将解热镇痛药、镇静药、避孕药、驱虫药、抗生素、维生素以及诊断用药物等 30 余类药物制成微囊化制剂供使用。国内近年来也有大量微囊化制剂的报道。例如，长效复方甲地孕酮微囊注射液；提高药物稳定性的复合维生素微囊片；掩盖不良臭味的大蒜素微囊；氯霉素微囊片等。另外还有植入制剂，即用生物不降解的聚合物（硅橡胶）制成胶囊形或小棒形，腔内放入甾体激素，植入皮下，药用时间可长达 4～6 年。

2. 高分子药物

高分子药物是指本身有药理活性，可直接作为药物使用的高分子化合物。高分子药物虽然有广阔的发展前景，但能达到临床应用的例子还不多，当前还处在不断探索、开拓的阶段，对它的作用机理也还需要做大量细致深入的研究工作。

（1）抗肿瘤药物。某些主链上带有叔胺基的高分子化合物经动物试验有抗肿瘤的作用。例如

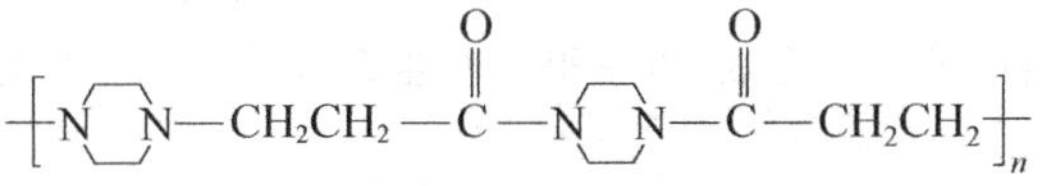

（2）抗病毒药物。马来酸酐与其他单体的共聚物，经水解后可得到马来酸共聚物，此共聚物对动物有抗病毒的效果。

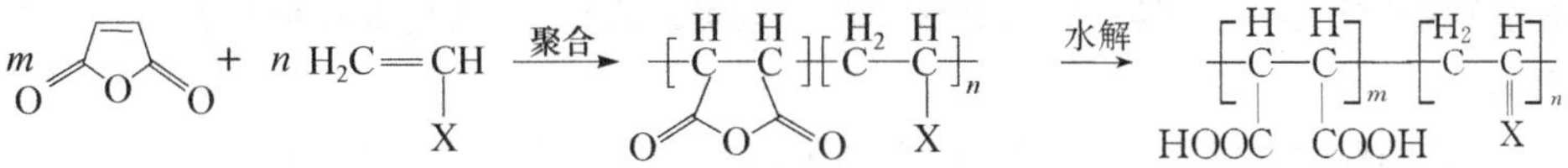

X═H，CH_3，OCH_3

聚丙烯酸和聚甲基丙烯酸也具有抗病毒的作用。

（3）硅油消泡剂。硅油消泡剂治疗肺水肿是高分子药物在临床上应用很成功的一个例子。医用硅油常是聚二甲基硅氧烷，聚合度一般为 2～2000，其结构式如下：

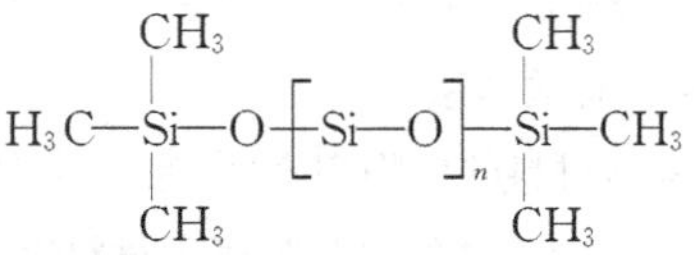

硅油是无色、无味、无毒、透明、不易挥发的液体，能耐高温、抗氧化、不老化，因为表面活性大，所以有优良的消泡能力。硅油消泡剂作药用高分子应用广泛，除了用于抢救肺水肿患者的有效药物外，还可配制成胃肠道消胀药剂，消除由于胃肠道功能紊乱或腹部手术后引起的腹胀，用作配制硅霜软膏的基质，提高药物疗效。烧伤患者的创伤部位用硅油处理，可减轻患者痛苦而且也有治疗效果。对严重烧伤的患者使用含硅油的软膏和纱布，可使疼痛和浮肿迅速减轻，促进肉芽生长。

（4）降低血胆固醇药物。高胆固醇血症是产生冠心病的高度危险因子之一，常用的安妥明等降胆固醇药对肝脏有不良影响。近年来，研究合成了降胆固醇的高分子药物如降胆敏等，并已用于临床。其结构式如下：

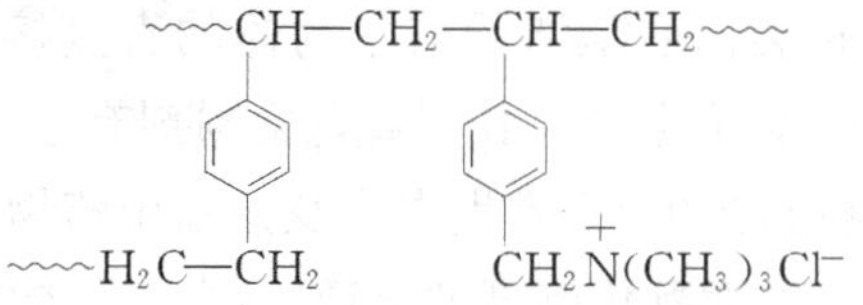

降胆敏

问题 16-2　试简要说明几种代表性的医用、药用高分子材料。

生物医用高分子材料的发展趋势

在更加关爱人类自身健康的21世纪，生物医用高分子材料必将发挥日益重要的作用。其未来的发展趋势将是从简单的使用到有目的的设计合成，以获得具有生命体需要的有良好生物相容性和生物功能性的材料。

(1) 新降解材料的研究。设计、制作具有特殊功能的材料，如低模量、高柔顺性、高强度的材料，用于在体内维持较长时间的高强度可吸收的单丝手术缝线及外科高柔软性导管等；按照自然界生物大分子模式，利用20个L型氨基酸来设计、合成可降解的具有特殊功能、安全可靠的新一代医用植入可降解材料，都是未来降解材料发展的趋势。

(2) 具有全面生理功能的人工器官和组织材料的研究。新材料不仅是惰性植入体而且要具有生物活性。它能引导和诱导组织、器官的修复和再生，在完成上述任务后能自动降解排出体外，为此需在组织工程与人工器官、软硬组织修复与重建方面研究新型降解材料，使降解速度和性能与新生组织和器官相匹配和同步。

(3) 新的药物释放体系和药物载体材料的研究。智能性药物释放是今后研究的重要方向，它可随外界条件的要求和变化释放药物。例如，pH敏感释放可在酸性介质中不释放而在碱性介质中控制释放；温度敏感水凝胶可在不同温度下快速释放、慢速释放或不释放。微包囊、微球药物释放均是今后的发展趋势，将会出现新型药物载体材料、新剂型和新的给药释放体系。

(4) 材料表面改性的研究。为了提高材料的生物相容性，除了设计、制取性能优异的新材料以外，材料表面改性是一个不可缺少的途径。制备生物梯度功能材料是医用材料表面改性、提高膜和基结合力的方向。

小　　结

生物医用高分子材料是生物医用材料的一个重要组成部分，是一种能对机体的细胞、组织或器官进行诊断、治疗、替代、修复、诱导再生或增进其功能的特殊功能材料。生物医用高分子材料的化学组成是由一种或几种结构简单的低分子化合物通过共价键重复连接而成的高分子聚合物，相对分子质量很大。天然的或合成的高分子化合物实际上是由许多链节结构相同、聚合度不同的高分子化合物所组成的混合物。

高分子化合物的种类繁多，可按来源、聚合物的性能和用途、聚合物的主链结构等分类，命名多采用一般命名法或商品名。高分子化合物可由单体相互作用形成。合成的基本反应有加聚反应和缩聚反应两类。高分子化合物具有不挥发性、良好的机械强度和分子链的柔顺性、良好的绝缘性能、可塑性和抗张力性等特殊的物理性质。在化学因素作用下，可发生交联、降解、老化等化学变化。

作为特殊用途的生物医用高分子材料必须具有较好的生物相容性，即按照材料接触人体部位的不同要求高分子材料所应具有的组织相容性和血液相容性。

生物医用高分子材料在医学上的应用主要包括：用于制造人工组织和人工器官的高分子生物材料以及用来制造医疗过程中各种体外用的器具和用品，如聚乙烯、聚氯乙烯、聚四氟乙烯、聚丙烯酸甲酯、聚氨酯、硅橡胶、环氧树脂、壳聚糖、胶原蛋白等：医用高分子在药学上的应用主要包括辅药用高分子（制剂加工）和高分子药物两大类。

习　题

1. 名词解释。
   (1)高聚物　(2)链节　(3)单体　(4)聚合度　(5)交联　(6)生物相容性
2. 写出由下列单体聚合成链状高分子的化学结构式。
   (1)苯乙烯　(2)四氟乙烯　(3)丙烯腈　(4)甲基丙烯酸甲酯
3. 生物医用高分子化合物有哪些主要的性质特征？
4. 医用高分子材料应符合哪些基本要求？

（徐州医学院　朱松磊）

第 17 章　有机波谱学基础

有机化合物的结构鉴定是有机化学的重要组成方面。20 世纪 50 年代发展起来的波谱法，具有快速、准确、取样少，且不破坏样品（质谱除外）等优点，为有机化合物的结构鉴定带来了很大方便，现已成为有机化合物结构分析的有力工具。

近代物理实验方法的应用推动了有机化学的飞速发展，已成为研究有机化学不可缺少的工具。随着新技术的迅速发展，波谱法也为生物化学、植物化学、药物学、医学等领域的研究提供了新的手段。20 世纪 80 年代以来发展起来的生物质谱学在生命科学领域中发挥了极其重要的作用。

最常用的波谱包括紫外光谱（UV）、红外光谱（IR）、核磁共振谱（NMR）和质谱（MS），简称四谱。本章主要介绍四谱的基本原理和在有机化合物结构鉴定中的应用。

17.1　吸收光谱概述

电磁辐射是光量子波，既有粒子性又有波动性。可用波的参量如波长（λ）、频率（ν）和波数（$\bar{\nu}$）等来描述。它们之间有如下关系：

$$\nu=\frac{c}{\lambda}=c\bar{\nu}$$

式中，c 为光速（$c=3\times10^{10}\ \text{cm}\cdot\text{s}^{-1}$）；波数（$\bar{\nu}$）为波长的倒数（$1/\lambda$）。

每种波长的电磁波都具有一定的能量（E），其量值与频率和波长的关系为

$$E=h\nu=hc/\lambda$$

式中，h 为普朗克（Planck）常量（$6.626\times10^{-34}\ \text{J}\cdot\text{s}$）。由以上公式得出：电磁波的能量与其频率成正比，即电磁波波长越短，波数越大，频率越高，其具有的能量就越高。

分子及分子中的原子、电子、原子核等都以不同形式进行运动，每种运动形式都具有一定的能量，包括电子运动、原子的振动及分子转动等能量。各种运动状态均处于某一能级，有电子运动能级、化学键的振动能级和分子转动能级等。当电磁波照射某有机物时，如果某一波长的能量恰好等于某运动状态的两个能级之差，分子就吸收该能量的光波，从低能级跃迁到较高能级。用仪器记录分子对不同波长电磁波的吸收情况，就可得到相应的谱图，即为吸收光谱（absorption spectra），从而推测物质的结构信息。

各种不同能级变化需要的跃迁能量不同，因此便形成了不同的特征吸收光谱。紫外-可见波段的电磁波能引起分子价电子的跃迁，产生了紫外-可见光谱；红外波段的电磁波可引起分子在各种振动能级之间的跃迁，产生了红外光谱；无线电波区域的电磁波可引起分子中某些原子核的自旋跃迁，产生了核磁共振谱。所以可以通过测定吸收光谱来获取有机分子结构方面的相关信息。

电磁波包括的光波区域见表 17-1。

表 17-1 电磁波谱的区域划分

	远紫外光	紫外光	可见光	近红外	中红外	远红外	微波	无线电波
波长/nm	10	200	400	800	2500	25000	5.0×10^8	5.0×10^9
波数/cm^{-1}					4000	400		
频率/MHz							600	60
光谱		紫外-可见光谱			红外光谱			核磁共振

17.2 紫外光谱

17.2.1 紫外光谱的基本原理

紫外光谱(ultraviolet spectra,UV)是电子光谱,它研究分子吸收紫外光后所产生的电子能级的跃迁。紫外光区域的波长为 10～400 nm,分为远紫外区(10～200 nm)和近紫外区(200～400 nm)。远紫外光易被空气中的 O_2 和 CO_2 吸收,通常要在真空条件下才能测定,研究远紫外光谱比较困难,通常所说的紫外光谱是指近紫外区的吸收光谱。有些有机分子特别是共轭体系分子的价电子跃迁往往出现在可见光区(400～800 nm)。从应用的角度,多数将紫外和可见光谱连在一起,称为紫外可见光谱。

紫外-可见光谱图的横坐标通常为波长 λ(单位为 nm);纵坐标为吸收强度,多用吸光度 A、摩尔吸收系数 ε 或 $\lg\varepsilon$ 表示。吸光强度遵守朗伯-比尔(Lambert -Beer)定律:

$$A=\lg\frac{I_0}{I}=\varepsilon\cdot c\cdot l$$

式中,A 为吸光度;I_0 为入射光的强度;I 为透过样品的光的强度;ε 为摩尔吸光系数,$L\cdot mol^{-1}\cdot cm^{-1}$;$c$ 为溶液的物质的量浓度,$mol\cdot L^{-1}$;l 为液层的厚度,cm。

文献中报道的有机物的紫外吸收光谱数据为最大吸收峰的波长(λ_{max})、相应的摩尔吸光系数 ε 及测定时使用的溶剂。λ_{max}是特定化合物紫外光谱的特征常数。例如,图 17-1 是对甲基苯乙酮的紫外吸收光谱,对甲基苯乙酮的紫外吸收的 $\lambda_{max}^{CH_3OH}=252$ nm($\varepsilon=12\ 300$),表示对甲基苯乙酮在甲醇溶液中于 252 nm 处有最大的吸收,该吸收峰的摩尔吸光系数为 12 300。

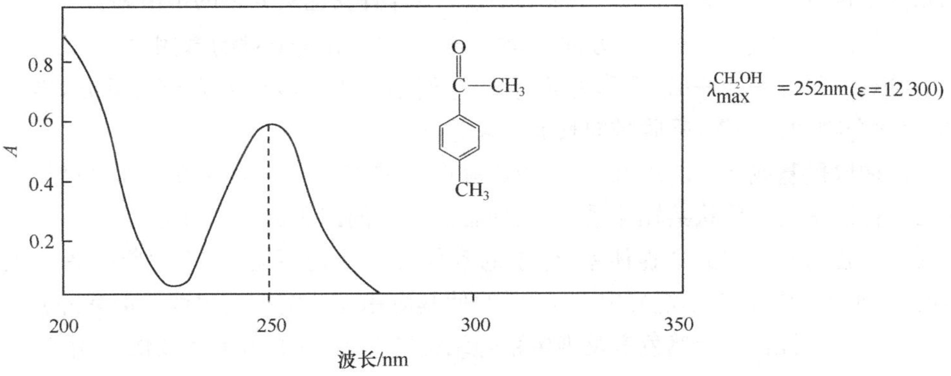

图 17-1 对甲基苯乙酮的紫外光谱图

在电子光谱中，价电子吸收一定波长的紫外可见光发生跃迁。有机化合物的价电子有三种类型：σ电子、π电子和n电子（孤对电子），产生的跃迁主要有 $\sigma\rightarrow\sigma^*$、$n\rightarrow\sigma^*$、$\pi\rightarrow\pi^*$ 和 $n\rightarrow\pi^*$ 四种类型（图 17-2）。

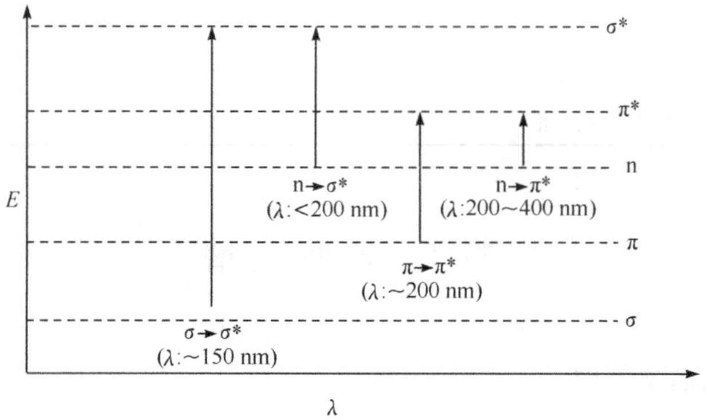

图 17-2 主要的电子跃迁及其所需能量

由图 17-2 可知，四种类型的电子跃迁所需能量的大小顺序为：$\sigma\rightarrow\sigma^* > n\rightarrow\sigma^* > \pi\rightarrow\pi^* > n\rightarrow\pi^*$，其相应的吸收光波长范围如下：

电子跃迁类型	$\sigma\rightarrow\sigma^*$	$n\rightarrow\sigma^*$	$\pi\rightarrow\pi^*$	$n\rightarrow\pi^*$
吸收光波长/nm	～150	＜200	～200	200～400

在四种电子跃迁中，$n\rightarrow\pi^*$ 跃迁所需的能量最低，吸收的波长最长，其次是 $\pi\rightarrow\pi^*$ 跃迁。这两种跃迁吸收光的波长在紫外可见光区内，通过考察孤对电子和π电子的跃迁来揭示分子中是否存在共轭体系。一般随着共轭体系的延长，紫外吸收 λ_{max} 向长波方向移动，且强度增大（$\pi\rightarrow\pi^*$），因此可判断分子中共轭的程度。

17.2.2 紫外光谱解析

紫外光谱常用来推测有机化合物分子共轭体系的情况，包括不饱和基团的共轭关系、共轭体系中取代基的位置、种类和数目等。

化合物中所含的C═C、C═O、C═N和 NO_2 等不饱基团称为生色基，它们能吸收紫外光或可见光导致价电子产生 $\pi\rightarrow\pi^*$ 和 $n\rightarrow\pi^*$ 跃迁。当含有发色基分子的不饱和程度增加或共轭链增长时，可使紫外吸收峰向长波方向移动。含有未共用电子对的基团，如—NH_2、—NR_2、—OH、—OR、—SR、—Cl、—Br 等称为助色基，它们本身不吸收紫外光或可见光，当连接生色基后，常使化合物颜色加深，吸收带向长波方向移动。

由于这种取代基或溶剂的影响，紫外吸收峰向长波方向移动的现象为红移；反之，则称为蓝移。无论在链状还是环状共轭体系中，任何阻碍共轭的因素都会导致蓝移。

若两个化合物有相同的共轭体系，分子的其他部分结构不同，它们的紫外图谱也非常相似。因而，单独用紫外光谱不能确定分子结构，使其应用有一定的局限性。但紫外光谱与其他波谱学方法结合，对甾族、天然色素及维生素等结构的鉴定，还是起着重要的作用。

问题 17-1 1,3-环己二烯和1,4-环己二烯中哪一个在 200 nm 以上有紫外吸收？

17.3　红外光谱

红外光谱是由分子振动能级的跃迁(同时伴随转动能级跃迁)产生的。用连续波长的红外光照射样品,当某一光波的频率刚好与分子中某一化学键的振动频率相同时,分子就会吸收红外光,发生振动能级的跃迁,产生吸收峰,得到红外光谱(infrared spectra,IR)。通常红外光谱仪使用的波数是 400～4000 cm^{-1},属于中红外区,相当于分子的振动能级,因此红外光谱也称为振动光谱。所有的有机化合物在红外光区都有吸收。因此,红外光谱在有机化合物的结构的表征上应用广泛。

红外光谱图的横坐标为波数(cm^{-1})或波长(μm),表示吸收峰位置;纵坐标为透光率(T)或吸光度 A,表示吸收峰的强度。当以 A 为纵坐标时,吸收峰朝向谱图的上方;如果是以 T 为纵坐标,吸收峰朝向谱图的下方。图 17-3 为 1-辛烯的红外光谱图。

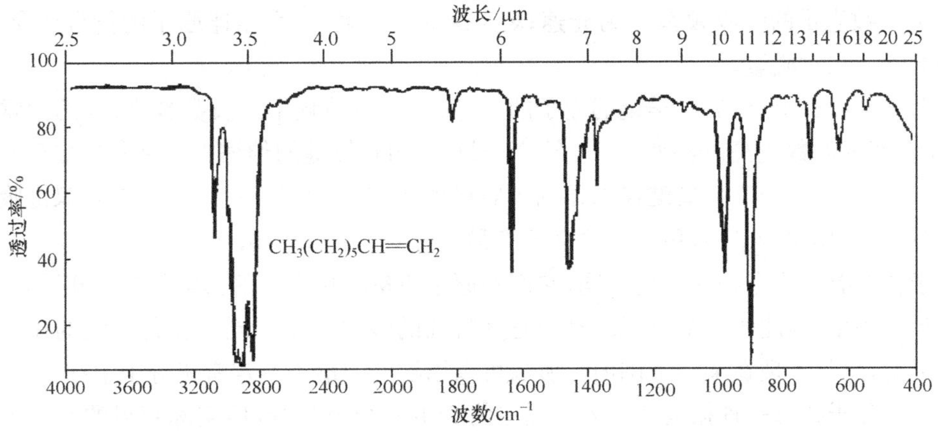

图 17-3　1-辛烯的红外光谱图

17.3.1　红外光谱的基本原理

分子中的原子是通过化学键相互连接的。化学键的键长、键角不是固定不变的,分子中的原子像用弹簧连接起来的一组小球,整个分子在不停地振动着。分子中化学键的振动又有不同的形式,其振动对应的频率也不一样,因而产生不同的红外吸收峰。通常把键的振动分为两大类:一类是改变键长的伸缩振动,即原子沿着键轴伸长或缩短的振动,其特点是只有键长的变化而无键角的改变,常用符号 ν 表示,伸缩振动因振动的偶合又分为对称伸缩振动(ν_s)和不对称伸缩振动(ν_{as})两种;另一类是相邻化学键的原子离开键轴方向而上下、左右的振动,称为弯曲振动,其特点是只有键角的改变而无键长的变化,它包含面内弯曲(常用符号 δ 表示)和面外弯曲(常用符号 γ 表示)两种(图 17-4)。

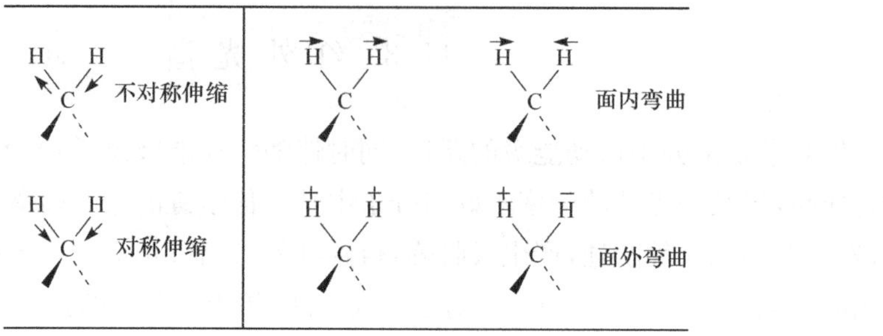

图 17-4　亚甲基 C—H 振动类型示意图

双原子分子化学键的伸缩振动可以近似地按简谐振动来处理。根据经典力学，简谐振动服从胡克(Hooke)定律：

$$\tilde{\nu}=\frac{\bar{\nu}}{c}=\frac{1}{2\pi c}\sqrt{\frac{k}{\mu}} \qquad 其中 \qquad \mu=\frac{m_1\cdot m_2}{m_1+m_2}$$

式中，$\tilde{\nu}$ 为波数表示的吸收频率；c 为光速；k 为键的力常数；μ 为相连原子的折合质量；m_1、m_2 为成键原子的相对质量。

从上式可以看出，构成化学键的原子的质量越小，振动频率或波数越高；键的力常数 k 越大，振动频率或波数越高。例如，O—H、N—H、C—H 等键的伸缩振动吸收峰出现在高波数区域（3650～2500 cm^{-1}），叁键伸缩振动吸收区频率较高(2260～2100 cm^{-1})，双键吸收区频率较低(1800～1390 cm^{-1})，单键吸收区频率最低(1360～1030 cm^{-1})。

由于各个有机化合物的结构不同，它们的原子质量和化学键的力常数各不相同，就会出现不同的吸收频率，因此每一个官能团都会有其特征的吸收频率。同一类化学键的振动频率是非常接近的，总是出现在某一范围内。所以可以用红外光谱来鉴定有机分子中存在的官能团。

理论上分子的每一种振动在红外光谱中将产生一个吸收峰，但实际获得的红外图谱中吸收峰的数目往往少于分子振动数目，这是因为：只有引起分子偶极矩变化的振动，才产生红外吸收，否则不产生吸收峰；频率相同的振动所产生的吸收峰彼此发生简并；强而宽的吸收峰往往覆盖与之频率相近的弱而窄的吸收峰。

红外吸收强度取决于振动时偶极矩变化的大小。化学键极性越强，振动时偶极矩变化越大，吸收峰强度越强。一般地，伸缩振动导致偶极矩的变化较大，因此振动对应的红外吸收峰都强于弯曲振动的。一般将吸收峰强度分为五种：v_s(很强)、s(强)、m(中强)、w(弱)、v_w(很弱)。

17.3.2　基团的特征吸收频率与指纹区

为了便于了解红外光谱与分子结构的关系，根据大量有机化合物的红外光谱所得经验，常把红外光谱的吸收峰分为官能团区和指纹区两大区域。

位于 4000～1350 cm^{-1}的官能团区为红外光谱的特征区，主要是一些伸缩振动的吸收峰，这些吸收峰受分子中其他结构的影响较小，彼此间很少重叠，容易辨认。因此，根据官能团区吸收峰的位置，可以推测未知化合物中所含的官能团。官能团区可以分为以下特征区：

(1) Y—H 键伸缩振动区(2500～3700 cm^{-1})，主要是O—H、N—H 和C—H等单键的伸缩振动所吸收的光的频率。

(2) Y≡Z 叁键和累积双键伸缩振动区(2100～2400 cm^{-1})，主要是 C≡C、C≡N 等叁键和 C=C=C、C=N=O 等累积双键的伸缩振动所吸收的光的频率。吸收峰通常较弱。

(3) Y=Z 双键伸缩振动区(1600～1800 cm^{-1})，主要是 C=C、C=O、C=N、N=O 等双键伸缩振动所吸收的光的频率。

低于 1350 cm^{-1}的区域(1350～650 cm^{-1})，主要是 C—C、C—N、C—O 等单键的伸缩振动和各种弯曲振动吸收峰，在这一区域内谱带密集，难以辨认。但在这一区域内化合物结构上的微小变化都会在谱带上有所反映，如同人的指纹那样复杂和具有特性，因此把该区域称为指纹区。每一种化合物在该区都有它自己的特征光谱，只有结构完全相同的化合物，其指纹区才相同。该区的吸收带能为化合物分子结构的鉴定提供重要信息。例如，不同类型的烯烃与取代苯的 C—H 键弯曲振动特征吸收频率如表 17-2 所示，它们对鉴别烯烃的类型和苯环上取代基的数目与位置提供有用的信息。

表 17-2　烯烃与取代苯的弯曲振动特征吸收频率

烯烃类型	频率/cm^{-1}	取代苯类型	频率/cm^{-1}
$RHC=CH_2$	910 和 990(双峰,s)	单取代苯(5 个邻接 H)	700 和 750(双峰,m→s)
RHC=CHR(*cis*)	690(m)	邻位取代(4 个邻接 H)	750(m→s)
RHC=CHR(*trans*)	970(m→s)	间位取代(3 个邻接 H)	780～810 和 690～710(双峰,m→s)
$R_2C=CH_2$	890(m→s)	对位取代(2 个邻接 H)	800～850(m→s)
$R_2C=CHR$	790～840(m→s)		

从红外光谱推测化合物的结构，必须熟悉各官能团特征吸收峰的位置。常见有机化合物的红外特征吸收频率如表 17-3 所示。

表 17-3　常见有机化合物的红外光谱特征吸收频率

键及化合物的类型		频率/cm^{-1}	键及化合物的类型		频率/cm^{-1}
C—H	烷烃	2850～2960,1350～1470(s)	C—O	醇,醚,羧酸,酯	1080～1300(s)
C—H	烯烃	3020～3080(m),675～1000(s)	C=O	醛,酮,羧酸,酯	1690～1760(v_s)
C—H	芳香烃	3000～3100(m),675～870(s)	O—H	醇,酚(游离)	3610～3640(m)
C—H	炔烃	3300(m)	O—H	醇,酚(氢键)	3200～3600(宽峰,s)
C—H	醛	2900, 2700(两个峰,m)	O—H	羧酸	2500～3000(宽峰,s)
C=C	烯烃	1640～1680(m)	N—H	胺	3200～3500(m)
C=C	芳香烃	1500, 1600(s)	C≡N	腈	2210～2260(s)
C≡C	炔烃	2100～2260(m)	$—NO_2$	硝基化合物	1515～1560(s)
					1345～1385(s)

问题 17-2　下列化合物在红外光谱中有何特征吸收峰?

(1) 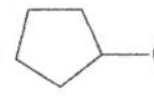$—CH_2OH$　　(2) $CH_3CH_2CH=CH_2$　　(3) $CH_3CH_2C≡CH$

17.3.3　红外光谱图解析

由于一个有机化合物中存在各种键，每个键以不同的形式振动，一张红外光谱图会很复杂，往往有几十个吸收峰，因此不可能对所有的吸收峰都能辨认。一般只需辨认几个吸收峰，以确定分子中存在何种类型的化学键或何种官能团，再结合其他方法就可对化合物的结构进行鉴定。

吸收峰的位置是红外吸收最重要的特点，在确定化合物分子结构时，还必须将吸收峰位置辅以吸收峰强度和峰形来综合分析。以羰基为例，醛、酮和羧酸及其衍生物都含有羰基，在1680～1780 cm^{-1}处有较强的吸收。但如果有一个吸收强度较低的吸收峰在此位置，并不表明所研究的化合物存在羰基，可能是该化合物含有羰基的杂质。从吸收峰的峰形也可辅助判断官能团，如缔合羟基、缔合伯胺基及炔氢，它们的吸收峰位置略有差别，但吸收峰形却相差很大。缔合羟基峰圆滑而钝，缔合伯胺吸收峰有一个小或大的分岔，炔氢则显示尖锐的峰形。

图谱的解析一般应从高波数移向低波数，即首先从官能团区入手，找出该区域的特征吸收峰，判别分子中所含的主要及所属化合物的类型；其次观察指纹区的相关峰，以确证该官能团的存在；然后再结合其他方法，确定化合物可能的结构。若为已有化合物，可与标准红外光谱图对照鉴定。

【例 17-1】 化合物 C_8H_8O 的红外光谱如图 17-5 所示，试推测其可能的构造式。

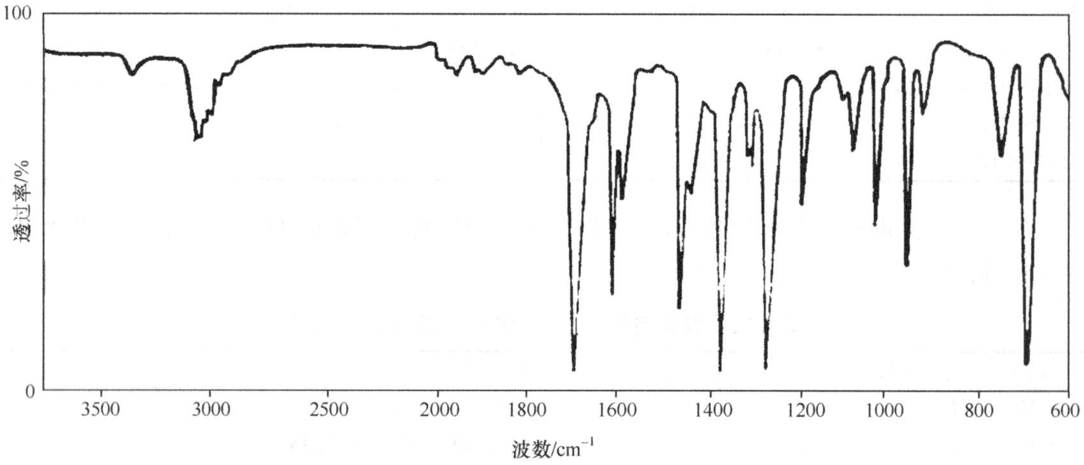

图 17-5　分子式为 C_8H_8O 的化合物的红外光谱

解　在 3500～3000 cm^{-1}缺少任何强峰，证明分子中无 OH。约在 1690 cm^{-1}处有一个很强的吸收峰，显示可能为醛、酮或酰胺类化合物。但是由于分子式中不具有 N，因此可以排除酰胺。又因在 2720 cm^{-1}附近无醛基的 ν(C—H)峰，可知该化合物只可能是酮类。3000 cm^{-1}以上的ν(C—H)特征峰，以及 1600 cm^{-1}、1580 cm^{-1}、700 cm^{-1}等处的强峰，均显示分子中含有芳香结构。而 700 cm^{-1}及 750 cm^{-1}两个峰则进一步提示该化合物可能为单取代苯的衍生物。在 2920 cm^{-1}、2960 cm^{-1}及 1360 cm^{-1}处的吸收又显示含有甲基。

综上所述，将分子式 C_8H_8O 和上述结构碎片（单取代苯基 C_6H_5—、C═O、—CH_3）综合考虑，该化合物的结构式可能为

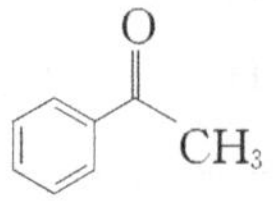

17.4　核磁共振谱

核磁共振（nuclear magnetic resonance，NMR）技术是哈佛大学的珀塞尔（Purcell）教授和

斯坦福大学的布洛齐(Bloch)教授于 1946 年首先提出来的。自 1950 年该技术应用于测定有机化合物的结构以来,经过几十年的研究和实践,发展十分迅速,现已成为测定有机化合物结构不可缺少的重要手段。

核磁共振的研究对象是具有磁矩的原子核。核自旋量子数 $I\neq0$ 的原子核像电子一样,也有自旋现象,其自旋运动将产生磁矩。将具有自旋磁矩的原子核放入强磁场并采用电磁波进行辐射时,这些原子核会吸收特定波长的电磁波而发生磁共振现象。有机化合物中的 ^{1}H、^{13}C、^{15}N、^{19}F 和 ^{31}P 等原子核都有磁矩,都能产生核磁共振。本教材仅就应用最广泛的氢核的核磁共振谱(^{1}H NMR)进行简要讨论。

17.4.1 核磁共振氢谱的基本原理

氢原子核(质子)是带电体,有两种自旋状态,两种自旋状态的能量和出现的概率相同。当自旋时,可产生一个磁场。在外磁场的作用下,这两种自旋状态的能量不再相等。质子有两种取向:能量较低的自旋磁场与外磁场同向平行(以 α 表示),能量较高的自旋磁场与外磁场逆向平行(以 β 表示)。两种自旋态的能量差(ΔE)随着外磁场的强度(H_0)增加而变大,如图 17-6 所示。

如果用能量为 ΔE 的电磁波照射外磁场中的氢核,当电磁波辐射所提供的能量恰好等于质子这两种取向的能量差时,质子就吸收电磁辐射的能量,从低能级跃迁至高能级,发生核磁共振。质子跃迁所需要的电磁波频率大小与外磁场的强度(H_0)成正比。二者关系如下:

$$\Delta E = h\nu = \gamma\frac{h}{2\pi}H_0 \Longrightarrow \nu = \gamma\frac{H_0}{2\pi}$$

式中,ν 为电磁波频率;h 为普朗克常量;γ 为磁旋比,是磁性核的特性常数;H_0 为外磁场的强度。

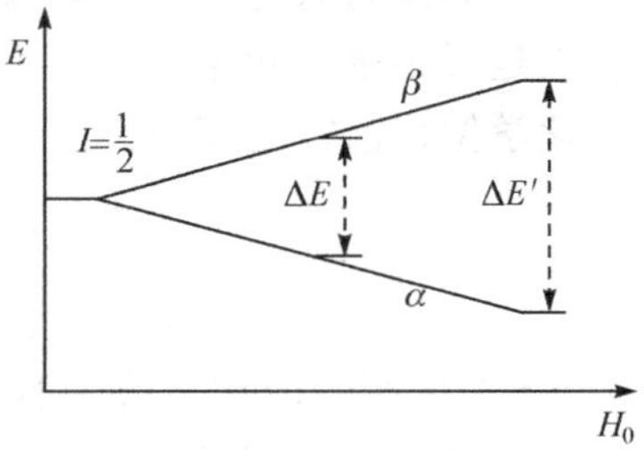

图 17-6 在外磁场中 ^{1}H 核的自旋态能量与外磁场强度 H_0 的关系

根据上式,要获得核磁共振谱有两种方式:一种是固定外加磁场强度,用连续变换频率的电磁波照射样品以达到共振条件,称为扫频;另外一种是固定电磁波的频率,连续不断地改变外加磁场的强度进行扫描以达到共振条件,称为扫场。两种方式的核磁共振仪得到的谱图相同。目前核磁共振仪主要采用扫场方式,其装置如图 17-7 所示。核磁共振仪主要由两块电磁铁、无线电振荡器、试样管、信号接受器和记录器等组成。装有样品的玻璃管放在磁场强度很大的电磁铁的两极之间,用恒定频率的无线电波照射通过样品。在扫描发生器的线圈中通直流电流,产生一个微小磁场,使总磁场强度逐渐增加,当磁场强度达到一定的 H_0 值时,样品中某一类型的质子发生能级跃迁,这时产生吸收,接受器就会收到信号,由记录器记录下来,得到核磁共振谱,如图 17-8 所示。

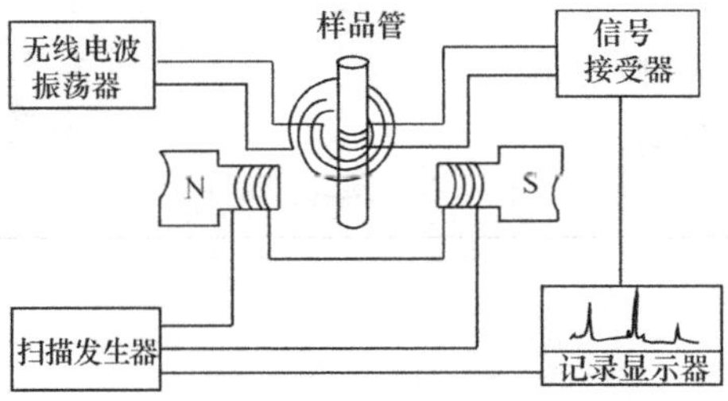

图 17-7 核磁共振仪示意图

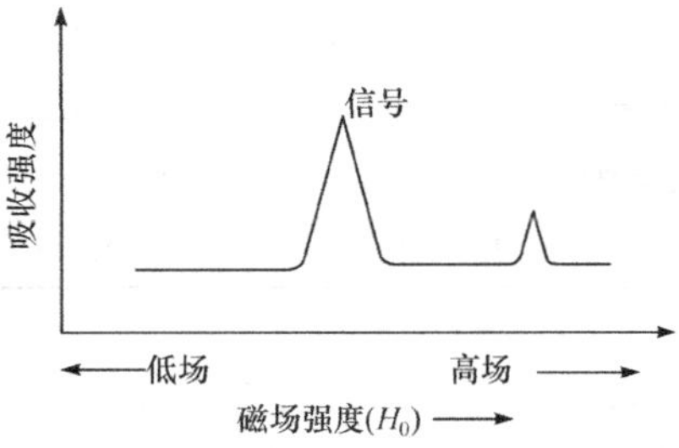

图 17-8 核磁共振谱示意图

17.4.2　化学位移

有机化合物分子中氢核与裸露的质子不同，它周围还有电子，因而处于不同的化学环境。氢核周围的电子在外加磁场的作用下，引起电子环流，在与外加磁场垂直的平面上绕核旋转并产生感应磁场。假若感应磁场的方向与外加磁场方向相反，这时氢核实际受到的磁场强度将比外加磁场略小，外加磁场的强度要略为增加才能使氢核发生自旋跃迁，这种现象称为屏蔽效应(shielding effect)。氢核周围的电子云密度越大，屏蔽效应也越大，要在更高的磁场强度中才能发生核磁共振。相反，假若感应磁场的方向与外加磁场方向相同，就相当于在外加磁场下再增加一个小磁场，氢核实际受到的磁场强度增加了，外加磁场的强度要略为减少就能使氢核发生自旋跃迁，这种现象称为去屏蔽效应(deshielding effect)。电子的屏蔽和去屏蔽效应引起的核磁共振吸收峰位置的变化称为化学位移(chemical shift)，常用符号 δ 表示，单位为百万分之一(ppm)。

1. 化学位移表示方法

不同氢核共振时的外磁场强度的差别极其微小，只有百万分之几(ppm)，这种小的差别在实验上是很难精确测定的。因此，一般采用四甲基硅烷(tetramethylsilane，TMS)为标准物，将其化学位移值定为零，其他质子的化学位移与其对照，取相对值：

$$\delta=\frac{\nu_{\text{样品}}-\nu_{\text{TMS}}}{\nu_{\text{共振仪}}}\times10^{6}$$

式中，$\nu_{\text{样品}}$、ν_{TMS}和 $\nu_{\text{共振仪}}$ 分别表示样品、TMS 和核磁共振仪电磁波辐射的频率，单位为 Hz。由于 TMS 的屏蔽效应比一般的有机化合物大，因此大多数有机化合物中质子的共振信号出现在它的左侧。而且 TMS 分子中 12 个完全相同的氢质子只产生 1 个信号，并通常在最高场。常见氢核的 δ 值为 0～14ppm(表 17-4)。

表 17-4　常见各类氢核的化学位移值(δ/ppm)

氢的类型	化学位移	氢的类型	化学位移
F—C<u>H</u>$_3$	4.26	<u>H</u>—C—O—(醇或醚)	3.3～4
Cl—C<u>H</u>$_3$	3.05	R$_2$NC<u>H</u>$_3$	2.2～2.6
Br—CH$_3$	2.68	RC<u>H</u>$_2$COOR	2～2.2
I—C<u>H</u>$_3$	2.16	RC<u>H</u>$_2$COOH	2～2.6
RC<u>H</u>$_3$	0.8～1.2	RCOC<u>H</u>$_2$R	2.0～2.7
R$_2$C<u>H</u>$_2$	1.1～1.5	RC<u>H</u>O	9.4～10.4
R$_3$C<u>H</u>	～1.5	R$_2$N<u>H</u>	2～4
ArC<u>H</u>$_3$	2.2～2.5	ArO<u>H</u>	6～8
Ar<u>H</u>	6.0～8.0	RCO$_2$ <u>H</u>	10～12
R$_2$C═C<u>H</u>R	4.9～5.9	RCOOC<u>H</u>$_2$R	3.8
RC≡C<u>H</u>	2.3～2.9	RO<u>H</u>	1～6
R$_2$C<u>H</u>CR═CR$_2$	～1.7		

2. 影响化学位移的因素

影响化学位移的主要因素有邻近基团的电负性、相连重键和氢键等。

(1) 邻近基团电负性的影响。δ 值随着邻近原子或基团电负性的增强而增大;烃基氢 δ 值的顺序为芳环上氢>烯基氢>炔基氢>饱和碳原子上的氢;饱和碳原子上的氢的 δ 值为 $3^{0}>2^{0}>1^{0}$;—OH、—COOH、—NH_2 等基团上的氢。

(2) 相连重键的影响。烯烃、醛、芳环等化合物中,π 电子在外加磁场的作用下产生环流,产生感应磁场,其方向与外加磁场的方向相同,即增加了外加磁场强度。氢原子位于产生的感应磁场与外加磁场相同方向的去屏蔽区,所以在外加磁场强度还未达到 H_0 时,就发生能级的跃迁。因此吸收峰移向低场,δ 值增大,如图 17-9 所示。

乙炔也有 π 电子环流,但炔氢的位置不同,处在屏蔽区(处在感应磁场与外加磁场的对抗区),在高场产生共振吸收,δ 值较小,如图 17-10 所示。

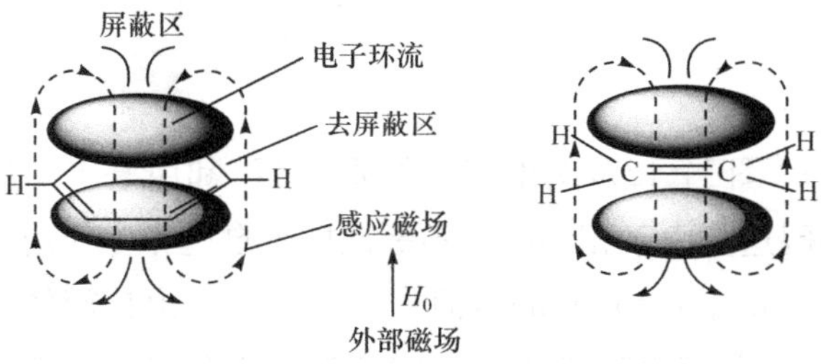

图 17-9　苯环或乙烯质子的去屏蔽效应示意图

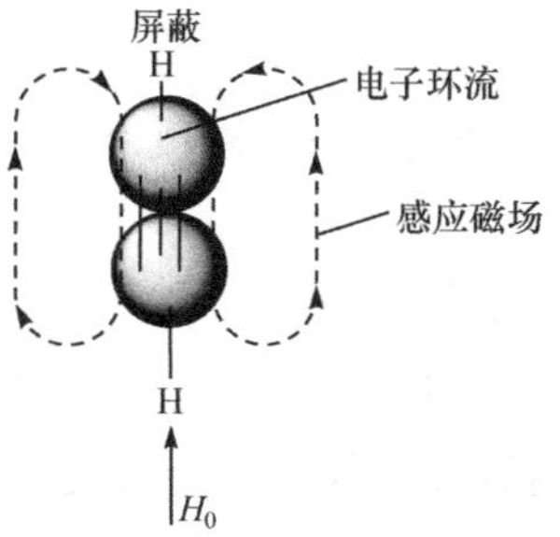

图 17-10　乙炔质子的屏蔽效应示意图

(3) 氢键的影响。键合在电负性大的元素上的质子,如 O—H、N—H 等,可能有氢键的影响。氢键本身是去屏蔽效应,比非氢键在更低的磁场发生共振,化学位移值增大。例如,醇分子间氢键的 $\delta_{OH}=3.5\sim5.5$,酸分子间氢键的 $\delta_{OH}=10\sim13$。

17.4.3　自旋偶合与自旋裂分

1. 磁等性质子和磁不等性质子

在有机物分子中,化学环境相同的一组质子称为磁等性质子,其化学位移值相同,其核磁共振谱中只有一个峰。例如,四甲基硅烷 、苯、环己烷等分子中的质子。而化学环境不同的质子称为磁不等性质子,化学位移值不同。例如,溴乙烷中甲基上的质子与亚甲基上的质子属于磁不等性质子。

2. 积分曲线与质子的数目

在核磁共振谱图中,每组吸收峰的面积与产生该组信号的质子数目成正比。比较各组信号的峰面积,可以推测各类质子的相对数目。近代核磁共振仪都装有自动积分仪,可以在相应的谱图上记录积分曲线。积分曲线是一条从低场到高场的阶梯式曲线,曲线的每个阶梯的高度与其相对应的一组吸收峰的峰面积成正比。因此,各峰的面积可用阶梯式的积分线高度来表示。即从积分曲线起点到终点的总高度与分子中质子的总数目成正比,每一阶梯的高度则与相应质子的数目成正比。例如,图 17-11 为对叔丁基甲苯的 ^{1}H NMR 谱。a、b 和 c 三组峰积分曲线的高度之比为 8.8∶2.9∶3.8,三个峰的高度总和为 15.5。对叔丁基甲苯共有 16 个 H,因此每一个高度单位相当于 16H/15.5=1.03 个 H,据此算出各组所含的氢核数为

a=1.03×8.8=9.1；b=1.03×2.9=3.0；c=1.03×3.8=3.9，即 a 为 9H、b 为 3H、c 为 4H。

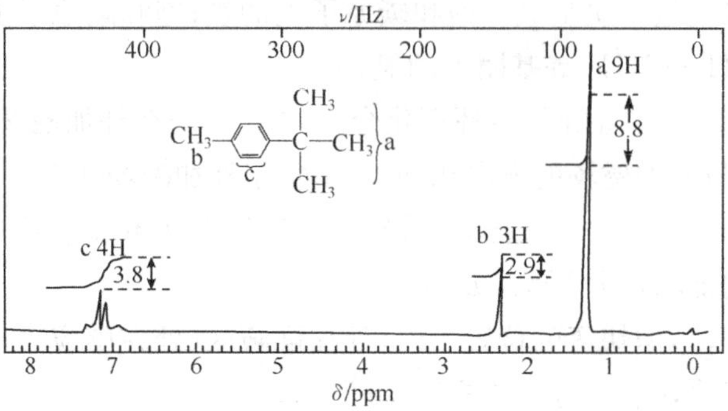

图 17-11　对叔丁基甲苯的^{1}H NMR 谱

3. 自旋偶合与自旋裂分

溴乙烷 $\overset{a}{H_3C}—\overset{b}{CH_2}Br$ 的^{1}H NMR 谱中(图 17-12)，次甲基上的质子 H_b 和甲基上的质子 H_a 所产生的吸收峰分别为四重峰和三重峰，这是由于相邻的磁不等性质子自旋相互作用的结果。把这种相互作用称为自旋-自旋偶合(spin-spin coupling)，简称自旋偶合。由自旋偶合所引起的核磁共振峰裂分而使峰增多的现象，称为自旋-自旋裂分，简称自旋裂分。裂分峰中相邻两个峰之间的距离称为偶合常数(coupling constant)，以 J 表示，单位为 Hz。偶合常数大小与外加磁场强度无关，也与核磁共振仪的频率无关，只是反映了核之间自旋偶合的有效程度。偶合常数越大，核间自旋偶合的作用越强。相互偶合的质子间的偶合常数相同。由偶合常数可以判断哪些质子间相互偶合。

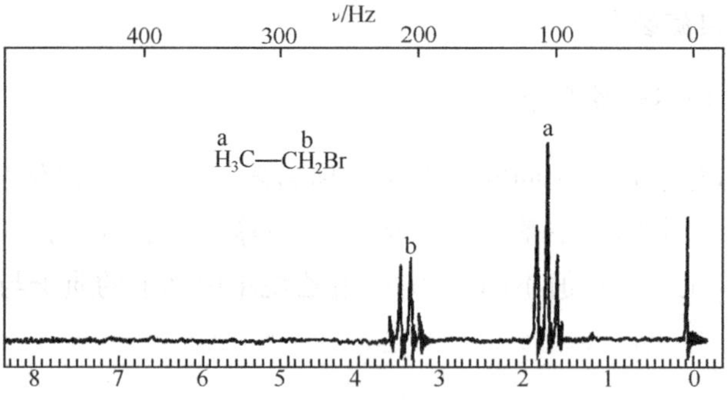

图 17-12　溴乙烷的^{1}H NMR 谱

溴乙烷的^{1}H NMR 谱中，质子 H_a 相邻碳上有两个相同的 H_b，每个 H_b 在外磁场中有两种自旋取向(同向、反向)，两个 H_b 的自旋取向应有 4 种组合：两个 H_b 都与外磁场同向，使 H_a 受到的实际磁场强度加大，则 H_a 只需在较低的外磁场就能发生共振吸收，共振信号向低场位移；两个 H_b 都与外磁场反向，使 H_a 受到的实际磁场强度减弱，则 H_a 要在较高的外磁场才能发生共振吸收，共振信号向高场位移；还有两种组合相同，一个与外磁场同向，另外一个反向，其影响相互抵消，不会改变外磁场的强度，共振信号不位移。因此，H_a 的信号裂分为三重峰，吸收峰的面积之比为 1∶2∶1。同样，H_b 也受到 3 个相同 H_a 核的自旋干扰，3 个 H_a 在外磁场中的自旋取向有 8 种组合，结果使 H_b 的信号分裂为四重峰，其面积之比为 1∶3∶3∶1(图 17-13)。

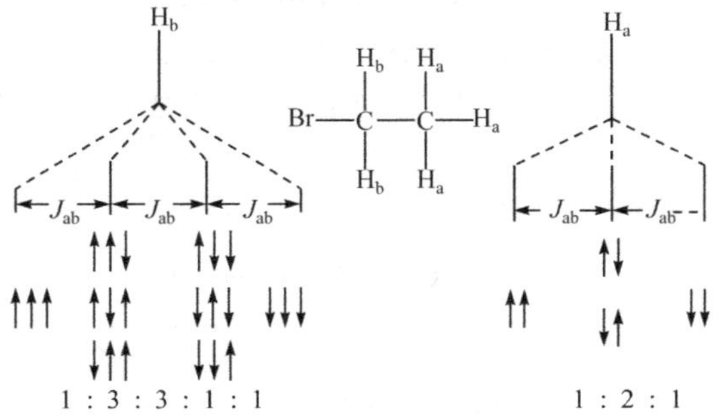

图 17-13　溴乙烷分子中甲基和亚甲基上质子的自旋偶合和自旋裂分

在分子中，如果一个质子与相邻的 n 个磁等性质子之间发生偶合裂分，该质子核磁共振信号裂分为 $n+1$ 重峰，称为 $n+1$ 规律。各分裂峰的强度比等于二项式 $(a+b)^n$ 展开式的各项系数，n 为邻接碳上质子的数目。例如，二重峰(d)的强度比为 1∶1，三重峰(t)的强度比为 1∶2∶1，四重峰(q)的强度比为 1∶3∶3∶1。但如果与数目分别为 n 和 m 个质子的相邻两组磁不等性质子偶合，那么该质子的裂分峰数数目为 $(n+1)(m+1)$。例如，在化合物 $\overset{a}{CH_3}\overset{b}{CH_2}\overset{c}{CH_2}I$ 中，H_b 的分裂峰数为 $(3+1)(2+1)=12$ 重峰。但在实际的图谱中往往不能观察到理论的裂分数，主要原因是仪器分辨率不高，会造成分裂谱线的重叠，结果看到的是 H_b 邻接碳上有 $3+2=5$ 个等性的质子而表现为六重峰。

磁等性质子之间不产生信号的自旋裂分。自旋偶合主要发生在相邻碳原子上的磁不等性质子之间，一般两个磁不等性质子相隔三个单键以上时，偶合作用极弱，偶合常数趋于零。

分子中的活泼氢通常由于发生快速交换而不与相邻的氢核偶合。例如，乙醇 $\overset{a}{CH_3}\overset{b}{CH_2}\overset{c}{OH}$ 的 ^1H NMR 谱中的 H_c 虽邻接亚甲基，却仅表现为单峰，H_b 也仅与甲基相接表现为四重峰。

问题 17-3　丙烷的 ^1H NMR 谱中会出现几组信号？各组信号裂分为几重峰？

17.4.4　^{1}H NMR 谱图解析

核磁共振谱是目前研究有机结构最有力的工具之一。解析核磁共振谱，主要是从其中寻找信号的位置、数目、强度及裂分情况的信息。从吸收峰的位置(化学位移 δ 值)可知质子的类型；从吸收峰的数目可知分子中含有多少种不同类型的质子；从各吸收峰占有的相对面积可知各类质子的相对数目；从裂分情况可知邻近基团结构的信息。如果再结合红外光谱和其他光谱，就可推测化合物的结构式。

^1H NMR 提供了化学位移、偶合常数和积分面积等信息。从 δ 值可推知各类质子的化学环境；从各吸收峰的峰面积比或积分曲线的高度比可推知各类质子的相对数目；从吸收峰的裂分情况可知邻接碳原子上的氢核数和相互关联的结构片段。如果再结合红外光谱、紫外光谱和质谱等，就可推测化合物的结构。

【例 17-2】　已知某酯类化合物的分子式为 $C_{10}H_{12}O_2$，其 ^1H NMR 谱图数据如下：δ/ppm 7.25(m,5H)；4.3(t,2H)；2.9(t,3H)；2.2(s,3H)。试推测其可能的结构式。

解　由分子式可知该化合物为不饱和化合物，在 ^1H NMR 谱图中有四组不同化学环境的吸收峰。根据

表 17-4 有关化学位移的信息，δ/ppm 7.25(m,5H)表明分子中含有苯环，且为单取代苯；δ/ppm 2.2(s,3H)表明3H 应为甲基，可能连接为—$COCH_3$；δ/ppm 4.3(t,2H)和 2.9(t,3H)表明分子中含有两个相连的亚甲基，较低场的亚甲基可能有—CH_2OCO—的连接方式，另一个亚甲基可能直接与苯环相连。综上所述，该化合物的结构为

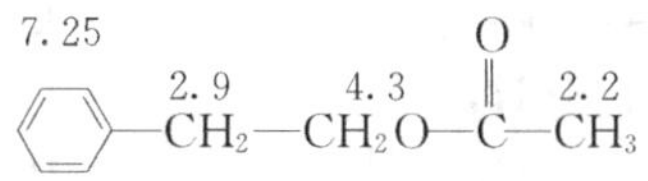

17.5 质　　谱

质谱(mass spectroscopy,MS)是化合物分子在高真空条件下受高能电子束轰击或在强电场等方法的作用下，失去一个外层电子而生成带正电荷的分子离子，同时还会发生某些化学键的裂分而形成各种碎片离子。这些离子在电场和磁场的综合作用下，按照相对质量 m 与所其带电荷 z 的比值(质荷比 m/z)的大小分离、收集并记录下来，所形成的图谱称为质谱。

质谱仪主要由高真空系统、进样系统、离子源、质量分析器、检测和记录系统等组成(图 17-14)。目前使用的磁偏转质谱仪有单聚焦质谱仪、双聚焦质谱仪、四极杆质谱仪和飞行时间质谱仪等。

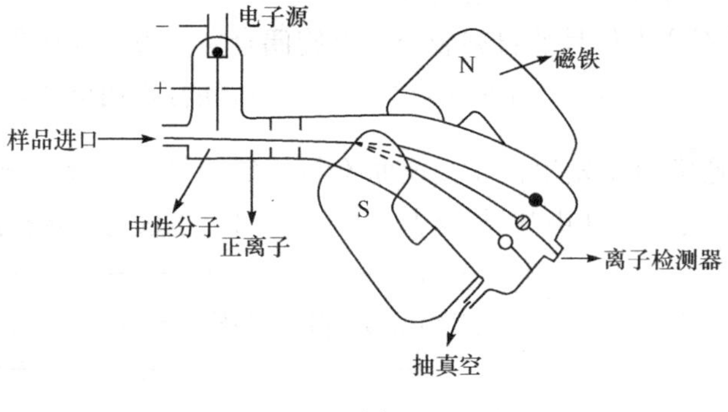

图 17-14　质谱仪原理示意图

质谱图的横坐标为电离后收集到的各种不同的质荷比 m/z，纵坐标是它的相对丰度。质谱图一般采用"条图"的形式，即以直线表示各个离子峰，如图 17-15 所示。谱图中最大的离子峰称为基峰，强度定为 100%，其他峰的强度则用相对于基峰的相对强度百分数来表示。由于大多数碎片离子只带单位正电荷($z=1$)，因此 m/z 就是碎片离子的质量。例如，丁酮质谱图中，$m/z=43$ 峰为基峰，强度为 100%；而 $m/z=29$ 峰的相对强度为 25%；$m/z=72$ 峰的相对强度为 18%。离子峰的强度与对应离子的数量成正比。离子的数量越多，峰的强度越大。

质谱主要用来确定化合物的相对分子质量和判断可能的结构式。另外，还可以通过分析各种不同 m/z 碎片的种类、质量和丰度，得到分子结构方面的某些信息。质谱分析具有样品用量少(<10^{-5}mg)、灵敏度高等优点。特别是色谱与质谱联用技术以及一些新的质谱技术的发展，为有机混合物的分离和鉴定提供了快速、有效的分析方法。

生物质谱分析主要用于精确测量生物大分子，如蛋白质、核苷酸和糖类等的相对分子质

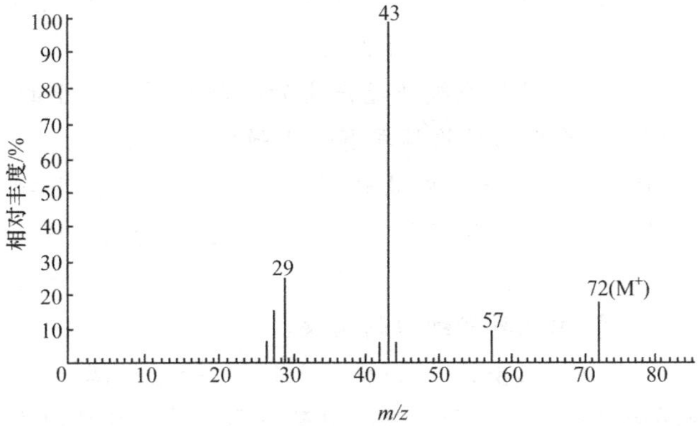

图 17-15　丁酮的质谱图

量，并提供分子结构信息；对存在于生命复杂体系中的微量或痕量小分子生物活性物质进行定性或定量分析。例如，牛血清白蛋白用电喷雾电离(ESI)质谱测定的相对分子质量为 66 430U，理论计算值为 66 429U，误差为 0.0015%。如果用凝胶电泳法测定，其误差在 5%～10%。生物质谱分析还可运用于探讨蛋白质分子的折叠和非共价键的相互作用，获取蛋白质中二硫键、糖基化、磷酸化连接点的有关信息等。生物质谱分析是目前质谱中最活跃的研究领域。

知识拓展

核磁共振成像

核磁共振成像(magnetic resonance imaging，MRI)是 20 世纪 80 年代发展起来的一种全新的影像检查技术，它的全称是核磁共振电子计算机断层扫描术。它是以 ^{1}H NMR 的基本原理为基础发展起来的，已经成为医学临床诊断的重要手段之一。人体的每个细胞都含有水分子，水分中的两个质子共振图像可以通过 MRI 获得。人体正常细胞的质子与病变细胞的质子的分布有所不同，先进的计算机技术可将这些信息反映在检查部位的组织和器官横切面的二维图像中，并集合成一个三维 MRI 图像供临床上识别病变组织，并且还可判断病变的不同发展阶段，为临床诊断提供分子水平的信息。核磁共振所获得的图像清晰、精细、分辨率高、对比度好、信息量大，大大提高了诊断效率。美国科学家保罗·劳特布尔和英国科学家彼得·曼斯菲尔德对核磁共振成像技术的问世起到了奠基的作用，并在此领域作出了突出成就，因此获得了 2002 年度诺贝尔生理学或医学奖。近年来，超高强 MRI 系统发展十分迅速，超高强磁共振的临床应用，完成了从形态学到功能学和分子影像学的结合，与最先进的生物制剂结合，可以使医学影像进入到基因分子成像的领域，是医学影像技术的一次重大革命。

小　　结

紫外光谱、红外光谱、核磁共振谱和质谱是分析鉴定有机化合物结构最常用的四种波谱法。前三种光谱属于吸收光谱，质谱不属于吸收光谱。

紫外光谱是分子中价电子跃迁产生的光谱。紫外光谱主要适用于分子中具有不饱和结构，特别是共轭结构的化合物。吸收峰的最大吸收波长可用于共轭体系的判断，吸收峰的强度可用于定量分析。共轭效应使吸收波长发生红移。

红外光谱是分子振动能级、转动能级跃迁产生的吸收光谱。分子的振动方式分为伸缩振动(ν)和弯曲振动(δ)两大类，其振动吸收频率有如下强弱顺序：$\nu_{as}>\nu_s>\delta$。当振动改变了分子的偶极矩时，分子会吸收红外光，产生吸收信号。红外光谱一般波数为 4000～400 cm^{-1}，4000～1350 cm^{-1}区域为官能团特征区，1350～650 cm^{-1}区域为指纹区。在掌握各类化合物的特征吸收谱带和影响振动频率因素的基础上，按以下线索进行逐一辨认：从寻找特征峰入手，然后以相关峰确定出官能团，由此再仔细归属指纹区的有关谱带，最后综合分析，提出化合物的可能结构。必要时查阅文献，配合其他谱(如 NMR 等)给予佐证。

核磁共振谱是强磁场中自旋的原子核吸收电磁波引起共振跃迁所产生的吸收光谱。电子的屏蔽和去屏蔽效应引起的核磁共振吸收峰位置的变化称为化学位移。由自旋偶合所引起的核磁共振峰裂分而使峰增多的现象，称为自旋裂分。裂分峰中相邻两个峰之间的距离称为偶合常数。对于简单峰的裂分峰的数目符合(n+1)规则。根据^{1}H NMR 谱中吸收峰的化学位移、峰面积和峰的裂分可推断出化合物的结构。从化学位移值识别出各类质子的归属；从积分阶梯曲线高度及质子总数求出各类质子的数目；从信号的裂分数目及 J 值找出相互关系，确定出邻接碳上的质子数。

质谱是将有机分子电离裂解成不同碎片的离子，然后将这些离子按照质核比(m/z)排列而成的一种谱。质谱除了能通过检测分子离子的质核比获得相对分子质量以外，还可以通过碎片离子的质核比以及强度推测有机物的结构。

总之，在利用有机波谱进行有机分子的结构分析时，质谱主要确定相对分子质量；紫外光谱确定共轭体系的大小；红外光谱确定官能团；核磁共振谱给出分子的骨架信息。综合以上分析，就可以得出正确的分子结构式。

习　题

1. 有 **A**、**B** 两种环己烯，**A** 的 UV λ_{max}为 256 nm(ε_{800})；**B** 在 210 nm 以上无吸收峰。试写出 **A**、**B** 的化学结构式。
2. 对于下列各组化合物，哪些用 UV 区别较合适？哪些用 IR 区别较合适？为什么？
   (1) $CH_3CH{=}CH{-}CH_3$ 和 $CH_2{=}CH{-}CH{=}CH_2$
   (2) $CH_3C{\equiv}CCH_3$ 和 $CH_3CH_2C{\equiv}CH$
   (3) $CH_3O{-}CH_2{-}CH_3$ 和 $CH_3O{-}CH{=}CH_2$
   (4) 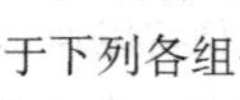和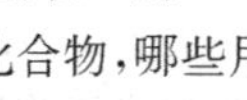
3. 比较化合物水杨醛和间羟基苯甲醛中 C═O 键伸缩振动的 IR 波数大小，并说明原因。
4. 下列化合物中，哪一个的 IR 具有以下特征：1700 cm^{-1}(s)，3020 cm^{-1}(m→s)？
   (1) 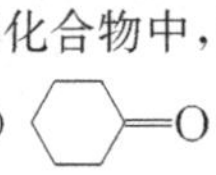　(2) 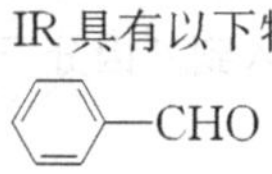　(3) 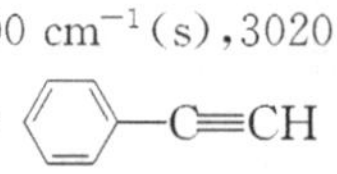
5. 化合物 **A**(C_4H_8O)，经催化加氢后生成 **B**($C_4H_{10}O$)。试根据 IR 图 17-16(a)、17-16(b)推测出 **A**、**B** 的化学结构式。

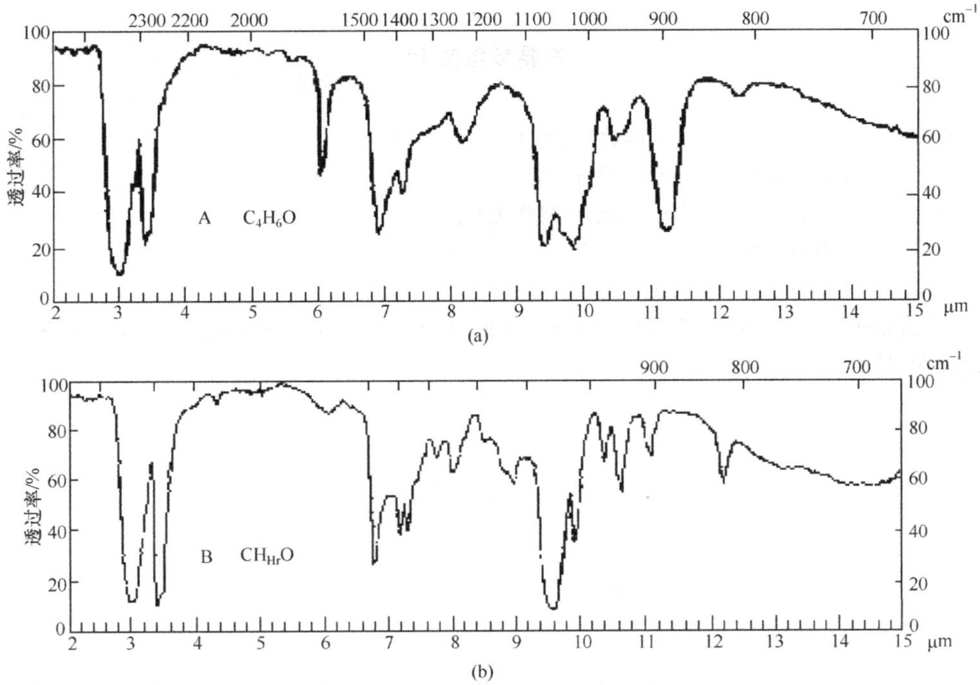

图 17-16　化合物 **A**(a)和化合物 **B**(b) 的 IR 图谱

6. 化合物 **A**($C_5H_3NO_2$)，其 IR 给出 1725 cm^{-1}、2210 cm^{-1}、2280 cm^{-1} 吸收峰，写出 **A** 的最可能的结构式。

7. 排列下列化合物中有星形标记的质子 δ 值的大小顺序。

(1) 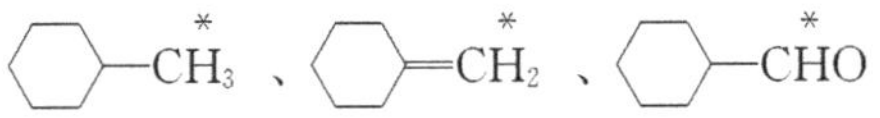

(2) $CH_3CO\overset{*}{C}H_3$ 、$\overset{*}{C}H_3OCH_3$ 、$\overset{*}{C}H_3Si(CH_3)_3$

8. 指出下列各化合物中的 ^1H NMR 信号数以及各信号裂分的峰数。

(1) $CH_3\overset{CH_3}{\overset{|}{C}}H—CHClCH_2Cl$　　(2) $CH_3\overset{OH}{\overset{|}{C}}HCH_2CH_3$

(3) 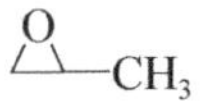　　(4) 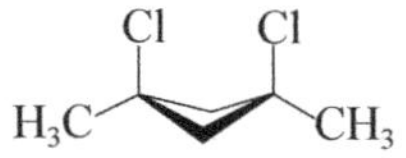

9. 下列化合物的 ^1H NMR 谱只有两个单峰，试写出各化合物的结构式。

(1)$C_3H_5Br_3$　(2)C_2H_5SCl　(3)$C_3H_8O_2$　(4)$C_3H_6O_2$　(5)$C_5H_{10}Br_2$

10. 化合物 $C_{10}H_{12}O$ 的 MS 中有 m/z 为 15、43、57、91、105、148 的峰，试推测此化合物的结构式。

11. 根据下列各分子式和 ^1H NMR 数据(括号内表示信号裂分数和强度比)，试推测其结构式。

(1) $C_4H_6Cl_2O_2$：δ 1.4(t,3)；4.3(q,2)；6.9(s,1)。

(2) $C_6H_{12}O_2$：δ 1.4(s,3)；2.1(s,1)。

12. $C_8H_{18}O$ 的 ^1H NMR 图中只在 δ 1.0 处出现一组信号，请推测此化合物的结构式。

13. 在一种蒿科植物中分离出分子式为 $C_{12}H_{10}$ 的化合物"茵陈烯"，UV 在 λ_{max}=239 nm 处有吸收峰；IR 给出 2210 cm^{-1} 及 2160 cm^{-1} 处出现强吸收峰；^1H NMR 给出：δ=1.8(s,3H)，δ=2.3～2.5(s,2H)，δ=6.8～7.5(m,5H)。试推测"茵陈烯"的可能结构式。

(大连医科大学　周兆平)

主要参考文献

陈洪超. 2009. 有机化学. 3 版. 北京:高等教育出版社

高占先 . 2008. 有机化学. 2 版. 北京:高等教育出版社

李艳梅,赵圣印,王兰英. 2011. 有机化学. 北京:科学出版社

吕以先,陆阳. 2008. 有机化学. 7 版. 北京:人民卫生出版社

钱旭红 . 2006. 有机化学. 2 版. 北京:化学工业出版社

Peter K, Vollhardt C, Schore N E. 2003. Organic Chemistry(Structrue and Function). 4th ed. New York: Freeman W H and Company

中英文对照索引

科学出版社 高等教育出版中心

www.sciencep.com

教学支持说明

科学出版社高等教育出版中心为了对教师的教学提供支持，特对教师免费提供本教材的电子课件，以方便教师教学。

获取电子课件的教师需要填写如下情况的调查表，以确保本电子课件仅为任课教师获得，并保证只能用于教学，不得复制传播用于商业用途。否则，科学出版社保留诉诸法律的权利。

地址：北京市东黄城根北街 16 号，100717

科学出版社　高等教育出版中心　化学与资源环境分社　陈雅娴（收）

电话：010-64015208

传真：010-64033787

（登陆科学出版社网站：www.sciencep.com“教材天地”栏目可下载本表。）

请将本证明签字盖章后，传真或者邮寄到我社，我们确认销售记录后立即赠送。

如果您对本书有任何意见和建议，也欢迎您告诉我们。意见经采纳，我们将赠送书目，教师可以免费赠书一本。

证　明

兹证明________________大学________________学院/______系第______学年□上/□下学期开设的课程，采用科学出版社出版的________________________/__________（书名/作者）作为上课教材。任课老师为______________________共______人，学生______个班共______人。

任课教师需要与本教材配套的电子课件。

电　话：________________________________

传　真：________________________________

E-mail：________________________________

地　址：________________________________

邮　编：__________________

院长/系主任：__________（签字）

（盖章）

_____年_____月_____日